황극편皇極編 1

이 책은 2021년도 정부(교육부)의 재원으로
한국고전번역원의 지원을 받아 수행된 특수고전협동번역사업의 결과물임

황극편皇極編 1
번역과 주해

김용흠·원재린·김정신 역주

혜안

〈그림 1〉 규1(古4250-34)

규1 표지 ㅣ 규1 서문 ㅣ 규1 권1 ㅣ 규1 권3

皇極編卷之七
老少

皇極編卷之五
中南

皇極編卷之十一
老少

皇極編卷之九
老少

6

<그림 2> 국도1(古215-27)
국도1 표지 ｜ 국도1 2책 표지 ｜ 국도1 7책 표지

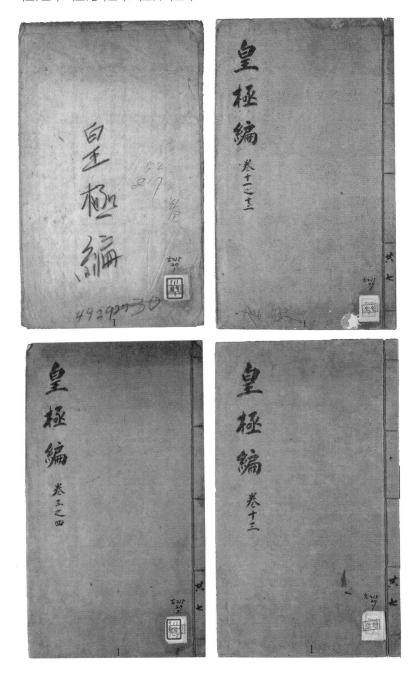

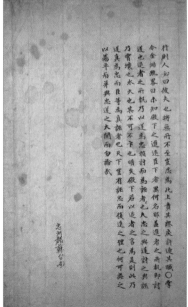

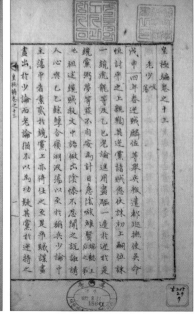

8

<그림 3> 국도3(충청남도역사박물관)
국도3 표지 ㅣ 국도3 서문 ㅣ 국도3 권1 ㅣ 국도3 권3

御製皇極編序

噫此編卽明黨分事之說也崇以名皇極可以
破此說故名也然則明黨可破歟曰古之朋黨不可破而
今之朋黨可破也何者古則君子與小人
人爲黨欲破其黨則君子也受病而小人反得志故欧陽
將著朋黨論以爲人主惑黨者之戒西范純仁調停之說
朱子非之此其所以不可破黨也今則其爲黨也非
人也特政扵議耳彼亦一是非此亦一非
小人此育育君子有小人也破其黨然彼亦育君子可革而
小人可化故先正李珥以調停士流爲己任而
先大王五十年治功莫大扵建極此所以可破也武之
強引朱子歐陽之說論而不能無感扵
先大王建極之

皇極編卷之一
東西
　主甲宣祖五年秋領府事李浚慶臨終進遺剳請破明黨
之剳曰今世之人不事行檢高談大言結爲朋比自謂高
致一言不合則以殿下公聽並觀務去此黨之
時也不越終而國家難救之患也剳入上孟正大臣示之
朝臣皷爲明黨郎若有其漸則朝廷亂炎於其琿亦日人之
日朝臣皷爲明黨郎若有其漸則朝廷亂炎於其琿亦日人之
浚慶之將光其言也慝瓶斤之三司又交章請罪慝操柳
成龍曰大臣臨死進言不宜下之何也李珥請罪近
扵已甚沈喜壽等亦多立異而上又不從其軍逐已先是
舍人沈義謙因公祉領議政尹元衡家元衡婚李擧敔武

皇極編卷之三
東西南北
　己丑二十二年冬鄭汝立謀叛伏誅汝立素有跛扈之心
旣不得志扵上懟望蓋以其子玉男有異陰高進
謀假托讖緯唱衆難類先是天安扵奴名吉三峯者勇猛
絶倫爲獷賊屢捕逸名聞國內扺立使其徒楊言扵海
西曰吉三峯兄弟神兵不久擧軍惠氏韓相告語安岳
校生趙球梧以汝立謀歐說秘郡守李軸疑之捕
問状誅馳報監司韓準以其此上聞初以如人也領謀政柳坤左謀政
寅報馳上聞汝立何如人也領議政柳坤左謀政
三公上堂入侍上聞汝立領議政柳坤左謀政
李山海對以不知右議政鄭彥信曰但知其爲讀書人不

皇極編卷之五
西南

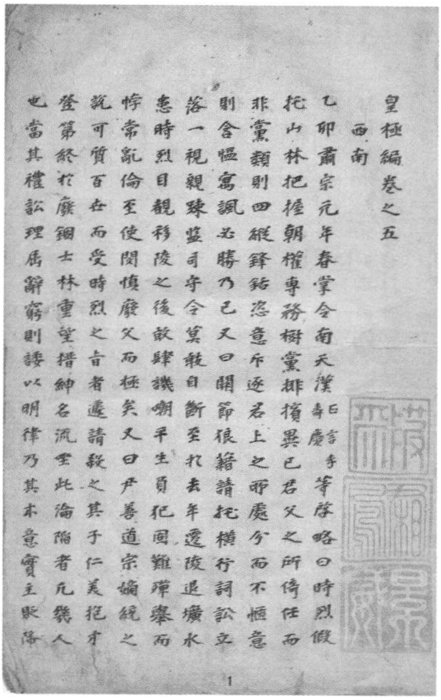

皇極編卷之七
老少

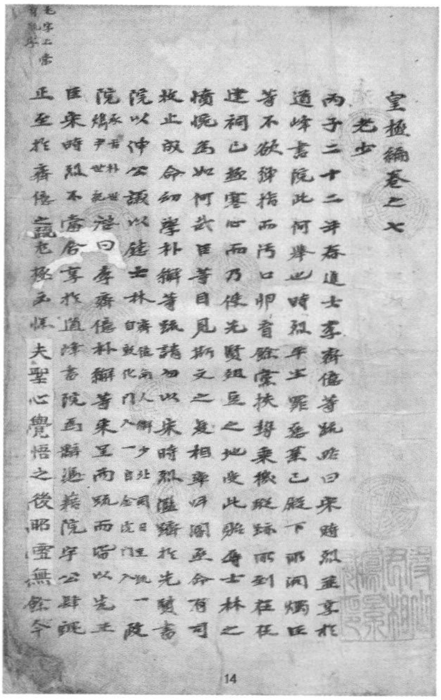

皇極編卷之九
老少

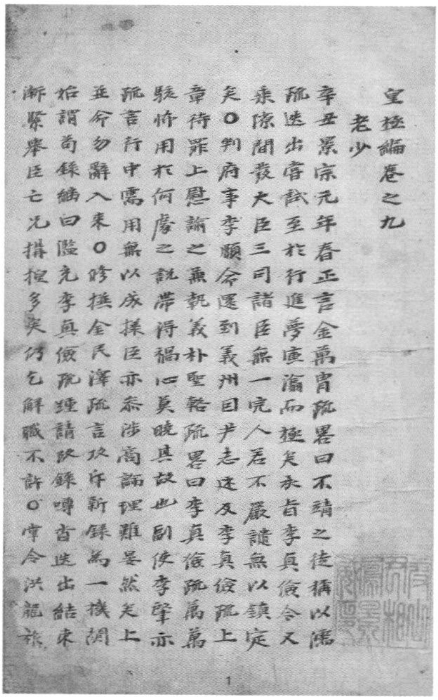

皇極編卷之十一
老少

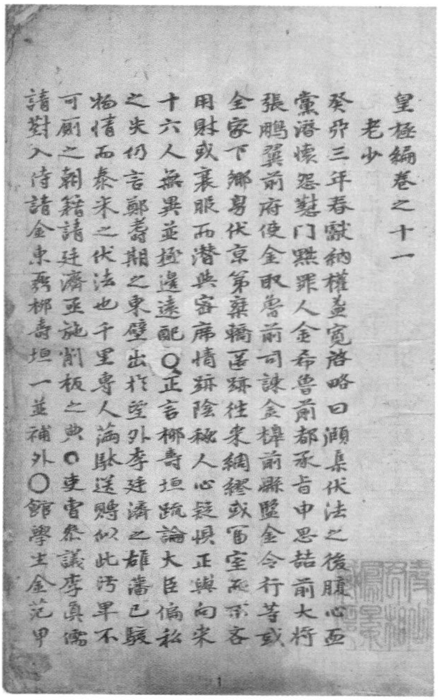

皇極編
禮

御製皇極編序

憶此編卽朋黨分爭之說也豈以名皇極四惟皇極可以破此說故也何者古則朋黨可破歟曰古之朋黨不可破而今之朋黨可破也何者古則君子與君子爲黨小人與小人爲黨欲破其黨則君子又受禍而小人必得志故歐陽脩者朋黨論以爲人主惡黨者之戒兩陞純仁調停之說朱子非之此未所以不可破也是非彼亦非君子小人也此特敦於議耳彼亦一是非彼亦非君子小人必破其黨然後君子可拔而小人何敢先正李珥以調劑其流爲已任而先大王五十年治切莫不於建極此其所以可破也或者雅引朱子歐陽之緒論而不能無憾於
先大王建極之

皇極編卷之三
東西南北

己巳二十二年冬鄭汝立謀叛伏誅汝立素有驕尨之心旣不得志於上悲憤際且以其子玉男爲有狀陰毒近諂陵托講學唱聚類類先是天安私奴石吉三峯者勇猛絶倫爲惟賊屢捕殺逃名聞國內汝立使其徒楊吉於海西曰三峯兄弟神卒不久擧事愚民輻相告誘安岳校生趙球稍以汝立兄弟踪跡詭誑郡守李軸龍之懼捕問快球知不可諱盡發其近節而乃以球詣京訴于上出衛便殿根寅鞠乃馳報監司韓準以其上開初自上以球三公玉堂入侍上問汝立何如人也領議政柳坤友議政李山海對以不知左議政鄭彦信曰但知其爲讀書人不

皇極編卷之一
東西

壬申宣祖五年秋領府事李浚慶臨終遺剳請破朋黨之札曰今世之人不事行檢高談大言爲朋比自謂高致一言不合排作不用此乃殿下公聽幷觀務去此獘也時已不能給爲國家之患也劄入正启大忠示之曰朝臣郭爲朋黨耶若有其漸則朝廷能矢於是外議洶洶至以欲禍士類甚浚慶李珥亦曰人之將死其言也善成龍曰今大臣題死進言有不當則下之可也至於請罪作撰柳於已出沈義謙因公杜領議政尹元衡家元衡婚李摯趍誠含人沈義謙因公杜領議政尹元衡家元衡婚李摯趍誠

皇極編卷之七
老少

丙子二十二年春進士李齊億等疏略曰宋時烈並享于道峰書院此
何舉也時烈平生罪惡已殫于所洞燭矣
餘黨挾勢秉機踪迹所在一違祠已極寒心兩便先賢俎豆之地
受此貽辱士林之憤懑爲如何哉臣等目見斯文之壞相率叫閤承命
有司收士成命幼學朴繕等疏請勿以寔際熏蒸溫峰于先賢書院以伸
公議以慰士林幹信○幼學人○卿政院○ 啓曰李齊億等
等未皇兩踪而官以先正臣宋時烈不當合享于道峰高院昭雪爲辭
爲籍院年公暘覿正至于齊億之无極凶悖大暻覿悟之後昭雪焉
餘合此藏賢毒正之言復試援感上聽之計戢此捧八並達所懷傅曰
雖有輕重之別挾恰毒正之說盍可知矣齊億遂配朴繕定配還給

皇極編卷之八
申南

乙卯肅宗元年春令南天漢正言李齊啓署四時烈假
托山林把護朝權專務樹蠻排擯異己君父之所恃惟
憲類則四時鋒結凶言上而竇分而不恤意烈參溫
竇頼勿以久回回鄭振撫情托橫行詢羞豆語一徧視疎
陰司文久其獻目斯至擧去与迁陵選壞水志時烈目覩疎
之陵獻肆護朝平生貞化回難彈擊而悱亲亂倫金志閒帳
蔬父匈程長百尹集遼宗婿德之說可賢習世而受時烈之自
者遂請救之其之无宗抱其尋終於蔽個士林章言權坤名
沅此此諭涼沿兆氏人心當其賢大功先王
本竟實主堸降仁宣皇衰其大妃之眼文陸馬衆子婦大功先王

皇極編卷之十一
老少

癸卯三年春獻納權益寬啓署曰關集伏注之後腹心血
廳暗懷惹懇門賍罪人金希瞥前都承音中恩諾前欠將
張鵬翼前府使金希署前司諫金梓前縣監金令行等或
全家于卿男伏京第發轄遭踪佐來編終或富室而不各
用財或東眼而潛毙與密庶情踪陰秋人心惶懼正剌向來
十六人無異并徒遑康配○正言柳壽垣論大臣偏私
之失或朝雜來之伏出于謹外李迁迁之雄陽已戢
物情而恭來之伏出此千里無私之典○曹祭議李真儒
可綱之朝雜請徙濟遂施削板之典○曹祭議李真儒
精對人侍請金東弼柳壽垣一并補外○館學生金陀甲

皇極編卷之九
老少

辛丑景宗元年春正言金萬貴疏署四不靖之徒猥以偽
踪遣出嘗試至扵行道夢南漆兩眼笑踪音李真儒令又
景隴閣義大臣三司諫臣無一完人若不嚴疏無以鎮定
矢○判府事李頗命還到義州目巳述及李真儒疎上
章待罪曰慇論之魚韶鞏署朴理繁疎署曰李真儒疎慇之
膓怖相於何處之記耑翔招心曾曉其故地副使李摩亦
疎言行中禹用無以成懷品亦參疏論理難晏然矢上
并命勿參入來○修撰金民潽疏言攻斥新錄專遂入機關
始續荀民緒曰隨之元李愈疎疎陳請改錄傳遂入結束
漸緊擊臣七兄擢挈多矢仍乞解職不許○摩今洪龍祚

12

〈그림 5〉 규2(想白古951-052-H989)
규2 권5,6 표지 | 규2 권7,8 표지 | 규2 권5 | 규2 권7

〈그림 6〉 국도2(古2156-19)

국도2 표지 | 국도2 서문 | 국도2 권1 | 국도2 권3 맨끝

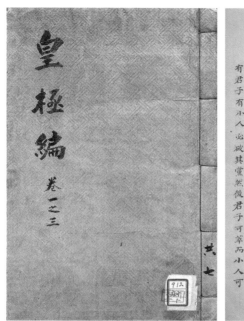

〈그림 7〉 규3(奎4878)
규3 표지 | 규3 본문 | 규3 본문 끝쪽

皇極編
禮
東西

正宗大王御製皇極編序
憶此編卽朋黨分爭之說也奚以名皇極也惟皇極
可以破此說故名也然則朋黨可破歟曰古之朋黨
不可破而今之朋黨可破也何者古則君子與君子
爲黨小人與小人爲黨欲破其黨則君子必受病而
小人必得志故歐陽修著朋黨論以爲人生惡病而
之戒而范純仁調停之說朱子非之此其所以不可
破也今則其爲黨也非君子小人也特歧於議耳役
亦一是非此亦一是非徒亦有君子有小人此亦有
君子有小人必破其黨然後君子可擧而小人可化

皇極編卷之一
東西
壬申/宣祖五年秋頒府事李浚慶臨終進遺劄請
破朋黨之私曰今世之人不事行檢高談大言結爲
朋此自謂高致一言不合排斥不用此乃/殿下公
聽並觀務去此獎之時也不然終爲國家難救之患
也劄入/上覽召大臣示之曰朝臣孰爲朋黨耶若
有其漸則朝廷亂矣於是外議洶洶至以欲梱士類
擬浚慶李珥亦曰人之將死其言也善浚慶之將死
其言也惡疏斥之三司又交章請罪修撰柳成龍曰

皇極編卷之十一
老少
癸卯三年春獻納權益寬啓略曰願集伏法之後覆
心血黨潛懷悉慝門默罪人金希魯前都承旨申思
喆前大將張鵬翼前府使金取魯前司諫金㮨前縣
監金令行等或全家下鄉身伏京第乘轎匿跡往來
綢繆或富室而不肖用財或裹服而潛與客席情跡
陰秘人心竞懼正與向來十六人無異益極邊遠期之
○正言柳壽垣疏論大臣偏私之失仍言鄭壽期之
東壁出於望外李廷濟之雄藩已駿物情而泰朱之

그림 출전

서울대학교 규장각 한국학연구원 소장
규1 : 古4250-34
규2 : 想白古951.052-H989
규3 : 奎4878

국립중앙도서관 소장
국도1 : 古215-57
국도2 : 古2156-19
국도3 : 충청남도역사박물관
국도4 : 한古朝56-나105

전남대학교 중앙도서관 소장
전도 : OC 2A5 황18ㅈ

책머리에

　조선후기 정치사는 흔히 당쟁사로 인식되었다. 조선왕조 국가의 멸망 원인으로서 지금까지도 당쟁망국론이 거론될 정도로 당쟁은 조선후기 정치 사를 부정적으로 묘사하는 개념이 되었다. 16세기에 붕당이 형성된 이후 이를 기반으로 삼아서 전개된 정치적 대립과 갈등을 17세기 붕당정치, 18세기 탕평정치, 19세기 세도정치로 유형화하여 이해하는 시각이 제시되기도 하였 지만 당쟁에 대한 부정적 인식이 크게 불식되지는 못하였다.

　조선후기 정치사에서 개인의 권력욕이나 사리사욕, 당리당략에 의한 모략 과 음모 등이 난무한 것은 사실이지만 이것만으로 모든 정치적 갈등을 설명할 수는 없다. 여기에는 개인의 권력욕이나 당리당략을 합리화하는 논리와 이에 의거하여 기득권을 유지 고수하려는 세력만이 있었던 것이 아니라 민생을 안정시켜 국가를 유지 보존하려는 세력과 논리도 역시 존재하였다. 이들은 현실 정치 속에서 서로 대립 갈등할 수밖에 없었는데, 당론서에는 바로 이러한 배경 속에서 발생한 다양한 사건들과 갈등 당사자들의 현실인식, 사유형태 등이 풍부하게 담겨 있다. 당론서를 통해서 표출된 주장과 논리는 이처럼 정책과도 긴밀하게 연관되어 있었다.

　조선후기에는 당쟁이 격렬하였던 것만큼이나 각 당파의 정당성을 주장하 는 수많은 당론서가 생산되고 필사를 통해 전파되었다. '당론서(黨論書)'란 17세기 이후 서인과 남인의 대립 갈등이 격화되는 가운데 생성되어, 이후 노론과 소론, 시파와 벽파의 갈등을 거치면서 각 정파의 행적과 논리의 정당성을 천명하기 위해 의도적으로 편찬된 자료를 지칭한다. 당론서는 국가의 공식 기록인《조선왕조실록》이나《승정원일기》와 같은 연대기, 또는 개인이나 문중에서 편찬하는 문집이나 전기류 등과는 구별되는 독특한 체제와 내용을 담고 있다.

여기에는 해당 시기 정계와 학계를 주도했던 인물들의 정치 행적뿐만 아니라 그들의 현실인식과 세계관, 이에 입각하여 정치적 과제를 설정하고 대처해 나가는 모습 등이 구체적으로 담겨있다. 이에 대해서 당대의 사회경제적 제반 조건과 관련지어 체계적이고 과학적으로 분석해야만 조선후기 정치적 갈등이 정책과 어떻게 관련되어 있는지를 드러낼 수 있을 것이다. 따라서 당론서는 조선후기 정치사를 과학적으로 인식하는 관건이 되는 자료라고 말할 수 있다.

조선후기 당론서는 현재 확인되는 것만도 그 규모가 방대하고 대부분이 한문 원자료 상태로 남아 있어 일반인의 접근이 어려운 것이 현실이다. 그리고 일부 번역된 것도 있지만 원문 번역에 그쳐서 일반인이 이해하기는 쉽지 않다는 문제가 있었다. 그리하여 관련 연구자가 전공 지식에 바탕을 두고 정밀한 역주를 통해서 친절하게 안내할 필요가 있다는 지적이 있어왔다.

본서의 번역에 참여한 세 사람의 전임연구원들은 모두 조선시대 정치사, 정치사상사 전공자들로서 다년간에 걸쳐서 당론서 번역 사업을 수행해왔다. 2006년에는 한국연구재단의 지원을 받아서 '당론서 3종 번역과 주석 및 표점 작업'을 진행하여《갑을록(甲乙錄)》(소론),《아아록(我我錄)》(노론),《동소만록(桐巢漫錄)》(남인)을 번역하는 사업을 완료하고,《동소만록》은 2017년에 간행하였다. 이어서 2013년과 2014년에는 '신규장각 자료구축사업'의 일환으로 서울대 규장각 한국학연구원의 지원을 받아 한국학자료총서로서《사도세자의 죽음과 그 후의 기억-《현고기(玄皐記)》 번역(飜譯)과 주해(註解)》(2015),《충역의 시비를 정하다《정변록(定辨錄)》 역주》(2016)를 간행하였다. 이와 병행하여 2011년에는 한국역사연구회, 2016년에는 한국사상사학회 주관으로 학술

대회를 통해서 연구 성과를 발표하기도 하였다. 또한 한국고전번역원의 '특수고전 정치사분야 협동번역사업'의 일환으로 2015년 《형감(衡鑑)》, 2016년 《족징록(足徵錄)》과 《진감(震鑑)》, 2017년 《유문변록(酉門辨錄)》과 《대백록(待百錄)》 등의 번역이 완료되었고, 2019년 《형감》(혜안)을, 2020년 《대백록》(혜안)을 각각 출간한 바 있다.

현재 본 번역팀에서는 2018년부터 2단계 사업에 착수하여 대상서목 3종 가운데 《동남소사(東南小史)》와 《수문록(隨聞錄)》의 역주를 완료하였고, 《황극편(皇極編)》은 현재 진행 중이다. 그 중에서 《동남소사》와 《수문록》 권1은 2020년 특수고전협동번역사업(정치사) 1차년도 우수 성과 원고 출판지원을 받아 2021년 출간을 완료하였고, 《수문록》 권2는 본서와 함께 2021년도 우수성과 원고 출판지원을 받아서 출간될 예정이다.

《황극편》은 정조가 탕평책을 추진하는 과정에서 붕당으로 분열되어 있던 신료들을 설득하여 정치에서 타협과 공존을 모색하기 위해 편찬한 당론서이다. 그 궁극적인 목적은 국가의 유지 발전을 위한 정책 마련이라는 정치의 본령을 회복하려는 것에 있었으므로, 그 가장 큰 걸림돌이 되었던 붕당은 타파되어야 한다는 시각에서 이전의 당쟁을 정리한 당론서이다. 이를 통해서 독자들은 선조부터 영조대까지 진행된 조선후기 당쟁에 대해 당대인의 시각으로 정리한 가장 객관적인 내용을 살펴볼 수 있을 것이다.

현존하는 《황극편》은 전체가 13권으로 구성되어 있는데, 본 팀은 전체를 4책으로 나누어 《황극편》 권1~3을 《황극편 1》로 우선 출간하게 되었다. 《황극편 1》에서는 사림이 붕당으로 분열되었던 선조대를 대상으로 하여 그 분열의 원인을 규명하였으며, 그것이 국가의 유지 발전을 가로막는다는 인식이 있었음에도 불구하고 그것을 극복하려는 노력이 좌절되어 이후 붕당 간 갈등이 격화되기에 이른 정치 과정을 역사적 사실에 입각하여 객관적으로 전달하려고 노력하였다. 따라서 독자 여러분께서는 이후 출간될 《황극편 2~4》의 전제가 되는 내용을 본서를 통해서 접할 수 있을 것이다.

20

본 사업을 진행하면서 많은 분들의 도움을 받았다. 한국고전번역원의 신승운 원장님 이하 권경열 기획처장, 장미경 평가실장 등 관련 임직원 여러분들이 당론서의 사료 가치를 공유하고 적극적으로 지원하여 이 사업이 완수될 수 있었다. 《황극편》 역주본의 출간을 앞두고 진심으로 감사를 표하는 바이다. 또한 한국고전번역원 출범의 산파 역할을 했던 유기홍 국회의원의 적극적인 후원에도 감사드린다. 연세대학교 국학연구원의 김성보 원장님 이하 임직원 여러분들의 도움에도 감사드린다. 특히 《황극편》의 간본은 전국의 도서관에 산재되어 있는데, 본 연구팀이 이들 간본을 검토할 수 있도록 제공하는 호의를 베풀어주신 서울대 규장각한국학연구원, 국립중앙도서관과 함께 전남대학교 중앙도서관 담당자에게도 감사의 마음을 전한다.

그리고 세 사람의 전임연구원과 함께 20년이 넘는 기간 같이 전공 세미나를 전개하며 물심양면으로 도움을 준 정호훈, 구만옥, 정두영 선생 등과도 출간의 기쁨을 함께 나누고 싶다. 당론서를 비롯한 국학 자료 출판에 애정을 갖고 더딘 번역 작업을 인내심을 갖고 기다려 주신 혜안 출판사 오일주 사장님과 난삽한 원고를 깔끔하게 정리해주신 김현숙, 김태규 선생께도 감사드린다.

2022년 2월
김 용 흠

차례

번 역

皇極編 校勘·標點

《황극편(皇極編)》과《황극편 1》해제

1. 정조 탕평책과《황극편》편찬

　본서는 정조(正祖)의 명으로 선조(宣祖)에서 영조(英祖)까지의 조선후기 당쟁을 정리하여 편찬한 당론서(黨論書)이다. 잘 알려진 것처럼 선조대 사림(士林)이 동인과 서인으로 분열된 이후 당쟁이 격화되어 분당(分黨)과 반정(反正)이 일어나고, 환국(換局)과 처분(處分)이 반복되었다. 특히 17세기 숙종(肅宗)대 이후에는 남인과 서인, 노론과 소론이 교대로 집권하면서 정치적 숙청이 반복되었는데, 이에 각 당파는 자신들의 정당성을 천명하는 당론서를 편찬하기 시작하였다. 예를 들면《동소만록(桐巢漫錄)》은 남인,《형감(衡鑑)》은 노론,《갑을록(甲乙錄)》은 소론의 입장을 대표하는 당론서이다.

　숙종 말기인 18세기 초에는 당쟁이 왕위 계승과 결부될 정도로 격화되어 마침내 경종(景宗)대 신축년(辛丑年, 1721)의 환국과 임인년(壬寅年, 1722)의 옥사(獄事)가 일어났으며, 영조 즉위 이후에는 무신란(戊申亂, 1728)이라는 전국적인 규모의 반란까지 발생하였다. 이로 인해 정치적 위기에 몰린 영조는 이를 극복하기 위해 자신의 정통성을 내외에 천명하는 것과 함께 탕평책(蕩平策)을 적극 추진하지 않을 수 없었는데, 그것이 일정한 성과를 거두기도 하였지만 결국 자신의 아들인 사도세자(思悼世子)를 죽음으로 내몰 정도로 심각한 대가를 치러야만 하였다.

　사도세자의 아들로서 조정 안에서 자신을 부정하는 적대 세력에 둘러싸여 가까스로 왕위를 계승한 정조는 즉위 직후부터 탕평책을 적극 천명하고 강력하게 추진하려고 시도하였다. 이를 위해 선조대 이래 각 당파의 시시비비를 분명하게 정리할 필요를 느끼고 정조가 직접 신하들에게 명령하여 편찬한 것이 바로 본서이다. 따라서 이것은 국왕의 입장이 강하게 투영되었다는 점에서 여타의 당론서와 구별되며, 정조 탕평책과 긴밀하게 연관되어 있다.

정조는 즉위 직후에 자신의 즉위를 방해한 세력을 치죄하고 《명의록(明義錄)》을 편찬하여 그 경위를 밝혔으며(1777년), 즉위 이후에도 끈질기게 지속된, 자신의 왕권을 부정하는 각종 역모 사건을 진압한 뒤 그 전말을 기록한 《속명의록(續明義錄)》을 편찬하였다(1778년). 이후에도 정조의 왕권을 부정하는 일각의 시도는 멈추지 않았는데, 정조는 탕평책을 통해서 이러한 위기를 극복하려고 시도하는 가운데 본서가 기획된 것으로 보인다. 정조 스스로 이 책을 편찬한 경위를 밝힌 서문에 갑진(甲辰, 1784)년으로 그 시기가 밝혀져 있는 것에서 그것을 추론해 볼 수 있다.

탕평책을 뒷받침한 정치론이 바로 탕평론(蕩平論)이었는데, 이는 숙종대 박세채(朴世采)에 의해서 처음으로 제출되었다. 숙종 즉위를 전후하여 남인과 서인이 교대로 집권하면서 정국이 혼란에 빠지자 박세채는 탕평론을 제출하여 이를 수습하려고 하였다. 그는 다른 무엇보다도 정치는 정책(政策) 마련을 위해 그 역량을 집중해야 할 것으로 보았으므로, 여기에 가장 큰 걸림돌이 되는 붕당(朋黨)은 타파(打破)해야 한다고 주장하였다(破朋黨論). 이것은 선조대 이이(李珥)의 파붕당론을 계승한 것으로서, 중국 송대 구양수(歐陽脩)의 붕당론(朋黨論)에 근거한 주자학(朱子學) 정치론(政治論)은 조선의 현실과 맞지 않는다는 인식에서 나온 것이었다.

그렇지만 지배층 다수가 주자학에 깊이 침윤되어 있었으므로 탕평론이 신료들 다수에게 수용되기는 쉽지 않은 것이 현실이었다. 그것을 염두에 두고 박세채는 탕평론의 정당성을 천명하기 위해 유교의 대표적 경전(經典)인 《서경(書經)》을 끌어들였다. 즉 그 〈홍범(洪範)〉편에 보이는 '홍범구주(洪範九

疇' 가운데 하나인 '황극(皇極)'을 인용하여 황극탕평론(皇極蕩平論)을 제출하였던 것이다.

은(殷) 말기의 현인이었던 기자(箕子)가 주(周)나라 무왕(武王)에게 제시한 정치의 대원칙이 바로 홍범구주였는데, 여기에는 유교 경세론(經世論)의 기본 얼개가 모두 들어 있었다. 그 가운데 다섯 번째에 보이는 '황극'은 정치에 객관적 기준이 존재하며, 이것은 군주가 체현(體現)한다는 인식이 담겨있다. 그 객관적 기준이란 민생 안정을 통한 국가의 유지·보존 내지 발전임은 두말할 나위가 없다. 황극탕평론은 이에 입각하여 붕당의 존재나 붕당의 의리는 그러한 대전제 아래에서만 인정받을 수 있고, 그것의 존립이나 정당성 여부는 군주가 결정한다는 국왕 중심 정치론이었다.

정조는 이러한 박세채의 황극탕평론을 수용하여, 오직 '황극'을 통해서만 붕당을 타파할 수 있다고 주장하면서 파붕당론의 당위성을 거듭 강조하였다. 중국 송대에는 군자당과 소인당으로 나뉘었으므로 붕당을 타파할 수 없었지만 조선의 붕당은 군자와 소인으로 구분되는 것이 아니라 각 붕당마다 모두 군자와 소인이 있고, 시(是)와 비(非)가 있어서 붕당을 타파해야만 군자가 모일 수 있고 소인을 교화시킬 수 있다고 주장하였다. 즉 송대와는 다른 조선의 현실에 근거하여 황극을 내세우면서, 구양수 붕당론을 계승한 주자학 정치론을 완곡하게 부정하였던 것이다. 이에 〈황극편서문〉에서 구양수의 붕당론에 얽매여 황극탕평을 부정하는 신료들을 비판하고, 영조의 탕평책을 높이 평가하면서 그것을 계승하겠다는 의지를 강력하게 표출한 것에서 본서가 《황극편》이라는 제목을 채택한 이유를 짐작해 볼 수 있다.

따라서 본서는 그 내용이 각 당파의 '당론'을 주요 대상으로 삼았으므로 '당론서'로 볼 수 있지만, 앞서 언급한 각 당파의 당론서와는 결이 다른 국왕 입장의 당론서로 볼 수 있다. 본서를 각 당파의 당론서와 비교 검토하면 당쟁사에 대한 객관적 인식에 보다 가깝게 접근할 수 있을 것으로 기대된다.

《황극편》이 간행되고 나서 작성된 《군서표기(群書標記)》의 〈친찬연기(親撰

緣起)〉에서는 조선의 사대부가 '언론을 숭상하고[尚言議] 명절을 중요하게 여겨서[重名節]' 오히려 갈등이 격화되어 붕당으로 분열되었다고 보았으며, 그로 인해 '군자와 소인이 나뉜 까닭'과 '충신과 역적을 구분하는 근거'가 모호해졌기 때문에 이것을 밝히기 위해 《황극편》을 편찬하였다고 밝혔다. 〈황극편서문〉에서는 '주장의 차이' 때문에 분열되었으며, '생각이 짧기' 때문에 갈등이 격화되었다고 주장하였다. 따라서 본서에서는 붕당이 갈등하는 정치 과정을 통해서 시시비비를 가릴 수밖에 없었으므로, 선조대부터 영조대까지 그 갈등하는 양상을 묘사하였지만 편찬자가 시비를 직접 판단하지 않고 사건의 전개과정을 보여주어 독자들이 스스로 그것을 깨닫게 하는 방식을 취하였다.

　서문에 이어서 16항목의 〈범례〉를 통해서 편찬 원칙을 제시하였는데, 그 첫 번째 항목에서 '황극'을 강조하고, 이준경(李浚慶)의 파붕당설을 실어서 전체의 강령으로 삼았다고 밝혔다. 그리고 각 붕당의 주장이 나온 내력과 관계없는 것을 수록하지 않았다고 밝혀서 본서의 기록이 정치사(政治史) 그 자체가 아니라는 것을 분명히 하였다. 이에 따라서 각 왕대별로 편년체(編年體) 형식을 취하여, 사건이 전개된 연도를 간지(干支)로 표기하고, 이와 관련된 신료들의 상소문, 차자(箚子), 계사(啓辭), 옥안(獄案)과 함께 임금의 전교(傳敎)는 물론이고 개인의 편지 등도 수록하였다.

　〈범례〉에서는 또 이이(李珥)가 편찬한 《경연일기(經筵日記)》를 비롯하여 《임계록(壬癸錄)》, 《조야첨재(朝野僉載)》, 《청야만집(靑野謾輯)》 등의 야사류를 참고하였다고 명기하였으며, 신료들의 문집(文集)과 소설(小說)에서도 인용하였지만 일일이 출전을 밝힐 수는 없었다고 하였다. 또한 사건이 발생한 구체적인 시기를 상고하기 어려워서 사건에 따라서 춘하추동만 밝혀 두었다고 한다. 따라서 이 책은 사건이 발생한 연도의 간지와 춘·하·추·동이 차례의 골간이 되었는데, 간간이 몇 월(月)이라고 밝힌 경우도 있다.

2. 《황극편》 간본의 종류와 사업 개요

본서는 편찬된 이후 수많은 필사본이 생성되어 유포되었던 것으로 보이는데, 그것이 활자본으로 편찬되지 않은 사정은 알 수 없다. 여기서 검토한 《황극편》 간본은 서울대 규장각한국학연구원 소장 3종과 국립중앙도서관 소장 4종, 그리고 전남대도서관 소장 1종으로서, 아래 〈표 1〉과 같은데, 크게 보아 12권 6책본 4종(규1, 국도3,4, 전도)과 13권 7책본 1종(국도1), 그리고 1책본 2종(규3, 국도2), 2책본 1종(규2)이 있다. 12권 6책본은 서문이 '황극편서'

〈표 1〉

구 분		규1	규2	규3	국도1	국도2	국도3	국도4	전도
형태		12권 6책	2책	1책	13권 7책	3권 1책	12권 6책	12권 6책	12권 6책
표지		붓글씨	붓글씨	붓글씨	펜+붓글씨	붓글씨	붓글씨	붓글씨	붓글씨
서문		황극편서	없음	없음	없음	어제황극편서	어제황극편서	어제황극편서	정종대왕 어제황극편서
범례		○			없음	○	○	○	○
1책	권1	○30자 15행			1쪽 결	○20자 10행	○22자 12행	○22자 12행	○20자 10행
	권2								
2책	권3	○27자 15행			○28자 14행				
	권4								
3책	권5	○30자 15행	○24자 12행						
	권6						○착간		
4책	권7	○27자 15행				없음			
	권8						○22자 12행		
5책	권9	○30자 15행							
	권10								
6책	권11		없음						
	권12								
7책	권13	없음	○20자 10행	○20자 10행		없음	없음	없음	
소장처 및 청구기호		서울대학교 규장각한국학연구원 소장 규1: 古4250-34 규2: 想白古951.052-H989 규3: 奎4878			국립중앙도서관 소장 국도1: 古215-27=MF 1-81-560 국도2: 古2156-19 국도3: 충청남도역사박물관 국도4: 한古朝56-나105				전남대학교 도서관 소장 : OC 2A5 황18ㅈ

로 되어 있는 것과 '어제황극편서'로 되어 있는 것으로 크게 구분된다.

12권 6책본 가운데 규1은 본문이 30자 15행 필사본(1책, 3책, 5·6책)과 27자 15행 필사본(2책, 4책)으로 구분된다.(〈그림 1〉). 1책(권1·2)과 2책(권3·4)은 자수와 행수가 서로 다를 뿐만 아니라 필체도 완전히 달라서 필사자가 다른 사람임을 분명히 알 수 있다. 1책에서도 권1·권2 모두 서로 다른 필체가 섞여 있으며, 2책은 더욱 필체가 서로 다른 부분이 많다. 3책은 비교적 한 가지 필체로 깔끔하게 필사되어 있는데, 그 필체가 1책과 유사하여 동일인이 주로 필사했을 가능성도 있어 보인다. 4책과 5·6책은 자수와 행수가 다르지만 비교적 유사한 필체로 필사되어 있는데, 역시 간간이 다른 필체가 섞여 있어서, 여러 사람들이 필사에 참여한 것을 알 수 있다.

그렇지만 또 다른 12권 6책본인 국도3은 모든 책이 22자 12행으로 동일하며, 책별로 필체가 다르지만 책 안에서는 모두 동일한 필체로 필사되어 있고, 표지에서 '황극편'이라는 제목 아래 예(禮)·악(樂)·사(射)·어(御)·서(書)·수(數), 즉 공자(孔子)가 말한 육예(六藝)를 따라서 책의 순서로 삼았다.(〈그림 3〉) 그리고 규1에서 본문 상단에 교정한 글자는 국도3에서 모두 수정되어 있고, 또 본문 상단 여백에 오탈자를 교정하였다.

그런데 또 다른 12권 6책본인 국도4 역시 모든 책이 22자 12행으로 동일하지만 국도3에서는 보이지 않는 필체로 되어 있다.(〈그림 4〉) 1·2책과 3책은 필체가 분명하게 차이가 나지만 각각 동일한 사람이 모두 필사하였는데, 4~6책은 1~3책과는 또 다른 필체이며, 같은 책 안에서도 여러 필체가 섞여 있다. 국도4 역시 국도3과 마찬가지로 공자가 말한 육예를 따라서 책의 순서로 삼았고, 국도3 상단의 수정 사항이 반영되어 있다. 따라서 규1 →국도3 →국도4 순으로 필사된 것은 분명한 것 같다.

이에 비해서 13권 7책본인 국도1은 모두 28자 14행으로 통일하여 책별로 비교적 일정하게 동일한 필체로 정갈하게 필사되어 있다.(〈그림 2〉) 그리고 1책과 2책은 필체가 분명히 다르지만 2~6책은 동일해 보이며, 앞선 간본처럼 서로 다른 필체가 섞여 있는 경우는 없고, 제7책인 권13은 이들과는 또 다른 필체로 필사되어 있다. 그런데 이 간본 6책 끝에 '충주군(忠州郡) 소태면(蘇台面)'이라고 기록되어 있는 것이 주목된다.

이렇게 본다면 규1이 초간본에 가장 가까우며, 이것이 나온 이후 전문 필사자들을 동원하여 다양한 필사본이 만들어진 것을 알 수 있다. 처음에 12권 6책본으로 편찬하고 '황극편서'라고 하였다가(규1), '어제황극편서'로 고치고 규1에서 제시한 오탈자를 수정한 뒤 본문을 22자 12행으로 통일하려 하였던 것으로 보이는데(국도3), 국도3은 권7에 착간이 있다. 국도3의 교정 사항을 반영하여 새롭게 필사한 것이 국도4이다.

맨 마지막으로 편찬된 것이 규3의 권13인데, 본문을 20자 10행으로 정갈하게 필사하였다.(〈그림 7〉) 국도1은 권1~12를 28자 14행으로 압축하고 이것을 합본한 것이다. 현재 전하는 13권 7책본인 국도1은 1책 표지의 '황극편'이 펜글씨로 되어 있고, 모두 서문과 범례, 그리고 권1의 맨 앞부분 1쪽이 빠진 결본이다. 2~7책 표지에는 책명인 '황극편'이 깔끔한 붓글씨로 씌어 있다. 7책의 권13은 규3과 표지 글씨도 다르고, 필체도 다른데, 규3이 보다 정갈한 필체로 되어 있다. 그 뒤에 다시 권13과 마찬가지로 권1~12까지 모두 20자 10행으로 정서하려다가 중단된 것이 국도2인 것 같다.

1책본인 국도2는 권1~3만 있는 영본(零本)인데, 20자 10행으로 정갈하게 필사하였고, 국도3의 수정 사항을 대부분 반영하였지만 권3의 맨 끝부분이 10행 정도 누락된 결본이다.(〈그림 6〉) 2책본인 규2 역시 권5~8만 있는 영본(零本)으로서 본문이 24자 12행으로 필사되어 있는데, 본문의 필체가 다양하고, 규1의 오류를 그대로 답습하고 있어 규1의 또 다른 필사본으로 추정된다.(〈그림 5〉) 그런데 표지가 '어(御)', '사(射)'로 되어 있어, 규1에서 공자의 육예에 맞추어 차례를 표기한 국도3으로 넘어가는 사이에 필사된 것 같다.

전남대학교 소장본(이하 '전도'로 약함)은 12권 6책인데, 서문이 '정종대왕 어제황극편서'라고 하였고, 6책 표지에 공자의 육예를 명기하였다. 그리고

12권 전체를 20자 10행으로 통일하였으며, 모두 동일한 필체로 정갈하게 필사되어 있지만 본문의 지질로 보아서 가장 최근에 필사한 것으로 보인다.

심지어는 서울대 규장각한국학연구원(奎15373)과 한국학중앙연구원(K2-166)에는 《공안자재(公眼自在)》라는 제목으로 《황극편》 권11, 권12가 6책으로 분책하여 필사되어 있는 자료도 보인다.

《황극편》의 간본이 이처럼 다양한 것을 보면 이에 대한 관심이 상당했음을 보여준다. 특히 국도1의 6책 끝에 '충주군(忠州郡) 소태면(蘇台面)'이라고 기록된 것은 이것이 지방에서 필사되었을 가능성을 시사하는 것으로서 그만큼 이 자료에 대한 수요가 전국적으로 존재하였다는 사실을 보여준다. 그렇다면 활자본으로 출판했을 만도 한데, 활자본은 물론, 그것이 시도되었다는 기록도 보이지 않는다. 이것은 정조 탕평책이 신료들 모두의 지지를 받지는 못하였다는 것을 반영한 것으로 보인다. 그렇지만 〈표 1〉에서와 같이 7종이나 되는 다양한 간본이 존재하고, 간본 가운데 각기 다른 여러 필체로 필사된 것이 보이는 점은 이 자료를 필요로 하는 신료들 역시 적지 않게 존재하였다는 사실을 말해준다.

본 사업팀은 13권 전체를 번역 대상으로 삼고, 주요 대본은 최초 간본에 가장 가까운 것으로 보이며 영인본이 있는 규1로 하고, 여기에 규3을 덧붙였다. 원문은 국도4를 주요 교감 대상으로 삼고, 현존하는 문집 등 1차 자료에 근거하여 명백한 오자는 수정하여 본문을 확정·입력하고, 번역·주해하였다. 그리고 전체를 4책으로 나누어서 《황극편 1~4》로 구분하여, 《황극편 1》은 권1~3, 《황극편 2》는 권4~6, 《황극편 3》은 권7~9, 《황극편 4》는 권10~13을 대상으로 사업을 진행하여 순차적으로 출판하기로 결정하고, 올해 《황극편 1》을 먼저 선보이게 되었다.

3. 《황극편》의 전체 구성과 특징

《황극편》은 1572년 선조대 동서 분당부터 영조가 특명으로 이광좌(李光佐) 등 소론 탕평파 대신들의 관작을 복구한 1772년까지 국왕대별로 편년체로 편찬되었다. 각 왕대별로 붕당 관련 사건이 있었던 해의 간지(干支) 순서대로 기록하고, 필요한 경우 춘·하·추·동으로 그 시기를 밝혔으며, 월(月)을 명기한 경우도 있다. 그리고 작은 글씨로 본문 아래 두 줄로 '고이(考異)'라고 쓰고, 본문의 사건과 관련된 이설(異說)을 수록해 두었다. 그 전체적인 구성은 다음 〈표 2〉와 같다.

본서는 각 권별로 맨 앞에 주요 당색을 밝혔는데, 권1~3은 '동서', 권4~6은 '서남', 권7~13은 '노소'라고 세로쓰기로 표제를 붙이고, 권3에는 '남북', 권4에는 '대북·소북', 권6에는 '노소', 권13에는 '준탕(峻蕩)'이라고 쓴 작은 글씨를 괄호쓰기로 붙여 놓았다. 이로써 동인과 서인, 남인과 북인, 대북과 소북, 서인과 남인, 노론과 소론이 본서에서 거론되는 주요 당색임을 알 수 있다. 아래 〈표 2〉는 권별로 22자 12행을 기준으로 글자수를 계산하여 각 권별 비중을 헤아려 본 것이다.

〈표 2〉

권수	권1	권2	권3	권4	권5	권6	권7	권8	권9	권10	권11	권12	권13
제목	동서	동서	동서 남북	서남 대북 소북	서남	서남 노소	노소	노소	노소	노소	노소	노소	노소 준탕
연도	1572 ~ 1581	1583 ~ 1585	1589 ~ 1600	1601 ~ 1674	1675 ~ 1680	1681 ~ 1694	1696 ~ 1715	1716 ~ 1720	1721	1722	1723 ~ 1724	1725 ~ 1727	1728 ~ 1772
왕	선조	선조	선조	선조 ~ 현종	숙종	숙종	숙종	숙종	경종	경종	경종	영조	영조
자수 (%)	16704 7.5	14805 6.7	14632 6.6	20128 9.1	12769 5.8	15865 7.2	16524 7.5	18844 8.5	23753 10.7	14625 6.6	13961 6.3	18187 8.2	20600 9.3
비중(%)	20.8			9.1	28.9				23.6			17.5	

*총 221,397자

34

 그리고 각 왕대별로 사건이 발생한 연도를 간지로 표기하였는데, 임금마다 즉위년부터 글자수를 계산하여 본 것이 다음 〈표 3〉이다. 총 자수가 권별로 계산한 것보다 약간 적어졌는데, 그것은 각 면마다 행을 바꾼 것을 무시하고 계산하여, 이것이 권별로 계산한 것보다 적었기 때문이다.

〈표 3〉

왕	선조	광해군	인조	효종	현종	숙종	경종	영조
연도	1572~1608	1608~1623	1623~1649	1649~1659	1659~1674	1674~1720	1720~1724	1724~1772
글자수	56,415	1,100	1,408	0	5,214	60,654	50,129	46,468
비중(%)	25.5	0.5	0.6	0	2.4	27.4	22.6	21.0

*총 221,388자

 그 전체적인 분량을 보면 숙종대(27.4%)가 가장 많고, 그 다음은 선조대이다. 〈표 2〉에서 선조대라고 명시한 권1~3(46,141자)과 권4에 포함된 선조대 10,274자를 합하면 전체의 4분의 1을 넘는다. 숙종의 재위 연대가 46년에 이르고, 선조대는 동서 분당의 조짐이 나타난 1572년(선조5)부터 시작되었으므로, 당쟁이 발생한 선조대의 비중이 숙종대 못지않게 큰 것을 볼 수 있다. 경종대(22.6%)가 그 다음을 차지하고 있는데, 경종의 재위 연대(1720~1724)를 감안하면 경종대의 비중이 오히려 다른 어느 왕대보다 더 크다는 것도 알 수 있다. 1721년의 환국과 1722년의 옥사가 영조 탕평책에 결정적 영향을 끼쳤으므로 이것은 어쩌면 당연한 일일 것이다.

 권13의 표제가 '노소'인데, '준탕'을 부제로 제시한 것이 주목된다. 영조대에는 탕평론을 두고 노론과 소론이 모두 온건파인 완론(緩論)과 강경파인 준론(峻論)으로 분열되었는데, 영조대 탕평책을 주도한 것은 완론 탕평파로 알려져 있다. 그런데 정조대에는 각 당파에서 준론을 대표하는 인물들까지 포괄하여 준론 탕평을 시도하면서, 그 연원을 밝히려는 의도가 '준탕'이라는 부제로 표출된 것으로 보인다. 그렇다면 권13은 정조대의 준론 탕평 입장에서 영조 탕평정치의 전개 과정을 정리한 것으로 볼 수 있으므로, 이에 대한 새로운 접근이 이루어졌을 것으로 보여서 관련 연구자들의 주목을 받을 것 같다.

4. 《황극편 1》의 구성과 내용

《황극편 1》은 《황극편》 권1~3까지를 번역하고 주해한 책이다. 권1은 선조 5년인 1572년에 시작해서 1581년(선조14)까지, 권2는 1583년(선조16)에서 1585년(선조18)까지, 권3은 1589년(선조22)에서 1600년(선조33)까지로 구성되어 있다. 권1~3은 모두 '동서'를 표제로 삼고 있는데, 권3에서는 '동서' 아래 작은 글씨의 가로쓰기로 '남북'이라고 부기하여 남북 분당이 포함되어 있음을 보였다.

권1은 〈범례〉에서 밝힌 대로 사림이 동인과 서인으로 분열되기 전에 그 조짐을 예언한 1572년 이준경 상소문과 그것을 둘러싼 논란에서 시작하고 있다. 이때는 이이(李珥)가 상소하여 이준경을 비판하였었다. 그리고 이어서 심의겸(沈義謙)과 김효원(金孝元)이 갈등한 내력을 밝히고 이로 인해 동인과 서인이라는 명목이 등장하였다고 하면서 동·서의 주요 인물을 나열하였다. 다음에는 재령군에서 종이 주인을 죽인 사건 처리를 두고 허엽(許曄) 등 동인이 박순(朴淳)을 공격하면서 양측의 갈등이 격화되는 양상을 제시하였다.

1575년에는 동인과 서인 사이에서 정치적 갈등이 본격화된 양상과 이이가 이것을 완화하기 위해 심의겸과 김효원 두 사람을 지방관으로 내보낸 일을 거론하였다. 1576년에는 이이의 양시양비론(兩是兩非論)과 그에 대한 논란이 주된 내용이다. 특히 이이가 동인·서인을 가리지 않고 대화를 통해서 시사를 논평한 것이 공정하다고 인정받은 사실 등을 세밀하게 제시하고, 그럼에도 불구하고 갈등이 멈추지 않는 정치 현실을 묘사하였다. 다음 1578년으로 넘어가서 동인이 동시서비(東是西非)론으로 서인에 대한 공격을 강화하는

양상과 그 일환으로서 윤두수(尹斗壽)·윤근수(尹根壽) 형제와 그 조카 윤현(尹
晛), 즉 삼윤(三尹)이 진도의 저리(邸吏)인 이수(李銖)로부터 뇌물을 받았다고
공격하면서 이들을 비호한 정철(鄭澈)을 사당(邪黨)으로 몰아가는 과정을 기록
하였다.

1579년에는 대사간(大司諫) 이이가 동서의 갈등 과정을 비판적으로 논한
상소문을 길게 인용하고, 백인걸(白仁傑)의 상소문을 이이가 지어주었다고
동인이 공격한 사건의 전말을 기록하였다. 또한 동인 가운데서도 이이를
공격하는 것이 지나치다고 인정하는 사람들의 발언을 소개하고, 이어서
이이가 이발(李潑)과 성혼(成渾)에게 편지를 보내서 동·서인의 당파적 정치
행태를 비판적으로 논한 내용을 또한 길게 인용하였다.

1580년에는 정인홍(鄭仁弘)이 출사하여 갈등을 격화시키는 양상을 보여주
었다. 이어진 1581년은 권1에서 가장 많은 분량을 차지하고 있다. 특히 대사헌
이이가 동서 사이의 갈등을 완화하기 위해 정인홍의 말을 따라서 심의겸을
탄핵하였는데, 정인홍이 이이와의 약속을 저버리고 정철까지 공격하여 이이
가 이것을 비판하였지만 동인들의 당파적인 행태가 확대되는 것을 저지하지
못하는 과정을 묘사하였다. 그럼에도 불구하고 이이가 선조에게 이것을
핑계로 붕당으로 몰아서 신료들을 처벌하는 것을 경계한 말을 맨 끝에 기록해
두었다.

권2는 1583년에서 1585년까지 3년을 다루었는데, 대부분이 1583년 동인이
이이를 공격하다가 송응개(宋應漑)·박근원(朴謹元)·허봉(許篈)이 유배 가기에
이른 사건인 이른바 '계미삼찬(癸未三竄)'과 관련된 내용이다. 여기서는 이들이
상소문과 계사를 통해서 이이에 대한 인신 공격까지도 서슴지 않는 과정을
있는 그대로 보여주었으며, 이이를 비호한 박순을 탄핵하는 내용도 보인다.
그리고 그와 아울러 이이를 변론한 성혼(成渾), 왕자사부 하락(河洛), 유학
신급(申礏), 전라도 유생 서태수(徐台壽), 경기전 참봉 변사정(邊士貞), 황해도
유생 유대춘(柳帶春) 등의 상소문 등도 함께 수록하여, 양측 주장의 타당성

여부를 독자 스스로 판단할 수 있게 하였다. 동인인 김홍민(金弘敏)이 상소하여 이이와 성혼은 물론 박순까지 공격하자 선조가 이를 반박하면서 스스로 이이와 성혼의 당에 들어가고 싶다고 한 유명한 말도 기록으로 남겼다.

1584년에는 김우옹(金宇顒)이 계미삼찬을 비판한 상소문을 제시하였고, 1585년에는 정여립(鄭汝立)이 경연에서 이이를 비판하다가 선조로부터 송대에 스승인 정자(程子)를 배반했던 형서(邢恕)와 같다고 지적받은 사실 및 정여립과 동인을 공격하는 의주목사 서익(徐益)의 상소문과 그에 대한 논란을 기록하였다. 1584년에 이이가 사거한 뒤 동인이 심의겸 등 서인을 공격하는 과정과 이에 대항하는 생원 이귀(李貴)와 조광현(趙光玹) 등의 상소문을 요약하여 제시하고, 선조가 이귀를 직접 불러서 나눈 대화도 기록으로 남겼다.

권1과 권2에서는 동인과 서인간의 갈등을 완화시켜보려는 이이의 노력을 중심으로 편찬되어 있다. 편찬자가 드러내놓고 이이가 옳았다고 말하지는 않았지만 이이를 비호했던 서인은 물론 동인들 가운데서도 이이가 공정하다고 말한 증언을 수록하고, 이이가 이발과 성혼에게 보낸 편지까지도 제시한 것에서 그것을 추론할 수 있다. 당색을 따지지 말고 정책 마련에 유능한 인재를 선발하면 붕당을 타파할 수 있다는 이이의 조제론(調劑論)과 파붕당론(破朋黨論)이 후일 탕평론의 주요 요소가 된 것을 감안하면 이것은 어쩌면 자연스러운 일일 것이다. 그렇지만 실제 전개된 정치 과정에서는 이이의 주장이 수용되지 못하는 현실을 적나라하게 묘사하였다.

권3은 1589년에서 1600년까지의 시기를 대상으로 삼았는데, 동인·서인 사이의 갈등 과정에서 1589년 기축옥사(己丑獄事)를 계기로 동인이 남인과 북인으로 분열되는 내용을 담았다. 1589년은 겨울에 발생한 정여립(鄭汝立) 옥사에서 시작된다. 황해 감사 한준(韓準)의 장계로 정여립 일당을 처벌하였는데, 호남 유생 양천회(梁千會)가 상소하여 이발(李潑) 등 조정 신료들이 정여립 역모에 관련이 있는데도 처벌을 면하였다고 고발하였다. 선조는 이 상소를 믿지 않았지만 정여립과 왕래한 서찰이 나와서 결국 우의정 정언신(鄭彦信)이 사퇴하고 정철이 정승이 되었다. 이어서 양사에서 김우옹 등이 정여립과 관련이 있다고 탄핵하였으며, 정여립의 조카인 정즙(鄭緝), 낙안 교생 선홍복(宣弘福) 등의 공초에서 이발·백유양 등을 끌어들여서 결국 이들이 국문을 받고 죽음에 이르렀고, 호남 유생 정암수(丁巖壽) 등의 상소로 정여립 역모사건이 확대되는 과정을 기록하였다.

1590년에는 정여립 옥사가 확대되어 정개청(鄭介淸)과 최영경(崔永慶)이 국문을 받고 죽임을 당하는 과정을 묘사하였다. 1591년에는 세자 책봉 문제를 거론하였다가 정철이 탄핵을 받고 유배되자 정국이 바뀌어 윤근수 등이 그 당여로 몰려서 처벌받는 과정과 정철에 대한 공격을 두고 동인이 온건파와 강경파로 분열되어 남인과 북인이 등장한 사실을 기록하였다.

1592년에는 임진왜란이 발생하자 선조가 시를 지어 동서 당쟁을 비판하였지만 신료들의 당파적 행태가 멈추지 않는 양상과 성혼이 선조가 피난 갈 때 문안하지 않은 사실을 거론하였다. 1593년에는 선조가 서울로 돌아와서 일본과의 강화를 반대한 사실과 이것을 둘러싼 논란을 기록하였다. 1594년에는 최영경이 정철의 모함을 받고 죽었다는 상소가 있어 이를 둘러싼 논란이 전개되는 과정과 전 현감 박성(朴惺)이 상소하여 이이와 성혼을 탄핵한 사실, 그리고 유성룡이 명나라 사람 정응태(丁應泰)의 무고를 변무하는 사행을 꺼려하였다고 탄핵당한 사실 등을 기록하였다.

다음은 1598년으로 건너뛰어서 다시 북인들이 유성룡을 집요하게 탄핵하여 관작이 삭탈되는 과정을 기록하고, 이어서 유성룡을 옹호하는 남인과 이산해를 옹호하는 북인의 인물을 나열한 뒤, 동인이 남인과 북인으로 분열되었다고 명기하였다. 1599년에는 이원익(李元翼)이 정승으로서 끈질기게 유성룡을 변론하면서 북인들이 대북과 소북으로 분열되어 당파적 행태를 자행하고 있다고 비판한 사실을 기록하였다. 마지막으로 1600년에는 대북이 홍여순(洪汝諄)을 지지하는 골북(骨北)과 이산해(李山海)를 지지하는 육북(肉北)으로 분열된 사실을 기록하고, 당쟁을 비판하는 곽재우(郭再祐)의 상소문을 수록한 뒤, 북인들이 서로 탄핵하다가 이산해와 홍여순의 관작이 모두 삭탈된 사실을 덧붙여 두는 것으로 끝을 맺었다.

　결국 권3은 이이(李珥)가 사거한 이후 조제론과 파붕당론이 설 땅을 잃자 당파적 갈등이 극단으로 치닫는 양상을 사실 그대로 보여주었다고 볼 수 있다. 동인의 남북 분당에서 나아가 북인이 대북과 소북, 대북이 골북과 육북으로 끝없이 분열된 것이 그것이다. 광해군대 대북 정권과 이에 대한 반발로 인조반정이 발생한 뒤 서인 역시 분열의 조짐이 없었던 것은 아니었지만 숙종대 노론과 소론으로 분열되기까지 100여 년 가까이 분열이 늦춰진 것은 동인의 분열이 그 반면교사 역할을 하였기 때문으로 볼 수 있다. 이어지는 《황극편 2》 이하에서 우리는 그것을 보게 될 것이다.

　《황극편 1》은 결국 후대의 황극탕평론 입장에서 사림이 분열되어 붕당이 발생하고, 당쟁이 격화된 과정에 대하여 최대한 간결하게 압축한 보고서로 간주할 수 있다. 그 과정은 정치가 정책 마련에 역량을 집중하는 것을 방해하는 과정이었으며, 그것이 문제가 있다는 인식과 그것을 극복하려는 시도가 없었던 것은 아니었지만 결국 좌절되기에 이르는 과정이기도 하였다. 이로써 《황극편》 전체에서 선조대가 차지하는 비중이 큰 이유를 짐작해 볼 수 있다. 즉 서문에서도 밝힌 바와 같이 정조 입장에서는 신료들이 탕평책에 적극 협력하여 이러한 잘못을 다시 되풀이 하지 말기를 바라는 염원을 담았다고도 볼 수 있다. 이것은 어쩌면 정조대만이 아니라 오늘날의 정치 역시 반면교사로 삼아야 할 우리의 역사적 자산이기도 할 것이다.

번
역

《황극편(皇極編)》 서문(序文)

아! 이 《황극편(皇極編)》은 붕당 간 분쟁에 대한 내용이다. 왜 황극[1]이라고 이름하였는가? 오직 황극만이 이 붕당의 설을 타파할 수 있으므로 그렇게 이름 붙였다. 그렇다면 붕당은 타파할 수 있는가?

옛날의 붕당은 타파할 수 없지만 오늘날의 붕당은 타파할 수 있다. 왜인가? 옛날에는 군자는 군자끼리 당을 만들고 소인은 소인끼리 당을 만들었으므로 당을 타파하려고 들면 군자는 반드시 해를 입고 소인은 반드시 뜻을 이루게 되었다. 따라서 구양수(歐陽脩)[2]는 〈붕당론(朋黨論)〉을 저술하여 임금이 붕당

---

1) 황극(皇極) : 《서경(書經)》 〈홍범(洪範)〉편에 보이는 홍범구주(洪範九疇) 가운데 하나이다. 주(周)나라 무왕(武王)이 은(殷)나라를 정벌한 뒤 기자(箕子)를 방문하여 나라를 다스리는 도리에 대해 물었을 때 기자가 대답한 것이 바로 홍범구주이다. 그 아홉 가지 가운데 다섯 번째에 황극이 있는데, "다섯 번째 황극은 임금이 나라 다스리는 법칙을 세우는 것이니 이 다섯 가지 복을 거두어들여 백성들에게 베풀어 주면 백성들 역시 그 표준을 준수하여 황극을 지켜 줄 것이다.[五皇極, 皇建其有極, 斂時五福, 用敷錫厥庶民, 惟時厥庶民, 于汝極, 錫汝保極.]"라고 하였다. 이 구절을 그 아래 보이는 "편벽됨이 없고 편당함이 없으면 왕의 도가 탕탕(蕩蕩)하고, 편당함이 없고 편벽됨이 없으면 왕의 도가 평평(平平)하며, 상도(常道)에 위배됨이 없고 기울어짐이 없으면 왕의 도가 정직할 것이니, 그 극(極)에 모이고 그 극으로 돌아올 것이다.[無偏無黨, 王道蕩蕩 ; 無黨無偏, 王道平平 ; 無反無側, 王道正直, 會其有極·歸其有極.]"라는 구절과 결합하여 황극탕평론(皇極蕩平論)을 처음으로 제창한 것은 숙종대 박세채(朴世采)였다. 영조를 이어서 정조 역시 이것을 수용하여 탕평론의 입장에서 당쟁을 정리하고 그 책명으로 삼은 것이다.

2) 구양수(歐陽脩) : 1007~1072. 중국 송나라의 정치가이자 문인이다. 자는 영숙(永叔), 호는 취옹(醉翁), 시호는 문충(文忠)이며 당송팔대가(唐宋八大家)의 한 사람이다. 송 인종(仁宗)과 영종(英宗) 때 범중엄(范仲淹)과 한기(韓琦)를 중심으로 한 새 관료파에 속하여 부정부패와 무능한 관료사회를 일신하기 위해 노력하였다. 특히 독특한 붕당론(朋黨論)을

44

을 싫어해서는 안 된다고 경계하였고,3) 주자(朱子)4)는 범순인(范純仁)5)의 조정
설(調停說)을 비판하였다.6) 이것이 붕당을 타파할 수 없는 이유였다.

제출하여 군자는 군자와 더불어 모이며, 소인이 소인과 더불어 모이는 것은 자연의
이치와 같다고 역설하여 이전까지의 부정적 붕당관을 넘어서는 논리를 제공하였다.
1067년 신종(神宗) 때 동향후배인 왕안석(王安石)의 신법(新法)에 반대하여 관직에서
물러났다.
3) 구양수(歐陽脩)는 …… 경계하였고 : 송(宋)나라 인종(仁宗) 경력(慶曆) 3년(1043)에 구양수
가 간관(諫官)으로 재직하고 있었는데, 강직한 재상 범중엄(范仲淹)이 유배되는 사건이
발생하였다. 이 과정에서 붕당에 관한 논쟁이 일어나자 구양수는 〈붕당론〉을 지어,
붕당 자체가 나쁜 것이 아니라 소인들의 거짓 붕당을 물리치고 군자들의 참된 붕당을
쓰는 것이 중요하다고 주장하였다. "인군(人君)된 자가 소인(小人)의 위붕(僞朋)을 물리치
고 군자의 진붕(眞朋)을 쓰기만 한다면 국가가 잘 다스려질 것입니다."라는 그의 말은
이를 잘 보여준다.
4) 주자(朱子) : 남송대 학자이자 정치가인 주희(朱熹, 1130~1200)이다. 자는 원회(元晦)·중회
(仲晦), 호는 회암(晦庵)·회옹(晦翁)·운곡산인(雲谷山人)·창주병수(滄洲病叟)·둔옹(遯翁)
등이 있다. 북송대 발원한 송대 이학(理學)을 집대성하여 그의 학문을 주자학(朱子學)이라
고 칭하였다. 18세에 과거에 급제한 뒤 지방관을 전전하다가 영종(寧宗) 즉위 후 시강관(侍
講官)으로 발탁되었으나 한탁주(韓侂胄)의 공격을 받고 파직당하여 불우한 말년을 보냈
다. 한탁주는 도학(道學)을 위학(僞學)으로 규정하고 주희의 제자들을 탄압하였다. 이것
을 '경원당금(慶元黨禁)'이라고 한다. 한탁주가 죽은 뒤 '문공(文公)'이라는 시호를 받았다.
주자학은 고려 말에 신흥 사대부로 대표되는 지식인들이 신봉하기 시작하여 새로운
왕조국가인 조선을 개창하는 사상적 바탕이 되었으며, 이후 조선왕조가 멸망할 때까지
주류 사상의 지위를 유지하였다.
5) 범순인(范純仁) : 1027~1101. 자는 요부(堯夫)고, 범중엄(范仲淹)의 둘째 아들이다. 인종(仁
宗) 황우(皇祐) 원년(1049) 진사가 되었다. 아버지가 죽은 뒤 출사(出仕)하여 양성지현(襄城
知縣)이 되었다. 이후 시어사(侍御史)와 동지간원(同知諫院)을 지냈다. 왕안석(王安石)
변법(變法)은 부당하다고 격렬하게 비판하다가 하중부지주(河中府知州)로 쫓겨났다.
철종(哲宗) 때 급사중(給事中)이 되고, 원우(元祐) 원년(1086) 동지추밀원사(同知樞密院事)
에 올랐다. 나중에 재상이 되었다가 철종이 친정(親政)하자 영주안치(永州安置)로 폄적되
었다. 시호는 충선(忠宣)이고. 저서에 《범충선문집(范忠宣文集)》이 있다.
6) 주자는 …… 비판하였다 : 조정설(調停說)은 붕당 사이의 세력 균형을 통해서 갈등을
해소하자는 주장을 이른다. 송(宋)나라 원우(元祐) 연간에 범순인(范純仁)과 여대방(呂大
防)이 재상으로 있으면서 조정한다는 명목으로 등온백(鄧溫伯) 등 왕안석(王安石)의
당여를 등용하였다. 선인태후(宣仁太后) 사후 이청신(李淸臣)을 중서시랑, 등온백을 상서
우승으로 삼자, 이들은 원우 연간의 정책을 비난하고 신법(新法)을 부활할 의도로 장돈(章
惇)을 재상으로 삼았다. 이에 대해 유안세가 말하기를 "범순인과 여대방은 군자와
소인은 형세상 얼음과 재처럼 양립할 수 없다는 것을 몰랐기 때문에 요행의 문을
열어 이청신과 등온백을 맞아들였다. 이들이 손바닥 뒤집듯이 쉽게 바른 사람들을

　　지금은 붕당이 군자나 소인으로 나뉘어서 형성된 것이 아니라 단지 주장에 따라 갈린 것뿐이다. 그리하여 저쪽에도 하나같이 시(是)와 비(非)가 있고 이쪽에도 하나같이 시와 비가 있으며, 저쪽에도 군자와 소인이 있고 이쪽에도 군자와 소인이 있으니, 반드시 그 당을 타파한 후에야 군자가 모일 수 있고 소인이 교화될 수 있다. 그러므로 선정신(先正臣) 이이(李珥)[7]는 사류(士流)를 조제(調劑)하는 것[8]을 자신의 책임으로 삼았고, 선대왕(先大王 : 영조)의 50년 공적 중에서도 황극을 세우신 것보다 큰 것이 없으니, 이것이 바로 붕당을 타파할 수 있는 이유이다.

　　그런데도 어떤 이들은 주자와 구양수의 주장을 억지로 끌어다가 선대왕께서 황극을 세우신 공적에 대하여 유감이 없을 수 없다고 하니, 이는 편견과 사심에 얽매여 옛날과 지금을 변별할 줄 모르는 것이다. 여름 한철을 사는 벌레에게 어떻게 얼음에 대해 말해줄 수 있겠는가? 사실 지금의 붕당은 음붕(淫朋)[9]이니, 음붕 치고 타파할 수 없는 음붕이 어디 있겠는가? 성인이

　　몰아내었으니, 조정설이 무슨 유익함이 있겠는가?” 하며 비판하였다.(《宋名臣言行錄 後集 卷12 劉安世》) 주자 또한 군자들이 붕당을 이루는 것은 문제가 안 되며, 나아가 임금을 군자의 당에 끌어들여 태평성대를 이룩해야 한다는 붕당론을 견지하였으므로 범순인의 조정설에 비판적이었다. 《晦庵集 卷28 與留丞相書》

7) 이이(李珥) : 1536~1584. 본관은 덕수(德水), 자는 숙헌(叔獻), 호는 율곡(栗谷)·석담(石潭)· 우재(愚齋)이다. 1558년 봄 예안(禮安)의 도산(陶山)으로 이황(李滉)을 방문했고, 그 해 겨울의 별시(문과 초시)에서 장원한 뒤, 아홉 차례의 과거에 모두 장원하여 ‘구도장원공(九度 壯元公)’이라 일컬어졌다. 선조대 사림(士林)이 집권하여 동인과 서인으로 분열되자 그 타개 방안으로서 조제론(調劑論)을 제출하였다. 그와 함께 법제의 개혁을 통해서 당시의 국가 위기를 극복해야 한다고 줄기차게 주장하면서, 이조판서까지 올라가 그것을 실천하는 것에 힘쓰다가 과로로 죽었다.

8) 이이(李珥)는 …… 것 : 동서분당(東西分黨)의 상황에서 이이는 양당에 다 나름의 시비(是 非)가 있다는 것을 인정하고, 이것을 넘어서 당시의 국가 위기 극복을 위해 필요한 인재를 조제(調劑)하여 보합(保合)해야 한다고 주장하였다. 이것은 조선의 당시 현실이 송대와는 다르다는 것을 근거로 삼아서 구양수와 주자의 붕당론을 부정한 것이었다. 이후 제출된 탕평론이 모두 이러한 이이의 조제론을 계승한 것은 그것이 주자학 정치론과 다른 정치론이라는 것을 보여준다. 이 아래에서는 신료들이 주자학을 내세우며 이에 대해 반발하는 것을 조선의 현실을 근거로 들면서 비판하고 있다.

9) 음붕(淫朋) : 사사로이 편당을 짓는 것을 이른다. 《서경》〈홍범(洪範)〉에서 구주(九疇)

다시 온다 해도 내 말을 바꾸지는 못할 것이다.

　이 책을 살펴보건대 분쟁이 일어난 지 거의 300년이 되었다. 피차 간에 문호(門戶)를 나누어 앞뒤로 서로 이어져 왔지만, 그 요점은 모두 작은 일에서 시작하여 끝내는 큰일이 되었고, 사가(私家)에서 시작된 일을 위로 조정에까지 밀어올렸으며, 논쟁으로 말미암아 점차 시기하고 이기려는 지경에 이르렀다. 맹세를 지키듯 이기는 것에 집착하고, 쇠뇌에 건 화살이 튀어나가듯 시비를 따져대며,10) 의심하는 사람에 대해서는 수레에 실린 귀신을 본 듯이 활시위를 당기려 하고,11) 증오하는 사람에 대해서는 사사건건 흠을 찾아 집중 표적으로 삼아서, 그 형세가 서로의 씨를 말리지 않으면 그치지 않는 지경이 되었다.

　선대왕께서 이를 근심하여 황극을 세우고 사방이 귀일하게 하셨다. 그리하여 하해와 같은 은혜로 적셔주시고 태산 교악(泰山喬嶽) 같은 위엄으로 진정시키셨으며, 하늘처럼 덮어 주시고 땅처럼 품어 주시며, 해와 달처럼 비추어 주시고 서리와 이슬처럼 제때 베풀어주시어, 조정 신료들을 창칼 속에서 빼내어 편안한 삶을 누리게 하셨으니, 아아, 성대하도다! 선왕이 아니셨다면 지금까지 살아남았을 사대부가 과연 몇이나 되었겠는가?

　비록 그러하나 그 습속이 고질이 된 까닭에 교화가 더디었다. 덕(德)으로 대하되 따르지 않으면 예(禮)로써 인도하고, 예로써 인도하되 또 따르지

　가운데 다섯 번째인 황극의 요건으로서, "무릇 서민들이 음험한 붕당을 지음이 없고 지위에 있는 사람들이 아첨함이 없는 것은 오직 임금이 그들을 위해서 표준을 세워주었기 때문이다.[凡厥庶民, 無有淫朋, 人無有比德, 惟皇作極.]"라고 한 구절에서 인용한 것이다.
10) 맹세를 …… 따져대며 :《장자》〈제물론(齊物論)〉의 "쇠뇌에 건 화살과 같이 튀어 나간다는 것은 시비를 따져 대는 것을 말하고, 신에게 맹세하듯이 변함없다는 것은 자기의 승리를 지키려는 고집을 이른다.[其發若機栝, 其司是非之謂也; 其留如詛盟, 其守勝之謂也.]"라는 구절을 인용한 것이다.
11) 수레에 …… 하고 :《주역(周易)》〈규괘(睽卦) 상구(上九)〉에 "어그러지고 외로워서 돼지가 진흙을 등에 묻은 것과 귀신(鬼神)이 한 수레에 가득 실려 있는 것을 보는 것이니, 먼저 활시위를 당겼다가 나중에는 시위를 풀어놓는다.[睽孤, 見豕負塗, 載鬼一車, 先張之弧, 後說之弧.]"라고 한 대목에서 나온 말로, 미워하는 것이 심하면 마치 한 수레에 가득히 실려 있는 귀신을 보는 것처럼 여기게 되어 활시위를 당기려 하게 된다는 뜻이다.

않으면 형정(刑政)으로 다스려서, 깊이 감화시키고 굳게 지켜 나가길 50년을 지속한 후에야 큰 성과를 거두었으니, 그 어려움이 이와 같았다. 이러한 까닭에 고심(苦心)과 지극한 정성[血誠]으로 고령의 나이에도 게을리 하지 않으시고 한시도 마음에서 잊지 않으시어 간곡하게 타이르고 경계하셨으니, 이는 나 소자와 조정 신료들이 함께 우러르며 공경히 받든 바이다. 《서경(書經)》에서 이르기를, "어찌 감히 내 전답의 일을 끝마치지 않겠는가?"[12] 하였고, 또 이르기를, "전대 영인(寧人)의 공(功)을 어찌 마무리하지 않겠는가?"[13] 하였으니, 선대왕의 훌륭한 가르침과 빛나는 공적을 계승하여 조정 신료들을 화합하게 하는 것은 진실로 나 소자의 책임이로되 조정 신료들 또한 어찌 마땅히 조심하고 삼가야 하지 않겠는가?

　바야흐로 이제 상처가 겨우 아물려 하고 조정에 남아있는 신료들도 많지 않은데, 만약 다시 그 사이에 파란이 일고 하찮은 분쟁이 끼어든다면 그 불행이 어떠하겠는가? 옛날에도 우승유(牛僧孺)·이종민(李宗閔)[14]이나 삭당(朔黨)·촉당(蜀黨)[15]과 같이 붕당을 형성한 자들이 분명 있었지만, 분열에 분열을 거듭하

---

12) 어찌 …… 않겠는가 : 《서경》 〈대고(大誥)〉에 "하늘이 은나라를 망하게 함은 농부와 같으니, 내가 어찌 감히 나의 전묘의 일을 마치지 않겠는가?[天惟喪殷, 若穡夫, 予曷敢不終朕畝?]"라고 한 구절을 인용한 것으로, 선대가 일궈 놓은 터전에서 일을 완수하겠다는 의지를 나타내고 있다.

13) 전대 …… 않겠는가 : 《서경》 〈대고(大誥)〉에, "내 어찌 전 영인의 공을 마칠 것을 도모하지 않겠는가?[予曷其不于前寧人圖功攸終?]"라는 말을 인용한 것이다. 영인(寧人)은 무왕(武王)의 대신(大臣)인데, 당시에 무왕을 '영왕(寧王)'이라 하였으므로 무왕의 대신을 '영인'이라 한 것이다. 이것이 전하여 영인은 '옛날에 문덕(文德)이 있던 사람'을 칭하는 말이 되었고, 본문에서 전영인(前寧人)은 선대왕(先大王), 즉 영조를 이른다.

14) 우승유(牛僧孺)·이종민(李宗閔) : 당나라 목종(穆宗)에서 무종(武宗) 시대에 우승유·이종민이 하나의 당을 결성하고, 이길보(李吉甫)·이덕유(李德裕) 부자가 하나의 당을 이루어 대립했던 일을 말한다. 이들은 약 40년 동안 서로를 배격하며 정권을 다투었다. 《新唐書 卷180 李德裕列傳》

15) 삭당(朔黨)·촉당(蜀黨) : 북송 철종(哲宗) 원우(元祐) 연간에 왕안석(王安石)의 신법(新法)을 반대하여 구법(舊法)을 주창하던 조신(朝臣)들의 붕당(朋黨)으로, 정이(程頤)가 영수였던 낙당(洛黨)과 함께 '원우 삼당(元祐三黨)'이라 불리었다. '삭당'은 유지(劉摯)가 영수이고 주요 인물은 양도(梁燾), 왕엄수(王巖叟), 유안세(劉安世) 등이 있는데, 이들이 모두 북방(北

여 한 가문에서 싸우며 같은 길도 달리 가고, 한 집안에서 편을 갈라서 간과 쓸개처럼 가까운 사이도 초나라와 월나라처럼 멀어지기로는[16] 우리나라같이 심한 경우가 없었다. 어찌 우리나라가 한쪽에 치우쳐 있어, 사람들 또한 편협한 기질을 타고나 그런 것이겠는가? 아! 생각이 짧기 때문일 뿐이다. 설령 티끌만한 혐의나 눈 흘길 만한 감정이 있다 해도, 이로 말미암아 집안에 재앙이 닥치고 나라가 불행해질 것은 어찌하여 두려워하지 않는단 말인가? 진실로 마음가짐을 평정하게 하고 이치를 공정하게 살펴, 나에게 죄가 있으면 자성하고 남에게 과오가 있으면 용서하여 서로서로 깨우쳐주고 가르쳐서 각자의 도리를 다한다면[17] 이것이 바로 황극의 도리이니, 어떻게 당을 지을 수 있겠는가?

내가 이런 뜻으로 경계하여 말한 것이 또한 여러 번이었지만, 돌이켜보면 말만 번거로웠지 듣는 이는 멀고, 마음만 수고로웠지 효과는 없었으니 나 혼자 더 어찌하겠는가? 아! 선대왕 같이 훌륭한 분도 오히려 짧은 시간에 해소하지 못하시고 반드시 긴 세월이 지나서야 공적을 이루셨는데, 하물며 나 소자가 어떻게 감히 쉽게 말하겠으며, 또 어찌 감히 힘쓰지 않겠는가? 오직 선대왕께서 도모하신 공업(功業)을 헛되이 하지 않고 나의 세신(世臣)과 함께 대화합을 이루어 선대왕의 영광을 계승하는 것이 나 소자의 뜻이다. 이에 그 뜻을 기록하여 《황극편》의 서문으로 삼노라.[18]

方) 사람이므로 삭당이라 불렸고, '촉당'은 소식(蘇軾)이 영수이고 주요 인물은 여도(呂陶), 상관균(上官均) 등이 있는데, 이들이 모두 사천(四川) 사람이므로 촉당으로 불렸다. 《小學紺珠 名臣 元祐三黨》

16) 간과 …… 멀어지기로는 : 《장자(莊子)》〈덕충부(德充符)〉에서 "서로 다른 것을 따지면 다 같이 배 속에 있는 간과 쓸개도 초나라 월나라처럼 멀다고 할 수 있다.[自其異者視之, 肝膽楚越也.]"라고 한 구절에서 인용한 것이다.

17) 각자의 도리를 다한다면[靖共厥位] : 《시경(詩經)》 소아(小雅) 소명(小明)》의 "아아, 군자들은 편안히 거처하는 것을 떳떳하게 여기지 말라. 네 지위에 조용히 있으면서 공손히 하여, 정직한 사람을 도와주면, 신이 네 소원을 들어주어, 복록을 너에게 주리라.[嗟爾君子, 無恒安處, 靖共爾位, 正直是與, 神之德之, 式穀以女.]"라고 한 것에서 인용한 것이다.

18) 삼노라 : 정조대 편찬된 《군서표기(群書標記)》에는 이 뒤에 1784년(甲辰, 정조8)이라고 그 작성 연대가 명기되어 있다.

범례(凡例)

하나. 이 편을 편집한 것은 대개 앞사람의 실패를 경계로 삼아 백성들에게
　　황극(皇極)을 베풀기 위함이다. 첫머리에 고 상신(故相臣) 이준경(李浚慶)[1]
　　의 붕당을 타파하자는 주장[破朋黨說][2]을 실어 이 편 전체의 강령으로
　　삼았다.

하나. 선조(宣祖)[3] 을해년(1575, 선조8) 이후 여러 성조(聖祖)의 시대에 나온

---

1) 이준경(李浚慶) : 1499~1572. 본관은 광주(廣州), 자는 원길(原吉), 호는 동고(東皐)·남당(南
　　堂)·홍련거사(紅蓮居士)·연방노인(蓮坊老人)이다. 1504년(연산군10) 갑자사화 때 화를
　　입어 사사된 할아버지와 아버지에 연좌되어 6세의 어린 나이로 형 이윤경(李潤慶)과
　　함께 충청도 괴산에 유배되었다가 1506년 중종반정으로 풀려났다. 1522년(중종17) 사마
　　시에 합격하였고, 1531년(중종26) 식년 문과에 급제하여 청현직을 두루 역임한 뒤,
　　1558년 우의정이 되고, 1565년 영의정까지 올랐다.

2) 이준경(李浚慶)의 …… 주장[破朋黨說] : 이준경은 선조 대 주석지신(柱石之臣)이라 불리었
　　던 상신(相臣)이다. 1572년(선조5) 죽기 직전에 올린 차자에서 이준경은 나라의 선비들이
　　붕당을 맺는 조짐이 있음을 예견하고 그 폐해를 제거하도록 선조에게 건의하였다.
　　이에 대한 해석을 두고 동인과 서인 사이에서 서로 다른 입장을 취하여 논란이 되었다.(《宣
　　祖修正實錄 5年 7月 1日》《我我錄》《桐巢漫錄》)

3) 선조(宣祖) : 1552~1608. 조선 14대 왕(1567~1608)이다. 본관은 전주(全州). 초명은 균(鈞),
　　뒤에 연(昖)으로 개명하였다. 1552년 11월 11일 한성(漢城) 인달방(仁達坊)에서 출생하였
　　다. 중종의 손자이며, 덕흥대원군(德興大院君) 초(岹)의 셋째아들이고, 어머니는 증영의
　　정(贈領議政) 정세호(鄭世虎)의 딸인 하동부대부인(河東府大夫人) 정씨(鄭氏)이다. 비는
　　박응순(朴應順)의 딸 의인왕후(懿仁王后)이며, 계비는 김제남(金悌男)의 딸 인목왕후(仁穆
　　王后)이다. 명종의 사랑을 받으며 성장하여 하성군(河城君)에 봉해졌고, 1567년 명종이
　　후사 없이 죽자 즉위하였다. 훈구(勳舊) 세력을 물리치고 사림(士林)을 대거 등용하여
　　기묘사화(己卯士禍) 때 화를 당한 조광조(趙光祖) 등을 신원(伸冤)하고 그들에게 해를
　　입힌 남곤(南袞) 등의 관작을 추탈하였으며, 을사사화(乙巳士禍)를 일으킨 이기(李芑)·윤

소장(疏章)과 정교(政敎) 가운데 기록할 만한 것이 많지만 당론(黨論)의
내력과 무관한 것은 비록 큰일이라 하더라도 처음부터 수록하지 않았다.

하나. 하나의 사건으로 인해 각자 당을 만들고 떼지어 일어나 떠들어대는
일은 이목만 어지럽혔을 뿐 사실과는 무관하였다. 그러므로 여러 상소
가운데 내용이 가장 상세한 것이나 새로운 말을 추가한 것을 취하였으며,
번거로운 것은 삭제하고 요점만을 기록하였다. 그 외 나머지는 단지
이름만을 남기고 그 상소가 있었다는 것만을 기록하였는데, 그것은 그
당을 변별하기 위한 것일 뿐이다.

하나. 사적(事績)이 문헌에 드러나 있지 않고 소문으로만 전해지는 것은 감히
망령되이 기록하지 않고 궐의(闕疑)의 뜻4)을 따랐다.

하나. 피차간에 소문을 기록한 것이 다르지만 사실을 빠트릴 수 없는 것은
고이(考異)의 사례5)와 같이 쌍행(雙行)으로 소주(小註)를 달았다.

하나. 대간이 말한 것을 사헌부 아룀[府啓], 사간원 아룀[院啓]이라 칭하는
것은 비록 속례(俗例)이나 경연에서 늘 쓰는 말투에 가까우므로 곧장

원형(尹元衡) 등을 삭훈(削勳)하였다. 그렇지만 선조대에 사림이 동인과 서인으로, 동인이
남인과 북인으로 분열되어 당쟁이 본격화되었다. 이로 인해 국력이 손상되어 임진년
(1592)과 정유년(1597) 두 차례의 왜란을 당했다. 왜란이 끝난 뒤 1604년에 호성(扈聖)·선무
(宣武)·청난(淸難) 등의 공신을 녹훈하여 전쟁을 마무리 짓고 전후 복구 사업에 힘을
기울였다. 그러나 흉년이 거듭되고 동인·서인의 당쟁은 더욱 격심해져서 커다란 시련을
받았다. 더욱이 죽기 직전에 측근을 불러 적자 영창대군(永昌大君)을 보필해달라고
유언했으나 뜻을 이루지 못하고 광해군이 즉위하게 되자 영창대군의 수명을 단축하는
결과만 가져왔다. 선조는 묘호이고, 능호는 목릉(穆陵)으로 경기도 구리시 인창동에
있다.

4) 궐의(闕疑)의 뜻 : 의심스럽거나 확실하지 않은 것은 기록하지 않았다는 말이다. 공자의
제자 자장(子張)이 벼슬하는 요령을 배우려 하자, 공자가 이르기를 "많이 듣되 의심난
것은 빼 버리고 나머지만 삼가서 말하면 허물이 적을 것이고, 많이 보되 불안한 것은
빼 버리고 나머지만 삼가서 행하면 뉘우치는 일이 적을 것이다.[多聞闕疑, 愼言其餘則寡尤;
多見闕殆, 愼行其餘則寡悔.]"라고 한 데서 온 말이다. 《論語 爲政》

5) 고이(考異)의 사례 : 북송대 사마광(司馬光)이 《자치통감(資治通鑑)》을 지을 때 뭇 책을
참고하여 그 같고 다른 점을 평하고 취사에 뜻을 두어 《고이(考異)》30권을 지은 일을
가리킨다.

아무개 관원 모(某)가 아뢰었다는 말로 서두를 삼았다. 그러나 당론이 일어난 초창기의 일은 율곡(栗谷)의 《경연일기(經筵日記)》6)에 나온 것을 취한 것이 많은데, 거기서 사람의 성명을 말하지 않고 다만 사헌부, 사간원 이라고만 하여 누구인지를 알아낼 방도가 없으므로 성명을 아는 경우를 제외하고는 부득이하게 본문을 따라 사헌부, 사간원이라고 칭하였다.

하나. 오로지 당론의 전해진 것과 변화된 것만을 취하였을 뿐, 처음부터 역사를 기록하려고 한 것이 아니다. 따라서 국가의 형정(刑政)은 기축년 (1589, 선조22),7) 경신년(1680, 숙종6),8) 신축(1721, 경종1)·임인년(1722,

---

6) 경연일기(經筵日記) : 문성공(文成公) 이이(李珥)가 명종 20년(1565)부터 선조 14년(1581) 까지의 경연 내용을 정리하고, 조목마다 '근안(謹按)'으로 시작하는 논단을 붙여 놓은 책이다. 《율곡전서(栗谷全書)》 권28~30에 수록되어 있다.

7) 기축년 : 기축옥사를 이른다. 1589년(선조22) 황해도 관찰사 한준과 안악군수 이축, 재령군수 박충간 등이 연명하여 정여립 일당이 한강이 얼 때를 틈타 한양으로 진격하여 반란을 일으키려 한다고 고발하였는데, 이것이 이른바 기축옥사의 시작이었다. 관군의 포위망이 좁혀오자 정여립은 아들 옥남(玉男)과 함께 죽도로 도망하였다가 자살하였다 고 전해진다. 서인 정철(鄭澈)이 위관(委官)이 되어 사건을 조사, 처리하면서 동인의 의론을 주도하였던 이발(李潑)·이길(李洁)·백유양(白惟讓) 등이 처형되었고, 이로써 동인 의 세력이 크게 약화되었다.

8) 경신년 : 숙종 초에 정권 주도 세력이 남인에서 서인으로 교체된 경신환국(庚申換局, 1680)을 이른다. 남인은 1674년(현종 15)의 갑인예송(甲寅禮訟)에서 승리하여 정권을 잡았으나, 그 해 즉위한 숙종은 모후인 명성왕후 김씨(明聖王后金氏)의 영향으로 모후의 사촌 김석주(金錫冑)를 요직에 기용하여 남인을 견제하였다. 그러던 중 1680년 3월 남인의 영수인 영의정 허적(許積)이 할아버지 잠(潛)의 시호(諡號)를 맞이하는 잔칫날에 벌어진 이른바 유악(油幄 : 왕실 사용의 기름칠한 천막) 사건이 그 발단이 되었다. 마침 이날 비가 내려 숙종은 유악을 허적의 집에 보내고자 하였으나, 이미 가져간 것을 알고 크게 노하여 군권(軍權)의 책임자들을 불러 서인에게 군권을 넘기는 전격적인 인사조처를 단행하였다. 즉, 훈련대장직을 남인계의 유혁연(柳赫然)에서 서인계의 김만 기(金萬基)로 바꾸고, 총융사에는 신여철(申汝哲), 수어사에는 김익훈(金益勳) 등 모두 서인을 임명하였다. 어영대장은 당시 김석주가 맡고 있었으므로 서인이 군권을 독점하게 된 것이다. 이와 같이 남인을 멀리하는 숙종의 태도가 확실하게 드러난 뒤, 정원로(鄭元老) 의 고변으로 이른바 '삼복의 변[三福之變]'이 있게 되었다. 즉, 허적의 서자 견(堅)이 인조의 손자이며 인평대군(麟坪大君)의 세 아들인 복창군(福昌君)·복선군(福善君)·복평 군(福平君) 등과 함께 역모를 도모하였다는 것이다. 이들은 모두 잡혀와 고문 끝에 처형되었고 복창군·복선군 등은 귀양갔다가 다시 잡혀와 참형을 받아 죽었다. 허견의 아버지 허적은 처음에는 그 사실을 몰랐다고 하여 죽음을 면하였으나, 뒤에 악자(惡子)를

경종2)의 대옥9)과 같은 것이라고 하더라도 단지 옥안(獄案)의 대략만을 기록하였을 뿐 본 사건의 득실에 대해서는 논하지 않았다. 사문(斯文)의 시비에 대해서도 사가(私家)에서 주고받은 내용은 양문(兩門)의 변증 상소에 모두 올라있으므로 중복하여 기록하지 않았다.

하나. 기록한 내용은《경연일기(經筵日記)》,《임계록(壬癸錄)》,10)《조야첨재(朝野僉載)》,11)《청야만집(靑野謾輯)》,12) 그리고 기타 저명한 가문의 문집, 소설(小說) 등 여러 서적들에서 뒤섞여 나왔는데, 혹은 그 한 단락을 취하거나 혹은 여러 단락을 합하여 기록하였으므로 그 내용이 나온 본래

엄호하였다 하여 죽임을 당하였다. 이로써 남인이 몰락하고 서인들이 득세하기 시작하였다.

9) 신축·임인년의 대옥 : 신축년(1721, 경종1)부터 임인년(1722, 경종2)까지 노론과 소론의 갈등이 옥사(獄事)로 확대되어 노론 계열이 대거 숙청된 사건을 이른다. 1721년 노론 측은 왕세제 책봉에 이어서 왕세제에 의한 대리청정을 도모하였다. 그러나 소론 측의 반격으로 결국 대리청정 시도는 실패로 돌아가고 노론은 정계에서 축출되었는데 이를 신축환국(辛丑換局)이라고 한다. 신축환국 이후 소론이 정국을 주도하는 상황에서 1722년 노론 측이 삼급수(三急手)로 경종을 시해하려고 했다는 목호룡(睦虎龍)의 고변을 계기로 임인옥사가 발생하였다. 신임옥사는 노·소론의 갈등이 사문(斯文) 관련 시비를 벌이던 종전과 달리 왕위 계승과 관련된 충역(忠逆) 논쟁으로 확대되어 살육이 자행되는 결과를 가져왔다.

10) 임계록(壬癸錄) : 경신환국 이후 1682년(숙종 8) 김익훈(金益勳)이 허새(許璽)·유명견(柳命堅) 등을 무옥하려 한 사건의 전말을 기록한 책이다. 1682년 무옥의 발단에서부터 1725년(영조 1) 이 사건이 마무리될 때까지의 소(疏)·계(啓)·전교(傳敎) 등을 모은 것인데, 편자와 편년은 알 수 없다. '임계록'이라는 책명은 밀계가 올려지고 그로 말미암아 서인이 노론·소론으로 분당되기 시작한 시기인 임술년(1682)과 계해년(1683)의 간지를 취한 것이다.

11) 조야첨재(朝野僉載) : 숙종때 편찬된 조선시대의 편년사(編年史)이다. 50권 29책(별록 2권)의 필사본으로서, 조선 태조에서 숙종 46년(1720)까지의 사실(史實)을《국조보감(國朝寶鑑)》·《용비어천가》등을 참고해 엮은 것이다. 서(序)와 발(跋)이 실려 있지 않아 편년이나 편자를 알 수 없다.

12) 청야만집(靑野謾輯) : 고려 말부터 조선 숙종 때에 이르기까지의 야사를 뽑아 연대순으로 엮은 책이다. 여러 이본(異本)이 있는데, 장서각본 서문에 따르면 1739년(영조 15) 이희겸(李喜謙, 1707~?)이 편찬한 것으로 보인다. 이희겸은 윤동수(尹東洙)의 문인인데, 윤동수는 윤증(尹拯)의 아우인 윤추(尹推)의 손자이다. 따라서 이 책은 서인-소론의 입장이 반영되어 있다.

책에 대해서 일일이 주석을 다는 것은 형세상 어렵다.

하나. 사사로운 서신이 장주(章奏)에 인용된 경우 간혹 호(號)나 자(字)를 쓰기도 하였으므로 그 본명을 주로 달았다. 한번 주를 단 것은 이후 다시 주를 달지 않았다.

하나. 조정에서 물러나거나 나아갈 때에는 서로 배척하기 마련이므로, 논핵을 입은 자의 대항하는 상소에 별도로 상고할 만한 사실이 없으면 모두 기록하지 않았다.

하나. 모 사건[某事]의 일월(日月)은 대부분 오래되어 상고하기 어려우므로, 일률적으로 기록하지 않고 1년 중 춘하추동만 사건에 따라 앞에 기록하였다.

하나. 신축·임인년 간의 소장은 대부분 비답이 없다가 해를 넘긴 뒤에 내린 경우가 많았고, 대신과 삼사가 일을 논하고, 변론하거나 폭로하는 상소에 대해서도 또한 대부분 "윤허하지 않는다."거나 "사직하지 말라."는 의례적인 비답을 내린 것이 많다. 그래서 그 중 글을 지어 비답을 내린 경우를 제외하고는 모두 수록하지 않았다. 다만 글을 지어서 끝마치기 곤란한 경우에 한해서만 "윤허하지 않는다[不允].", "따르지 않는다[不從]."는 두 글자로 끝을 맺었다. 비록 을사(乙巳, 영조1)년 이후의 소장이라 하더라도 의례적인 비답이나 받아들여 시행하지 않은 것들은 또한 일일이 상세하게 기록하지 않고 간략하게 기록하기에 힘썼다.

하나. 모인(某人)이 발계(發啓)한 경우, 그밖에 여기에 연계(連啓)한 계사들은 모두 기록하지 않는다.

하나. 상소문들은 모두 요약함을 원칙으로 하였으나 고 상신 조문명(趙文命)[13]

---

13) 조문명(趙文命) : 1680~1732. 본관은 풍양(豐壤), 자는 숙장(叔章), 호는 학암(鶴巖), 시호는 문충(文忠)이다. 소론 출신으로, 1721년(경종1) 수찬을 거쳐 부교리가 되어 붕당의 폐해를 통렬히 논했고, 영조 즉위 후에는 파붕당(破朋黨)의 설을 제창하다가 민진원(閔鎭遠)의 배척을 받았다. 1727년(영조3) 정미환국으로 소론이 재진출하면서 이조참의에 특별히 임명되어 이조참판 송인명(宋寅明)과 함께 탕평론을 재천명했고, 이후 대제학과 이조판

이 탕평(蕩平)을 주장한 상소14)만은 전편을 모두 기록하여 이 황극편의 주된 논지로 삼았다.

하나. 각 당 중의 소소한 다툼으로서 한 개인의 이해(利害)에 불과할 뿐 본래 의리와는 관련이 없는 것은 금방 일어났다가 금방 사라졌으므로 기재할 필요가 없으나, 그 중 소소하나마 명색(名色)이 남아있다가 곧 사라진 것들은 모두 당시 논의의 아래에 붙여서 기록하여, 역사에서 부용국(附庸國)을 기록하는 예와 같이 하였다.

하나. 탕평 정치는 영종(英宗) 기유년(1729, 영조5) 가을 대처분(大處分)15)의 통유(洞諭)에서 시작되어 계미년(1763, 영조39) 가을 문순공(文純公) 박세채(朴世采)16)의 종향(從享)17)에서 종결되었다. "탕평"이라는 두 글자로써 별도

서를 거쳐 좌의정에까지 이르렀다.

14) 조문명(趙文命)이 …… 상소 : 이것은 1727년(영조3) 노론 강경파가 축출되고 조문명이 이조 참의에 제수된 후, 붕당을 타파할 것을 주장하며 올린 상소로서, 이것을 계기로 영조대 탕평정치가 본격적으로 추진되었다. 《承政院日記 英祖 1年 10月 15日, 3年 7月 2日》

15) 대처분(大處分) : 1729년(영조5) 8월 18일에 내린 하교를 이른다. 1728년(영조4)의 무신란(戊申亂)에서 보이듯 영조의 정통성을 부정하는 일부 정치 세력들의 존재로 인해 정국의 불안은 가중되고 있었다. 영조는 난의 진압 못지않게 사후 처리 과정에서 자신의 정통성을 강화하는 동시에 노·소론 모두를 참여시켜서 새로운 탕평정국을 조성하려고 노력하였다. 요컨대 영조는 자신의 정통성에 아무런 하자가 없음을 천명해야 했고, 무신란을 기화로 소론 전체를 치죄의 대상으로 보던 노론의 공세를 억제하고 탕평정국을 유지하기 위해 소론 가운데 난에 가담하지 않은 온건파들이 계속해서 조정에 남아 있을 수 있는 명분도 남겨 줘야 했다. 이에 영조는 건저 대리(建儲代理)와 삼수역옥(三手逆獄)을 분리하여 전자는 충(忠)으로, 후자는 역(逆)으로 구분하였다. 이에 따라 임인년 옥사에서 처벌받은 4대신 중에서 건저 대리에만 관련된 이건명(李健命)과 조태채(趙泰采)는 신원되었지만, 삼수 역옥에 관련된 패자역손(悖子逆孫)을 둔 김창집(金昌集)과 이이명(李頤命)은 신원되지 못했다. 4대신 중의 절반을 충으로 하고 절반을 역으로 규정한 논리는 노론의 출사를 유도하는 것이었고, 패자역손의 논리는 소론의 반발을 무마한 것이었다. 이로써 영조는 신임옥사를 둘러싼 노론과 소론의 정치 의리를 절충하여 노론과 소론을 함께 등용하는 탕평정치를 추진하고자 하였다.

16) 박세채(朴世采) : 1631~1695. 본관은 반남(潘南), 자는 화숙(和叔), 호는 현석(玄石)·남계(南溪)이다. 아버지는 홍문관교리 박의(朴猗)이며, 어머니는 신흠(申欽)의 딸이다. 1651년 김상헌(金尙憲)과 김집(金集)의 문하에서 수학하였다. 1659년 기해예송에서 송시열(宋時

의 색목을 세우지 않은 것은 이것이 동인·서인·노론·소론처럼 각각 따로 문호를 세우는 부류가 아니기 때문이다. 이미 "탕평"이라 하였으면 각각의 색목이 합하여져 하나가 됨을 이르는 것이므로, 당론이 갈라져 나뉜 것과는 같지 않으니 색목으로 지칭할 수 없다. 또한 "탕평"이라고 하는 것은 그 지론이 탕탕평평(蕩蕩平平)한 것을 이르는데, 노론이니 소론이니 하는 색목은 진실로 변한 적이 없으니, 또 어떻게 이름을 붙이겠는가?

烈)·송준길(宋浚吉)과 같이 기년설(朞年說)을 주장하였다가 처벌받았다. 1680년 경신환국 이후 출사하여 1683년 황극탕평론(皇極蕩平論)을 제창하였다. 1694년 갑술환국 이후 좌의정으로서 숙종의 탕평책을 적극 뒷받침하였으며, 대동법이 황해도로 확대 시행되게 하였다.

17) 박세채의 종향(從享) : 숙종대 서인이 노론과 소론으로 분열되어 갈등이 격화되자, 1683년(숙종9) 박세채는 〈황극탕평론(皇極蕩平論)〉을 제출하여 양편의 파당적 대립을 막으려 노력하였다. 그의 탕평론은 선조대에 이이가 주장한 조제보합설(調劑保合說)을 계승한 것으로서 영조·정조대에 이르러 탕평책을 본격적으로 시행할 수 있는 중요한 기반을 제공하였다. 이에 영조는 갑신년(1764, 영조40) 숭정전(崇政殿)에 친림하여 박세채를 문묘(文廟)에 종향할 것을 중외(中外)에 반교(頒敎)하였다. 《英祖實錄 40年 5月 28日》 여기서 계미년이라고 한 것은 이해에 각도의 유생들이 박세채를 종향해달라고 청한 것을 종향한 것으로 착각한 듯하다.

황극편(皇極編) 권1
동(東)·서(西)

　임신년(1572, 선조5) 가을, 영중추부사(領中樞府事) 이준경(李浚慶)이 세상을 떠날 때 유차(遺箚)를 올려[1] 붕당의 사사로움을 타파하라고 청하며 말하기를,

　"지금 사람들은 품행과 몸가짐에 힘쓰지 않고 고담대언(高談大言)하면서 붕당을 결성하는 것을 고상한 풍치로 여겨서, 말 한 마디라도 자기 뜻에

---

[1] 이준경(李浚慶)이 …… 올려 : 이준경(1499~1572)은 선조대 주석지신(柱石之臣)이라 불리었던 상신(相臣)이다. 유차(遺箚)는 신하가 죽음에 임박하여 의리(義理)와 올바른 치도의 구현을 위해 임금에게 올리던 글이다. 1572년(선조5) 죽기 직전에 쓴 유차에서 이준경은 "요즘 사람들은 행검(行儉)을 일삼지 않고 책읽기도 힘쓰지 않으며, 거창한 말만을 늘어놓고 붕비(朋比)를 결성한다."고 하여, 나라의 선비들이 붕당을 맺는 조짐이 있음을 예견하고 그 폐해를 제거하도록 임금에게 건의하였다. 이이(李珥)와 이준경은 을사년(1545)의 위훈 삭제를 둘러싸고 대립 관계에 있었는데, 삭훈에 소극적인 이준경에 대한 이이의 부정적인 평가는 《석담일기(石潭日記)》 융경(隆慶) 4년 경오(庚午) 조에 자세히 보인다. 조정에 붕당의 조짐이 커져간다고 한 이준경의 유차를 두고 이이는 군신 간 의심과 불신의 단서를 키우는 내용이라고 비판하였다. 이후로도 서인과 동인·남인 측의 평가는 극명하게 엇갈렸다. 서인은 이준경의 유차가 오히려 군신 간의 의심, 신료 간의 불화를 조장하였고, 이로 인해 동서 붕당이 각립하여 다투는 폐단이 생기게 되었다고 비판하였다. 또한 이이가 이준경을 비판한 것은 사류 간의 작은 갈등이 이준경의 유차로 말미암아 크게 확산되는 것을 막고자 한 충심에서 비롯된 것이라고 옹호하였다. 이에 반해 동인·남인측은 붕당을 경계한 이준경의 유차에는 노성(老成)한 사람의 뛰어난 식견과 멀리 훗날을 헤아리는 깊은 생각이 담겨 있다고 보았다. 또한 이준경을 비판한 이이에 대해서도 이이 자신이 당인(黨人)의 영수(領袖)였으면서 오히려 이준경을 악인(惡人)이라 비판하였으니 이는 정치적으로 대립관계에 있었던 이준경에 대한 질시에서 나온 것이며 격물치지(格物致知) 학문에 어두운 소치였다고 평가하였다.
《宣祖修正實錄 5年 7月 1日》《我我錄》《桐巢漫錄》

맞지 않으면 배척하여 용납하지 않으니, 지금은 바로 전하께서 공정하게 듣고 살펴서 이 폐단을 제거하는 것에 힘써야 할 때입니다. 그렇지 않으면 끝내는 국가의 구제하기 어려운 근심거리가 될 것입니다."

하였다. 차자가 들어가자 주상이 신속하게 대신을 불러 차자를 보여주며 말하기를,

"조정에서 누가 붕당을 결성했는가? 만약 그러한 조짐이 있다면 조정이 어지러워질 것이다."

하였다. 이에 외간의 의론이 흉흉하여, 이준경이 사류에게 화를 입히려 한다고 의심하기에까지 이르렀다. 이이(李珥) 또한 말하기를,

"사람이 죽음에 임박하면 그 말이 선하기 마련인데 준경은 죽음에 임박하여 그 말이 악하다."

라고 상소하여 배척하니, 삼사에서 번갈아 상소하여 죄를 청하였다. 그런데 수찬 유성룡(柳成龍)[2]이 말하기를,

"대신이 죽음에 임박하여 올린 말에 부당함이 있으면 이를 분별하면 될 일이지 죄주자고 청하기까지 하는 것은 너무 심하다."

하였고, 심희수(沈喜壽)[3] 등도 대부분 이의를 제기하니, 주상 또한 죄주자는

---

2) 유성룡(柳成龍) : 1542~1607. 본관은 풍산(豊山), 자는 이현(而見), 호는 서애(西厓), 시호는 문충(文忠)이다. 이황(李滉) 문인이다. 1566년 별시 문과에 급제하여, 1582년 대사간·도승지를 거쳐 1588년 양관대제학에 올랐다. 1589년 기축옥사 때 여러 차례 벼슬을 사직하였으나, 왕이 허락하지 않자 상소하여 자핵(自劾)하였다. 1590년 우의정에 올라, 광국공신(光國功臣) 3등에 녹훈되고 풍원부원군(豊原府院君)에 봉해졌다. 1591년 건저(建儲) 문제로 정철의 처벌이 논의될 때, 강경파인 북인(北人)의 이산해와 대립하여 남인(南人)의 입장을 대변하였다. 임진왜란 때 영의정과 4도의 도체찰사를 겸해 군사를 총지휘하였다. 1598년 북인의 탄핵으로 관작을 삭탈 당했다가, 1600년에 복관되었으나 다시 벼슬을 하지 않고 은거하였다.

3) 심희수(沈喜壽) : 1548~1622. 본관은 청송(靑松), 자는 백구(伯懼), 호는 일송(一松) 혹은 수뢰루인(水雷累人), 시호는 문정(文貞)이다. 노수신 문인으로서, 1572년 문과에 급제하여 1583년 사가독서(賜暇讀書)하였다. 1592년 임진왜란 때는 의주로 선조를 호종하여 도승지로 승진하고, 대사헌이 되었다. 1607년 좌의정으로서 선조의 생부인 덕흥대원군(德興大院君) 추승에 반대하여 논의를 중지시켰다. 광해군 때 좌의정으로서 임해군 처형에 반대하

의견을 따르지 않아서 그 일은 마침내 그치게 되었다.

　이보다 앞서 사인(舍人) 심의겸(沈義謙)⁴⁾이 공무(公務)로 영의정 윤원형(尹元衡)⁵⁾의 집에 갔는데, 원형의 사위인 이조민(李肇敏)⁶⁾ -혹은 안 아무개[安某]라고도 한다.- 은 의겸과 서로 아는 사이였으므로 그를 서재로 데리고 들어갔다. 서재 안에 침구가 많이 있는 것을 보고 의겸이 일일이 누구의 침구인지를 물었는데, 그 중 하나가 김효원(金孝元)⁷⁾의 것이었다. 당시 효원은 아직 과거에 급제하기 전이었음에도 그 명성이 매우 자자하였는데, 의겸이 마음속으로 비루하게 여기며 말하기를,

　"명망 높은 선비라는 자가 어찌 권세가의 자제를 좇아 함께 거처한단 말인가? 결코 지조 있는 선비가 아니다."

고 계축옥사를 비판하였으며, 폐모론이 일자 둔지산에 은거하였다.

4) 심의겸(沈義謙) : 1535~1587. 본관은 청송(靑松), 자는 방숙(方叔), 호는 손암(巽菴)이다. 명종의 비인 인순왕후(仁順王后)의 동생으로, 자신이 척신(戚臣)이었으나 척신의 전횡을 비판하고 사림을 옹호하였다. 1562년 문과에 급제한 후 동부승지·대사간·이조 참의 등을 역임하였다. 김효원과 함께 동·서 분당의 시발점이 된 인물로, 이를 우려한 이이(李珥)의 상소로 김효원과 더불어 외직으로 밀려나 개성 유수·전라 감사 등을 지냈다. 1580년 다시 등용되었다가 정인홍의 탄핵을 받고 동인의 득세로 파직 당하였으나 이후 청양군(靑陽君)에 봉해지고 나주 월정서원(月井書院)에 제향 되었다.

5) 윤원형(尹元衡) : ?~1565. 본관은 파평(坡平), 자 언평(彦平)이다. 아버지는 판돈녕부사 지임(之任)이고, 문정왕후의 동생이다. 1543년에 윤임 일파를 대윤, 윤원형 일파를 소윤이라 하여 외척간의 세력 다툼이 시작되었는데, 을사사화를 통해 대윤 일파를 숙청하고 정권을 좌지우지 하다가 1565년 문정왕후가 죽자 실각하고 은거하였다가 죽었다.

6) 이조민(李肇敏) : 1541~? 본관은 용인(龍仁), 호는 육물(六勿)이다. 윤원형의 서녀를 둘째 부인으로 맞이하여 윤원형의 집에서 처가살이를 하였다. 윤원형이 권력을 잃은 뒤 이조민 역시 벼슬에 나아가지 않고 독서하며 여생을 보냈다. 저서로는《괘일록(掛一錄)》이 있다.

7) 김효원(金孝元) : 1532~1590. 본관은 선산(善山), 자는 인백(仁伯), 호는 성암(省庵)이다. 조식(曹植)·이황(李滉) 등에게 배웠다. 1565년 알성 문과에 장원 급제하여 병조좌랑, 정언 등을 지내다가 사가독서 하였다. 심의겸과 함께 동·서 분당의 시발점이 된 인물로, 이를 우려한 이이의 상소로 심의겸과 더불어 외직으로 밀려나 경흥·부령·삼척의 부사를 역임하고 안악 군수를 자청하여 나갔다. 당쟁이 격화하자 책임을 느끼고 시사에 대해서 전혀 언급하지 않았다고 한다. 후에 영흥 부사로 재직하던 중 죽어 이조판서에 추증되고, 삼척 경행서원(景行書院)에 제향되었다. 저서로《성암집(省庵集)》이 있다.

하였다. 김효원이 문과에 장원급제하여 명성이 날로 성대해졌지만 몸가짐이 청고(淸苦)하였는데, 젊은 나이에 조정에 나오자 오건(吳健)[8]과 같은 무리들이 힘껏 권장하고 추켜 주면서 후진의 영수로 추대하였다. 심의겸은 인순왕후(仁順王后)[9]의 동생으로서, 일찍이 사림을 구제하고 보호한 공이 있었으므로 전배(前輩) 사류들의 다수가 그를 인정하여 권력을 잡고 있었다.

오건이 김효원을 이조전랑(銓郎)[10]으로 추천하고자 하였는데, 대개 전랑은 당대의 인재 가운데 엄격하게 선발하므로, 한번 그 직임을 거치면 큰 문제가 없는 한 공경(公卿)까지 탄탄대로를 걷게 될 정도로 명리(名利)가 있는 자리여서 신진이라면 모두 바라지 않는 사람이 없었다. 심의겸이 이조참의가 되자 전의 일을 비루하게 여겨 번번이 효원이 전랑이 되는 것을 막았으므로, 이 때문에 효원은 6, 7년 만에야 비로소 이조에 들어갈 수 있었다. 효원은

---

8) 오건(吳健) : 1521~1574. 본관은 함양(咸陽), 자는 자강(子强), 호는 덕계(德溪)이다. 김인후(金麟厚)·이황(李滉) 문인이다. 1558년 문과에 급제하여 1571년 이조좌랑으로서 춘추관기사관을 겸해 《명종실록》 편찬에 참여하였다. 1572년 이조정랑으로 있다가 관직을 버리고 경상도 산음 덕계리(德溪里)로 낙향하여 여러 차례 조정에서 불렀으나 모두 거절하고 서사(書史)를 섭렵하면서 시작(詩作)과 강론으로 여생을 마쳤다.

9) 인순왕후(仁順王后) : 1532~1575. 본관은 청송(靑松)이며, 아버지는 청릉부원군(靑陵府院君) 심강(沈鋼)으로 세종비 소헌왕후의 아버지 심온(沈溫)의 6대손이다. 1542년(중종37) 중종과 문정왕후의 소생 경원대군(慶源大君)과 혼인하였다. 1545년(인종1) 인종이 승하하니 경원대군이 명종으로 즉위하면서 왕비가 되었다. 1567년(명종22) 명종이 후사 없이 사망하자 인순왕후는 왕실의 어른으로서 선조를 왕위 계승권자로 결정하여 즉위하게 하였다. 선조 즉위 후 인순왕후는 왕대비(王大妃)로 책봉되었는데, 당시 선조의 나이가 16세라 영의정 이준경의 청으로 수렴청정을 하였다. 그러나 8개월 만에 수렴청정에서 물러났으며, 1575년(선조8) 44세의 나이로 창경궁에서 승하하였다.

10) 전랑(銓郎) : 조선시대 문무관의 인사행정을 담당하던 이조와 병조의 정5품관인 정랑(正郎)과 정6품관인 좌랑(佐郎)직의 통칭이다. 무관보다는 문관의 인사권이 더 중시되었으므로 이조정랑이 특히 중시되었다. 전랑은 각 부서 당하관(堂下官)의 천거, 홍문관 등 삼사 청요직의 선발[通淸權], 재야 인재의 추천[部薦權], 후임 전랑의 지명[薦代法] 등 여러 가지 권한을 가지고 관료제 사회에서 대신의 권한을 견제하는 역할을 하였다. 이처럼 인사권과 언론권이 전랑에 집중되어, 전랑직을 누가 차지하느냐에 따라 권력의 향배가 결정되었다. 또한 전랑직은 중죄가 아니면 탄핵받지 않았고, 순조로운 승진이 보장되어 공경(公卿)에 이르는 지름길이었다. 이에 전랑직을 둘러싼 쟁탈전은 당쟁을 야기하고 격화하는 한 요인이 되었다.

청렴한 선비들을 이끌어 진출시키기를 좋아하고 일을 처리함에 흔들림이 없었으므로 후배(後輩)들이 더욱 추앙하고 중히 여겼다.

그런데 김효원은 마음으로 심의겸을 부족하게 여겨 항상 사람들에게 말하기를,

"심의겸은 마음이 어리석고 기질이 거치니, 권력을 잡아서는 안 된다."

하였다. 어떤 사람이 의겸의 동생 심충겸(沈忠謙)[11]을 천거하여 전조(銓曹)에 들이고자 하였으나, 김효원이 말하기를,

"이조의 관직이 어찌 외척 집안의 물건이란 말인가?"

하고 끝까지 허용하지 않았다. 이에 의겸의 무리들은 모두 효원이 보복할 마음이 있다고 의심하고 어떤 사람은 효원을 소인이라고 지목하니, 효원을 옹호하는 이들 또한 의겸을 일러 바른 선비를 해치는 사람이라 하였다.

당시 인순대비는 승하하였고[12] 주상은 방계(傍系)에서 들어와 대통을 계승하였으므로,[13] 의겸이 비록 이름은 외척이나 대궐로부터의 후원은 이미 끊어져 있었다. 그런데도 후배들은 헛된 명분에 집착해 공격하는 것이 너무 지나쳐서 의겸을 옹호하는 이들이면 누구나 사류가 아니라고 배척하였으니, 신진의 선비들도 척리(戚里)를 공격한다는 이름을 탐한 것이었다. 김효원의

---

11) 심충겸(沈忠謙) : 1545~1594. 본관은 청송(靑松), 자는 공직(公直), 호는 사양당(四養堂), 시호는 충익(忠翼)이다. 서인의 영수인 심의겸의 아우이며 인순왕후의 동생이다. 1572년 문과에 장원급제하여 1575년 이조정랑에 천거되었으나 김효원이 반대하여 등용되지 못하였다. 이후 삼사의 요직을 거쳐서 1591년 홍문관 부제학이 되었다. 1592년에 임진왜란이 일어나자 병조참판 겸 비변사제조(備邊司提調)가 되어 선조를 호종했고, 세자 호위의 명을 받아 왜적 방비에 힘썼다. 1593년에 호조와 병조의 참판으로 군량미 조달에 공헌했으며, 이듬해 병조판서에 특진되었다. 1604년에 좌찬성·대제학에 추증되고 호성공신(扈聖功臣) 2등에 책록, 청림군(靑林君)으로 추봉되었다. 저서로 《사양당집》이 있다.

12) 인순 대비는 승하하였고 : 명종의 정비 인순왕후 심씨는 1575년(선조8) 음력 1월 2일, 창경궁에서 44세를 일기로 죽었다. 시호는 선열의성인순왕후(宣烈懿聖仁順王后), 능호는 강릉(康陵)으로 서울 노원구 공릉동에 있다.

13) 주상은 …… 계승하였으므로 : 명종이 후사 없이 죽자 중종의 일곱째 아들인 이초(李岹, 1530~1559)의 셋째 아들 하성군(河城君) 균(鈞)이 즉위하였는데, 그가 바로 선조이다. 선조의 생부 이초는 1569년(선조2) 덕흥대원군(德興大院君)으로 추존되었다.

집은 동쪽에 있었으므로 동인이라 하였고, 심의겸의 집은 서쪽에 있었으므로
서인이라 하였다. 동인은 유성룡(柳成龍), 김우옹(金宇顒),[14] 이산해(李山海),[15]
정지연(鄭芝衍),[16] 정유길(鄭惟吉),[17] 허봉(許篈),[18] 이발(李潑)[19] 등이 주도하였
고, 서인은 박순(朴淳),[20] 정철(鄭澈),[21] 윤두수(尹斗壽),[22] 윤근수(尹根壽),[23]

---

14) 김우옹(金宇顒) : 1540~1603. 본관은 의성(義城), 자 숙부(肅夫), 호 동강(東崗), 시호는
   문정(文貞)이다. 유성룡·김성일 등과 동인으로 활동하면서 정철 등 서인과 대립하였다.
   1589년 기축옥사로 유배되었다가 1592년 임진왜란으로 사면되어 왕을 호종(扈從)하고
   환도(還都)하였다. 이후 한성부좌윤·대사헌·이조참판·예조참판 등을 역임하였다.

15) 이산해(李山海) : 1539~1609. 본관은 한산(韓山), 자 여수(汝受), 호 아계(鵝溪)·종남수옹(終
   南睡翁), 시호는 문충(文忠)이다. 선조대 정철이 세자책봉 문제를 제기하자 정철 등
   서인을 귀양 보냄으로써 동인의 집권기반을 다졌다. 임진왜란 때 나라를 그르쳤다는
   양사(兩司)의 탄핵을 받고 평해(平海)에 중도부처 되었다가 1595년 풀려난 후 대제학·영의
   정 등을 지내고 선조가 죽자 원상(院相)으로 국정을 맡았다.

16) 정지연(鄭芝衍) : 1525~1583. 본관은 동래(東萊), 자는 연지(衍之), 호는 남봉(南峰)이다.
   이중호(李仲虎)로부터 학문을 배웠으며, 뒤에 이황(李滉)·서경덕(徐敬德)·성제원(成悌元)
   의 문하에 출입하여 많은 영향을 받았다. 1569년 별시 문과에 급제한 뒤, 청현직을
   두루 역임하면서 청론(淸論)을 세웠다는 칭송을 들었다. 그 뒤 대사성·대사간·대사헌을
   거쳐 1581년 우의정에 올랐다.

17) 정유길(鄭惟吉) : 1515~1588. 본관은 동래(東萊), 자는 길원(吉元), 호는 임당(林塘)이다.
   1538년(중종33) 별시 문과에 장원 급제하고 정언에 임명되었다. 1544년 이황·김인후
   등과 함께 사가독서 하였다. 1583년 예조판서를 거쳐 우의정이 되고, 이듬해 기로소(耆老
   所)에 들어가 궤장을 받았으며, 1585년 좌의정에 올랐다. 저서로《임당유고(林塘遺稿)》가
   있다.

18) 허봉(許篈) : 1551~1588. 본관은 양천(陽川), 자는 미숙(美叔), 호는 하곡(荷谷)이다. 허엽(許
   曄)의 아들이자 유희춘(柳希春) 문인이다. 1572년 문과에 급제하여, 1574년 서장관으로
   명나라에 가서《하곡조천기(荷谷朝天記)》를 썼다. 1583년 이이(李珥)를 탄핵하다가 갑산
   (甲山)에 유배되었다. 1585년 노수신(盧守愼)의 주선으로 재기용되었으나 나가지 않고,
   백운산(白雲山)과 인천, 춘천 등지를 유랑하다가 1588년 금강산에서 병사하였다. 저서로
   《하곡집(荷谷集)》,《하곡수어(荷谷粹語)》등이 있다.

19) 이발(李潑) : 1544~1589. 본관은 광산(光山), 자는 경함(景涵), 호는 동암(東巖)·북산(北山)
   이다. 김근공(金謹恭)·민순(閔純)의 문인이다. 1573년 알성 문과에 장원 급제, 1583년
   부제학을 역임하고 이듬해에 대사간에 이르렀다. 동인의 거두로서 정철의 처벌 문제에
   강경론을 주도하였다. 1589년 기축옥사 때 고문을 받고 장살(杖殺)되었다.

20) 박순(朴淳) : 1523~1589. 본관은 충주(忠州), 자는 화숙(和叔), 호는 사암(思菴), 시호는
   문충(文忠)이다. 서경덕 문인으로 1553년 친시 문과에 장원급제했다. 1565년 대사간이
   되어 윤원형을 탄핵하였다. 1572년 영의정에 올라 14년간 재직했다. 이이가 탄핵 받았을

구사맹(具思孟)²⁴⁾ 등이 주도하였다. 이로써 전배와 후배가 서로 비방하고
헐뜯었다.

○ 재령군(載寧郡)에서 종이 주인을 죽인 변이 있었는데 검시(檢屍)의 착오로

때 그를 옹호하다가 도리어 양사(兩司)의 탄핵을 받고 관직에서 물러나 영평(永平)
백운산(白雲山)에 은거했다. 성리학에 널리 통했으며 시(詩)·문(文)·서(書)에 모두 뛰어났
다. 개성 화곡서원(花谷書院) 등에 배향되었다. 문집에 《사암집(思菴集)》이 있다.

21) 정철(鄭澈) : 1536~1593. 본관은 연일(延日), 자는 계함(季涵), 호는 송강(松江), 시호는
문청(文淸)이다. 1562년(명종17) 별시 문과에 장원급제하여 벼슬이 좌의정에 이르렀다.
동·서 분당 이래 정철은 이발·정인홍 등을 사림으로 인정하지 않았으며, 이이의 조제보합
(調劑保合)에도 반대하는 등 시종일관 동인과 대립각을 세워 왔다. 1589년 정여립 모반
사건 때 위관으로서 옥사를 다스렸으나, 2년여에 걸친 옥사의 처리 과정에서 약 1,000여
명의 동인들이 화를 입었던 까닭에 이후 정인홍을 비롯한 북인들로부터 많은 공격을
받았다. 1591년 건저(建儲) 문제를 제기하여 광해군의 세자 책봉을 건의하였다가 파직되
어 진주(晉州)로 유배되었고, 이어 다시 강계(江界)로 이배(移配)되었다. 1592년 임진왜란
이 일어나자 선조의 부름을 받고 의주(義州)까지 호종하였으며, 다음 해 사은사(謝恩使)로
명나라에 다녀왔다. 이후 동인의 탄핵으로 사직하고 강화의 송정촌(送亭村)에 우거하다
가 죽었다. 저서로 시문집인 《송강집》과 시가 작품집인 《송강가사》가 있다.

22) 윤두수(尹斗壽) : 1533~1601. 본관은 해평(海平), 자는 자앙(子昂), 호는 오음(梧陰), 시호는
문정(文靖)이다. 1558년 문과에 급제하였고, 1590년 종계변무(宗系辨誣)의 공으로 광국훈
(光國勳) 2등에 녹훈(錄勳)되었으며 해원군(海原君)에 봉작되었으나, 1591년 건저 문제로
서인이 실각할 때 유배되었다. 1592년 왜란 때에는 개성으로 어가(御駕)를 호종하였으며
우의정으로 해원부원군에 봉해졌고, 1594년에는 광해군을 호종하여 삼도 도체찰사(三道
都體察使)가 되어 거제에서 왜적을 격파하였다. 이후 영의정에까지 올랐다. 문집으로
《오음유고(梧陰遺稿)》가 전한다.

23) 윤근수(尹根壽) : 1537~1616. 본관은 해평(海平), 자는 자고(子固), 호는 월정(月汀)이다.
영의정 윤두수의 동생이며, 이황 문인이다. 형조·이조판서 등을 역임하였다. 1591년
세자책봉 문제로 형 윤두수와 함께 삭탈관작 되었다.

24) 구사맹(具思孟) : 1531~1604. 본관은 능성(綾城), 자는 경시(景時), 호는 팔곡(八谷), 시호는
문의(文懿)이다. 유희춘과 이황 문인으로, 1558년 문과에 급제한 후, 이조판서 등을
거쳐 좌찬성이 되었다. 그의 딸은 선조의 다섯째 아들 정원군(定遠君)의 비(妃)이자
인조의 생모로서, 1590년 정원군과 가례를 행하여 연주군부인(連珠郡夫人)에 봉해졌다.
이후 1623년 인조반정이 이루어져 인조가 왕위에 오르자 부부인(府夫人)에 진봉되고
궁호(宮號)를 계운궁(啓運宮)이라 하였다. 1632년 이조판서 이귀(李貴)의 주청으로 정원군
의 종호(宗號)를 원종(元宗)으로 정함에 따라 구사맹의 딸도 인헌왕후(仁獻王后)로 추봉되
었다.

그 죽음에 이른 이유를 알아내지 못하였다. 좌의정 박순(朴淳)이 위관(委官)이
었는데 옥사가 오랫동안 종결되지 못하였다. 지의금부사(知義禁府事) 홍담(洪
曇)25)이 옥사의 억울함을 지극하게 논하였으나 또한 명확한 증거가 없었으므
로, 박순이 말하기를,

"강상죄와 관련된 큰 옥사인데 어찌 경솔히 석방할 수 있겠는가?"

하였다. 홍담이 분노하여 박순을 공격하니, 이에 박순이 다시 검시하기를
청하였다. 이때 검시관이 의금부의 의중을 살펴 혹 병사일 수도 있다고
하니 물의가 분분하였다. 박순이 다시 조정에 수의(收議)하기를 청하니, 우의
정 노수신(盧守愼)26)이 가벼이 석방해서는 안 된다고 힘써 주장하였다.

주상이 말하기를,

"검시 기록이 서로 어긋나니 옥사를 판단할 근거가 없다."

하고, 특명으로 석방하였다. 여러 사헌부 관원들이 다시 가두고 국문하기를
청하려 하였으나 의론이 일치하지 않았는데, 대사간 유희춘(柳希春)27)이 동료

---

25) 홍담(洪曇) : 1509~1576. 본관은 남양(南陽), 자는 태허(太虛), 시호는 정효(貞孝)이다. 영의
정을 지낸 홍언필(洪彦弼)의 조카이다. 1539년 별시문과에 급제한 뒤, 1569년 이조·예조판
서를 거쳐 1574년 지의금부사(知義禁府事)가 되었다.

26) 노수신(盧守愼) : 1515~1590. 본관은 광주(光州), 자는 과회(寡悔), 호는 소재(蘇齋)·이재(伊
齋)·암실(暗室)·여봉노인(茹峰老人)이다. 시호는 문의(文懿)이며, 뒤에 문간(文簡)으로
고쳤다. 1543년 식년문과(式年文科)에 장원 급제하였고, 인종 즉위 후 정언(正言)으로
재직하며 이기(李芑)를 논핵, 파직시켰다. 을사사화 때 파직, 1547년(명종2) 순천(順天)에
유배되었다. 양재역 벽서사건(良才驛壁書事件)으로 가중 처벌되어 진도(珍島)로 이배,
19년 동안 귀양살이 하였다. 1567년 선조가 즉위하자 다시 등용되어, 1573년 우의정을
거쳐 1585년에 영의정에 이르렀다. 1589년 기축옥사 때 과거 정여립(鄭汝立)을 천거하였다
하여 파직 당했다.

27) 유희춘(柳希春) : 1513~1577. 본관은 선산(善山). 자는 인중(仁仲), 호는 미암(眉巖), 시호는
문절(文節)이다. 김안국(金安國)·최산두(崔山斗) 문인이다. 1538년 문과에 급제하여 사가
독서 하였다. 1547년 양재역(良才驛) 벽서사건에 연루되어 제주도에 유배되었다가 곧
함경도 종성에 안치되어, 그 곳에서 19년간을 보내면서 독서와 저술에 몰두하였다.
1565년 충청도 은진에 이배되었다가, 1567년 선조가 즉위하자 삼정승의 상소로 석방되었
다. 1575년 예조·공조의 참판을 거쳐 이조참판을 지내다가 사직해 낙향하였다. 경전에
널리 통했고 제자(諸子)와 역사에도 능하였다. 시강원설서 재임 시에 세자(후의 인종)의
학문을 도왔고, 선조 초에는 경연관으로 경사(經史)를 강론하였다.

들을 거느리고 아뢰기를,

"왕옥(王獄)을 다시 일으키면 사체에 방해가 되어 이후 폐단이 있게 될 것이므로 그렇게 할 수 없습니다."

하니, 사헌부의 신료들이 소견이 같지 않다 하여 인혐(引嫌)28)하고 나오지 않았다. 이에 홍문관에서 차자를 올려 아뢰기를,

"강상의 큰 변란으로 인한 옥사가 미처 끝나기도 전에 갑작스레 석방을 명하시었습니다. 만약 무죄라면 다시 국문할 수 없겠으나 만약 유죄라면 열 번 왕옥을 일으킨다 해도 어찌 그만둘 수 있겠습니까? 청컨대 사간원은 체직시키시고 사헌부는 나오게 하십시오."

하니, 주상이 따랐다.

허엽(許曄)29)을 대사간을 삼았다. 허엽은 죽은 주인의 친척이었으므로 옥사가 성립되지 않은 것을 항상 분하게 여겼는데, 대사간이 되자 옥사를 처리한 것이 체통을 잃었다는 이유로 위관을 추고(推考)하고 금부의 당상들을 파직해야 한다고 청하였다. 예부터 대신에 대해서는 추고를 청하지 않는 것이 상례였으므로, 박순이 이 때문에 병을 핑계로 물러나 집에 머물렀다. 이에 많은 사람들이 김효원이 박순을 공격함으로써 심의겸의 세력을 고립시키려 한다 의심하며,30) 심히 마땅치 않게 여겼다. 헌납 신응시(辛應時)31)가

28) 인혐(引嫌) : 벼슬아치가 의견이 맞지 않거나 잘못이 있는 경우 그것을 책임지고 물러가는 것을 이른다.
29) 허엽(許曄) : 1517~1580. 본관은 양천(陽川), 자는 태휘(太輝), 호는 초당(草堂)이다. 허봉(許篈)·허균(許筠)·허난설헌(許蘭雪軒)의 아버지이며, 나식(羅湜)과 서경덕(徐敬德) 문인이다. 1546년 식년 문과에 급제하여, 1553년에 사가독서 하였고, 이후 대사성을 역임하였다. 1568년 진하사(進賀使)로 명나라에 다녀와서 향약의 설치 및 시행을 건의하였다. 동인과 서인이 대립할 때 김효원과 함께 동인의 영수가 되었다. 저서로는《초당집(草堂集)》등이 있다.
30) 사람들이 …… 의심하며 : 황해도 재령군에서 종이 주인을 죽였다고 혐의를 받는 사건의 처리를 두고 대사간 허엽이 위관이었던 좌의정 박순을 탄핵하며 추고할 것을 청하였다. 당시 김효원은 사간원 사간으로서 대사간 허엽과 견해를 같이하였는데, 이를 두고 한쪽에서는 김효원, 허엽 등이 심의겸을 옹호하였던 박순을 실각시킴으로써 궁극에는 심의겸을 고립시키려는 정치적 술수를 부린 것이라고 의심하였다.

탄핵하고자 이이(李珥)에게 의견을 물으니, 이이가 허락하지 않았다. 이조판서 정종영(鄭宗榮)이 김효원에게 영합하여 인망을 얻지 못하자 정철이 논박하여 체직시키려 하니 이이가 또 따르지 않았다. 정철이 개탄하며 시를 짓기를,

"군자는 정승에서 물러나고,

소인은 이조를 장악했네.

어진 이는 물러가고 간사한 이는 나오는 이때,

부제학의 마음은 편안하구나."

하니, 이이는 미소를 지을 따름이었다.

○ 정언 조원(趙瑗)32)이 아뢰기를,

"추고(推考)라는 것은 태형(笞刑)·장형(杖刑)으로써 조율(照律)하는 것이므로 대신에게 시행할 수 없는 것인데도 간원에서 추고를 청한 것은 잘못입니다. 동료가 실책을 범하였는데 신이 용납한 것도 잘못입니다."

하면서 체직을 청하였다. 이에 양사가 모두 피혐(避嫌)33)하며 아뢰기를,

"대신을 추고하라고 청하는 것이 불가하다는 것은 보지 못하였습니다. 신들은 조원과 소견이 같지 않으니 자리에 있을 수 없습니다."

하였다. 다만 대사헌 김계휘(金繼輝)34)만이 조원이 옳다 하며 논하기를,

---

31) 신응시(辛應時) : 1532~1585. 본관은 영월(寧越), 자는 군망(君望), 호는 백록(白麓), 시호는 문장(文莊)이다. 1559년에 정시 문과에 급제한 뒤 설서, 정언을 지내고 사가독서 하였다. 1566년 문과 중시에 급제하고, 예조·병조의 좌랑 등을 지낸 뒤 선조(宣祖)가 즉위하자 경연관(經筵官)이 되었다. 그 뒤 전라도 관찰사, 예조 참의, 대사간 등을 역임하였다. 백인걸(白仁傑)에게 배웠고, 성혼(成渾)·이이(李珥)와 특히 교분이 두터웠다. 배천의 문회서원(文會書院)에 제향되었다.

32) 조원(趙瑗) : 1544~1595. 본관은 임천(林川), 자는 백옥(伯玉), 호는 운강(雲江)이며 조식(曺植) 문인이다. 1572년 별시 문과에 급제하여, 1575년 정언, 1593년 승지 등을 역임하였다. 저서로는 《독서강의(讀書講疑)》가 있으며, 유고로는 《가림세고(嘉林世稿)》가 있다.

33) 피혐(避嫌) : 삼사의 언관이 논핵한 사건에 관련이 있는 관원이 벼슬에 나가는 것을 피하는 일이다. 사건에서 혐의가 풀릴 때까지 벼슬길에 나가지 않는 것이 관례(慣例)였다.

34) 김계휘(金繼輝) : 1526~1582. 본관은 광산(光山), 자는 중회(重晦), 호는 황강(黃崗)이다. 김장생(金長生)의 아버지이다. 1549년 문과에 급제하고 사가독서 하였다. 1557년 김여부

"대사간 허엽은 죽은 주인과 가까운 족친으로서 죽은 사람 친척의 말만 믿고 너무 지나친 의론을 고집하여 대신을 추고하라고 청하기에 이르렀습니다. 신이 그 잘못을 알고도 탄핵하지 못하였으니 신 또한 자리에 있을 수 없습니다."

하였다. 홍문관에서 장차 대각을 처치하려고 하였는데 이때 박순이 논박을 당한 것을 두고 공론이 매우 불평하였는데도, 동인의 연소자들은 의론이 서로 부합되어 공론을 돌아보지 않고 자기들의 소견만을 주장하며 김효원을 옹호하였다. 정철이 매우 분하게 여기던 차에 조원이 김효원과 사이가 좋지 않은 것을 알고 그를 피혐하게 하였다.

부제학 이이가 유몽학(柳夢鶴)35)을 보고 말하기를,

"이 일을 장차 어떻게 처리해야 하겠는가?"

하니, 몽학이 말하기를,

"어진 재상 한 분을 잃었으니 어찌 애석하지 않겠는가?"

하자, 이이가 말하기를,

"만약 조원을 탄핵하면 좌의정이 나오고자 해도 나올 수 있겠는가?"

하였다. 이에 동료들을 모아 물으니 모두 말하기를,

"양사를 체직시킨다면 이는 언로를 막는 것이다."

(金汝孚)와 김홍도(金弘度)의 반목으로 옥사가 일어났을 때 김홍도의 당으로 몰려 파직되었다가 1562년 이조정랑으로 복직되었으나 부친상중이어서 나가지 않았다. 삼년상을 마친 후 직제학·동부승지·대사헌·평안도관찰사·예조참판·경연관 등을 두루 역임하고, 1581년에는 종계변무의 주청사로 중국에 다녀왔다. 1575년(선조8) 동인·서인이 나누어질 때 서인에 속했으나 당파에 깊이 간여하지 않고 당쟁 완화를 위해 노력하였다는 평가를 받았다. 경서(經書)와 사서(史書) 등을 폭넓게 읽었으며 문장에도 뛰어났다. 이조판서에 추증되고, 나주 월정서원에 제향되었다.

35) 유몽학(柳夢鶴) : 생몰년 미상. 본관은 문화(文化), 자는 응서(應瑞)이다. 이이(李珥)의 친구이고, 아들은 진사 유극신(柳克新)이다. 과거에 급제하지 않았으나 대간(臺諫)의 직책을 맡아 활동하였다. 1573년 예빈시참봉(禮賓寺參奉)으로 재직할 때, 이미 벼슬을 제수한 자 중에 더욱 특이한 자는 차서에 구애 없이 발탁하라는 승전(承傳)에 따라 6품으로 승진하였다. 1573년 이이(李珥)가 직제학(直提學)에 제수되었으나 출사하지 않자 사헌부집의(執義)로서 출사를 권하였다.

하였다. 이이가 말하기를,

"그렇지 않다. 간관이 실책을 범하여 홍문관이 바로잡는 것인데 어찌 언로를 막는 것이겠는가? 대신에게 죄가 있으면 언관은 그때그때 일에 따라 논척하여 체직시킬 수도, 파직시킬 수도, 유배 보낼 수도, 추방하여 금고 시킬 수도 있으나 추고(推考)하는 것만은 불가하다. 예전에 한(漢)나라 신하 중에 사례교위(司隷校尉)36)를 시켜 삼공(三公)을 독찰(督察)하도록 청한 이가 있었으나 의논하는 이들이 그르게 여기며 말하기를, '유사(有司)에게 삼공을 독찰하게 할 수는 없다.' 하여 일이 끝내 시행되지 않았다. 지금 대신을 추고하라고 청한 것은 곧 유사에게 삼공을 독찰하게 하는 법이다. 간원의 계청이 이미 잘못인데 사헌부가 여기에 뇌동하였으니 모두 체직시키고, 대사헌 김계휘와 정언 조원만을 출사하게 하는 것이 옳다."

하였다. 동료들의 의론이 일치하지 않았으나 이이가 한참 동안 힘껏 변론하니 마침내 의견이 일치되었다.

저작 홍적(洪迪)37)·이경중(李敬中)38) 등이 말하기를,

"허 대사간이 어찌 친한 사람에게 사의(私意)를 두고 과중한 의론을 주장하였겠는가? 대사헌의 말이 지나쳤으니, 역시 체직하지 않을 수 없다."

하니, 이이가 말하기를, "그 말도 옳다." 하고, 마침내 차자를 올려 모두 체직하게 하되 조원만은 출사하게 하였다. 이러한 홍문관의 처치를 두고 공의가 모두 온당하다고 하였으나 김효원의 무리만은 마음에 불만을 품었으

---

36) 사례교위(司隷校尉) : 중국 한나라 때부터 위진(魏晉) 때까지의 관직명으로 경사(京師)와 지방을 감독하는 감찰관이다.

37) 홍적(洪迪) : 1549~1591. 본관은 남양(南陽), 자는 태고(太古), 호는 양재(養齋)·하의자(荷衣子)이다. 생원 홍인우(洪仁祐)의 아들이자 이조판서 홍진(洪進)의 아우이다. 이황 문하에서 수학하였다. 1572년 24세로 별시(別試) 문과에 급제하여, 1583년 양사(兩司)에서 이이를 탄핵하자, 홍문관 수찬으로서 이를 반박하다가 장연 현감(長淵縣監)으로 좌천되었다.

38) 이경중(李敬中) : 1542~1584. 본관은 전주, 자 공직(公直), 호 단애(丹崖)이다. 응교·집의 등을 역임하였다. 1581년 이조좌랑으로 있을 때 당시 명망이 높았던 정여립(鄭汝立)을 극력 배척하며 그의 전랑직 의망을 막았다가 정인홍(鄭仁弘), 박광옥(朴光玉) 등으로부터 논핵(論劾)을 받고 파직되었다.

며 허엽은 더욱 불평하였다.

이성중(李誠中)[39]이 허엽에게 말하기를,

"공께서 좌의정을 추고하자고 청한 것은 잘못입니다."

하자, 허엽이 화를 내며 말하기를,

"처음에 나는 파직시킬 것을 청하려 하였으나 동료들이 힘껏 말리는 바람에 추고를 청하는데 그친 것이니, 이는 내가 나약했기 때문이다. 또한 홍문관의 처치는 심히 잘못되었다. 어찌 양사를 체직시키면서 조원은 그대로 둔단 말인가? 숙헌(叔獻)[40]-이이의 자- 같이 연소하고 사체를 모르는 자가 홍문관의 장관이 되었으니 국사가 어찌 잘못되지 않겠는가?"

하니, 좌우가 잠잠하였다. 한수(韓脩)[41]가 이 말을 듣고 말하기를,

"태휘(太輝)[42]-허엽의 자- 가 필시 실성을 한 것이니 장차 죽으려는가?"

하였다.

○ 김계휘는 허엽이 사정(私情)에 따라 제 소견만 편벽되게 주장한다고 하였다. 허엽의 아들 이조좌랑 허봉(許篈)은 평소 경박하고 식견과 사려가 없었는데 김계휘가 그 부친의 과실을 드러낸 것에 노하여 그를 축출하고자 하였다. 이조참판 박근원(朴謹元)[43]은 김효원을 추종하여, 소당(少黨)으로 지목

---

39) 이성중(李誠中) : 1539~1593. 본관은 전주(全州), 자는 공저(公著), 호는 파곡(坡谷), 시호는 충간(忠簡)이다. 사헌부 집의(執義) 이경중(李敬中)과 좌부승지(左副承知) 이양중(李養中) 의 형이고, 유성룡·김성일과 가깝게 교유하였다. 1570년 식년 문과에 급제하여 이조참판, 홍문관 대제학, 호조판서 등을 역임하였다. 1591년에 건저(建儲) 문제를 제기하여 선조의 노여움을 사 충청도 감사로 좌천되었고, 그해 8월, 탄핵을 받아 파직되었다. 임진왜란 때 명나라 이여송(李如松) 군대의 식량 조달에 힘쓰던 중 1593년 7월 과로로 병사하였다. 완창부원군(完昌府院君)에 추봉(追封)되고 영의정(領議政)을 추증 받았다.

40) 숙헌(叔獻) : 이이(李珥, 1536~1584)의 자이다.

41) 한수(韓脩) : 1514~1588. 본관은 청주(淸州), 자는 영숙(永叔), 호는 석봉(石峯)이다. 1537년 사마시에 합격하고, 선조 조에 유일로 천거되어 지평·장령·집의·사섬시 정·군기시 정·돈녕 도정·판결사 등을 지냈다.

42) 태휘(太輝) : 허엽(許曄, 1517~1580)의 자이다.

43) 박근원(朴謹元) : 1525~1585. 본관은 밀양(密陽), 자는 일초(一初), 호는 망일재(望日齋)이

받고 있었는데, 그들의 뜻에 영합하여 김계휘를 평안도 감사로 내보내자 사람들이 온당치 않게 여겼다.

이때 이후백(李後白)⁴⁴⁾이 함경도 감사가 되자 유희춘도 관직을 버리고 남쪽으로 돌아갔다. 이이가 사람들에게 말하기를,

"유희춘이 비록 재주는 없으나 글을 읽은 사람이고, 이계진(李季眞)⁴⁵⁾-이후백 -·김중회(金重晦)⁴⁶⁾-김계휘-는 시무에 통달하고 전고(典故)에 밝은 이들이니 조정을 떠나게 해서는 안 된다."

하고, 동료들과 함께 차자를 올려 세 사람을 만류하도록 청하였으나 주상이 들어주지 않았다. 이때는 이미 심의겸과 김효원이 당을 나눈 자취가 분명하여, 김계휘와 이후백은 모두 인망이 있었지만 심의겸의 당으로 지목받았다.⁴⁷⁾

다. 1552년 식년 문과에 급제하여, 1575년 동서분당(東西分黨)으로 논쟁이 분분할 때 동인의 중진으로 활약하였다. 계미년(1583, 선조16), 도승지였던 박근원은 대사간 송응개, 전한 허봉과 함께 병조판서 이이가 병권을 마음대로 휘두르고 임금을 업신여기며 파당을 만든다고 탄핵하다가 각각 강계(江界), 회령(會寧), 종성(鍾城)으로 유배되었는데, 이 사건이 바로 '계미삼찬(癸未三竄)'이다. 애초 박근원 등 동인세력이 이이를 탄핵한 명목은 병조판서 이이가 군주의 명령 없이 제멋대로 전횡한다는 것이었으나 실상은 심의겸과 김효원의 반목을 계기로 표면화된 동·서 갈등 속에서 동인이 이이의 조정(調停)을 신뢰하지 않고 오히려 그를 서인으로 지목하여 공세를 가하였던 것에 사건의 본질이 있었다.

44) 이후백(李後白) : 1520~1578. 본관은 연안(延安), 자는 계진(季眞), 호는 청련(靑蓮), 시호는 문청(文淸)이다. 1555년 식년 문과에 급제하여 1574년 형조판서가 되었다. 그 뒤 이조판서를 지내고, 호조판서 재임 시 휴가를 얻어 함양에 성묘 갔다가 그곳에서 죽었다. 저서에 《청련집(靑蓮集)》이 있다.

45) 이계진(李季眞) : 이후백(李後白, 1520~1578)을 이르며, 계진은 그의 자이다.

46) 김중회(金重晦) : 김계휘(金繼輝, 1526~1582)를 이르며, 중회는 그의 자이다.

47) 김계휘와 …… 지목받았다 : 좌의정 박순이 황해도 재령군에서 종이 주인을 죽인 사건의 위관이 되었는데, 대사간 허엽, 사간 김효원 등이 사건의 처리를 두고 박순을 추고하도록 청하였다. 이에 사헌부 대사헌 김계휘와 정언 조원이 양사에서 대신을 추고하는 것은 잘못이라고 반박하였고, 이이는 김계휘 등의 주장에 동의하여, 김계휘, 조원을 제외한 양사의 관원을 모두 체직시킬 것을 주장하였다. 결국 허엽, 김계휘 등이 모두 물러나고 조원만 출사하는 것으로 일단락 되었으나, 이후 동인의 공세 속에 김계휘는 평안감사로, 이후백은 함경감사로 나갔다. 이에 이이는 양측의 갈등을 조정하기 위해 좌의정 노수신·대사간 정지연 등을 움직여 심의겸과 김효원을 외직(外職)으로 나가게 하였다.

두 사람이 떠나가자 김효원이 받는 비방이 더욱 심해졌다.

○ 대사간 정지연(鄭芝衍)이 이이에게 묻기를,

"시론(時論)이 걷잡을 수 없이 무너지고 있는데 어떻게 대처해야 하겠는가?"

하자, 이이가 말하기를,

"이는 전조(銓曹)⁴⁸⁾가 적임자를 얻지 못했기 때문이다. 조용히 진정시켜야 마땅한데, 박일초(朴一初)⁴⁹⁾-박근원(朴謹元)-의 소행은 사람들의 마음에 차지 않으니 아뢰어서 체직시키는 것이 좋겠다. 그리고 이조전랑에 공평한 사람을 선발하면 정사가 체통을 얻게 될 것이다. 인백(仁伯)⁵⁰⁾-김효원- 이 자원하여 외방으로 나아가면 거의 문제가 없을 것이다."

하였다. 지연이 깊이 수긍하고 박근원만을 논박하고자 하였으나 동료들이 전조의 관원을 모두 논박하고자 하였다. 대개 이조좌랑 이성중·허봉이 모두 김효원의 절친한 친구였으므로 모두 축출하여 그 세력을 꺾으려 한 것이었는데, 그 의론이 매우 성하여 정지연이 제어하지 못하였다. 이에 사의(私意)를 따라 실정(失政)을 초래했다는 이유를 들어 참판 이하의 체직을 청하자, 임금이 즉시 윤허하니, 연소한 무리들이 대부분 의심하고 두려워하였다.

을해년(1575, 선조8) 겨울, 심의겸과 김효원이 서로 맞서고 있다는 소문이 분분하여 그치지 않았다. 이이가 우의정 노수신에게 말하기를,

"두 사람은 모두 사류이니, 흑(黑)과 백(白), 사(邪)와 정(正)처럼 구분할

---

48) 전조(銓曹) : 동반(東班 : 문관)의 전형(銓衡)을 맡아본 이조를 동전(東銓)이라고도 하고, 서반(西班 : 무관)의 전형을 맡아보던 병조를 서전(西銓)이라고도 했는데, 관리의 인사 문제와 관련하여 양조(兩曹)를 전조라 하고, 양전(兩銓)이라고도 하였다. 또한 양조의 관원을 전관(銓官), 참판(參判)을 아전(亞銓), 정랑(正郎)·좌랑(佐郎)을 전랑(銓郎)이라 하였다.
49) 박일초(朴一初) : 박근원(朴謹元, 1525~1585)을 이르며, 일초는 그의 자이다.
50) 인백(仁伯) : 김효원(金孝元, 1532~1590)의 자이다.

수 있는 것이 아니며, 또한 진실로 틈이 생겨 기필코 서로를 해치려는 것도 아닙니다. 다만 말세의 풍속으로 인해 시끄럽게 떠드는 바람에 틈이 벌어져서 허황한 말들이 어지럽게 난무하여 조정이 안정되지 못하고 있습니다. 응당 두 사람을 외방에 내보내 진정시켜야 할 것이니,[51] 대신께서 경연 때 그 연유를 아뢰어 주십시오."

하니, 수신이 의심하여 말하기를,

"경연에서 아뢰었다가 더욱 큰 소란을 초래하지 않는다고 어찌 알 수 있겠소?"

하였다. 그런데 사간원에서 이조를 논핵하자, 노수신이 심의겸의 세력이 치우치게 왕성해질까 의심하여 주상에게 아뢰기를,

"근일 심의겸과 김효원이 서로를 비방하여 사람들의 말이 소란하니, 사림이 편안치 못할 조짐이 생길까 염려됩니다. 이 두 사람을 외방으로 내보내는 것이 마땅합니다."

하였다. 주상이 말하기를,

"두 사람이 무슨 일로 서로를 비방하는가?"

하자, 수신이 말하기를,

"평소의 과실(過失)을 두고 서로 말이 오갔습니다."

하니, 주상이 말하기를,

"같은 조정에 있는 선비는 함께 협력하여 국정에 힘써야 마땅한데 서로

---

51) 응당 …… 것이니 : 동·서의 갈등이 표면화되기 시작하자 1575년(선조8) 이이는 좌의정 노수신과 상의하여 심의겸과 김효원을 모두 외방으로 내보내 의론을 진정시키고자 하였다. 이에 선조는 김효원을 함경도 경흥(慶興)부사에, 심의겸을 개성유수(開城留守)에 임명하였는데, 이러한 조치는 당초 이이의 의도와는 달리 오히려 당쟁의 불씨를 부추기는 결과를 가져왔다. 개성에 비해 함경도 경흥은 외진 곳이었기 때문에 서인을 우대하고 동인을 홀대한 것으로 받아들여져 동인의 반발이 극심했기 때문이다. 이에 이이가 김효원을 삼척 부사(三陟府使)로 옮기게 하였으나, 서인의 공세 속에 김효원을 지지하던 이성중·정희적·노준 등의 동인이 외직으로 밀려남으로써 이이는 동인들의 비판을 받고 한동안 칩거하게 되었다. 《石潭日記 萬曆四年丙子》《松江集 年譜 上》

비방하는 것은 매우 옳지 않다. 두 사람을 모두 외방에 보임하라."

하였다. 이이가 말하기를,

"이 두 사람이 꼭 서로를 깊이 미워하여 틈이 벌어진 것은 아닙니다.
다만 우리나라의 인심이 경박하고 조급하여 두 사람의 친척과 친구들이
각기 소문을 전하며 이리저리 말을 퍼뜨리는 바람에 마침내 분란이 일어나게
되었습니다. 대신은 이러한 상황을 마땅히 진정시켜야 하므로 두 사람을
외방에 내보내 소문의 근원을 끊어버리려고 하는 것입니다. 또한 주상께서도
모름지기 꼭 아셔야 할 일이 있습니다. 지금 조정에 비록 분명하게 드러난
간인(奸人)은 없다 해도 또한 어찌 반드시 소인이 없다 할 수 있겠습니까?
만약 소인이 이들을 붕당(朋黨)으로 지목하여 양쪽을 다 치죄할 계략을 세운다
면 사림의 화가 반드시 일어날 것이니, 이것을 알지 못하면 안 됩니다."

하였다. 홍문관 정자 김수(金睟)[52]가 아뢰기를,

"주상께서 이제 이러한 상황을 이미 아시게 되었으니, 두 사람의 재주가
모두 쓸 만하므로 반드시 외방에 보임할 것이 아니라 그들 스스로 풀고
화합하게 하는 것이 마땅할 것입니다."

하니, 이이가 말하기를,

"두 사람은 실상 원수같이 미워하여 상대를 도모하려던 것이 아닙니다.
다만 부박한 풍속이 진정되지 않아서 근거 없는 말들을 조작하여 반드시
사달이 일어날 지경에 이르렀습니다. 만약 두 사람이 조정에 있으면 허황된
말들이 쉬지 않고 횡행할 것이 틀림없으니 이들을 반드시 외방에 보임하여
헛된 말들의 근본을 잘라내야 할 것입니다."

---

52) 김수(金睟) : 1547~1615. 본관은 안동, 자는 자앙(子昻), 호는 몽촌(夢村), 시호는 소의(昭懿)
   이다. 이황 문인이며, 1573년 문과에 급제한 후 이조정랑·부제학 등을 지냈다. 1591년
   정철의 건저 의견을 계기로 동인이 남인과 북인으로 나뉠 때 남인으로 좌정하였다.
   임진왜란이 일어나자 경상우감사(慶尙右監司)로서 당시 의령에서 의병을 일으킨 곽재우
   와 불화가 심하여 많은 비난을 받았다. 전란이 끝난 후 한성부 판윤 등을 지냈으나,
   1613년 손자인 김비(金秘)가 무고로 옥사할 때 탄핵을 받고 삭직 당하였다. 인조반정
   이후 복권되었으며, 저서로 《몽촌집》이 있다.

하였다. 승지 이헌국(李憲國)53)이 말하기를,

"지난 정사년(1557, 명종12)에 김여부(金汝孚), 김홍도(金弘度)가 서로를 비방하였습니다. 김홍도는 윤원형이 첩을 처로 삼은 일54)에 분노하여 항상 이에 대한 말을 많이 하였는데, 김여부가 이를 윤원형에게 고하자 원형이 다른 죄로 얽어매어 유배 보내기에 이르렀으며 많은 사류들이 배척받고 쫓겨났습니다. 이것은 윤원형이 조정에 있었기 때문이었습니다. 지금 비록 말들이 분분하지만 어찌 사달이야 일어나겠습니까? 두 사람은 모두 버릴 수 없는 인재들이니, 주상께서 두 사람을 불러 그들로 하여금 가슴 속 응어리를 모두 다 풀게 하면 서로를 용납하여 함께 조정에 설 수 있을 것입니다."

하였지만, 주상이 답하지 않았다.

얼마 후 친정(親政)55)이 있었는데, 특지로 김효원을 경흥 부사(慶興府使)로 제수하며 말하기를,

"이 사람이 조정에 있으면, 조정이 안정되지 못할 것이니, 먼 고을에 보임하는 것이 마땅하다."

하였다. 이조판서 정대년(鄭大年)56)과 병조판서 김귀영(金貴榮)57)이

---

53) 이헌국(李憲國) : 1525~1602. 본관은 전주(全州), 자는 흠재(欽哉), 호는 유곡(柳谷), 시호는 충익(忠翼)이다. 1551년 사마시에 합격하고 그 해 별시 문과에 급제, 사간원사간·도승지·충청도관찰사 등을 역임하고, 1589년 기축옥사의 처리에 공을 세워 평난공신(平難功臣) 3등에 책록되었다. 1592년 임진왜란이 일어나자 형조판서로서 세자 광해군을 호종, 보필하여 호성공신(扈聖功臣) 3등에 책록되었고, 정유재란 때는 좌참찬으로서 토적복수군(討敵復讐軍)을 모집하여 활약하였다. 뒤에 좌의정에 오르고 기로소에 들어갔다.

54) 윤원형이 …… 일 : 윤원형이 본처를 내쫓고 첩이었던 정난정(鄭蘭貞)을 그 자리에 앉힌 일을 이른다. 정난정의 본관은 초계(草溪)이고, 아버지는 도총부 부총관을 지낸 정윤겸인데, 첩 사이에서 태어난 서녀였다. 어릴 때 집을 나와 기생이 되었다가 윤원형의 눈에 들어 첩이 된 후에 윤원형의 적처 김씨를 몰아내고 자신이 적처자리에 앉았다. 문정왕후의 신임을 얻어 궁궐을 마음대로 출입하였으며, 1553년(명종8) 직첩(職帖)을 받아 마침내 외명부 종1품 정경부인(貞敬夫人)이 되었다. 1565년 문정왕후가 죽자 사림의 탄핵을 받아 본래 신분인 천인(賤人)으로 강등되었고 남편 윤원형과 함께 황해도 강음(江陰)으로 유배되었으나 결국 독약을 먹고 스스로 목숨을 끊었다.

55) 친정(親政) : 임금이 직접 인사 행정을 보는 것을 이른다.

56) 정대년(鄭大年) : 1503~1578. 본관은 동래(東萊), 자는 경로(景老), 호는 사암(思菴), 시호는

"경흥은 극변(極邊)으로 호인(胡人)들과 밀접한 곳이니, 서생(書生)이 지켜 편안히 할 수 있는 곳이 아닙니다."

라고 여러 번 아뢴 후에야 부령(富寧)으로 바꾸라는 명이 내렸다. 반면 심의겸은 개성 유수(開城留守)에 임명하니, 이에 연소한 사류의 의구심이 더욱 심해졌다. 노수신이 김효원을 외방으로 내보낸 후 허엽이 그것을 경솔한 처사라고 허물하자, 수신이 사류의 의심을 받을까 두려워하여 허엽에게 자신은 편당하는 마음이 없다고 해명하고 여러 번 맹세하니 식자들이 웃었다.

○ 김효원의 병이 위중하여 북쪽 변방에 부임할 수 없었다. 이이가 휴가를 받아 고향에 내려가며 임금에게 하직인사를 하던 날 김효원의 병세를 아뢰고 내지의 궁벽진 고을로 바꾸어 제수하도록 청하였다. 주상은 이이가 김효원과 편당이 되어 두둔하는 것이라 의심하여 진노하고 책망하였다. 이후 이이가 고향으로부터 돌아와 입시하여 아뢸 때 뜻을 잘 전달하지 못하여 심히 황공하다고 아뢰자, 주상이 위로하고 풀어주며 효원을 삼척 부사로 고쳐 제수하라는 명을 내렸다.

충정(忠貞)이다. 1532년 별시 문과에 장원 급제하여 청현직을 두루 역임하였다. 청백리(淸白吏)로서, 권신 윤원형이 애첩 정난정을 정경부인(貞敬夫人)으로 삼은 사실 여부를 밝히라는 왕명을 받들고 조사하던 중 윤원형이 이를 알고 뇌물로 이를 무마하려 하자 완강히 거절하였다. 선조 초에 육조의 장관을 추천하라는 왕명이 있자 모두가 서슴없이 그를 추천할 만큼 명망이 있었다.

57) 김귀영(金貴榮) : 1520~1593. 본관은 상주(尙州), 자는 현경(顯卿), 호는 동원(東園)이다. 1547년 알성 문과에 급제하여, 1581년 우의정, 2년 뒤 좌의정이 되었다가 곧 물러나 판중추부사가 되었다. 임진왜란 때 회령에서 국경인(鞠景仁)의 반란으로 임해군·순화군과 함께 왜장 가토[加藤淸正]의 포로가 되었다. 이에 임해군을 보호하지 못한 책임으로 관작을 삭탈 당했다. 이어 다시 가토의 강요에 의해 강화를 요구하는 글을 받기 위해 풀려나 행재소(行在所)에 갔다가, 사헌부·사간원의 탄핵을 받고 추국(推鞠)당해 희천으로 유배 가던 중 중도에서 죽었다.

병자년(1576, 선조9) 봄, 윤현(尹晛)[58]을 이조좌랑으로 삼았다. 앞서 이이는 이준경을 배척하였으나,[59] 자신의 말이 어긋날 것을 염려하여 조정(調停)을 주장하며 중간에서 양쪽의 갈등을 풀어주려 노력하였다. 그러나 김효원의 세력이 크게 왕성해지자 전배 사류들이 두려워하고 미워하였지만 감히 손을 쓰지 못하고 있는데, 이이가 외방에 보임하자고 주장하니 공론이 의지하며 중하게 여겼다. 이이의 의도는 다만 진정시키려 한 것일 뿐 깊이 다스리려 한 것은 아니었다.

이미 김효원을 내보냈는데도 조정 의논은 한층 과격해져 반드시 철저하게 다스리려 하니, 이이가 극력 저지하고 또한 이발(李潑)을 끌어들여 다시 전랑으로 삼았다.[60] 당시 권력을 쥐고 있던 무리들[時輩]이 윤현을 전랑으로 천거하고자 하였는데, 이이는 그가 적합한 인물이 아님을 꿰뚫어 보았으나 조제(調劑)를 위해 감히 만류하지 못하면서도, 이발이 전랑으로 있으니 틀림없이 윤현을 제재할 수 있으리라 여겼다. 윤현이 이조에 들어갔을 때, 이발은 도승지

---

58) 윤현(尹晛) : 1536~1597. 본관은 해평(海平), 자는 백승(伯昇), 호는 송만(松巒)으로, 할아버지는 윤변(尹忭), 아버지는 윤담수(尹聃壽)이며, 윤두수·윤근수의 조카이다. 1567년 식년 문과에 급제하여, 1573년에 예조좌랑·정언이 되었고, 1578년 이조좌랑이 되었다. 동인 김성일과 함께 전랑이 되었으나 서로 사이가 좋지 않았다. 당시 서인의 거두인 작은아버지 윤두수·윤근수가 모두 요직에 있어 함께 삼윤(三尹)으로 일컬어졌으며, 서인을 지지하고 동인을 배척한다 하여 사헌부·사간원 등 언관들로부터 자주 논핵을 받았다.

59) 이이는 …… 배척하였으나 : 1572년 이준경이 죽기 직전 유소(遺疏)를 올려서 조정에 붕당(朋黨)의 조짐이 있다고 경고하였다. 이에 대해 이이는 장문의 상소를 올려서 조정에는 오직 사류(士類)가 있을 뿐인데, 이준경이 이들 사이의 사소한 다툼을 과장한 것이라고 비판하였다. 《栗谷全書 論朋黨疏》

60) 이발(李潑)을 …… 삼았다 : 1572년(선조5) 김효원이 이조전랑에 천거되었으나, 명종 비인 인순왕후의 동생이자 당시 이조참의였던 청양군(靑陽君) 심의겸이 이를 반대하여 결국 김효원의 추천이 좌절되는 사건이 일어났다. 이후 김효원은 1574년(선조7) 조정기(趙廷機)의 추천으로 결국 이조전랑이 되었으나, 사림 내에서는 처음 김효원의 추천을 거부하였던 척신 심의겸에 대한 의심과 비판이 고조되기 시작하였다. 그리하여 1575년(선조8) 심의겸의 동생 심충겸이 이조전랑으로 추천되자, 이번에는 김효원이 전랑의 관직은 척신의 사유물이 될 수 없다고 주장하면서 거부하여, 이발(李潑)이 대신하게 하였는데, 여기서는 이이가 양자 사이를 조정하기 위해 이발을 추천한 것으로 서술하였다.

박호원(朴好元)⁶¹⁾이 승지로서 이조(吏曹)를 맡고 있었으므로 친혐(親嫌)이 있어서 상피(相避)해야 할 상황이었다. 승정원에서는 고사(故事)⁶²⁾를 들어 호원에게 다른 조를 맡도록 고칠 것을 청하였으나, 주상이 이르기를,

"이발은 체직시킬 수 없는 사람이 아니다."

하며, 특명으로 이발을 체직하게 하였다.

윤현이 처음 권한을 행사할 때 조원을 천거하여 이랑(吏郞)으로 삼고자 하였다. 조원은 경박하고 조급하여 인망이 없었는데, 다만 정언으로 있을 때 허엽의 일로 피혐하였으므로,⁶³⁾ 윤현이 그 공에 보답하고자 한 것이다. 이에 이이가 저지하며 말하기를,

"백옥(伯玉)⁶⁴⁾-조원-은 쓸 만한 인재가 아니다. 만약 인물을 논하지 않고 단지 인백을 미워하는 자라고 하여 기용하려 한다면 그대들은 반드시 패할 것이다."

하였으나 윤현은 듣지 않고 결국 그를 천거하였다. 이이는 힘써 조제를 주장하였으나 시론(時論)은 도리어 이이를 두고 입장이 모호하여 분명치 못하다고 여겼다.

이해수(李海壽)⁶⁵⁾가 이이에게 말하기를,

---

61) 박호원(朴好元) : 1527~? 본관은 밀양(密陽), 자는 선초(善初), 호는 송월당(松月堂)이다. 1552년 식년 문과에 급제하여, 1565년에 사헌부의 장령(掌令)·집의(執義), 이듬해 동부승지 등을 역임한 뒤 우부승지·좌부승지·승지 등을 거쳐 1576년 대사헌에 올랐으며 뒤에 호조판서를 역임하였다. 박호원과 이발은 동서간이었다.

62) 고사(故事) : 전례에는 전랑이 친혐으로 인한 상피 규정에 걸려도 체직시키지 않고 그 상대방을 체직하게 하였다. 《石潭日記 萬曆四年丙子》

63) 정언으로 …… 피혐하였으므로 : 좌의정 박순이 황해도 재령군에서 종이 주인을 죽인 사건의 위관이 되었는데, 대사간 허엽, 사간 김효원 등이 사건의 처리를 두고 박순을 추고하도록 청하였다. 이때 사간원 정언으로 있던 조원이 양사에서 대신을 추고하는 것은 잘못이라고 반박하며 피혐하였고, 이로써 김효원의 세력이 꺾였던 일을 이른다. 앞에 보인다.

64) 백옥(伯玉) : 조원(趙瑗, 1544~1595)의 자이다.

65) 이해수(李海壽) : 1536~1599. 본관은 전의(全義), 자는 대중(大仲), 호는 약포(藥圃)·경재(敬齋)이다. 1563년 문과에 급제하여, 동부승지·호조참의·대사간 등을 역임하였다. 신묘년

"김인백은 반드시 일을 그르칠 소인인데, 그대가 그의 마음 씀씀이를 알지
못하여 경연에서 시비를 가리지 않고 애매하게 아뢰었으니, 매우 온당치
못하다."

하니, 이이가 말하기를,

"나는 인백을 명예를 좋아하는 선비로 볼 뿐, 그대들처럼 소인으로까지
보지는 않는다."

하였다. 정철(鄭澈)·구봉령(具鳳齡)[66]·신응시(辛應時) 등은 모두 김효원을
소인이라 여겨 깊이 배척하고자 하였다.[67] 정철이 남쪽으로 귀향하려 하면서
이이에게 김효원을 배척하라고 권하니, 이이가 말하기를,

"저 사람의 죄상이 드러나지 않았고 사류의 추앙을 받는데, 깊이 배척한다면
큰 분란이 일어나서 조정에 해를 끼칠 것이다."

하고 끝내 따르지 않았다. 이에 정철이 시를 지어 이르기를,

"그대 뜻은 산과 같아 끝내 움직이지 않고,

내 걸음은 물과 같으니 어느 때에나 돌아올까."

(1591, 선조24) 건저(建儲) 문제로 정철을 비롯한 서인이 실각하였을 때, 이해수 또한
정철의 당파로 지목되어 파직되었다가 임진왜란 후 복직하여 부제학에 이르렀다.
이조판서에 추증되었다. 저서로 《약포집(藥圃集)》이 있다.

66) 구봉령(具鳳齡) : 1526~1586. 본관은 능성(綾城), 자는 경서(景瑞), 호는 백담(栢潭), 시호는
문단(文端)이다. 1545년 이황의 문하에서 수학하였다. 1560년 별시 문과에 급제하여,
1581년 대사헌에 오르고, 이듬해 병조참판·형조참판 등을 지냈다.

67) 김효원을 …… 하였다 : 동·서의 갈등이 표면화되기 시작하자 1575년(선조8) 이이는
좌의정 노수신과 상의하여 심의겸과 김효원을 모두 외방으로 내보내 의론을 진정시키고
자 하였다. 이에 선조는 김효원을 함경도 경흥부사에, 심의겸을 개성유수에 임명하였는
데, 이러한 조치는 당초 이이의 의도와는 달리 오히려 당쟁의 불씨를 부추기는 결과를
가져왔다. 개성에 비해 함경도 경흥은 외진 곳이었기 때문에 서인을 우대하고 동인을
홀대한 것으로 받아들여져 동인의 반발이 극심했기 때문이다. 이에 이이가 김효원을
삼척부사로 옮기게 하였으나, 서인의 공세 속에 김효원을 지지하던 이성중·정희적·노준
등의 동인이 외직으로 밀려남으로써 이이는 동인들의 비판을 받고 한동안 칩거하게
되었다. 그러자 그에 대한 역작용으로 정철·구봉령·신응시·이해수 등 서인은 김효원을
소인으로 규정하며 동인에 대한 공세를 한층 강화해 나갔다. 《石潭日記 萬曆四年丙子》
《松江集 年譜 上》

하고, 개탄하며 돌아갔다.

전배가 김효원을 미워함이 이와 같았으나 후배들은 효원을 매우 소중히 여겨, 이이에게 효원을 내보낸 것이 잘못이라고 하였다. 어떤 사람이 이이에게 이르기를,

"천하에는 둘 다 옳거나 둘 다 그른 경우는 없는데, 근일의 처사는 시비를 가리지 않고 둘 다 온전하게 하는 데만 힘썼으니 인심이 불만스러워 한다."

하니, 이이가 말하기를,

"천하에는 진실로 둘 다 옳고 둘 다 그른 경우가 있다. 심의겸과 김효원의 일은 국가에 관련된 일이 아닌데도 서로 배척하면서 알력을 빚다 조정을 어지럽히기에 이르렀으니 진실로 둘 다 그른 경우이다. 비록 둘 다 그르다 해도 모두 사류(士類)이니 마땅히 갈등을 풀고 화합하는 것이 옳은데, 기어이 이쪽은 옳고 저쪽은 그르다 하면 이로 인해 다툼이 일어나 서로 배척하는 상황을 언제나 끝낼 수 있겠는가?"

하였다. 이에 전배는 이이가 효원을 공격하지 않는다 허물하고, 후배는 이이가 효원을 쓰지 않는다 허물하며 모두 이이의 말을 듣지 않으니, 조정 의론은 더욱 어그러져 갔다.

대사간 홍성민(洪聖民)[68]이 이이에게 이르기를,

"이성중(李誠中)이 지평이 되니, 사람들의 의론이 그를 논핵하여 체직시키려 하는데, 어찌 생각하는가?"

하자, 이이가 말하기를,

"이 무슨 말인가? 성중은 별다른 허물이 없고, 다만 인백(仁伯)[69]과 친교가

---

[68] 홍성민(洪聖民) : 1536~1594. 본관은 남양(南陽), 자는 시가(時可), 호는 졸옹(拙翁), 시호는 문정(文貞)이다. 1575년 호조참판으로 명나라에 건너가 종계변무(宗系辨誣)에 힘써 명나라 황제의 허락을 받고 돌아왔으며, 이 공으로 광국공신(光國功臣) 2등에 책록되고 익성군(益城君)에 봉해졌다. 이듬해 판중추부사가 되었다가 건저 문제로 정철이 실각하자, 그 일당으로 몰려 북변인 부령으로 유배되었다. 1592년 임진왜란이 일어나자 특사로 풀려나 대제학을 거쳐, 호조판서에 이르렀다. 저서로는 《졸옹집(拙翁集)》이 있다.

[69] 인백(仁伯) : 김효원(金孝元, 1532~1590)의 자이다.

깊을 뿐이다. 인백도 공격해서는 안 되거늘 하물며 그 당우(黨友)를 공격한단 말인가? 결코 그렇게 해서는 안 된다."

하였다. 홍성민이 처음에는 이이의 말을 옳다고 여겼으나, 이후 시배(時輩)가 종용하자 이성중을 탄핵하니, 사류가 더욱 놀라고 나라 사람의 말들이 분분하였다.

이이가 효상(爻象)이 점점 나빠지는 것을 보고, 물러가기로 결심하고 한수(韓脩)와 남언경(南彦經)70)에게 이르기를,

"근래 시론이 시비를 확정하는 일에 급급한데, 시비를 어떻게 억지로 정할 수 있겠는가? 당초 인백을 제어한 것은 실로 공론이었으나, 지금에 와 의론이 과격해져서 사류 중 공적인 마음으로 중립을 견지한 이들이 도리어 의심을 받고 있다. 이러한 상황이 계속된다면 반드시 인심을 잃어서, 오히려 인백을 편드는 주장이 공론이 되게 할 것이다."

하니, 언경이 이르기를,

"인백 한 사람만 억제하고, 나머지 사람은 모두 전처럼 청반(淸班)에 있게 하면 사림이 평안하게 안정될 것이다."

하자, 이이가 말하기를, "이것이 내 뜻이다." 하였다.

김우옹(金宇顒)이 이이를 보고 김효원을 매우 애석하게 여기는 뜻을 드러내자, 이이가 웃으며 말하기를,

"인백을 보는 시각에는 네 가지가 있다. 한 가지 의론은 형편없는 소인으로 보는 것인데, 이는 계함(季涵)71)-정철-의 무리가 하는 말이다. 또 하나의 의론은 명예를 좋아하는 선비로 보는 것인데, 이는 내가 하는 말이다. 또 하나의

---

70) 남언경(南彦經) : 1528~1594. 본관은 의령(宜寧), 자는 시보(時甫), 호는 동강(東岡)이다. 서경덕(徐敬德) 문인이다. 학행으로 천거되어 헌릉 참봉·지평 현감(砥平縣監)·양주 목사를 지내고 지평(持平)에 임명되었으나 어머니의 병간호를 위해 출사하지 않았다. 1575년 지평·장령·집의를 거쳐 전주 부윤이 되었으나 기축옥사 때 사헌부의 탄핵을 받고 파직되었다. 1592년 다시 기용되어 여주 목사, 공조참의가 되었으나 이요(李瑤)와 함께 이황을 비판하다가 양명학을 숭상한다는 이유로 탄핵을 받고 사직하였다.
71) 계함(季涵) : 정철(鄭澈, 1536~1593)의 자이다.

의론은 비록 명예를 좋아하는 뜻은 있으되 선인(善人)이라 보는 것으로, 이는 그대들이 하는 말이다. 또 하나의 의론은 하자가 없는 군자로 보는 것인데, 이는 저들 동류배들이 하는 말이다. 한 사람에 대해 네 가지 의론이 있어서 사람마다 각각 자기 소견만 옳다 하며 서로 통하지 못하고 있다. 이 때문에 허다한 분쟁을 만들어내서 나라의 법도와 백성의 피폐함은 치지도외한 채 시비를 정하는 일에만 급급하여 조정은 날로 어지러워지고 있으니, 이 또한 하늘의 뜻이다."

하였다. 김우옹이 말하기를,

"이는 그러하다. 그런데 어찌하여 이러한 분란이 일어나게 되었는가?"

하니, 이이가 말하기를,

"김인백의 잘못이 먼저이다. 인백이 자신의 역량을 헤아리지 않고 국사(國事)를 행하고자 하였고, 또 피혐하지 않고 선배 사류들을 배척함으로써 연장자들이 모두 노여워하였으나 그 기세가 두려워 감히 손을 쓰지 못하였다. 내가 인백의 소행을 보니 뒷날의 폐단이 없지 않겠기에 그를 억제해야 한다는 의논을 주창하였다. 처음에는 선배들이 나를 중히 여겨 내 말이라면 다 따랐는데, 인백에 대해 손을 쓴 뒤로는 이내 내 말을 듣지 않아서 마치 고기를 잡고 나서 통발을 잊은 것 같이 되었으니 우스운 일이다. 이 일은 억제하는 것은 옳지만 지나치게 공격하는 것은 그르니, 드러난 죄가 없기 때문이다. 내 말이 중시되지 않는 것은 계함의 소견이 중도에 지나치기 때문이다. 계함이 청명(淸名)으로써 명망이 두터웠으므로 동류들이 계함을 믿고 나를 가볍게 여기는 것이다."

하였다. 우옹이 말하기를,

"장차 어찌해야 이것을 해결할 수 있겠는가?"

하자, 이이가 말하기를,

"이현(而見)72)-유성룡-, 숙부(肅夫)73)-김우옹-, 경함(景涵)74)-이발-이 요직에

---

72) 이현(而見) : 유성룡(柳成龍, 1542~1607)의 자이다.

모이면 해결할 수 있을 것이다."

하니, 우옹이 말하기를,

"공도 떠나가는 마당에 우리가 머문다한들 무슨 보탬이 되겠는가?"

하였다. 이이가 말하기를,

"나의 진퇴는 이 일과 관계가 없다."

하자, 우옹이 말하기를,

"어찌하여 경연에서 통렬히 아뢰지 않는가"

하니, 이이가 말하기를,

"이 일은 말하기가 매우 어려우니, 반드시 군신 간에 서로 신뢰가 쌓인 뒤에야 모두 말할 수 있다. 지금 주상이 뭇 신하의 마음을 알지 못하는데, 사실대로 아뢰었다가는 반드시 조정에서 붕당을 나누어 결성하였다고 의심하게 되어 어부지리를 취하는 것과 같은 상황이 될 것이다."

하였다. 우옹이 말하기를,

"공은 억지로라도 머물 수 없겠는가?"

하자, 이이가 말하기를,

"만약 몇 달 안에 재앙이 일어난다면 내가 억지로라도 머물며 구제할 수 있을 것이다. 그러나 지금은 별다르게 드러난 재앙은 없고, 다만 조정의 의론이 서로 어그러져 화기(和氣)가 날로 사라지고 있는데, 여기에 횡행하는 속론(俗論)이 더해져 청의(淸議)가 점차 쇠미해지고 있으니, 몇 년 후에는 그 증험을 비로소 보게 될 것이다. 내가 지금 위로 호소하고 아래로 떠들어 봤자 모두 서로 믿지 않고 있는데, 어찌 가만히 앉아 몇 년 후의 재앙을 기다리며 홀로 억지로 머물겠는가?"

하였다. 허엽이 이이를 보고 말하기를,

"근래의 일은 참으로 한심하다 할 만하다."

---

73) 숙부(肅夫) : 김우옹(金宇顒, 1540~1603)의 자이다.
74) 경함(景涵) : 이발(李潑, 1544~1589)의 자이다.

하자, 이이가 말하기를,

"무슨 말인가?"

하니, 엽이 말하기를,

"백년 이래 외척이 항상 나라의 권력을 좌지우지 해 오니, 사람들이 이목에 익숙하게 익어 당연하게 생각하다가 하루아침에 연소한 선비들이 외척을 배척하고 억제하므로 놀라고 해괴하게 여기고 있다."

하니, 이이가 말하기를,

"공의 말은 바른 듯하나 실상은 잘못되었다. 오늘날 인백을 그르다 하는 이들이 어찌 방숙(方叔)[75]-심의겸- 의 입지를 위해 그리하는 것이겠는가?"

하였다. 허엽이 말하기를,

"화숙(和叔)[76]-박순-, 계진(季眞, 이후백), 중회(重晦, 김계휘)는 비록 인망이 있으나, 식자들이 논할 때는 반드시 방숙의 문객이라 한다."

하니, 이이가 말하기를,

"공의 말은 크게 잘못되었다. 이 세 사람은 모두 사림의 중망을 받는 이들인데 어찌 방숙에게 의지하여 발신한 이들이라 하는가?"

하였다. 허엽의 뜻은 대개 심의겸은 외척 권간이고 박순의 무리가 모두 외척에 의지하여 높은 지위에 올랐는데, 김효원이 외척을 억제하자 시론이 이를 재제한다는 것이었다. 이이가 사람들에게 말하기를,

"허태휘(許太輝)의 소견이 매우 잘못되었으니, 훗날 시사를 그르칠 자는 반드시 이 사람일 것이다."

하였다.

이이가 노수신을 보고 말하기를,

"시론이 어지러이 분분한데 상공께서는 어찌하여 진정시키지 않으십니까?"

하자, 수신이 말하기를,

75) 방숙(方叔) : 심의겸(沈義謙, 1535~1587)의 자이다.
76) 화숙(和叔) : 박순(朴淳, 1523~1589)의 자이다.

"나 같은 사람이 어떻게 진정시킬 수 있겠는가?"

하니, 이이가 말하기를,

"공이 이 일을 맡지 않으면 누구에게 책임을 지우겠습니까?"

하였다. 수신이 말하기를,

"공 같은 사람은 물러가서는 안 된다."

하였다. 이이가 말하기를,

"오늘날 김효원을 그르다 하는 사람들은 그의 잘못을 드러내는 것에 급급하여 도리어 사람들의 논의를 일으켰습니다. 당초 김효원을 억제한 것은 중도에 맞았으므로 사람들이 모두 공론이라 여겼는데, 그에 대한 공격이 너무 지나치게 되자 사류들이 도리어 의심하고 있습니다. 사감을 풀려고 그 잘못을 드러내려다 오히려 그를 옳게 여기는 논의를 초래하였으니, 그를 그르다 하면 할수록 그를 옳다하는 논의가 반드시 더 설득력을 얻게 될 것입니다."

하니, 수신이 말하기를,

"이 말이 진정 옳으니, 모름지기 제공(諸公)들에게 분명하게 말하는 것이 좋겠다."

하였다. 이이가 구봉령(具鳳齡)을 보고 말하기를,

"사림이 크게 어그러져 인심이 흉흉한데, 사람들이 공이 의론을 주도한다 하니 과연 그러한가?"

하자, 봉령이 말하기를,

"나는 병이 들어 칩거하고 있었는데 어떻게 의론을 주도할 수 있단 말인가? 만약 금일 다시 처분이 있게 되면 시사(時事)는 그릇될 것이니, 조용히 진정시키는 것이 마땅하다."

하니, 이이가 "그것이 내 뜻이다." 하였다.

이이가 박순을 보고 말하기를,

"시사가 나아질 기미가 없어서 재앙만 면해도 다행인데, 조정에서 이것을 알지 못하니, 이야말로 매우 우려할 만하다. 연소한 사류들의 의구심이 너무도 깊으니, 모름지기 이들을 안정시키는 것이 좋겠다."

하니, 박순이 말하기를,

"어떤 계책이 있는가?"

하자, 이이가 말하기를,

"유성룡(柳成龍), 김성일(金誠一)[77] 무리가 귀향 후 돌아오지 않고 있으니, 이간질 하는 말에 동요된 것이 틀림없다. 이 사람들은 모름지기 주상에게 아뢰어 특별히 부르게 해야 한다. 그리고 김우옹은 근래 들어 주상에게 소홀한 대접을 받고 있는데 또한 주상에게 아뢰어 경연에 끌어들여 이발의 무리와 함께 시론을 견지하게 해야 하고, 계함 역시도 특별히 부르도록 청해야 한다. 이와 같이 인재를 한데 취합하여 공평하고 바르게 등용하여 사람들의 잘못된 논의가 횡행하지 못하게 하며 조화와 진정에 힘쓰기를 1, 2년 동안 하면 조정이 맑아질 것이다. 그렇지 않으면 속된 논의가 왕성해지고 맑은 의론은 쇠미해져 조정이 장차 혼탁해지고 청명(淸名)은 모두 효원의 무리에게 돌아갈 것이니, 그리 되면 전배는 크게 인심을 잃어서 조제(調劑)가 이루어질 날은 끝내 볼 수 없게 될 것이다."

하니, 박순이 말하기를,

"그 말이 진실로 옳으나, 이를 책임지고 맡을 사람이 없는 것이 한스럽다."

하였다.

어운해(魚雲海)[78]가 이이를 보고 말하기를,

---

77) 김성일(金誠一) : 1538~1593, 본관은 의성(義城), 자는 사순(士純), 호는 학봉(鶴峰), 시호는 문충(文忠)이다. 이황(李滉) 문인으로, 1568년 문과에 급제하고 사가독서 하였다. 1577년 사은사의 서장관으로 명나라에 가서 종계변무(宗系辨誣)를 하였으며, 이후 함경도 순무어사·사간·나주 목사 등을 지냈다. 1590년 통신부사(通信副使)가 되어 정사 황윤길(黃允吉)과 함께 일본의 실정을 살피고 돌아왔다. 임진왜란이 일어난 후 일본이 침략할 우려가 없다고 했던 그의 보고가 문제되어 처벌이 논의되었으나, 유성룡의 변호로 경상우도 초유사에 임명되었고, 그 후 경상우도관찰사 겸 순찰사를 역임하다 진주성에서 병사하였다.

78) 어운해(魚雲海) : 1536~1585. 본관은 함종(咸從), 자는 경유(景遊), 호는 하담(荷潭)이다. 1564년 사마시에 합격한 후 벼슬을 단념하고 학문 연구에 몰두하다가 1568년 유일(遺逸)로

"유응서(柳應瑞)[79]-유몽학(柳夢鶴)- 가 나에게 공이 머물도록 권하라고 하였다."

하자, 이이가 말하기를,

"나를 머물게 하여 장차 어찌 하자는 것인가?"

하니, 운해가 말하기를,

"주상의 마음이 왔다 갔다 하는 때가 반드시 있을 것인데, 훗날 선단(善端)이 개발될 때를 만나도 조정에 유자가 없으면 어찌 애석하지 않겠는가?"

하였다. 이이가 말하기를,

"가만히 앉아서 주상의 마음이 개발되기만을 기다리고, 개발되기 전에는 자리만 차지하고 녹만 받아먹으면서도 부끄러운 줄 모른다면 이는 먼저 나 자신을 굽히는 것[80]이니, 어찌 임금을 바르게 할 수 있겠는가? 만약 앉아서 좋은 때가 오기만을 기다리는 도리가 있다면 성현 또한 응당 앉아서 기다렸을 터인데 자고로 앉아서 기다렸다는 성인은 일찍이 없었으니, 무슨 까닭이겠는가?"

하니, 운해가 "공의 말이 옳다." 하였다.

이이가 이미 물러가기로 결심한 것을 사류들이 알고, 이발·송대립(宋大立)· 어운해·허상(許鏛)·안민학(安敏學)[81] 등이 와서 작별하였다. 이이가 말하기를,

"내가 지금 논의를 정하려 하니 공들은 시험 삼아 한번 들어보라."

천거되어 관직에 나갔다. 1570년 조지서별제(造紙署別提)에 임명된 뒤 형조좌랑·경상도 도사·형조정랑 등을 역임하였다. 이이·성혼 등과의 교의가 깊었다.

79) 유응서(柳應瑞) : 유몽학(柳夢鶴, ?~?)을 이르며 응서는 그의 자이다.

80) 나 …… 것 :《맹자》〈만장 상(萬章上)〉에 "나는 여태까지 자기를 굽히고 남을 바로잡았다 는 사람을 듣지 못했으니 하물며 자기를 욕되게 하고서 천하를 바로잡았다는 사람이야 들어보았겠는가?[吾未聞枉己而正人者也, 況辱己以正天下者乎?]"라고 한 구절을 인용한 것 이다.

81) 안민학(安敏學) : 1542~1601. 본관은 광주, 자는 습지(習之), 호는 풍애(楓崖)이다. 박순 문인으로, 이이·정철·이지함(李之菡)·성혼·고경명(高敬命) 등과 교유하였다. 1580년에 이이의 천거로 희릉 참봉(禧陵參奉)이 되었다. 1583년에 사헌부 감찰이 된 뒤, 관례에 따라 외직으로 나아가 대흥·아산·현풍·태인 등지의 현감을 두루 거치고 전주의 별서(別 墅)에 우거하던 중 임진왜란을 만나 소모사(召募使)로 임명되었다. 저서로《풍애집(楓崖 集)》이 있다.

하자, 모두 "알았다."고 하였다. 이이가 말하기를,

"권간이 나라를 어지럽힌 지 오래인데, 그 기세를 꺾고 말끔히 씻어 내어 사론이 펴지도록 만든 것은 어찌 방숙[심의겸] 등 여러 공들의 공(功)이 아니겠는가? 인백[김효원]이 국사를 행하고자 하였으면 응당 권세가[巨室]의 마음을 잃지 말아야 했는데, 배척하고 억누른 것이 너무 지나쳐 전배들이 울분을 품고 사림이 서로 각립하게 되었으니, 이것이 인백의 죄이다. 이미 이와 같음을 알았으므로 공론이 억제하여 그를 외관으로 내보냈으니 이미 중도를 얻은 것이다. 그런데도 오히려 너무 심하게 미워하고 너무 극렬하게 공격하였으니, 이것이 전배의 죄이다. 이상과 같이 정리하면 그 실정에 맞는다 할 것이니, 지금 이후로 서로 의심하지 말고 허심탄회하게 대처한다면 다시 무슨 일이 있겠는가? 그렇지 않으면 조정의 근심을 없애지 못할 것이다. 옛날에는 사류와 속류 두 부류뿐이었지만 지금은 사류가 두 부류로 나뉘어졌으니, 이렇게 만든 것은 인백이 아니고 누구겠는가?"

하였다. 운해가 말하기를,

"이 말이 진실로 공론이다. 오늘 이 자리의 사람들이 모두 이 논의를 따른다면 시론이 정해질 것이다."

하니, 좌중의 사람들이 모두 "그렇다."고 하였다. 그러나 이이가 고향으로 돌아가 버리자, 시론이 날로 분열되어 구제할 수 없게 되었다.

○ **가을**, 홍혼(洪渾)[82]이 벼슬을 버리고 고향으로 돌아갔다. 혹자가 만류하자 혼이 말하기를,

"사(邪)와 정(正)이 구분되어 정해지지 않는데 내 거취가 무슨 상관이겠는가?"

---

82) 홍혼(洪渾) : 1541~1593. 자는 혼원(渾元), 호는 시우당(時雨堂), 본관은 남양(南陽)이다. 이황 문인으로 유성룡과 교유가 돈독하였다. 1566년 별시 문과에 급제, 삼사 및 6조의 관직을 두루 역임하였다. 1592년 임진왜란이 일어나자 부제학으로서 왕의 몽진에 호종하였으나, 과로로 병을 얻어 병사하였다. 이조참판에 추증되고, 그의 가족은 10년간 국가로부터 진휼(賑恤)을 받도록 특전을 받았다.

하였다. 홍혼의 뜻은 김효원을 군자로 보고 있는데 그가 재제를 당하므로 분개하여 벼슬을 버린 것이다.

○ 이순인(李純仁)[83]을 이조좌랑으로 삼았다. 이순인이 일찍이 김효원에 대해 권력을 탐한다고 논한 일이 있었으므로, 윤현이 그를 끌어다 자기를 돕게 하고자 이 직책을 주었다. 그러나 순인은 공론이 윤현을 지지하지 않는다는 것을 알고 도리어 김효원의 무리와 영합하니 정철 등이 깊이 미워하였다.

○ 좌의정 박순은 젊을 때부터 허엽과 동문의 벗이 되어[84] 정의가 아주 두터웠으나 허엽이 연소배의 종주가 되어 그 지론이 심히 편벽되자 매우 옳지 않게 여겨 마침내 교분이 소원해졌다. 허엽이 기세를 더욱 거세게 떨치자 박순이 시사가 어그러져 자신의 힘으로는 진정시킬 수 없음을 보고 마침내 사직하여 체직되었다.

○ **겨울**, 정철을 승지로 삼았다. 정철이 사직소를 올렸으나 허락을 받지 못하였으므로 이에 출사하였다. 당시 조정 신하들 가운데 진실로 뜻과 행실이 고결하여 우뚝 서서 홀로 행하지[特立獨行][85] 못하거나 용렬하여 이름 없는

---

83) 이순인(李純仁) : 1533~1592. 본관은 전의(全義), 자는 백생(伯生)·백옥(伯玉), 호는 고담(孤潭)이다. 1572년 문과 별시에 급제, 예문관 검열 등을 지냈다. 1586년 다시 사간에 임명되고, 부승지·예조참의 등을 지냈다. 이산해(李山海), 최경창(崔慶昌), 백광훈(白光勳), 최립(崔岦), 윤탁연(尹卓然), 하응림(河應臨), 송익필(宋翼弼)과 함께 팔문장(八文章)으로 불리었으며, 저서로 《고담집(孤潭集)》을 남겼다.

84) 동문의 벗이 되어 : 허엽과 박순은 서경덕 문하에서 동문수학(同門修學)한 친한 친구였으나, 만년에 동인과 서인으로 나뉘어져 정치적 입장을 달리하였다.

85) 뜻과 …… 행하지[特立獨行] :《예기》〈유행(儒行)〉의 "유자는 몸을 깨끗이 하고 덕(德)을 함양하여 말을 아뢰고도 몸을 낮추어 고요히 바로잡아서 윗사람이 알지 못하거든 그 잘못을 거칠게 들추어 간하되 또 급하게 하지 않는다. 깊은 곳에 임해서도 스스로 높이 드러내지 않고 조금 보탠 것을 많다고 내세우지 않으며, 세상이 다스려졌을

자들은 모두 동인·서인이라는 색목에 들었는데, 정철은 서인으로 지목되었다. 그래서 이이가 정철에게 연소한 사류와 정의를 통하여 동서의 설을 깨뜨리라고 권하였다.

무인년(1578, 선조11) 여름, 홍가신(洪可臣)[86]을 지평으로 삼았다. 홍가신은 젊어서부터 기개가 있었고, 조원과 우의가 좋았다. 그러나 조원이 이조좌랑이 되어 사사로움을 따르는 잘못을 저지르자, 가신이 그에게 말하기를,

"공사를 행하자면 사사로움을 돌아볼 수 없으므로, 그대가 저지른 잘못이 많으니 내가 사정(私情)을 따라 탄핵하지 않음은 불가하다."

하고, 논박하여 체직시키니, 공론이 통쾌해 하였다. 홍가신은 동인으로 지목되고 조원은 서인으로 지목되어, 말하는 자들이 이르기를,

"동인과 서인이 화합하지 못하여 공격하기에 이르렀다."

하였지만, 정철 같은 사람도 진정시킬 수 없었다.

당시 사류가 이미 분열되어, 이른바 동인은 맑은 명망이 있는 후진들이 많았지만, 서인은 다만 전배 몇 사람뿐이고 또 당시의 인망도 없었으므로 사람들은 모두 동인이 성하고 서인이 쇠할 것을 알았다. 또한 김효원을

때에는 덕이 가볍게 여겨지지 않고 세상이 어지러워도 뜻이 막히지 않으며, 같다고 하여 편들지 않고 다르다고 하여 비난하지 않으니, 그 우뚝 서서 홀로 행한다는 것은 이와 같은 것입니다.[儒有澡身而浴德, 陳言而伏, 靜而正之, 上弗知也, 麤而翹之, 又不急爲也. 不臨深而爲高·不加少而爲多, 世治不輕·世亂不沮, 同弗與·異弗非也, 其特立獨行有如此者.]"라는 구절을 인용한 것이다.

86) 홍가신(洪可臣) : 1541~1615. 본관은 남양(南陽), 자는 흥도(興道), 호는 만전당(晩全堂)·간옹(艮翁)이다. 1571년 강릉 참봉이 되었을 때 뛰어난 재주를 인정받아 예빈시 주부에 특진되고 이어 형조좌랑·지평을 거쳐 1584년 안산 군수를 지냈다. 1596년 이몽학이 반란을 일으키자 민병을 규합해 무장 박명현(朴名賢)·임득의(林得義) 등과 함께 난을 평정하고, 청난공신(淸亂功臣) 1등에 녹훈되고 영원군(寧原君)에 봉해졌다. 1610년 형조판서에 이르러 치사(致仕)하고 아산(牙山)에서 운명하였다.

내보낸 후 서인의 일처리가 합당하지 못하여 공론이 지지하지 않았으므로,
한때의 출세하려는 자들이 모두 동인을 좇아 팔을 걷어 부치며 "동인은
옳고 서인은 그르다[東是西非]." 하였다.

  김계휘는 서인으로 불렸지만 또한 연소배들의 신망이 두터웠으므로, 동인
중에는 계휘의 지시를 받는 사람도 있었다. 윤현은 김성일과 함께 전랑이
되었으나 의논이 서로 맞지 않아 마침내 틈이 벌어졌다. 윤현의 숙부인
윤두수와 윤근수가 모두 요직에 있으면서 늘 서인을 옹호하고 동인을 억제하
는 주장을 하였으므로, 동인이 몹시 미워하였다. 그런데 윤두수가 평소 생활하
며 자못 뇌물을 밝힌다는 소문이 있자, 어떤 사람이 김계휘에게 이르기를,
  "윤두수를 탄핵해야 하겠습니다."
  하자, 계휘가 저지하며 말하기를,
  "지금은 바야흐로 진정시키는 데 힘쓰고 있으므로 공격해서는 안 된다."
  하니, 연소한 무리가 심히 불쾌하게 여겼다.
  수찬 강서(姜緖)[87]가 주상에게 아뢰기를,
  "사류가 동과 서로 나뉘었는데 모두 쓸 만한 사람들이니, 한편을 버리고
한편을 취해서는 안 됩니다."
  하니, 이에 주상도 동인·서인의 설을 알게 되었다. 이발은 동인에게 치우쳤
고 정철은 서인에게 치우쳐서 그 소견이 비록 달랐지만 둘 다 인망이 있었으며,
나라를 근심하고 공사에 충실한 것이 당시에 으뜸이었다. 이이가 항상 두
사람에게 말하기를,
  "그대들이 마음을 합해 조제한다면 사림은 거의 문제가 없을 것이다."
  하였는데, 말이 심히 간절하였다. 이에 정철이 조금 소견을 돌려 이발과
친교를 맺고 함께 화평한 논의를 조성하려고 하였다. 그러나 동인 가운데

---

87) 강서(姜緖) : 1538~1589. 본관은 진주(晉州), 자는 원경(遠卿), 호는 난곡(蘭谷)이다. 우의정
   을 지낸 강사상(姜士尙)의 아들이다. 1565년 문과 급제 후 내외 관직을 두루 역임하였고
   좌승지에 올랐다. 지감(知鑑)이 있어 정여립(鄭汝立)의 옥사와 임진왜란이 일어날 것을
   알았다고 전해진다.

일 만들기를 좋아하는 자들이 서인을 공격함으로써 후환을 방지하려고 모두 윤두수 3부자[88]를 사악한 괴수로 삼아 제거하기로 뜻을 굳혔는데, 유성룡과 이발만은 따르지 않았으므로 일단 두고 보기로 하였다.

무안 현감(務安縣監) 전응정(全應禎)이라는 자가 권귀에게 뇌물을 바친 일이 발각되어 국문을 받았으므로,[89] 당시 의론은 뇌물을 탐하는 일[貪贓]을 경계하고 있었다. 김성일이 진도 군수 이수(李銖)가 쌀을 실어다 윤두수 3부자에게 뇌물로 바쳤다는 말을 듣고 매우 노하였다. 하루는 김성일이 경연 석상에서 아뢰기를,

"전응정이 비록 죄를 받았으나, 그 후로도 쌀을 실어다 뇌물로 바치는 자가 있습니다."

하니, 주상이 바로 묻기를, "그가 누구인가?" 하자, 김성일이 창졸간에 이수라고 대답하였다. 대간이 이수의 죄를 다스리라 청하자 주상이 의금부에 가두고 국문하라 명하고 하교하기를,

"단지 뇌물을 준 사람만 다스리고 받은 사람은 다스리지 않는 것이 옳은가?"

하였다. 이때 허엽이 부제학이 되어, 대각(臺閣)이 직간하는 풍모가 없다고 비판하니, 대간이 비로소 삼윤(三尹)[90]의 이름을 거론하고 논핵하지 못한 죄를 스스로 탄핵하였다. 이에 홍문관에서 차자를 올려 대간들을 체직하게 하니, 새로 대각에 들어간 이들이 삼윤을 파직하여 탐오한 풍습을 징계하라 청하였으나, 주상이 따르지 않았다. 대사간 김계휘가 마침 휴가를 받았는데, 양사가 삼윤을 공격했다는 말을 듣고, 동인과 서인이 접전하는 것으로 크게

---

88) 윤두수 3부자 : 윤두수(尹斗壽)·윤근수(尹根壽) 형제와 이들의 조카인 윤현(尹晛)을 가리킨다. 이들은 모두 서인으로 당시 윤두수는 도승지, 윤근수는 경기 감사, 윤현은 이조좌랑으로 재직하고 있었는데, 선조 11년(1578) 이들이 윤두수 형제와 이종(姨從) 간인 진도 군수 이수로부터 쌀을 뇌물로 받았다는 동인측의 탄핵을 받았다.

89) 전응정(全應禎)이 …… 받았으므로 : 무안 현감 전응정은 자신의 고과 평정이 '하등(下等)'이라는 기별을 받고 관곡 1백 석을 훔쳐 권귀(權貴)에게 뇌물로 바치려다 적발되어 국문을 받았다. 《宣祖實錄 11年 2月 2日》《宣祖修正實錄 11年 10月 1日》

90) 삼윤(三尹) : 윤두수·윤근수 형제와 이들의 조카인 윤현을 가리킨다.

의심하여 심히 옳지 않게 여기며 말하기를,

"연소한 사류들의 마음씀이 공평하지 못하니, 함께 일을 할 수 없다. 내가 차라리 죄를 받고 물러나겠다."

하였다. 이윽고 서울로 들어와 복명하는 날에 아뢰기를,

"삼윤은 모두 선량한 선비로서 특별히 발탁되었으며, 죄가 될 만한 별다른 허물은 없었습니다. 그들이 뇌물을 받았다는 말의 허실은 알 수 없으나, 은밀히 모함하는 자들이 날조한 말이 아니라는 것을 어찌 알겠습니까? 천천히 옥사가 성립되는 것을 기다렸다가 죄를 주어도 늦지 않은데, 먼저 세 사람의 이름을 끄집어내어 범연하게 치죄하자고 청하였으니 선비를 대우하는 도리가 아닙니다."

하였는데, 그 말이 과격하여 지나친 것이 많았다. 이에 동인이 떼 지어 일어나 계휘가 아뢴 말을 가리켜 나라를 망칠 말이라고 하면서 여러 대간들이 서로 인피(引避)하였는데, 홍문관에서 김계휘를 논핵하여 체직시켰다.

이때 양사가 일제히 울분을 토하였는데, 대사헌 박대립(朴大立)[91]의 지론(持論)은 더욱 강경하였고, 장령 이발(李潑)은 삼윤의 숨겨진 죄악을 일일이 열거하였는데, 그 허실을 따져보지도 않고 있는 힘을 다해 추잡하게 비방하였다. 주상은 이미 서인에 대한 공격이 공정하지 않다 여기면서도 김계휘가 서인을 편드는 것 또한 옳지 않다고 보았다. 이에 사류가 계휘를 전라 감사로 삼아서 내보내니, 조정이 소란해졌으며, 동인과 서인의 다툼은 더 이상 공론이 되지 못하였다. 그런데도 동인이 스스로 청류(淸流)로 자처하면서 비분강개하는 것이 날로 심해져서 정철과 이발의 논의가 크게 어긋나자, 동인이 정철에 대해 드러내놓고 소인이라 배척하니 다시는 보합(保合)할 가망이 없게 되었다.

---

91) 박대립(朴大立) : 1512~1584. 본관은 함양(咸陽), 자는 수백(守伯), 호는 무위당(無違堂) 또는 무환(無患)이다. 이황 문인으로, 1540년 식년문과에 급제, 1567년 동지사(冬至使)로 명나라에 다녀왔다. 이듬해 부제학이 된 후 대사간을 지냈으며, 개성부 유수(開城府留守)에 이어 형조판서로 특진하였다. 그 뒤 이조판서·호조판서 등을 거쳐 우찬성이 되고 1582년 돈령부판사를 지낸 뒤 다시 우찬성·좌찬성이 되었다.

이때 옹진 현감(甕津縣監) 이신로(李信老) 또한 뇌물을 바친 일로 하옥되었다. 그 뇌물을 받은 자가 누군지는 알려지지 않고 막연히 조정의 귀인이라고만 일컬어지다 일이 우의정 노수신에게까지 미쳤다. 대간이 아울러 탄핵하고자 하였으나 그가 대신이었으므로 난감해했다. 말하는 이들이 모두 이르기를,

"명분은 탐오한 관리를 적발하여 바로잡는다고 하였으나 실상은 삼윤을 죄주려 한 것이니, 이수는 고래 싸움에 새우가 죽은 격이라 할 만하다. 그렇지 않으면 어찌하여 이수의 옥사는 기필코 성립시키려 하면서 이신로의 옥사는 국문도 제대로 하지 않는가?"

하였고, 또 "이수의 옥사는 무함에서 나온 것이지 사실이 아니다."라고 말하는 사람도 있었다. 사류들이 그 말을 아프게 여기고, 옥사가 성립되지 않으면 도리어 서인에게 공격당할까 두려워하여 법문을 가혹하게 적용하고 유도신문으로 얽어 넣는 등 못하는 짓이 없었다.

사헌부에서, 이수의 쌀이 상인 장세량(張世良)의 집에 맡겨져 있다는 말을 들었다. 이에 다른 일을 핑계로 장세량을 잡아들여서 의금부에 이송해 반드시 옥사를 성립시키고자 하였다. 또 이수의 옥사만 추궁한다는 혐의를 피하고자 이신로의 사건도 함께 다스렸는데, 유생 정여충(鄭汝忠)이 우연히 이신로 사건을 언급했다가 아울러 연루되었다. 이때 의금부 당상 박계현(朴啓賢)[92] 또한 뇌물을 받았다는 비방을 받고 있었으므로 정여충의 발언에 대해 깊은 앙심을 품고 가혹하게 형신하니 여론이 더욱 불평하였다. 혹자는 말하기를,

"오늘날 사류가 행하는 엄한 법과 각박한 형벌은 김안로(金安老)[93] 때와

---

92) 박계현(朴啓賢) : 1524~1580. 본관은 밀양(密陽), 자는 군옥(君沃), 호는 관원(灌園), 시호는 문장(文莊)이다. 사가독서하고 곧 부수찬을 지냈으며, 대사간과 대사성, 대사헌을 모두 거치고, 1573년 예조참판, 1575년 전라도관찰사, 1577년 지중추부사와 호조판서 등을 역임하였다. 당시 동인과 서인의 당쟁이 심함을 걱정하여 이를 제지하려 하였으나 실패하였다. 편서에 《밀산세고(密山世稿)》가 있다.

93) 김안로(金安老) : 1481~1537. 본관은 연안(延安), 자는 이숙(頤叔), 호는 희락당(希樂堂)·용천(龍泉)·퇴재(退齋)이다. 아들 희(禧)가 효혜공주(孝惠公主)와 혼인하여 중종의 부마(駙馬)가 되자 이를 계기로 권력을 남용하다가 1524년(중종19) 영의정 남곤(南袞), 심정(沈貞),

다를 것이 없다."

하였다. 항간의 말들이 분분하여 그치지 않자 사헌부에서 정여충의 석방을
청하여 옥사가 끝내 성립하지 못하게 되니, 주상이 이신로의 석방을 명하였다.

진도(珍島)의 저리(邸吏)[94]로서 이수에게 원한을 품은 자가 있었는데, 그가
말하기를,

"내가 옥에 들어가면 옥사가 반드시 성립될 것이다."

하니, 사헌부가 아뢰어서 그 저리를 가두었다. 이에 옥에 갇힌 자들이
모두

"이수가 쌀 백 석을 장세량의 집에서 삼윤에게 나누어 보냈다."

라고 똑같이 공초하였으나 장세량만은 끝내 불복하였다. 주상은 진도군의
저리가 이미 자복하였으므로 대각에서 아뢴 말을 따라 삼윤을 파직하였다.
김계휘가 이미 사류에게 크게 미움을 받고 있었는데, 사람들이 모두 그를
허물하자, 계휘가 말하기를,

"내 비록 사류에게 용납받지 못하고 있으나, 그렇다고 사류를 공격하는
자가 있으면 반드시 소인일 것이다."

하였다.

○ 대사간 정철이 사류가 일을 그르치는 것을 분하게 여기고 장차 물러나려
고 하면서, 편지로 이이에게 거취를 묻자, 이이가 이르기를,

"지금 직분을 다하지 않으면 의심이 더욱 깊어지고 근거없는 말들이 더욱
횡행할 것이니, 나아가 직분을 다하고 화평한 의론으로써 사류의 의심을

대사간 이항(李沆) 등의 탄핵을 받고 경기도 풍덕(豊德)에 유배되었다. 1531년(중종26)
재차 서용된 이후 동궁(東宮 : 인종)의 보호를 구실로 수차례의 옥사를 일으켜 정적(政敵)
이나 뜻에 맞지 않는 자를 무자비하게 축출하는 정치 행태로 악명이 높았다. 1537년(중종
32) 중종의 제2계비인 문정왕후(文定王后)의 폐위를 기도하다가 발각되어 유배되었다가
곧이어 사사되었다. 허항, 채무택과 함께 정유삼흉(丁酉三凶)이라 불렸다.

94) 저리(邸吏) : 조선시대 지방 관아에서 서울 또는 감영(監營)에 연락 사무를 담당하기
위해 파견해 둔 아전 또는 향리를 말한다.

푸는 것이 낫다."

하니, 정철이 따랐다. 이이는 고향으로 돌아간 뒤, 사간원, 이조에 제수한다는 명을 연달아 사양하였지만 항상 국사를 잊지 않고, 늘 조정이 화목하지 못하는 것을 근심하며 조제(調劑)의 책임을 자임(自任)하고자 하였다. 이에 그의 벗인 징사(徵士)95) 성혼(成渾)96)이 그에게 말하기를,

"옛부터 도를 행하는 선비가 도가 행해지는지의 여부를 헤아리지 않고 다만 싸움을 말리는 것으로 능사를 삼는다는 것은 들어보지 못하였다."

하였다.

이때 심의겸이 물러나 파주로 돌아왔는데, 이이가 그에게 말하기를,

"물러나 돌아온 것은 좋은 일이나 지금은 때가 아닌 듯하니, 남의 말만 더욱 부추기지 않겠는가?"

하자, 심의겸이 말하기를,

"내가 물러나기로 이미 결정하였는데 어찌 반드시 남의 말을 피하려 스스로 번복하겠는가? 사류가 이미 삼윤을 배척하였으니, 만약 여기에서 그치고 다시 의심하지 않는다면 국가의 다행일 것이다. 그러나 만약 의심을 그치지 않고 명색이 서인이면 비록 어진 인재라 해도 또한 쓰지 않는다면 처사가 반드시 그릇될 것이다. 김현경(金顯卿)97)-김귀영(金貴榮)- 같은 사람도 이조판서가 되었는데 삼윤에게 탐오하다는 죄를 물으니, 비록 악을 물리치고 선을

---

95) 징사(徵士) : 학문과 도덕이 높아, 조정의 천거로 부름을 받은 선비를 이른다.

96) 성혼(成渾) : 1535~1598. 본관은 창녕(昌寧), 자는 호원(浩原), 호는 우계(牛溪)·묵암(默庵), 시호는 문간(文簡)이다. 성수침(成守琛)의 아들이자 이이(李珥)의 친우이다. 정인홍을 비롯한 북인 측은 기축옥사 때 최영경의 억울한 죽음을 두고 성혼이 정철을 사주하여 죽인 것이라 여겼으므로, 성혼은 정철과 함께 북인의 집요한 공격을 받았다. 1597년 4월, 박성(朴惺)이 최영경의 죽음과 관련하여 성혼과 정철을 논죄하는 상소를 올렸고, 1601년 12월 문경호(文景虎)가 다시 이 문제를 제기함으로써 성혼·정철은 결국 삭탈관작되었다. 이후 성혼은 1633년(인조11) 복관사제(復官賜祭)가 되고, 1681년(숙종7) 문묘에 배향되었다가 1689년(숙종15) 기사환국으로 출향(黜享)되었고, 1694년(숙종20) 갑술환국으로 재차 배향되는 등, 집권층의 당색에 따라 포폄의 기복을 겪었다.

97) 김현경(金顯卿) : 현경은 김귀영(金貴榮, 1520~1593)의 자이다.

장려한다[激濁揚淸] 하나 누가 믿겠는가?"

하였는데, 당시 김귀영이 가장 탐오하고 비루하였기 때문에 한 말이었다.
이에 이이가 말하기를,

"참으로 그러하다. 다만 사류의 잘못은 조정 신료의 수치가 되는 데에
불과하나, 사류를 미워하여 다스리고자 하는 것은 그 재앙이 반드시 나라를
망치는데 이를 것이다."

하자, 심의겸이 말하기를,

"지금의 사류가 나를 용납하지 않는다 해도, 나야 고향에서 유유자적할
것이니 무슨 근심이 있겠는가? 사류가 실세할까 그것이 염려스럽다."

하였다. 얼마 후 심의겸이 조정에 들어와 공직(供職)하였다.

○ **12월** 세초(歲抄)[98]하여 윤두수 등을 모두 서용하라는 명이 내렸다.
간관(諫官)들이 이르기를,

"이수의 옥사가 아직 끝나지 않아 뇌물을 준 사람이 국문을 받고 있으니
뇌물을 받은 사람을 복직시킬 수 없다."

하였다. 대사간 정철만 홀로 이수의 옥사가 억울하다며 논계하려 하지
않다가 논핵을 받고 체직되었다. 이에 동인들은 정철을 사당(邪黨)이라고
더욱 비방하였다.

기묘년(1579, 선조12) 봄, 흰 무지개가 해를 관통[99]하자 주상이 하교하

---

98) 세초(歲抄) : 매년 6월과 12월에 죄를 지어 파직되었거나 직첩(職牒)을 빼앗긴 전직 관원들
　　의 명단을 단자(單子)로 작성하여 임금에게 올리는 것을 이른다. 이 세초단자(歲抄單子)가
　　올라가면 특정인에 대해서 죄의 등급을 감면해 주거나 다시 서용(敍用)하라는 등의
　　조치가 내려졌다.

99) 흰 …… 관통 : 흰 무지개는 음(陰)의 사특(邪慝)한 기운을 뜻하는 것으로 인식되었는데,
　　이것이 해를 꿰뚫는 천문 현상이 일어나면 소인이 군자를 누르고 화란(禍亂)을 일으키는
　　조짐으로 여겼다.

여 구언(求言)[100]하였는데, 대사헌 이식(李拭)[101] 등이 응지(應旨) 상소하여 시폐(時弊)를 논하면서 심의겸을 소인이라 배척하고, 김계휘, 정철을 모두 사당(邪黨)이라고 하였다. 당시 동인의 세력이 매우 왕성하여, 명예를 구하는 자·벼슬을 바라는 자들이 앞 다투어 영합하였고, 이전에 서인에게 배척당한 속류의 재상들도 때를 틈타 붙좇아서 대부분 중용되자, 이식이 지위를 굳히려고 한 것이다. 집의 홍혼은 일찍이 동인이 배척받은 것에 유감을 품고 물러났다가 이때가 되자 팔을 걷어붙이고 일어나 말하기를, "지금이야말로 군자가 일을 할 수 있는 때이다."라고 하였는데 그 의론이 매우 편벽되었다. 장령 정희적(鄭熙績)은 일찍이 심의겸을 논핵한 일[102]로, 을해년(1575, 선조8) 서인이 외방으로 내보냈는데, 이로 인해 희적이 앙심을 품었다. 이때에 이르러 직접 소장을 작성하며 심의겸과 그 동류배들을 극도로 비방하면서, 장차 이것을 국시(國是)로 정하여 서인이 다시 들어올 길을 막으려고 하였다. 이로 인해 조정이 안정되지 못하였다.

○ **여름**, 이수의 옥사가 오래 지나도 성립하지 못하였다. 장세량은 20여 차례나 형문(刑問)을 받고 거의 죽을 지경에 이르렀으나 끝내 불복하였다.[103]

---

100) 구언(求言) : 국가에 재변이 있을 때에 임금이 사방에 명령을 내려서 정치에 도움이 될 바른 말을 구하는 것을 이른다. 이때 임금의 하교를 구언교(求言教)라 하고, 여기에 응하여 신료들이 올리는 상소를 응지상소(應旨上疏)라고 하였다.

101) 이식(李拭) : 1510~1587. 본관은 전주(全州), 자는 청지(清之), 호는 손암(損菴)·외암(畏菴)이다. 효령대군의 5세손이다. 1553년 별시문과에 급제한 후, 대사헌·대사간·승지·부제학·이조참판 등을 역임하였다. 저서로 《외암집(畏菴集)》이 있다.

102) 정희적(鄭熙績)은 …… 일 : 정희적(1541~?)의 본관은 하동(河東). 자는 사훈(士勳)이다. 1573년 8월, 선조가 특지를 내려 심의겸을 대사헌으로 삼자, 당시 정언으로 있던 정희적이 외척에게 특지를 내리는 것은 온당치 못하다고 아뢴 일을 이른다. 《宣祖實錄 6年 8月 1日》

103) 장세량은 …… 불복하였다 : 윤두수·윤근수 형제와 이들의 조카인 윤현은 모두 서인으로 당시 윤두수는 도승지, 윤근수는 경기 감사, 윤현은 이조좌랑으로 재직하고 있었는데, 선조 11년(1578) 이들이 윤두수 형제와 이종(姨從) 간인 진도 군수 이수로부터 쌀을 뇌물로 받았다는 동인측의 탄핵을 받았다. 그러나 정작 삼윤에게 쌀을 운반했다는

어떤 사람이 그를 타일러 말하기를,

"그대의 죄는 무겁지 않으니, 만약 이수의 쌀을 받아두었다고 고하면 죽음을 면할 터인데 어찌하여 이 고초를 겪으며 형장을 참는가?"

하니, 세량이 말하기를,

"불복하면 죽고 자복하면 살 것을 내 어찌 모르겠는가? 다만 실제로 이러한 일이 없었는데, 어찌 내가 살자고 다른 사람을 사지로 몰 수 있겠는가?"

하였다. 당시 사류들은 이수의 옥사를 반드시 성립시키고자 하여, 이수와 장세량이 옥중에서 원통함을 호소한 글을 올리는 것을 모두 허락하지 않았다.

판의금부사(判義禁府事) 정유길(鄭惟吉)이 사람들에게 말하기를,

"장세량은 죄가 가벼운 사람인데 형장을 20여 차나 가하여 기어코 실토하게 하려 하니 이는 법례(法例)가 아니다.[104] 내가 주상께 아뢰고자 해도 사람들의 말이 두려워 감히 하지 못할 뿐이다. 또한 장세량은 의로운 선비가 아니면 어리석은 사람이 틀림없으니, 어찌하여 애써 이수를 위해 죽으려 하는가?"

하였다. 주상은 장세량이 오랫동안 불복하자, 이수의 옥사가 부실하다 의심하고, 삼공에게 물어 석방하려 하였는데, 삼공이 사론을 두려워하여 감히 대답하지 못하자 주상이 석방을 명하였다. 승정원이 "장오죄(贓汚罪)[105]

장세량은 엄형(嚴刑)을 받으면서도 혐의사실을 끝까지 부인하였음에도 불구하고 삼윤의 죄상을 공격하며 처벌할 것을 주장하는 동인측의 공격은 그치지 않았다. 부제학 허엽을 필두로 대사헌 박대립·대사간 이산해 등 동인이 장악하였던 삼사에서 삼윤을 수뢰자로 규정하고 그 처벌을 집요하게 간쟁하여 삼윤은 파면되고 서인의 세력도 꺾였다. 《燃藜室記述 宣祖朝故事本末 東西黨論之分 李銖米獄附》

104) 이는 …… 아니다 : 장세량이 뇌물을 받아 둔 것은 증인(證人)이 되는 데에 불과한 것이어서 법에 따라 세 번만 형신(刑訊)하고 그쳐야 한다. 그런데도 반드시 사죄(死罪)로 몰아 실정을 토로할 때까지 형신을 계속한 것을 지적한 말이다. 《宣祖修正實錄 12年 4月 1日》《厚光世牒 東西黨禍錄》

105) 장오죄(贓汚罪) : 관리로서 뇌물을 받거나 관유물을 사취(私取)하거나 백성의 재물을 침탈하거나 기타 부정한 방법으로 재물을 취득한 행위에 대한 죄를 이른다. 일단 장오죄를 받아 장오인 녹안(贓汚人錄案)에 기록되면, 본인은 물론 4대(代)에 이르기까지 의정부(議政府)·육조·한성부·사헌부·개성부·승정원·장례원·사간원·경연(經筵)·세자시강원(世子侍講院)·춘추관 지제교(春秋館知製敎)·종부시(宗簿寺)·관찰사·도사(都事)·

는 큰 죄이므로 가벼이 석방할 수 없습니다."라고 아뢴 것이 네 차례나
되니, 주상이 진노하여 입직승지 김우굉(金宇宏)106)·송응개(宋應漑)107)를 파직
하라 명하고, 도승지 이산해(李山海) 이하를 모두 체직하였다.108) 임금의 위엄
이 크게 떨치자 궐안이 놀라 동요하였다. 다음 날 양사와 홍문관에서 간쟁하였
으나 받아들여지지 않았고, 삼공도 승지들에 대한 파직과 체직을 거두어달라
고 청하였으나 주상이 따르지 않았다. 이에 이수와 장세량이 석방되었다.

○ 대사간 이이(李珥)가 사직소를 올리며 동서(東西)의 폐단에 대해 아뢰었는
데, 그 내용은 대략 다음과 같다.
　"심의겸은 왕실의 외척 출신109)이지만, 선(善)을 지향하는 마음이 조금은
있었습니다. 계해년(1563, 명종18) 연간에 이량(李樑)110)이 사림을 해치려

수령에 제수될 수 없을 뿐 아니라, 현손(玄孫) 이하 사위에게까지도 제약이 있어 환로(宦路)
에 현달할 수 없다.《經國大典 吏典, 刑典》
106) 김우굉(金宇宏) : 1524~1590. 본관은 의성(義城), 자는 경부(敬夫), 호는 개암(開岩)이다.
1566년 별시 문과에 급제해 예문관 검열이 되었다. 1573년 부수찬, 1579년 병조참의·승지
에 이르렀으나 이수(李銖)의 옥사로 곧 파직되었다. 1589년 관직에서 물러나 고향 성주로
돌아갔다. 그 해에 동생 김우옹이 정여립 옥사에 연좌되어 안동의 임지에서 회령으로
귀양가자, 영천으로 달려가 동생을 만나 갓과 옷을 벗어주고 시 한 수를 지어 주며
이별했다 한다.
107) 송응개(宋應漑) : 1536~1588. 본관은 은진(恩津), 자는 공부(公溥)이다. 1564년 식년 문과에
급제하여 홍문관과 사간원 등 청직에 나아갔다. 1579년 승지로서 소위 이수(李銖)의
옥사에서 이를 석방하라는 왕의 명령을 철회할 것을 청하다가 파직 당하였다. 동·서
분당 이후에는 동인의 중진으로서 활약하였다. 1583년 대사간으로서 박근원, 허봉과
함께 이이를 탄핵하다가 장흥부사로 좌천되고, 다시 회령에 유배되었다. 강계·갑산에
귀양간 박근원·허봉과 아울러 세칭 계미삼찬(癸未三竄)이라 하였다. 이때 조헌(趙憲)을
비롯, 전라도·해주 등지의 유생들로부터 맹렬한 배척을 받았다. 1585년 영의정 노수신의
상소로 풀려났다.
108) 주상이 …… 체직하였다 : 선조는 장세량이 오래도록 자복하지 않는 것을 보고 억울함이
있는가 의심하였고, 또 삼윤에 대한 대간의 논핵이 해를 넘어 지리하게 이어지는
정국을 수습하기 위해 이러한 조치를 내렸다.《宣祖修正實錄 12년 4월 1일》
109) 심의겸은 …… 출신 : 심의겸은 명종의 국구(國舅) 심강(沈鋼)의 아들이자 명종의 정비
인순왕후 심씨의 동생이다.
110) 이량(李樑) : 1519~1582. 본관은 전주(全州), 자는 공거(公擧)이고, 효령대군(孝寧大君)의

할 때 의겸이 힘써 구제하여 보호하였으므로,[111] 사림이 그 사람됨을 인정하였는데, 이들이 바로 전배 사류입니다. 김효원은 젊었을 때 몸가짐을 신중히 하지 못했으나 그 후 행실을 고쳐 선을 행하였고, 관직에 나선 후에는 몸가짐을 청고(淸苦)하게 하였으며, 권신을 두려워하지 않았습니다. 또한 명망 있는 선비들을 이끌어주기를 좋아하였으므로 많은 사람들이 추종하였는데, 이들이 바로 후배 사류입니다. 다만 심의겸이 김효원의 젊었을 적 허물을 잊지 않고 그의 청요직 선발을 여러 번 막았던 까닭에 김효원 또한 심의겸의 과실을 논하며, '어리석고 거칠어 중용할 수 없다.' 하였습니다. 그렇지만 의겸이 효원을 부족하다 한 것은 묵은 원한이 있기 때문이 아니었고, 효원이 의겸의 흠을 지적한 것도 사사로운 유감 때문이 아니고, 마침 그때 그들의 소견이 이와 같았을 뿐이었는데, 불순한 무리가 양자를 이간질시켜 분당(分黨)의 조짐이 뚜렷해졌습니다.

을해년(1575, 선조8) 연간에, 신이 훗날 재앙이 빚어질 것을 깊이 깨닫고, 대신 노수신을 만나 우선 두 사람을 외방에 내보냄으로써 양자를 화합하게 하여 진정시키자고 하였습니다.[112] 이에 일 좋아하고 말 만드는 자들이 동·서의 설을 지어내 공사득실(公私得失)을 논하지 않고 모든 이들을 동·서로

5대손이며, 명종비 인순왕후 심씨의 외숙이다. 1552년 식년 문과에 급제하여 청현직을 두루 역임하였다. 척신 윤원형의 전횡을 견제하려는 명종에게 중용되어 승진을 거듭하였으며, 명종의 신임을 바탕으로 이감(李戡)·신사헌(愼思獻) 등과 결당해 세력을 기르고 정치를 농단하였다. 이에 사림이 이량의 비리를 폭로하고 비판을 가하자, 1563년 몇몇 무리들과 모의해 기대승·허엽·윤두수·윤근수·이산해 등 사림을 제거하려 하였다. 그러나 조카인 심의겸에게 발각되고, 기대항(奇大恒)의 탄핵으로 그 무리와 함께 삭탈관작되었다. 이어서 평안도 강계로 귀양 가서 그곳에서 죽었다.
111) 계해년 …… 보호하였으므로 : 계해년(1563, 명종18) 당시 이량(李樑)이 명종의 총애를 등에 업고 전횡을 일삼으며 박순·윤두수·기대승 등 신진 사류를 숙청하려 하였으나, 이량의 생질인 심의겸이 이를 사전에 알아채고 명종의 밀지를 받아 이량과 그 무리를 탄핵, 유배시키도록 했다.
112) 두 …… 하였습니다 : 동·서의 갈등이 표면화되기 시작하자 1575년 이이가 우의정 노수신과 상의하여 심의겸과 김효원을 모두 외방으로 내보내 의론을 진정시키고자 한 일을 말하는데, 앞에 보인다.

지목하여 조정에 온전한 사람이 없게 되었으니 사림의 재앙이라 할 만하였습니다!

을해년에 서인이 인심을 잃게 되자 이른바 동인이 점차 청론(清論)을 주도하였습니다. 작년에 경연에서 탐오(貪汚)에 대한 말이 나오자 김성일이 들은 내용을 바로 아뢰었는데, 그 내용이 점차 드러나 대간이 비로소 삼윤을 탄핵하였지만, 애초부터 그들을 배격하는 데 마음이 있었던 것은 아니었습니다. 다만 동·서의 명색이 이미 오래되었는데, 뇌물을 받은 집을 삼윤이라 하였으므로, 주변에서 보던 이들이 모두 '그 뜻이 서인을 공격하는데 있다.' 하였던 것입니다.

그때 대사간 김계휘가 휴가를 받아 고향에 있었는데, 곡절을 살피지 않은 채 떠도는 말만 듣고 동인이 서인을 공격하는 것이 옳지 않다고 여겼습니다. 그리하여 달려와 홀로 아뢰었는데 그 말이 심히 중도를 잃었던 까닭에 사류들이 분노하여 마침내 큰 분란을 초래하였습니다. 만약 공명정대한 사람이 있어 양쪽을 진정시켰다면 거의 안정될 수도 있었으나, 대신은 진정시키기에 역부족이었고, 경대부는 서슬 퍼런 칼날을 구차하게 피하며 후배들이 하는 대로 맡겨두니, 사람들의 원망이 고슴도치처럼 일어나도 제재할 방법이 없었습니다.

근일 사헌부의 상소에서 드러내놓고 서인을 소인이라 배척하였으니,[113] 논의가 지나치게 격화된 것이 여기에서 극도에 이르렀습니다. 김효원과 심의겸의 사람됨을 논하면 모두 기용할 만하고, 그 잘못을 말하자면 양쪽이 모두 그르다고 할 수 있으나, 반드시 한 사람을 군자라 하고, 한 사람을

---

113) 근일 …… 배척하였으니 : 이해 봄에 나온 대사헌 이식과 장령 정희적의 상소를 지칭하는데, 앞에 보인다. 삼윤이 관련된 이수(李銖) 미옥(米獄) 사건으로 동·서의 갈등이 격화되는 가운데, 동인측은 시비(是非)의 명변(明辨)을 주장하며 심의겸을 소인(小人)으로, 정철과 김계휘를 사당(邪黨)으로 규정, 배척하였다. 동인측의 이러한 의론을 두고, 서인 측에서는 동인이 서인을 소인 내지 사당으로 규정하고 이를 국시(國是)로 만들어 서인이 조정에 들어오는 길을 근본적으로 막으려는 처사라고 비판하였다. 《宣祖修正實錄 12年 2月 1日》

소인이라고 한다면 신은 믿지 못하겠습니다.

만약 심의겸이 나라를 그르쳐서 동인이 공격하였다면 시비는 저절로 정해질 것인데, 지금은 그렇지 않습니다. 시배(時輩)의 뜻은 의겸이 다시 조정에 들어오는 길을 막아버리려고 소인이라는 이름을 가한 것입니다. 소인이 조정에 있다면 반드시 다른 사람들의 집안과 나라에 화를 일으킬 수 있습니다. 오늘날 말하는 자들이 만약 의겸이 소인이라고 생각했다면 마땅히 그 과오를 나열하여 유배 보내거나 죽이는 형벌을 가해도 됩니다. 그렇지만 만약 소인이 아니라면 임금에게 아뢰는 일을 신중하게 하지 않을 수 없으므로, 까닭 없이 악명(惡名)을 가하면서 말하는 자가 진퇴(進退)의 이유로 내세우는 것은 근거가 없는 것입니다.

게다가 연좌의 법률이 선한 선비에게 미치고 있습니다. 예를 들면 정철처럼 충성스럽고 청백하며 강직하고 개결한 사람에게 사악한 자들과 당을 만들었다는 명목을 씌워 조정에 발도 붙일 수 없게 하였고, 김계휘는 청백하고 일에 능숙한 사람인데, 피리불고 장구 치며 비방하여 초야에 은둔하게 하였으며, 한수는 노성한 사람인데 말 한 마디로 미움을 받아 온갖 비방이 쏟아지자 두문불출하고 있습니다. 이 세 사람만 하더라도 이미 애석한데, 하물며 갖은 방법으로 샅샅이 흠집을 찾는 것이 여기에 그치지 않고 있습니다! 시배(時輩)의 뜻도 서인을 모두 배척하려는 것이 아닙니다. 다만 국시(國是)를 억지로 정하여 기필코 지금 사람들로 하여금 모두 '동인이 바르고 서인은 사악하다(東正西邪).'고 말하게 한 뒤에야 서인을 거두어 관직을 주고 감히 자신들에게 대적하지 못하게 하려는 것이 그들의 계책인 것입니다.

을해년의 서인은 진실로 먼저 잘못을 저질렀지만 지금 동인은 을해년보다도 더욱 심합니다. 인심이 함께 그렇다 여기는 것을 공론(公論)이라 하고 공론이 있는 곳을 국시라고 합니다. 그런데 지금의 소위 국시라는 것은 단지 논의를 주장하는 자만 스스로 옳게 여기는 것일 뿐이어서 이것을 들은 자가 혹은 따르고 혹은 어겨서 끝내 일치될 기약이 없으니, 사람들의 의심을 부추기고 도리어 재앙의 단서를 만들어내는 것에 불과합니다. 사론이 어지러이 무너졌으니, 어느 때나 정할 수 있겠습니까? 예로부터 사류는 그 지론이 한 결 같이 바른 데서 나와도 오히려 소인들이 붕당이란 명목을 뒤집어씌웠는데, 하물며 지금 사류의 처사는 중도를 잃었으니, 어찌 오늘의 거조가 뒷날의 재앙이 될 조짐이 아닌지 어떻게 알겠습니까?

바라옵건대 전하께서 조정 신료들에게 하교하시어 동·서의 구분을 씻어버리고, 재주가 있으면 등용하고 재주가 없으면 버리시어 모든 사람들이 한마음으로 나라를 위하게 하며, 이에 따르지 않는 자는 억제하고 제재한다면, 사림의 다행을 이루 다 말할 수 있겠습니까? 심의겸 같은 사람은 마땅히 작록(爵祿)만은 보전해 주고 다시 요직에 앉혀서는 안 될 것입니다. 이로써 후세에 교훈을 전하시어 외척에게는 영원히 권력을 주지 말게 하신다면 또한 성명께서 후손을 편안하게 하는 한 도리일 것입니다."

주상이, 상소의 말이 많은 부분 중도에 어긋난다 하여 그의 관직을 체직하라 명하자, 양사와 홍문관에서 떼 지어 일어나 논박하였다.

○ **가을**, 주상이 가뭄으로 인하여 구언하자, 우참찬 백인걸(白仁傑)114)이 상소하여 대략 다음과 같이 말하였다.

"을해년(1575, 선조8) 연간에 조정 신료들 사이에서 심의겸과 김효원이 당을 나누어 분열하였다는 말을 들었습니다. 동·서의 명목을 만들어내어, 심의겸의 동배에 조금이라도 관계되면 서인이라 지목하고, 김효원의 동배에

---

114) 백인걸(白仁傑) : 1497~1579. 본관은 수원(水原), 자는 사위(士偉), 호는 휴암(休菴)이다. 조광조의 제자이며, 이이·성혼 등과 교유하였다. 기묘사화로 실의(失意)하여 금강산에 들어갔다가 1537년(중종32) 문과에 급제한 후 검열·예조좌랑·호조정랑 등을 역임하였다. 을사사화 때 소윤(小尹)에 의해 파직되었고, 정미사화에 연루되어 안변(安邊)에 유배되었다. 윤원형이 죽은 후에 복직되어 1567년(명종22) 70세에 교리가 되었고, 이후 이조참판·대사간·대사헌·공조참판 등을 역임하였다. 이이와 함께 동서분당의 폐단을 논하고 진정시킬 것을 주장하였으며, 청백리(淸白吏)로 뽑히기도 하였다. 저서로《휴암집(休菴集)》이 있다.

조금이라도 관계되면 동인이라고 지목하였습니다. 한 사람을 논박하면 사람들이 반드시 '아무개는 아무 당이므로 논박을 당하였다.' 하고, 한 사람을 기용하면 사람들이 반드시 '아무개는 아무 당이므로 천거되었다.' 합니다. 그리하여 한 번 논박하고 한 번 천거한 것도 사정(私情)으로 지목하지 않는 것이 없으니, 대간과 전조(銓曹)가 그 사이에서 손발을 놀릴 수가 없게 되자 작록(爵祿)을 중히 여기고 명의(名義)를 가볍게 여기는 무리가 어부지리를 다투어 뇌물이 공공연하게 행해졌습니다. 사류된 자가 비록 강개하게 논핵하고자 해도 위로는 공격한다고 의심받을까 두렵고, 아래로는 자기와 다른 사람을 배척한다는 논의가 일까 두려워 서로 돌아보며 근심하고 탄식할 뿐, 감히 발설하지 못하고 있습니다. 이로 인해 나라의 근본인 백성은 날로 곤궁해지고 국맥(國脈)은 날로 손상되니, 동·서 두 글자는 나라를 망치는 재앙의 근원입니다.

이른바 동인은 대부분 연소한 신진으로서, 선을 행하는 데 뜻을 두고 나라 일을 꾀하는 데 용감하니, 이들은 마땅히 잘 이끌어주고 북돋아주어 재량껏 일할 수 있도록 해야지 배척하고 억압해서는 안 됩니다. 이른바 서인은 대부분 선배 구신(舊臣)으로서, 변고(變故)를 겪으며 힘써 권간을 제거하여 사직에 공을 세웠으니, 이들은 마땅히 변함없이 예우하고 흠을 고쳐 장점을 발휘하게 해야지 소홀히 대접하고 배척해서는 안 됩니다. 동인이 서인을 공격하게 해서도 안 되지만 서인이 동인을 공격하게 하는 것 또한 안 되니, 반드시 조화하고 진정시켜 그들로 하여금 함께 협력하여 국정에 힘쓰게 하는 것이 군자의 논의입니다."

주상이 칭찬하는 비답을 내리자 그 상소의 내용이 동인을 편들고 서인을 억제하는 것이 아니었기 때문에 사류가 분노하여, 삼사와 승정원에서 번갈아 논박하며, 늙은이의 망령이라고 지목하였다. 애초 백인걸이 상소하려 할 때, 자신의 뜻이 잘 전달되지 않을까 염려하여 이이에게 글을 윤색해줄 것을 부탁하였는데, 이이는 그가 늙어서도 나라를 걱정하는 것을 동정(同情)하여 대략 문장 한 단락를 지어 보냈다. 그래서 상소문의 내용 중 동·서를 논한 조목은 이이의 상소와 매우 흡사했다. 허엽이 이조판서 이문형(李文馨)[115]과 함께 백인걸을 찾아가 말하기를,

"동·서를 논한 조목이 어찌하여 이이의 상소와 같습니까?"

하자 인걸이 말하기를,

"이 논의는 이이의 손에서 나왔다."

하니, 이에 사류가 떠들썩하였다.

이이가 평소 중망이 있었으므로, 동인은 그가 동인의 편을 들어주기를 바랐는데 상소에서 동인을 비판하자 동인이 매우 노하여, 유성룡·이발 같은 무리도 모두 진정시킬 수 없었다. 정언 송응형(宋應洞)[116]은 경박하고 음험하였는데, 이이가 사류에게 거슬리는 것을 엿보고 생각하기를,

"만약 이이를 논핵하면 동인과 결탁하여 좋은 관직을 얻을 수 있을 것이다."

하고, 동료에게 말하기를,

"이이가 백로(白老)[117]를 대신해 상소를 지었으니, 논핵하지 않을 수 없다."

하니, 대사간 권덕여(權德輿)[118] 등이 모두 말하기를,

---

115) 이문형(李文馨) : 1510~1582. 본관은 전의(全義), 자는 형지(馨之), 호는 졸옹(拙翁)이다. 1540년 별시문과에 급제하여 삼사의 관직을 두루 역임하고, 1561년 대사헌에 올랐다. 대사헌 재직 시 윤원형의 죄를 논박하고, 그 뒤 조정에 세력을 떨치고 있던 이량(李樑)과 반목하여 이량의 무고로 파직되었다. 1573년 평안도관찰사가 되고 호조판서·이조판서·병조판서 등을 거쳐 우참찬에 이르렀다.

116) 송응형(宋應洞) : 1539~1592. 본관은 은진(恩津), 자는 공원(公遠)이고, 송응개의 동생이다. 1572년 별시 문과에 급제하여 1579년 사간원 정언이 되었다. 이 해 백인걸이 동·서 분당에 관해 상소하였는데, 송응형은 이것이 이이의 사주를 받은 것이라 하여 이이를 탄핵하였다가 오히려 홍문관 부응교 김우옹의 탄핵을 받고 파직되었다. 1592년 황주목사(黃州牧使)가 되었는데, 임진왜란으로 선조가 몽진(蒙塵)하여 황해도로 갔을 때, 병 때문에 미처 행재소(行在所)로 가지 못했기 때문에 파직 당했다. 그해 10월 낙향하던 도중에 곡산(谷山)의 임시 거처에서 졸하였다.

117) 백로(白老) : 백인걸(白仁傑, 1497~1579)을 가리킨다.

118) 권덕여(權德輿) : 1518~1591. 본관은 안동(安東), 자는 치원(致遠)이고, 송인수(宋麟壽) 문인이다. 1562년(명종17) 별시문과에 급제하여 황해감사를 지낸 뒤 도승지·부제학 등을 거쳤다. 1579년 백인걸의 상소를 이이가 대필하였다고 문제를 제기한 사간원 정언

"이 일의 허실을 알 수 없고, 설령 그런 일이 있었다 한들 어찌 죄가
되겠는가?"

하였다. 송응형이 고집스럽게 다투었으나 권덕여 등이 따르지 않자, 응형이
홀로 아뢰기를,

"백인걸의 상소 중 한 조목을 이이가 대신 지은 일은 조정 사람들이 모두
들어서 알고 있고, 사람들 중에는 이이가 대신 지은 초고를 보았다는 이도
있습니다. 백인걸은 늙었으니 책망할 것이 없으나, 이이는 경악(經幄)의 옛
신하로서 초야에 물러가 있으니, 소회를 곧장 진달하는데 하등 어려움이
없는데도 감히 자취를 숨긴 채 소장을 대신 지어 성상을 미혹하려고 하였습니
다. 이에 신이 놀라고 괴이함을 이기지 못하여 그 거짓으로 은밀히 속인 잘못을
논하고자 하였으나 동료들의 저지를 받았으니 자리에 있을 수 없습니다."

하자, 대사간 권덕여 등이 아뢰기를,

"근래 조정이 바야흐로 화평을 주장하고 있는데, 이 일로 인하여 분란이
야기될까 두려워 송응형의 의론에 동의하지 않았습니다. 또한 송응형은
이이가 은밀히 속였다고 논척하고자 하나 신등은 그렇게 여기지 않사오니,
자리에 있을 수 없습니다."

하였다. 대사헌 이식(李拭)도 이 문제에 대해 말을 하지 않았다는 이유로
체직을 청하였으나, 주상은 권덕여와 이식에게 모두 사직하지 말라고 답하였
다. 이보다 앞서, 수찬 김첨(金瞻)119)이 이미 이이가 대술(代述)한 일을 아뢰었

송응형의 논핵에 맞서, 당시 대사간이었던 권덕여는 이이를 옹호하다 대사간에서 체직되
었다. 이후 1583년 부제학으로 재직하고 있을 때에는 이이의 처벌을 주창하는 박근원·송
응개·허봉 등에 동조, 동인의 정치적 입장을 견지하였다가 이후 이른바 계미삼찬으로
동인이 실각하였을 때 권덕여도 함께 성주목사로 좌천되었다.

119) 김첨(金瞻) : 1542~1584. 본관은 안동(安東), 자는 자첨(子瞻), 호는 하당(荷塘)이다. 아버지
는 청주 목사, 전한을 역임하고 영의정에 증직된 김홍도(金弘度)이고, 부인은 우참찬
송기수(宋麒壽)의 딸이다. 아들 김성립(金誠立, 1562~1592)이 허엽의 딸인 허초희(許楚姬,
1563~1589)와 결혼하였다. 1576년 별시 문과에 급제한 후 삼사의 관직을 두루 거쳤고,
1581년 이조좌랑을 역임하였다. 정치적으로는 동인의 입장을 견지하였고, 1583년 계미삼
찬 당시 지례현감으로 좌천되었다가 이듬해 파직된 뒤 졸하였다.

다. 따라서 홍문관에서 양사를 처치해야 했는데, 이때 교리 김우옹이 큰
소리로 말하기를,

"송응형은 소인이 틀림없다. 이 기회를 틈타 군자를 해치려 하니, 사헌부와
송응형은 체직시키는 것이 마땅하고 대사간 이하만 남겨두는 것이 옳다."

하였는데, 동료들의 논의가 일치하지 않자 김우옹이 지극하게 논하며
다투었다. 그런데 부제학 이산해와 응교 이발은 양자 간에 결단을 내리지
않는다는 계책을 세우고 양쪽이 다 옳다고 아뢰며 모두 출사시킬 것을
청하였다.

주상이 이문형에게 묻기를,

"들자하니, 경이 백인걸을 찾아가 만났을 때, 인걸이 스스로 말하기를,
상소문이 이이의 손에서 나왔다고 하였다는데, 그 말이 사실인가?"

하자, 문형이 대답하기를,

"신이 상소문 중의 한 조목이 이이의 상소와 같은 것에 대해 만나서 물으니,
인걸이 이이와 통하였다고 하였습니다."

하였다. 이에 주상이 홍문관의 차자에 답하기를,

"사람을 시켜 상소하게 한 것은 실로 놀랍고 해괴한 일이다. 비록 조정을
화평하게 만들고자 하는 좋은 의도에서 나왔으나 도리상 그 죄를 덮기는
어렵다. 모두 출사하게 하는 일은 아뢴 대로 하라."

하였다. 권덕여 등과 송응형이 재차 피혐하고 물러갔다. 이식 등이, 송응형
이 이이를 논핵하려 한 것을 잘못이라고 할 수는 없는데 권덕여 등이 따르지
않아 형세가 서로 용납하기 어렵게 되었으니 송응형은 출사하게 하고 권덕여
이하는 체직시킬 것을 청하였다. 이에 이이를 탄핵하려는 논의가 매우 왕성하
였는데, 지평 기대정(奇大鼎)[120]이 동인에게 영합하여 더욱 팔뚝을 걷어붙이며

---

120) 기대정(奇大鼎) : ?~?. 본관은 행주(幸州), 자는 사수(士受)이다. 1573년 음보(蔭補)로 종9품
    강릉 참봉에 임명되었고, 조정에서 6품직으로의 상신이 있어 1579년 정5품의 사헌부
    지평에 올랐다. 1581년 유화(柳和)와 유온(柳溫)의 재산문제를 둘러싼 소송사건으로
    문책을 받아 물러났다가, 1583년 다시 사헌부 장령이 되었다.

이이를 비난하였다.

백인걸이 양사의 논핵을 듣고, 놀라고 부끄러워 상소하여 스스로 해명하기를,

"이이가 과연 신의 소장을 수정하고 윤색하였습니다. 삼가 들으니, 송나라의 정이(程頤)가 팽사영(彭思永)을 대신하여 복왕(濮王)의 전례(典禮)를 논하는 소장을 지었고,[121] 부필(富弼)을 대신하여 영소릉(永昭陵)을 논하는 소장을 지었으며,[122] 여공저(呂公著)를 대신하여 응조소(應詔疏)를 지었다[123]고 합니다. 이러한 일들은 선유(先儒)도 일찍이 한 일이므로, 신은 이이의 글을 가져다 쓰면서도 혐의스럽게 여기지 않았고 사람들에게도 숨기지 않았습니다. 그리하여 전하는 자들이 모두 이이가 신을 꾀어 소를 올리게 하였다고 하는데, 신이 비록 형편없으나 어찌 감히 신의 뜻으로 하지 않고 남의 지시를 들어 하였겠습니까?"

하였다. 이에 주상이 비로소 그 실상을 알게 되었다. 홍문관에서 사헌부의 처치가 잘못되었다고 하자, 이식 등이 피혐하니 홍문관에서 차자를 올려 모두 체직시키라 청하였다.

구봉령을 대사간에, 이산해를 특지로 도헌(都憲 : 대사헌)에 제수하였다.

---

121) 정이(程頤)가 …… 지었고 : 송 영종(英宗)이 인종(仁宗)의 대통(大統)을 이었을 때 그 생부 복왕(濮王)을 어떻게 호칭해야 하느냐를 두고 전례(典禮) 논쟁이 있었다. 당시 사마광(司馬光)과 왕규(王珪), 여회(呂誨) 등은 인종을 황고(皇考)로, 인종의 형인 복왕을 황백(皇伯)으로 정해야 한다고 주장하고, 구양수(歐陽脩) 등 여러 관원들은 이와 반대되는 의견을 주장하였는데, 이때 정자(程子)가 팽사영을 대신하여 사마광 등의 주장이 옳다는 뜻으로 상소하였다. 이 상소는 《이천선생문집(伊川先生文集)》 권5에 〈대팽사영상영종황제논복왕전례소(代彭思永上英宗皇帝論濮王典禮疏)〉라는 제목으로 수록되어 있다.

122) 부필(富弼)을 …… 지었으며 : 정이(程頤)가 부필(富弼)을 대신하여 신종(神宗)에게 영소릉의 안장(安葬)에 대해 논하는 상소를 지어 부필에게 올리도록 권하였다. 그 일에 대해 부필에게 편지로도 논한 일이 있다. 《二程全書 卷45 代富弼上神宗皇帝論永昭陵疏, 上富鄭公書》

123) 여공저(呂公著)를 …… 지었다 : 신종(神宗)의 조명(詔命)에 응하여 올린 상소로, 이 소는 《이천선생문집》 권5에 〈대여공저응조상신종황제서(代呂公著應詔上神宗皇帝書)〉라는 제목으로 수록되어 있다.

이때 양사가 비록 바뀌었지만 새로 임명된 대간 또한 이이를 비난해 마지 않았다. 집의 홍혼이 더욱 분개하여,

"어찌 송응형을 체임시켜 언로를 막을 수 있단 말인가?"

하며, 상소하여 배척하려고 하니, 유성룡·이발 등이 힘껏 만류하였다. 김우옹이 듣고 말하기를,

"헌부의 상소가 올라오면 나 또한 상소하여 현인을 해치려 한 죄를 배척하고 물러가겠다."

하여, 사헌부에서 감히 상소하지 못하였으나 어지러운 논의들은 그치지 않았다. 좌의정 노수신이 앞장서서 말하기를,

"사헌부가 끝내 이 첨지(李僉知 : 李珥)를 공격한다면 우리 대신들도 말이 없을 수 없으니, 마땅히 사헌부 관원의 실책이라고 아뢸 것이다. 어찌 공론을 빙자하여 군자를 해칠 수 있단 말인가?"

하였다. 노수신이 박형(朴泂)[124]에게 묻기를,

"송응형이 이 첨지를 공격한 것에 대해 바깥의 의논이 어떠한가?"

하자 박형이 말하기를,

"시론이 비록 이공을 헐뜯고 있으나 이공을 해칠 수는 없을 것입니다. 우리 문하의 학도가 3~4백 명인데, 내가 그 뜻을 시험하고자 하여, '이공은 어떠한 사람인가?' 하고 물었더니, 군자라고 하지 않는 자가 한 사람도 없었습니다. 이들은 훗날의 사림입니다. 한때 함부로 비방한다 해도 후일의 공론이야 없앨 수 있겠습니까?"

하니, 노수신이 깊이 수긍하였다. 노수신이 이후 경연에서 박순과 함께 극력 진달하기를,

"이이의 사람됨은 더러 소탈한 잘못이 있다 해도 나라를 근심하는 정성에서

---

124) 박형(朴泂) : ?~1604. 본관은 반남(潘南). 자는 형지(泂之), 호는 정산(鼎山)이다. 화담(花潭) 서경덕(徐敬德) 문인이며, 이중호(李仲虎)에게 배웠다. 예조의 천거로 동몽교관(童蒙教官) 이 되었고, 군직에도 올라 종신록(終身祿)을 받기도 했으나, 시국이 어수선해지자 원주(原州) 정산(鼎山)에 은거하였다.

나온 것입니다."

하니, 주상이 이르기를,

"사람들이 그가 백인걸의 상소를 지어주었다 하여 나도 그를 그르다 여겼는데 지금 그 실상을 듣고 보니, 다만 서로 의견을 통하였을 뿐이니, 이것이 무슨 허물이 되겠는가?"

하였다. 이때 동인 중 부박한 자가 반드시 이이를 해하고자 해괴한 의론을 백 가지로 냈으나, 박순 등이 정색하고 저지시킨 것에 힘입어 끝내 해치지 못하였다. 이로부터 공론이 동인에게 허물을 돌리고 소인으로 지목하였다. 정철이 사람들에게 말하기를,

"시론이 숙헌(叔獻)[125]까지 공격하니, 무슨 말을 더 하겠는가?"

하니, 동인 또한 부끄러워하며 기세가 꺾였다. 이에 김우옹의 무리가 조제(調劑)하자는 의론을 내놓자 동인의 부박한 풍조가 조금 수그러져 거의 화평을 이룰 가망이 있게 되니, 의논하는 자들이 이르기를,

"이이의 상소가 비록 쓰이지는 않았으나 도움된 점이 없었다고 할 수는 없다."

하였다.

○ 이이가 이발에게 편지를 보내 다음과 같이 말하였다.

"옛부터 지금까지, 한 두 사람의 우열을 가리느라 온 사림이 혈전을 벌인 일이 어디 있었는가? 지금 또 별다른 이유도 없이 드러내놓고 심의겸을 소인이라 배척하고 서인을 사당(邪黨)이라고 하는데, 심의겸이야 애석할 것이 없다 해도 서인까지 모두 애석하지 않다 할 수 있겠는가? 내가 처음에는 인백(仁伯 : 김효원)에 대해 자세히 알지 못하다가 점차 그가 하는 짓을 보고 믿을 만한 사람들에게 점점 듣게 되어 비로소 그가 쓸 만한 사람임을 알게 되었다. 심의겸과는 본래 서로 알던 사이였지만 단지 외척 중에 조금 나은

---

125) 숙헌(叔獻) : 이이(李珥, 1536~1584)의 자이다.

사람일 뿐이니, 비록 이 사람이 없어도 세상에는 무슨 손해가 있겠는가? 그러니 기용하지 않아도 된다. 다만 그를 일러 소인이라 함은 불가하니, 요직에 있는 사람 중에도 심의겸에게 미치지 못하는 자가 어깨를 맞댈 정도로 많다. 그런데도 인백이 그 사람들의 흠집은 말 안하고 이 사람의 잘못만을 말하여 사람들의 의심을 초래하고 재앙의 빌미를 만들었으니, 인백이 혐의를 피하지 않은 것이 나라에 이익이 되었는가, 나라에 해가 되었는가?

몇 해 전에, 계함(季涵 : 정철)이 서인을 편드는 견해를 편벽되게 고집하며 도리어 나와 그대를 의심하였는데, 지금의 그대는 그때의 계함에 대해 어떻게 생각하는가? 오늘날 그대가 동인을 편드는 것은 계함이 서인을 주장하던 것과 다름이 없으니, 어찌 계함을 꾸짖었듯이 자신을 반성하고 책망하지 않는가? 만약 오늘날의 처사가 중도(中道)를 얻었다면, 그 누가 동인은 옳고 서인은 그르다고 하지 않겠는가? 지금 이미 그 허물을 그대로 따라하면서도 또한 스스로는 옳다고 하니, 그렇다면 명색이 군자인 자가 무턱대고 행하거나 거꾸로 시행하더라도 군자됨에는 해가 안 된다는 말인가?

심의겸은 비록 현저하게 드러난 과실은 없으나 이미 외척이고, 또 사류들과 서로 불화(不和)하니, 다시 요직에 있게 할 수는 없다. 삼윤(三尹)은 사류에게 크게 거슬렸으니, 이들도 다시는 청선(淸選)[126]에 참여시켜서는 안 된다. 그 외의 서인은 재주에 따라 관직을 제수하고, 동인 중 의론이 과격한 사람은 제재하여 억눌러서, 때를 틈타 영합하는 자들을 배척하여 멀리하고 마음가짐을 공명정대하게 하면 혹 좋은 소식이 있을 수도 있을 것이다. 다만 이 일을 주관할 수 있는 사람이 없으니, 그대와 숙부(肅夫 : 김우옹), 이현(而見 : 유

---

126) 청선(淸選) : 청환(淸宦)의 후보자에 드는 것을 이른다. 청환, 즉 청요직(淸要職)은 주로 삼사, 즉 사헌부·사간원·홍문관의 관리를 말한다. 대개 이들 관직은 국가의 기강을 담당하고 또 국왕을 지근거리에서 보좌하는 시종신(侍從臣)에 해당하거나 시종신으로 나갈 수 있는 직소(職所)이므로 능력뿐만 아니라 조행에 엄격한 기준을 적용하였다. 또한 판서 등 이른바 당상(堂上)이나 숭품(崇品)으로 가기 위해서는 반드시 이런 청요직을 거쳐야 했기 때문에 조선시대 청요직은 모든 관리의 선망의 대상이었다.

성룡)이 한 마음으로 협력한다면 바로잡을 수도 있을 것이다.

　내가 전부터 고립되어 서인에게도 용납되지 못하고 동인에게도 용납되지 못한 것은, 진실로 양자를 화합하게 하여 조정을 안정시키려 했기 때문이다. 그러나 서인에게 영합하여 동인을 공격하느니, 차라리 동인에게 영합하여 서인을 공격하는 것이 나았을 것이며, 심(沈)·윤(尹)127)과 당을 이루어 맑은 명성을 잃고 좋은 벼슬을 얻으니 차라리 현형(賢兄)128)에게 붙어서 맑은 이름과 좋은 벼슬 둘 다 얻는 것이 낫지 않았겠는가? 을해년(1575, 선조8)에는 서인이 조금 우세하였으므로 내가 단지 서인을 향해 다투어 변론했을 뿐이나, 지금은 동인이 크게 우세하니 어찌 동인을 향해 다투어 변론하지 않을 수 있겠는가?"

　또 성혼(成渾)에게 편지를 보내 다음과 같이 말하였다.

　"모름지기 숙부(肅夫)와 경함(景涵 : 이발) 두 사람과 소통하여 깨우쳐서 그들로 하여금 종래의 의견을 돌이켜 하나가 되게 한다면 매우 다행이겠습니다. 하물며 경함은 편협한 의론에 빠진 것이 심하니 그를 속히 구해내는 것이 우리들의 책임일 것입니다. 무릇 사류가 다툴 때에는 마땅히 기울어 보이는 쪽을 부호해줘야 합니다. 을해년에 인백이 먼 변방에 내쳐지려 할 때 내가 홀로 아뢰어 그를 구하였는데, 이것이 어찌 한 사람의 인백을 위한 것이었겠습니까? 지금은 심의겸을 소인이라 하고 서인을 사당(邪黨)이라 하니, 인백이 내쳐질 때보다 더욱 심합니다. 그래서 내가 상소하여 심의겸을 소인이라 할 수 없고 서인을 사당이라 할 수 없다는 것을 밝혔을 뿐, 어찌 심의겸을 군자라고 칭찬한 적이 있단 말입니까?"

　○ 집의 허진(許晉)129)이 이이를 배척함으로써 시배(時輩)와 결탁하려고

---

127) 심(沈)·윤(尹) : 심(沈)은 심의겸을 가리키고, 윤(尹)은 윤두수 등 삼윤(三尹)을 가리킨다.
128) 현형(賢兄) : 동배에 대한 경칭으로서, 여기서는 이발(李潑)을 가리킨다.
129) 허진(許晉) : 1536~1616. 본관은 양천(陽川), 자는 경소(景昭), 호는 서교(西橋)이다. 1561년

아뢰기를,

"이이의 상소는 사심(私心)에서 나왔습니다. 그가 상소에서 구제하려 한 심의겸·한수·정철은 그의 족당(族黨)이거나 절친한 벗이니, 그 말이 어찌 공적이라고 하겠습니까? 또 그가 상경하지 않은 채 거만하게 상소한 것 또한 신하의 예가 아닙니다."

하였다. 주상이 바야흐로 이이가 상경하지 않는 것을 심히 불만스럽게 여기던 차에 허진의 말을 듣고 매우 옳게 여겼다. 얼마 되지 않아 허진이 승지가 되니, 여론이 모두 말하기를,

"허진은 오랜 친구를 해쳐서 출세하였다."

하였다. 사헌부에서 허진이 시세에 아첨하여 바른 사람을 해쳤다고 논핵하니, 허진이 부끄러워하며 병을 핑계로 관직에서 물러났다.

○ 당시 정국을 주도하던 사람들[時人]이 이이의 지지를 잃게 되자 성혼을 그 당에 끌어들이려고 주상에게 권하여 특별히 불렀으나 성혼은 끝내 명에 응하지 않았다. 어떤 사람이 성혼을 만나 이이의 단점을 지적하자, 성혼이 천천히 말하기를,

"나는 숙헌(叔獻)과 살아서는 죄를 같이 받아야 하고 죽어서도 입장이 같았다고 전해져야 할 것이다."

하니, 그 사람이 얼굴빛이 변하여 갔다.

○ 이조판서 이문형이 병으로 물러나고 박대립이 그를 대신하였다. 두 사람은 모두 연소한 사류들에게 영합하여 이조판서가 되었는데, 속류배들이 이 두 사람과 한통속이 되니 식자들이 근심하였다.

식년 문과에 급제하여 1566년 정언을 거쳐, 장령이 되었으나 병으로 물러나 여주목사로 나갔다. 1604년 한성부 좌윤을 거쳐, 이듬해 공조참판이 되었다. 1616년 나이 81세로 품계가 자헌(資憲)에 올라 지중추부사에 제수되었으며, 이 해 기로소에 들어갔다.

경진년(1580, 선조13) 겨울, 이이가 대사간이 되고, 정인홍(鄭仁弘)[130]
이 장령이 되니, 조야(朝野)가 기뻐하였다. 정인홍은 맑은 명성으로 세상에
이름이 높아서, 그가 상경하자 사람들이 모두 우러러 기대하였다. 이보다
앞서 수원 현감 우성전(禹性傳)[131]은 젊어서 이황(李滉)의 문하에서 종유하였는

130) 정인홍(鄭仁弘) : 1535~1623. 본관은 서산(瑞山), 자 덕원(德遠), 호 내암(來菴)이다. 조식(曺
植) 문인으로, 최영경(崔永慶)·오건(吳健)·김우옹(金宇顒)·곽재우(郭再祐) 등과 함께 경상
우도의 남명학파(南冥學派)를 대표하였다. 1573년 학행으로 천거되어 6품직에 오르고,
1575년 황간현감을 거쳐서 1581년 장령에 제수되었다. 사림이 동서로 양분되자 다른
남명학파와 함께 동인편에 서서 서인 정철·윤두수 등을 탄핵하였으나 받아들여지지
않자 주저 없이 낙향하였다. 1589년 정여립 옥사를 계기로 동인이 남북으로 분립될
때 북인에 가담하여 영수(領首)가 되었다. 1592년 임진왜란이 일어나자 합천에서 성주에
침입한 왜군을 격퇴하고, 10월 영남의병장의 호를 받아 많은 전공을 세웠다. 이듬해
의병 3,000명을 모아 성주·합천·고령·함안 등지를 방어했으며, 의병 활동을 통해 강력한
재지적 기반을 구축하였다. 1602년 대사헌에 승진, 동지중추부사·공조참판 등을 역임하
였다. 그리고 유성룡이 임진왜란 때 화의를 주장했다는 죄를 들어 탄핵하여 파직하게
한 다음, 홍여순·남이공 등 북인과 함께 정권을 잡았다. 이어 유성룡과 함께 화의를
주장했던 성혼 등 서인을 탄핵하였다. 북인이 선조 말년에 소북·대북으로 분열되자,
이산해·이이첨과 대북을 영도하였다. 선조의 계비 인목대비에게서 영창대군이 출생하
자 적통(嫡統)을 주장하여 영창대군을 옹립하려는 소북에 대항하여 광해군을 적극
지지하였다. 1607년 선조가 광해군에 양위하고자 할 때 소북의 영수 유영경이 이를
반대하자 탄핵했다가 이듬해 소북 이효원(李效元)의 탄핵으로 영변에 유배되었다. 이어
광해군이 즉위하자 유배 도중 풀려나와 대사헌에 기용되어 소북 일당을 추방하고
대북정권을 수립하였다. 대북정권의 고문 내지 산림(山林)의 위치에 있던 그는 유성룡계
의 남인과 서인세력을 추방하고 스승 조식의 추존 사업을 적극 추진하는 한편, 문묘종사
문제를 둘러싸고 이언적(李彦迪)과 이황(李滉)을 비방하는 소를 올려 두 학자의 문묘종사
를 저지하려다가 8도 유생들로부터 탄핵을 받았다. 그리고 서인 성균관 재임 김육(金堉)
등 유생들에 의하여 청금록(靑襟錄)에서 삭제되는 등 집권을 위한 싸움으로 정계에
큰 파문을 일으켰다. 1612년(광해군4) 우의정이 되고, 1613년 이이첨 등이 계축옥사를
일으켰을 때, 영창대군 지지세력 제거에는 찬성했으나 영창대군을 죽이는 것에는 반대하
였으며 서령부원군(瑞寧府院君)에 봉해졌다. 같은 해 좌의정에 올라 궤장(几杖)을 하사받
았다. 1618년(광해군10) 영의정에 올랐다가 인조반정으로 참형에 처해지고 가산이 적몰
되었는데, 1908년이 되어서야 관작이 회복되는 등 신원되었다. 저서로 《내암집》이
있다.
131) 우성전(禹性傳) : 1542~1593. 본관은 단양(丹陽), 자는 경선(景善), 호는 추연(秋淵)·연암(淵
庵), 시호는 문강(文康)이다. 초당(草堂) 허엽(許曄)의 사위이며, 이황(李滉) 문인이다.
1568년 증광 문과에 급제하였다. 흔히 동인이 남·북으로 분당된 시초는 신사년(1581,
선조14), 우성전·이경중 등의 반대로 정여립이 전랑의 의망에 들지 못한 것에서 찾을

데, 재기(才氣)를 자부하고 궤변을 내세우며 스스로 경세제민(經世濟民)의 재주가 있다고 여겼으나 행동거지에 오점이 많아 선류들이 인정하지 않았다. 그러나 그의 벗 홍혼(洪渾)·성락(成洛)[132]의 무리들이 망령되이 그를 추중하여 기세가 매우 왕성해지니 식자들이 우려하였다. 이이가 고향에서 올라오자, 이발 등이 찾아가 묻기를,

"우경선(禹景善)[133]-성전(性傳)- 같은 자는 어떻게 대처해야 하는가?"

하자, 이이가 말하기를,

"군자가 정사(政事)를 담당하고 기강이 바로 선다면, 그가 어찌 감히 사정(私情)을 멋대로 펼치겠는가? 만약 조정에 군자가 없고 기강도 없다면 이러한 부류를 배척해 물리치고자 해도 또한 할 수 없을 것이니, 이들을 공격하는 것은 옳지 않다. 임금의 마음을 돌이키기 전에 원한을 품은 원수를 먼저 만들면 사류들은 발붙일 곳이 없게 될 것이다."

하니, 이발 등은 수긍하였다. 그런데 안민학이 이이의 말을 듣고 매우 불쾌해하며, 이이가 향기로운 풀과 악취나는 풀을 같은 그릇에 담으려 한다고 비난하였다.

수 있다고 전해지는데, 이 일로 인해 우성전은 정인홍의 탄핵을 받고 수원 현감의 자리에서 파직되었다. 더하여 우성전은 을유년(1585, 선조18) 8월, 삼사에서 심의겸을 파척시키라는 차자를 올릴 때 당시 홍문관 전한 김수(金睟)를 만류하였던 일이 드러나 논란이 되었고, 1589년 이발이 죽임을 당할 때까지 그와도 내내 정치적 대립 관계를 형성하였다. 우성전은 이후 신묘년(1591, 선조24) 건저(建儲) 문제를 계기로 이산해·정인홍 등이 앞장서 정철을 비롯한 서인세력을 실각시켰을 때도 이에 반대하며 기축옥사와 관련한 당쟁의 재론과 확산을 막으려 하였다. 이에 대사헌 홍여순이 우성전을 아울러 논핵하여 이로부터 동인 내 남·북 분화가 본격화되기 시작되었다.(《燃藜室記述 宣祖朝故事本末 削奪柳成龍官爵》) 이렇듯 북인 세력과 거듭 대립한 정치적 역정으로 인해 이후 우성전은 남인의 거두로 손꼽히게 되었다.

132) 성락(成洛) : 1542~1588. 본관은 창녕(昌寧), 자는 사신(士伸), 호는 남애(南崖)이다. 1568년 증광 문과에 급제하여 검열(檢閱)·수찬(修撰) 등을 지냈다. 우성전·홍혼 등과 교유했으며, 1583년 사간으로서 동인(東人)인 홍여순·유영경과 함께 서인인 이이·성혼·박순을 탄핵하였다.

133) 우경선(禹景善) : 우성전(禹性傳, 1542~1593)을 이르며, 경선은 그의 자이다.

정인홍은 평소 강직한 풍모를 자임하였으므로, 그가 사헌부에 재직하게
되자 백관이 두려워하며 삼갔다. 다만 기질이 경박하고 도량이 협소하여
일을 처리하는 것이 조급하고 어지러웠으므로 이이가 편지를 보내 경계하였
는데, 인홍은 도리어 이이가 지나치게 유약(柔弱)하다고 의심하여 안민학에게
말하기를,

"숙헌(叔獻)은 굳세고 과감하게 일을 할 사람은 아니다."

하였다. 안민학이 이 말을 이이에게 말하자, 이이가 웃으며 말하기를,

"내 마땅히 덕원(德遠)[134]-정인홍(鄭仁弘)- 의 가죽[韋]이 되고, 덕원은 마땅히
나의 활시위[弦]가 되리니,[135] 나와 덕원이 하나가 되면 어찌 일을 하지 못하겠
는가?"

하였다. 이때 우성전이 체직되어 돌아가려는데, 인홍이 그가 다시 시종신의
반열에 들어올까 두려워하여, 성전이 고을을 다스릴 때 일을 돌보지 않고
많은 돈과 곡식을 가지고 가서 방자하게 술과 고기를 장만하였고, 장황하게
기세를 부리며 망령되이 자신을 자랑하고 과시한 죄를 논하고자 하였다.
그러나 대사간 이양원(李陽元)[136]이 연소배들과 사이가 틀어질 것을 꺼려하여
기꺼이 따르지 않자, 인홍이 매우 힘써 다투며 홀로 아뢰려고까지 하였다.

---

134) 덕원(德遠) : 정인홍(鄭仁弘, 1535~1623)의 자이다.
135) 덕원(德遠)의 …… 되리니 : 전국시대 위(魏)나라 사람 서문표(西門豹)는 성질이 급하였으
    므로 부드러운 가죽을 몸에 지녀서 성질을 느슨하게 하고, 춘추시대 진(晉)나라 사람
    동안우(童安于)는 마음이 유약하였으므로 팽팽한 활시위를 몸에 지녀서 마음의 긴장을
    늦추지 않게 하여, 각각 그 부족한 것을 보충했다는 고사에서 인용한 것이다. 《韓非子
    觀行》
136) 이양원(李陽元) : 1526~1592. 본관은 전주, 자 백춘(伯春), 호 노저(鷺渚)이다. 정종의 아들
    선성군(宣城君) 무생(茂生)의 현손이자 이황 문인이고, 시호는 문헌(文憲)이다. 1555년
    알성 문과에 급제하여 청현직을 두루 역임하였다. 1590년 종계변무(宗系辨誣)의 공으로
    광국공신(光國功臣) 3등에 책록되고 한산부원군(漢山府院君)에 봉해졌으며, 이듬해 우의
    정으로 승진하였다. 임진왜란이 일어나자 유도대장(留都大將)으로 수도의 수비를 맡았
    으며, 해유령(蟹踰嶺)에서 일본군과 싸워 승리한 뒤 영의정에 올랐다. 이때 의주에
    피난해 있던 선조가 요동(遼東)으로 건너가 명나라에 내부(內附)한다는 소식을 전해
    듣고, 탄식하며 8일간 단식하다가 피를 토하고 죽었다 한다.

이에 이양원이 어쩔 수 없이 말을 조금 수정하여 직책을 소홀히 한 죄만을
논척하여 파직시키니, 그 동류배들이 모두 불평하였다.

　　신사년(1581, 선조14) 여름, 윤의중(尹毅中)[137]을 형조판서로 삼았다.
윤의중은 오랫동안 청반(淸班)의 자리에 있었는데, 지위는 비록 아경(亞卿)[138]
이나 매우 탐욕스럽고 비루하여 청의(淸議)로부터 버림받았다. 마침 형조판서
자리가 비어 주상이 대신에게 종2품 중에 승진시킬 만한 사람을 천거하라
명하니, 영의정 박순은 김계휘와 정지연을 천거하였고, 좌의정 노수신과
우의정 강사상(姜士尙)[139]은 윤의중과 박근원을 천거하였다. 이조참판 정탁(鄭
琢)[140]은 영의정이 천거한 사람을 수망(首望)으로 올리려고 하였으나, 정랑
이순인(李純仁)이 좌의정과 우의정이 함께 천거한 사람들을 우선해야 한다고
고집스럽게 다투어, 윤의중, 박근원, 김계휘, 정지연의 순서로 사망(四望)을
갖추어 들었다. 이에 윤의중이 낙점을 받긴 하였으나 그는 이미 탐욕스럽다는

---

137) 윤의중(尹毅中) : 1524~1590. 본관은 해남(海南), 자는 치원(致遠), 호는 낙천(駱川) 또는
　　　태천(駘川)이다. 윤선도(尹善道)의 할아버지이다. 1548년 별시문과에 급제하여, 1574년
　　　대사간·대사헌·부제학 등을 역임하고, 1581년 형조판서에 올랐는데, 재산을 많이 모아
　　　호남에서 제일가는 갑부가 되었다고 탄핵을 받았다. 1589년 정여립 옥사가 일어나자
　　　동인의 지도자로서 정여립과 친하고, 또 이발의 외숙이라 하여, 전라도 유생 정암수가
　　　축재를 비난하는 탄핵상소를 올리자, 이에 연좌되어 삭출되었다가 1610년 복관되었다.
138) 아경(亞卿) : 정경(正卿)인 판서(判書)에 버금가는 벼슬이란 뜻으로 종2품인 육조(六曹)의
　　　참판(參判)과 한성부(漢城府)의 좌윤(左尹)·우윤(右尹) 등을 가리켜 이르는 말이다.
139) 강사상(姜士尙) : 1519~1581. 본관은 진주(晉州), 자는 상지(尙之), 호는 월포(月浦)이다.
　　　1546년에 식년 문과에 급제하여, 1552년에 수찬이 된 뒤, 홍문관 직제학·형조참판·대사헌
　　　등을 역임하고 다시 부제학이 되어 권신(權臣) 이량(李樑)의 불법을 다스릴 것을 주장하였
　　　다. 1568년 대사헌으로 사간 유희춘과 함께 조광조의 신원과 추숭을 건의하였고, 1576년
　　　우참찬을 거쳐, 1578년 우의정이 되었다.
140) 정탁(鄭琢) : 1526~1605. 본관은 청주(淸州), 자는 자정(子精), 호는 약포(藥圃)·백곡(栢谷)
　　　이다. 이황 문인으로 1558년 문과에 급제하여 여러 청요직을 역임하고 좌의정에 이르렀
　　　다. 임진왜란 때 임금을 호종한 공으로 서원부원군(西原府院君)에 봉해졌다. 경사(經史)·
　　　천문·지리·상수(象數)·병법 등 다방면에 능통했으며, 저서로 《약포집(藥圃集)》이 있다.

오명이 있었다. 박근원은 경박하고 약삭빨라, 인성왕후(仁聖王后)[141]의 상때 수릉관(守陵官)의 몸으로 처첩을 잊지 못해 병이 났다 하고 체직되었는데, 사람들이 모두 병은 핑계였을 뿐이라 여겼으므로, 이때에 와 물의가 시끄럽게 일었다.

윤의중은 이발의 외숙이었는데, 이이가 탄핵하려고 하자, 성혼이 먼저 이발에게 알리라고 권하니 이이가 말하기를,

"어찌 그 생질(甥姪)에게 외숙의 허물을 말할 수 있겠는가?"

하였다. 정지연이 바야흐로 대사헌이 되어 이 일을 듣고 말하기를,

"숙헌이 나라를 위하느라 원망을 떠안으려는데, 우리가 어찌 돕지 않을 수 있겠는가?"

하였다. 이에 양사가 모두 발론하였는데, 사간원에서 아뢰기를,

"윤의중은 청렴하지 못하여 치부(致富)하였으므로 평소 청의(淸議)가 비루하게 여겼습니다. 만약 이 사람을 승진시킨다면 온 나라 사람들을 이익을 도모하도록 이끄는 것이니 개정하소서. 또한 박근원은 병을 칭탁해 수릉관의 직책을 회피하려 하였으니 그 마음씀이 형편없었는데, 전조(銓曹)에서 잇달아 청요직에 의망하고, 심지어 발탁하여 승진시키려고까지 하니, 청컨대 추고(推考)하라고 명하소서."

하였다. 주상이 전관(銓官)에 대한 추고만을 허락하고 윤의중의 직을 개정하는 것은 윤허하지 않았다. 사헌부가 아뢴 말은 겨우 몇 마디 말을 만든 것에 불과하였으므로, 이로 인해 사람들은 모두 이이가 주장하여 윤의중을 공격한 것이라 하였다.[142]

이보다 앞서 전조에서 이이에게 박근원이 쓸 만한지의 여부를 여러 차례 묻자, 이이가 비천하고 간사하다고 하면서 배척하였다. 마침 이조참판의

---

141) 인성왕후(仁聖王后) : 1514~1577. 인종(仁宗)의 비(妃)로, 성은 박씨(朴氏), 본관은 반남(潘南)이며, 금성부원군(錦城府院君) 박용(朴墉)의 딸이다. 능호는 효릉(孝陵)이다.

142) 이로 …… 하였다 : 당시 양사가 모두 윤의중을 탄핵하였지만 사간원 계사에 비해 사헌부 계사는 수준이 떨어졌는데, 이이가 대사간으로 있었기 때문에 이런 말이 나왔다.

자리가 비었는데 의망할 만한 사람이 없자, 좌랑 김첨이 김우옹에게 편지를
보내 묻기를,

"이조참판에 의망할 만한 사람이 없습니다. 박근원은 비록 선비들의 신망은
없으나 큰 과오도 없으니 말망(末望)에라도 올리는 것이 어떻겠습니까? 이
대간(李大諫 : 이이)에게 물어봐 주시기 바랍니다."

하였다. 이때 유몽학이 김우옹과 한 자리에 있으면서 여러 가지 상황을
들어서 박근원이 쓸 만한 사람이라고 말하며, 이이에게 편지를 보내 물어보라
고 권하였다. 이이는 자신이 전관(銓官)도 아니면서 남의 앞길을 막는 것이
마음에 걸려 의망해도 무방하다는 뜻으로 답하였는데, 김첨이 그 말을 듣고는
연달아 청요직에 의망하였으므로 사정을 모르는 사람들은 이이가 박근원을
천거하였다고 생각하고, 이이를 허물하는 사람도 있었다. 이때에 이르러
이이가 논박하여 바로잡고자 하니, 김첨이 사람들에게 말하기를,

"대사간은 자기가 추천했다가 자기가 논박한다."

하였다.

이때 이발은 인망이 두터웠으므로 시배(時輩)들 가운데 이발에게 영합하려
는 자들이 많아서 윤의중을 논핵하는 데 힘을 기울이지 않으니, 이이가
웃으며 말하기를,

"경함에게 거슬릴까 두려워 윤의중을 힘써 논핵하지 못하는 사람은 경함을
아는 사람이 아니다."

하였다. 이후 경연에서 아뢰기를,

"오늘날의 급선무는 탁한 것을 쳐내고 맑은 것을 선양하는데 있습니다.
윤의중이 청렴하지 않은데도 그를 발탁해 승진시키면 선비들의 습속을 어떤
방도로 바르게 할 수 있겠습니까? 한 사람의 진퇴가 중요하지 않은 듯해도
이로 인해 끝내는 온 세상 사람들이 이익만 밝히게 될 것이니 작은 일이
아닙니다."

하자, 주상이 이르기를,

"윤의중이 청렴하지 않다는 실상을 어떻게 눈으로 볼 수 있겠는가? 대신이 천거하였는데 어찌 감히 쓰지 않을 수 있겠는가?"

하니, 이이가 말하기를,

"남의 집안일을 어떻게 본 사람이 있겠습니까? 그러나 의중이 청렴하지 않은 것은 입이 있는 사람이면 모두 말하고 있는데, 어찌 하나 하나가 헛되이 전하는 것이겠습니까? 대신은 단지 그 자격과 오랜 이력만 보고 별 뜻 없이 추천하였으니 공론은 아닙니다. 전하께서는 마땅히 청백(淸白)한 이를 뽑아 장려하시고 탐오(貪汚)한 자를 눌러 내치셔야 하는데, 윤의중을 발탁해 승진시킨다면 거조가 마땅함을 잃게 될 것입니다."

하였다. 주상이 박순을 돌아보며 물으니 박순이 한참 있다가 대답하기를,

"그 허실에 대해서는 알 수 없으나 공론이 이와 같으니 따르지 않을 수 없습니다."

하였는데, 박순은 자기가 윤의중을 천거하지 않았으므로, 우물쭈물 애매하게 대답한 것이었다.

정언 송언신(宋言愼)[143]은 일찍이 이길(李洁)[144]의 추천을 받았으므로, 이길에게 아첨하고자 주상에게 아뢰기를,

"윤의중은 조정에 선 지 30여 년 동안 별다른 허물이 없고 악착같이 부를 쌓은 것도 아닙니다만, 노쇠한데다 뜻도 나태해져 부를 얻는 것을 경계하는

---

143) 송언신(宋言愼) : 1542~1612. 본관은 여산(礪山)이며 자는 과우(寡尤), 호는 호봉(壺峰), 시호는 영양(榮襄)이다. 이황 문인이자 유희춘과 노수신의 문하에도 출입하였다. 1577년 문과에 급제한 후 정언·사헌부 장령 등을 역임하였다. 1589년 기축옥사 때 정여립과 가까운 사이였다는 혐의로 파면되었다가 복권되어 평안도 관찰사가 되었으나 1592년에 다시 삭직되었다. 1596년 동면 순검사(東面巡檢使)로 다시 등용되었고, 이후 대사간·병조판서·이조판서 등을 지냈다. 젊어서부터 동인으로서의 정치적 입지를 분명히 하여 서인을 공격하는 데 앞장섰다.

144) 이길(李洁) : 1547~1589. 본관은 광산(光山), 자는 경연(景淵), 호는 남계(南溪)이다. 이중호(李仲虎)의 아들이고, 이발(李潑)의 아우이다. 1577년 태묘별시 문과(太廟別試文科)에 급제하고, 사인을 거쳐 벼슬이 응교에 이르렀다. 1589년 기축옥사 때 희천에 유배되었다가 이후 장살(杖殺)되었다.

일에 어두워졌을 수도 있으니 개정을 명하소서."

하였다. 이이가 그 아뢴 글을 보고는 웃으면서 말하기를,

"이것은 천거하는 글이지 논핵하는 글이 아니다."

하였다. 이때 사헌부가 이미 정계(停啓)하였으므로 이이도 정계하며 언신에게 편지를 보내 말하기를,

"그대가 윤의중을 논한 글에 그를 칭찬하는 말들이 있어 사론이 매우 비웃고 있다. 대간의 체모로 보아 모름지기 자중해야 할 것이다."

하였다. 송언신이 이 말에 노하여 대궐로 들어가 인피(引避)하면서 패란(悖亂)한 말이 많았는데, 오로지 의중만을 구호하고 양사(兩司)를 억누르려고 하여 심지어는 근거없는 말을 얽어 엮었다느니, 자기와 뜻이 다른 이를 배척하였다는 등의 말이 있었으므로, 듣는 이들이 경악하였다. 사헌부가 언신의 파직을 청하였으나 주상이 따르지 않았다.

○ 이조좌랑 이경중(李敬中)은 본디 학식이 없고 선을 따르는데 부족한 점이 있었는데 전랑으로 오래 있으며 자못 자기 멋대로 일을 처리한 행적이 있었다. 장령 정인홍이 탄핵하려 하자 대사헌 정탁이 고집스럽게 따르지 않았으므로 각자의 소견에 따라 인피(引避)하였다. 사간원에서 정탁을 체직시키고 정인홍을 출사하게 하고, 이경중은 탄핵하여 파직시키니 이에 그 부류가 모두 의심하며 두려워하였다. 유성룡 또한 매우 불만스러워 하니, 이이가 그를 깨우쳐 말하기를,

"덕원(德遠)[145]은 초야의 외로운 처지로 충성을 다하고 공도(公道)를 받들고 있었다. 그의 의론이 과도하긴 하나 실상은 공론이니 어찌 잘못이라 하겠는가?"

하니, 유성룡이 감히 말을 하지 못하였다.

○ 대사헌 이식(李拭)은 탐욕스럽고 비루하며 몸가짐을 단속하지 못하는데

145) 덕원(德遠) : 정인홍(鄭仁弘, 1535~1623)의 자이다.

다 얼속(孽屬)의 딸이 궁에 들어가 총애를 받자 그와 내통하며 뇌물을 바쳤으므로, 듣는 이들이 분노하였다. 이식은 이이가 그의 황해 감사 때의 과실을 말한다고 잘못 듣고는, 지레 먼저 인피하였다. 정인홍은 그 일이 10년 전의 일이라고 하면서 출사시키도록 청하였으나, 이윽고 이식이 궁중과 내통한 정상을 뒤이어 듣고는 출사를 청한 일을 후회하였다. 이에 지평 박광옥(朴光玉)146)과 함께 그러한 사실을 근거로 인혐하자, 주상이 노하여 이르기를,

"이식에게 어찌 이런 일이 있었겠는가? 공격하여 제거하려고 고의로 이런 말을 지어낸 것에 불과하다."

하며 사퇴하지 말라 명하였다. 이에 사간원에서 아뢰기를,

"정인홍은 사헌부에 재직하며 오로지 공도를 받드는 것만 알 뿐 다른 것은 돌아보지 않습니다. 또한 이식과는 사사로운 혐의가 전혀 없는데, 어찌 공격하여 제거할 마음이 있다 하겠습니까? 이식에게는 실제 궁중과 내통했다는 비방이 있어 그대로 둘 수 없으니, 이식은 체차하고 인홍은 출사시키소서."

하였다. 이에 유속(流俗)의 무리가 모두 청의(淸議)를 두려워하면서, 이이가 청의를 주도한다고 더욱 심하게 미워하였다.

○ 이조에서 김효원을 사간(司諫)에 의망하자, 주상이 이르기를,

"조정에 불안을 초래한 것은 모두 이 사람 때문이니, 김효원은 다만 서관(庶官)이나 낭료(郎僚)에 두면 족한데, 어떻게 사간에 의망할 수 있는가?"

하니, 이에 사류들이 많이 불안해하였다. 이발이 이이에게 묻기를,

"홍문관에서 차자를 올려 이 일을 논하려 하는데 어떠한가?"

하자, 이이가 말하기를,

---

146) 박광옥(朴光玉) : 1526~1593. 본관은 음성(陰城), 자는 경원(景瑗), 호는 회재(懷齋)이다. 1574년 별시 문과에 급제하였다. 1589년 기축옥사 때, 정여립의 전랑직 진출을 막은 이경중을 탄핵했다는 이유로 삭탈관작 되었다. 1592년 임진왜란이 일어나자 고경명(高敬命)·김천일(金千鎰) 등과 함께 의병을 일으켰고, 전라 감사 권율(權慄)을 도와 많은 공을 세웠다. 1602년 나주 벽진촌(碧津村)에 세워진 의열사(義烈祠)에 제향되었다.

"이 일은 다만 대신이 아뢸 일이지, 연소한 사류들이 경솔히 발언하여 주상의 의심만 더하게 되면 안 될 것이다."

하였다. 이이가 박순에게 이르기를,

"작금의 사류가 화합하지 않는 것은 동·서의 주장이 아직 소멸되지 않았기 때문이니, 지금 마땅히 동·서라는 명목을 씻어버리고 다만 재능이 있는 인재만을 기용하는 것이 좋을 것이다. 김효원은 쓸 만한 사람인데도 주상이 청직(淸職)에 의망하지 않으려 하니, 이와 같이 하는 것은 좋은 계책이 아니다. 이에 대해 대신이 마땅히 아뢰어야 할 것이다."

하였다. 며칠 후 경연에서 박순이 나아가 아뢰기를,

"동·서의 주장은 여항의 잡담이므로 조정에서는 마땅히 입에 담지 말아야 할 것인데, 어찌 이것 때문에 쓸 만한 사람을 버릴 수 있겠습니까? 김효원은 버리기에는 아까운 사람입니다. 또 근자에 논박을 당한 사람이나 산직(散職)에 있는 사람들이 모두 동인·서인이라는 명목을 구실로 삼고 있으니, 지금 만약 김효원을 기용하지 않는다면 이러한 핑계를 대는 자들이 더욱 많아질 것입니다."

하자, 주상이 이르기를,

"비록 효원을 기용하지 않아도 어찌 쓸 만한 인재가 없겠는가?"

하였다. 이이와 부제학 유성룡, 수찬 한효순(韓孝純)[147] 등이 잇달아 반복해서 아뢰었으나 주상은 끝내 석연해하지 않았다.

○ 우의정 노수신이 병으로 사직하고 나오지 않자, 정철이 윤허하지 않는다

[147] 한효순(韓孝純) : 1543~1621. 본관은 청주(淸州). 자는 면숙(勉叔), 호는 월탄(月灘)으로 서원부원군(西原府院君) 한상경(韓尙敬)의 후손이자 인조의 장인인 한준겸(韓浚謙)의 작은아버지이다. 1610년 이조판서를 역임한 뒤, 1616년 우의정을 거쳐 좌의정에 올랐다. 1617년 폐모론이 일자 소극적인 자세로 관망하는 동시에 여러 차례 사직을 청하였다. 폐모론자들은 한효순의 이러한 태도를 문제 삼아 기자헌 등과 함께 처벌할 것을 주장하였으나 받아들여지지 않았다. 1623년 인조반정 후 폐모론에 가담한 죄로 관작이 추탈되었다가 1908년(隆熙2) 신원되었다.

는 비답을 지어 올렸는데, 그 대략의 내용에 이르기를,

"대신에게 물러갈 만한 의리가 없는데도 반드시 물러나려는 뜻이 있으니, 이는 구차하게 일신만 도모하고 나라를 저버리는 데 불과하다. 경이 입조한 날부터 많은 사람들이 적임자를 얻었다며 기뻐하였고, 모두 조만간 훌륭한 정치를 볼 수 있을 것이라 여겼는데 지금까지 전혀 들은 바가 없으니, 이 어찌 과인만의 수치이겠는가? 응당 임금과 신하가 서로 맹서하여 스스로를 경계하고 허물을 보완하기에 겨를이 없어야 할 것인데, 어찌 차마 사사로운 계책을 품고서 대의를 소홀히 할 수 있는가?"

하였다. 이에 논의하는 자들이 모두 말하기를,

"이 비답은 논핵에 가깝다."

하였다. 이때 정철은 연소한 사류들에게 미움을 받고 있었으므로, 이를 기회로 배격하는 자들이 벌떼처럼 일어났다. 사헌부에서 정철의 죄를 논핵하며 말하기를,

"핍박하고 경멸하는 뜻이 있어 왕언(王言)의 체통에 맞지 않고, 또한 대신을 우대하는 예가 이 때문에 무너졌습니다."

하니, 정철이 이로 인해 더욱 조정에 있으려 하지 않았다. 이에 안민학만이 홀로 말하기를,

"비록 비답의 글로서는 맞지 않으나, 실로 공론이다."

하였다.

○ **가을**, 대사간 이이를 대사헌에 특별히 임명하였다. 이이는 조정에 나아가 한두 명의 벗들과 함께 나라의 형세를 부지하고 세도(世道)를 만회하려 하였다. 그런데 정인홍은 강직하기가 지나쳐 도량이 좁고, 미워하고 증오하기를 원수같이 하여 이미 우성전과 이경중을 탄핵하였는데, 그 후로 시배들은 이이가 그 논의를 주도하여 동인을 억제하고 서인을 옹호한다며 불평을 품은 자들이 많았다. 이발·김우옹은 평소 이이를 존경하고 신뢰하였으나,

이발은 심의겸을 미워하여 반드시 죄를 성토하고 축출하려 하였다. 또 근거없
는 말이 있었는데 말하기를,

"금상(今上)이 택종(宅宗)148)할 때 의겸이 은밀히 궁중에 줄을 대어서 기복(起
復)149)하고 싶어하였는데, 이것은 권력을 오로지 하려 한 것이다."

하였다. 그 말이 이치에 맞지 않았지만 사류들이 모두 분노하였으며, 정인홍
은 더욱 격분하여 말하기를,

"의리상 이 적(賊)과는 한 조정에 같이 있을 수 없다."

하였다. 이이가 소문을 듣고 성혼에게 말하기를,

"이 일은 사리에 어긋나니, 믿을 만한 주장이 아니다. 또 지금 심의겸은
외로운 새 새끼나 썩은 쥐와 다름없으니 한쪽에 치워두고 무시하여도 또한
나랏일을 할 수 있을 것이다. 만약 지금 논핵하면 사람들이 의심하고 현혹되어
불안의 단서를 야기할 것인데 어찌 굳이 일이 없는 데서 일을 만들 것인가?"

하였다. 이발이 정인홍을 찾아가 그의 결정에 찬성하자, 인홍이 김우옹에게
의논하였는데 우옹도 또한 저지하였으나 인홍은 듣지 않고 정철까지 함께
논핵하려 하였다. 김우옹과 이발이 말하기를,

"만약 계함(季涵)150)을 논핵하면 대사헌151)은 반드시 따르지 않고 이견을
세울 것이니 계함은 결코 논핵해서는 안 된다."

하였다. 정인홍이 또 이이에게 심의겸을 논핵하라고 권하였는데, 이이가
따르지 않자 인홍이 분개하여 관직을 버리고 돌아가려 하였다. 이발이 이이를
찾아가 말하기를,

---

148) 택종(宅宗) : 여막을 의미하는 휼택(恤宅)의 종주(宗主)란 뜻으로 제왕의 뒤를 이어 즉위한
　　상주(喪主)를 이른다. 명종이 후사 없이 죽자 중종의 일곱째 아들인 이초(李岹, 1530~1559)
　　의 셋째 아들 하성군(河城君) 균(鈞)이 즉위하였는데, 그가 바로 선조이다. 선조의 생부
　　이초는 1569년(선조2) 덕흥대원군(德興大院君)으로 추존되었다.
149) 기복(起復) : 어버이 상중에 벼슬자리에 나아가는 것을 말한다.
150) 계함(季涵) : 정철(鄭澈, 1536~1593)의 자이다.
151) 대사헌 : 이이(李珥)를 이른다.

"시배들이 영공(令公)을 신뢰하지 않는 것은 아마도 공이 심의겸을 버리지
않기 때문일 것이다. 공이 이 사람을 버리고 절교하면 지금의 사류가 모두
믿고 따를 것이고, 서인 쪽의 착한 선비들도 점차 수용되어 보합(保合)할
희망이 있을 것이다. 게다가 이 사람을 논핵하지 않으면 덕원(德遠)이 관직을
버리고 떠날 것이니 어찌 애석하지 않겠는가?"

하였다. 이이가 성혼에게 말하기를,

"오늘날 단서도 없이 심의겸을 논핵하는 것은 사리에 어긋난 것이 심하다.
그러나 시배들이 나를 두고 서인과 당이 되었다고 의심하는데, 지금 덕원이
이 일로 화합하지 못하고 관직을 버린다면 시배들은 분명 이것을 신호로
삼아 드러내놓고 나를 공격할 것이다. 내가 떠나서 사류가 모두 흩어지면
국사는 반드시 그르칠 터이니, 오늘날의 형편으로는 중의(衆議)를 따를 수밖에
없다."

하자, 성혼이 탄식하며 말하기를,

"경함(景涵 : 이발)이 아니라면 누가 이 의논을 주장하였겠으며, 덕원(德遠 :
정인홍)이 아니라면 누가 이 의논을 결단하였겠는가? 평지풍파(平地風波)를
일으켰다고 할 만하다."

하였다. 김우옹이 말하기를,

"논핵은 적합하지 않으니, 차자를 한 번 올려 그 사람됨을 논하는 것이
어떻겠는가?"

하자, 이이가 말하기를,

"차자는 모름지기 내용이 많아야 할 것인데, 이 일은 무슨 할 말이 있다고
내용을 나열하여 차자를 이루겠는가?"

하니, 우옹이 말하기를,

"그래도 차자가 논계보다 낫다."

하였다. 하루는 사헌부가 한 자리에 모였는데, 정인홍이 심의겸의 일을
발의하자, 이이가 말하기를,

"차자를 올려 그 사람됨을 논하는 것이 어떻겠는가?"

하니, 인홍이 말하기를,

"논핵하여 파직시키는 것이 더 분명하고 올바르다."

하였다. 이이가 말하기를,

"그 계사(啓辭)는 반드시 중도를 지켜야 한다. 만약 조금이라도 과격하면 틀림없이 (심의겸에 대한 논핵이) 만연(蔓延)될 염려가 있다. 또한 기복의 일은 반신반의(半信半疑)한 일로 미뤄두어야 마땅하니, 계사 중에 넣어서는 안 된다."

하자, 동료들이 모두 따랐다. 이에 이이가 그 자리에서 입으로 계사의 내용을 불러주기를,

"청양군(靑陽君) 심의겸은 일찍이 외척으로서 오랫동안 국론(國論)을 주도하며 권세를 탐하였던 까닭에 사류의 마음을 많이 잃어 왔습니다. 근년 이래로 조정이 분열된 것은 실로 이 사람 때문입니다. 공론이 불평한 지 오래되어 갈수록 더 심해지는데, 의겸이 아직껏 뚜렷하게 배척을 받은 적이 없으므로 호오(好惡)가 명확해지지 못하여 인심이 의혹하고 있으니 파직을 명하시어 인심을 안정하게 하소서."

하고, 인홍에게 이르기를,

"이후 아뢰는 말은 반드시 이대로 해야지 다른 말을 추가하여 사람들의 의혹을 사면 안 된다."

하니, 인홍이 입으로는 알았다고 하였지만 마음으로는 수긍하지 않았다.

다음 날 발론(發論)하였는데, 그 용어가 조금 과격하였고, 또한 "사류를 끌어들여 세력을 과시하였다." 등의 말이 있었다. 이에 주상이 "사류는 누구를 말함인가?" 묻자, 인홍이 동료들과 논의하여 아뢰겠다고 청하였다. 그러자 주상이 이르기를,

"이미 계사를 올렸으니 그대는 당연히 알고 있을 것이다. 속히 답하라."

하니, 인홍이 급하게 답하기를,

"사류란 심의겸과 윤두수 형제, 정철 등을 가리키는 것으로서, 이들은
서로 결탁하여 형세를 엿보았습니다."

하였다. 이이가 이 계사를 보고 인홍에게 말하기를,

"계함은 심의겸의 당이 아니다. 몇 해 전에 사류들의 의론이 과격하였던
까닭에 계함이 불평하는 말을 한 것은 사실이나 이는 의겸을 위한 것이
아니었다. 계함은 지조 높은 선비이니, 만약 심의겸과 결탁하여 세력을 과시하
였다고 한다면 지극히 억울해 할 것이다. 내가 일찍이 상소하여 정철의
사람됨을 칭찬한 일이 있는데, 지금 사헌부에 있으면서 정철을 논척하여
심의겸의 당이라고 한다면 나는 줏대 없고 형편없는 사람이 된다. 그대가
모름지기 피혐하고 정철을 위해 조목조목 해명을 한 후라야 내가 직분을
다할 수 있을 것이요, 그렇지 않으면 나는 마땅히 사직하고 물러갈 것이다."

하였다. 정인홍이 매우 난감해하며 서로 다투다가, 이윽고 뜻을 굽혀 이이의
말을 따르기로 하고 대궐에 들어가 인피하기를,

"정철이 비록 심의겸과 우의가 두텁기는 합니다만, 윤두수 등처럼 심의겸과
사사롭게 결탁하기에 이른 것은 아니었는데, 신이 의겸의 사당(私黨)이라
하였으니 실로 큰 잘못입니다."

하니, 주상이 사직하지 말라고 답하였다. 이에 이이는 동료와 함께 인홍을
처치해야 할 입장이 되었다. 이이가 말하기를,

"정철이 심의겸과 비록 교분이 두텁다고는 하나, 그 기질과 심사는 전혀
다르다. 정인홍이 창졸간에 답하느라 사실과 다르게 말하였을 뿐 사사로운
뜻이 있었던 것은 아니었으니, 마땅히 이러한 내용으로 출사를 청해야 한다."

하자, 장령 권극지(權克智),[152] 지평 홍여순(洪汝諄)[153]이 말하기를,

152) 권극지(權克智) : 1538~1592. 본관은 안동(安東), 자는 택중(擇中)이며, 시호는 충숙(忠肅)
이다. 1567년 식년문과에 급제하여 검열이 되고, 춘추관의 기사관으로 《명종실록》
편찬에 참여하였다. 이어 청현직을 두루 역임하고, 1589년에 대사헌으로서 사은사가
되어 명나라에 다녀온 뒤 1591년 예조판서가 되었다. 이듬해 임진왜란이 일어나자
비변사유사당상(備邊司有司堂上)으로 침식을 잊고 국사에 몰두하다가 병을 얻었고, 국세

"정철은 심의겸과 정의(情誼)가 이미 두터웠고, 또한 의겸이 세력을 잃은 후에는 불평하는 말을 많이 하였는데, 어떻게 기질과 심사가 전혀 달랐다고 할 수 있겠는가?"

하였다. 유몽정(柳夢井)154)이 말하기를,

"나는 정철을 알지 못하고 사람들의 말만 들었는데, 사람들 중에 믿을 만한 사람이 영공(令公) 말고 누가 있겠소? 나는 마땅히 영공의 의견을 따르겠소."

하였다. 이에 권극지와 홍여순이 먼저 피혐하며 이르기를,

"신 등은 정철과 일찍이 아는 사이가 아니므로 그 마음 씀씀이의 은미한 곳은 알지 못합니다. 다만 정철은 심의겸과 교분이 두터웠고, 의겸이 세력을 잃은 후로는 말씨가 자주 분노에 차 있었으니 그가 의겸과 친밀했음은 이것으로도 알 수 있습니다. 장령 정인홍은 들은 바에 의거하여 하문하신 말씀에 답을 올린 것일 뿐, 애초 잘못이 없으므로 신 등은 이러한 뜻으로 출사를 청하려고 하였습니다. 그러나 동료 중에는 정철이 심의겸과 전혀 같지 않고, 인홍이 아뢴 말이 실제에 어긋난다고 하면서도 도리어 출사를 청하자고 하였습니다. 비록 출사를 청한 것은 같으나 그 뜻은 다르니, 형세상 구차히 같이 하기 어렵습니다."

가 날로 위급해가는 것을 보고 울분을 참지 못하여 죽었다.

153) 홍여순(洪汝諄) : 1547~1609. 본관은 남양(南陽), 자는 사신(士信)이다. 1568년 증광문과에 급제하여 이듬해 황해도도사가 되고, 1575년 성절사(聖節使)의 질정관(質正官)이 되어 명나라 북경(北京)에 다녀왔다. 1592년 임진왜란이 일어나자 병조판서로서 선조를 호종하였으며, 난이 끝난 뒤 남이공·김신국 등과 함께 유성룡 등을 몰아내고 정권을 잡았다. 1599년 그의 대사헌 임명을 남이공이 반대하자 북인에서 다시 분당하여 대북이라 부르고, 이이첨 등과 함께 남이공 등의 소북과 대립하다가 1600년 삭탈관작되었다. 이듬해 곧 복관되었으나, 1608년 광해군이 즉위하자 또다시 탄핵을 받아 진도에 유배되어 이듬해 배소에서 죽었다.

154) 유몽정(柳夢井) : 1529~1589. 본관은 문화(文化)이다. 유희저(柳希渚)의 손자로, 남원 현감(南原縣監), 고부 군수(古阜郡守), 나주 목사 등을 지냈다. 유몽정이 고부 군수로 있을 때 관곡(官穀)을 내어 정여립이 재사(齋舍)를 짓는 것을 도왔던 사실이 있는데, 기축옥사 때 이 일로 정암수(丁巖壽)·오희길(吳希吉) 등의 무고(誣告)를 받고 장살되었다.

하였다. 이이가 유몽정과 함께 아뢰기를,

"정철은 강직하고 지조 높은 선비로서, 본디 심의겸의 사당이 아닙니다. 다만 그 사람됨이 도량이 좁아서, 사류가 심의겸을 공격할 때 너무 과격하다고 의심하여 불평하는 말을 여러 차례 하긴 하였으나 이는 실로 의겸을 위한 것이 아니었습니다. 그런데 정인홍은 정철에 대해 알지 못하면서 창졸간에 답하느라, 정철이 심의겸과 결탁했다고 하여 마치 심의겸의 사당인 것처럼 아뢰었습니다. 그의 말은 비록 잘못이나, 털끝만한 사심이라도 있었던 것은 아니므로, 이 뜻으로 출사를 청하려 하였는데, 권극지 등이 신의 뜻을 따르지 않고 각자의 소견을 내세웠으니, 형세상 직에 있기 어렵습니다."

하자, 주상이 답하기를,

"정철이 만약 결탁하였다면 그 마음을 알 수 있을 것이니, 신하된 자가 어떻게 감히 그렇게 하였겠는가? 사직하지 말라."

하였다. 사간원에서 사헌부에 대한 처치를 논의하였는데, 대사간 이기(李墍),[155] 사간 정사위(鄭士偉),[156] 정언 강응성(姜應聖)·정숙남(鄭淑男) 등은 모두 출사시킬 것을 청하려 하였으나, 헌납 성영(成泳)[157]은 모두 체차시키려 하였다. 이에 다음 날 각자의 소견대로 피혐하였는데, 성영은 사헌부의 허물을 주워 모아 그 말이 곱지 못했다. 홍문관에서 처치하여 모두 출사시키되,

---

155) 이기(李墍) : 1522~1600. 본관은 한산(韓山), 자는 가의(可依), 호는 송와(松窩), 시호는 장정(莊貞)이다. 1555년 식년문과에 급제하여, 편수관으로 《명종실록》 편찬에 참여하고, 강원도 관찰사를 거쳐 내직으로 돌아와 우승지가 되었다. 대사간과 대사헌 등을 역임한 뒤 이조판서에 올랐다.

156) 정사위(鄭士偉) : 1536~1592. 본관은 광주(光州), 자는 홍원(弘遠), 호는 병은(病隱)이다. 1566년 별시문과에 급제하여, 1574년 홍문록에 오르고, 1581년 수찬을 거쳐 사간으로 있을 때 이이가 삼사의 탄핵을 받자 이를 힘써 변호하였다. 임진왜란이 일어나자 병조참의로서 임금을 평양에 호종, 다시 세자를 따라 강계로 가던 도중 맹산에서 죽었다. 원종(原從)의 공으로 이조참판에 추증되었다.

157) 성영(成泳) : 1547~1623. 본관은 창녕(昌寧), 자는 사함(士涵), 호는 태정(苔庭)이다. 1573년 식년 문과에 급제하여 청현직을 두루 거치고, 1605년 좌우참찬을 거쳐, 1607년 이조판서를 지냈다. 이듬해 광해군이 즉위하자 정인홍 등에 의하여 유영경의 당인으로 몰려 파직되었다가, 1616년 연일(延日)에 유배되어 1623년 배소에서 죽었다.

강응성·성영만은 체직하도록 청하였다. 다음 날 윤승훈(尹承勳)[158]을 정언으로 삼았다. 시배들은 정철을 깊이 미워하여 반드시 쫓아내려 하였는데, 윤승훈이 시배들의 비위를 맞추고자 동료들에게 의논하여 말하기를,

"이이·남언경·유몽정은 모두 정철을 구제하려 하였으니 직에 그대로 둘 수 없으므로 모두 체직시키라고 논하는 것이 마땅하다."

하였으나 동료들이 따르지 않자 또한 각자 인피하였다. 윤승훈이 아뢰기를,

"대사헌 이이 등은, 정철이 비록 심의겸과 정의가 두텁지만 그 기질이나 심사는 전혀 같지 않다고 하였습니다. 무릇 사람이 벗을 취할 때에는 반드시 지기(志氣)가 부합한 후라야 가장 친밀한 사이가 되는 것이니, 이미 '정의가 두텁다.' 했는데 어찌 기질과 심사가 전혀 다를 리가 있겠습니까? 이는 정철을 구제하려다 상황이 여의치 않자, 이런 되지도 않는 말을 한 것입니다. 남언경은 애매모호한 태도로 양쪽이 모두 옳다 하였고, 홍문관의 처치 또한 직절(直截)한 논의가 없어서 도리어 구차하다는 비판을 받고 있으니, 어찌 옳다고 하겠습니까? 정철은 비록 논의를 주도한 사람[159]과는 그 경중에 있어 차이가 있지만 공론이 격화되는 것은 막을 수 없습니다. 신은 이이 등을 논핵하여 체직시키려 하였으나 동료들이 따르지 않으니 구차하게 함께 할 수 없습니다."

하자, 주상이 답하기를,

"네 말이 망령되다. 정철이 만약 심의겸과 결탁하였다면 이는 신하로서 절의를 잃은 것이다. 다만 그 허실이 자세하지 않고, 사람의 본심을 논하는 것 또한 각자의 소견이 있는 법이니 이이 등의 소견도 일리가 있다 할 것인데,

158) 윤승훈(尹承勳) : 1549~1611. 본관은 해평(海平), 자는 자술(子述), 호는 청봉(晴峰), 시호는 문숙(文肅)이다. 1573년 식년문과에 급제하여, 1581년 사간원 정언으로 있을 때, 대사헌 이이, 장령 정인홍 등과 함께 심의겸을 탄핵하였다. 그 때 정철의 탄핵에 이이가 반대하는 태도를 취하자 이이를 논죄하다가 왕의 노여움을 사 신창현감으로 좌천되었다. 임진왜란 때는 선조를 호종하였으며 조도사로서 명나라 군사에게 군량미를 공급하는 일을 책임졌다. 1601년 우의정에 이어 영의정까지 승진하였지만 선조의 존호제정 문제로 좌의정 유영경의 모함을 입고 파직 당하였으나 곧 신원되었다.
159) 논의를 주도한 사람 : 심의겸을 이른다.

이로써 끝까지 맞서며 기어코 쫓아내려 하니, 너는 어떠한 사람인가? 사직하지 말라."

하였다. 그 외 대간들은 모두 물러가 물론을 기다렸다. 이이 등이 아뢰기를, "신 등은 정철의 일 때문에, 윤승훈으로부터 비방과 논척을 크게 받았습니다. 그러나 윤승훈이 말한 바, 정의가 두터우면 심사가 반드시 같다는 것은 결코 그렇지 않습니다. 옛날 한유(韓愈)가 유종원(柳宗元)에게,[160] 사마광(司馬光)이 왕안석(王安石)에게,[161] 소식(蘇軾)이 장돈(章惇)에게[162] 대한 것을 보면 그 정의가 두터워 형제와 다름이 없었으나, 그 심사는 연(燕)나라와 월(越)나라처럼[163] 서로 달랐습니다. 하물며 정철은 강직하여 다른 사람과 화합하기 어려운 선비였으므로, 심의겸이 득세하였을 때 이미 사당을 이룬 흔적이 없었고, 심의겸이 실세한 후 불평한 것도 사론이 과격하였기 때문이지, 어찌 구차하게 심의겸 한 사람 때문이었겠습니까? 신 등이 비록 부족하기 짝이 없으나 어찌 정철 한 사람을 두둔하려고 군부를 속이겠습니까?"

하자, 주상이 답하기를, "어제 승훈의 계사를 보니 경박한 자가 틀림없으므로 질책하였다. 경 등은 속히 직에 나아가 성심으로 직분을 다하라."

하였다.

이때 공론은 윤승훈이 시론에 영합한 것을 옳지 않게 여겼으나, 시배들은

---

160) 한유(韓愈)가 유종원(柳宗元)에게 : 한유(768~824)와 유종원(773~819)은 당나라 때 고문부흥(古文復興) 운동을 주도한 문인이자 정치가였으며 모두 당송팔대가(唐宋八大家)로 꼽혔다.

161) 사마광(司馬光)이 왕안석(王安石)에게 : 사마광(1019~1086)과 왕안석(1021~1086)은 북송대 사대부를 대표하는 학자이자 관인(官人)이었으나, 신종(神宗) 연간 왕안석 신법(新法)을 두고 서로 대립하였다.

162) 소식(蘇軾)이 장돈(章惇)에게 : 소식(1036~1101)은 아버지 소순(蘇洵), 동생 소철(蘇轍)과 함께 당송팔대가의 한 사람으로 불렸다. 역시 왕안석의 신법에 반대하여, 이를 지지하는 장돈(1035~1106)을 탄핵하였다.

163) 연(燕)나라와 월(越)나라처럼 : 연나라는 북쪽 끝에 있고 월나라는 남쪽 끝에 있어서 그 거리가 매우 멀기 때문에 현격하게 다름을 비유하는 말로 사용되었다.

승훈을 체직시키면 정철에게 허물이 없는 것으로 귀결될까 두려워하였다. 홍문관의 의논은 윤승훈만 남겨두고 양사를 모두 체직시키고자 하였는데, 전한 이발, 응교 김우옹 또한 우물쭈물하며 시비를 가리지 않았다. 이에 홍문관이 차자를 올려 양사를 모두 출사하게 하도록 청하였으나, 주상이 괴이하게 여기며 답하기를,

"모호하다는 말은 이 차자를 두고 하는 말이다. 윤승훈은 체직시킴이 옳고 출사시킴은 옳지 않으나, 우선은 차자의 청을 따르겠다."

하였다. 사람들도 홍문관의 차자를 보고 모두 해괴하게 여겼다. 이이가 사람들에게 말하기를,

"시론이 치우친 것을 내가 능히 바로잡지 못하여 시배가 나를 윤승훈과 매한가지로 보니 내가 어떻게 국사(國事)를 행할 수 있겠는가? 또한 삼사에는 공론이 없으니, 내가 차라리 시배들에게 죄를 얻을지언정 주상께서 끝내 직언을 듣지 못하게 할 수는 없다."

하고, 대궐로 들어가 피혐하려 하였다. 그러자 윤승훈이 먼저 아뢰기를,

"정철을 논핵하는 일은 보통의 다른 논의와 비길 수 있는 것이 아니어서 옳다 그르다 하는 데서 현부(賢否)가 판별되는 것입니다. 이이 등의 말이 옳다면 정인홍의 말은 틀린 것이니, 어찌 시비를 판별하지 않아서 국론이 정해지지 못하게 할 수 있겠습니까? 또한 이이 등이 아뢴 말을 보면 옛 현인들을 거론하며 비유하기까지 하였으니 신의 의혹은 더욱 심해졌습니다."

하니, 주상이 답하기를,

"사람들이 심복하느냐 불복하느냐가 어찌 정철의 얕고 깊음을 논하는 데 달려 있겠는가? 이이가 옛 사람을 인용한 것은 이것을 예로 들어 저것을 밝히려 한 것이지, 정철을 한유나 사마광에 비유한 것이 아니다. 인군이 경고하고 책망하는 것은 그 뜻이 훈도하고 교화하는데 있는 것이니, 너는 응당 직무에 나아가되 경박하게 굴지 말라."

하였다. 이이 등이 아뢰기를,

"홍문관의 차자는 시비를 가리지 않고 다만 논의가 시끄럽게 분분한 것만 염려하여 제대로 모양새를 갖추지 못하였으니, 이와 같이 하고도 상황을 진정시킬 수 있었던 경우는 일찍이 없었습니다. 만약 정철로 하여금 마음을 비우고 스스로를 성찰하여 원망하고 허물하는 것이 없게 하고, 사류도 형적에만 집착하지 말고 그의 마음을 천천히 헤아려 본다면 화평의 복을 바랄 수 있고 보합의 방책도 행할 수 있을 것입니다. 지금은 그렇지 아니하여 사류가 정철을 의심하는 것이 갈수록 더해지니 정철의 불평도 날로 심해지고 있습니다. 저 윤승훈에게 무슨 식견이 있겠습니까? 사류의 비위를 맞춰 그들에게 영합하려는 계책에 불과합니다. 지금 비록 승훈을 체직시킨다 해도 사론(士論)이 이와 같으면 반드시 승훈의 뒤를 잇는 자가 나타날 것이니, 차라리 신 등을 체직시키라 명하시어 사론을 하나로 통일하는 것이 낫습니다."

하자, 주상이 답하기를,

"윤승훈의 논의는 경들과 더불어 비교할 것이 못되니, 속히 직에 나오라."

하였다.

홍문관에서 차자를 올려, 양사를 모두 출사시키되, 윤승훈과 이이 등 3인[164] 만은 체직시킬 것을 청하자, 주상은 이이 등에게 별다른 허물이 없으므로 체직시킬 수 없다고 하였다. 그러자 홍문관에서 다시 차자를 올려 이이 등의 체직을 청하였으나 주상이 따르지 않았다. 사간원에서 아뢰기를,

"윤승훈의 전후 계사는 생각하고 있는 것을 바로 아뢰어서 그 말이 매우 절실합니다. 이이 등은 그러한 논박을 받았으면 스스로의 허물로 삼아야 마땅한데, 피혐하며 사직할 때에 감히 도리어 비난하고 배척하며 '비위를 맞추었다.'느니, '영합한다.'느니 하기에 이르렀으니 그가 언관을 경멸한 것이 심합니다. 체직시키소서."

하자 주상이 답하기를,

"윤승훈의 심술은 첫 번째 피혐하는 계사에서 저절로 드러났으나, 내가

---

164) 이이 등 3인 : 정철을 구제하려 한 사헌부의 이이·남언경·유몽정을 이른다.

위엄과 노여움을 드러내지 않았던 것은 진실로 관대한 도량을 보인 것이다. 홍문관에서 양사를 모두 출사시키자고 올린 차자는 그 뜻이 애매하고 무슨 말인지 알 수가 없으며 문리(文理)도 이루지 못하였다. 유생들이 모여 있으면서도 그 논의가 이와 같으니, 실로 국가의 수치다. 게다가 충직한 신하를 체직시키려 하니, 내가 크게 놀랐다."

하였다. 사헌부에서 또 이이 등의 체직을 청하였으나, 주상이 따르지 않았다.

홍문관에서 모두 대죄하며 아뢰기를,

"요즘 조정 논의는 심의겸의 파직을 청하여 인심을 안정시키려는 것이었을 뿐 정철에 대해서는 애초에 공격할 뜻이 없었는데, 대각의 의논이 분분하여 돌아가는 상황이 좋지 못하니, 진실로 탄식할 일입니다. 윤승훈이 이이를 체직시키려 한 것은 진실로 일 만들기를 좋아하고 경박한 병이 있는 것이나 그 심술에 대해서는 함부로 억측할 수 없고, 이이 등의 논의는 비록 공심(公心)에서 나왔으나 물의를 빚기도 하였습니다. 신 등이 처음에 양사를 출사시키자고 청한 것은 참으로 부득이한 것이었는데, 분쟁이 가라앉지 않고 서로 버티기에 이르렀으니 형세상 양쪽을 다 보전할 수 없게 되었습니다. 이이가 윤승훈을 가리켜 배척한 것 또한 억측하여 지나치게 의심한 잘못이 있으므로 어쩔 수 없이 모두 체직시킬 것을 청하여 인심을 진정시키려 한 것이지, 이것이 어찌 신들이 바라던 일이겠습니까?"

하자, 주상이 답하기를,

"이 글을 보니, '애초에 공격할 뜻이 없었다.' 하였고, 또 '돌아가는 상황이 좋지 못하니, 진실로 탄식할 일이다.'라고 하였으며, '일 만들기를 좋아하고 경박하다.' 하였으니, 이 말들이 모두 옳다. 그렇다면 윤승훈만 체직시켜 진정시킬 방책으로 삼으면 될 일이지, 무슨 연유로 이이까지 함께 체직시키려 하는가? 비록 나의 의심을 불러일으키지 않으려 하나, 그리 될 수 있겠는가? 너희들은 사직하지 말고 오로지 공심으로 직분을 다하라."

하였다. 사헌부에서 또 아뢰기를,

"이이 등에 대해 전하께서 남의 말에 흔들리지 않으시는 것은 훌륭한 일이나, 홍문관과 사간원에 대해 준엄한 견책을 가하신 것은 너그럽게 포용하는 도리를 크게 손상시켜서 이이 등을 도리어 진퇴유곡에 빠뜨려 몸 둘 곳이 없게 만들었습니다. 대각은 사람들의 구설에 오르면 그대로 재직할 수 없는 것이 이미 격례(格例)가 되었으니, 체직을 명하소서."

하자, 이에 주상이 답하기를,

"정철의 천심(淺深)을 논하는 것은 버려두어도 되지만, 충직한 신하가 경박한 자들에게 내몰리는데도 내가 만약 그들의 속셈을 드러내지 않고 고개만 끄덕인다면 이것은 이른바 '혼군(昏君)'이니, 이는 너희들도 원하는 바가 아닐 것이다. '대간이 사람들의 구설에 오르면 재직할 수 없다.' 하였는데, 이 또한 그렇지 않다. 소위 '사람들의 구설'이란 이치에 비추어 어떠한가를 보아야 할 뿐이므로 그것이 진실로 이치에 어긋난다면 비록 백 사람이 공격한다 한들 어찌 재직할 수 없겠는가? 속히 이이 등을 출사시켜, 함께 협력하며 국정에 힘쓰는 것이야말로 좋은 계책일 것이다. 그렇지 않으면 장차 좋지 못한 일이 있을 터이니 삼가라."

하였다. 사헌부에서 또 아뢰어 논집하기를 그치지 않자 주상이 이이 등의 체직을 허락하고, 정지연을 대사헌에 임명하였다. 이때 윤승훈을 신창(新昌) 현감으로 내보냈는데, 처분이 탁월하여 한때의 사람들이 모두 칭송하였다.

○ 이이가 체직되자 공론은 시배들이 너무 지나치다고 하였다. 안민학이 큰 소리로 말하기를,

"윤승훈은 어떤 요망한 사람이길래 감히 사류를 공격하는가?"

하였다. 이이는 제배(儕輩)들이 모두 식견이 없음을 보고, 성혼에게 말하기를,

"시배들이 나를 윤승훈 등과 매일반으로 보니, 물러나는 것이 좋겠다."

하자, 성혼이 말하기를,

"시배들이 모두 부끄러워하며 사과하여, 실로 형을 공격할 생각이 없는데,

어찌 가벼이 물러갈 수 있겠는가?"

하니, 이이가 말하기를,

"동·서의 분쟁이 지금껏 종식되지 않고 있다. 내가 동·서의 명목을 타파하고 사류를 보합하려 했으나, 시배들은 자기 소견만 믿고 차라리 국사를 망칠지언정 기어이 승부를 겨루려 하고 있다. 숙부(肅夫 : 김우옹)와 경함(景涵 : 이발)의 무리는 양자 간에 우물쭈물하며 시배들에게도 거슬리지 않고 나도 저버리지 않으려 하니, '애쓴다.'고 할 만하다. 내가 물러간다면 시배들이 또 분열될 것이므로 참고 견디며 떠나지 못하고 있다."

하였다.

이때 사간원에서 윤승훈을 유임하도록 청하려 하였으나, 정인홍이 경연에서 승훈의 잘못을 논척하는 바람에 감히 발의하지 못하였다. 이이가 입시(入侍)한 기회에 주상에게 아뢰기를,

"윤승훈의 말이 진실로 잘못되었으므로, 주상께서 특명으로 외방에 보임하였습니다만, 이 일이 사방으로 전파되면, 듣는 이들이 말을 한 일로 죄를 받았다고 여겨서 직언을 올리는 선비들이 위축될까 염려됩니다."

하자, 주상이 이르기를,

"비록 일을 말하는 사람이라도 말하는 내용이 옳지 않다면 어찌 배척할 수 없겠는가?"

하였다. 정언 정숙남(鄭淑男)이 말하기를,

"이이는 진실로 공적인 마음에서 아뢴 것입니다. 윤승훈을 외방으로 내보내는 것에 대해 물정(物情)이 편치 않게 여기는 것은 사실입니다."

하자, 주상이 이르기를,

"윤승훈을 기어이 외방으로 내보낼 필요는 없었으나 간원이 지나치게 추켜올리며 그의 '말이 매우 절실하다.' 하기에, 만약 억제하지 않는다면 이론(異論)이 또 일어날까 염려되므로 외방에 보임하여 물정을 진정시켰을 뿐이다."

하였다.

○ 유몽학(柳夢鶴)·김우옹(金宇顒)·이영(李嶸)[165] 등이 이이를 만나서 근래의 일을 논하였다. 유몽학이 말하기를,

"윤승훈이 영합한 정상은 억측으로 헤아릴 수 없는 것인데, 공의 말이 지나쳤다. 또한 그가 바야흐로 공을 공격할 때, 공도 그를 가리켜 배척하며 피혐하지 않았다."

하자, 이영이 말하기를,

"윤승훈이 영합한 정상은 마음이 재가 되고 지혜가 소멸된 사람을 제외하고는 모두 볼 수 있었다.[166] 이와 같은 사람을 사류가 그르다고 하지 않고 오히려 그 기세를 조장하여 군자를 공격하였으니, 이 무슨 도리란 말인가?"

하였다. 이이가 말하기를,

"윤승훈이 시론에 영합한 것은 분명하다. 만약 삼사에서 그 잘못을 말한 사람이 있었다면 내가 말하지 않았어도 괜찮지만, 지금은 삼사가 모두 추어주며 뽑아 써서 한 나라에 공론이 소멸되었으니, 나 또한 언관으로서 어찌 감히 말하지 않을 수 있었겠는가? 또한 국사를 위해 피혐하기도 어려웠다. 옛날에 윤색(尹穡)이 장준(張浚)을 공격하였을 때, 장준이 윤색을 가리켜 간사하다[167] 하였는데, 이 또한 그른 것인가?"

하자, 유몽학은 그래도 잘잘못을 따지려 하였지만 김우옹은 부끄러운

---

165) 이영(李嶸) : 1560~1582. 본관은 전주(全州), 자는 중고(仲高)이다. 1580년 별시 문과에 급제, 예문관에 선발되어 봉교(奉敎)까지 이르렀다. 효성이 지극하였으며, 이이, 성혼과 학문적 교유를 나눌 정도로 경전에 밝았다. 1582년 23세의 나이로 세상을 떠났다.

166) 마음이 …… 있었다 : 底本에는 "若灰心滅智, 則不可見矣."로 되어 있는데, 《石潭日記》에는 이 뒤에 "若稍思量則寧有不見之理乎?"가 더 있어서, 이것을 감안하여 번역하였다. '회심멸지(灰心滅智)'란 마음이 재같이 되고 지각이 없어진다는 불교 용어이다.

167) 윤색(尹穡)이 …… 간사하다 : 윤색(尹穡)과 장준(張浚, 1094~1164)은 남송의 관인이다. 효종 때 윤색이 감찰어서 우간의대부가 되어 금(金)나라와의 화친을 주장하고 이에 반대하는 장준을 논핵하여 조정에서 쫓아냈다. 뒤에 장준은 윤색을 간사하다고 탄핵하였다. 《宋史 卷361 張浚列傳, 卷372 尹穡列傳》

기색으로 아무 말도 하지 않았다. 이이가 말하기를,

"이것이 국사(國事)와 무슨 관계가 있다고 이 지경에 이르도록 시끄럽게 떠든단 말인가?"

하자, 김우옹이 말하기를, "시배는 이를 국사로 여긴다." 하였다. 박순이 안민학에게 권하여 정인홍이 다시 논계하지 못하도록 만류하게 하자, 민학이 말하기를,

"나는 덕원(德遠)을 산림의 학자라고 생각하였는데, 지금 보니 괴귀(怪鬼)한 무리이다."

하고, 마침내 찾아가지 않았다. 어떤 사람이 대사간 이기(李墍)에게 묻기를,

"기어이 대사헌 이이를 체직시키려 하는 이유가 무엇인가?"

하자, 이기가 말하기를,

"동료들의 논의가 너무도 과격한데, 나는 그 이유를 모르겠다."

하니, 듣는 자들이 비웃었다.

○ 장세량(張世良)의 옥사[168] 이후로 정철은 마음에 항상 불평이 차 있어 말과 기색에 여러 번 드러났다. 또한 음주를 좋아하였는데, 취한 후에 하는 얘기들의 대부분이 시배를 허물하는 것이어서 시배가 더욱 의심하였다.

---

168) 장세량(張世良)의 옥사 : 윤두수·윤근수 형제와 그 조카 윤현이 1578년(선조11) 윤두수 형제와 이종(姨從) 간인 진도 군수 이수로부터 쌀을 뇌물로 받았다고 동인측의 탄핵을 받았다. 장세량은 이때 삼윤에게 쌀을 운반했다는 혐의를 받았는데, 엄형(嚴刑)을 받으면서도 혐의사실을 끝까지 부인하였으나 삼윤의 죄상을 공격하며 처벌할 것을 주장하는 동인측의 공격은 그치지 않았다. 이에 부제학 허엽을 필두로 대사헌 박대립·대사간 이산해 등 동인이 장악하였던 삼사에서 삼윤을 수뢰자로 규정하고 그 처벌을 집요하게 간쟁하여 삼윤은 파면되고 서인의 세력도 꺾였다. 그러나 장세량의 옥사는 동인에게도 상당한 정치적 부담을 안겨주었다. 선조는 장세량이 오래도록 자복하지 않는 것을 보고 억울함이 있는가 의심하였고, 또 삼윤에 대한 대간의 논핵이 해를 넘어 지리하게 이어지는 정국을 수습하기 위해 동인 일색의 승정원 관료들을 체직시켰고, 특명으로 이수와 장세량을 석방시켰다. 《宣祖修正實錄 12年 4月 1日》《燃藜室記述 宣祖朝故事本末 東西黨論之分 李銖米獄附》

하루는 이발과 취중에 서로를 비난하고 욕하다가 드디어 교분이 끊어졌다.
이때에 이르러 헐뜯고 배척하는 시배의 의론이 그치지 않았으므로, 정철이
마침내 관직을 사퇴하고 고향으로 돌아갔다. 이이가 강가로 나와 이별하면서,
마음을 수양하고 술을 끊으라고 권면하자 정철은 이발의 마음은 믿을 수
없다고 극력으로 말하였다. 이이가 말하기를,

"그대의 의견은 편협하다. 경함은 식견이 밝지는 않으나 그 마음은 진실로
선량하다."

하니, 정철이 머리를 저으며 말하기를,

"아니다, 아니다. 정덕원(鄭德遠 : 정인홍)과 같은 사람은 그 마음이 공(公)적
이므로, 비록 나를 탄핵했어도 길에서 우연히 만나면 응당 술 한 잔을 함께
마실 것이다."

하였다. 또 말하기를,

"시배들은 나란 사람을 전혀 모르고 있다. 만약 시배가 모두 패한다면
내 어찌 있는 힘껏 구제하지 않겠는가?"

하였다. 이때 벗으로서 전송하는 자가 없었고, 이이와 이해수만이 전별하는
자리에 참석했다. 이해수는 평소 과묵했는데, 이이가 농담 삼아 말하기를,

"계함의 강직함에 대중(大仲)169)-이해수(李海壽)- 의 말수를 보탠다면 통하지
않을 곳이 없을 것이다."

하였다. 하루는 주상이 시종신에게 이르기를,

"내가 정철의 사람됨은 모르지만, 일찍이 그가 승지로 있을 때 그의 행동을
대략 살펴보니 지조 높은 사람이고, 국사에 성심을 다하는 사람이었다."

하고, 박순을 돌아보며 이르기를,

"내가 정철을 일러 재기(才氣)가 있다고 하였는데, 영의정은 알고 있는가?"

하자, 박순이 대답하기를, "알고 있습니다." 하였다. 주상이 이르기를,

"내가 그의 편협함을 보고, 틀림없이 사람들과 불화하는 일이 많을 것이라

169) 대중(大仲) : 이해수(李海壽, 1536~1599)의 자이다.

생각하였는데, 지금 과연 그러하다. 그래도 그를 소인이라고 한다면, 그는 반드시 불복할 것이다."

하자, 박순이 이르기를,

"전하께서 정철을 아는 것이 깊습니다. 사람을 알아보심이 매번 이와 같으니 누구인들 심복하지 않으리까?"

하였다. 장령 정인홍은 곧은 기개는 있으나 포용하는 도량이 없고 일 처리가 주밀하지 못하여 간혹 시론이 인정하지 않자, 스스로 불안히 여겨 이윽고 휴가를 받아 고향으로 돌아갔다. 안민학이 사람들에게 말하기를,

"지금 동인의 주된 논의는 사(邪)·정(正)과 현(賢)·우(愚)를 불문한 채, 다만 심의겸을 배척하면 군자라 하고, 심의겸을 구제하면 소인이라 하므로 때를 틈타 영합하려는 자들이 고슴도치처럼 일어나고 있다. 이러한 때, 덕원은 산림의 선비로서 조정의 귀감이 되었고 한때의 중망을 지녔으나, 나라를 위한 원대한 계책을 도모하는 데는 힘쓰지 않고 동인의 세력을 조장하는데 급급하였다. 동인에게는 공이 크다 하겠지만 은일(隱逸)[170]에게 수치가 되는 것 또한 크니, 덕원은 참으로 애석하다."

하였다.

○ 좌의정 노수신은 상을 당하였고,[171] 우의정 강사상은 병으로 체직하여 복상(卜相)[172]이 진행되었다. 연소한 사류들은 이문형(李文馨)이 동인 편이라 고 여겨 문형을 정승으로 삼고자 하였고, 박소립(朴素立)[173] 역시 시망(時望)이

---

170) 은일(隱逸) : 조선시대 산곡임하(山谷林下)에 은거해 있으면서 학덕을 겸비해 국가로부 터 징소(徵召)를 받은 인물을 가리킨다.
171) 좌의정 …… 당하였고 : 노수신은 1581년(선조14)에 모친상을 당하여, 사직하고 상주(尙 州)로 내려갔다. 《宣祖修正實錄 14年 9月 1日》
172) 복상(卜相) : 새로 정승을 가려 뽑기 위해 후보자를 천거하는 일이다.
173) 박소립(朴素立) : 1514~1582. 본관은 함양(咸陽), 자는 예숙(豫叔)이다. 1555년 식년 문과에 급제하여 수찬·이조좌랑 등을 역임하였다. 1563년 이조정랑이 되었으나 척신 이량과 사이가 나빠 대사헌 이감(李戡)의 탄핵을 받고 파직되었다. 1567년 동부승지로 재직하던

있었으나, 문형은 간사하였고 소립은 어리석고 나약하였다. 정유길(鄭惟吉)은 이량(李樑)[174]이 권력을 휘두를 때, 꿋꿋하게 자신의 소견을 지키지 못하였던 까닭에 청론(淸論)에 죄를 얻었다. 이이가 박순에게 말하기를,

"이문형의 간사함, 박소립의 어리석음에도 불구하고 그들이 만약 정승으로 추천된다면, 상공(相公)은 후세의 비판을 면할 수 있겠는가? 정임당(鄭林塘)-정 유길(鄭惟吉)의 호- 은 비록 허물이 있으나, 그 재화(才華)와 풍도(風度)가 시배들이 미는 사람들보다 낫다. 다음 후보는 김귀영(金貴榮)인데 성품이 탐욕스럽고 비루하여 인품이 임당에게 미치지 못한다."

하니, 박순이 옳게 여겼다.

정유길을 우의정으로 삼자, 시배들이 기필코 논핵하여 물러나게 하고 이문형을 끌어 올리려 하였다. 이때 대사헌 정지연, 장령 정인홍, 지평 최영경 (崔永慶)[175]·정구(鄭逑)[176]는 모두 외방에 있었고, 집의 정사위(鄭士偉)[177]와

중 명종이 죽자 덕흥군(德興君)의 셋째아들 선조를 왕으로 즉위시키는 데 공을 세워 대사성이 되었다. 1571년 성절사(聖節使)로 명나라에 다녀왔으며, 도승지·대사헌 등을 거쳐 지중추부사(知中樞府事)에 이르렀다.

174) 이량(李樑) : 1519~1582. 본관은 전주(全州), 자 공거(公擧)이다. 효령대군(孝寧大君)의 5대 손, 명종비 인순왕후(仁順王后)의 외숙이다. 1563년(명종18)에 이조판서로 있으면서 인사 를 전횡하다가 평안북도 강계에 유배되었고, 선천(宣川)에서 사망하였다.

175) 최영경(崔永慶) : 1529~1590. 본관은 화순(和順), 자는 효원(孝元), 호는 수우당(守愚堂)이 다. 조식 문인이다. 1589년 정여립의 모반 사건 때, 그가 곧 역모의 주모자 길삼봉이라는 무고를 받고 투옥되어 문초를 받다가 옥사했다. 사후 신원되어 대사헌에 추증되고 진주의 덕천서원에 배향되었다.

176) 정구(鄭逑) : 1543~1620. 본관은 청주(淸州), 자는 도가(道可), 호는 한강(寒岡), 시호는 문목(文穆)이다. 1563년에 이황을, 1566년에 조식을 찾아뵙고 스승으로 삼았으며, 그 무렵 성운(成運)을 찾아뵙기도 하였다. 1563년 향시(鄕試)에 합격했으나 이후 과거를 포기하고 학문 연구에 전념하였다. 1573년 김우옹이 추천해 예빈시 참봉에 임명되었으나 나가지 않는 등 여러 번 관직에 임명되어도 사양하다가 1580년 비로소 창녕현감으로 관직생활을 시작하였다. 1603년 정인홍이 이황과 이언적을 배척하자 그와 절교하였다. 1608년 임해군의 역모사건이 있자 관련자를 모두 용서하라고 상소하고 대사헌을 사직하 고 귀향하였다. 1613년 계축옥사 때 영창대군을 구하려 했으며, 1617년 폐모론이 나왔을 때에도 인목대비를 서인(庶人)으로 쫓아내지 말 것을 주장하였다.

177) 정사위(鄭士偉) : 1536~1592. 본관은 광주(光州), 자는 홍원(弘遠), 호는 병은(病隱)이다.

장령 이로(李輅)178)만이 조정에 있었는데, 이들은 시배들이 시키는대로 하는
자들이었다. 이에 먼저 발론하여, 정유길이 권문(權門)에 아부하였다고 비난하
면서 지극히 추악하게 욕하고 그의 체직을 청하였다. 사간원 또한 뒤이어
발론하려 하자, 이이가 막 대사간이 되어 말하기를,

"지금 만일 조야(朝野)에서 두루 인재를 찾아179) 적임자를 얻으려 한다면
정공(鄭公)은 참으로 적합한 사람이 아니지만 단지 숭반(崇班)180) 중에서 구한
다면 다른 사람들은 모두 정공에게 미치지 못한다. 만약 논핵하여 체직시키면
재주가 미치지 못하는 자가 그를 대신하게 될 것이니, 이는 뛰어난 사람을
졸렬한 사람과 바꾸는 것이어서 논하지 않는 것만 못하다."

하였다. 그렇지만 동료들이 고집하여 이이가 막을 수 없자 아뢰기를,
"정유길에게는 지난 날 실로 씻기 어려운 흠절이 있으니, 그가 정승에
적합한 인물이 아니라는 것을 누가 모르겠습니까? 다만 사조(四朝)의 구신(舊
臣)으로서 재화와 풍도를 갖추었으므로 신들이 애석하게 여겨 감히 가벼이
논하지 않았던 것입니다. 지금 공론이 이미 나와서 물정이 격동하고 있습니다.
삼공은 사람들의 구설에 오르면 외람되이 재직할 수 없으니, 청컨대 공론을

1566년 별시문과에 급제하여, 1574년 홍문록에 입록이 되고, 1581년에 수찬·집의가
되었다. 그 뒤 사간이 되어 이이가 삼사의 탄핵을 받자 이를 힘써 변호하였다. 임진왜란이
일어나자 병조참의로서 임금을 평양에 호종, 다시 세자를 따라 강계로 가던 도중
맹산에서 죽었다.
178) 이로(李輅) : 1536~1614. 본관은 전주(全州), 자는 홍재(弘載), 호는 동진(東津)으로서, 양녕
대군(讓寧大君)의 6대손이다. 1567년 식년문과에 급제, 1581년 장령, 뒤에 동지중추부사(同
知中樞府事)를 거쳐 1596년 호조참판 때 진향사(進香使)로 명나라에 다녀왔다. 그 뒤
경기도관찰사를 지내고 형조·공조판서를 역임하였으며, 판돈녕부사에 이르러 기로소
(耆老所)에 들어갔다.
179) 조야(朝野)에서 …… 찾아 : 원문의 "현달한 자도 밝혀 주고 미천한 자도 천거하라.[明明揚
側陋]"는 《서경(書經)》〈요전(堯典)〉에서 요 임금이 사악(四岳)에게 한 말이다. 이때 사악이
"아버지는 소경이고 완악하며 어머니는 어리석으며 아우 상(象)은 오만한데, 효성으로
그들과 화합하여 간악한 데에 이르지 않게 했습니다."라고 하며 순(舜)을 천거하였다.
180) 숭반(崇班) : 품계가 종1품 숭록대부(崇祿大夫)와 숭정대부(崇政大夫) 이상에 오른 벼슬아
치를 가리킨다.

따라서 속히 개정하라 명하소서."

하였으나 주상이 따르지 않았다. 시배들이 계사(啓辭)의 초안을 보고,
"너무 에둘러 말하느라[回互] 직절하게 아뢰지 못했다."

하며 시끄럽게 떠들기를 그치지 않으니, 사간원은 이로써 피혐하였고
이이는 그 전에 이미 병을 고하고 체직되었다. 홍문관에서 처치하여 사간원의
체직을 청하자, 주상이 답하기를,

"이와 같이 인재가 부족한 때, 새 우의정 같은 사람을 어찌 쉽게 얻을
수 있겠는가? 사간원의 계사는 충후한 말들인데도 이를 두고 '에둘러 말한다'
고 지목하니, 옳다 하겠는가? 그러나 이미 논박을 입었으니 청한대로 하라."

하였다.

지평 최영경(崔永慶)이 상소하여 사직하였는데, 그 대략에 이르기를,

"지금 국시(國是)가 정해지지 않고 공론이 행해지지 못하니 붕비(朋比)의
풍조가 성행하여 기강이 날로 무너지고 있습니다. 밝게 기미를 살피고 위엄으
로 물론을 진정시켜, 편당의 무리로 하여금 품은 뜻을 제멋대로 펼치지
못하게 해야 합니다. 이러한 책임이 대관(臺官)에게 있는데, 신처럼 우둔한
사람이 어찌 감당할 수 있겠습니까?"

하였다. 당시 사람들은 영경이 말한 "붕비"가 누구를 염두에 두고 가리킨
것인지 몰랐다. 최영경의 벗인 기대정(奇大鼎)은 학식은 없고 객기만 부렸는데,
영경은 깊이 그의 말을 믿었다. 성혼이 이이에게 말하기를,

"최효원(崔孝元)181)-최영경(崔永慶)- 이 올라오면 시사에 보탬이 되겠는가?"

하자, 이이가 웃으며 말하기를,

"지조 높은 한 사람의 기대정을 보태는 것에 불과할 것이다."

하였다.

○ **겨울**, 주상이 천재(天災)로 인하여 공경(公卿)에게 두루 묻고, 하교하여

---

181) 최효원(崔孝元) : 최영경(崔永慶, 1529~1590)을 이르며, 효원은 그의 자이다.

이르기를,

"근일 조정의 불화를 말하는 이가 많은데, 조정이 불화하니 어찌 천재(天災)를 부르지 않겠는가?"

하고는 박순을 돌아보며 이르기를,

"이것은 대신의 책임이다. 신하된 자로서 감히 붕비를 짓는다면 비록 유방찬극(流放竄殛)의 형벌[182]을 가한다 해도 괜찮을 것이다. 누가 붕비를 짓고 있는가?"

하였다. 호조판서 이이가 나아가 아뢰기를,

"사자(士子)가 유유상종을 면치 못하므로, 간혹 식견(識見)의 차이로 인해서 의심하고 멀리하는 것을 면치 못하는 일은 있지만 어찌 사사로이 붕비를 짓기에 이르겠습니까? 갑작스레 위엄과 노여움을 보이실 일은 아닙니다."

하였다.

---

182) 유방찬극(流放竄殛)의 형벌 : 순(舜) 임금이 사흉(四凶)에게 시행한 형벌을 가리킨다. 유(流)는 멀리 귀양 보내는 것, 방(放)은 일정한 곳에 두고 다른 곳으로 못 가게 하는 것, 찬(竄)은 몰아내서 금고(禁錮)하는 것, 극(殛)은 가두어서 곤궁하게 하는 것으로, 죄의 경중에 따라 법을 달리하였다. 《書經 虞書 舜典》

황극편(皇極編) 권2
동(東)·서(西)

계미년(1583, 선조16) 봄, 병조판서 이이가 상소하였는데, 그 대략의 내용은 다음과 같다.

"동·서가 나뉜 뒤로부터 자기와 뜻이 같은 사람만 좋아하고 자기와 뜻이 다른 사람은 싫어하여 말을 꾸미고 일을 내는 것을 면하지 못하니 서로 얽어 모함하는 일이 그치지 않고 있습니다. 논의를 주도하는 자들은 대부분 동인인데, 소견이 편벽되지 않을 수 없어서 때로는 어질고 어리석고를 불문하고 오직 동·서를 분간하는 것에만 힘을 써, 동인을 그르게 여기는 자는 억제하고 서인을 배척하는 자는 드러내어 이것으로 시론(時論)을 정하는 지경에 이르렀습니다. 이에 처음 조정에 나온 경박하고 날카로운 자들이 앞다투어 부화뇌동하며 인재를 손상시키고 사습(士習)을 무너뜨리는데도 이를 막지 못하고 있습니다. 아! 동·서 두 글자가 본래 항간의 속된 말에서 나왔던 까닭에 신은 일찍이 그것이 터무니없다고 웃었는데, 어찌 오늘날 이렇듯 극심한 우환거리가 될 줄 생각이나 하였겠습니까?

신의 경우, 처음부터 사류에게 죄를 얻은 것은 아니었습니다. 저는 단지 양쪽을 조제(調劑)하여 국사를 함께하려 했을 뿐인데, 이를 알지 못하는 자들이 저를 가리켜 서인을 옹호하고 동인을 억제한다고 오인하는 바람에 점차 의심을 품어 온갖 비방이 잇따르게 되었으니, 진실로 물러가겠다 빌어야 마땅할 것입니다. 그러나 또 생각해보면, 실로 사류가 지나친 면이 있긴 해도 반드시 사심을 품고 일을 그르치려는 것이 아니라 식견(識見)의 차이에서 나온 것이 대부분입니다. 따라서 하루아침에 대오각성 한다면 모두 쓸 만한 재주가 있으며, 그 가운데 한두 사람 정도는 신의 본심을 알아주는 사람도 있으므로 신이 마지못해 머뭇거리며 반드시 함께 협력하여 국정에 힘쓰는 경지로 나아가려고 하였습니다.

　그런데 근래 말씀 올린 자가 간혹 조정 신료들을 편당한다고 배척하여, 전하께서 드디어 신하들이 모두 붕당을 짓고 있다고 의심하고 있으니, 아마도 사림에게는 무궁한 폐해가 될 것입니다. 예로부터 소인은 진실로 붕당을 지어 왔고 군자도 또한 동류끼리 어울렸습니다. 따라서 간사함과 올바름을 불문하고 오로지 당을 짓는 것을 미워한다면 마음과 덕을 같이하는 선비들까지 조정에 용납될 수 없을 것입니다. 자고로 붕당을 미워하여 제거하려는 사람 치고 나라를 망하게 하지 않는 이가 없었으니, 동한(東漢) 당고(黨錮)의 변1)과 백마역(白馬驛) 청류(淸流)의 화2)를 경계하지 않을 수 있겠습니까? 성명(聖明)께서 위에 계시니 비록 사림의 화는 일어나지 않겠지만, 그래도 훗날의 화가 오늘 여기에서 싹트지 않으리라 어찌 장담하겠습니까? 남곤(南袞)3)·심정(沈貞)4)에게 어찌 종자가 따로 있겠습니까? 지금 하나같이 사림이

---

1) 동한(東漢) 당고(黨錮)의 변 : 본문의 동경(東京)은 동한의 서울 낙양(洛陽)을 이른다. 당고의 변은 동한 말엽 환제(桓帝) 때 환관(宦官)들이 정권을 장악하자, 진번(陳蕃)·이응(李膺) 등이 이를 바로잡고자 공박하였는데 환관들은 이들을 도리어 당인(黨人)이라고 지목하여 종신토록 금고(禁錮)한 사건을 가리킨다. 이후 영제(靈帝) 때 또다시 진번 등이 환관들을 제거하려다가 일이 사전에 누설되어 환관 조절(曹節)이 두무(竇武)·진번·이응 등 1백여 인을 죽이고 전국 학자 6-7백 인을 연좌시켜 처벌하였다. 《後漢書 黨錮列傳》

2) 백마역(白馬驛) 청류(淸流)의 화 : 당나라의 마지막 황제인 소선제(昭宣帝) 때 권신(權臣) 주전충(朱全忠)이 배추(裵樞) 등 조정의 선비 30여 명을 붕당으로 지목하여 백마역(白馬驛)에 모아서 하루저녁에 다 죽이고 그 시체를 황하(黃河)에 던져 버린 사건을 이른다. 이는 당초 주전충이 자신의 좌리(佐吏)였던 이진(李振)의 참언, 즉 "이 무리들은 스스로 청류라고 하니, 황하에 던져서 영원히 탁류가 되게 하는 것이 마땅합니다.[此輩自謂淸流, 宜投於黃河, 永爲濁流.]"라고 한 말을 따라 일으킨 참사였다. 《新唐書 卷140 裵樞列傳》 《舊五代史 卷18 梁書18 李振列傳》

3) 남곤(南袞) : 1471~1527. 본관은 의령(宜寧), 자는 사화(士華), 호는 지정(止亭)·지족당(知足堂)이다. 문장에 뛰어나고 글씨에도 능했으나 조광조 등 사림 세력이 대거 숙청된 기묘사화의 주동자로 지목되어 후대까지 사류의 지탄의 대상이 되었다.

하는 대로 맡겨두는 것도 진실로 불가하지만, 혹시라도 사류가 잘못이라며 공격한다면 더더욱 불가합니다.

엎드려 바라건대 널리 신하들을 불러 전하의 뜻을 분명하게 유시하시어, 서로의 감정을 깨끗이 풀어 없애고 갈등을 진정하고 화합하게 하여, 어리석은 고집을 부리는 자는 제재하고 억지 변명을 일삼는 자는 배척해서, 인심이 모두 옳다고 여기는 공정함으로 시비를 가려서 일시의 공론이 되게 한다면 사림에게는 매우 다행일 것입니다."

주상이 너그러운 비답을 내렸다.

○ **가을**, 종친 경안령(慶安令) 이요(李瑤)가 청대(請對)하여 조정이 안정되지 못하고 동서로 분당되어 정사가 여러 곳에서 나오고 있다고 힘주어 아뢰었다. 그리고 유성룡(柳成龍)·이발(李潑)·김효원(金孝元)·김응남(金應南)5)은 동인의 괴수로서 조정 일을 제멋대로 처리한 형적이 많으니, 제재를 가하라고 청하면서 시사를 극론하였다. 이에 양사에서, 이요가 근거 없는 말로 거짓을 아뢰어 일망타진할 조짐을 열려고 하였다고 논핵하자, 주상이 답하기를,

"이요가 아뢴 내용 또한 매우 일리가 있다. 내 비록 어리석으나 또한 전적으로 어두운 임금은 아니므로 진실로 죄줄 리가 없거늘 어찌하여 이런 말이 내 귀에 들려오는가?"

하였다.

---

4) 심정(沈貞) : 1471~1531. 본관은 풍산(豊山), 자는 정지(貞之), 호는 소요정(逍遙亭)이다. 중종반정에 가담하여 정국공신 3등에 녹훈되고 화천군(花川君)에 책봉되었다. 조광조 등 사림세력과 반목하였고 이후 남곤(南袞)과 함께 기묘사화의 주동자로 지목되었다.

5) 김응남(金應南) : 1546~1598. 본관은 원주, 자는 중숙(重叔), 호는 두암(斗巖)이다. 1568년 증광 문과에 급제하여 예문관·홍문관의 정자를 지낸 뒤, 사가독서(賜暇讀書)했다. 1583년 동부승지로 있다가 송응개·허봉·박근원 등이 병조판서 이이를 탄핵하다 도리어 선조의 노여움을 사 유배당할 때 그들과 일당이라는 혐의를 받고 제주 목사로 좌천되었다. 1594년 우의정, 다음 해 좌의정이 되어 영의정 유성룡과 함께 전쟁의 혼란한 정국을 수습하는 데 공을 세웠다.

○ 정철(鄭澈)을 특별히 예조판서에 제수하였다. 집의 홍여순(洪汝諄) 등이 정철은 술을 좋아하여 법도를 잃은 까닭에, 이전에 발탁하여 승진시킨 것도 오히려 사람들의 말이 많았는데 지금 또 갑자기 예조판서로 승차시키니 여론이 불편해 한다고 하면서 개정할 것을 청하였지만, 윤허하지 않았다.

○ 병조판서 이이가 조강(朝講)에 입시하여 아뢰기를,

"신이 생각하고 있는 바를 아뢰고자 하는데, 경연에서는 강학을 먼저 한 후에 아뢰는 것이 마땅하나, 전하께서 날이 저물도록 오랫동안 자리하고 계시니 지금 아뢰는 것은 온당치 않습니다. 청컨대 한가하실 때 불러주시면 모두 아뢰겠습니다."

하자, 주상이 허락하였다. 사간 권극지(權克智), 장령 황섬(黃暹)6) 등이 아뢰기를,

"이이가 진달할 일이 있으면, 응당 경연에서 아뢰어야 할 것입니다. 조강 때 사람이 많아서 조용하지 못하면 주강(晝講)이나 야강(夜講) 때 아뢰어도 불가할 것이 없습니다. 그런데 지금 만약 시도 때도 없이 청대하면 훗날 폐단이 있을 것인데도 신들이 미처 그 잘못을 바로잡지 못하였으니, 체직을 청합니다."

하자, 주상이 답하기를,

"군신의 사이를 가로막으려 하다니 그대들의 심술을 알 수 있다."

하고 물러가 기다리게 하였다. 사간원에서 이들의 출사를 청하자, 주상이 이르기를,

---

6) 황섬(黃暹) : 1544~1616. 본관은 창원(昌原), 자는 경명(景明), 호는 식암(息庵)·돈암(遯庵)으로서, 시호는 정익(貞翼)이고, 정탁(鄭琢) 문인이다. 1570년 식년 문과에 급제, 사간·집의·도승지 등을 역임하고 성주목사가 되었다. 1592년 임진왜란 때에는 병조참지로서 대가(大駕)를 호종(扈從)하고, 뒤에 다시 도승지 등을 역임하였으며, 호조·이조·예조의 참판을 거쳐, 대사헌·지제교 등을 지냈다. 광해군 즉위 후 관직에서 물러나 한가로이 지내면서 후진교육으로 여생을 보냈다. 이조판서에 추증되고, 1714년 풍기 우곡서원(愚谷書院)에 제향되었다. 저서로는 《식암집》이 있다.

"이 사람들은 체직시키는 것이 옳으니, 나오게 해서는 안 된다."
하였다.

○ 여름에 북쪽 변방에 경보(警報)가 있어 이이의 말에 따라서 서얼을 허통시켜 곡식을 바치면 과거에 응시하게 하고, 사노비도 모두 공노비처럼 대우하였으며, 또 사수(射手)를 선발하여 북방으로 보내 오랑캐를 막게 하였다. 이이가 동료들에게 의논하여 말하기를,

"이전부터 수자리 가는 병사들이 말이 없어서 도보로 가면 길가에서 말을 약탈하는 폐단이 있었다. 이번에 선발한 병사 중 1등급 장정은 변방을 방어하기에 충분하지만, 2·3등급은 노약자라 가기 어려우니, 말을 바치면 행역(行役)을 면제해주겠다고 하여 모집하고, 그 말을 행역하는 이들에게 지급하면 공사(公私)에 모두 좋을 것이다."

하니, 의논하는 자들이 모두 옳게 여겼다. 그런데 군사를 출발시킬 시일이 임박하였으므로, 이이가 한편으로는 아뢰고 한편으로는 영을 내렸다.

마침 주상이 변방의 일을 의논하고자 병조판서를 부르라 명하였다. 이이가 평소 현기증이 있었는데, 과로로 증세가 더 악화된 상태에서 병을 무릅쓰고 명을 좇아 입궐하였다가 병세가 심하여 인사불성이 되었으므로 내병조(內兵曹)에 들어가 누웠다. 주상이 내의(內醫)를 보내 간병하게 하고, 이이에게 물러가 병을 조리하라 하였다. 이에 집의 홍여순(洪汝諄), 장령 이징(李徵), 지평 이경률(李景嵂)[7]·조인후(趙仁後), 대사간 송응개(宋應漑), 헌납 유영경(柳永慶),[8] 정언 정숙남(鄭淑男) 등이 아뢰기를,

---

7) 이경률(李景嵂) : 1537~?. 본관은 전주(全州), 자는 숙첨(叔瞻)이다. 홍인우(洪仁祐)의 사위이다. 1573년 알성 문과에 급제하여, 1583년 사헌부에 재직하던 중 이이가 국가의 권병(權柄)을 독차지하고 교만하여 임금을 업신여긴다는 이유를 들어 공격하였다. 여기에 송응개·허봉·박근원 등이 동조함으로써 이이에 대한 정치적 공격이 본격화하였다. 삼사를 장악한 동인이 이이를 서인으로 지목하고 그에 대한 공세를 강화하였던 당시 이경률이 그 포문을 열었으며, 이 때문에 서인 유생(儒生) 박제(朴濟)의 상소에서 '터무니없고 망령되며 어리석고 흉악하다[誕妄頑凶]'고 비난받았다.

"군정(軍政)은 나라의 중대한 일인데, 이이는 먼저 시행하고 뒤에 아뢰었습니다. 또 부름을 받고 입궐하면서, 내병조까지만 오고 끝내 입시하지 않았습니다. 그가 권력을 마음대로 휘두르며 오만방자하게 임금을 업신여긴[專擅權柄, 驕蹇慢上] 죄가 크오니, 파직하소서."

하였으나 주상이 윤허하지 않자, 여러 날을 연이어 논계하다가 비로소 정계(停啓)하였다.

주상이 특명으로 직무에 나오라고 하자 이이가 소를 올려 대죄(待罪)하며 힘껏 사직하기를 여섯 차례에 이르렀으나 상이 모두 좋은 말로 비답을 내려 허락하지 않았다. 삼공이 입궐하여, 일이 많은 때에 이이가 사직하는 것은 불가하니 돈독히 타일러 출사하게 하라고 청하였다. 이이가 어쩔 수 없이 예궐하여 아뢰기를,

"대간이 이미 '권력을 마음대로 휘두르며[專擅]' '오만방자하다[驕蹇]'는 것으로 신의 죄목을 삼았으니, 이는 곧 큰 죄입니다. 대신이 신의 출사를 촉구하면서도 오히려 감히 신에 대한 대간의 탄핵이 지나치다고는 하지 않았으니, 신의 죄는 이에 이르러 더욱 증명되었습니다. 전하께서만 홀로 신이 죄가 없다 여기시지만 신의 죄를 변별하지 않은 채 늘 공론에 대해서 '여러 사람이 떠들어대는 소리[衆咻]'나 '비방'이라고 하시니, 신은 진실로 감히 따르기 어렵거니와 말씀을 듣는 대간 또한 어찌 마음이 편하겠습니까? 엎드려 바라건대,

---

8) 유영경(柳永慶) : 1550~1608. 본관은 전주(全州), 자는 선여(善餘), 호는 춘호(春湖)이다. 1572년 춘당대 문과(春塘臺文科)에 급제해 정언 등 청요직(淸要職)을 역임하였다. 유성룡과 함께 동인에 속했으며, 동인이 다시 남인·북인으로 갈라지자 이발과 함께 북인에 가담하였다. 1599년 대사헌으로 있을 때에 남이공·김신국 등이 같은 북인인 홍여순을 탄핵하면서 대북·소북으로 갈리자, 유희분(柳希奮) 등과 함께 남이공 당의 영수가 되었다. 1604년 호성공신(扈聖功臣) 2등에 책록되고, 전양부원군(全陽府院君)에 봉해진 뒤 선조에게 존호를 올리고 윤승훈의 뒤를 이어 영의정에 올랐다. 선조 말년에 왕의 뜻을 따라 광해군 대신 영창대군을 옹립하려 하였다. 1608년 선조가 죽기 전에 영창대군을 부탁한 유교칠신(遺敎七臣)의 한 사람이었다. 광해군이 즉위하자 대북 이이첨·정인홍의 탄핵을 받고, 경흥에 유배되었다가 사사(賜死)되었다. 유생 명단인 청금록(靑衿錄)에서 이름이 삭제되었다. 1623년 인조반정으로 관작이 복구되었다.

성명(聖明)께서 신의 죄를 들어 좌우의 신하들과 대신들에게 널리 물어서 죄의 경중을 헤아려 용서할 만하다 하면 신은 비록 편치 않더라도 응당 힘써 따르겠지만, 만약 실제 죄를 지었다 한다면 유방찬극(流放竄殛)의 형벌이라 해도 신은 달게 받을 것입니다."

하였다. 주상이

"대간의 말은 본래부터 실상에 어긋나니 다시 개의치 말라."

고 답하니, 지평 이경률이 아뢰기를,

"지금 병조판서 이이의 계사(啓辭)를 보니, 지난 번 사헌부에서 논핵한 내용 중 여덟 자9)를 뽑아내어, 대신이 그 탄핵한 내용의 지나침을 허물하지 않았다 하고, 심지어 '널리 물어서' '죄의 경중을 헤아려 달라'고 청하기까지 하였습니다. 여회(呂誨)의 선견지명10)에 대해서도 의심하는 자들이 많았으니, 당개(唐介)가 거침없이 들추어낸 죄11)를 신이 실로 감당하겠습니다. 체직시켜 주소서."

하였다. 집의 홍여순이 아뢰기를,

"사헌부에서 병조판서를 논핵하여 아뢴 내용 중, '권력을 마음대로 휘두르

---

9) 사헌부에서 …… 자 : 이이가 지병인 현기증으로 임금의 부름에 응하지 못하고 내병조에 머무르자, 집의 홍여순(洪汝諄) 등이 '이이가 권력을 마음대로 휘두르며 오만방자하게 임금을 업신여긴[專擅權柄, 驕蹇慢上] 죄가 크다'고 논핵한 내용을 이른다.

10) 여회(呂誨)의 선견지명 : 북송(北宋)의 왕안석(王安石, 1021~1086)이 참정(參政)이 되었을 때, 온 조정이 그를 어질다고 하였는데 여회(呂誨, 1014~1071)만이 홀로 "왕안석이 반드시 천하를 어지럽히고야 말 것이다." 하며 탄핵하려 하니 사마광이 믿지 않고 여회를 말렸다. 이후 왕안석이 희령(熙寧) 연간 신법(新法)을 실시하는 과정에서 사마광을 비롯한 정이(程頤)·소식(蘇軾) 등 구법파 관료들과 심각한 갈등을 빚었는데, 사마광이 예전 여회의 말을 떠올리며 그의 선견지명에 감탄하였다 한다. 《宋史 卷321 呂誨列傳》《宋史 卷336 司馬光列傳》

11) 당개(唐介)의 …… 죄 : 당개(1010~1069)는 북송(北宋) 인종(仁宗) 때 이름을 떨쳤던 직신(直臣)으로서, 자는 자방(子方)이며 강릉(江陵) 출신이다. 그는 전중시어사(殿中侍御史)로 있으며 당시 재상인 문언박(文彦博)과 간관 오규(吳奎)를 탄핵하였고, 그 자신도 이 일로 인해 영주(英州)로 유배되었다. 그의 이러한 처사는 알직(訐直), 즉 남의 허물을 거침없이 들추어내는 것으로 자신의 강직함을 보였다는 평을 들었다. 《宋史 卷316 唐介列傳》

며' '오만방자하게 임금을 업신여겼다'는 말은 비록 성상소(城上所)12)에서
아뢴 말이긴 하나 대간의 언사(言事)는 차라리 과격한 잘못을 저지를지언정
무기력하고 우유부단한 습성을 기르는 것은 불가하다는 신들의 뜻에서 나온
것이니, 그 잘못이 지평 이경률과 다르지 않습니다."

하자, 주상이 모두 사직하지 말라고 답하였다. 장령 성영(成泳)은 대간의
말이 차라리 과격한 잘못을 저지르겠다는 경우에 해당한다면서 모두 출사시
키라고 청하였다. 장령 이징(李徵)이 아뢰기를,

"송나라 왕안석(王安石)이 요순군민(堯舜君民)13)을 자신의 임무로 삼아서
당시 사대부들에게 그 명망이 높았고 신종(神宗)도 그를 의지하여 중히 여겼습
니다. 그런데도 어사중승(御史中丞) 여회(呂誨)는 논박하기를 그치지 않았는데,
이때 왕안석이 자신의 죄에 대한 경중을 헤아려 스스로를 변명하려 했다는
말은 들어보지 못하였습니다.

지금 이이는 나라를 근심하고 백성을 사랑하는 마음으로 폐정(弊政)을
혁파하고자 하나, 이를 구상하고 시행하는 사이에 그 행동에 실책이 있으면
논하지 않을 수 없는 것입니다. 전하께서 이전에는 '어찌 족히 헤아릴 것이
있겠는가? 하시고, 뒤에는 '족히 변별할 것도 못 된다'고 하교하셨는데, 이이는
8자를 끄집어내어 시비를 따지려 하니, 그 공론을 멸시하고 대간을 무시하는

---

12) 성상소(城上所) : 조선시대 대궐 문 위에 설치하여 사헌부·사간원의 하위 관원이 공사(公
　　事)를 출납하던 곳, 또는 그곳에서 근무하던 관원을 이른다. 성상소는 사헌부와 사간원의
　　상소를 받아 왕에게 올렸으며, 궁궐에 출입하는 관원을 감시하고 그 내용을 보고하는
　　등 관원에 대한 일반적인 감찰 등의 일을 수행하였다.
13) 요순군민(堯舜君民) : 자기 당대의 임금을 요순과 같은 성군(聖君)으로 만들고 자기 당대
　　의 백성을 요순 시대의 백성과 같이 만든다는 뜻이다. 이윤(伊尹)이 은(殷)나라 탕(湯)의
　　초빙을 받고 "내 어찌 농사지으며 이대로 요순의 도를 즐기는 것만 하겠는가." 하고
　　가지 않았는데, 탕이 세 번이나 사람을 보내 초빙하자 이윽고 생각을 바꾸어 말하기를
　　"내가 초야에 묻혀 이대로 요순의 도를 즐기는 것보다 내 차라리 이 임금을 요순과
　　같은 임금으로 만들고, 이 백성을 요순의 백성으로 만들며, 내 자신이 직접 그러한
　　치세(治世)를 보는 편이 낫지 않겠는가?"라고 하며 마음을 돌렸던 데서 나온 말이다.
　　《孟子 萬章上》

것이 어떠합니까? 당초 논계할 때 신도 의논에 참여하였으니, 그 잘못은 동료들과 차이가 없습니다."

하였다. 대사간 송응개(宋應漑) 등이 함께 인피(引避)하자 정언 이주(李澍)[14]가 모두 출사하게 하라고 청하였다. 송응개 등이 또 아뢰기를,

"병조판서 이이는 갑자기 숭반(崇班)에 올라 나라의 중한 책임을 맡았으니 응당 조심하고 삼가며 진심으로 직무에 임했어야 맞습니다. 그런데 말을 바치면 부방(赴防)을 면제해주는 것은 그 일이 군정에 관계되는데도 아뢰지 않고 제멋대로 시행하였고, 잘못임을 깨달은 후에도 예사롭게 황공하다 칭할 뿐이었습니다. 변방의 급보가 이르러 병조판서를 부르라는 명이 내렸는데도 시종일관 병을 핑계 대며 끝까지 명을 받들지 않았으니, 그가 범한 행적은 권력을 마음대로 휘두르고 임금을 업신여긴 죄가 뚜렷하였으므로, 대간의 논핵이 그치지 않았던 것입니다.

따라서 이이로서는 스스로를 반성하기에 겨를이 없어야 할 것인데 마음속에 분노를 품고 여러 날에 걸쳐 상소하여, 그 어조가 불평으로 가득 차서 기필코 대간의 논핵을 허위와 날조로 돌리고자 하였으며 심지어는 대신이 대간을 논척하지 않은 것을 두고 잘못이라고까지 하였습니다. 또 자기 죄의 경중을 헤아리고자 하여 마치 승부를 결판내려는 듯하였으니, 이는 말한 자를 배척하여 자기의 뜻을 제멋대로 시행하려는 것입니다.

대간의 귀에 거슬리는 말은 인주도 오히려 용납해야 하는데, 인신의 반열에 있는 몸으로 자신의 과오를 듣기 싫어하고, 말하는 사람을 제어하여 입을 열 수 없도록 만들었으니 대간의 공론을 멸시한 것이 심합니다. 청컨대 파직하소서."

---

14) 이주(李澍) : 1534~1584. 본관은 연안(延安), 자는 언림(彦霖), 호는 분봉(盆峯)이다. 1573년 알성 문과에 급제하여 동방(同榜)에 급제한 이발(李潑)·김수(金睟) 등과 함께 권지정자(權知正字)에 제수되었고, 1583년 사간원 정언에 이르렀다. 조정의 공론이 동인·서인으로 갈라지자, 동인의 입장에서 홍여순·유영경 등과 더불어 이이·성혼을 논박하는 데 앞장섰다. 1584년 가산군수에 보임되었다.

하였다. 대사헌 이기(李墍) 등이 아뢴 말도 같았는데, 이에 더하여 대신이 입궐하여 돈독히 면려하게 하였는데도 이이가 오히려 뜻을 굽히지 않고 추고(推考)를 받는 와중에 감히 사직을 청한 것을 죄목으로 추가하여 아뢰니, 주상이 모두 윤허하지 않았다.

부제학 권덕여(權德輿)-전한 허봉(許篈), 수찬 홍적(洪迪)[15]·한효순(韓孝純)- 등이 다음과 같이 아뢰었다.

"병조판서 이이는 성명(聖明)의 치세를 만나 일거에 숭반에 올랐음에도 불구하고 충심을 다할 것은 생각하지 않고 집요하게 자기 고집을 부린 까닭에 도모하는 일마다 인심에 어긋났으니, 공론이 격발되는 것을 어찌 그칠 수 있겠습니까? 어전(御殿)이 지척인데도 납마(納馬)하는 영(令)[16]을 먼저 시행하고 뒤에 아뢰었으니, 이는 국가 권력을 제 멋대로 휘두른 것에 가깝습니다. 출입이 여전하여 고질병이 있다는 말을 들어본 일이 없는데, 임금의 명령에 오만방자하게도 내병조까지만 오고 승정원에는 나오지 않았으니, 이는 임금의 명령을 능멸한 것이므로 대간이 파직을 청한 것은 진실로 마땅하였던 것입니다.

따라서 이이는 응당 죄를 인책하며 허물을 반성하기에 여념이 없어야 했는데, 붓과 혀를 이리저리 놀려 공의(公議)와 힘껏 싸우며, 첫째는 '시론(時論)에 오랫동안 거슬렸다.' 하고, 둘째는 '좌우에 물으시라.' 하며, 기필코 대간에게 죄를 돌리고서야 그만두려 하였습니다. 이는 당세에 사람이 없다고 보고 대간을 손아귀에 넣고 희롱하는 것이니, 그가 공론을 멸시한 것이 어떠합니까? 이런 습성이 오래 가서 그치지 않으면, 그 폐단은 장차 온 세상 사람들이

---

15) 홍적(洪迪) : 1549~1591. 본관은 남양(南陽), 자는 태고(太古)·준도(遵道), 호는 양재(養齋)·하의자(荷衣子)로서, 판서 홍진(洪進)의 동생이고, 이황 문인이다. 1572년 별시 문과에 급제하여, 1580년 예조정랑, 교리·수찬을 지내고, 1583년 정언이 되었다. 이 해 양사(兩司)에서 이이를 탄핵하자, 이것을 반박하다가 장연현감으로 좌천되었다. 저서로는《하의집》·《하의시십(荷衣詩什)》이 있다.

16) 납마(納馬)하는 영(令) : 이이가 병조판서로 있으며 시행한, 말을 바치면 부방(赴防)을 면제해주는 정책을 이른다.

분주히 그의 명령만 듣고 그의 말만을 따라 거역하지 못하게 할 것입니다. 이는 곧 범수(范雎)가 말한 바, '위를 막고 아래를 가린다'[17]는 것에 거의 가까우니, 어찌 통탄하지 않겠습니까?

지금 말하는 사람들이 간혹 이이를 왕안석에 비유하는데, 안석의 문장과 절행(節行)이 어찌 이이와 비교가 되겠습니까? 그러나 안석의 교만함을 이이가 이미 가지고 있고, 안석이 임금을 압박했던 것을 이이가 이미 했으며, 안석이 비판하는 사람을 물리쳐 쫓았던 것을 이이 또한 이미 하였습니다. 전하께서는 어찌 통촉하지 않으시고 도리어 한 사람만을 두둔하시며 대간을 꺾어버리십니까? 훗날의 화가 이루 다 말할 수 없을 정도가 될까 두렵습니다.

애당초 이이의 오만방자함이 이와 같이 심할 줄 신들이 어찌 생각이나 했겠습니까? 생각이 한쪽으로 치우쳐 해가 되는 것이 점점 심해지다가 결국은 사람의 입을 틀어막고 온 나라를 몰아대며 못하는 짓이 없게 되었으니, 이이의 죄가 이에 더욱 크다 하겠습니다."

주상이 답하기를,

"너희들이 진달한 소장의 뜻은 잘 알겠다."

하였다. 이어 삼공에게 하교하기를,

"경들이 이이를 만류하여 계속 쓰라고 청하였으나 이이가 출사할 리 만무하고 병무(兵務)가 매우 긴요하니, 우선 체직시켜 그 마음을 편안케 하겠다. 나라의 존망이 위태로운 때, 조정은 혼란하고, 어진 자와 간사한 자가 분변되지 않으니 어떻게 나라를 다스릴 수 있겠는가? 마땅히 뒤따라서 처리해야 하니, 의정부로 하여금 의논하여 아뢰게 하라."

하였다. 이에 양사가 모두 전교의 말뜻이 편치 못하다며 인피(引避)하고

---

17) 범수(范雎)가 …… 가린다 : 범수는 전국시대 위(魏)나라의 중대부(中大夫)였는데, 참소를 입어 죽을 지경에 이르자 진(秦)나라로 망명하여 장록(張祿)으로 이름을 바꾸고 그곳에서 정승이 되었다. 당시 진나라의 집권자는 태후의 동생인 양후(穰侯)였는데, 본문의 말은 범수가 소왕(昭王)에게 양후가 권력을 남용한 죄를 탄핵하며 한 말이다. 《史記 卷79 范雎列傳》

물러가 기다렸다.

영의정 박순(朴淳), 좌의정 김귀영(金貴榮)이 모두 우선 병조판서를 체직시키는 것이 좋겠다 하였고, 정지연(鄭芝衍)은 임금이 평온한 마음으로 이 문제를 처리하여 이이의 아름다운 이름이 보전될 수 있는 여지를 마련해주어야 한다고 하였다. 이에 주상이 답하기를,

"병조판서는 속히 체직시키는 것이 좋겠다. 이이는 이미 나라를 그르친 소인[誤國小人]이 되고 말았는데, 어찌 아름다운 이름이 있을 수 있겠는가? 우의정은 어찌 이리도 우활한가? 그 마음 속 생각을 내 정말 헤아리지 못하겠다."

하였다. 또 하교하기를,

"병조판서 이이가 말한 것 때문에 대간이 서로 격해졌고, 홍문관의 차자에서는 이이를 나라를 그르친 소인에 비유하기에 이르렀는데, 이것은 우연하게 일어난 일이 아니다. 대개 이이가 신진(新進)의 선비들을 억제하였던 것은 그들이 시속을 좇아 당(黨)에 영합하는 것을 미워하였기 때문으로, 누차에 걸쳐 논핵하여 미움을 받아온 지 오래되었다. 그러던 차에 마침내 이이의 실수가 있게 되자 이때를 놓칠세라 틈을 타서 기필코 이이를 논핵하여 제거하려 한 것이다.

무릇 공경대부들 중에 임금의 부름을 받고도 오지 않은 자들이 많았지만 그들이 임금을 업신여겼다는 죄를 받았다는 말은 들어보지 못하였는데, 어찌하여 대간의 말은 유독 이이에 대해서만 직절(直截)하단 말인가? 권력을 제멋대로 휘두르고 임금을 업신여기는 것은 신하로서는 극죄(極罪)에 해당한다. 임금은 소민(小民)에 대해서도 실정에 벗어난 죄를 가벼이 가할 수 없는데, 하물며 재상이겠는가? 이미 '권력을 제멋대로 휘두르고' '임금을 업신여겼다'고 하였으면, 어찌하여 해당 기관에서 왕법(王法)을 조율하게 하라 청하지 않고 감히 파직을 청하는데 그쳐, 마치 을사년(1545, 명종 즉위년) 권간이 반역으로 지목하고서도 단지 체직시키는 것으로 죄를 준 것과 같이 하는가? 이 때문에 이이가 수치심을 품고 삼가며 누차 사직을 청하기를 그치지 않고

있는 것이다.

그 사직 상소에서 나온 말이 과연 자기를 변명한 것이기는 하지만, 이 어찌 언관에 대하여 분노에 차 이기려는 마음이 있어서 그러하였겠는가? 대간이 소중한 것은 공론을 담당하기 때문인데, 대간이 남몰래 자기의 사사로움을 이루고자 남을 무함하는 계책을 일삼는다면 대간의 도리는 어디에 있겠는가? 경들이 이이를 일러 나라를 그르친 소인이라고 하였으니 응당 그 죄를 분명히 밝혀 물리쳐야 할 것이다. 그렇게 하지 않는다면 그를 공격하는 자가 소인이니, 경들은 그 죄를 밝히는데 어물어물 모호하게 해서는 안 될 것이다."

하였다.

권덕여 등이 스스로 불안해하며 의리를 들어 체직을 청하자, 주상이 답하기를, "사직하지 말라. 이이는 이미 소인이 되었다. 그런데 권덕여나 황섬(黃暹) 등은 항상 이이가 충직하다고 칭찬하였었는데, 소인을 찬양한 자들은 어떠한 사람이 되는 것인지 모르겠다. 황섬이야 변변치 못하니 진실로 책망할 것도 없지만, 권덕여는 연로한 사람으로서 신진에게 영합하였으니 수치스럽지 않을 수 있겠는가? 지금에 와 이이를 소인으로 지목하는 것은 전후가 번복된 처사가 아닌가? 서얼을 허통하는 일은 김첨(金瞻)이 이전에 경연에서 아뢰었으니, 만약 성헌(成憲)을 변란시켰다고 죄를 묻는다면 김첨이 주모자인데, 어찌하여 김첨에게 적용해야 할 죄를 이이에게 적용하여 논한단 말인가?"

하였다.

장령 윤승길(尹承吉)[18]이 또 이이의 죄를 논하고, 이어서 삼사를 박대했다는 이유로 체직을 청하였다. 도승지 박근원(朴謹元)-우승지 김제갑(金悌甲),[19] 우부승

---

18) 윤승길(尹承吉) : 1540~1616. 본관은 해평(海平), 자는 자일(子一), 호는 남악(南岳), 시호는 숙간(肅簡)이다. 1564년 식년문과에 급제하여 청요직을 두루 역임하였다. 임진왜란 때 구성부사로 있으면서 군량미 조달과 군인모집 등에 공을 세우고, 평안도관찰사를 거쳐 1600년 형조판서가 되었으며, 이해 딸이 선조의 일곱째 아들 인성군 이공(仁城君 李珙)과 결혼하였다. 뒤에 해선군(海善君)에 봉하여졌고, 영의정에 추증되었다.

지 이원익(李元翼),20) 동부승지 성락(成洛)- 등이 아뢰기를,

"대신들이 올린 의견은 분명 깊은 우려와 원대한 생각에서 나온 것이고, 홍문관에서 올린 차자 또한 사람들의 공론에서 나온 것인데, 전하께서 받아들이지 않으실 뿐만 아니라 제압하여 억누르려는 뜻을 뚜렷하게 보이시니, 이는 실로 평소에 전하께 바라던 바가 아닙니다. 지금 권덕여 등이 스스로 주벌이 있을 것이라 생각하여 물러가 대죄(待罪)하는 바람에 상번(上番)과 하번(下番)에 궐원(闕員)이 생겼다고 하는데, 양사가 물러가 물론을 기다리고 있어 아직도 처치가 안 되고 있으니 심히 온당치 못합니다. 청컨대 권덕여 등을 불러 출사하게 하소서."

하자, 주상이 답하기를,

"권덕여 등 3인은 내가 하문할 일이 있다. 그 밖의 사람들은 불러 출사하게 하라."

하였다. 홍문관이 처치하여 양사를 출사하게 하라 청하고, 연이어 이이의 일을 아뢰었다.

○ **가을**, 호군(護軍) 성혼(成渾)이 상소하였는데, 그 대략의 내용은 다음과 같다.

---

19) 김제갑(金悌甲) : 1525~1592. 본관은 안동(安東), 자는 순초(順初), 호는 의재(毅齋)이고, 시호는 문숙(文肅)이다. 이황 문인이다. 1553년 별시 문과에 급제, 홍문관의 정자(正字), 병조좌랑, 정언(正言)을 거쳐, 1583년 우승지로 있으면서 도승지 박근원 등과 함께 이이·박순을 탄핵하다가 벼슬에서 물러났다. 임진왜란 당시 아들 김시백(金時伯)과 함께 순절하였다.

20) 이원익(李元翼) : 1547~1634. 본관은 전주(全州), 자는 공려(公勵), 호는 오리(梧里), 시호는 문충(文忠)이다. 1569년 별시 문과에 급제하여 청요직을 두루 역임하였다. 1583년 우부승지로 있다가 파면되어 5년간 야인으로 지냈다. 임진왜란이 발발하자 이조판서로서 평안도도순찰사의 직무를 띠고 먼저 평안도로 갔다. 1595년 우의정 겸 4도체찰사로 임명되었고, 선조 말년에 영의정에 올랐다. 광해군 때 폐모론에 반대하다가 홍천으로 유배되었으며, 뒤에 여주로 이배되었다. 1623년 인조반정 직후 다시 영의정이 되었다. 인조의 묘정(廟庭)에 배향되었고, 충현서원(忠賢書院)에 제향되었다.

"지난번 삼사가 전 병조판서 이이를 탄핵하면서 군주를 무시하고 나라를 그르친다는 죄목을 가하여 그로 하여금 용납될 곳이 없어 떠나가게 하였으니, 정사와 형벌의 잘못이 이보다 큰 것이 없습니다. 이이의 사람됨을 보건대 군주를 사랑하고 나라를 걱정하는 마음이 지극한 정성에서 나왔으나, 뜻이 크고 넓다 보니 미세한 일에는 소홀하며 자신감이 넘치다 보니 시속(時俗)을 따르지 않아, 그를 좋아하는 자는 적고 미워하는 자는 많습니다. 시론과 맞지 않자 사람들의 꺼림을 받게 되었고, 또한 정철을 천거한 일로 더욱 사람들의 뜻에 부합하지 못하게 되었습니다.

말을 바치는 사람에게 부방을 면제해준 일은, 이이가 일찍이 을묘년(1555, 명종10) 왜변(倭變)[21] 때 전투에 나가는 군사가 도성 안에서 말을 약탈하는 것을 보고 화란의 조짐이 될까 깊이 우려하였습니다. 처음에는 전하께 계청하려 하였으나 말을 바치는 자가 있을지의 여부를 알 수 없었으므로 감히 청하지 못하였다가, 이윽고 말이 모이고 군사의 출발이 임박해지자 즉시 말을 지급하고 곧바로 아뢰었던 것입니다. 경솔했던 실책은 진실로 이이의 죄이나, 그를 두고 '권력을 제멋대로 휘둘렀다.'고 말한 것은 잘못이며, 승정원에 나아가지 못한 것은 현기증이 심하게 일어났기 때문일 뿐이므로 그를 일러 '오만방자하다.' 한 것은 잘못입니다.

대신은 이이의 출사를 청하면서도 감히 대간의 말이 정도에 지나치다고 말하지 못하였습니다. 아! 대간의 과격한 말은 그 잘못이 작고, 이이가 군주를

___

21) 을묘년 왜변(倭變) : 1555년(명종10) 을묘왜변(乙卯倭變)을 이른다. 조선의 세견선(歲遣船) 통제에 대하여 불만을 품고 있던 왜구들이 1555년(명종10) 전라남도 연안 지방을 습격하여 영암(靈岩)의 달량성(達梁城)을 포위하고 진도(珍島)의 보루를 불태운 후 장흥·영암·강진 일대를 횡행하면서 약탈을 자행하였다. 이를 막던 전라 병사 원적(元積)과 장흥 부사 한온(韓蘊) 등이 전사하고 영암 군수 이덕견(李德堅)이 사로잡히자 조정에서는 호조판서 이준경(李浚慶)을 도순찰사, 김경석(金慶錫)·남치훈(南致勳)을 방어사로 삼아 왜구를 토벌하게 하였다. 영암에서 적을 크게 무찌르자 왜구들이 물러갔고, 이후 대마도주는 을묘왜변에 가담한 왜구들의 목을 베어 보내며 사죄하고 세견선의 부활을 거듭 요청하였으므로 조선에서는 세견선 5척을 허락하는 것으로 마무리하였다.

무시했다는 죄는 그 악이 큽니다. 작은 잘못을 비호하고자 큰 죄를 씻어주지 않는 것은 들어오기를 바란다면서 그 문을 닫아거는 것과 같습니다. 이이가 감히 쉽게 출사하지 못하는 것은 바로 공론을 두려워하고 대간을 중히 여겼기 때문인데, 도리어 대간을 얕보고 공론을 멸시했다고 하니, 또한 이상하지 않습니까? 이이가 참으로 소인이라면 응당 그 심술(心術)을 직접 공격해야 마땅하지, 어찌 한번 잘못한 것을 가지고 각박한 조문으로 다그치고 준엄한 법으로 무함한단 말입니까? 그 속내와 의도가 겉으로 드러나 사람들이 꿰뚫어 보고 있으니, 또한 수치스러운 일이 아니겠습니까?

　비록 그러하나 지금의 대론(臺論)은 부화뇌동하는 자들이 때를 틈타 미워하고 시기하며 이이를 제거하려는 것에 불과한데, 여기에 묵은 원한을 품은 자들이 이를 기화로 삼아 이 지경에 이르렀을 뿐입니다. 전하께서 대신에게 물으셨으나 대신은 대간의 기염을 두려워하여 한 마디 변별의 말도 하려 하지 않았다는 말을 듣고 신은 지극히 애통하였습니다. 충성스러운 신하와 의로운 선비가 응당 소매를 떨치며 일어나야 할 일인데, 하물며 신은 부름을 받고 와 오히려 말할 수 있는 처지에 있는 데이겠습니까? 지금 대간을 두고 그들의 잘못에 대해 지적하여 논의할 수 없다고 한다면 저 장상영(張商英)이 사마광(司馬光)을 공격한 것이나 윤색(尹穡)이 장준(張浚)을 공격한 것[22]도 장차 언로가 막힐까 염려하여 잘못이라고 말할 수 없단 말입니까?

　한 사람이 이이에 대한 공격을 주창하자 온 조정이 휩쓸려 들어가 감히 그 사이에서 공평함을 유지하지 못하니, 일찍이 성명의 치세에 이러한 일이 있을 것이라 생각이나 했겠습니까? 전하께서 이미 이이에게 다른 뜻이 없음을

22) 장상영(張商英)이 …… 것 : 두 경우 모두 언관(言官)으로서 부당한 논핵을 했음을 말한다. 장상영은 송 철종(哲宗) 때 당시의 대신들이 자기를 써주지 않는다 하여 사마광(司馬光)·여공저(呂公著)·유지(劉摯) 등에 대해 붕당을 끌어들여 감히 남을 헐뜯는다는 내용으로 탄핵하는 상소를 올렸다. 윤색(尹穡)은 송 효종(孝宗) 당시 금인(金人)의 침공을 받았을 때 우정언(右正言)으로서 형편상 적과 강화(講和)해야 한다고 주장했는데, 자기의 주장을 관철하기 위하여 반대파인 장준(張浚)에 대해 권력을 제멋대로 휘두르며 발호한다고 논핵하다가 파직되었다. 《宋史 卷351, 卷372》

아시고, 또 말하는 자들이 참소하고 미워하는 것을 아시면서도 양측을 모두
불문(不問)에 부치신다면 장차 어떻게 중외(中外)의 의혹을 풀 수 있겠습니까?"

주상이 답하기를,

"그대의 상소를 보니 충의로운 분노가 격렬하여, 만약 간사한 무리들로
하여금 듣게 한다면 그들의 간담을 서늘하게 하기에 충분할 것이다."

하고, 이어 영의정과 좌의정에게 하교하기를,

"지금 성혼의 상소를 보건대, 대신으로서 임금을 섬기는 도리가 진실로
이와 같아도 되는가? 애당초 이이를 배척한 것이 누구의 소행이며, 그 간악한
붕당의 무리란 누구를 말함인가? 명확하게 가려내어 아뢰고, 다시는 우물쭈물
한 태도로 나라에 수치를 끼치지 말라."

하였다. 이에 영의정 박순과 좌의정 김귀영이 청대하자, 주상이 즉시 인견하
였다. 박순이 말하기를,

"이이가 나라를 근심하고 자신을 돌보지 않았던 것은 오로지 진심에서
나온 것이고 다른 마음은 없었으며, 근래 그와 함께 비변사에서 일을 하며
그의 재주가 크다는 것을 더욱 잘 알게 되었습니다. 송응개와 허봉은 모두
이이와 혐의가 있어 드러나게 틈이 벌어진 까닭에 이와 같은 논핵을 한
것이니 살피지 않을 수 없습니다."

하였다. 김귀영이 말하기를,

"신은 이이가 어떤 사람인지 알지 못합니다."

하자, 주상이 억지로 다시 물으니 대답하기를,

"사람을 알기는 진실로 어렵습니다. 이이의 심술에 대해 신은 정확히
알지 못합니다만 그를 경솔히 소인으로 지목해서도 안 되고 또 감히 군자라고
추켜세워서도 안 됩니다. 성혼의 상소는 언론의 출처를 찾아내어 죄를 주자는
것인데, 그리한다면 비록 권간이 권력을 농단하더라도 말할 수 있는 사람이
없을 것이니 성혼 또한 후세의 비판을 받을 것입니다. 근래 동서(東西)의
설이 조금 잠잠해졌는데 이이가 사직하자 또 분분해졌고 성혼의 상소로

인해 재차 다시 분분해졌으니 이는 화란의 조짐입니다."

하였다. 주상이 이르기를, "좋다."하고, 이어 승정원에 하교하기를,

"좌의정 김귀영이 갑은 옳고 을은 그르다라고 말하기를 꺼려하여 감히 아첨하려는 태도를 취하고 있으니, 어찌 만인이 우러르는 재상의 지위에 있을 수 있겠는가?"

하자, 도승지 박근원 등이 아뢰기를,

"김귀영은 사람에게 다른 뜻이 없으므로 죄를 물을 수 없다는 것을 마음으로 알고 있었던 까닭에 극력으로 구제하고 해명하여 성상께서 알아주시기를 기대한 것입니다. 말은 비록 명쾌하지 않았으나 그의 뜻은 알 수 있었습니다. 근자에 전하께서 위엄을 떨치시어 사류의 처지가 외롭고 위태로워졌으니, 귀영이 만약 아첨하려는 마음을 먹었다면 전하의 뜻을 따르기에 여념이 없지 사류에게 아첨하겠습니까?

또한 삼사의 공론은 국가의 원기(元氣)입니다. 성혼의 상소에서 '원한을 품었다'느니, '부화뇌동했다'느니, '붕당을 지어 참소했다'느니, '권모술수를 부렸다'느니 한 것은 단지 말한 사람에게 죄를 더하고자 온 조정을 간사하다고 지목한 것이니, 말 한마디로 나라에 해를 끼친다 함은 바로 이를 두고 하는 말입니다. 바라건대 전하께서 이 시비의 근원을 깊이 살펴주소서."

하였다. 주상이 답하기를,

"이 계사(啓辭)를 보니 가히 동문서답이라 하겠다. 어제 내가 이이의 현사(賢邪) 여부를 물었는데, 좌의정이 '알지 못한다[不知]'고 하였으니, 그 심사는 길가는 사람도 모두 알 것이다. 임금이 재상을 둔 것이 어찌 다만 '알지 못한다'는 두 글자로 재상의 본분을 삼게 하려 한 것이겠는가? 내 비록 어리석으나 진정 정승의 잘못과 국사의 손상을 알면서도 구구하게 작은 자애를 베풀어 한마디 말도 하지 않는다면, 이는 대신을 위하려다가 종사(宗社)를 저버리는 것이 된다. 내가 이런 말을 하는 것은 마지못해 하는 수 없이 하는 것이다."

하였다.

○ 대사간 송응개가 다음과 같이 아뢰었다.

"신이 지난번 이이의 행동을 논하면서 그 근원을 상고하여 논하지 않았으니, 진실로 죄가 큽니다. 삼가 성혼의 상소를 보고, 또 어제 경연에서 오간 말들을 들으니, 영의정 박순이, 성혼의 속셈을 감춘 말[藏頭之語][23]을 기화로 허봉과 신을 지목해 논척하였다고 합니다. 언론의 책임을 맡은 관원으로서 때를 틈타 사감을 품은 죄는 만 번 죽어 마땅합니다만 차라리 한마디 말을 하고 죽을지언정 어찌 차마 구차히 모면하기를 바라겠습니까?

이이는 본래 일개 중에 불과한 사람이니, 그 죄를 논하자면 선유(先儒)의 정론(定論)이 있습니다. 변신하여 환속(還俗)한 뒤에 권문(權門)에서 길러졌으므로, 세상의 청류들은 그를 용납하지 않았습니다. 처음 상사(上舍)[24]에 올랐을 때, 많은 선비들이 그와 동렬에 서는 것을 부끄러워하며 그의 알성(謁聖)[25]을 허락하지 않았는데, 심통원(沈通源)[26]이 그의 아들 화(鏵)를 시켜 이리저리 주선하게 한 덕분에 비로소 참배할 수 있었습니다. 벼슬길에 나와서는 심의겸(沈義謙)의 천거를 받은 까닭에 그와 결탁하여 심복이 되었으니 평생의 몸가짐을 이에 알 만합니다. 다만 그 사이에 박순 무리처럼 당시 이른바 사류라 불리던 이들에게 영합하고, 외척(外戚)과 결탁하여 시론을 주도하였습니다.

---

23) 속셈을 감춘 말[藏頭之語] : '장두(藏頭)'란 일의 전말을 구체적으로 밝히지 않고 막연히 지목하여 그 본래의 뜻을 숨기는 것을 말한다.

24) 상사(上舍) : 성균관의 유생 중 소과(小科)에 합격한 생원·진사가 거처하는 곳을 이른다.

25) 알성(謁聖) : 공자의 신위를 모시고 제사 지내는 성균관 대성전(大成殿)에 나아가 참배하는 것을 이른다.

26) 심통원(沈通源) : 1499~?. 본관은 청송(靑松), 자는 사용(士容), 호는 욱재(勖齋)이다. 명종비 인순왕후와 심의겸의 종조부(從祖父)이다. 1537년(중종32)에 별시 문과에 장원으로 급제하였고, 1546년(명종1)에 문과 중시에 병과로 급제하였다. 탐욕이 많아 온갖 비리를 행하며 축재를 거듭하였고 윤원형이 실권하자 불만을 품었으므로, 선조 즉위 후 삼공(三公)과 삼사(三司)가 백관을 거느리고 정청하여 관작을 삭탈하고 귀양 보내기를 청하였는데 한 달이 넘어서야 이를 윤허하였다. 《宣祖實錄 即位年 9月 1日》

당시에 심의겸은 외척의 권력을 빙자하여 왕망(王莽)·양기(梁冀)[27]와 같은 권세를 부렸습니다. 이준경(李浚慶)은 고명(顧命)[28]을 받은 원로 대신이었는데도 은밀히 배척하여 그 지위를 동요시켰고, 정대년(鄭大年)은 선조(先朝)의 원로이고 김난상(金鸞祥)[29]은 을사년의 유직(遺直)[30]이었음에도 모두 드러나게 배척을 당하였습니다. 자기와 친한 사람이면 일개 낭관이 외방에 보임되어 나가더라도 온 조정을 거느리고 유임을 청하였으니,[31] 조정의 명령은 심의겸

27) 왕망(王莽)·양기(梁冀) : 이들은 모두 한(漢) 왕실(王室)을 무시하고 권력을 휘두르거나 찬역(簒逆)의 죄를 지은 사람들이다. 왕망(BC. 45~AD. 23)은 전한(前漢)의 애제(哀帝)를 폐위하고 평제(平帝)를 독살한 뒤 신(新)을 세웠고, 양기(?~159)는 후한(後漢) 질제(質帝)를 독살하고 권력을 자행하였다.

28) 고명(顧命) : 임금이 임종할 때 왕자나 신하들에게 최후로 남기는 말로, 고명을 받은 신하를 '고명대신(顧命大臣)' 혹은 '고명지신(顧命之臣)'이라 하여 중히 여겼다. 이준경은 명종의 고명지신(顧命之臣), 선조의 주석지신(柱石之臣)으로 불리었다.

29) 김난상(金鸞祥) : 1507~1570. 본관은 청도(淸道), 자는 계응(季應), 호는 병산(餠山)이다. 1537년(중종32) 식년 문과에 급제하여, 그 후 검열(檢閱)이 되었다. 1545년에 명종이 즉위하여 문정왕후가 수렴청정을 하던 시절 윤원형이 조정의 권력을 좌우하며 윤임(尹任), 유관(柳灌), 유인숙(柳仁淑) 등을 탄핵하였는데, 당시 정언으로 재직하던 김난상은 윤원형의 의견에 반대하다가 결국 파직되었다. 이에 이듬해인 1546년(명종1) 서울을 떠나 영천(榮川), 즉 지금의 영주(榮州) 병산으로 물러나 매양(梅陽)이던 자신의 호를 병산으로 고치고, 젊은 시절부터 절친한 사이였던 이황과 교류하며 학문을 연마하였다. 1547년에 양재역벽서사건(良才驛壁書事件)에 연루되어 윤원형 등의 청으로 남해(南海)에 유배되었다가, 후에 단양(丹陽)으로 이배(移配)되었다. 뒤에 풀려나 선조 때 대사성(大司成)이 되었다. 영천의 오산사(梧山祠)에 배향되었다.

30) 유직(遺直) : 올곧은 도[直道]를 행하여 고인(古人)의 유풍(遺風)을 지닌 사람을 말한다. 공자가 춘추시대 진(晉)나라 숙향(叔向)에 대해서 "옛날의 유직이다.[古之遺直也]"라고 칭찬한 고사가 있다. 《春秋左氏傳 昭公14年》

31) 자기와 …… 청하였으니 : 1574년 2월 박점(朴漸, 1532~?)을 명천 현감(明川縣監)에 제수하자, 당시 대사헌이었던 심의겸이 이에 반대하여 저지하였던 것을 이른다. 박점의 본관은 고령(高靈), 자는 경진(景進), 호는 복암(復菴)이다. 1569년 별시 문과에 급제하여 이듬해 정언에 제수되었다. 이어 홍문관 부수찬·이조좌랑을 거쳐, 1573년 명천 현감이 되었다. 박점은 심의겸과 밀접하게 교유하여, 선조 초반 이준경, 김난상 등 외척을 강하게 견제하려 하였던 대신들로부터 심의겸의 권세에 영합하였다는 혐의를 받았다. 반면 심의겸을 옹호하는 이들로부터는 효제충신(孝悌忠信)하다는 평을 들었다. 그가 1574년 이조좌랑으로서 명천 현감에 제수되었을 때 심의겸은 이를 저지하려다가 선조의 논책(論責)을 듣기도 하였다. 《宣祖實錄 7年 2月 28日》《宣祖修正實錄 3年 4月 1日》

과 박순에게서 나왔고 이이는 그 실질적 모주(謀主)로서 서로 표리가 되었음을 온 나라 사람들이 다 알고 있습니다. 이이는 소탈하고 꾸밈없는 태도로 사림 사이에서 활동하여 명예가 헛되이 높아지니 많은 사람들이 믿고 현혹되었습니다.

심의겸이 청의(淸議)의 버림을 받았을 때, 이이는 분노의 마음을 품었음에도 불구하고 상관없는 듯 짐짓 물러가 관망하다가 조제보합(調劑保合)의 설로 일세를 현혹시키려고 상소하였는데, 여기서 심의겸의 단점을 언급하고 김효원(金孝元)의 장점을 거론함으로써 지극히 공정하다는 명성을 구하였으니, 이것이 곧 아래로 세상을 속였음에도 사람들이 그 간사함을 깨닫지 못하고 위로 전하를 기망하였음에도 또한 깨닫지 못하신 것입니다.

이전에 정인홍(鄭仁弘)이 심의겸을 탄핵했을 때 이이는 대사헌으로서 극력 구제하려다 인홍이 그의 말을 듣지 않은 후에야 뜻을 굽혀 그를 따랐습니다.[32] 그러다가 정인홍이 정철까지 아울러 논핵하자 이이가 또 말하기를, '정철은 심의겸과 전혀 다르다.' 하였으니, 이는 정철을 빼내고자 한 것이나 실상은 자신을 위해 변명한 것이었습니다. 이윽고 공론이 일자 겉으로는 조제(調劑)의 설을 주창하며 실제로는 무함하는 음모를 자행하였으니 이 또한 간사하다고 하겠습니다.

이뿐만이 아닙니다. 그가 향리(鄕里)에 있을 때, 여러 고을로부터 보내온 뇌물이 그의 집으로 폭주하였고, 재물과 이익을 다투는 일이면 송곳 하나

---

32) 정인홍(鄭仁弘)이 …… 따랐습니다 : 정인홍은 1580년(선조13) 12월 장령을 제수 받고 이듬해 1월에 상경하였다. 이때 정인홍이 심의겸을 탄핵하여 제거하려 하므로 대사헌 이이가 적극 만류하다가 되지 않자, 결국 서인 전체에 대한 논핵이 아닌 심의겸만을 탄핵한다는 것을 전제로 하여 계사(啓辭)를 초(草)하였다. 그러나 정인홍이 정철까지 아울러 탄핵하자 이이가 여기에 이의를 제기하였다. 애초 논핵 대상에 정인홍이 정철을 포함시키려 하자 동인인 김우옹과 이발조차도 힘껏 말리며, "만일 정철까지 논핵한다면 대사헌 이이가 반드시 따르지 않고 대립하게 될 것이니, 정철은 논하지 말아야 한다." 하였으나 정인홍이 따르지 않았다고 한다. 《石潭日記 萬曆九年辛巳》. 이 내용은 본서 신사년 조에도 보인다.

칼 한 자루도 남겨두지 않아, 해택(海澤)33)의 이익과 관선(官船)의 세금까지도 모두 점유하지 않은 것이 없었습니다. 또한 개성의 공서(公署)34)를 대명(代名)으로 받아내어 첨지(僉知) 봉흔(奉訢)이 대대로 경작해오던 땅을 불법적으로 빼앗았으며, 심지어 그 형이 봉흔의 종을 타살하였는데도 관에서는 심문조차 못하였습니다. 대사간으로 부름을 받았을 때에는 지나온 읍에서 공공연히 곡식 1백 석을 받아 본가로 실어보내니, 입 있는 사람이면 모두 말하여 원근의 웃음거리가 되었습니다.

그런데 영의정 박순은 지척에서 임금의 위엄을 접하고서도 반복하여 이이를 칭찬하고 추켜세우며 거듭 천청(天聽)을 속였으니, 이런 일을 차마 할진대 무슨 일인들 차마 못하겠습니까? 신이 이 일을 듣고 놀라움과 분노를 이기지 못해 박순까지 아울러 논핵하고자 동료들에게 말하기까지 하였으나 소란이 일까 두려워 꾹 참고 견디며 입 밖에 내지 않았습니다. 그런데 지금 탑전(榻前)에서 신의 이름을 거론했다하니, 생각건대 신이 박순까지 아울러 논핵하려 한다는 말이 그의 귀에 들어갔기 때문이 아닐까 싶습니다.

성혼의 경우, 오직 이 세 사람이 있음을 알 뿐 공론이 있음을 알지 못하여, 난잡한 상소에서 경상(卿相)들을 낱낱이 헐뜯고 오직 두 사람에게 의지하여 맡기고자 하였는데, 그들은 바로 박순과 이이였습니다. 성혼은 어떠한 사람이기에 삼사를 장상영(張商英)·윤색(尹穡)에 비유하며 온 조정의 신하들을 모두 소인으로 만든단 말입니까?

김귀영(金貴榮)이 변별하여 아뢰려 하지 않았던 것은 아니었으나, 감히 이이를 군자라 하지 않은 것은 다 뜻이 있어서였는데 도리어 준엄한 하교가 있으셨습니다. 경안령(慶安令) 이요(李瑤)가 전하를 뵙고 아뢰었던 말도 외간에 떠도는 소문으로는 모두 이이 등이 사주한 것이라고들 합니다. 대개 이

---

33) 해택(海澤) : 간척지(干拓地)를 이른다.
34) 공서(公署) : 국가의 공적인 업무를 수행하는 관청(官廳), 혹은 문서나 물품을 증명하기 위해 관공서에서 사용하는 인장을 이른다. 본문에서는 후자의 의미로 쓰였다.

무리들이 전하를 속여 사사로움을 자행하는 것이 이 지경에 이르렀으니,
신은 실로 비통할 뿐입니다."

주상이 답하기를,

"그대의 말이 설령 모두 옳다 해도 이제 와서야 말한 것은 불충(不忠)이니,
본직(本職)을 체차하라."

하고, 이어 특명으로 송응개를 장흥 부사(長興府使)에, 허봉을 창원 부사(昌原
府使)에 임명하였다.

○ 헌납 유영경(柳永慶), 정언 이주(李澍)가 성혼과 박순이 한때의 명류(名流)
를 일망타진하려 한다고 논핵하고, 또한

"전 대사간 송응개가 근원을 상고하여 논핵하려 하였으나 신 등이 만류하였
습니다."

하며, 인죄(引罪)하고 체직을 청하였다. 그러자 사간 성락(成洛), 정언 황정욱
(黃廷彧)35)이 처치하며 성혼과 박순의 죄를 논핵하고, 대사헌 이기(李墍), 헌납
유영경(柳永慶) 등의 출사를 명하라 청하였다.

양사가 합계하였는데, 그 대략의 내용은 다음과 같다.

"영의정 박순은 처신이 너무도 교활하고 마음씀이 간사하며, 심의겸에게
영합하여 그의 심복이 되고 권력을 농단한 지 여러 해가 되었습니다. 이이와
성혼 역시 심의겸의 문객이자 절친한 벗으로, 안으로는 척리(戚里)에게 의지하
고 밖으로는 헛된 명예를 가장하였습니다. 오직 이준경과 김난상만이 심의겸
의 권세가 날로 성대해져 장차 국사를 그르칠 것을 알았습니다. 이준경은

---

35) 황정욱(黃廷彧) : 1532~1607. 본관은 장수(長水), 자는 경문(景文), 호는 지천(芝川)이며,
   시호는 문정(文貞)이다. 영의정 황희(黃喜)의 후손이다. 1558년 식년문과에 급제하여,
   1580년 진주목사를 거쳐 충청도관찰사가 되었다. 임진왜란 때 회령에서 왕자와 함께
   왜군의 포로가 되어, 왜장 가토[加藤淸正]로부터 선조에게 보내는 항복 권유문을 쓰도록
   강요받았다. 처음에는 거절했으나, 그의 손자와 왕자를 죽이겠다는 위협을 받자 아들
   황혁(黃赫)이 대신 썼다. 이 일로 길주에 유배되었다가 1597년 왕의 특명으로 석방되었으
   나, 복관되지 못한 채 죽었는데, 1623년(인조 1)에 신원(伸寃)되었다.

일찍부터 사람들에게 이를 말하였고, 김난상은 박순에 대해 심의겸과 사생(死生)을 함께하는 벗이라 하며 논핵하려 하였는데, 이에 박순이 앙심을 품고 극력으로 비방을 가하니, 이준경은 뜻을 품은 채 죽었고, 김난상은 불우하게 살다 죽었습니다.

　다행히도 성명(聖明)께서 위에 계시어 간악한 괴수36)가 세력을 잃게 되자, 박순은 항상 불만에 차 공론을 두려워하지 않고 이이의 무리와 어두운 밤 미복 차림으로 오가며 사류를 무함할 음모를 꾸미서, 언론의 책임을 담당한 관리를 죄주려 하고, 전랑(銓郞)을 선발하는 관행을 혁파하라37) 청하였으니, 이는 사람들을 위협하여 입을 막고 자기의 뜻을 제멋대로 행하려 한 것이었습니다.

　또 성혼을 사주하여 본심을 숨긴[臧頭] 말을 아뢰게 한 것은 지극히 음흉하고 참혹하였는데, 송응개가 항상 자기를 논핵하고자 하였고, 허봉의 아비 허엽과는 늘 틈이 벌어져 있었으므로 송응개와 허봉이 이이에게 혐의가 있다고 거짓으로 지목하였으나 그 실상은 자신을 위해 보복하려는 계책이었습니다. 박순의 이러한 행동은 이이와 심의겸을 위해서는 지극하다 하겠으나 다만 충성을 바쳤다는 것은 무슨 일인지 알지 못하겠습니다.

　이이가 나라를 그르치고 백성을 병들게 한 것은 일일이 거론할 수도 없습니다. 게다가 뇌물 받은 일이 많고 남의 전답과 노비를 빼앗았으며, 관아의 건물을 함부로 점거하고 관물(官物)을 방납(防納)하는 등 그 품행의 그릇됨이 심합니다. 병조판서의 몸으로 망령된 작태가 하도 많았으므로, 언론의 책임을 담당한 자가 사안에 따라 바로잡으려 하니 이이는 쓸데없이 허다한 말들로

---

36) 간악한 괴수 : 심의겸을 이른다.
37) 전랑(銓郞)을 …… 혁파하라 : 이조와 병조의 전랑(銓郞)이 스스로 후임자를 천거하는 관행, 즉 전랑 자천제(自薦制)를 혁파하라고 주장한 것을 가리킨다. 이이는 전랑 자천제가 이조판서의 인사권을 제약하여 당쟁을 격화시킨다고 보고 이의 폐지를 주장하여 선조가 수용하였다. 그렇지만 당시에 이미 동인의 반발로 유야무야 되었으며, 그 관행은 이후에도 의연히 남아 있다가 영조대 탕평책의 일환으로서 비로소 혁파되었다.

전하의 마음을 격동시켰습니다.

이에 박순은 단지 이이를 구제하는 것만 알았을 뿐 국사는 염두에 두지 않았고, 성혼은 산림(山林)[38]으로 자처하면서도, 단지 친구 한 사람이 탄핵당한 것만을 유감으로 여겨, 감히 '부화뇌동 한다'느니, '원한을 품었다'느니, '붕당을 지어 참소했다'느니 하는 말로 사류를 기필코 일망타진하고자 하였습니다. 정인홍이 심의겸을 탄핵하려 할 때, 성혼이 그를 구제하기 위해 무진 애를 쓰자, 인홍이 말하기를,

'이이는 심의겸과 함께 조정에 섰던 교분이 있으므로 그를 구제할 수도 있다 하겠으나, 그대는 산림에서 나온 처지로, 어찌하여 권세를 부리는 척리와 두터운 교분을 쌓으려 하는가?'

하자 성혼의 말문이 막혔습니다. 성혼의 사람됨이야 진실로 크게 책망할 것도 없겠지만, 박순은 지금 수상의 몸으로 사당(私黨)에 부화뇌동하고 있으니, 장차 이 나라 종사를 전복시킬 것입니다. 청컨대 파직을 명하소서."

주상이 윤허하지 않자 다시 박순의 죄 10가지를 조목조목 열거하여 아뢰었다.

○ 대사간 김우옹(金宇顒)이 상소하였는데,[39] 그 대략의 내용은 다음과 같다.

"이이는 박식한 유학으로 성명의 시대를 만나 세도(世道)를 자임하였으나, 뜻만 크고 재주는 부족하며 도량은 얕고 생각은 편협한데 자기 소견만을

---

38) 산림(山林) : 조선시대 산곡임하(山谷林下)에 은거해 있으면서 학덕을 겸비해 국가로부터 징소(徵召)를 받은 인물을 가리킨다. 산림지사(山林之士)·산림숙덕지사(山林宿德之士)·산림독서지사(山林讀書之士)의 약칭으로, 임하지인(林下之人)·임하독서지인(林下讀書之人) 등으로도 불렸다. 과거를 거치지 않고 향촌에 은거해 있으면서 유림(儒林)의 추앙을 받았다.

39) 상소하였는데 : 김우옹의 이 상소는 선조 16년 7월 19일자 실록 기사에 수록되어 있는데, 이때 김우옹의 관직은 대사간이 아니라 대사성이었다. 김우옹이 대사간에 임명된 것은 그로부터 한 달 후인 선조 16년 8월 20일이었다.

내세워서 온 나라의 인정과 어긋나게 되었는데도 빈번하게 소장을 올리고, 시행하는 사안마다 경솔하고 거칠어 사류의 마음도 떠나기 시작했습니다. 그러나 이이의 본심이야 어찌 다른 뜻이 있겠습니까? 소견이 한쪽으로 치우쳐 그 폐해가 이 지경에 이른 것입니다.

사류의 마음도 처음부터 곧장 그를 공격하려 하였던 것이 아니었습니다. 그런데 삼사의 논의가 생각지도 않게 어그러져 탄핵하는 상소가 너무도 준엄하였던 까닭에[40] 듣는 이들도 자못 놀라워했습니다. 무심코 저지른 일을 가지고 이이에게 임금을 업신여기고 권력을 마음대로 휘둘렀다는 죄를 묻고, 여기에 나라를 그르친 소인배라는 죄목을 더하니, 어찌 인심을 승복시킬 수 있겠습니까?

근래 들어 괴이한 논의가 어지럽게 나와서, 예를 들면 경안령(慶安令) 이요(李瑤)가 유성룡(柳成龍) 등이 권력을 마음대로 행사한다고 지목하였습니다. 성룡 등은 모두 청아한 명성으로 사림의 신망이 두터운 이들인데, 이요의 말이 한번 나오자 사류가 불안해하며 이이에 대한 의심이 더욱 심해졌으므로 부박하고 경솔한 무리가 이를 기화로 떼지어 일어났으니, 이 또한 어찌 사류의 본심이겠습니까?

성혼의 상소에서 이이의 본심을 미루어 말하고 삼사의 잘못을 지적해 거론한 것은 옳습니다. 그러나 조정 전체를 들어 붕당을 지어 참소한다고 한 것은 한쪽에 치우쳐 분쟁의 단서만 더욱 키웠을 뿐이며, 이 때문에 송응개 등의 계사가 갈수록 어그러졌던 것입니다. 아! 초야에 묻혀있던 사람이 세상에 대한 분노의 마음만을 품고 자신도 모르게 어조가 지나쳤던 것이니, 또한

---

40) 삼사의 …… 까닭에 : 계미년(1583, 선조16) 북방에 이탕개(尼湯介)의 사변이 있었는데 이이가 병조판서로 있으면서 사세가 급박하여 임금에게 아뢰지도 않은 채 말을 바치게 하고 신역을 면제시켰으며, 임금의 부름을 받고 대궐에 나가다가 갑자기 현기증이 생겨 내병조(內兵曹)에서 지체한 적이 있었다. 이에 당시 허봉·송응개·박근원 등을 필두로 한 삼사 및 승정원에서 이이가 "권력을 마음대로 휘두르며 오만방자하게 임금을 업신여겼다[專擅權柄, 驕蹇慢上]."고 탄핵하였는데, 본서의 앞에 보인다.

어찌 깊이 허물하겠습니까? 바라건대 전하, 이이에 대해서는 그의 본심을 헤아리시되 그의 거친 병폐도 알아주시고, 언론을 맡은 자에 대해서는 그 부박함과 경솔함을 억제하시되 사류의 본심을 살피시어, 정성으로 타이르신다면 아마도 괜찮아질 것입니다.

대신이 전랑(銓郎)을 혁파하라고 건의한 것은 신이 생각하기에 정도에 지나친 듯합니다. 쇠미한 세상에서 그나마 청의(淸議)를 부지할 수 있었던 것은 낭관(郎官)의 논의에 힘입은 바가 많았으니, 오늘날에는 더욱더 지켜나가야 마땅할 것입니다. 오늘날 이이를 공격한 일 또한 어찌 전랑의 탓이라 하겠습니까? 경솔하게 옛 규례를 변경하여 권신이 제멋대로 권력을 휘두르는 재앙의 단서를 열어놓으려 하니, 신은 실로 이해하지 못하겠습니다."

이때 주상이 영의정의 뜻을 수용해 전랑이 후임을 자천하는 관례를 혁파하였으므로 김우옹이 상소에서 이것을 언급한 것이다. 이에 양사가 김우옹의 상소에서 부박하고 경솔하다고 배척받았다고 피혐하였다. 사간 이희득(李希得)[41]이 아뢰기를,

"김우옹은 이렇듯 편협한 주장으로 삼사를 부박하고 경솔하다고 지목하기에 이르렀습니다. 간사하고 거짓되며 편당(偏黨)한 말로 인해 경솔하게 언관을 체직시켜서는 안 되니, 모두 출사하라 명하소서."

하였다.

○ 부제학 권덕여(權德輿), 응교 홍적(洪迪)이 차자를 올려 성혼을 배척하고, 송응개를 신구(伸救)하니, 특명으로 권덕여를 성주 목사(星州牧使)에, 홍적을 장연 현감(長淵縣監)에 임명하였고, 또 김효원을 안악 군수(安岳郡守)로[42] 임명

---

41) 이희득(李希得) : 1525~1604. 본관은 전주(全州), 자는 덕보(德甫), 호는 하담(荷潭)이다. 1572년 춘당대 문과(春塘臺文科)에 급제하여 사간에 제수되었다. 1592년 임진왜란 때 북도순검사를 지낸 뒤 1594년 함경도관찰사를 역임하였다. 그 뒤 이조참판을 거쳐 1597년 대사간을 역임하고, 1604년 지중추부사가 되어 기로소에 들어갔다.

42) 김효원을 안악 군수(安岳郡守)로 : 김효원은 심의겸과 함께 동·서 분당의 시발점이 된

하였다.

○ 왕자 사부 하락(河洛)[43]이 상소하였는데, 그 대략의 내용은 다음과 같다.

"듣건대 삼사가 이이를 공박하기에 여념이 없자 마침내 이이가 미련 없이 돌아갔다 하니, 이는 이이에게는 다행이지만 조정에는 실로 큰 불행입니다. 이이의 사람됨에 대해 신은 진실로 알지 못하지만, 일찍이 벗들이 전하는 말을 들으니, 그 사람됨이 뜻이 돈독하고 실천에 힘쓰며 고인(古人)을 흠모하고, 제 몸은 돌보지 않고 나라에 충성하는데 마음과 힘을 다하며, 시속에 저촉되는 것도 개의치 않고 구습(舊習)을 따르지 않았다고 합니다.

마침 북방 변경의 급보[44]를 맞아 군마(軍馬)를 조달하고 군량(軍糧)을 운반하였으니, 이는 이이가 배운 바를 실행하여 성명께 보답하고자 한 것입니다. 그 와중에 간혹 일처리가 주도면밀하지 못한 점이 있었으나, 그 본심을 살펴보면 어찌 고의로 나라를 그르치고 백성을 병들게 하였겠습니까? 그런데 언관(言官)들이 처음에는 그의 실책을 얼마간 거론하다가 점점 심한 말을 더하여, 급기야는 대간의 차자와 간원의 계사에서 그의 간악한 정상과 야비하고 간사한 태도를 극론하며 횡설수설하였으니 그 말들은 모두 분노와 미움에 찬 말들이었습니다. 아! 삼사는 인군의 눈과 귀인데, 감히 이것저것 주워 모아 터무니없는 사실을 날조하여 사람에게 커다란 악명을 씌우려하니,

---

인물로, 당쟁을 우려한 이이(李珥)의 상소로 심의겸과 더불어 외직으로 밀려나 경흥·부령 ·삼척의 부사를 역임한 후, 안악 군수를 자청하여 나갔다. 이후 영흥 부사로 재직하던 중 졸하여 이조판서에 추증되고, 삼척 경행서원(景行書院)에 제향되었다.

43) 하락(河洛) : 1530~1592. 본관은 진주(晉州), 자는 도원(道源), 호는 환성재(喚醒齋)이다. 남명(南溟) 조식(曺植)의 문하에서 수학하였으며, 1568년 진사시에 장원 급제하였다. 이후 왕자사부(王子師傅)가 되어 임해군과 광해군을 가르쳤다. 1583년 이이, 성혼 등이 정치적 공격을 받아 어려움에 처하자 상소하여 구원하였다. 1592년 임진왜란 때 상주목사 김해(金澥)의 요청으로 상주성으로 가던 중 적을 만나 순절하였다. 좌승지에 증직되었으며, 도동서원(道東書院)에 배향되었다.

44) 북방 변경의 급보 : 1583년(선조16)에 여진족 니탕개(尼湯介)가 쳐들어와 경원부(慶源府)와 아산보(阿山堡)가 함락된 일을 가리킨다.

또한 잘못이 아닙니까?

송사(訟事)를 일으켜 사람을 죽였다거나 1백 석의 곡식을 뇌물로 받았다는 등의 일이 정말 있었다면 마땅히 그 죄를 분명하게 밝혀 왕법을 시행해야지 예사로운 일로 보아 넘겨서는 안 됩니다. 지금은 여염집이라 해도 웃어른에게 말을 할 때 반드시 기만하거나 속임이 없어야 하는데 하물며 군신 간에 어찌 터무니없이 떠도는 말로 현혹하는데 힘쓴단 말입니까? 인심이 억울해하고 심지어 군인(軍人)·무부(武夫)들도 울부짖으며 하소연하고자 합니다.

아아! 지금 이이는 돕는 이 거의 없이 홀로 서 있습니다만 성혼은 세속을 떠나 있는 은일(隱逸)로서, 삼빙(三聘)의 예[45]에 따라 피치 못해 세상에 나왔는데, 그와 이이는 도의(道義)로 사귄 벗이므로, 덕을 같이 하고 마음을 함께한다고 해도 좋을 것입니다. 성혼이 만약 이이가 잘못이라고 여겼다면 비록 사사로운 정의(情誼)가 있다 해도 어찌 감히 거짓을 꾸며서 전하를 속이겠습니까? 말하는 자들이 갑에게서 화난 것을 을에게로 옮겨와, 심지어는 '산야에 의탁한 몸으로 세상을 속이고 명성을 도적질한다.'고까지 하였으니, 성혼과 같은 현자(賢者)에게 그러한 일이 있을 수 있겠습니까? 이에 인심이 더욱 울분에 차 모두 동해(東海) 바닷가로 도망가고 싶어 합니다.[46]

들기에 영의정 박순은 맑고 삼가고 바르고 고결하며, 사람을 사랑하고

---

45) 삼빙(三聘)의 예 : 임금이 현인을 초빙하는 예를 말한다. 탕 임금이 이윤(伊尹)을 세 차례 초빙하러 갔었다는 고사에서 나온 말이다. 《孟子 萬章上》

46) 동해(東海) …… 합니다 : 폭군 주(紂)의 학정을 피해 백이가 북해의 바닷가[北海之濱]로 도망갔고, 강태공이 동해의 바닷가[東海之濱]로 도망간 고사를 인용한 것이다. 《맹자》에 "백이가 주왕(紂王)을 피해 북해의 바닷가에 살다가, 문왕이 일어났다는 말을 듣고 흥기(興起)하여 말하기를 '내 어찌 그에게 돌아가지 않겠는가? 내 들으니, 서백은 늙은이를 잘 봉양한다.'라고 하였으며, 태공이 주왕을 피하여 동해의 바닷가에 살다가, 문왕이 일어났다는 말을 듣고 흥기하여 말하기를 '내 어찌 그에게 돌아가지 않겠는가? 내 들으니, 서백은 늙은이를 잘 봉양한다.'라고 하였다. 천하에 노인을 잘 봉양하는 사람이 있으면 인인(仁人)이 그를 귀의처로 삼는다.[伯夷辟紂, 居北海之濱, 聞文王作, 興曰'盍歸乎來? 吾聞西伯, 善養老者 ; 太公辟紂, 居東海之濱, 聞文王作, 興曰'盍歸乎來? 吾聞西伯, 善養老者, 天下有善養老, 則仁人以爲己歸矣.]"라고 한 데서 나왔다. 《孟子 盡心上》

자신을 낮추어 선비를 예우한다[47] 하니, 어진 재상이라 해도 좋을 것인데, 그가 탑전에서 아뢴 말이 어찌 소견 없이 한 말이겠습니까? 그런데도 지금 그의 죄목 10가지를 나열하며 극구 꾸짖어 배척하였으며, 심지어는 세 사람[박순, 이이, 성혼]이 서로 표리가 되었다 하였으니, 이로써 인심을 복종하게 할 수는 없는 일입니다만 탄핵하는 상소가 나온 상황에서 저들이 어찌 구차히 용납되기를 바라겠습니까?

오늘 이이가 떠나면, 내일은 박순이 떠나고 또 그 다음날에는 성혼이 떠나서, 나라의 걸출한 인물들은 초야로 물러나고 산림의 인사는 도성을 떠나 성상이 고립되면 감히 아뢰는 자가 없게 될 것이니, 전일에 언관이 말한 '일망타진하여 나라를 텅 비게 하였다.' 한 것은 바로 이를 두고 한 말이 아니겠습니까? 신이 이 위태로운 상황을 목격하고 충심이 저절로 우러나, 혀를 놀리지 않으려 해도 할 수가 없어서 말을 입 밖에 내면 화가 따를 것도 모르고, 눈물을 흘리며 꿇어앉아 아뢰옵니다."

도승지 박근원 등이 하락이 영합하고 현혹시킨 죄를 극론하자, 주상이 묻기를,

"어느 승지가 이 논계를 초안했는가?"

하니, 이원익(李元翼)이 대답하기를,

"집필자라고 해서 반드시 자기 뜻대로 쓰는 것은 아닌데, 하문하신 뜻은 그 사람을 죄주고자 하는 것이니, 신들은 감히 대답할 수 없을 뿐만 아니라 전하 또한 억지로 대답을 받아내려 하셔서는 안 될 것입니다."

하였다. 이에 주상이 답하기를,

"지금 계사를 보건대 그대들이 사람의 말을 가로막아 나의 눈과 귀를 가리고자 하니, 이렇게까지 해서 하고자 하는 일이 무엇인가? 공론이 인간에

---

47) 사람을 …… 예우한다 : 《시경》 정풍(鄭風) 치의(緇衣)의 구절을 인용한 것이다. 이 시는 정무공(鄭武公)이 주(周)나라의 사도직(司徒職)에 있으면서 애인하사(愛人下士)하며 어진 이를 좋아한 것을 들어 그의 덕을 칭송한 내용이다.

게 있는 것은 물이 땅 속에 있는 것과 같아서, 대간의 말이라 하여 반드시 옳은 것도 아니고 나무꾼의 말이라고 하여 반드시 그른 것도 아니니, 그 사람이 공정하면 그 말도 공정한 것이다. 예로부터 대간과 시종이 어느 시대인들 없었겠는가마는 공론이 조정에 있었던 경우는 드물었다. 지금 대간의 말에 인심이 복종하지 않고 의로운 선비들이 소매를 떨치며 사방에서 일어나려 하고 있으니 그대들이 온 힘을 다해 미봉하고자 해도 될 수 없을 것이다."

하였다.

성균관 생원 유공진(柳拱辰)[48] 등 -470여 인- 이 상소하여 성혼과 이이가 무함을 받고 있다고 힘써 변론하니, 주상이 상소의 내용이 충직하다고 칭찬하였다.

○ 승지 박근원 등이 아뢰기를,

"어제 유생들의 상소에 대해 신들은 굳이 깊이 따질 필요가 없다고 생각합니다. 다만 전부터 성균관에서 상소할 때는 으레 반드시 회의를 거쳐 그 가부를 헤아려 확정한 후에야 시행하였습니다. 그런데 이번 거조는 사사로이 사주하여 그릇된 논의를 선동하고 회유와 협박이 난무하여 회의에 참석하지 않은 자가 매우 많았고, 왔다 해도 논의를 따르지 않은 자 또한 많았습니다. 이러한 상황을 전하께서 어찌 아시겠습니까? 그런데도 이들에게 비답을 내리실 때 도리어 칭찬과 격려의 말씀을 더하셨으니, 신들은 이로 인해 선비의 기풍이 더욱 무너져 나라가 다스려지지 않을까 두렵습니다."

---

48) 유공진(柳拱辰) : 1547~1604. 본관은 문화(文化), 자는 백첨(伯瞻)이다. 이이와 성혼의 문인이며, 1570년 사마시에 합격하였다. 1583년 성균관 유생으로 있을 때 송응개가 스승인 이이를 탄핵하자 이이의 무고를 변론하는 상소를 올렸다가 투옥되었으나 곧 풀려나, 그해 문과에 급제하였다. 1591년 이조정랑을 지내던 중 정철이 광해군의 세자 책봉을 건의하였다가 귀양 가자 정철과 한패라 하여 경원에 유배되었다. 이듬해 임진왜란 때 사면되었고, 이후 예조정랑·사간·동부승지·우승지 등을 역임하였다.

하였다. 대사헌 이기(李墍)가 상소하였는데, 그 대략에,

"국시가 정해지지 못하여 공론이 격화되고 삼사가 소장을 번갈아 올려 복합(伏閤)49)한 지 이미 오래되었는데, 전하께서 의심을 품으시어 참소하는 적(賊)들이 날마다 이르고 있으니, 이것이야말로 온 나라 사람이 함께 근심하고 답답하게 여기는 점입니다. 이에 승정원에서 차마 침묵하지 못하고 숨김없이 낱낱이 진달하였는데, 전하께서 가납하지 않으시고 일거에 쫓아버리시니, 이 어찌 신들이 평소 전하께 바라던 일이겠습니까? 삼가 바라건대, 한쪽으로 치우친 사사로움을 속히 버리시고, 마음을 비워 관대히 포용하는 도량을 넓히소서."

하였다. 대사간 박승임(朴承任)50)-헌납 권협(權悏),51) 정언 심대(沈岱)52)- 등이 사헌부와 함께 차자를 올려 아뢰자, 주상이 답하기를,

"옛날 송나라 때 육적(六賊)53)이 조정을 장악하고 이강(李綱)이 도성을 떠나

---

49) 복합(伏閤) : 나라에 큰일이 있거나 주청할 중대한 사안이 있을 때, 조신(朝臣)이나 유생들이 대궐문 밖에서 상소한 뒤 엎드려 승낙을 기다리며 물러가지 않는 것을 이른다.

50) 박승임(朴承任) : 1517~1586. 본관은 반남(潘南), 자는 중보(重甫), 호는 소고(嘯皐)·철진(鐵津)·수서옹(水西翁)·반계병통(蟠溪病恫) 등이다. 이황 문인이다. 24세에 문과에 급제하여 우부승지와 좌부승지를 거쳐, 예문관 직제학, 대사간 등을 역임하였고, 계미년(1583, 선조16) 삼찬(三竄) 때, 창원 부사로 좌천되었다. 저서로 《소고집》이 있다.

51) 권협(權悏) : 1553~1618. 본관은 안동(安東), 자는 사성(思省), 호는 석당(石塘), 시호는 충정(忠貞)이다. 1577년 알성문과에 급제하여, 1604년 대사헌이 되었다. 1607년 예조판서를 거쳐 1609년 종묘영건을 감수한 공으로 정헌대부가 되었으나, 광해군 때에 홍문관의 탄핵을 받아 관직을 버리고 두문불출하였다.

52) 심대(沈岱) : 1546~1592. 본관은 청송(靑松), 자는 공망(公望), 호는 서돈(西墩)으로, 영의정 심온(沈溫)의 5대손이며, 시호는 충장(忠壯)이다. 1572년 춘당대문과에 급제하여, 1584년 지평에 이르렀다. 임진왜란 때 경기도관찰사가 되어 삭녕(朔寧)에서 때를 기다리던 중, 왜군의 야습을 받아 전사하였다. 왜군은 심대의 수급(首級)을 참하여 서울 거리에 전시하였는데, 60일이 지나도 마치 산 사람의 모습과 같았다고 한다. 이조판서에 추증되고, 호성공신(扈聖功臣)에 책록, 청원군(靑原君)에 봉해졌다.

53) 육적(六賊) : 육적은 채경(蔡京)·동관(童貫)·왕보(王黼)·양사성(梁師成)·이언(李彦)·주면(朱勔)으로서 이들은 송의 휘종(徽宗)·흠종(欽宗) 양대에 걸쳐 채경을 필두로 권력을 농단하고 자신들의 부귀영달에 몰두하며 금과의 화친을 주도한 간신들로 일컬어졌고, 결국 태학생(太學生) 진동(陳東) 등에 의하여 육적(六賊)으로 지목되었다. 《宋史·欽宗紀》

자54) 태학생 진동(陳東) 등이 상소하여 극론하였는데,55) 천 년 뒤에도 그 기개를 듣다 보면 나도 모르게 흥기하게 된다. 지금 성균관의 유생들이 국사가 날로 잘못되어 가는 것을 목도하고, 서로를 이끌며 의리를 주창하고 대궐 문을 두드려 항거하는 소장을 올렸으니 참으로 배운 바를 저버리지 않은 횡류(橫流)의 지주(砥柱)56)라 할 만하다. 조정의 시비야 한때 어지러울 수도 있지만 태학의 공론을 어찌 폐할 수 있겠는가? 하물며 그 정직한 의론에는 푸른 소나무보다 훨씬 빼어난 절개가 있구나!

그런데 저 변변치 못한 몇몇 신하가 근밀(近密)한 자리에 있으면서 제멋대로 편당을 짓고 사람들의 말을 막아서며 황잠선(黃潛善)이 한 짓57)을 그대로 답습하려 하고 있는데도 내 즉시 유방찬극(流放竄極)의 법을 시행하지 않아 이미 형벌의 마땅함을 심히 잃어버렸는데, 양사는 오히려 그들을 신구하려 하는가?"

---

54) 이강(李綱)이 도성을 떠나자 : 이강(1083~1140)의 자는 백기(伯紀), 호는 양계(梁溪), 시호는 충정(忠定)이다. 금나라가 남하(南下)할 때 휘종(徽宗)에게 상소하여 태자에게 선위(禪位)하고 천하의 군사들을 불러 모으라고 청하였으며, 화의(和議)를 반대하고 결사 항전을 주장하다가 파직되었다. 다시 금나라가 쳐들어와 도성이 함락되고 고종(高宗)이 즉위하였을 때 상서우복야 겸 중서시랑(尚書右僕射兼中書侍郎)에 임명되자, 〈십의상소(十議上疏)〉를 올려 금나라와의 화친을 극력 반대하였다. 《宋史 卷358 李綱列傳》

55) 태학생 …… 극론하였는데 : 진동은 윤주(潤州) 단양(丹陽) 사람으로 자는 소양(少陽)이다. 흠종(欽宗) 때, 태학생(太學生)으로서 복합(伏閤) 상소하여 금(金)과의 화친을 주장한 채경(蔡京)·양사성(梁師成)·이언(李彦)·주면(朱勔)·왕보(王黼)·동관(童貫)등 육적(六賊)을 탄핵하여 죽이기를 청하는 한편 금과의 항전을 주장하다가 파직된 재상 이강(李綱)의 복직을 주장하였다. 이후 고종(高宗) 때에 들어와 황잠선(黃潛善)·왕백언(汪佰彦)·장준(張浚) 등 화친론자에게 이강이 밀려나자, 이강을 옹호하고 화친론자들의 파직을 청하는 상소를 올렸다가 도리어 그들에게 참소를 입어 참형 당하였다. 《宋史 卷455 忠義列傳 陳東》

56) 지주(砥柱) : 중국 황하(黃河)의 거센 물살 가운데 우뚝이 서 있는 바위산으로, 혼탁한 세속에 휩쓸리지 않고 꿋꿋하게 자신의 절조를 지키는 군자를 비유하는 표현이다.

57) 황잠선(黃潛善)이 한 짓 : 황잠선은 금과의 화친을 주장한 화친론자이다. 건염(建炎) 원년(1127)에 고종(高宗)이 즉위하자 중서시랑(中書侍郎)에 제수되어 승상 이강(李綱)과 어사(御史) 장소(張所)를 축출하고, 국정을 비판하고 자신의 파직을 청한 태학생 진동(陳東)과 포의(布衣) 구양철(歐陽澈)을 처형하였다. 《宋史 卷24 高宗紀》

하였다.

○ 이식(李拭), 이인(李訒), 박숭원(朴崇元),[58] 이영(李榮), 김우옹(金宇顒)을 승지로 삼았다. 유학(幼學) 이정우(李廷友) 등이 상소하여 성혼과 이이의 잘못을 논척하고, 이어 전일 관학 유생의 상소가 공론에서 나온 것이 아니라고 말하자, 주상이 시비가 모호하고 논지가 구차하다고 책망하였다.

○ 유학(幼學) 신급(申礏)[59]이 상소하였는데, 그 대략은 다음과 같다.
"이이는 본래 동인이나 서인에 속하는 인물이 아니며, 그의 평소 마음은 공평하고 충성스럽습니다. 그가 정책을 만들 때 비록 주도면밀하지 못한 잘못이 있더라도 이 어찌 나라를 그르치고 권력을 농단한 것이겠습니까? 처사 성혼은 망국의 조짐을 목도하고 상소하여 품고 있던 생각을 아뢰었습니다. 그 내용은 정직하고 사사로움이 없었는데, 말하는 자들이 무함하고 날조하여 조금도 꺼리는 것이 없었습니다. 이에 태학생으로서 소매를 떨치며 분기한 자가 수백여 인이었으니, 이는 실로 일국의 공론이었는데, 전하를 엿보고

---

58) 박숭원(朴崇元) : 1532~1592. 본관은 밀양(密陽), 자는 상화(尙和), 시호는 충정(忠靖)이다. 1564년 별시 문과에 급제하여 수찬·교리·동부승지 등을 역임하였다. 1592년 임진왜란이 일어나자 왕을 호종하여 선조로부터 보검(寶劍)을 하사받고 도승지를 거쳐 한성좌윤에 올랐다. 호성공신(扈聖功臣) 2등에 책록되었으며, 좌찬성에 추증되고 밀천군(密川君)에 추봉되었다.

59) 신급(申礏) : 1543~1592. 본관은 평산(平山), 자는 중준(仲峻)이다. 전첨(典籤) 신말평(申末平)의 증손으로, 할아버지는 기묘명현인 신상(申鏛)이고, 아버지는 별검(別檢) 신화국(申華國)이다. 1583년 계미삼찬(癸未三竄)의 와중에 신급은 유학(幼學)의 신분으로 상소하여, 동인계열의 홍혼·우성전·김응남·박근원 등이 이이·성혼·박순의 작은 과실을 사림의 공론으로 내세워 공격함으로써 사림의 화를 불러일으키고 있다고 탄핵하였다. 이 상소에 대해 선조는 충성으로 나라에 보답한 사기(士氣)의 표상이며, 특히 당시 여진족 니탕개(尼蕩介)의 침입을 격퇴한 친동생 신립(申砬)의 기상과 상통한다고 칭찬하는 비답(批答)을 내리고, 6품의 녹을 하사하여 격려하였다. 임진왜란 때 적을 피하여 도망하다가 이천에서 왜적을 만나 쫓기자 어머니와 함께 절벽에서 투신하여, 충주에서 전사한 동생에 뒤이어 죽음을 맞았다.

있던 요사스러운 자들이 은밀히 그들의 자제, 친구들을 사주하여 무리를 짓게 하고 기치를 올려 일망타진할 계책을 이루려 하였습니다. 그리하여 안으로는 박근원이 전하의 총명을 가리고 있고, 밖으로는 김응남(金應南)·우성전(禹性傳)·홍혼(洪渾)·김첨(金瞻)·김수(金晬)의 무리가 사사로이 편당을 이루어 임금을 위협하여 제압하려 하니, 신은 차라리 이이, 성혼과 같은 날 죽고자 합니다."

주상이 답하기를,

"선비의 기상이 이와 같으니, 실로 조종께서 배양하신 은덕이다. 그대의 아우 신립(申砬)[60]은 충성을 다해 나라에 보답하여 진실로 예전 훌륭한 장수의 기풍이 있다 하겠는데, 그대 또한 항거하는 소를 올려 간사한 자들을 배척하니, 어찌 한 집안에서 이렇듯 충의로운 인물들이 아울러 나왔단 말인가?"

하였다. 이때 바야흐로 김수(金晬)가 평안도 순무 어사(平安道巡撫御史)로 임명되어 막 떠나려 하다가 신급의 상소로 인해 대죄(待罪)하니, 주상이 타일러 이르기를,

"그대는 수년간 시강(侍講)을 맡아왔고, 성품도 자못 순박하고 정직하여 그대의 형[61]에 비할 바가 아니어서 장차 크게 쓸 터이니, 사직하지 말라."

하였다.

○ 특명으로 홍여순(洪汝諄)을 창원 현령(昌原縣令)에, 홍진(洪進)[62]을 용담

---

60) 신립(申砬) : 1546~1592. 본관은 평산(平山), 자는 입지(立之), 시호는 충장(忠壯)이다. 22세에 무과에 급제하여 선전관(宣傳官)·도총(都摠)·도사(都事)·경력(經歷)을 거쳐 진주 판관(判官)을 지냈고, 이어 함경 북병사(咸鏡北兵使)와 평안 병사(平安兵使) 및 한성부 판윤(漢城府判尹)을 지냈다. 1583년에 여진족 니탕개 무리가 함경도 회령(會寧)에서 반란을 일으키자, 당시 온성 부사(穩城府使)로서 첨사 신상절(申尙節)과 함께 두만강을 건너 여진족의 소굴을 소탕하고 난을 평정하였다. 이후 1592년 임진왜란이 일어나자, 삼도 순변사로 충주 탄금대(彈琴臺)에서 왜군과 맞서 싸우다가 참패하고 남한강에 투신하여 순절하였다. 영의정에 추증되었다.

61) 그대의 형 : 김수의 형 김첨(金瞻, 1542~1584)을 이른다.

62) 홍진(洪進) : 1541~1616. 본관은 남양(南陽), 자는 희고(希古), 호는 인재(訒齋)·퇴촌(退村),

현령(龍潭縣令)에, 김첨(金瞻)을 지례 현감(知禮縣監)에, 김수(金晬)를 이조정랑(吏曹正郎)에, 정창연(鄭昌衍)[63]·오억령(吳億齡)[64]을 이조좌랑(吏曹佐郎)에 제수하였다.

○ 전라도 유생 서태수(徐台壽) 등-25인- 이 상소하여 이이, 성혼이 무함을 당하고 있다고 힘써 변론하고, 또 논하기를,

"박순은 충성스럽고 청렴하며 공평하고 정직한 사람인데 무함을 받고 물러갔습니다. 지금 삼사의 신료들은 위로부터 도깨비라는 말씀을 듣고 아래로부터 사당(邪黨)이라는 지목을 받았는데도, 태연히 부끄러움을 모른 채 날로 간악한 음모를 꾸미고 있습니다. 이러한 때 더더욱 극성인 간괴(奸魁) 약간 명을 추려내어 임금을 속이고 어진 이를 해친 죄를 분명하게 물어 바로잡지 않는다면, 나라의 존망(存亡)을 알 수 없게 될 것입니다. 전하께서는 어찌하여 이조의 적임자를 먼저 가려 뽑고 다음에 삼사의 적임자를 가려

시호는 단민(端敏)이다. 홍인우(洪仁祐)의 아들이다. 1570년 식년 문과에 급제한 뒤, 1576년 헌납을 거쳐, 1583년 용담현령으로 부임하였다. 임진왜란 때 호종한 공으로 호성공신(扈聖功臣) 2등에 책록되었으며, 당흥부원군(唐興府院君)에 봉해졌다. 1609년 관상감제조가 되었으나, 북인이 집권하자 사퇴하였다. 영의정에 추증되고, 저서로는 《퇴촌유고》가 있다.

63) 정창연(鄭昌衍) : 1552~1636. 본관은 동래(東萊), 자는 경진(景眞), 호는 수죽(水竹)이다. 정광필(鄭光弼)의 증손으로, 아버지는 좌의정 정유길(鄭惟吉)이다. 1579년 식년 문과에 급제하여 독서당(讀書堂)에 들어갔고, 이조좌랑을 거쳐 동부승지 등의 관직을 두루 역임하였다. 1614년 우의정에 이어 좌의정이 되어 기사(耆社)에 들고 궤장(几杖)을 받았다. 광해군 때 폐모론이 일어나자 벼슬을 사퇴하였다가 인조반정 이후 다시 좌의정에 올랐다.

64) 오억령(吳億齡) : 1552~1618. 본관은 동복(同福), 자는 대년(大年), 호는 만취(晚翠), 시호는 문숙(文肅)이다. 1582년 식년문과에 급제하여 이조 좌랑과 정랑을 거쳐 청현직을 두루 역임하였다. 1608년 선조가 죽자 고부청시청승습부사(告訃請諡請承襲副使)로 명나라에 갔다가 소임을 다하지 못하고 귀국해 한 때 파직되었다. 그 뒤 대사헌·형조판서·우참찬·개성유수 등을 역임하였다. 1615년 인목대비의 폐출에 반대하자 대북파 정인홍 등이 고부사(告訃使)의 일을 다시 들추며 탄핵하고, 멀리 귀양을 보내자는 논의가 일어나자 4년 동안 처벌을 기다리다가 죽었다. 배천의 문회서원(文會書院)에 제향되었고, 저서로는 《만취문집》이 있다.

뽑아서, 사악한 의론이 저절로 사라지고 조정이 스스로 청명해지게 하지 않으십니까? 시급히 이이·성혼·박순을 불러 그 지위에 돌아가서 직책을 수행하게 하신다면 사림에게 매우 다행이겠습니다.

지난번 태학에서 상소하려 할 때, 정언 이주(李澍)가 아들 이광정(李光庭)[65]을 시켜 반궁(泮宮)[66]에서 소리쳐 말하게 하기를 '오늘 이러한 논의를 주장하는 유생은 끝내 멸족의 화를 당할 것이다.' 하였으니, 사림에게 재갈을 물리려는 것이 또한 너무 심하지 않습니까?

유공진 등이 항거하는 상소를 올리자, 간신 송응개(宋應漑)의 생질인 박사(博士) 한인(韓戭)이 다른 일을 핑계 삼아 제 멋대로 정거(停擧)[67]시킨 사람이 백여 인이나 되었습니다. 이러한데도 죄주지 않는다면 동한(東漢) 당고(黨錮)의 화가 오늘 다시 일어날까 두렵습니다. 사악한 의론을 주장하는 저들 무리가 밤낮으로 분주하게 돌아다니면서 무뢰배들을 유혹하고 협박하여 말을 꾸며 내 상소하게 하여 임금의 귀를 현혹시키려 하니, 저들이 대궐에 몰려가던 날, 시정의 백성들이 놀라서 웃으며, '삼사의 자제들이 소를 올린다.'고 지목하였습니다."

하였다. 주상이 답하기를,

"그대들의 말은 볼수록 기특하여 심히 감탄하고 가상히 여기는 바이다. 내 비록 우매하고 나약하나, 어찌 간신 몇 명을 두려워하여 죄주지 않겠는가? 다만 많은 사람을 다스리는 인군의 법도는 속 좁게 성을 내는 필부와는

---

65) 이광정(李光庭) : 1552~1629. 본관은 연안(延安), 자는 덕휘(德輝), 호는 해고(海皐), 이주(李澍)의 아들이다. 1573년 진사시에 합격하고, 1590년 교관(敎官)으로서 증광문과에 급제하였다. 1602년 예조판서를 거쳐 대사헌이 되었다. 1623년 인조반정 후에는 공조·형조의 판서를 지냈다. 1627년(인조5) 정묘호란을 당해 인조를 호종하여 강화도로 피난하였으며, 1629년(인조7) 강화도에 있을 때 걸린 전염병이 악화되어 사망하였다.
66) 반궁(泮宮) : 조선시대의 성균관과 문묘를 이른다. 천자의 국학 기관을 벽옹(辟雍), 제후의 국학 기관을 반궁이라 하는데, 반(泮)은 반원을 이룬 연못을 상징하고, 궁(宮)은 학생들이 기거하면서 교육을 받는 학궁을 의미한다.
67) 정거(停擧) : 성균관의 거재 유생(居齋儒生)이 학령(學令)을 위반하였을 때 부과하는 유벌(儒罰)의 하나로, 과거 응시를 일정 기간 제한하는 것을 이른다.

같지 않으니, 한때 통쾌하려 하면 훗날 끝내 화를 남기게 되는 법이다. 그대들이 의기(義氣)를 떨쳐 나를 곽공(郭公)과 이종(理宗)[68]에 비유하기까지 하였지만, 내 진심으로 받아들이고 사양하지 않겠다."

하였다.

○ 비망기(備忘記)에 이르기를,

"박사 한인(韓戭)은 성균관 유생에게 분노를 품고 다수를 정거시켰으니, 전고에 없었던 변고이다. 그가 임금을 무시하고 도리를 벗어난 정상이 지극히 놀라우니 의금부에 하옥하고 추국(推鞫)하라."

하였다.

○ 전교하기를, "양사를 모두 체차하라." 하였다. 이양원(李陽元)이 대사헌이 되고, 백유양(白惟讓)[69]이 집의, 정유청(鄭惟淸)·송승희(宋承禧)가 장령, 정윤우(丁允祐)·성돈(成惇)이 지평이 되었으며, 김우옹(金宇顒)이 대사간, 정사위(鄭士偉)가 사간, 홍인서(洪仁恕)가 헌납, 유격(柳格)[70]·박홍로(朴弘老)가 정언이 되었다.

---

68) 곽공(郭公)과 이종(理宗) : 곽공은 춘추시대 괵공(虢公)의 통음(通音)으로 괵공이 선한 사람을 선한 줄 알면서도 등용하지 못하고, 악한 사람을 악한 줄 알면서도 쫓지 못하여 결국 나라를 망하게 하였다. 《春秋公羊傳 莊公24年》 이종은 남송(南宋) 말년의 황제로, 간신들에게 미혹되어 나라를 망하게 하였다. 《宋史 卷42 理宗本紀》

69) 백유양(白惟讓) : 1530~1589. 본관은 수원(水原), 자는 중겸(仲謙)으로, 백인걸(白仁傑)의 조카이다. 1572년 친시 문과(親試文科)에 급제하여, 1581년 홍문관 교리, 1588년 대사성·이조참의, 1589년 병조참판·부제학 등을 역임하였다. 1589년 정여립의 모반사건이 일어났을 때 아들 백수민(白壽民)이 정여립의 형 정여흥(鄭汝興)의 딸을 아내로 삼았던 탓으로 연좌되어 사형 당하자 사직하였다. 이후 정여립과 절친한 당여(黨與)로 지목되어 탄핵을 받아 유배되었으며, 선홍복의 초사(招辭)에 연루되어 장형(杖刑)을 받은 뒤 감옥 안에서 사망하였다.

70) 유격(柳格) : 1545~1584. 본관은 진주(晉州), 자는 정부(正夫), 호는 청만(晴巒)이다. 1580년 알성문과에 급제하여, 예문관의 검열(檢閱)·대교(待敎)·봉교(奉敎)를 거쳐 성균관전적(成均館典籍) 등을 지냈고, 정언(正言)에 다섯 차례나 임명되었다.

○ 유학(幼學) 하항(河沆)[71]이 상소하여 논하기를,

"이이는 박학다식하기는 하나 실제로는 존양성찰(存養省察)의 공부가 부족하여 소견이 그릇되었으니, 이제신(李濟臣)[72]을 구하려 한 것이 첫 번째 잘못이요, 조세를 더 거두려 한 것이 두 번째 잘못이요, 양전(量田)을 시행하고 군적(軍籍)을 정비하려 한 것이 세 번째 잘못이요, 송한필(宋翰弼)을 위해 신주를 써준 것이 네 번째 잘못이요, 자기의 과오에 대해 시비를 가리려 한 것이 다섯 번째 잘못입니다. 그밖에 관직을 팔고, 뇌물을 먹여 옥사를 그르치고, 서얼을 등용한 폐단 등이 있기 때문에 사람들의 의구심을 불러일으켜 논박을 받은 것입니다."

하자, 주상이 답하기를,

"썩어빠진 유자의 말이 우습구나."

하였다.

이보다 앞서 이제신이 북방 병영에 있을 때, 표신(標信)을 계류(繫留)[73]한

---

71) 하항(河沆) : 1538~1590. 본관은 진주, 자는 호원(浩源), 호는 각재(覺齋)이다. 천거로 참봉(參奉)에 제수되었으나 출사하지 않았으며, 수우당(守愚堂) 최영경(崔永慶)과 교유하며 일생 동안 학문을 연마하였다. 진주의 대각서원(大覺書院)에 제향되었다. 저서로 《각재집》이 있다.

72) 이제신(李濟臣) : 1536~1584. 본관은 전의(全義), 자는 몽응(夢應), 호는 청강(淸江)이다. 영의정 상진(尙震, 1493~1564)의 손자사위이다. 1578년 진주 목사가 되어 선정을 펴서 공이 많았으나 토호들의 모함으로 병부(兵符)를 잃고 벼슬을 사임, 향리에 은거하였다. 1581년 강계 부사로 다시 등용되고, 이어서 함경북도 병마절도사가 되었으나, 1583년 여진족 니탕개(尼湯介)가 쳐들어와 경원부가 함락되자 패전의 책임을 물어 의주 인산진(麟山鎭)에 유배되었다가 이듬해인 1584년 그곳에서 죽었다. 사후에 바로 신원되어 직첩을 환급받고 그해 겨울에 병조판서에 추증되었다. 저서에 《청강집(淸江集)》, 《청강소설(淸江小說)》, 《진성잡기(鎭城雜記)》 등이 있다.

73) 표신(標信)을 계류(繫留) : 이제신이 함경도 병마절도사로 재직 중이던 1583년에 여진족 니탕개(尼湯介)가 쳐들어와 경원부(慶源府)와 아산보(阿山堡)가 함락되자, 정부는 병사의 명을 받지 않고 출병했다가 패한 경원 부사 김수(金䃞)·판관 양사의(梁士毅)를 참수형에 처했다. 이 과정에서 이제신은, 속죄하고자 목숨을 걸고 분투한 김수·양사의를 구명하기 위해 참수를 명한 표신을 3일 동안 계류시켰는데, 이 때문에 패전의 책임에 왕명을 지체한 죄가 더해져 의주 인산진(麟山鎭)에 유배되었다. 《宣祖實錄 16年 윤2月 5日》 및 《宣祖修正實錄 16年 2月 1日》

일로 죄를 받게 되자 이이가 구제하였다. 조세를 더하고 양전을 시행하고 군적을 정비한 것은 모두 이이가 상소하여 청한 것이었다. 송한필(宋翰弼)·송익필(宋翼弼)74)의 어미는 여종75)이었는데, 송익필이 성대한 명성을 지니고 사우(士友) 간에 종유하였으므로, 이이가 일찍이 그를 위하여 그 어미의 신주를 쓰며 '비(妣)'라 칭한 일이 있었다. 그래서 하항이 상소에서 이러한 일들을 말한 것이다.

○ 우의정 정지연(鄭芝衍)이 유차(遺箚)를 올려 시사(時事)를 논하기를,
"그 시비를 말한다면 시비는 피차간에 다 있고, 그 충사(忠邪)를 가리려 한다면 양편 모두 사류입니다. 이이는 뜻이 크고 재질이 명민하여 그의 마음은 나라를 위하고자 하나, 성품이 거칠고 경솔하여 자기의 소견을 치우치게 고집하고 변경하여 고치는 것을 좋아하니, 만약 그에게만 맡겨둔다면 나라를 그르칠 염려가 없지 않습니다.
양사와 홍문관에서 언론으로 그를 책망한 것은 그의 잘못을 보고 그를 위해 논핵한 것인데, 말이 과격하여 중도에서 벗어난 것은 언관에게 흔히 있는 일입니다. 청컨대 문언박(文彦博)과 당개(唐介)의 고사(故事)76)에 비추어

74) 송한필(宋翰弼)·송익필(宋翼弼) : 두 사람은 형제 간으로, 송익필(1534~1599)이 형, 송한필(1539~?)이 아우이다. 이들 형제는 재능이 비상하고 문장이 뛰어나 일찍부터 문명을 떨쳐서 이이·성혼·정철 등과 폭넓게 교유하였고, 그 문하에서 김장생(金長生)을 비롯한 많은 후학들을 배출하였으나, 동인들로부터는 기축옥사의 실질적 배후이자 모주(謀主)로 지목되었다.
75) 어미는 여종 : 송익필의 아버지 송사련(宋祀連)이 안당(安瑭)의 얼매(孽妹)에게 장가들었는데, 1521년(중종16) 처조카인 정상(鄭瑺)과 공모(共謀)하여 안처겸·안당 등이 심정(沈貞)과 남곤(南袞) 등의 대신을 제거하려 한다고 무고, 신사무옥(辛巳誣獄)을 일으켜 안처겸 등 안씨 가문과 많은 사람에게 화를 입히고 자신은 그 공으로 출세하여 당상관(堂上官)에 올랐다. 이와 같은 송사련의 전적과 서인으로 좌정한 송익필 형제의 행보로 인해 이들 집안은 동인의 정치적 표적이 되었고, 이후 1586년(선조19) 안당의 증손인 안로(安璐)의 상소로 송익필 일가를 반노(叛奴)로 지목, 안씨 집안의 노비로 환속시켰다. 송익필 형제의 어미가 사비(私婢)라 함은 이러한 맥락에서 나온 말이었다. 동인측에서는 송익필 형제가 이에 대해 원한을 품고 기축옥사를 사주한 것으로 보고 있다.

처치하소서. 이이가 자기 과실을 듣고, 스스로 반성하고 통렬히 자책하여 기질을 변화시키고 덕기(德器)를 이룰 수 있다면, 금일의 많은 구설들이 이이 평생에 약석(藥石)이 되지 않으리라 어찌 알겠습니까?"

하였다. 주상이 하교하기를,

"이 계사를 보니, 난잡하고 조리가 없어 다 볼 필요도 없겠다. 더구나 이미 초고를 만들었다면 어찌하여 그 즉시 아뢰지 않고 죽은 지 수십 일이 지난 뒤에야 아뢴단 말인가? 그 사이의 일은 모두 알기 어려우니, 우선 그대로 두라."

하였다. 식자(識者)들은 이르기를,

"정지연이 시론(時論)의 꾐에 빠져, 이이로 하여금 송응개 등이 가한 모욕적 언사를 기꺼이 감내하도록 만들려 하였으니 그 그릇됨이 이와 같다."

하였다.

○ 이때 조정의 의론이 크게 무너져서 동인들은 모략을 꾸며 이이 등을 공격하기에 못하는 짓이 없었다. 경기전 참봉(慶基殿參奉) 변사정(邊士貞)77)이 상소하였는데, 그 대략에 이르기를,

"신이 남쪽에 있으며 이이가 심히 시의(時議)를 거슬렸다는 말을 듣고

---

76) 문언박(文彦博)과 당개(唐介)의 고사(故事) : 송(宋)나라 때 전중시어사(殿中侍御史)로 있던 당개(唐介)가 "문언박은 진기한 비단으로 궁액(宮掖)과 통하여 그로 인해 등용되었다."는 등의 말로 재상 문언박을 탄핵했다가 폄척되었는데, 뒤에 당개를 불러들이자는 논의가 있자, 문언박이 임금에게 아뢰기를 "당개가 지난번에 어사로 있으면서 신의 일을 말한 것 중에 신의 병통에 적중한 말이 많았습니다. 그 중에 비록 잘못 들은 풍문도 있기는 했으나 당시의 견책이 너무 과중했으니, 다시 그를 조정으로 부르소서." 하였다. 《宋史 卷313 文彦博傳, 卷316 唐介列傳》
77) 변사정(邊士貞) : 1529~1596. 본관은 장연(長淵), 자는 중간(仲幹), 호는 도탄(桃灘)이다. 음보(蔭補)로 경기전 참봉(慶基殿參奉)이 되었고, 1592년 임진왜란이 일어나자 순천(順天)에서 의병을 모집, 의병장으로 왜병 2천 명을 사살했다. 장령(掌令)에 추증되었고, 운봉(雲峰)의 용암서원(龍巖書院)에 제향되었다. 1583년에 상소하여 삼사를 비롯한 동인 세력의 공격으로부터 이이·성혼·박순을 옹호하였다.

놀라워하던 중에, 다시 성혼이 이이를 옹호하였다는 이유로 참소를 입고 산야로 돌아갔다는 말을 들었습니다. 이에 신이 혼잣말로, '태양이 중천에 떠 있어서 도깨비가 자취를 감추었는데, 어떤 소인배가 충량한 선비를 해친단 말인가?' 하였습니다. 또한 길가에 오가는 말들을 들으니, 나그네·품팔이·걸인 등 지극히 미천하고 어리석은 자들도 서로 탄식하고 슬퍼하는 것은 모두이 일 때문이었습니다.

지금 삼사와 승정원은 간당의 소굴이 되어 붕당을 체결하고, 다수의 힘으로 군부를 위협하면서 종사(宗社)의 안위는 생각지 않고 흉악한 혀를 마구 놀려 기망하는 짓을 자행하고 있습니다. 저들은 혹시라도 공론이 격발할까 두려워하여 은밀히 자제를 보내 유생들을 위협하고, 다음으로는 서리(書吏)를 시켜 명륜당에서 논의를 주도하는 유생을 기찰하여 그 성명을 기록하게 하였으며, 승지를 사주하거나 병조를 시켜 위협하고 금지시켰습니다. 그래도 공론이 날로 격화되어 걷잡을 수 없게 되자, 작은 허물을 핑계삼아 유생들을 정거시켰습니다. 이로써 말하자면 이이와 성혼을 퇴출시킨 것은 그 죄악이 작은 것이요, 임금의 귀를 가리고 막은 것은 그 죄가 크니, 만약 부정(不正)한 무리가 한꺼번에 일어난다면 나라가 망할 날이 멀지 않을 것입니다."

하니, 주상이 가납하고 격려하였다.

○ 주상이 2품 이상의 신료들을 선정전(宣政殿)으로 불러 하교하기를,

"근래 조정이 안정되지 못한 것은 오로지 심의겸과 김효원 두 사람 때문이니, 이들을 멀리 유배 보내려 하는데 어떠한가?"

하자 신하들이 모두 아뢰기를,

"애당초 붕당이 나뉘어진 것은 비록 두 사람에게서 연유한 것이긴 하나, 지금은 모두 외방에 보임되어 조정의 일에는 간여하지 못하고 있으니 굳이 죄를 물을 필요는 없습니다."

하였다. 주상이 이르기를,

"박근원, 송응개, 허봉 세 사람은 내가 그 간악함을 알고 있으니, 멀리 유배 보내는 것이 어떠한가?"

하자, 신하들이 또 이르기를,

"이들은 비록 정도에 지나친 말을 하긴 하였으나, 성명의 치세에 언론 때문에 죄를 줄 수는 없습니다."

하며 극력으로 신구하니, 예조판서 정철(鄭澈)이 나와 아뢰기를,

"이 사람들은 그 죄를 명확히 밝혀서 시비를 정하지 않으면 안 됩니다."

하였다. 주상이 의금부에 내리는 하교를 직접 써서 말하기를,

"송응개 등 3인은 사특한 성품으로 변변치 못한 재주를 믿고 부박한 무리와 결탁하여 편당을 지어서 서로를 끌어주며 후설(喉舌)[78]의 관사를 더럽히거나 대간과 시종의 관직을 함부로 차지하고, 기세를 펼쳐서 조정을 위협하고 대신을 무함하고 충현(忠賢)을 배척하는 등 편당한 행적이 이미 드러났고, 사감을 품은 행태가 모두 밝혀졌다. 탁란한 죄악이 이미 극에 달하여 나라를 그르친 죄를 면하기 어렵다는 것은 원근이 모두 알고 조정이 함께 분노하는 바이나, 오히려 저자에서 베어 죽일 형벌을 감면하여 가벼운 형벌을 베풀어서[79] 모두 관작을 삭탈하고 멀리 유배 보내라."

하였다. 송응개를 회령(會寧)에, 박근원을 강계(江界)에 유배하고, 허봉을 종성(鍾城)에 유배하였다가 곧 갑산(甲山)으로 이배하였다.[80] 또 특지(特旨)로

---

78) 후설(喉舌) : 왕명의 출납(出納)을 담당한 승정원 및 승지(承旨)를 이른다. 승정원 관원들은 왕의 명령을 아래로 전달하고 하부(下部)의 보고나 청원을 위로 전달하는 일을 맡기 때문에 임금의 목구멍과 혀란 뜻에서 후설(喉舌)이라 한다. 《시경》〈증민(烝民)〉에 "왕명을 출납하니, 왕의 목이요 혀로다.[出納王命, 王之喉舌.]"라고 한 데서 유래하였다.

79) 가벼운 …… 베풀어서 : 《서경(書經)》〈우서(虞書) 대우모(大禹謨)〉에, "죄가 의심스러울 경우에는 가벼운 쪽으로 처벌하고, 공이 의심스러울 경우에는 중한 쪽으로 상을 준다.[罪疑惟輕, 功疑惟重.]"라고 한 구절을 인용한 것이다.

80) 송응개를 …… 이배하였다 : 이른바 계미삼찬(癸未三竄)을 이른다. 계미년(1583, 선조16)에 동인의 도승지 박근원(朴謹元), 대사간 송응개(宋應漑), 전한 허봉(許篈)이 병조판서 이이를 탄핵하였다. 이들은 이이가 병권을 마음대로 하고 임금을 업신여기며 파당을 만들어 바른 사람을 배척하므로 왕안석(王安石)과 같은 간신이라고 하였다. 이처럼

이기(李墍)를 장흥 부사(長興府使)에, 박승임(朴承任)을 창원 부사(昌原府使)에, 김응남(金應南)을 제주 목사(濟州牧使)에 제수하였다.

대사간 김우옹(金宇顒), 사간 황섬(黃暹)-헌납, 정언은 위와 같다.[81]- 등이 아뢰기를,

"김응남은 오랫동안 경연에서 전하를 모셨고 죄명도 뚜렷하지 않은데 도깨비의 고장에 던져버리시니, 성명의 치세에 참소가 행해진 것이 이 지경에까지 이를 줄을 어찌 생각이나 할 수 있겠습니까? 청컨대 명을 도로 거두소서. 지난번 비망기에서 세 명을 유배 보내며 책망한 말은 너무도 엄중하였습니다. 이들은 진실로 죄가 있으나 경박하고 망령되어 정도를 지나쳤던 것에 불과할 뿐인데 중률로 다스렸으니 형벌이 정도에서 어긋나 인심이 불안해하고 있습니다.

애당초 이이는 재주가 부족하고 뜻이 편협하여, 행동거지가 물정(物情)에 어긋났으니, 언론의 책임을 맡은 관료로서는 사안에 따라 논박하여 바로잡는 것이 진실로 당연한 일이나, 송응개와 허봉 등은 부박하고 경솔하여 이이를 탄핵한 말이 실정과 크게 달랐습니다. 또한 송응개가 피혐하여 세 번에 걸쳐 사직하면서도 자신의 허물은 거론하지 않고, 박순·이이·성혼을 논핵하며 중도에 어긋난 발언을 많이 하였습니다.

유생이 올린 소는 의론이 한쪽에 치우쳤으니, 후설의 신하는 밑에서 아뢰는 말들을 받아들이고 그에 대한 의견을 개진하는 것이 또한 그 직분이라고 할 것입니다만 박근원 등은 사리를 분석하지 못하고 대부분 쓸데없이 번잡한 말들만 아뢰어 성심의 의혹을 일으켰으니, 진실로 죄가 없을 수 없습니다.

삼사가 이이를 탄핵한 명목은 병조판서 이이가 군주의 명령 없이 제멋대로 전횡한다는 것이었으나 실상은 삼사를 장악한 동인이 이이를 서인으로 지목하고 그에 대한 공세를 강화하였던 것에 그 본질이 있었다. 계미삼찬 이후 이이는 서인을 대부분 등용했고, 유배된 세 사람의 죄목을 풀어주지 않은 채, 다음 해 1월 급서하였다. 이로써 동인과 서인의 대립은 더욱 격화되는 결과를 가져왔다.

81) 헌납 …… 같다 : 박승임이 대사간일 때의 헌납은 권협(權悏), 정언은 심대(沈岱)였다. 앞에 보인다.

그러나 이는 소회가 있으면 반드시 진달한다는 데서 나온 실책일 뿐이니, 어찌 깊이 죄를 물을 수 있겠습니까? 청컨대 명을 모두 거두어 주소서."

하였다. 주상이 답하기를,

"그들을 구제하려 하지 말라. 저들에게 무익함은 물론이거니와 도리어 국체를 손상시킨다. 나라가 망할지언정 저 간악한 세 사람은 결단코 용서할 수 없다. 김응남의 경우, 내가 정말 그의 근면함과 신실함을 아꼈고, 조금의 의심도 없이 신뢰하였다. 경안령 이요가 면대하여 그를 배척하였을 때도 또한 의심하지 않았는데, 그후 송응개가 응남을 극구 칭찬하였다. 응개는 간사한 무리의 수괴인데, 응남이 이 간적에게 칭찬을 받았으니 그와 결탁하였음은 심히 불을 보듯 뻔한 일이라고 하겠다.

근래 경안령이 면대를 청했던 일을 두고 이이가 사주한 일이라고 한다는데, 이는 필시 응남의 무리가 날조하여 무함한 것이 틀림없으니, 내 실로 통분하고 있어서 그에게 제주 목사를 제수한 것은 나라로서는 형벌의 정도를 잃은 것이지만 그 자신에게는 다행이라 하겠다. 만약 그가 면모를 일신한다면 반드시 훗날 다시 그를 신뢰하게 될 것이다."

하였다. 김우옹 등이 고집하여 다투니, 주상이 타이르기를,

"세 사람 외에는 다시 다른 염려할 것 없다. 직위를 가진 신하들은 행여 조금도 의심하지 말고 마음을 다해 직무에만 임할 것이며, 사간원은 다시는 번거롭게 해서는 안 된다. 오늘 내 직접 인견하여 따뜻한 말로 타이르면 응남은 반드시 나의 뜻을 알 것이다."

하였다.-이날 응남이 하직 인사를 올리자 주상이 불러보고, 호랑이 가죽 등의 물건을 하사하였다.-

○ 수찬 김홍민(金弘敏)[82]이 지방에 있으면서 상소하여 이이와 성혼을 배척

---

82) 김홍민(金弘敏) : 1540~1594. 본관은 상주(尙州), 자는 임보(任父)이며 호는 사담(沙潭)이다. 1570년에 식년시(式年試)에 급제하여 한림과 삼사를 거쳐 이조좌랑이 되었고, 1584년

하고, 아울러 박순을 논핵하여 이르기를,

"대신의 지위에 있으면서 조제보합에 힘쓰지 않고 사사로운 뜻을 자행하며 감히 일망타진의 계책을 시행하였습니다. 또한 탑전에서 아뢴 말은 나라를 해치고 사림을 무함하기에 충분하였으니 어찌 참혹하다 하지 않겠습니까?"

하니, 주상이 답하기를,

"이 상소를 보니 삼사의 계사를 그대로 베낀 것에 불과하다. 김홍민 또한 낭료 가운데 사당(邪黨)에 속한 인물이므로 그 말이 이와 같으니 괴이할 것도 없구나! 심지어는 이이가 편당을 짓는다고까지 하였으니, 이러한 말로 내 뜻을 움직일 수 있겠는가? 나 또한 주희의 말[83]을 본받아 이이, 성혼의 당에 들어가고자 하노라. 내 비록 어리석고 용렬하나, 썩은 유자 한 명도 용납하지 못하겠느냐? 우선 그대로 두고 본직만 체차하라."

하였다.

○ 유생 박제(朴濟)[84]가 상소하였는데, 그 대략에 이르기를,

"애당초 김귀영에게 하문하셨을 때 알지 못하겠다고 대답하였고, 정지연은 어진 이를 배척하고 악한 자와 당을 이루었으며, 송응개·허봉·박근원은 화를 주창한 응견(鷹犬)이고, 김효원, 서인원(徐仁元),[85] 김응남, 김첨, 홍진은

삼사와 함께 이이와 박순을 탄핵하였다. 그 후 사인(舍人)을 거쳐 1590년 전한(典翰)에 임명되었다. 임진왜란 때는 의병을 모아 충보군(忠報軍)이라 칭하고 상주에서 적의 통로를 막았다. 후에 도승지에 증직되었다.

83) 주희의 말 : 주희는 군자들이 붕당을 이루는 것은 문제가 되지 않으며, 나아가 임금을 군자의 당에 끌어들여 태평성대를 이룩해야 한다는 인군위당(引君爲黨)설을 제출하였다. 《晦庵集 卷28 與留丞相書》

84) 박제(朴濟) : 1548~1608. 본관은 함양(咸陽), 자는 대제(大濟)·여옹(汝顒), 호는 운고(雲皐)·관산(觀山)이다. 계미년(1583), 이이와 성혼, 박순에 대한 정치적 공격을 본격화한 동인에 대해 그 인사들을 하나하나 거론하며 전방위적으로 비판하는 소를 올렸다.

85) 서인원(徐仁元) : 1544~1604. 본관은 이천(利川), 자는 극부(克夫), 호는 오엄(嗚嚴)이다. 1573년 생원시에 합격하였고, 1589년에는 심대(沈岱)와 함께 동인(東人) 중의 거벽(巨擘)으로 꼽히기도 했다. 음관(蔭官)으로 부여 현감(扶餘縣監), 영평 현령(永平縣令), 단양 군수(丹陽郡守), 호조정랑, 춘천 부사(春川府使), 호조 참의 등을 거쳐 1603년 11월에 강원도

화를 일으키도록 사주한 인물들입니다. 이산해(李山海)는 김응남의 처남으로, 겉으로는 충후해 보이나 안으로는 음흉함을 감추고 있고, 박승임·이기는 어질고 유능한 이를 질시하고, 김우굉(金宇宏)[86]은 음흉하며 사특하고, 홍혼은 교활하며 음험하고, 홍여순은 간특하며 사납고, 정희적(鄭熙績)[87]은 사리에 어두우며 식견이 없고, 우성전은 음험하며 비루하고, 이경률은 허탄하며 사악하고, 이징(李徵)은 완악하며 천박하고, 김우옹은 선량한 듯하나 그의 형[88] 때문에 잘못된 길로 들어서고야 말았습니다. 전하의 대신 가운데 옛 지조를 고쳐 간당(奸黨)에 아부한 자가 없지 않으니, 후일 기용할 때 그의 언사와 기색을 살피고 그의 말을 들으시면 밝으신 성상의 감별 아래 그가 어찌 숨길 수 있겠습니까?"

하니, 이는 대개 노수신(盧守愼)을 가리켜 배척한 것이다. 주상이 답하기를,

"소회가 있으면 반드시 진달해야 하는 법이니, 진실로 가상하다 하겠으나 그 내용인즉 망령되니 우선 그대로 두어라."

하였다.

○ **겨울**, 성혼을 이조참의로 삼고, 특별히 교지를 내려 불렀다.

관찰사에 제수되었으나, 이듬해 탄핵을 받았다.

86) 김우굉(金宇宏) : 1524~1590. 본관은 의성(義城), 자는 경부(敬夫), 호는 개암(開巖)이며, 현 경상북도 성주 출신이다. 초년에 동생 김우옹(金宇顒)과 함께 조식에게 수학하였고, 뒤에 이황에게도 수학하였다. 1566년 별시문과에 급제하여, 정언(正言)·헌납(獻納) 등 여러 관직을 두루 지내고, 1573년 부수찬, 1582년 충청도 관찰사가 되었다가 형조 참의·홍문관 부제학 등을 역임하였다. 1589년 관직에서 물러나 고향 성주로 돌아갔다. 저술로 《개암집》이 있다.

87) 정희적(鄭熙績) : 1541~?. 본관은 하동(河東), 자는 사훈(士勳)이다. 1573년 8월, 선조가 특지를 내려 심의겸을 대사헌으로 삼자, 당시 정언으로 있던 정희적이 외척에게 특지를 내리는 것은 온당치 못하다고 아뢰었고, 이후 동인으로 좌정하였다가 계미삼찬 당시 서인의 탄핵을 받았다.

88) 그의 형 : 김우굉(金宇宏, 1524~1590)을 이른다.

○ 판돈녕부사(判敦寧府事) 이이가 해주로 돌아가 또 상소하여 스스로를 탄핵하니, 상이 좋은 말로 비답하고 하루 속히 상경하라 하였다.

○ 황해도 유생 유대춘(柳帶春)[89] 등-180인- 이 상소하였는데, 그 대략에, "신 등이 고을에서 직접 본 것을 가지고 송응개가 무고한 말을 변별하겠습니다. 이이가 향곡(鄕曲)에 머물 때 사양하고 받고 취하고 주는 것이 의리에 부합하지 않는 것이 없었으니, 사방에서 뇌물이 폭주했다는 말은 너무도 터무니없습니다. 집에 있는 서재(書齋)에서 일군의 학도들이 머물렀는데 그들을 대접할 거리가 없었으므로 당시 감사(監司)가 선박에서 거두어들인 어염(魚鹽)을 지급하여 그것으로 조석의 끼니를 해결하였습니다. 어찌 선비를 기르는 물자를 두고 이이가 자기 것으로 점유하였다고 말할 수 있습니까?

이이의 형 이번(李璠)이 배천[白川]에서 해택(海澤)의 공한지(空閑地)를 얻어 이미 입안(立案)을 받았다가 봉흔(奉昕)에게 빼앗기자 소송하여 이겼습니다. 그런데 봉흔이 이를 원망하고 욕하자 이이가 형에게 포기하도록 권유하였으니, 이는 실로 땅을 사양한 아름다운 뜻입니다. 더구나 형이 한 일을 이이에게 돌리니, 이는 참소하는 자의 교묘한 꾀입니다. 송도(松都) 혜민국(惠民局) 밖에 공터가 있는데, 이이의 형 이번이 일찍이 입진(入陳) 문자[90]를 호조에 바쳐 절수(折受)하려 하였으나 호조가 허가하지 않았습니다. 이 일은 이이와는 관련이 없는데, 이를 두고 명의를 빌려 받아냈다고 하는 것은 더욱 이치에 맞지 않습니다.

송응개가 이러한 주장을 하는 데는 이유가 있습니다. 이이가 항상 말하기를, '송응개라는 사람은 대를 이어 악행을 저질렀으며, 민가를 헐어 그의 아비를

---

89) 유대춘(柳帶春) : 1543~1631. 본관 서산(瑞山), 자는 영숙(榮叔), 호는 동촌(東村)이다. 이이·성혼 문인이다. 1583년 삼사(三司)가 이이를 탄핵하고, 이이를 신구(伸救)한 성혼이 무함(誣陷)을 받자 황해도 유생 180여 명의 소두(疏頭)가 되어 삼사의 신하를 처벌할 것을 청하는 상소를 올렸다. 저서로 《동촌유고(東村遺稿)》가 있다.

90) 입진(入陳) 문자 : 진황지(陳荒地)의 개간을 청구하는 서류이다.

장사지냈다.' 하였는데, 응개가 이에 원망을 품고, 독을 머금고 틈을 엿보아 사감(私憾)을 풀려 한 것이 이 지경에 이르렀습니다."

하였다. 주상이 답하기를,

"말하는 기상이 늠름하니, 죽지 않은 간신도 이미 뼈가 차가워졌다[91]고 할 만하다. 어찌하면 그대들을 조정에 둘 수 있겠느냐?"

하였다.

○ 대사간 김우옹 등이 아뢰기를,

"근래 조정이 안정되지 못하여 인심은 의심하고 두려워하고 있으니, 진정시킬 방책을 지금 당장 도모하지 않으면 뭇 신하가 함께 화합하여 국정에 힘쓰는 아름다운 풍토는 이룰 수 없게 될 것입니다. 지난 번 양사(兩司)가 병조판서를 논핵했던 것은 애당초 공격에 뜻을 두었던 것이 아니었습니다.

그런데 본디 경박하고 망령된 사람이었던 지평 이경률(李景嵊)이 동료들과 의논도 하지 않고 자기 멋대로 '임금을 업신여기고 권력을 마음대로 휘둘렀다'는 등의 말을 덧붙여 놓아 이 쟁단을 열었고, 여기에 장령 이징(李徵)이 피혐(避嫌)하며 한 말들이 너무 지나쳤습니다. 이 두 사람이 앞에서 일을 만들고, 송응개·허봉(許篈) 등이 경솔하게 격발시켜 뒤에서 다시 일을 그르쳤습니다.

그러나 지금 송응개 등이 받은 죄가 너무 지나친 까닭에 사람들이 애처롭게 여기고 있으며, 애당초 사단을 만드는 데 뜻을 두지 않았던 사람들까지 모두 시끄럽게 외방에 보임되어 나갔기 때문에 물의가 애석해 하고 있는데, 이경률 등에게는 아직까지 견책과 처벌이 내려지지 않고 있으니 사람들이 온당하지 않다 여기고 있습니다. 청컨대 모두 파직하소서.

정철(鄭澈)은 원래 강퍅하고 편협하며 시기를 일삼아 남을 이기려 드는

___

91) 죽지 …… 차가워졌다 : 당나라 이사중(李師中)의 시 〈송당개폄영주별가(送唐介貶英州別駕)〉에 "함께 놀던 영준의 얼굴이 어찌 그다지 두터운가? 죽지 않은 간신도 이미 뼈가 차가워졌겠구나.[竝遊英俊顏何厚? 未死奸諛骨已寒.]"라고 한 데서 온 말이다.

사람으로서, 이리 얽고 저리 얽어 어지러운 선동으로 사류(士類)를 분열시켰고
또 기회를 틈타 남을 모함하는 것에 조금의 거리낌도 없습니다. 이 사람의
마음 씀씀이와 쌓인 생각을 보면 기어이 조정 신료들에게 화를 입히려 하고
있으니 청컨대 파직하여 그 죄를 정하소서.”

하였다. 주상이 답하기를,

“그리 여길 것이 아니다. 사간원은 누군가의 사주를 받은 것이 틀림없다.
내가 이 논의의 의도가 정철을 몰아내려는 것에 불과하다는 것을 알고 있으며,
한두 명의 지난 대간을 함께 언급하여, 나로 하여금 화평(和平)한 처사라고
믿어 의심치 않게 하려는 수단이다. 두 이가(李哥)[92]야 따져 말할 것이 무엇이
있겠는가? 무식하고 꼬리나 흔들어대는 사람이 사악한 당의 선봉이 되었던
것에 불과하다.

지금 이 무리들이 진상이 탄로나자 두 이가에게 죄를 전가하고 자신들은
벗어나기를 도모하고 있으니, 그 꾀가 가련하다. 만약 아뢴 말처럼 처음부터
공격할 뜻이 있었던 것이 아니었는데 성상소에서 제멋대로 ‘임금을 업신여기
고 권력을 마음대로 휘둘렀다’는 등의 말을 덧붙인 것이 사실이라면, 그때
삼사(三司)는 무슨 어려움이 있었기에 그를 논박하여 체차시키지 않고 도리어
사특한 말을 늘어놓아 기어이 충량(忠良)한 사람을 해치고야 말려 했던가?
옆에서 틈을 엿보며 개가 으르렁대듯 하는 마음을 일찍이 하루도 잊어본
적이 없다가 하루아침에 이이의 작은 허물을 보자 총알을 끼고 기다리던
무리가 참새가 날뛰듯 설치며 지금이 바로 기회라 여긴 것이다.

이에 사특한 말이 모든 틈을 막고 사방을 에워쌌으니 소인들의 꾀가 그야말
로 교묘하고도 참혹하였으나 실상은 어리석은 짓이었다. 더구나 당시 사헌부
가 아뢴 말에도 또한 이러한 말들이 있어서 이경률과 차이가 없었는데,
지금에 와서는 ‘자기의 소견으로 덧붙인 것이다.’라고 하니, 이 무슨 말인가?
이들은 모두 사당(邪黨)이니 아뢴 대로 파직하라.

---

92) 두 이가(李哥) : 이경률(李景嵊)과 이징(李徵)을 이른다.

　정철의 사람됨은 그 마음이 바르고 행실은 방정하나 다만 말이 너무 곧아 시류에 용납되지 못한 것이니, 진실로 조정 백관의 한 마리 독수리요 전상(殿上)의 용맹한 호랑이[93]라 할 것이다. 지난번 인대(引對)하던 날 직언을 올리며 사악한 자를 배척하기에, 내 진실로 그가 비방 받을 것을 알고 직접 정철을 타이른 일이 있었는데, 지금 보니 과연 그러하다."

하였다.

　○ 영의정 박순(朴淳)이 연달아 차자를 올려 사직하였으나, 주상이 위로하고 허락하지 않았다.

　○ 부제학 홍성민(洪聖民), 수찬 백유함(白惟咸)[94] 등이 차자를 올렸는데, 그 대략에,

"사림은 하나의 사림인데 처음 사소한 일로 시작된 것이 점점 어긋나고 멀어져서, 동·서 두 글자가 혼란을 일으키는 계제가 되었습니다. 이에 이조판서 이이가 화평을 힘껏 주장하여 위로는 성상께 아뢰고 사림에게 전하여 타일렀으나 도리어 서인을 비호하고 동인을 억제한다고 의심을 받아 이 지경에 이르렀습니다. 만약 화평을 주장한 그의 의론이 당시에 시행되었다면, 어찌 오늘날과 같은 일이 있었겠습니까?

　송응개 등 세 사람은 죄가 없지 않으나 북쪽 변방에 귀양까지 보낸 것은 너무 지나친 처사로, 맑은 조정에 큰 흠이 되는 일입니다. 지난날의 병통은 모두 의심[疑]이라는 한 글자 때문입니다. 의심하면 어긋나고, 어긋나면 막히

---

93) 전상(殿上)의 …… 호랑이 : 어전에서 임금에게 직간하는 사람을 말한다. 송(宋)나라의 유안세(劉安世)가 언관(言官)으로서 황제의 노여움 앞에서도 굽히지 않고 자기의 정당한 주장을 끝내 관철시켜 당시 사람들이 '전상의 호랑이'라고 하였다. 《宋史 卷345 劉安世列傳》
94) 백유함(白惟咸) : 1546~1618. 본관은 수원(水原), 자 중열(仲說)이다. 백인걸(白仁傑)의 아들로서, 1576년 식년문과에 급제하여, 1583년에 이조좌랑, 1584년에 이조정랑이 되었다. 1589년 기축옥사 때, 이발, 이길, 김우옹 등이 정여립과 친밀하게 교유했다고 탄핵하며 옥사를 확대하였다. 1591년 왕세자 책봉 문제로 정철의 주장에 동조했다가 유배되었다.

게 되어, 말을 다할 수 없게 되니 마음도 통하지 못하게 되어 점점 서로 알력을 일삼는 지경에 이르게 됩니다. 이는 예로부터 공통된 근심인데 지금은 더욱 극심한 상태입니다.

지난번 사간원에서 올린 차자는 비록 진정시키려는 계책에서 나왔으나 지나치게 염려한 나머지 뜻이 치우치고 말이 어긋남을 면치 못하였으니, 심히 해괴하다 하겠습니다. 항간에 떠도는 근거 없는 말은 귀로 들을 수는 있어도 입으로 말할 수는 없는 것인데, 말하기를, '아무개의 처제이다' '아무개와 아무개는 사돈 간이다' '아무개의 벗이다' '아무개의 문객이다'라고 하면서, 근거 없는 일들에 하나하나 의문을 제기하며 사람에게 악한 이름을 씌우니, 그 일이 애매하게 되고야 말지 않겠습니까?"

하였는데, 주상이 칭찬하는 비답을 내렸다.

○ 대사간 김우옹 등이 차자를 올려 동서(東西)가 각립하게 된 근원에 대해 논하고, 또 정철이 이리저리 거짓을 얽어 사화를 꾸미고 있으며 전후 유생들이 올린 소장들도 모두 정철의 사주를 받은 것이지 실제 공론이 아니었다고 말하였다. 주상이 말하기를,

"차자의 논의가 잘못되었다. 내가 지금 물의를 진정시키고자 애쓰고 있는데 너희들이 또 다시 나의 의심을 격발시키니 조정의 운세가 형통하지 못한 것이 틀림없다."

하였다. 대사간 김우옹 등이 이것을 이유로 피혐하였고, 대사헌 이우직(李友直)[95] 또한 이 때문에 피혐하였다. 홍문관이 처치하여 사간원 및 장령 송승희(宋承禧), 지평 정윤우(丁允祐)·성돈(成惇) 등을 모두 체차시키고 대사헌만을 출사

---

95) 이우직(李友直) : 1529~1590. 본관은 여흥(驪興), 자는 중익(仲益), 호는 저로(樗老), 시호는 문의(文懿)이다. 1558년 식년 문과에 급제하여, 1583년 대사간·대사헌·도승지를 역임했는데, 이때 니탕개의 난에 대한 책임으로 귀양 가서 죽은 북병사 이제신(李濟臣)을 신원(伸寃)하게 하였다. 이듬해 도승지·형조판서를 거쳐 1589년 다시 형조판서가 되고, 우참찬에 이르렀다.

하게 하였다.

○ 사헌부가 아뢰기를,

"한인(韓戧)이 사사로움을 따라 망령된 작태를 보이긴 하였으나 어찌 임금을 무시하고 도리에 벗어나는 마음이 있겠습니까? 죄명이 너무 지나치니, 청컨대 형을 정지하소서."

하니, 주상이 답하기를,

"한인은 송응개의 조카로, 악행을 저지름에 거리낌이 없는 것이 이처럼 극단적인 지경에 이르렀다. 송씨 가문은 흉악한 기운으로 뭉쳐 있다. 만약 죄를 승복한다면 참작하여 감형해줄 수도 있지만 그렇지 않다면 국문을 중지할 수 없다."

하였다. 당초 한인은 유공진(柳拱辰) 등이 석전제(釋奠祭)[96]에 참가하지 않고 흩어졌다는 이유로 그들의 성명을 적어 인갑(印匣)에 보관하고 있었는데, 서태수(徐台壽) 등이 한인이 자기 외삼촌의 복수를 하려 한다고 하였으므로, 주상이 한인을 국문하라고 명하였다.

○ 이조판서 이이(李珥)가 서울로 들어와 상소하자, 주상이 위로차 인견하였다. 이이가 말하기를,

"박근원(朴謹元), 송응개(宋應漑)는 진실로 사악한 사람입니다만, 허봉(許篈)은 연소하여 경거망동하였으나 그 재주가 아깝습니다. 이 세 사람에 대한 처벌이 너무 무거워, 같은 죄를 지은 자들이 모두 불안해하고 있으니, 모름지기 관대한 은전을 베푸는 것이 마땅합니다."

하였으나 주상이 허락하지 않았다. 이에 이이가 말하기를,

"비유하자면 열 명이 도둑질을 했는데 그 중 세 명만이 죄를 받고 나머지

---

96) 석전제(釋奠祭) : 음력 2월과 8월 상정일(上丁日)에 문묘(文廟)에서 공자(孔子) 이하 여러 성현(聖賢)들에게 지내는 큰 제사를 이른다.

일곱 명은 사모(紗帽)를 쓰고 공무를 본다면 이는 왕정(王政)에 자못 편파적인 일입니다."

하자, 주상이 말하기를,

"그들 세력의 뿌리가 이처럼 깊을 줄은 내 미처 몰랐다."

하니, 이이가 말하기를,

"세력의 뿌리가 깊다 함은 적합한 말이 아닙니다. 한때의 사류가 그 논의를 동일하게 했던 것은 식견이 없어 그러했던 것입니다."

하며, 그들을 용서해줄 것을 힘껏 청하였으나 주상은 끝내 따르지 않았다. 이이가 성혼(成渾), 정구(鄭逑)를 부르도록 청하자, 주상이 말하기를,

"김우옹은 어떠한 사람인가?"

하니, 이이가 말하기를,

"선한 사람이나 시비를 가리는 데 분명하지 않은 사람입니다."

하고, 또 말하기를,

"한인은 망령된 사람으로 진실로 죄가 있으나 그를 사지(死地)에 두는 것은 너무 지나친 처사입니다."

하였다. 주상이 말하기를,

"박근원은 위·아래의 소통을 가로막았으니, 조고(趙高)[97]와 같은 자다."

하자, 이이가 말하기를,

"승정원이 윤허를 받아야 한다는 것을 핑계 삼아 소장을 들이지 않았다 하는데, 이는 또한 관례를 따른 것이지 박근원이 만들어낸 것이 아닙니다."

하고, 또 말하기를,

"화평론을 주장하는 사람들은 이전 삼사의 사람들을 모두 등용하는 것이 좋다 하나, 신의 생각으로는 이 사람들을 모두 등용하면 의론이 여러 갈래로

---

97) 조고(趙高) : 진(秦)나라 때 환관이다. 진 시황(秦始皇)이 죽자 승상(丞相) 이사(李斯)와 거짓 조서를 만들어 장자(長子) 부소(扶蘇)에게 죽음을 내리고 이세(二世) 호해(胡亥)를 세웠으며, 이사를 죽이고 승상이 되어 대소사를 제멋대로 하다가 진나라를 멸망에 이르게 하였다.

갈라져 끝내 하나로 합쳐지는 때가 없게 될 것이니, 다시 등용하는 것은
불가합니다."
하였다.

○ 해주 유생 박추(朴榲)가 상소하였는데, 그 대략에,

"이른바 동인이란 자들은 오직 사람을 해칠 생각만 하지만, 서인이라는
자들은 시종일관 남의 논박만 받았을 뿐입니다. 나라를 근심하여 일을 처리하
기를 이이처럼 하는 사람이 몇 명이나 되겠습니까?"

하였다. 이어 유몽학(柳夢鶴)·허상(許鏛)·서인원(徐仁元)·강서(姜緖)·강신(姜
紳)·김성일(金誠一)·김첨(金瞻)·우성전(禹性傳)·홍혼(洪渾)·정희적(鄭熙績)·이
경률(李景嵊)·이징(李徵)·권덕여(權德輿)·홍여순(洪汝淳) 등의 죄를 논하고, 성
혼과 정철에게 사헌부 직책을 주어서 전면적인 개혁을 시행하라[改絃易轍]
청하니 주상이 좋은 말로 비답을 내렸다.

갑신년(1584, 선조17) 봄, 지평 황혁(黃赫)[98]이 직제학 이순인(李純仁)
에 대해 논하고, 시류에 영합하는 것을 벼슬길에 나아가는 수단으로 삼으니
체직하라 청하였다. 주상이 누구에게 빌붙었느냐고 묻자 회계(回啓)하기를,
"처음에는 조원(趙瑗)에게 빌붙었다가 다시 이발(李潑)에게 빌붙었습니다.

---

98) 황혁(黃赫) : 1551~1612. 본관은 장수(長水), 자는 회지(晦之), 호는 독석(獨石)이다. 기대승
    문인으로, 1580년 별시 문과에 장원 급제하여 집의·사간·우승지를 역임하다가 1591년
    정철이 건저(建儲) 문제로 위리안치 될 때 일당으로 몰려 삭직되었다. 임진왜란이
    일어나자 호군으로 등용되어 아버지 황정욱과 함께 순화군(順和君)을 배종하다가 회령에
    서 모반자인 국경인(鞠景仁)에게 붙잡혀 왜군에 인계되었다. 가등청정(加藤清正)의 협박
    에 아버지 황정욱 대신 선조에게 보내는 항복 권유문을 썼고, 후에 이 사건으로 탄핵을
    받아 이산(理山)에 유배되었다가 신천으로 이배되었다. 또한 이이첨을 풍자한 시를
    쓴 일로 미움을 받아 1612년에 순화군의 아들 진릉군(晉陵君)을 왕으로 추대하려 한다는
    무고를 받고 투옥되어 옥사하였다. 인조반정 때 복관되어 좌찬성에 추증되고 장천군(長
    川君)에 추봉되었다.

이이와는 어려서부터 친밀한 사이였는데, 그의 성쇠를 보고 향배를 정하였으니, 그가 스스로 처신하는 행태를 이미 여기에서 알 수 있습니다."

하니, 주상이 아뢴 대로 하라고 답하였다.

○ **여름**, 부제학 김우옹이 외방에서 상소하여 사직하였는데, 언로(言路)를 열고, 총명(聰明)을 넓히며 호오(好惡)를 바르게 하라 청하였다. 상소에서 이르기를,

"전하께서는 요(堯)·순(舜)과 같이 총명하지만 뭇 신하들은 협력하여 국정에 힘쓰는 아름다움이 없이 각자 자기의 소견만 옳다하며 서로 비방하고 원망합니다. 그런데 이에 대한 조정의 대처는 이미 편중되어 인심을 복종시키지 못하고 있습니다. 또 간혹 자신의 주장을 펼치면서 '국시(國是)'라 부르고 기세등등하게 올바른 사람들을 배척하고 억압하여, 천하의 공론을 저버리고 한 개인의 사견만을 멋대로 펼치니, 임금이 듣는 것은 날로 옹색해지고 민심은 날로 답답해지며, 빌붙는 자는 날로 더욱 나아가고 의론을 달리하는 자는 날로 더욱 멀어져, 사람마다 겁에 질려 발을 포개고 옆으로 비켜서서 감히 한 마디 저촉되는 말도 하지 못합니다. 이는 불행히도 자사(子思)가 이른바 '경대부(卿大夫)가 말을 하는데 감히 그 그른 점을 바로잡지 못 한다.'[99]고 한 것에 가깝습니다.

진관(陳瓘)[100]이 장돈(章惇)[101]에게 이르기를, '기울어진 배의 균형을 잡고자

---

99) 자사(子思)가 …… 한다 : 자사가 위후(衛侯)에게 "왕의 국사가 장차 날로 잘못될 것입니다.[君之國事, 將日非矣.]" 하자, 위후가 그 까닭을 물으니, 자사가 "임금이 한마디 말을 내놓으며 스스로 옳다고 하면 경대부가 감히 그 잘못을 바로잡지 못하고, 경대부가 한마디 말을 내놓으며 역시 스스로 옳다고 하면 사서인이 감히 그 잘못을 바로잡지 못합니다. 이는 임금과 신하가 모두 혼자 잘났다고 하는 것인데도 아랫사람들이 같은 목소리로 치켜세우고만 있으니, 이는 치켜세우면 순순히 따르는 것이 되어 복이 오는 반면에, 바로잡으면 거역하는 것이 되어 화를 당하기 때문입니다. 이렇게 된다면 좋은 일이 어디에서 생겨나겠습니까?[君出言, 自以爲是, 賢之則而卿大夫莫敢矯其非; 卿大夫出言, 亦自以爲是, 而士庶人莫敢矯其非. 君臣旣自賢矣, 而群下同聲賢之, 順而有福·矯之則逆而有禍, 如此則善安從生?]"라고 대답하였다. 《資治通鑑·周紀·安王25年》

왼쪽의 것을 옮겨 오른쪽에 두면 편중되기는 마찬가지이니, 어떻게 나아갈 수 있겠는가?' 하였습니다. 지금의 형세가 이와 무엇이 다릅니까? 전하께서 늘 신하들에게 마음을 모아 화합하라고 경계하였고, 재상 중에서도 동·서를 타파하고 피차를 하나로 할 것을 주장하는 사람이 있습니다. 그런데 그 말을 들어보면 아름답긴 하나 그 행실을 보면 오류투성이입니다. 그가 자기의 동류를 포진시키고 자기와 의견을 달리하는 사람은 배척하는데 그 기세가 너무 성하여 이미 가까이 다가갈 수 없는 지경임을 전하께서 어찌 아시겠습니까?

조정의 의논은 날로 엄격해지고 간사하고 아첨하는 무리들이 날로 빌붙고 있으며 참소하는 말이 번갈아 나와 남의 약점을 들추어 고변하는 일이 풍조를 이루고 있습니다. 사류 중에 조금이라도 명성이 있는 자는 모두 간당으로 지목하니, 사람마다 두려워하며 조석도 보전하기 어려운 지경입니다. 오늘날 조정에서 경계하는 말이 나와도, 이러한 의론은 진실로 시배가 심히 싫어하고 조신들이 매우 꺼리는 내용이므로, 비록 만 백성이 같은 마음이라 하나 감히 전하의 옆에서 이러한 말을 아뢸 수가 없습니다."

하였다. 주상이 답하기를,

"김우옹의 사람됨은 내 오래 전부터 알고 있는데, 그는 성품이 꽉 막히고 괴이하며 편협하다. 썩어빠진 선비의 말은 책망할 것도 없으니 우선 버려 두고 본직은 체차하라."

---

100) 진관(陳瓘) : 1057~1124. 북송(北宋)의 문신으로, 자는 형중(瑩中), 호는 요옹(了翁)이다. 처음에 장돈(章惇)의 천거로 태학박사가 되었으나 나중에는 장돈과 어긋나 쓰이지 못하였다. 간관(諫官)이 되었을 때는 채경(蔡京)을 등용하지 말 것을 극론하였다. 시호는 충숙(忠肅)이다. 《宋史·陳瓘列傳》

101) 장돈(章惇) : 1035~1106. 자는 자후(子厚)이며, 건주(建州) 포성(浦城) 출신이다. 신종(神宗) 때 신법당인 왕안석(王安石)에게 발탁되어 벼슬하였고, 철종(哲宗)이 즉위하자 추밀원사(樞密院使)가 되어 채경(蔡京) 등을 끌어들여 구법당인 소식(蘇軾)·사마광(司馬光) 등을 배척하였다. 휘종(徽宗)이 즉위하자 뇌주에 유배되었다가 목주(睦州)로 이배되어 죽었다. 《宋史·章惇列傳》

하였다. 대사간 신응시(辛應時)가 차자를 올려 말하기를,

"김우옹이 한 말은 오로지 정철을 지척한 것으로, 마치 우매한 임금이 위에 있고 권간이 권력을 농단하는 것 같이 말했으니, 말 밖의 뜻을 억지로 끄집어내어 허물이 없는 데에서 허물을 찾고 있습니다."

하자, 주상이 논한 바가 매우 올바르다며 좋은 말로 답하였다.

을유년(1585, 선조18), 이보다 앞서 전주 사람 정여립(鄭汝立)[102]은 박학다식한데다 비상한 기억력을 가지고 있었으며 경전에 해박하였고 의론을 펼칠 때는 우레가 치고 바람이 부는 듯하였다. 학문을 핑계 삼아 이이의 문하에 종유하였는데, 이이가 그의 흉악함과 음험함을 알지 못하고 그 재주를 가상히 여겨 마침내 청현직에 발탁하자 명성이 심히 자자하였다.

호남 유생 서태수(徐台壽) 등이 올린 소는 모두 정여립이 앞장서서 주도한 것으로, 아첨으로 이이를 섬기기에 못하는 짓이 없었다. 그러다가 이이가 졸한 후 정여립이 동인의 세력이 성대함을 보고 도리어 시론에 빌붙어 온갖

---

102) 정여립(鄭汝立) : 1546~1589. 본관은 동래(東萊)이고, 자는 인백(仁伯)이다. 전라북도 전주에서 첨정(僉正)을 지낸 정희증(鄭希曾)의 아들로 태어나 경사(經史)와 제자백가에 통달하였다. 1570년 식년문과에 을과로 급제한 뒤 1583년 예조좌랑을 거쳐 이듬해 수찬(修撰)이 되었다. 1583년 계미삼찬(癸未三竄) 이후, 이이에 대해 비판적 입장으로 돌아서 서인의 반감을 샀고, 이후 동인이 힘써 천거했음에도 불구하고 중앙에서 관직을 얻지 못하고 고향으로 돌아갔다. 관직에서 물러난 후, 진안군의 죽도(竹島)에 서실(書室)을 세워 활쏘기 모임[射會]을 여는 등 사람들을 규합하여 대동계(大同契)를 조직하였고, 1587년 왜선들이 전라도 손죽도(損竹島)에 침범했을 때는 당시 전주부윤 남언경(南彦經)의 요청에 응하여 대동계를 동원, 이를 물리치기도 하였다. 1589년 황해도 관찰사 한준과 안악군수 이축, 재령군수 박충간 등이 연명하여 정여립 일당이 한강이 얼 때를 틈타 한양으로 진격하여 반란을 일으키려 한다고 고변하였는데, 이것이 이른바 기축옥사의 시작이었다. 관군의 포위망이 좁혀오자 정여립은 아들 옥남과 함께 죽도로 도망하였다가 자살하였다고 전해진다. 서인 정철이 위관이 되어 사건을 조사, 처리하면서 동인의 의론을 주도하였던 이발·이길·백유양 등이 처형되었고, 이로써 동인의 세력이 크게 약화되었다.

말로 이이를 헐뜯으며 자신이 직접 편지를 보내 절교하였다고 하였다. 그러자 당시 사람들이 크게 기뻐하며 그를 높이 추장하며 추켜세우기를 행여나 미치지 못할까 두려워하듯 하였다.

하루는 주상이 경연에서 이이의 사람됨을 물었는데, 신하들이 미처 대답하기도 전에 홍문관 관원으로서 입시하였던 정여립이 이이의 단점을 노골적으로 드러내기에 여념이 없었고, 이어 박순과 성혼까지 간악하고 사특하다 배척하니, 주상이 심히 미워하여 말하기를,

"여립은 오늘날의 형서(邢恕)103)이다."

하자, 정여립이 눈에 노기를 띠고 물러갔다.

○ **겨울**, 의주 목사 서익(徐益)104)이 상소하였는데, 그 대략은 다음과 같다.

"삼가 들건대 정여립이 경연의 자리에서 죽은 이이를 공격하고 급기야 박순과 정철에까지 미친 까닭에 박순과 정철이 직위에 편안히 있지 못하고 물러났다 합니다. 이런 일은 다른 사람이 그랬다면 오히려 그럴 수 있다 하겠으나 정여립이 그러한 것은 있을 수 없는 일입니다. 정여립은 본래 이이 문하의 선비로, 그가 학사(學士)의 직함을 띠고 들어와 전하를 뵙게 된 것은 모두 이이의 힘이었습니다. 세 사람[송응개·박근원·허봉]을 유배

---

103) 형서(邢恕) : 정자(程子)의 문인이었으나 뒤에 스승을 배신하여 모함하였고, 또 선학(禪學)에 경도되었기 때문에 배사(背師)의 대명사가 된 인물이다.

104) 서익(徐益) : 1542~1587. 본관은 부여(扶餘), 자는 군수(君受), 호는 만죽(萬竹) 또는 만죽헌(萬竹軒)이다. 1569년 별시문과에 급제, 병조·이조좌랑, 교리, 사인(舍人)을 역임하고, 외직으로 서천군수·안동부사·의주목사 등을 지냈다. 문장과 도덕, 그리고 기절(氣節)이 뛰어나 이이·정철로부터 지우(志友)로 인정받았다. 의주목사로 있을 때에는 정여립으로부터 탄핵을 받은 이이와 정철을 변호하는 소를 올렸다가 파직되기도 하였다. 의주에서는 이이의 영향을 받아 육조방략(六條方略)으로써 북방을 선무(宣撫)하였으며, 돌아와서는 12책(策)을 올리기도 하였다. 충청남도 은진(恩津)의 갈산서원(葛山書院)에 배향되었고, 효암서원을 거쳐 현재 행림서원에 배향되어 있다. 저서로는《만죽헌집(萬竹軒集)》1권과 시조 2수가 있다.

보내기[三竄]로 결정하고 나서 이이가 부름을 받고 돌아왔을 때, 어떤 사람이 여립에게 이이의 사람됨을 묻자 여립이 뜰 안의 감을 가리키며 말하기를,

'공자는 다 익은 감이고 율곡-이이의 별호(別號)이다.- 은 반쯤 익은 감이니, 진실로 성인이다.'

하고 또 말하기를,

'변사정(邊士貞)이 삼현(三賢)을 구하기 위해 올린 소[105]는 만세토록 전해져야 마땅하다.'

하였습니다. 또 이발(李潑)이 항상 이이를 스승으로 섬겼는데 의론이 일치하지 않자 마침내 공격할 뜻을 품고 '조정 일을 독단으로 처리하고, 온당치 않은 사람들을 끌어들이는' 큰 죄를 저질렀다고 하였습니다.

어떤 사람이 정여립이 이이에게 보낸 편지 내용을 신에게 말하여 주었는데, 그 편지에 이르기를,

'비록 세 사람은 유배 보내는 것으로 결정되었으나 큰 간인(奸人)이 아직 그대로 있으니 속히 대책을 도모함이 마땅하다.'

하였는데, '큰 간인'이란 유성룡(柳成龍)을 가리킨 것입니다. 이에 신이 사사로이 생각하기를,

'정가(鄭哥)의 기질은 여전히 그대로구나! 하물며 유성룡은 당초 이이를 공격했던 사람이 아닌데 어떻게 감히 그리 하려는가?'

하였습니다. 앞서도 정여립이고 후에도 역시 같은 정여립인데, 오늘날 이이를 친히 팔아넘기고도 어찌 부끄러움을 모른단 말입니까? 또 어떤 사람이 이이의 심사(心事)가 의심스럽다고 논하는 말을 듣고 신이 일찍이 이 일을 유성룡에게 물으니, 그가 답하기를,

'평탄하고 평이한 것이 이이의 장점인데, 유감스럽게도 변법(變法)과 경장(更

---

105) 변사정(邊士貞)이 …… 소 : 계미년(1583, 선조16), 경기전 참봉(慶基殿參奉) 변사정이 삼사를 비롯한 동인 세력의 공격으로부터 이이·성혼·박순을 옹호하기 위해 올렸던 상소를 이른다. 본서의 앞에 보인다.

張)을 좋아하였다.'

하였습니다. 아! 고금 천하에 어찌 평탄하고 평이한 소인이 있단 말입니까? 만약 이이의 심사가 의심스럽다고 하면 온 나라 사람들이 모두 입을 모아 그를 두둔할 것입니다.

박순과 정철은 모두 맑고 고아한 명망을 지니고 경상(卿相)의 자리에 올라서, 품은 생각은 아뢰지 않은 것이 없고 말한 것은 따르지 않은 것이 없었습니다. 그들이 미처 하지 못한 것은 유배 보낸 세 사람[三竄]을 방환하자고 청하는 일 한 가지뿐입니다. 송응개의 언사는 실로 허탄하고 망령되나 간관이라는 이름이 있으니 어찌 죄를 줄 수 있겠습니까? 허봉은 이름난 아비[106]의 자식이니 비록 큰 허물이 있다 하나 어찌 무겁게 죄를 물을 수 있겠습니까?

지난해 죄인들에게 대사면을 베풀었을 때에도 유배 보낸 세 사람은 석방 대상에 들지 못하였습니다. 당시 신은 홍문관에 재직하고 있었으므로 차자를 올려 이 문제를 논하려 하다가 정철이 상신(相臣)에게 말하여 전하께 진달하려 한다는 말을 듣고 생각하기를, '대신이 말하려 한다니, 굳이 홍문관이 나설 필요가 없겠구나.' 하였습니다. 그런데 옆에서 여러 날을 귀 기울여봐도 아무 소식이 없기에 정철에게 가서 물으니, 정철은 박순이 두 정승에게 말을 꺼냈으나 결국 실행에 옮기지 못하였으므로, 응당 정승들과 다시 논의해 보겠다고 하였습니다. 그런데 정철에 대해 알지 못하는 자들이 앞 다투어 그에게 죄를 돌리는 바람에 온갖 비방이 모두 정철에게 모여들고 있지만, 정철의 처지에서야 다시 무엇을 할 수 있겠습니까? 그가 술을 좋아한다는 비방은 과연 그의 실제 병통이긴 하나, 이는 백옥에 있는 미세한 흠집에 불과합니다.

이산보(李山甫),[107] 박점(朴漸)[108]이 부모에게 효도하고 형제간에 우애가

---

106) 이름난 아비 : 허엽(許曄, 1517~1580)을 이른다. 허봉(許篈), 허균(許筠), 허난설헌(許蘭雪軒)의 아버지이다.

107) 이산보(李山甫) : 1539~1594. 본관은 한산(韓山), 자는 중거(仲擧), 호는 명곡(鳴谷), 시호는 충간(忠簡)이다. 1568년 증광 문과에 급제하여, 정언·대사간·우승지를 지냈다. 기축옥사

두터우며 임금에게 충성하고 붕우에게 신의를 지키는 사람이라는 것은 노비
들도 모두 아는 바로, 이와 같은 훌륭한 선비를 어디에서 얻을 수 있겠습니까?
다만 (이산보는) 말을 더듬는 병이 있어 말주변이 없을 뿐입니다.

좌의정 노수신(盧守愼)은 성명의 지우를 입어 막중한 책임을 지고 묘당(廟堂)
에 있으니, 사림을 하나로 합하고 조정을 화평하게 하는 것이 곧 그 마음이며
그의 직분일 터인데 지금은 사직을 애원하는데 급급하고 있으니, 어찌 까닭이
없겠습니까? 당초 노수신은 동서 양쪽에 관여하지 않았기 때문에 양쪽에서는
모두 자기편을 들어주기를 원하였는데 그렇게 되지 않자 모두 불평을 품고
근거 없는 논의들이 더욱 치성하여 쇠망과 화란의 기운이 목전에 닥쳐오게
되었습니다. 노수신으로서는 이러한 상황을 타개하자니 힘이 미치지 않고
그대로 머무르자니 그가 배운 학문에 어긋나는지라 이와 같이 고육책(苦肉
策)[109]을 쓰고 있는 것이니 그 실정이 애달프다 하겠습니다.

신이 비록 어리석으나 한 가지 방책을 아뢰고자 합니다. 전하께서는 먼저
유배된 신하를 방환하여 그들로 하여금 자기 집에서 늙어갈 수 있게 하소서.
다음 근신으로서 외방에 보임된 이들을 불러들여 다시 좌우에 두시고, 또
박순과 정철을 위로하시고 그들의 직위를 회복시키십시오. 그리고 나서
재상과 시종신들을 불러 온화한 낯빛과 말씀으로 진심을 다해 흉금을 털어놓

당시 대사간으로서 옥사를 다스렸고, 이듬해 성절사(聖節使)로 명나라에 다녀와서 또다
시 대사헌이 되었다. 임진왜란이 일어나자 선조를 호종(扈從)하였고, 대사간·이조판서
등을 역임하였다. 호종 공신(扈從功臣)에 책록되고 영의정에 추증되었으며, 한흥부원군
(韓興府院君)에 추봉되었다.

108) 박점(朴漸) : 1532~1592. 본관은 고령(高靈), 자는 경진(景進), 호는 복암(復菴)이다. 박순,
이이와 교분이 두터웠다. 1569년 별시 문과에 급제하여 이듬해 정언에 제수되었다.
이어 홍문관 부수찬·이조좌랑을 거쳐, 1585년 도승지가 되었고, 1589년 이조참의가
되었다. 1591년에 건저(建儲) 문제로 서인이 실각할 때 박점 또한 관작을 삭탈당하였다.

109) 고육책(苦肉策) : 제 몸을 상해가면서까지 꾸며내는 방책이라는 뜻으로, 일반적으로
어려운 상태에서 벗어나기 위한 수단으로 어쩔 수 없이 하는 계책을 말한다. 여기에서는
노수신이 동·서 붕당 간의 갈등과 대립을 수습할 방도를 마련하지 못하자 스스로
관직에서 물러남으로써 이 상황을 벗어나고자 하는 것을 가리킨다.

으신다면, 지난 날 시끄러운 고함들로 가득했던 일들은 다만 한바탕 웃음거리가 될 것입니다.

심의겸(沈義謙)에게 죄가 있는지 없는지 신은 진실로 알지 못하오나 전하께서 의겸을 간악한 괴수로 여겨 그와 교유하는 자는 모두 그르다 하시면 의겸은 인신으로서 막대한 죄가 있다 할 것입니다. 그런데도 여전히 황금대를 두르고 재상의 반열에 그대로 있으니 죄가 없는 자와 같습니다. 정말로 그에게 죄가 있다면 그 악행을 낱낱이 파헤쳐 그의 죄를 명백하게 밝힘으로써 법에 어긋나지 않게 해야 할 것이나, 정말로 그에게 죄가 없다면 비록 보잘것없는 신하라 해도 전하께서 '간악하다.'는 죄명을 덧붙여서야 되겠습니까?"

주상이 답하기를,

"품은 생각이 있으면 반드시 아뢰어야 하니, 이 점은 내 가상히 여기지만, 상소에 있는 말이 모호하고 미묘하여 헤아리기 어려우니, 승정원에 물어보라."

하니, 승정원에서 회계하기를,

"서익의 마음은 과연 헤아리기 어렵습니다. 정여립이 이이에게 편지를 보냈다는 것은 사실인지 거짓인지 알 수 없고, 큰 간인이 여전히 자리에 있다는 말이 설령 있었다 해도 서익이 직접 들은 것이 아닌데 어떻게 유성룡을 가리키는 말임을 알겠습니까? 이로써 미루어보건대, 상소에서 아뢴 말들은 모두 근거가 없고 터무니없는 주장들입니다. 또한 노수신에 대해 언급한 말들도 사리를 어지럽히고 제멋대로 방자하게 말하는 정상이 거침이 없습니다."

하였다.

○ 예조판서 유성룡이 서익의 상소를 이유로 사직하자, 주상이 답하기를,

"이로 인해 사퇴하면 흉측한 무리들이 관의 먼지를 털며 벼슬길에 나올 것이니, 이는 곧 그들의 뜻만 이루어줄 뿐이다. 사퇴하지 말라."

하였다.

○ 사간 이양중(李養中)110)-정언 전경창(全慶昌)111) 외 모두 위와 같이 사간원 소속이다.- 등이 차자를 올렸는데, 그 대략은 다음과 같다.

"서익의 상소는 사사로움에서 나오지 않은 말이 없습니다. 서익은 평소 이이, 정철과 교유가 가장 친밀하여 빈틈없이 의논하였고, 이산보, 박점도 함께 두터운 교분을 나누는 사이입니다. 심지어 박순에 대해서는 그 문하에 출입하며 의지하기를 마치 부형(父兄)을 보듯 하였으므로, 스스로 그와 화복(禍福)을 함께 해야 한다고 생각하여, 몸이 먼 곳에 있으면서도 그가 탄핵을 받았다는 소식을 듣자 울분을 참지 못하고 피를 뿌리듯 봉장(封章)을 올렸으니 그 정상을 알만합니다.

정여립의 편지 가운데 있다고 지적한 말은 당초 오가며 떠도는 말에서 나온 것이라 실상 근거가 없습니다. 게다가 '거간(巨姦)'이란 두 글자는 설령 있다손 치더라도 그것이 '유성룡을 가리킨다[指柳成龍].'는 네 글자는 여립의 편지 중에 있지도 않은데, 남의 말이라 거짓 핑계 대며 은밀히 자기의 뜻을 펴고 있습니다. 그리하여 한결같이 명망 있는 어진 재상을 공격하여 그로 하여금 조정에 편안히 있지 못하게 하려 하니, 그 음흉함은 차마 말로 다 할 수 없습니다.

심의겸이 유죄인지 무죄인지, 형을 받아야 하는지 말아야 하는지는 오직 전하께서 정하실 일인데, 서익은 자기가 뭐라고 이 일에 감히 지시하고 나선단 말입니까? 서익이 심의겸과 서로 아는 사이인지 여부는 알 수 없으나, 그가 친밀히 교유한 사람들이 모두 심의겸과 종유한 이들이니, 서익이 심의겸을 옹호하는 것은 심의겸과 교유한 사람들과 차이가 없습니다. 그래서 심지어

---

110) 이양중(李養中) : 1549~1591. 본관은 전주(全州), 자는 공호(公浩)이다. 집의 이성중(李誠中)의 아우이고, 이황 문인이다. 1572년에 별시문과에 급제하여, 병조정랑·사간 등의 관직을 거쳐 승지에까지 올랐다.

111) 전경창(全慶昌) : 1532~1585. 본관은 경산(慶山), 자는 계하(季賀), 호는 계동(溪東)이다. 이황 문인으로서, 1573년(선조6) 식년문과에 급제하여, 검열·정언 등을 역임하였다. 저서로 《계동집》이 있다.

는 성상으로 하여금 심의겸이 유죄임을 명백하게 말하지 못하도록 막아섰으니, 이는 과연 무슨 마음입니까?

또한 유배 보낸 세 사람을 석방하고 시종신을 소환하는 일은 실로 조정의 큰 처분이라 할 것인데, 서익은 일찍이 근밀한 지위에 있을 때는 오히려 이에 대해 말이 없다가 변방의 수령으로 나아가서야 울분에 차서 통탄하였습니다. 겉으로는 공론을 내세우나 그가 말하는 내용을 살펴보면 시종일관 터무니없는 거짓으로 사람들의 귀를 현란하게 어지럽히고 있으니, 그 결론은 자기가 좋아하는 이들에게 아첨하고자 은연중 심의겸을 구호하는 한 가지 일에 불과합니다."

주상이 답하기를,

"이 차자의 내용을 보니 만세토록 바꿀 수 없는 정론이다. 서익은 흉측한 부류이니, 제쳐두고 상대하지 않겠다."

하자, 헌납 김권(金權)112)이 아뢰기를,

"동료들이 차자를 올려 서익이 올린 상소의 잘못을 논하였습니다만, 당초 서익이 남쪽에 있어 정여립의 의론을 알고 있었으므로 울분을 참지 못하고 이러한 주장을 한 것입니다. 그의 뜻은 화평을 주장하는 것이었고, 또한 말을 한 사람에게 무겁게 죄를 묻는 것은 옳지 않습니다. 이에 신은 동료들의 의론이 지나쳤다 생각하므로 형세상 서로 용납하기 어렵습니다."

하였다. 주상이 묻기를,

"그 편지에 있는 말을 친히 보았는가?"

하자, 답하여 아뢰기를,

---

112) 김권(金權) : 1549~1622. 본관은 청풍(淸風), 자는 이중(而中), 호는 졸탄(拙灘), 시호는 충간(忠簡)이다. 성혼 문인이다. 1580년 별시문과에 급제하여, 1585년 사간원 헌납으로 재임 중에 이이를 비난하는 정여립을 논박하다가 파직 당하였다. 1590년 지평(持平)으로 복직되었으나 그 이듬해 정철 등이 축출당할 때 다시 파면 당하였다. 1612년 임진왜란 때 전주로 광해군을 호종한 공으로 청풍군(淸風君)에 봉해졌다. 1618년 폐모론에 반대하다가 강계로 유배되고 무안으로 이배되어 5년 뒤 그 곳에서 죽었다. 인조 때 영의정에 추증되었고, 청풍의 봉강서원(鳳岡書院)과 무안의 송림서원(松林書院) 등에 제향되었다.

"신이 직접 보았습니다."

하니, 주상이 또 하교하기를,

"그 편지가 나온 것이 정여립이 이이를 비방하기 전인가? 후인가?"

하자, 답하여 아뢰기를,

"비방한 후에 나왔습니다."

하였다. 주상이 답하기를,

"그대는 그 편지를 보았으므로 서익이 울분을 참지 못해 말한 것이라 여기지만, 동료들은 각자의 소견이 있는 것이니 서익이 남의 말을 핑계 댄 것이라고 여기는 것도 무방하다. 다만 서익이 정여립에 대해 논한 내용은 설령 그것이 사실이라 해도 그 나머지 부분은 진실로 사특한 주장이니, 서익이 화평을 주장한다고 한 그대의 말은 잘못이다. 사직하지 말라."

하였다.

○ 부제학 이식(李拭), 직제학 김수(金晬), 전한 백유양(白惟讓), 응교 윤선각(尹先覺), 교리 이덕형(李德馨)·유근(柳根),113) 저작 유대진(兪大進)114) 등이 차자를 올려, 서익이 남의 말을 가탁(假托)하여 사류를 무함한다고 논핵하자 주상이 좋은 말로 비답을 내렸다.

---

113) 유근(柳根) : 1549~1627. 본관은 진주(晉州), 자는 회부(晦夫), 호는 서경(西坰)·고산(孤山), 시호는 문정(文靖)이다. 1572년 별시 문과에 장원하였으며, 1591년 좌승지로서 정철의 일파로 탄핵 받고 파직되었다. 1613년 폐모론(廢母論)에 반대하다가 관작이 삭탈되었으며, 이후 대북파가 전횡하자 괴산(槐山)에 은거하였다. 1627년 정묘호란 때 강화로 왕을 호종하던 중 통진(通津)에서 죽었다. 괴산(槐山)의 화암서원(花巖書院)에 제향되었다. 문집으로 《서경집(西坰集)》이 전한다.

114) 유대진(兪大進) : 1554~1599. 본관은 기계(杞溪), 자는 신보(新甫), 호는 신포(新浦)이다. 아버지는 좌의정 기성부원군(杞城府院君) 유홍(兪泓)이다. 1583년 별시문과에 급제하여, 1584년에 이이의 천거로 정자·저작 등을 거쳐서, 1589년 부수찬·헌납, 1591년 정언·이조참의를 지냈다. 임진왜란 때 의병장으로 공을 세웠고, 1593년 공조참의·수원부사 등을 지냈다. 선무원종공신(宣武原從功臣)에 녹훈되고 이조판서에 추증되었다.

○ 대사헌 최황(崔滉)[115]이 아뢰기를,

"사간원에서 차자를 올려 서익을 논한 내용은 진실로 바르고 곧으나, 정여립의 편지에 대해 '오가며 떠도는 말에서 나온 것이라 실상 근거가 없다'고 주장한 것은 여립을 옹호하고자 그 마음을 속인 것에 불과하니, 어전에서 면대하여 기만한 이산보와 무엇이 다르겠습니까?[116] 신은 동료들과 서로 용납될 수 없습니다."

하였다. 사간 이양중(李養中) 등이 아뢰기를,

"신은 정여립의 편지에 대해 일찍이 직접 듣거나 본 일은 없으나 간혹 이러저러한 말들이 들리므로 차자 속에서 언급한 것이지, 털끝만큼도 정여립을 옹호하려는 뜻이 없었습니다. 정여립에게 잘못이 있다한들 신들과 무슨 상관이 있다고 그의 잘못을 은폐하려고 도리어 스스로 마음을 속이겠습니까?"

하자, 주상이 답하기를,

"정여립은 오늘날의 형서(邢恕)이다. 변변치 못한 일개 신하의 일이 무슨 큰 대수라고 이 때문에 서로 용납하지 못한단 말인가? 최황(崔滉)의 말은 공정하고 바르니, 피차가 툭 터놓고 서로 용납하는 것이 옳다."

하니, 양사가 물러가 명을 기다렸다. 홍문관이 처치하기를, 대사헌 이하는 모두 출사하고 사간 이하는 체차하게 하였다.

○ 영의정 노수신(盧守愼)이 송응개(宋應漑), 허봉(許葑), 박근원(朴謹元)의 유

---

115) 최황(崔滉) : 1529~1603. 본관은 해주(海州), 자는 언명(彦明), 호는 월담(月潭)으로, 이중호(李仲虎) 문인이다. 1566년 별시문과에 급제하여, 1572년 검열이 되었고, 1583년에는 성절사로, 1589년에는 사은부사로 명나라에 다녀오기도 하였다. 평난(平難)·광국(光國) 공신에 각각 3등으로 녹훈되고 해성군(海城君)에 봉하여졌다. 1592년 임진왜란 때에는 평양까지 선조를 호종하였으며, 왕비와 세자빈을 배종(陪從), 희천에 피난하였고, 이듬해 검찰사(檢察使)가 되어 왕과 함께 환도하여 좌찬성·세자이사(世子貳師)로 지경연사를 겸하였다. 영의정에 추증되었다.

116) 어전에서 …… 다르겠습니까 : 선조(宣祖)가 이산보에게 이이와 심의겸의 교분이 두터운 지 여부를 물었는데, 이산보가 이것을 부정한 일을 가리킨다. 《宣祖實錄 18年 1月》

배에 대해, 그들을 아는 사람이든 모르는 사람이든 모두 지나치다 하니
관대하게 용서해 줄 것을 여러 차례 청하였다. 주상이 허락하고, 고향으로
돌아가서 편한 대로 거주하게 하였다.

○ 대사헌 이식(李拭)-집의 이유인(李由仁), 장령 한옹(韓顒)·홍인헌(洪仁憲), 지평
심대(沈岱)·이시언(李時彦)- 등과 사간 이양중(李養中)-외방에 있는 대사간 이발(李潑),
헌납 정숙남(鄭叔男), 정언 조인득(趙仁得)·송언신(宋言愼)- 등이 합계하여 아뢰기를,
"청양군(靑陽君) 심의겸(沈義謙)은 지난날 붕당을 심어 사림에게 화를 끼쳤습
니다. 밖으로는 조정의 정령(政令)과 안으로는 궁중의 거조에 이르기까지
지휘하지 않은 것이 없었습니다. 또한 아비의 상중에 기복(起復)을 꾀하였고,
내지(內旨)[117]를 사칭하여 동생의 아내를 독살했으니, 파직하소서."
하자, 주상이 답하기를,
"한 사람의 시비(是非)를 조처하는 것이 무슨 어려운 일이라고, 이로 인한
조정의 분쟁이 10년이나 끌고 있으니, 그간의 피해를 어찌 다 헤아릴 수
있겠는가? 이는 전고에 없던 일이니 괴이하도다! 그러나 죄를 가하기까지
하는 것은 온당하지 못하다."
하고, 또 말하기를,
"어떤 사람들과 결탁했는가? 내가 몰라서는 안 되겠다. 이 하문은 다른
뜻이 있어서가 아니라, 알아 두어 훗날 일을 처리하는 기준으로 삼으려는
것뿐이다."
하니, 양사가 다시 아뢰기를,
"심의겸은 박순(朴淳), 정철(鄭澈), 박응남(朴應男),[118] 김계휘(金繼輝), 윤두수

---

117) 내지(內旨) : 여기에서는 심의겸의 누이이자 명종비인 인순왕후(仁順王后)의 명을 가리
킨다.
118) 박응남(朴應男) : 1527~1572. 본관은 반남(潘南), 자는 유중(柔仲), 호는 남일(南逸) 또는
퇴암(退庵)이고 사간 박소(朴紹)의 아들이며, 시호는 문정(文貞)이다. 성제원(成悌元)·이
중호(李仲虎) 문하에서 수학하였다. 1553년 별시 문과에 급제, 청요직을 두루 역임하였다.

(尹斗壽), 윤근수(尹根壽), 이해수(李海壽), 신응시(辛應時), 박점(朴漸) 등과 생사를
함께하는 교분을 맺고서, 서로 의지하여 권세를 휘두르며 조정을 어지럽히고
형세를 엿보고 있으니 장차 무슨 짓을 하려는 것이겠습니까? 심지어 성혼(成渾)
조차도 그의 손아귀에서 놀아났습니다. 그리하여 끝내 조정을 위·아래로
분열시켜 불안하게 만든 것은 모두 이 사람이 빚어낸 것이니 그 죄를 바로
잡을 것을 청합니다."

하였으나, 주상이 허락하지 않았다.

이발이 고향으로부터 올라와 아뢰기를,

"신하가 임금을 섬기는 도리는 '거스르면서 간함은 있으나 허물과 실수를
숨겨줌은 없다.'[119] 하였습니다. 지난 번 사간원에서 심의겸이 붕당을 심은
죄를 논핵하였을 때 전하께서 심의겸과 결탁한 사람이 누구인지 하문하셨으
니, 간원은 숨김없이 모두 아뢰어 전하로 하여금 그 무리가 누구인지 모두
알아서 천지의 큰 도량으로 포용할 수 있게 해야 하지만, 아랫사람으로서는
그를 용납하는 마음을 갖지 말아야 했습니다.

예조판서 홍성민(洪聖民)과 부제학 구봉령(具鳳齡)은 서인 중에서도 그 재주
와 문장으로 작금의 조정에서 쓰일 만합니다. 그러나 이들은 모두 심의겸의
친한 벗으로서, 이로 말미암아 발신한 자들임을 온 조정이 알고 있습니다.
신이 외람되게도 연이어 언론의 책임을 맡은 자리에 있으면서도 매번 화평을
주장하는 말에 끌려 다니느라 언론이 바르지 못하여 스스로 기망하는 죄에

대사헌으로 있을 때 국정을 전단하던 이량(李樑)을 탄핵하다가 귀양 갔으나 왕이 특별히
용서하여 풀려났다. 명종이 임종할 때 좌승지로 금중(禁中)에서 숙직하다 영의정 이준경
과 함께 고명을 받아 선조가 왕위를 계승하는 데 공을 세웠다. 심의겸과 친교가 두터워
조카딸(朴應順의 딸)을 선조비로 책봉하도록 하였다.

119) 거스르면서 …… 없다 : 《예기》〈단궁 상(檀弓上)에 "임금을 섬길 때는 거스르면서 간함은
있으나 숨겨줌은 없고, 좌우에 나아가 봉양하지만 정해진 직분이 있으며, 돌아가실
때까지 힘든 일을 맡아 하고, 돌아가시면 삼 년 동안 부모의 상에 준하는 상[方喪]을
치른다.[事君, 有犯而無隱, 左右就養有方, 服勤至死, 方喪三年.]"라고 한 구절에서 인용
한 것이다.

빠졌습니다."

하니, 주상이 위로하였다.

○ 양사가 잇달아 심의겸의 일을 아뢰니, 전교하기를,

"청양군 심의겸은 음험하고 사악한 자질로 성사(城社)[120]의 세력을 끼고 붕당을 세워 나라의 권력을 농단하였으며, 아비의 상중에 기복(起復)을 꾀하였다. 또 아우의 처를 독살하며 내지(內旨)를 사칭하였고, 빌붙어 당을 이룬 사람을 추켜올려 돌연 높고 현달한 품계의 관직에 임명하였다. 사류로서 명성이 있는 박순 같은 무리는 심의겸과 안팎으로 세력을 이루어 기세가 등등하였고, 홍성민, 구봉령 같은 부류는 또한 심의겸의 친한 벗이라는 이유로 말미암아 발신하였다. 이이, 성혼의 사람됨으로도 혹은 친척의 두터운 교분으로 혹은 교유의 친밀함으로 또한 그 농락을 받고도 부끄러운 줄을 몰랐다. 시비가 전도되고 나라의 형세가 동요하는 일이 10년이 다 되도록 이어져서, 그 죄악을 논하면 무거운 벌을 내리는 것이 합당하나 지금은 다만 파직하여 완곡히 보전하려는 나의 뜻을 보이도록 하라."

하였다.

○ 생원 이귀(李貴)[121]가 상소하였는데, 그 대략은 다음과 같다.

---

120) 성사(城社) : 성(城)에 굴을 파고 사는 여우나 사직단(社稷壇) 밑에 구멍을 파고 사는 쥐가 해롭기는 하나 여우를 파내려 하니 성이 무너질까 두렵고 쥐를 불질러 쫓으려 하니 사당이 타 버릴까 두려워 섣불리 손을 쓰지 못하는 존재라는 뜻이다. 흔히 세력을 빙자하여 권력을 농단하는 간신(奸臣)을 가리키는 말로 쓰인다.

121) 이귀(李貴) : 1557~1633. 본관은 연안(延安), 자는 옥여(玉汝), 호는 묵재(默齋), 시호는 충정(忠定)이다. 이이·성혼의 문하에서 수학해 문명을 떨쳤다. 광해군의 난정을 개탄하고, 김류(金瑬)·신경진(申景禛)·최명길(崔鳴吉)·김자점(金自點) 및 두 아들 시백(時白)·시방(時昉) 등과 함께 반정을 준비하였다. 1623년 3월 광해군을 폐하고 선조의 손자인 능양군 종(綾陽君倧)을 왕으로 추대, 정사공신(靖社功臣) 1등에 책록되었다. 그 뒤 호위대장(扈衛大將)·이조참판 겸 동지의금부사·우참찬·대사헌·좌찬성 등을 역임하고, 연평부원군(延平府院君)에 봉해졌다. 영의정에 추증되었으며, 인조 묘정에 배향되었다.

"삼가 보건대 양사가 심의겸의 죄를 청하면서, 아울러 이이와 성혼을 가리켜 그의 당여라고 하니 터무니없이 무함한 것이 심합니다. 이이는 심의겸과 통가(通家)의 교분[122]이 있었으나, 정작 정묘년(1567, 명종22) 전랑을 선발할 때 심의겸은 이이를 만족스럽게 생각하지 않았는데, 김계휘(金繼輝)가 힘껏 천거한 덕분에 이이가 선발되었던 것이니, 애당초 편당을 이룬 사실이 없음을 알 수 있습니다.

이이는 항상 말하기를,

'계유(1573, 선조6) 연간에 심의겸이 대사헌이 되어 나를 방문하여 말하기를, 「내가 이 관직을 맡은 것에 대해 여론이 어떠한가?」 하기에 내가 대답하지 않다가 이르기를, 「청양군(靑陽君)이라는 관직이 한가로우면서도 품계가 높으니 영공(令公)에게 충분하다.」 하였다. 의겸이 자신에 대한 풍자임을 모르고 태평하게 오만방자 하였으니, 그가 재물을 탐하고 식견이 없는 것이 이와 같다.'

하였습니다. 이는 부수찬 이정립(李廷立)[123]이 이이에게 직접 들은 것입니다. 또 기묘년(1579, 선조12)에 이이가 상소하여 '심의겸을 다시 요직에 앉혀서는 안 됩니다.' 하였으니 이이의 의중을 알 수 있습니다.

성혼의 경우, 그의 아비인 성수침(成守琛)[124]이 초야에서 명망이 높았으니,

---

122) 통가(通家)의 교분 : 통가는 대대로 사귀어 온 정분이 깊은 집안 또는 인척(姻戚) 사이를 말한다. 이귀의 상소에 따르면 이이의 조모가 심의겸의 조부인 심연원(沈連源)의 종매(從妹)여서 양가 간에 세의(世誼)가 있었다고 하였다. 《宣祖修正實錄 18年 9月 1日》

123) 이정립(李廷立) : 1556~1595. 본관은 광주(廣州), 자는 자정(子政), 호는 계은(溪隱)이고, 시호는 문희(文僖)이다. 최립(崔岦)·이이·성혼의 문인이다. 1580년 별시 문과에 급제하여, 1582년 수찬 때, 대제학 이이에게 추천 받고 이덕형(李德馨)·이항복(李恒福)과 함께 경연(經筵)에서 《통감강목(通鑑綱目)》을 시강해 삼학사(三學士)의 한 사람으로 칭송 받았다. 1589년 기축옥사를 다스린 공으로 평난공신(平難功臣)이 되었고, 1592년 임진왜란 때에는 예조참의로 왕을 호종하였다. 1594년에 한성부좌윤·황해도관찰사를 역임, 광림군(廣林君)에 봉해졌다. 뒤에 영의정에 추증되었으며, 저서로는 《계은집》이 있다.

124) 성수침(成守琛) : 1493~1564. 본관은 창녕(昌寧), 자는 중옥(仲玉), 호는 청송(聽松)·죽우당(竹雨堂)·파산청은(坡山淸隱)·우계한민(牛溪閒民)이고, 시호는 문정(文貞)이다. 아우 성수종(成守琮)과 함께 조광조(趙光祖)의 문인이다. 1519년(중종 14)에 현량과(賢良科)에

심의겸이 어찌 그 문하에 한 번도 나아간 일이 없었겠습니까? 성혼과 심의겸이
서로 알고 지내게 된 교분은 이 때문에 생긴 것입니다. 그러나 그 후 성혼은
지병으로 인해 스스로 폐인이 되어 조정 일에는 조금도 관여하지 않았는데
하물며 소위 편당을 지었을 리가 있겠습니까?

6, 7년 전, 심의겸의 죄가 아직 드러나지 않았으므로, 고인이 된 참찬
백인걸(白仁傑)이 의겸을 소인으로 지목하였을 때 너무 지나치다 하였고,
김우옹(金宇顒)이 의겸을 소인으로 배척하였을 때에도 또한 불가하다 하였습
니다. 이는 편당을 지었기 때문에 한 말이 아니라 진실로 의겸의 악행이
아직 드러나지 않았기 때문에 한 말입니다. 그러므로 지금 이이와 성혼이
심의겸을 대수롭지 않게 보아 그와 절교할 것까지 없다고 여긴 것에 대해
그것도 하나의 과실이라 한다면 괜찮겠으나, 그와 결탁하여 편당을 이루었다
말한다면 양사가 속였다는 것이 저절로 드러나는 것이라 하겠습니다.

무릇 심의겸이 버림받은 지가 하루 이틀이 아니고 이이와 성혼은 변함없는
그 사람인데, 그들이 아직 시론과 어긋나기 전에는 극도로 칭찬하며 조정에
나오지 않을까 걱정하다가 한번 시론과 어긋난 후에는 거침없이 무함하여
오히려 소인이 되지 않으면 어쩌나 염려하니, 이것이 그 정상이 훤히 드러나
감출 수 없는 이유입니다."

주상이 답하기를,

"심의겸을 두고 옳다 하는 것은 사특한 의론이고, 이이와 성혼을 두고
그르다 하는 것 또한 올바른 의론이 아니다."

하였다.

천거되었다. 그러나 기묘사화가 일어나 조광조와 그를 추종하던 많은 사람들이 처형
또는 유배당하자 벼슬을 단념하고 청송이라는 편액을 내걸고 두문불출하였다. 1541년
유일(遺逸)로서 후릉참봉(厚陵參奉)에 임명되었으나 사양하고, 처가가 있는 우계(牛溪)에
은거하였다. 1552년(명종 7) 내자시주부(內資寺主簿)·적성현감(積城縣監) 등에 임명되었
으나 모두 사양하였다. 저서로《청송집(聽松集)》이 있으며, 영의정에 추증되었고, 파주의
파산서원(坡山書院)과 물계(勿溪)의 세덕사(世德祠)에 제향되었다.

○ 해주 생원 조광현(趙光玹) 등이 상소하여, 이이가 심의겸과 편당을 지었다는 것은 무함이라고 변론하고, 이어 말하기를,

"경진(1580, 선조13) 연간에 정철이 이발의 음험하고 사특함을 비방하고 배척하였는데, 이 때문에 처음 의심과 불화가 싹텄습니다. 동인 가운데 이발을 편들던 이들은 이이가 정철과 절교하지 않으니 그르다 하였고, 서인 가운데 정철이 옳다 했던 이들은 이이가 정철을 옹호하지 않으니 잘못이라 하였습니다. 이이로서야 피차간에 어찌 털끝만큼이라도 사사로운 뜻이 있었겠습니까? 신사년(1581, 선조14) 심의겸을 논할 때 정철을 아울러 논핵하자, 이이가 당시 대간들과 의견을 달리하였는데, 이 때문에 동인에게 미움을 받은 것이 극에 달하였습니다.

이이는 항상 양쪽을 조정(調停)하려고 하였는데, 이 때문에 이이를 공격하는 자들은 이이가 동인을 억누르고 서인을 옹호한다 지목하였으니 한때의 억울한 무함이 또한 원통하지 않겠습니까? 근자에 이발의 계사 중에 이이와 성혼의 허물을 날조하여 고함으로써 헤아릴 수 없는 지경으로 몰아넣으려는 말이 있었습니다.

이이가 해서(海西)에 있었을 때, 이발이 편지를 보내 말하기를,

'심의겸을 소인이라 해서는 안 되고, 또한 심의겸의 무리를 사당(邪黨)이라 해서도 안 된다. 김숙부(金肅夫),[125] 유이현(柳而見)[126] 또한 이와 같이 말하였다.'

하였습니다. 이로써 보건대, 당초 이발 무리의 논의 또한 서로 현격한 차이가 있었던 것이 아니었는데, 지금은 시론에 빌붙어 도리어 이이를 배척하고 있습니다. 게다가 이발은 이이, 성혼에 대해 스스로 사우(師友)에 견주었는데, 끝내 이이, 성혼을 무함한 이가 바로 그 사람이니 어찌 마음 아픈 일이 아니겠습니까?"

하였다.

---

125) 김숙부(金肅夫) : 김우옹을 가리킨다. 숙부는 그의 자(字)이다.
126) 유이현(柳而見) : 유성룡을 가리킨다. 이현은 그의 자(字)이다.

○ 공주 교수 조헌(趙憲)[127]이 상소하여 조정의 일을 극론하였는데, 이이, 성혼 등이 어질다는 것을 힘껏 밝히고 동인이 어진 이를 방해하고 나라에 해를 입히는 정상을 통렬히 배척하면서, 그 크고 작은 과실(過失)을 남김없이 나열함으로써 주상의 뜻을 깨우치고자 하였는데, 그 내용이 거의 수만 언이었다. 주상이 해당 관사에 내려 회계(回啓)하라 명하자, 조정의 대부분 신하들이 분분히 인혐(引嫌)하였다.

대사간 이발(李潑)과 교리 김홍민(金弘敏)이 차자를 올려 조헌의 죄를 청하자 주상이 이발에게 답하기를,

"내 스스로 선하다면 남이 뭐라 하든 무슨 상관인가?"

하였고, 김홍민에게 답하기를,

"조정은 송사를 벌이는 법정이 아니다."

하였다. 부제학 정윤복(丁胤福)[128] 등이 차자를 올려 조헌의 죄를 청하자, 주상이 답하기를,

---

127) 조헌(趙憲) : 1544~1592. 본관은 배천(白川), 자 여식(汝式), 호 중봉(重峯)·도원(陶原)·후율(後栗)이다. 계미년(1583, 선조16) 삼찬(三竄)으로 위축된 동인들은 1584년 1월에 이이가 졸한 이후 서인에 대한 반격을 시작하였으며, 6월 부제학 김우옹의 상소를 필두로 8월에는 양사가 심의겸이 붕당을 만들었다고 비판하기 시작하였다. 그리고 1585년 9월 성혼은 이이와 함께 양사의 논척을 받자 심의겸과 연루된 죄를 자책하였다. 이에 이듬해인 1586년 공주 교수(公州敎授) 조헌이 상소하여 시사를 극론하고, 이이와 성혼을 변론하였다. 또한 조헌은 1587년 정여립의 흉패함을 논박하는 만언소(萬言疏)를 지어 현도상소(縣道上疏)하는 등 5차에 걸쳐 상소문을 올렸는데 모두 받아들여지지 않았으며, 이후 다시 일본 사신을 배척하는 상소와 이산해가 나라를 그르친다고 논박하는 상소를 대궐 문 앞에 나아가 올려 선조의 진노를 샀다. 결국 이로 인해 조헌은 삼사의 논핵을 받고 길주(吉州)로 유배되었다. 《燃藜室記述 宣祖朝故事本末 東人用事》《宣祖修正實錄 20年 9月 1日》
128) 정윤복(丁胤福) : 1544~1592. 본관은 나주(羅州), 자는 개석(介錫)이다. 1567년 식년문과에 급제하여 부제학·도승지·병조판서 등을 지냈다. 1589년 정여립의 모역 사건이 일어나자 정여립과 친하였다는 이유로 사간원의 탄핵을 받아 파직되었다가 다시 행호군으로 보직되었으나 물러나 수년 동안 한거하였다. 임진왜란 때 동서로호소사(東西路號召使)로 기용되고, 이어 우통어사(右統禦使)가 되었다. 선조가 북쪽으로 피란할 때 다리가 불편하여 따라가지 못하고, 분조(分朝)인 이천(伊川)으로 가서 병조참판을 제수받고 가산군에 이르렀을 때 병이 심해져 죽었다.

"자기를 돌아보고 스스로를 성찰한다면 다행일 것이다."
하였다.

○ 전 영의정 박순(朴淳)이 여러 차례 비방과 논척을 당하자 스스로 편안하지
못하여, 목욕하는 일로 고향으로 돌아가겠다고 청하는 소를 올렸다.[129] 주상
이 하교하여 여러 차례 부르며 말하기를,

"경의 사직소를 보니 경이 자취를 거두고 다시는 돌아오지 않으려 하는
것을 알겠다. 그러나 지금 풍조가 좋지 않으니, 경의 상경을 독촉하는 것은
경을 위한 것이 아니다."
하였다.

○ 이귀(李貴), 조광현(趙光玹) 등이 상소하여 이이가 무함을 받았다고 논하면
서 조신(朝臣)들을 두루 비난하였다. 주상이 불러 묻기를,

"너의 상소에서 말한 '경박하고 나서기를 좋아하는 무리들이 일어나 빌붙어
서, 심의겸의 집에 출입하며 노비처럼 비굴하게 아부하던 무리들'과 '예전에
심의겸에게 빌붙던 무리가 지금은 동인에게 성심을 다해 복종하며 창을
거꾸로 돌려 공격하는' 자는 누구인가? 임금을 섬김에 숨김이 없는 것이
예로부터 내려오는 도리이다. 너는 사실대로 답하라."
하자, 이귀가 서계(書啓)하기를,

"이른바 경박한 자는 백유양(白惟讓), 노직(盧稙),[130] 송언신(宋言愼), 이호민

---

129) 목욕하는 …… 올렸다 : 《宣祖實錄 19年 12月 2日》기사에 따르면, 영부사(領府事) 박순(朴
淳)은 초정(椒井)에서 목욕하는 일로 영평(永平) 촌가(村家)에 가 있으며 사직소를 올렸다.
《논어》〈헌문(憲問)〉에 "진성자가 간공을 시해하니, 공자께서 목욕하고 조회에 들어가서
서 애공에게 고하기를 '진항이 그 군주를 시해하였으니 토벌하소서.'라고 하였다.[陳成子
弑簡公. 孔子沐浴而朝, 告於哀公曰 : '陳恒弑其君, 請討之.']" 한 것에서 유래하여, 조선의
관료들 사이에서 목욕을 명분으로 휴가를 받거나 사직하는 관례로 정착되었다. 그렇지만
이것은 2품 이상만이 할 수 있었다.
130) 노직(盧稙) : 1536~1587. 본관은 교하(交河), 자는 사치(士稚), 호는 별유(別有)·호폐헌(好閉

(李好閔),[131] 노직(盧稷)[132]입니다. 심의겸이 실세한 후 도리어 의겸을 공격한
자는 박근원(朴謹元), 송응개(宋應漑), 윤의중(尹毅中)이고, 또 심의겸과 서로
알고 지낸 것이 이이에 비할 바가 아닌 사람은 이산해(李山海)입니다. 노비처럼
비굴하게 아부하던 사람은 정희적(鄭熙績)입니다."

하였다. 이조판서 이산해가 말하기를,

"신은 심의겸과 일찍이 왕래한 일이 없고 또 논의에 참여한 일도 없으므로
매우 소원하고 거북한 사이입니다. 그리하여 일찍이 의겸이 신을 비방하여
말하기를, '이 아무개는 옥당(玉堂)이 아니라 토당(土堂)이다.' 하였으니, 이는
사람들이 함께 들은 일입니다. 심의겸이 전라관찰사가 되었을 때 어두운
저녁에 찾아와 전별시를 요구하기에 신이 감히 완강히 거절하지 못하였는데,
이로써 사람들의 추악한 비방을 받으니, 이는 실로 신이 스스로 취한
일입니다."

軒·망포(望浦), 시호는 헌민(憲敏)이다. 1569년 알성 문과에 장원, 형조좌랑이 되었는데
형옥(刑獄)에 대한 해박한 지식을 지녀 오랫동안 재임하면서 선조의 신임을 받았다.
1585년 부제학에 이어 호조·예조판서, 이듬해 시약청제조(侍藥廳提調)가 되었으며, 그
뒤 지중추부사(知中樞府事)를 역임하였다. 정사(政事)에 밝아 승정원 재직 중에는 선조가
해당 관리를 부르지 않고 매사를 노직에게 물을 정도였다. 이원익(李元翼)·유성룡(柳成龍)
·강서(姜緖) 등과 교분이 두터웠다.

131) 이호민(李好閔) : 1553~1634. 본관은 연안(延安), 자는 효언(孝彦), 호는 오봉(五峯)·남곽(南
郭)·수와(睡窩)이고, 시호는 문희(文僖)이다. 1584년에 별시문과에 급제하여, 1585년에
사관(史官)으로 발탁되었으며 응교와 전한을 역임했다. 1592년 임진왜란 때에는 이조좌
랑으로 있으면서 왕을 의주까지 호종했다. 1601년 예조판서로 인성왕후(仁聖王后)의
지문(誌文)을 다시 썼으며 대제학 및 좌찬성을 지냈다. 1604년에 호성공신(扈聖功臣)
2등으로 연릉군(延陵君)에 봉해졌다. 그 뒤에 대광보국숭록대부(大匡輔國崇祿大夫)가
됐으며 부원군(府院君)에 진봉됐다. 광해군 때인 1612년 김직재(金直哉)의 무옥(誣獄)에
연루되어 문외출송(門外黜送)되었다가 1623년 인조반정으로 풀려났다. 지례(知禮)의
도동향사(道東鄕祠)에 배향되었다. 저서에 《오봉집》이 있다.

132) 노직(盧稷) : 1545~1618. 본관은 교하(交河), 자는 사형(士馨)이다. 1584년 별시 문과에
급제하여 검열이 되었다. 임진왜란이 일어나 왕을 호종할 때 말에서 떨어져 다쳤으나
계속 성천의 행재소(行在所)까지 달려가 병조참판에 임명되었고 이어 개성유수가 되었
다. 그 뒤 부제학·황해감사·병조판서·경기감사를 거쳤다. 임해군옥사(臨海君獄事) 때
파직되었으나 판중추부사를 역임하였다.

하고 해직을 청하니, 주상이 위로하고 허락하지 않았다.

○ 대사간 이발이, 예전 이이와 그 논의가 처음에는 같았으나 끝에 와
달라진 사단에 대해 상세히 아뢰고, 지금 이귀가 그때의 일들을 이리저리
주워 모아 자신을 비방한다고 하며 체직을 청하자, 주상이 답하기를,
  "신하된 자가 이리저리 입장을 번복하는 행태를 보여서는 안 된다."
  하며, 엄히 책망하였다.

황극편(皇極編) 권3

동(東)·서(西) 남(南)·북(北)

  기축년(1589, 선조22) 겨울, 정여립(鄭汝立)이 반란을 모의하다가
복주되었다. 정여립은 평소 발호(跋扈)하려는 마음을 가지고 있었으나 뜻을
이루지 못하자, 주상에 대한 원망이 더욱 깊어졌다. 또 그 아들 옥남(玉男)에게
신이한 형상[1]이 있자 은밀히 역모를 키우며, 강학을 핑계로 잡된 무리를
불러 모았다. 이보다 앞서 천안의 사노비 길삼봉(吉三峯)[2]이란 자가 용맹(勇猛)
이 절륜(絶倫)하여 사나운 도적이 되었는데, 체포되었다 달아나기를 여러
차례 반복하는 동안 그 이름이 온 나라에 퍼졌다. 정여립이 그 무리를 시켜
해서(海西) 지방에서 공공연히 말하게 하기를,

  "길삼봉 형제가 신병(神兵)을 거느리고 머지않아 거사할 것이다."

  하니 어리석은 백성들이 서로서로 말을 전하였다.

  안악 교생(安岳校生) 조구(趙球)는 정여립의 제자라 칭하였는데, 그 종적이
괴이하고 은밀하였다. 군수 이축(李軸)[3]이 그를 의심하여 잡아들인 후 심문하

---

1) 신이한 형상 : 정여립의 아들 옥남은 나면서부터 풍채가 준수하였고 눈동자가 겹으로
   되어 있었으며 두 어깨에 난 사마귀가 달과 해의 형상이었다고 한다. 특히 눈동자가
   겹인 형상을 '중동(重瞳)'이라 하는데, 순(舜) 임금이 중동이었다는 고사에서 유래하여,
   제왕의 대명사로 쓰이기도 한다. 《震鑑 己丑獄事》 및 《東南小史》
2) 길삼봉(吉三峰) : 길삼봉은 본디 충청도 천안의 사노(私奴)로서 민간에 많은 폐해를 끼친
   불한당이라고도 하고 정여립의 역모가 일어났을 때 정여립의 모사로서 신병(神兵)을
   이끌고 지리산과 계룡산에 웅거한다고도 하였는데, 어느 쪽도 실제 확인된 것은 없다.
   1590년 기축옥사가 한창 진행되고 있던 때 호남 유생 양천경·강해가 역모의 모주(謀主)
   길삼봉은 최영경(崔永慶)이라고 고변한 일로 인해 결국 최영경이 유령의 인물 길삼봉이
   라는 지목을 받고 옥사하였다.

자 조구가 숨길 수 없음을 알고 역모의 실상을 모두 고하였다. 이에 이축이 조구를 데리고 신천(信川)으로 가서 한응인(韓應寅)⁴⁾과 연명(聯名)으로 보고하였다.⁵⁾ 감사 한준(韓準)⁶⁾이 고변하는 장계를 올리자, 초저녁 주상이 편전(便殿)에 나와 삼공(三公)과 홍문관원을 불러 입시하게 하였다. 주상이 묻기를,

"정여립은 어떠한 사람인가?"

하자, 영의정 유전(柳㙉)⁷⁾과 좌의정 이산해(李山海)는 모르겠다고 대답하였

---

3) 이축(李軸) : 1538~1614. 본관은 전주(全州), 자는 자임(子任), 호는 사촌(沙村)으로서 양녕대군(讓寧大君)의 현손이다. 영의정에 추증되었으며, 시호는 안양(安襄)이다. 1576년 식년 문과에 급제하여, 형조와 공조의 정랑 등을 거쳐, 1589년 안악군수로 있을 때 한준·박충간·한응인과 함께 정여립의 모역을 조정에 고변한 공으로 이듬해 평난공신(平難功臣) 1등으로 완산군(完山君)에 봉해지고 공조참판으로 승진하였다. 1592년 임진왜란 때에는 건의대장(建義大將) 심수경(沈守慶)의 부장으로 의병을 지휘하였고, 1594년에는 진휼사가 되어 서울의 백성을 구휼하였다. 이어 좌참찬을 거쳐, 1611년 완산부원군(完山府院君)에 올랐다.

4) 한응인(韓應寅) : 1554~1614. 본관은 청주(淸州), 자는 춘경(春卿), 호는 백졸재(百拙齋)·한유촌(韓柳村), 시호는 충정(忠靖)이다. 1576년 사마시를 거쳐, 이듬해 알성문과에 급제하여 청현직을 두루 역임하였다. 1588년 신천군수로 재직 중 이듬 해 정여립의 모반사건을 적발, 그 공으로 호조참의에 이어 도승지가 되었다. 1590년 종계변무의 공으로 광국공신(光國功臣) 2등에 오르고, 정여립 모반을 고변한 공으로 평난공신 1등에 책록되었다. 1600년 이조판서, 1605년 부원군(府院君)에 진봉되고, 1607년 우의정에 올랐다. 저서로 《백졸재유고》가 있다.

5) 연명(聯名)으로 …… 보고하였다 : 1589년 안악 군수 이축·재령 군수 박충간·신천 군수 한응인이 연명으로 고변서를 올려 정여립의 역모를 아뢰었다는 사실이 《연려실기술(燃藜室記述)》을 비롯한 다수의 사서에 기록되어 있다. 이들 3인은 정여립의 모반을 평정한 공로를 인정받아 이듬해(1590) 평난공신 1등에 책봉되었다. 《宣祖修正實錄 23年 8月 1日》

6) 한준(韓準) : 1542~1601. 본관은 청주(淸州), 자는 공칙(公則), 호는 남강(南崗), 시호는 정익(靖翼)이다. 1566년 별시문과에 급제하여 예문관에 등용되었다. 1588년 우참찬이 되어 성절사로 명나라에 다녀와 황해도관찰사가 되었다. 이듬해 이축, 한응인 등과 연명으로 정여립의 모역사건을 알리는 고변서를 조정에 비밀장계로 올렸다. 그 공으로 1590년 평난공신 2등이 되고 좌참찬에 올라 청천군(淸川君)에 봉하여졌다.

7) 유전(柳㙉) : 1531~1589. 본관은 문화(文化). 자는 극후(克厚), 호는 우복(愚伏), 시호는 문정(文貞)이다. 1553년 진사가 되었고 이듬해 별시 문과, 1556년 문과 중시에 급제, 1583년 한성부판윤, 1585년 우의정에 올랐다. 1588년 사은사(謝恩使)로 명나라에 다녀온 뒤 좌의정이 되고, 이듬해 영의정에 올랐다. 사림이 동서로 분열될 때 어느 편에도

고, 우의정 정언신(鄭彦信)[8]은

"그가 글을 읽는 사람이라는 것만 알 뿐, 그 밖의 다른 것은 모르겠습니다."

하였다. 그러자 주상이 장계를 집어 던지며 말하기를,

"글을 읽는다는 사람의 소행이 이 모양인가?"

하였는데, 장계에 흉악한 음모가 낭자하니, 좌우의 신하들이 목을 움츠렸다. 의금부의 도사(都事)와 선전관(宣傳官)을 나누어 파견하여 정여립과 그의 당여를 체포하게 하였는데, 여립은 이미 자살하였다. 이에 여립의 아들 옥남과 이들 무리인 춘룡(春龍) 등에 대해 국청을 설치하고 왕래한 사람이 누구인지를 묻자, 옥남이 공초하기를,

"모주(謀主)는 길삼봉입니다. 고부의 한경(韓憬), 태인의 송간(宋侃), 남원의 조유직(趙惟直)과 신여성(辛汝成) 등은 항상 출입하였고, 해서의 김세겸(金世謙), 박연령(朴延齡), 이기(李箕), 이광수(李光秀), 박익(朴杙), 박문장(朴文長), 변숭복(邊崇福) 등과 지함두(池涵斗), 승려 의연(義衍)은 간혹 왕래하거나 함께 거처하였습니다."

하였다. 이들은 모두 승복한 후 복주되었으나, 송간, 조유직, 신여성은 불복하고 죽었다. 정여립의 생질 이진길(李震吉)[9]도 형장 아래 죽었다.

가담하지 않고 일생을 마쳤다. 1589년 정여립 모반 사건을 평정한 뒤 평난공신 2등에 추록, 시령부원군(始寧府院君)에 추봉되었다.

8) 정언신(鄭彦信) : 1527~1591. 본관은 동래(東萊), 자는 입부(立夫), 호는 나암(懶庵)이다. 1566년 별시문과에 급제하여 청현직을 두루 역임하였다. 1582년 니탕개(尼湯介)가 쳐들어오자 우참찬으로 함경도도순찰사에 임명되어 막하에 이순신(李舜臣)·신립(申砬)·김시민(金時敏)·이억기(李億祺) 등 뛰어난 명장들을 거느리고 적을 격퇴하였다. 이어 함경도관찰사로 북쪽 변방을 방비하고 병조판서로 승진하였다. 1589년 우의정이 되어 정여립 모반 사건의 잔당에 대한 옥사를 다스리는 위관(委官)에 임명되었다. 그러나 서인 정철의 사주를 받은 대간으로부터 정여립의 구촌친(九寸親)이므로 공정한 처리를 할 수 없다는 탄핵을 받아, 위관을 사퇴하고 이어서 우의정도 사퇴했으며, 정철이 위관을 대신하였다. 그 뒤 역가문서(逆家文書) 가운데에 그가 들어있다는 구실로 정철 등으로부터 계속 정여립의 일파로 모함을 받아 남해에 유배되었다가 투옥되었다. 사사(賜死)의 하교가 있었으나 감형되어 갑산에 유배, 그 곳에서 죽었다. 1599년에 복관되고, 문경의 소양사(瀟陽祠)에 제향되었다.

○ 호남 생원 양천회(梁千會)가 상소하였는데,[10] 그 대략에,

"신의 집이 호남에 있어서 역적의 정상을 상세히 알고 있었습니다. 당초 역적 스스로 독서하는 부류에 빌붙으니, 이발(李潑) 형제가 남도를 왕래하며 역적과 결탁하였습니다. 당시 이이(李珥)와 성혼(成渾)의 명성이 세상에 널리 퍼져서 이발·이길(李洁) 형제가 존숭하여 따랐으므로, 역적을 끌어들여 천거하니 역적이 함께 이이·성혼의 문하에 출입하게 되었습니다. 그런데 이이가 죽은 후 여립이 가장 먼저 창끝을 돌려, 이발 등과 함께 안면을 몰수하고 충현(忠賢)을 무함할 계략을 세웠습니다."[11]

하였다. 또 말하기를,

"역적이 이 지경에 이르게 된 근원을 따져 보면, 또한 요직에 있는 신하와 교통하고 결탁하여 세력을 과시하며 서로 의지하였기 때문입니다. 그리하여

---

9) 이진길(李震吉) : 1561~1589. 본관은 덕산(德山), 자는 자수(子脩)이다. 이현문(李顯文)의 증손으로, 할아버지는 이경(李經)이고, 아버지는 군수 이의신(李義臣)이며, 어머니는 정희증(鄭希曾)의 딸이다. 1586년 별시 문과에 급제하였다. 기축년(1589) 당시 정경세 등의 추천으로 예문관 검열에 재직하고 있다가 정여립의 생질이란 이유로 체포되어 장살(杖殺)되었다.

10) 양천회(梁千會)가 상소하였는데 : 양천회는 정여립과 친분이 있거나 그를 추장(推奬)했던 조정 신하들을 색출하여 처벌할 것을 주장하는 소를 올렸는데, 그 내용이 《宣祖實錄 22年 10月 28日》 및 《宣祖修正實錄 22年 11月 1日》 기사에 수록되어 있다. 동인 측에서는 이 소가 정철 등이 동인들을 몰살하고자 양천회를 사주하여 올린 것이라고 보았다.

11) 이이가 …… 세웠습니다 : 정여립은 1567년(명종22) 진사가 되었고, 1570년(선조3) 식년문과에 급제한 뒤 이이와 성혼 등 서인 세력은 물론 정인홍·이발 등 이후 북인 세력과도 폭넓게 교유하였다. 구체적인 예로 신사년(1581), 정여립은 이조전랑의 후보로 추천되었으나 우성전·이경중 등의 반대로 의망에 들지 못하였는데, 이때 사헌부 장령 정인홍이 계사를 올려 선인(善人)이 배척되었다고 하며 우성전·이경중을 잇달아 논핵하여 이들을 각각 수원 현감과 이조좌랑의 자리에서 파직시켰다. 이후 정여립은 1583년 예조좌랑을 거쳐 이듬해 홍문관 수찬이 되었다. 이에 대해 서인은 정여립이 이이의 천거로 홍문관 수찬이 되었음에도 불구하고, 1583년 계미삼찬(癸未三竄)에 이은 이이의 죽음 이후 이이에 대해 비판적 입장으로 돌아섰다고 비난하였다. 요컨대 서인은 정여립이 이이의 천거로 청요직에 올라 명성을 쌓았음에도 불구하고 그가 이이를 배신했다고 비난하였으나 사료 상 남아 있는 정여립의 교유는 이이는 물론 정인홍·이발까지 폭넓게 걸쳐져 있음을 볼 수 있다.

여립이 몸은 비록 외방에 있었지만 멀리서 조정의 권력을 잡고 의기양양하고 기세등등하게 힘으로 주현(州縣)을 굴복시키는데도 추켜세우고 동조하여 오늘에 이르렀으니, 그 유래가 매우 깊고 멀다 하겠습니다.

이에 남몰래 권력을 쥔 신하를 부추겨 추쇄(推刷)의 의론을 극력 주장하게 함으로써 온 나라 안을 술렁이게 한 후, 은밀히 절친한 전관(銓官)을 사주하여 그로 하여금 해서(海西) 지방의 막료 직책을 도모하게 하고[12] 이로써 일을 일으킬 계략을 세웠습니다. 그러나 전하의 낙점을 받지 못하여 원하는 바를 이루지 못하자 봉명 사신(奉命使臣)을 사주하여 부윤(府尹)과 판관(判官)을 일시에 파직하게 하였는데, 이것은 허실을 틈타 난을 일으키려는 계략이었는데도 내외의 조신(朝臣)들이 그의 술수에 빠져 비위를 맞추기에 급급하였습니다."

하였다. 또 말하기를,

"조정은 처음 이 변고를 들었을 때 오로지 역적을 옹호하며 구호하기를 일삼아, 어떤 이는 '이이의 제자가 무고하여 일을 일으켰다.' 하였고, 또 어떤 이는 '정여립의 사람됨은 그 충성이 백일(白日)을 관통할 만하다.' 하면서, 오히려 한준이 잘못한 것이라고까지 하였습니다. 조정의 논의가 이러하였으므로 권심(權諶)[13] 등이 감히 이리저리 지체하며 토포를 허술하게 하였고,[14] 태학생들은 상소하여 구호하려고까지 하였으며, 추관의 심문도 부실하였으

---

12) 해서(海西) …… 하고 : 이조에서 정여립을 황해 도사(黃海都事)에 천거한 일을 이른다.

13) 권심(權諶) : 기축옥사 발발 당시의 금부도사이다. 《宣祖實錄 22年 10月 28日》 기사에는 '유담(柳湛)'으로, 《宣祖修正實錄 22年 11月 1日》 기사 및 《진감(震鑑)〈기축기사(己丑獄事)〉》에는 '권담(權湛)'으로, 《동남소사(東南小史)》에는 '권감(權堪)'으로 되어 있다.

14) 감히 …… 하였고 : 이 상소에 이어 나주 유생 양천경, 양형(梁泂) 등이 1590년 5월에 올린 연명소에 따르면, 정여립의 역모를 고변하는 밀계가 올라오자 우의정 정언신이 고변의 내용이 근거가 없다면서 고변한 10여 명의 목을 베어야 한다고 주장하였다 한다. 또한 옥사 초기 선조가 금부도사(禁府都事) 권담(權湛 : 본서에는 권심(權諶)으로 되어 있다) 등을 해서·호남에 보내 적당들을 잡아들이게 하였는데, 이때 정언신이 권담에게 말하기를, "정 수찬은 결코 이러한 일을 저질렀을 리 없으니, 그대는 경거망동하지 말고 조용히 데리고 오라." 하며, 권담의 출발을 지체하게 하였다고 하였다. 《震鑑 己丑獄事》

므로, 밖에서는 말들이 자자합니다. 억수(臆守)가 초사(招辭)에서, '경중(京中)의 족친으로 여립과 왕래한 사람은 저만이 아닙니다.' 하자, 정언신이 재빨리 명하여 엄혹한 형장을 가하게 하고 신문은 거의 하지 않았으며, 추관이 신문하려 하면 돌연 싫어하는 기색을 보였습니다. 이는 대개 역적이 그의 사당(私黨) 중에서 나와서 하루아침에 이런 변고를 만나 사람들의 지목을 받게 되는 것이 비단 부끄럽고 두려울 뿐만 아니라 또한 단서라도 드러나 그들 무리가 연루될까 두려워하여 한결같이 은폐한 것입니다.

삼공(三公)은 전하의 팔다리 같은 존재인데 이와 같이 하니 어찌 통탄스럽지 않겠습니까? 원흉이 법에 따라 복주(伏誅)되면 친당(親黨)을 연좌시키는 것은 친당이 모두 역모에 동참해서가 아니라 이와 같이 하지 않으면 역란의 싹을 근절시키고 화란을 미연에 방지할 수 없기 때문입니다. 지금 역적과 생사를 함께하는 벗이자 복심(腹心)이 이발·이길·백유양(白惟讓)·정언지(鄭彦智)·정언신(鄭彦信) 같은 자임을 온 나라 사람들이 모두 알고 있는데, 이들은 오히려 하는 일 없이 재상 자리를 차지하고 앉아 경연에 출입하며 의기양양하기가 평소와 같습니다. 역적의 문생이나 친구들은 바야흐로 잡아들여 가두면서 유독 조신(朝臣)만은 일체 심문하는 일이 없으니, 이는 왕법이 미천하고 소원한 자에게만 시행되고 존귀하고 가까운 자에게는 시행되지 않는 것입니다."

하였다. 정언신이 상소하여 스스로 해명하며 결백을 주장하자,[15] 주상이 답하기를,

"어찌 신경 쓸 일이겠는가?"

하였다. 이조판서 이양원(李陽元)이 정여립을 황해 도사에 의망한 것이 자기 손에서 나왔기 때문에 상소하여 사직하자, 주상이 답하기를,

---

15) 정언신이 …… 주장하자 : 기축옥사 초, 호남 유생 양천회가 상소하여 역적 정여립과 교분이 있던 조신(朝臣)의 색출과 처벌을 주장하였는데, 이 상소에서 양천회는 정언신이 역적 정여립과 절친한 친척 사이로 교분이 두터웠음에도 불구하고 의기양양한 기세가 평소와 다름이 없고, 적당(賊黨)에 대한 심문을 부실하게 하면서도 자핵(自劾)하는 소장(疏章)조차 올리지 않는다고 비판하였다. 이로 인해 정언신이 자명소(自明疏)를 올린 것이다.

"양천회 상소는 억측에서 나온 주장임을 내 이미 알고 있다."
하였다.

○ 비망기(備忘記)에 이르기를,

"역변이 일어난 날부터 우의정의 소행에 온당치 못한 점이 많았다. 추국(推鞫)이 허술한 것에 대해 내 이미 의심하고 있었으니, 양천회의 상소 또한 너무 늦은 감이 있다. 지금 도리어 우의정이 상소하여 변명하였는데, 내용 중에 '서찰을 왕래하지 않았다.'까지 하니 내가 눈이 없는 줄 아는가?"

하고, 밀봉한 편지16)를 승정원에 내리며 이르기를,

"이것이 누구의 편지란 말이냐? 그 내용에 '부질없는 시국이라, 말하자니 지루하다.' 하고 또 '가소롭다.'는 등의 말까지 있는데, 이리 하고도 오히려 '친밀한 사이가 아니'라고 하는 것인가? 대신의 몸으로 감히 면전에서 나를 기만하니 통분함을 이길 수가 없다. 내가 20년 동안 행해 온 대신에 대한 예우가 이로 인해 모두 무너졌으니 더욱 가슴 아프다."

하였다. 정언신이 은밀히 선전관을 사주하여, 문서를 수괄할 때 자기 형제의 서찰은 모두 제거하게 하였다. 그리고 어전에 나아가 스스로 말하기를, 여립과는 '한 번도 편지를 왕래한 일이 없다.' 하였고, 지금 또 자기의 결백을 밝히는 소를 올렸으므로 주상이 하교에서 그것을 다 드러냈다. 정언신이 이로

---

16) 밀봉한 편지 : 당초 정언신은 정여립과 서로 편지를 주고받은 일이 없다고 하였는데, 선전관이 전주에 내려가 정여립의 집을 수색했을 때, 정언신이 정여립에게 보낸 편지 19장이 발견됨으로써 임금을 기만한 죄가 더해졌다.(《宣祖實錄 22年 10月 17日》,《宣祖修正實錄 22年 11月 1日》,《震鑑 己丑獄事》《진감》〈기축기사〉에 따르면 정언신이 선전관에게 은밀히 명하여 자신이 보낸 편지를 없애게 하였는데, 선전관이 무부(武夫)였던 까닭에 '언신(彦信)' 두 글자가 있는 편지만 없앴을 뿐 이른바 '종로신(宗老信)'이나 '족로신(族老信)'이라고 쓴 편지는 그대로 가져왔다고 하였다. 편지에서 정언신이 종로신, 족로신으로 자칭한 것은, 그가 정여립과 동종(同宗)이었던 까닭에 '종친(宗親)의 늙은이 언신'이라는 뜻으로 썼던 것으로, 이러한 호칭은 오히려 정여립과의 친밀한 관계를 반증하는 것인데, 정언신이 이를 속이고 정여립과 서찰의 왕래는 물론 상종한 일이 없다고 거짓 고함으로써 임금의 격노를 불러일으켰다는 것이다.

말미암아 죄를 입자, 그 아들 정률(鄭慄)이 자명소(自明疏)를 대신 지은 일을
부끄럽고 한스러워 하여 스스로 목숨을 끊었다.

○ 정철(鄭澈)을 우의정에, 성혼(成渾)을 이조참판에, 백유함(白惟咸)을 헌납
에, 최황(崔滉)을 대사헌에 임명하였다.

○ 양사가 아뢰기를,
"이조참판 정언지(鄭彦智)[17]와 김우옹(金宇顒), 백유양(白惟讓)은 역적과 족속
으로, 혹은 벗으로, 혹은 혼인으로 연관이 있으므로 조정의 반열에 그대로
둘 수 없으니, 파직하소서. 우의정 정언신은 일찍이 역적과 동종(同宗)[18]의
교분이 있고, 서신을 왕래하며 안부를 주고받은 것이 한두 번이 아닙니다.
정승의 몸으로 태양 같은 임금 앞에서 감히 역적과 서신을 주고받은 일이
없다는 거짓말로 군부를 기망하고 자신의 죄를 은폐하려는 정상이 훤히
드러나 가릴 수 없게 되었으니 배척하여 물러나게 할 것을 청합니다."
하였다. 사간원에서는 이발 형제를 함께 논핵하여 아뢰니, 모두 아뢴 대로
하라고 하였다. 예조정랑 백유함(白惟咸)이 상소하여, 추국이 허술하게 진행된
잘못과 대간이 침묵으로 방조한 정상, 그리고 이발·김우옹의 무리가 역적과
편당한 죄, 좌랑 김빙(金憑)[19]의 집이 전주에 있어 그가 역적과 친밀히 교유하였

---

17) 정언지(鄭彦智) : 1520~?. 본관은 동래(東萊), 자 연부(淵夫). 호 동곡(東谷)이다. 우의정
    언신(彦信)의 형이다. 정여립 옥사에서 역적과 친족으로서 교분이 두터웠던 인사로
    지목되어 동생과 함께 유배되었다.
18) 역적과 동종(同宗) : 기축옥사 초기 정언신은 우의정으로서 정여립의 모반 사건을 다스리
    는 위관에 임명되었으나, 그가 정여립과 9촌의 친족 관계라는 이유로 양사에서 그의
    위관직 수행이 불가하다고 탄핵하였다. 《宣祖實錄 22年 11月 7日》 및 《宣祖修正實錄
    22年 11月 1日》
19) 김빙(金憑) : 1549~1590. 본관은 통주(通州), 자는 경중(敬中)이다. 1580년 별시문과에 급제,
    이조좌랑(佐郎)을 지냈다. 1589년 기축옥사 때 형조좌랑으로서 추국관(推鞫官)이 되었으
    나, 정치적 적대 관계였던 백유함으로부터 정여립의 죽음을 슬퍼한다는 논핵을 받고
    죽임을 당하였다.

고 조정의 공석에서 역적을 구호하여 인심이 놀라고 분노하고 있다는 것
등을 아뢰었다. 그리고 끝에 가서 말하기를,

"임금의 형세가 고립되고 사특한 의논이 횡행하니, 역적의 괴수가 주살되었
어도 남은 근심은 아직 다 없어지지 않았습니다."

하였다. 이에 주상이 좋은 말로 지극하게 칭찬하는 비답을 내렸다. 백유함은
백인걸(白仁傑)의 아들로, 그 종형(從兄)인 백유양과는 사이가 벌어져 원수처럼
지냈다.

○ 비망기에서 이르기를,

"김우옹은 정여립과 결탁하여 그의 심복이 되었다. 그가 보낸 서찰을
보면 조정의 일을 모의하지 않은 것이 없고 군주의 마음을 억측하여 여립과
은밀히 내통하였으니, 육진(六鎭)[20]에 정배하라."

하였다. 김우옹을 회령(會寧)에 귀양 보냈다.

○ 정여립의 조카 정즙(鄭緝)[21]이 공초에서 이발 형제와 정언지 형제, 백유양
등을 끌어들여 이들이 역모에 동참하고 장차 내응하려 하였다고 진술하고,
또 홍종록(洪宗祿),[22] 정창연(鄭昌衍) 등을 끌어들이자 주상이 친국하였다.

---

20) 육진(六鎭) : 세종 때에 김종서(金宗瑞)를 시켜 두만강 가에 설치한 여섯 진으로, 경원(慶
源), 경흥(慶興), 부령(富寧), 온성(穩城), 종성(鍾城), 회령(會寧)을 이른다.

21) 정즙(鄭緝) : 《광해군일기(光海君日記) 4년 2월 21일》 기사에 따르면, 정즙은 정여립의
조카로서 심문 중에 고문을 못 이기고 정언신·정언지·이발·이길·백유양·홍종록 등
약 120여 명을 역모에 동참했다고 끌어들였는데, 당시 선조가 이를 난언(亂言)이라
하여 모인(某人) 이하는 기록하지 말도록 명하였다고 하였다.

22) 홍종록(洪宗祿) : 1546~1593. 본관은 남양(南陽), 자는 연길(延吉), 호는 유촌(柳村)이다.
1572년 생원으로 별시문과에 급제한 뒤 삼사(三司)의 여러 관직을 거쳐, 1583년 병조정랑
이 되었다. 1589년 정여립의 모반사건 때 여립의 조카 정즙의 공초에서 그의 이름도
거론되어 국문을 받고 구성으로 귀양 갔다. 뒤에 풀려나와 제용감정(濟用監正)이 되었다.
1592년 임진왜란이 일어나자 이조정랑 신경진(辛慶晋)과 함께 도체찰사 유성룡의 종사관
으로 각 진영의 연락과 군수품 공급의 일을 맡았다. 뒤에 황해도암행어사·조도사(調度使)
를 거쳐, 직제학에 이르렀다. 뒤에 이조참판에 추증되었다.

우의정 정철이 말하기를,

"조정 신하들이 역적과 친밀히 교유한 것은 좋게 지내다 그 악함을 몰랐던 것에 불과하니, 천하에 어찌 두 여립이 있겠습니까?"

하였다. 마침내 정언지를 강계(江界)에, 홍종록을 구성(龜城)에, 이발을 홍원(洪原)에, 백유양을 부령(富寧)에, 이길을 희천(熙川)에 찬배하였고, 정언신을 부처(付處)23)하였으며, 정창연(鄭昌衍)은 석방하였다.

대간이 합계하여, 정언신이 역적을 두둔하였고, 심지어 고변한 사람을 추문(推問)하여 죄를 다스리자는 말을 했으니, 멀리 귀양 보내라고 청하고, 또 임국로(任國老)24)는 정언신에게 빌붙은 사람으로 옥사가 허술해진 것은 다 이 사람 때문이니 문외출송 하라 청하자, 모두 아뢴 대로 하라 하였다.

○ 최황(崔滉) 등이 논핵하기를,

"홍여순(洪汝諄)은 음험하고 오만방자하니 파직하소서. 정윤복(丁胤福), 송언신(宋言愼)은 역적과 친분이 두터웠고, 전 좌랑 김홍징(金弘徵)은 이진길(李震吉)을 천거하였으며, 전 현감 한준겸(韓浚謙)25)과 전 좌랑 박승종(朴承宗),26)

23) 부처(付處) : 지정한 지역에 죄인을 넘겨주어 그곳에서만 거처하고 마음대로 이동하지 못하게 하는 것을 가리킨다. 부처는 정배되는 지역의 원근에 따라 근도부처(近道付處), 중도부처(中道付處), 원도부처(遠道付處)로 나누어진다.

24) 임국로(任國老) : 1537~1604. 본관은 풍천(豊川). 자는 태경(鮐卿)·태수(鮐叟), 호는 죽오(竹塢)·운강(雲江)이다. 1561년 사마시를 거쳐 이듬해 별시문과에 급제하였고, 1589년 이조참판으로 있다가 기축옥사에 연루, 파직되었다. 1591년 다시 대사성으로 기용되었고 임진왜란 때에는 조도검찰사(調度檢察使)·분호조참판을 지냈다. 이후 대사헌·형조판서·이조판서 등을 역임하였다.

25) 한준겸(韓浚謙) : 1557~1627. 본관은 청주(淸州), 자는 익지(益之), 호는 유천(柳川)으로, 인조의 장인이고, 시호는 문익(文翼)이다. 1579년 생원시·진사시에 합격, 1585년 태릉참봉에 제수되었다. 이듬해 별시문과에 급제, 청현직을 거쳐서 1589년 금천현감이 되었다. 그 해 겨울 정여립의 모반사건이 발각되자, 정여립의 생질인 이진길을 천거한 일로 연좌되어 투옥되었다. 그 뒤 수개월 만에 풀려나 원주로 이사하였다. 1592년 다시 기용되어 예조정랑을 거쳐, 1605년 호조판서에 특진되었다. 선조로부터 영창대군(永昌大君)의 보필을 부탁받은 유교칠신(遺敎七臣)의 한 사람으로 1613년 계축옥사에 연루되어 전리방귀(田里放歸)되고, 1617년 충주에 부처되었으며, 1621년 여주로 이배(移配)되었다.

전 저작 정경세(鄭經世)[27]는 이진길을 사국(史局)에 끌어들인 자들인데 옥사가 끝나기도 전에 갑작스레 서용의 명을 받았으니 도로 명을 거두소서."

하니, 아뢴 대로 하되 홍여순의 일은 윤허하지 않는다고 하였다. 헌납 백유함이 다시 홍여순의 파직을 청하였으나 윤허하지 않았다.-여순의 여동생이 당시 후궁이었다고 한다.- 또 논하기를,

"수원 부사 홍가신(洪可臣)은 역적과 친밀하였고, 이발 형제와 함께 서로 역적을 추천하고 장려하였으니 파직하소서. 승문원(承文院) 부정자(副正字) 윤경립(尹敬立)[28] 또한 역적과 친밀하였으니, 사관(史官)으로 추천된 것을 삭거하소서."

하니, 아뢴 대로 하라고 하였다.

○ 주상이 경연에서 신료들에게 묻기를,

1623년 인조반정으로 그의 딸이 인열왕후(仁烈王后)로 책봉되자 영돈녕부사로 서평부원군(西平府院君)에 봉해졌다. 저서로 《유천유고(柳川遺稿)》가 있다.

26) 박승종(朴承宗) : 1562~1623. 본관은 밀양(密陽), 자는 효백(孝伯), 호는 퇴우당(退憂堂), 시호는 숙민(肅愍)이다. 1585년에 진사가 되고, 다음해 별시문과에 급제하여, 1607년 병조판서, 1610년 형조판서, 1618년 우의정으로 도체찰사(都體察使)를 겸하였다. 이어 좌의정이 되고, 이듬해 영의정에 올라 밀양부원군(密陽府院君)에 봉하여졌다. 1617년 폐모론(廢母論)이 제기되자 극력 반대하였다. 1623년 인조반정이 일어나자 아들 자흥(子興)의 딸이 광해군의 세자빈(世子嬪)으로서 그 일족이 오랫동안 요직에 앉아 권세를 누린 사실을 자책하여, 아들과 같이 한낮에 목매어 자결하였다. 반정 뒤 관작이 삭탈되고 가산이 적몰되었으나, 뒤에 신원(伸寃)되었다.

27) 정경세(鄭經世) : 1563~1633. 본관은 진양(晉陽), 자는 경임(景任), 호는 우복(愚伏), 시호는 문장(文莊)이다. 유성룡 문인이다. 1586년 알성 문과에 급제하여 이조판서, 대제학 등을 역임하였다. 그의 학문은 주자학에 본원을 두고 이황의 학통을 계승하였으며, 특히 예학에 조예가 깊었다. 저서로 《우복집》, 《상례참고(喪禮參考)》가 있다.

28) 윤경립(尹敬立) : 1561~1611. 본관은 파평(坡平), 자는 존중(存中), 호는 우천(牛川)이다. 1588년 알성문과에 급제하여, 승문원 권지정자가 되었다. 이듬해 정여립의 옥사가 일어나자, 정여립과 친분이 있다 하여 파직되었다. 뒤에 다시 검열에 선임되고, 1592년 임진왜란 때에는 홍문관정자로 관량어사(管糧御史)·독운어사(督運御史)의 소임을 맡아 군량 공급에 공을 세워 상을 받았다. 1598년에는 동부승지로 양호찰리사(兩湖察理使)가 되어 군량·마초를 공급하고 뒤이어 충청도관찰사가 되었다.

"정여립의 흉악한 역모를 안 사람이 하나도 없었으니, 사람을 알기 어려운
것이 진실로 이와 같은가?"

하자, 유성룡이 대답하기를,

"이경중(李敬中)은 여립이 전조(銓曹)의 낭관에 추천되자 이를 막았다가
당시의 대간에게 논박을 받았습니다."[29]

하였다. 주상이 당시 대간의 성명을 물었으나 유성룡이 기억이 나지 않는다
고 대답하자 주상이 사초(史草)를 찾아보게 하니 장령 정인홍(鄭仁弘)과 지평
박광옥(朴光玉)이었다. 주상이 특명으로 이경중에게 참판을 추증하고, 정인홍
과 박광옥은 모두 관작(官爵)을 삭탈하였다. 이로 말미암아 정인홍은 유성룡과
사이가 벌어졌다.-조헌(趙憲)이 상소하여 정여립을 배척한 것은 이경중보다 더 하였는데
도 유성룡이 경중과 함께 조헌을 거론하지 않았으므로 당시 사람들이 공적인 마음이
아니라고 하였다 한다.-

○ 주상이 좌의정 이산해(李山海)에게 하교하기를,

"정여립과 결탁한 사람을 논핵하는 것은 진실로 옳다. 다만 근래의 정황을
보면 그 여파가 점차 확대되는 것 같아 우려스럽다. 행여 과격한 사람이
분기를 이기지 못해 과도한 언론을 일삼기라도 한다면 어찌 온당한 일이겠는
가? 만일 이와 같은 일이 일어난다면 경은 힘을 다해 만류해야 할 것이며,
만류해도 듣지 않는다면 나에게 직접 아뢰도록 하라."

하였다. 지평 황혁(黃赫)이 아뢰기를,

"전하께서 정승에게 내리신 전교는 진정시키려는 뜻이 지극합니다. 다만
역적이 한때의 명류(名流) 가운데에서 나왔으니, 역적과 결탁한 형세가 있거나
이러한 변고를 양성한 자는 왕법으로 헤아려 자연히 그 죄가 있을 것이므로,

29) 이경중(李敬中)은 …… 받았습니다 : 신사년(1581, 선조14), 정여립은 이조전랑의 후보로
추천되었으나 우성전·이경중 등의 반대로 의망에 들지 못하였는데, 이때 사헌부 장령
정인홍이 계사를 올려 선인(善人)이 배척 받았다고 하며 우성전·이경중을 잇달아 논핵하
여 이들을 각각 수원 현감과 이조좌랑의 자리에서 파직시켰다.

들은 대로 안핵(按覈)하지 않을 수 없다는 뜻을 대사헌 최황에게 통지하였는데,
그의 답변이 불손하고 동료 대하기를 낭리(郎吏) 대하듯 하니, 결코 욕됨을
무릅쓰고 자리를 지킬 수는 없습니다."

하자 주상이 답하기를,

"최황의 말은 사체에 부합되는데, 너는 어찌하여 감히 이처럼 말을 듣지
않는 것이냐? 사직하지 말라."

하였다. 최황과 장령 윤섬(尹暹)30)·심희수(沈喜壽), 지평 신잡(申礏)31)이 모두
인피하였다. 이것은 황혁이 홍여순을 논박하려 하였으나 최황이 동의하지
않아 일어난 일이었다. 집의 성영(成泳)이 모두 출사하게 하라고 청하자 주상이
황혁은 체직하라고 명하였다.

○ 낙안 교생 선홍복(宣弘福)이 역적과 편지를 왕래하였으므로 잡아들였는
데, 공초에서 이발(李潑)과 이길(李洁), 백유양(白惟讓) 등을 끌어들였다.32) 이보

---

30) 윤섬(尹暹) : 1561~1592. 본관은 남원(南原), 자는 여진(汝進), 호는 과재(果齋)이다. 1583년
별시문과에 급제하여 교리·정언·지평을 지냈다. 1587년 사은사(謝恩使)의 서장관으로
명나라에 가서 이성계(李成桂)의 조상이 이인임(李仁任)으로 오기된 명나라의 기록을
정정한 공으로, 1590년 광국공신 2등에 책록되고 용성부원군(龍城府院君)에 봉하여졌다.
교리로 있던 1592년 임진왜란이 일어나자 순변사(巡邊使) 이일(李鎰)의 종사관이 되어
싸우다가 상주성(尙州城)에서 전사하였다. 유고로 시 22수와 대책(對策) 1편이 《삼절유고
(三節遺稿)》에 전한다.

31) 신잡(申礏) : 1541~1609. 본관은 평산(平山), 자는 백준(伯俊), 호는 독송(獨松)이다. 이산해
문인으로서 시호는 충헌(忠獻)이다. 1583년 정시문과에 급제하여 형조참판 등을 지내고,
임진왜란 때는 비변사 당상으로 활동하였다. 1600년에는 호조판서를 거쳐 병조판서
겸 세자빈객이 되었다. 이어 함경도관찰사·빙고제조(氷庫提調) 등을 역임하고 호성공신
(扈聖功臣) 2등에 책록되고 평천부원군에 봉해졌으며, 1606년 개성유수를 끝으로 관직에
서 물러났다.

32) 선홍복(宣弘福)이 …… 끌어들였다 : 선홍복은 낙안(樂安)의 교생(校生)으로 역적 정여립
과 상통(相通)한 흔적이 있어 그 집의 문서(文書)를 수색하고 잡아들여 심문하였는데,
그의 공초에 이발·이길·이급·백유양·이진길 등이 언급되어 옥사가 걷잡을 수 없이
확대되었다. 이에 대해 동인 측에서는 정철이 자기와 친한 금부도사(禁府都事)를 시켜
선홍복이 정여립과 상통한 문서를 날조하고 이로써 홍복을 함정에 빠뜨린 다음, 홍복에
게 이발 등을 끌어들이면 목숨을 살려주겠다고 꾀어낸 것으로 보았다.(《宣祖實錄 22年

다 앞서 이길이 해남으로부터 상경하는 길에 정여립을 방문하였다. 종정원(鍾
鼎院)에 이르자 정여립이 좇아와 원의 누각에서 전별연을 베풀어 주었는데,
술이 거나하게 취하자 여립이 소반 위에 술로 글자를 써서 역모를 꾀하고
있음을 드러내었다. 이길이 대경실색하여 급히 말을 몰아 현(縣)의 객사에
이르러 형인 이발에게 편지를 써서 고하니, 이발이 즉시 출발하였다. 이길이
이발을 기다려 함께 고변하려 하였는데 그것이 이르기 전에 조구가 먼저
고변하였다.

이발과 이정란(李廷鸞)33)이 역적의 공초에서 나와, 같은 감옥에 함께 갇혔는
데, 이발이 말하기를,

"이 역적에 대해 사람들은 쉽게 알아봤는데, 나만 홀로 몰랐으니 죽어도
죄를 씻지 못할 것이다. 그대는 역적과 원수 간이니 죽음을 당할 리가 없을
것이다."

하였는데, 이정란은 과연 방면되었다. 이발은 북도(北道)에 유배되었다가,
이때에 와 다시 국문을 받고 고문을 당하여, 온몸에 온전한 살점이 없었고

12月 12日》) 서인 측에서도 이발 등을 끌어들인 선홍복의 공초에 정확한 근거가 없고
이발 등이 받은 형벌이 과도하였다는 점은 인정한다. 그러나 동인처럼 이를 정철의
조작과 사주로 보는 것이 아니라, 선홍복이 형문 과정에서 거의 죽을 지경에 이르자
정신없이 어지럽게 끌어들인 것이며, 이발 등이 정여립과 시사를 논하며 기휘(忌諱)하지
않고 주상의 동정을 모두 통보하였기 때문에 주상의 의심과 노여움을 사 혹독한 형벌을
받게 된 것이라고 보았다.(《宣祖修正實錄 22年 12月 1日》) 나아가 서인은 이발과 백유양이
역적의 공초에 재론되어 끝내 죽임을 당했던 일은 정철뿐만 아니라 이산해·유성룡도
추관의 책임을 맡고 있었을 때의 일이니 이산해·유성룡을 제쳐두고 정철에게만 죄를
돌릴 수는 없다고 주장하였다. 《沙溪全書·松江鄭文淸公澈行錄》
33) 이정란(李廷鸞) : 1529~1600. 본관은 전의(全義), 자는 문보(文父), 시호는 충경(忠景)이다.
1568년 증광 문과에 급제하여, 성균관 전적(典籍)을 지냈고, 1592년 왜군이 웅치(熊峙)
전투에서 관군과 의병을 무찌르고 전라도에 침입하자 부민(府民)을 거느리고 전주성을
지켰다. 1597년 정유재란 때에는 왜군이 전주성을 포위하여 큰 혼란이 일어나자 수성부장
이 되어 전주성을 지키다가 전주 부윤이 죽자 전주 부윤 겸 삼도소모사(全州府尹兼三道召
募使)로 제수되었다. 정여립에 대해서는 내내 배척하는 태도를 취했다 하나, 정여립과
재종형제 간이고 대대로 이웃에 살았던 까닭에 기축옥사 초 잠시 수감되었던 것으로
보인다. 《混定編錄 卷5》

숨이 거의 끊어질 지경이다가도 국문을 받을 때면 반드시 두 손을 공손히 모으고 꿇어앉았는데, 결국 형장 아래 죽었다. 이발은 인물의 시비선악을 가리기 좋아했고, 오랫동안 전조(銓曹)에 재임하며 인물의 진퇴를 자기의 소임으로 삼았으므로 사람들의 원망이 많았다.

백유양은 백인걸의 조카로, 그가 정여립에게 보낸 편지에는 주상을 범하는 부도(不道)한 말이 많았다. 이때에 이르러 주상이 그 중 심한 것을 지우고 국청에 내려 보냈는데, 그 편지에, "이 사람은 시기심이 많고 괴팍하다."거나 혹은 "인군의 도량이 없다." 등의 말이 있었다. 주상이 역률(逆律)로써 단죄하라 명하자, 정철이 말하기를,

"경악(經幄)34)에서 한 명의 정여립이 나온 것도 이미 크나큰 변고인데 어찌 두 명의 정여립이 나오겠습니까?"

하니, 주상이 크게 노하여 대신이 권력을 제 마음대로 휘두른다고 책망하고 끝내 역률을 시행하였다.

백유양의 네 아들 진민(振民), 흥민(興民), 득민(得民), 내민(來民)은 모두 재주와 명성이 있었으나 형장 아래 함께 죽었다. 애초 백진민은 고변서가 이이 제자가 무고한 것이 틀림없다 여기고, 그 무리 10여 명과 함께 원통함을 풀겠다며 박영근을 임시 소두(疏頭)로 정해두었는데, 정여립이 자살했다는 소식을 듣자 모두 놀라 흩어졌다. 진민이 양주(楊州)에서 시묘(侍墓)하고 있는데, "길삼봉의 거처를 백진민은 분명 상세히 알고 있을 것이다."라는 말이 돌았다. 진민이 옥에 있으면서 소를 지어 원통함을 호소하려 하였으나 형장으로 인한 상처가 심해 쓰지 못하고 중지하였다. 그리고 다만 공초하기를,

"아비가 모르는 일을 아들이 어찌 알겠습니까? 죄가 있고 없고는 저 푸른 하늘이 증명해 줄 것입니다. 굳이 다시 국문할 것 없이 속히 죽여주시기 바랍니다."

하였다.

---

34) 경악(經幄) : 경연(經筵)을 이른다. 여기에서는 경연에 참여하는 근신(近臣)을 의미한다.

정여립의 문생록(門生錄)에 이름이 올라 있던 신식(申湜)35)이라는 사람이 잡혀왔는데, 자신은 역적과 단 한 번도 편지를 왕래한 일이 없다고 하였다. 이에 주상이 '식'이라는 이름으로 역적에게 보낸 편지 한 장을 내리자, 신식이 말하기를, "남쪽에 정식(鄭湜)이라는 자가 있습니다." 하였다. 주상이 다시 상(喪) 중의 예를 물으며 성명을 다 갖춘 편지 한 장을 내리자, 식이 대답하지 못하고 마침내 죄를 받았다.

  -이설(異說)을 살핀다. 정철과 백유함, 이춘영(李春英)36) 등이 은밀히 모의하여 내관 이몽정(李夢井)으로 하여금 백진민이 길삼봉의 소재를 알고 있다고 진달하게 하여 진민이 추국을 당하게 되었다고 한다. 당초 백인걸(白仁傑)이 을사사화(乙巳士禍)에 피화되어 오랫동안 죄를 입고 폐고 되었으므로, 딸이 있어도 혼인하려는 자가 없었다. 이에 인걸이 조카인 백유양에게 말하기를, "내가 의령감(義寧監)을 사위로 삼고자 한다." 하니, 백유양이 말하기를, "의령감은 종친이지만 서자로, 그의 어머니와 숙모 모두 머리 수건을 쓰고 다니는 시정(市井)의 여자인데, 어찌 사위로 삼을 수 있겠습니까?" 하였으나, 백인걸이 따르지 않고 마침내 의령감을 사위로 맞았다. 이윽고 혼인 후 인걸의 딸이 백유양의 말을 의령감에게 고하여 이로 말미암아 백유양과 틈이 생겼다. 백인걸의 딸이 아들을 낳았는데, 그 아들 이춘영은 이 일로 묵은 감정을 품고 백유양을 원수같이 보다가 이때에 이르러 외삼촌인 백유함과 함께 난잡한 말로 선동하여 화를 입혔다고 한다.-

───────────

35) 신식(申湜) : 1551~1623. 본관은 고령(高靈), 자는 숙지(叔止), 호는 용졸재(用拙齋), 신숙주 (申叔舟)의 5대손이다. 1576년 별시문과에 급제하였다. 사헌부 집의로 있을 때 정여립의 일파라고 탄핵 받고 유배당하였다가 1592년 다시 집의가 되었다. 임진왜란 때에는 경상도안무어사(慶尙道按撫御史)로 활약하였다. 광해군 즉위 후, 충청도관찰사·동지중 추부사·강원도관찰사를 역임하다가 또다시 사은사로 명에 가서 왜의 실정을 알렸다. 말년에는 지중추부사로 기로소(耆老所)에 들어갔다. 청주의 쌍천서원(雙泉書院)에 제향 되었다. 저서로는 《의례고증(疑禮攷證)》·《가례언해(家禮諺解)》 등이 있다.

36) 이춘영(李春英) : 1563~1607. 본관은 전주(全州), 자는 실지(實之), 호는 체소재(體素齋), 시호는 문숙(文肅)이다. 아버지는 의령감(義寧監) 이윤조(李胤祖)이고, 어머니 수원백씨 (水原白氏)는 백인걸의 딸이다. 성혼 문인이며, 정철과 가까웠다. 기축옥사 당시 동인에 대한 거침없는 공격으로 옥사의 확대에 일조하다가 1591년(선조24) 건저(建儲) 문제로 서인이 실각할 때 그 또한 탄핵 받아 함경도 부령(富寧)으로 유배되었고, 다시 삼수(三水) 로 이배(移配)되었다가 임진왜란으로 복권되었다.

○ 한백겸(韓百謙)37)은 이진길(李震吉)의 시신을 거두어 준 일로 인해 형을 받았고, 유종지(柳宗智)38)는 역적과 친분이 두텁다는 이유로 연좌되어 죄를 받았다. 김빙(金憑)은 역적의 시체를 찢을 때 눈물을 흘렸다가 대간의 논계로 인해 형장 아래 죽었다.

  -이설을 살핀다. 기축년의 옥사를 다스릴 때 정철이 영수(領袖)가 되고, 백유함·이춘영 등이 우익(羽翼)을 맡아 다른 의론을 모두 억눌러 공격하였다. 김빙은 평소 풍현증(風眩症)과 눈물이 흐르는 병이 있었다. 역적을 주륙할 때 백관이 도열하여 섰는데, 날이 차서 눈물이 흘렀다. 백유함은 평소 김빙과 사이가 좋지 않았으므로, 김빙이 슬퍼서 울었다고 무함하여 죽이니 조야에서 백유함을 곱게 보지 않았다고 한다.-

○ 호남 유생 정암수(丁巖壽)39) 등이 상소하여, 이산해(李山海)와 정언신(鄭彦

---

37) 한백겸(韓百謙) : 1552~1615. 본관은 청주(淸州), 자는 명길(鳴吉), 호는 구암(久菴)이다. 1589년 기축옥사 때 오랜 친구 이진길이 연루되어 죽자, 한백겸은 그가 불복(不服)하고 죽었으니 벗이 되어 가보지 않을 수 없다 하고 친히 찾아가 시신을 수습해 주었다. 임진왜란 때 왜적에게 호응한 이들의 우두머리를 참살한 공로로 내자시 직장(內資寺直長)에 기용되었다. 이후 호조와 형조의 좌랑, 안악 현감(安岳縣監), 영월 군수(寧越郡守), 호조 참의 등을 역임하였다. 1607년(선조40) 평양(平壤)에 남아 있는 토지 구획 형태를 보고 이것이 기자(箕子)가 고조선 때 시행한 정전제(井田制)의 흔적임을 밝힌 〈기전유제설(箕田遺制說)〉등을 저술하였고, 저서로는 《구암유고(久菴遺稿)》,《동국지리지(東國地理志)》 등이 있다.

38) 유종지(柳宗智) : 1546~1589. 본관은 문화(文化), 자는 명중(明仲), 호는 조계(潮溪)이다. 현 경상남도 진주에 거주하였다. 조식 문인이다. 그의 행적을 기록한 《조계실기(潮溪實紀)》가 있다. 기축옥사의 전개 과정에서 전라도 유생 정암수가 박천정(朴天挺) 등과 연명하여 올린 상소로 옥사가 동인 전체에게 전방위로 확산되는 가운데 피화(被禍)되어 형장 아래 죽었다. 《宣祖實錄 22年 12月 14日》

39) 정암수(丁巖壽) : 1534~1594. 본관은 창원, 자는 응룡(應龍), 호는 창랑(滄浪)이다. 기축옥사 당시 박천정 등과 연명하여 이산해·유성룡 등을 간인(姦人)으로 규정한 상소를 올렸다. 상소의 내용은 《宣祖實錄 22年 12月 14日》 및 《宣祖修正實錄 22年 12月 1日》 기사에 상세히 소개되어 있다. 정암수 등의 연명 상소는 옥사를 동인 전체에게 전방위적으로 확산시키는 계기가 되었다. 이에 동인들 사이에서는 정암수는 정철의 문객이며 상소는 정철의 사주를 받아 작성된 것이라는 소문이 공공연하게 떠돌고 있었다.(《宣祖實錄 22年 12月 14日》) 한편 정암수는 이 상소에서 정개청의 이른바 '배절의설(排節義說)'을 난역(亂逆)의 증거로 제시하였다. 이에 정개청은 그의 제자 나덕명·나덕준 형제와 함께

信) 등이 나라를 그르치고 역적을 비호한 정상과, 한효순(韓孝純)·이정직(李廷直)·정개청(鄭介淸)·유종지(柳宗智)·유영립(柳永立)[40]·유성룡(柳成龍)·이양원(李陽元)·윤의중(尹毅中)·윤탁연(尹卓然)[41]·김응남(金應南)·송언신(宋言愼)·남언경(南彦經)·이언길(李彦吉)·조대중(曹大中)·이홍로(李弘老)·이순인(李純仁)·유몽정(柳蒙井)·김홍징(金弘徵) 등의 죄, 그리고 전 현감 나사침(羅士忱)[42]과 그 아들 나덕명(羅德明)[43]·나덕준(羅德峻)[44]·나덕윤(羅德潤)[45]이 정여립을 구

정여립과 결탁했다 하여 압송되었고, 이듬해 6월 함경도 경원(慶源)에 유배되어 그달 27일에 배소(配所)에서 죽었다.

40) 유영립(柳永立) : 1537~1599. 본관은 전주(全州), 자는 입지(立之)이다. 1568년 별시문과에 급제하여, 지평(持平)·공주목사 등을 역임하고, 1582년 종성부사, 1591년 함경도관찰사, 이듬해 강원도관찰사가 되었다. 이때 임진왜란이 일어나자 산 속으로 피신하였다가 가토[加藤淸正] 휘하의 왜군에게 포로가 되었다. 뇌물로 매[鷹]를 바치고 탈출하였으나, 국위를 손상시켰다는 이유로 대간의 탄핵을 받고 파직 당하였다. 유성룡의 변호로 곧 복직되어 병조참판을 역임하였다.

41) 윤탁연(尹卓然) : 1538~1594. 본관은 칠원(漆原), 자는 상중(尙中), 호는 중호(重湖), 시호는 헌민(憲敏)이고, 이황 문인이다. 1565년 알성 문과에 급제하여 청현직을 두루 역임한 뒤, 1585년 경기도관찰사에 올랐다. 그 뒤 한성부판윤으로 승진하고 형조판서와 호조판서를 지냈다. 송익필·이산해 등과 팔문장가의 한 사람으로 꼽힐 만큼 시문에 능하였다. 함흥의 창의사(彰義祠)에 제향되었다. 저서에 《계사일록(癸巳日錄)》이 있다.

42) 나사침(羅士忱) : 1525~1596. 본관은 나주(羅州), 자는 중부(仲孚), 호는 금남(錦南)이다. 진원 현감(珍原縣監)을 지낸 아버지 나질(羅晊)은 최부(崔溥)의 둘째 사위로, 유희춘에게 이모부가 된다. 1555년 생원시에 합격하고, 음직으로 경기전 참봉(慶基殿參奉)과 니성 현감(尼城縣監)을 지냈다.

43) 나덕명(羅德明) : 1551~1611. 본관은 나주(羅州), 자는 극지(克之), 호는 소포(嘯浦)이다. 나사침의 장남이고 정개청 문인이다. 1579년 식년시(式年試)에서 진사(進士)로 급제하였으나, 1589년 기축옥사 때 정개청의 문인이고 정여립과 친분이 있었다는 이유로 함경도 경성(鏡城)에 유배되었다. 유배 중 임진왜란이 일어나 함경북도병마평사(咸鏡北道兵馬評事) 정문부(鄭文孚) 막하에 들어가 싸웠고, 정유재란 때에는 판서(判書) 임담과 의병을 일으켜 전라남도 화순(和順) 등지에서 전공을 세웠다. 선무원종공신(宣武原從功臣)에 녹훈(錄勳)되었고 형조판서(刑曹判書)에 증직되었다.

44) 나덕준(羅德俊) : 1553~1604. 본관은 나주(羅州)이고, 나사침의 둘째 아들이자 정개청 문인이다. 1589년 기축옥사 당시 전라도 유생 정암수 등의 상소로 옥사가 확대되어 정개청이 서울로 압송되어 국문을 받을 때 그의 집안도 함께 연루되어 유배형에 처해지는 등 고초를 겪었다.

45) 나덕윤(羅德潤) : 본관은 나주(羅州)이고, 나사침의 셋째 아들이자 정개청 문인이다.

호하고자 고변자를 무함한 일을 극론하였다. 이어 정인홍이 정여립과 정의가 매우 돈독하였던 일을 논핵하고, 또 말하기를,

"계미년(1583, 선조16) 삼사(三司)가 여러 현인(賢人)을 공박했을 때,[46] 사헌부 관헌 한 사람이 전하의 심기가 불편한 것을 염려하여 논핵을 정지하려 하였더니, 홍여순이 '지금은 사직이 더욱 중요하다'고 말하였으므로 여순의 무군부도(無君不道)한 죄에 대해 온 나라 사람들이 이를 갈았습니다."

하였다. 상소가 들어가자 주상이 진노하여 말하기를,

"너희들은 이와 같이 상세히 알고 있었으면서 어찌하여 일찍 와서 상변하지 않았느냐? 정암수와 소두 이외의 9인-박천정(朴天挺)·박대붕(朴大鵬)·임윤성(任尹聖)·김승서(金承緖)·양산룡(梁山龍)·이경남(李慶男)·김응회(金應會)·유사경(柳思敬)·유영(柳渶)-을 모두 잡아들여 의금부의 감옥에 가두라."

하였다. 이어 하교하기를,

"역적의 변고가 생긴 틈을 타 감히 방자하게 무함하는 계책을 꾸며서 어질고 고명한 정승 고관들을 모두 배척하니, 이는 분명 남의 사주를 받은 것이 틀림없다. 추국하여 정배(定配)하라."

1589년 기축옥사 당시 전라도 유생 정암수 등의 상소로 옥사가 확대되어 정개청이 서울로 압송되어 국문을 받을 때 나덕윤의 집안도 함께 연루되어 그의 형 나덕명·나덕준 등이 함께 고초를 겪었다. 이후 정개청의 신원에 적극적으로 나서서, 을미년(1595, 선조28) 봄과 병신년(1596, 선조29) 12월, 무신년(1608, 광해군 즉위년), 기유년(1609, 광해군1) 등에 정개청의 무고함을 역설하고 그에 대한 신원을 청하는 소를 올렸다.

46) 계미년 …… 때 : 계미년(1583, 선조16)에 동인의 도승지 박근원, 대사간 송응개, 전한 허봉이 병조판서 이이를 탄핵하였다. 이들은 이이가 병권을 마음대로 하고 임금을 업신여기며 파당을 만들어 바른 사람을 배척하므로 왕안석(王安石)과 같은 간신이라고 하였다. 이처럼 삼사가 이이를 탄핵한 명목은 병조판서 이이가 군주의 명령 없이 제멋대로 전횡한다는 것이었으나 실상은 삼사를 장악한 동인이 이이를 서인으로 지목하고 그에 대한 공세를 강화하였던 것에 그 본질이 있었다. 이후 상호간의 비방이 오가다가 마침내 박근원은 평안도 강계에, 송응개와 허봉은 각각 함경도 회령과 갑산에 유배되었는데, 이 사건을 계미삼찬(癸未三竄)이라고 한다. 그 뒤 이이는 서인을 대부분 등용하였지만 유배된 세 사람이 풀려나기 전인 다음 해 1월 급서하였다. 이로써 동인과 서인의 대립은 더욱 격화되는 결과를 가져왔다.

하였다. 이에 성균관 유생 최기남(崔起南)[47] 등이 상소하여 이들을 구원하였고, 대간 또한 논계하였으므로 주상이 추국하지 말라 명하였다.

○ 고창 사람 오희길(吳希吉)[48]은 정여립에게 수학하였는데, 여립이 이이와 성혼을 비방하고 배척한다는 말을 듣고 편지를 보내 절교하였다. 진사 정운룡(鄭雲龍)[49]도 정여립과 서로 알고 지내는 사이였다. 여립이 여러 고을에 편지를 보내 제수(祭需)를 요구하였는데, 장성 현감 이계(李啓)가 그 편지를 정운룡에게 보여주자, 운룡이 말하기를,

---

47) 최기남(崔起南) : 1559~1619. 본관은 전주(全州), 자는 여숙(與叔), 호는 만곡(晩谷)·만옹(晩翁)·양암(養庵)이다. 성혼 문인으로 1585년 사마시(司馬試)에 합격하였다. 1589년 기축옥사 당시 동인을 배척하는 데 급급하지 않고 공정한 의론을 전개하는 데 힘썼다는 평을 받았다.(《震鑑 己丑獄事》) 1591년 정철이 건저(建儲) 문제를 제기하였다가 서인(西人)이 실각당할 때 연루되어 대과(大科)에 응시할 자격을 잃었지만 1600년 왕자사부(王子師傅)로 발탁되었고, 2년 뒤 알성문과에 급제하여 형조·예조·병조의 정랑(正郞) 등을 역임한 후 1605년 함경북도 평사(評事)로 부임했다. 인조 때 아들 명길(鳴吉)의 인조반정에 대한 공으로 영의정에 추증되었다.
48) 오희길(吳希吉) : 1556~1625. 본관은 나주(羅州), 고창 출신이고 자는 길지(吉之), 호는 도암(韜庵)이다. 기효간(奇孝諫)·정여립 문인이다. 스승 정여립이 이이와 성혼을 비방하는 말을 듣고, 잘못된 점을 적어 정여립에게 주어 노여움을 샀다. 정여립의 모반사건에 연루되어 투옥되었으나, 정여립이 보관하고 있던 편지가 나타나서 석방되고, 천거로 후릉참봉(厚陵參奉)이 되었다. 1592년 임진왜란이 일어나자, 전주의 경기전참봉(慶基殿參奉)으로서 태조의 어진(御眞)을 비롯한 제기(祭器)와 역대 실록을 내장산에 숨겨 보전하였다. 1618년에 위성공신(衛聖功臣)에 녹훈되었다. 사근도찰방(沙斤道察訪)과 태인현감을 지내고 68세에 죽었다. 고창의 월계정사(月溪精舍)에 제향되었다. 저서로는 《도동연원록(道東淵源錄)》이 있다.
49) 정운룡(鄭雲龍) : 1542~1593. 본관은 하동(河東), 자는 경우(慶遇), 호는 하곡(霞谷)이고 기대승 문인이다. 전라남도 장성 출신으로서, 아버지는 주부 정집(鄭輯)이며, 어머니는 학자 박광옥(朴光玉)의 딸이다. 학행으로 천거되어 참봉에 제수되었으나 사퇴하고 학문에 전념하였다. 장성현감 이계는 학교를 세우고 그를 선생으로 초빙하여 선비들을 가르치게 하였다. 정여립과도 친분이 있었으나 그의 사람됨을 꺼려하여 절교하고, 정여립과 가까웠던 이발과도 교분을 끊었다. 1589년 정여립이 반란을 꾀하다가 죽은 뒤 그가 정여립에게 보낸 절교서 때문에 선조의 신임을 받고 왕자사부(王子師傅)에 제수되고, 그 뒤 장원서장원(掌苑署掌苑)·고창현감 등을 지냈다. 박순·고경명 등과 같이 학문을 닦았고, 정철과 교유가 깊었다. 승지에 추증되고, 장성의 모암서원(慕庵書院)과 고창의 월계정사(月溪精舍)에 제향되었다.

"이 사람이 박학하여 이발 형제가 칭찬하였는데, 근자에 듣기에 그의 처사가
흉악하니 교유를 끊지 않으면 반드시 후환이 있을 것입니다."

하고, 마침내 편지를 보내 절교하고 아울러 이발과의 관계도 단절하였다.
이때에 이르러 두 사람이 주고받은 편지[50]가 수색 중인 문서에 들어가 있었는
데, 주상이 가상히 여겨 특명으로 벼슬을 제수하였다.

○ **경인년(1590, 선조23) 봄**, 전교하기를,

"이발 등은 처음에 정즙(鄭緝)의 공초에 나왔고 또 선홍복(宣弘福)의 공초에
나왔으며 다시 회이(回伊)의 공초에 나왔다. 게다가 평소 역적과 긴밀하게
결탁한 정황은 어린아이도 다 아는 일이고, 정여립과 서찰을 왕래한 것은
부자·형제보다 더하였다. 법에 따라 처단할 일을 의논하여 아뢰라. 유몽정(柳
夢井)은 역적에게 깊이 인정을 받았으니, 그 결탁한 정상이 훤히 드러나
가릴 수 없다."[51]

하였다. 의금부에서 잡아들이기를 청하니, 주상이 앞으로 신문할 일이
있을 수도 있다고 보아 특별히 명하여 옥에 가두었다.

○ 의금부에서 이발 등의 죄가 훤히 드러났고 토벌의 의리는 지엄하니
조정의 의논을 널리 수합할 것을 청하였다. 이에 황정욱(黃廷彧) ―유홍(兪泓)[52]·김

50) 두 사람이 주고받은 편지 : 장성 현감 이계(李啓)는 월사(月沙) 이정귀(李廷龜)의 아버지이
   므로, 이 고사는 《월사집(月沙集)》권52, 〈선부군행장(先府君行狀)〉에 자세히 수록되어
   있다. 본문에서 '두 사람이 주고받은 편지[兩人書札]'는, 《월사집》에 따르면, 정운룡이
   정여립에게 보낸 '절교서'를 이른다.
51) 유몽정(柳夢井)은 …… 없다 : 정철의 아들 정종명이 광해군에게 올린 상소에 따르면,
   유몽정이 고부 군수(古阜郡守)로 있을 때 관곡(官穀)을 내어 정여립이 재사(齋舍)를 짓는
   것을 도왔던 사실 때문에 국문을 당하게 되었다고 하였다.(《光海君日記 1年 12月 23日》)
52) 유홍(兪泓) : 1524~1594. 본관은 기계(杞溪), 자는 지숙(止叔), 호는 송당(松塘), 시호는
   충목(忠穆)이다. 1553년 별시 문과에 급제하여 청요직을 두루 역임하고, 1589년 좌찬성으
   로서 판의금부사를 겸해 정여립의 역옥을 다스렸다. 1590년 종계변무(宗系辨誣) 1등,
   토역(討逆) 2등에 책훈(策勳)되어, 평난공신(平難功臣) 호를 하사받고 보국숭록대부(輔國

명원(金命元)[53]·윤탁연(尹卓然)·박충간(朴忠侃)[54]·황림(黃琳)[55]·변협(邊協)[56]·김귀영(金貴
榮)·이산해(李山海)·심수경(沈守慶)[57]·임열(任說)[58]·정철(鄭澈)·이양원(李陽元)- 등이 이
르기를,

崇錄大夫) 기성부원군(杞城府院君)에 봉해졌으며, 이조판서·우의정에 올랐다. 유저로
《송담집》이 있다.

53) 김명원(金命元) : 1534~1602. 본관은 경주(慶州), 자는 응순(應順), 호는 주은(酒隱), 시호는
   충익(忠翼)이고, 이황 문인이다. 1561년 식년 문과에 급제하여 청요직을 두루 역임하였으
   며, 1589년 정여립 옥사를 수습하는 데 공을 세워 평난공신(平難功臣) 3등에 책록되고
   경림군(慶林君)에 봉해졌다. 1592년 임진왜란이 일어나자 팔도도원수가 되었고, 1597년
   정유재란 때는 병조판서로 유도대장(留都大將)을 겸했으며, 1601년 부원군에 봉해지고
   좌의정에 이르렀다.

54) 박충간(朴忠侃) : ? ~1601. 본관은 상주(尙州), 자는 숙정(叔精)이다. 음보(蔭補)로 여러
   청요직을 역임하였다. 1589년 재령 군수로 재직 중 한준·이축·한응인과 함께 정여립의
   모역을 고변하여, 그 공으로 형조참판으로 승진하였으며, 또 평난공신 1등에 책록되고
   상산군(商山君)에 봉해졌다. 1597년 순검사·선공감제조(繕工監提調)를 역임하고, 1600년
   남이공 등의 파당행위의 폐해를 상소하였다가 집권층에 밉보여 여러 차례 탄핵을
   받았다.

55) 황림(黃琳) : 1517~1591. 본관은 창원(昌原), 자는 여온(汝溫), 시호는 평장(平莊)이다. 1552
   년 식년 문과에 급제하여 청요직을 두루 역임하였다. 1578년 종계변무(宗系辨誣)를
   위해 주청사로 명나라에 다녀온 후 광국공신 3등에 책록되었고 의성군(義城君)에 봉해졌
   다. 이후 대사헌을 거쳐 공조판서, 이조판서에 올랐다.

56) 변협(邊協) : 1528~1590. 본관은 원주(原州), 자는 화중(和中), 호는 남호(南湖), 시호는
   양정(襄靖)이다. 1548년 무과에 급제하고 선전관을 거쳐, 1555년 해남현감이 되어 을묘왜
   변을 격퇴한 공으로 장흥부사가 되었다. 1587년 전라우방어사(全羅右防禦使)가 되어
   녹도·가리포의 왜구를 격퇴했으며, 그 뒤 공조판서 겸 도총관과 포도대장을 역임하였다.

57) 심수경(沈守慶) : 1516~1599. 본관은 풍산(豊山), 자는 희안(希顔), 호는 청천당(聽天堂)이
   고, 좌의정 심정(沈貞)의 손자이다. 1546년 식년문과에 장원 급제하여, 1552년 검상(檢詳)
   을 거쳐 직제학을 지내고, 뒤에 대사헌과 8도 관찰사를 역임하였다. 1590년 우의정에
   오르고 기로소에 들어갔다. 1592년 임진왜란이 일어나자 삼도체찰사가 되어 의병을
   모집하였으며, 이듬해 영중추부사가 되었다가 1598년 벼슬길에서 물러났다. 저서로
   《청천당시집(聽天堂詩集)》·《견한잡록(遣閑雜錄)》 등이 있다.

58) 임열(任說) : 1510~1591. 본관은 풍천(豊川), 자는 군우(君遇), 호는 죽애(竹崖), 시호는
   문정(文靖)이다. 1533년 별시 문과에 급제하여 승문원 정자가 되고, 1536년 수찬으로서
   문과 중시에 급제하여 청현직을 두루 역임하였다. 1560년 예문관 제학을 지내고, 이듬해
   도총부도총관이 되었다. 다시 대사헌이 되었다가 1567년 한성부판윤에 이어 지중추부사
   가 되었다.

"당초 이미 승복하지 않았으니, 증거에 맞게 죄를 다스려야지 갑작스레 무거운 형률을 추가하는 것은 심히 온당치 못합니다."

하였고, 최흥원(崔興源)59)·윤근수(尹根壽)·권극례(權克禮)60)·권징(權徵)61) 등 또한 형률이 너무 지나치다고 하였다. 주상이, 영부사 노수신이 일찍이 갑신년(1584, 선조17) 겨울 김우옹·이발·백유양·정여립을 추천하였는데, 이들이 모두 간악한 역적의 무리이니 조정에서 공론에 따라 처리하라는 뜻으로 하교하였다. 좌의정 정철과 우의정 심수경이 아뢰기를,

"사람을 알아보는 것이 밝지 못하여 당시의 기세에 압도되어 그러했을 뿐입니다. 노수신은 네 조정을 섬긴 원로대신으로 노병(老病)이 이미 심하니, 처음부터 끝까지 변치 않는 의리를 보존하여 관용을 베푸는 것이 마땅합니다."

하니, 주상이 따랐다. 대사헌 홍성민(洪聖民), 대사간 이산보(李山甫)가 합계하여 노수신의 관작을 삭탈하라 청하자, 주상이 파직만 하라고 명하였다.

○ 장령 장운익(張雲翼)62)-지평 백유함(白惟咸)- 등이 논계하기를,

---

59) 최흥원(崔興源) : 1529~1603. 본관은 삭녕(朔寧), 자는 복초(復初), 호는 송천(松泉)이며, 영의정 최항(崔恒)의 증손으로서 시호는 충정(忠貞)이다. 1568년 증광문과에 급제하여 청현직을 두루 역임하였고, 1592년 임진왜란 때 유성룡이 물러나자 영의정에 기용되었다. 이듬해 병으로 사직, 영돈녕부사(領敦寧府事), 영평부원군(寧平府院君)에 봉해졌다. 임진왜란 당시 왕을 의주까지 호종했던 공으로 1604년 호성공신 2등에 추록(追錄)되었다.

60) 권극례(權克禮) : 1531~1590. 본관은 안동(安東), 자는 경중(敬仲)이다. 예조판서 권극지(權克智)의 형이다. 1558년 별시문과에 급제하여 청현직을 두루 역임하였다. 1588년 조헌의 상소에서 노수신·정유길·유성룡 등과 함께 붕당을 이루고 있다고 탄핵받았다. 1589년 박충간 등과 함께 정여립이 역모를 꾀하고 있다고 고변하였고, 그해 겨울 도목정사(都目政事)에서 예조판서에 제수되었다. 이듬해 이조판서에 오른 뒤 죽었다.

61) 권징(權徵) : 1538~1598. 본관은 안동(安東), 자는 이원(而遠), 호는 송암(松菴)으로, 권근(權近)의 후손이며, 시호는 정익(貞翼)이다. 1562년 별시문과에 급제하여 청현직을 두루 거쳤다. 전주부윤이 되어서는 경내에 정여립이 살고 있으나 사람됨을 꺼려서 끊고 만나지 않았다. 1586년 형조참판, 1589년 병조판서가 되었다. 그러나 서인 정철이 실각할 때 그 당여(黨與)로 몰려 평안도관찰사로 좌천되었다.

62) 장운익(張雲翼) : 1561~1599. 본관은 덕수(德水), 자는 만리(萬里), 호는 서촌(西村), 시호는 정민(貞敏)이다. 1582년 식년 문과에 장원 급제하여 예조정랑·선천 군수 등을 지냈다.

"강원 감사 김응남(金應南)은 오랫동안 조정의 권력을 장악하고 역적의 죄를 도와서 이루게 하였습니다. 참봉 윤기신(尹起莘)[63]은 호남과 영남을 두루 다니며 역적과 결탁하고 세상을 미혹시켰으므로 여론이 통분해 합니다."

하니, 주상이 말하기를,

"윤기신은 마땅히 그 실상을 심문해야 한다."

하면서, 의금부에 내렸다.

○ 정언 황신(黃愼)[64]이 아뢰기를,

"정여립이 역심을 품은 것이 하루아침 하루저녁의 일이 아닌데, 일찍이 전조(銓曹)에서는 여립을 김제군수-이산해(李山海)가 이조판서였을 때- 와 황해도사-이양원(李陽元)이 이조판서였을 때- 에 의망하여 그가 원했던 계책에 응해줌으로써 자칫 헤아릴 수 없는 변고가 이를 뻔하였으니 당시의 이조 당상과 낭청을 모두 파직하소서."

하였다.

1591년 양양 부사로 재직할 때 정철의 일당이라 하여 온성으로 귀양 갔다가 임진왜란이 일어나자 풀려나 왕을 호종하였다. 정유재란 때 이조판서로서 접반사가 되어 명나라 제독 마귀(麻貴)를 영접하고 울산 싸움에 함께 참전하였다. 사후에 영의정에 추증되고 덕수부원군(德水府院君)에 추봉되었다.

63) 윤기신(尹起莘) : 기축옥사의 전개 과정에서 전라도 유생 정암수가 박천정 등과 연명하여 올린 상소로 옥사가 동인 전체에게 전방위적으로 확산되는 가운데 이발 형제 및 최영경과 교유가 두텁고 호남과 영남을 두루 다니며 역적 정여립과 결탁하였다는 죄명으로 피화(被禍)되어 형장 아래 죽었다. 《掛一錄》, 《混定錄》

64) 황신(黃愼) : 1560~1617. 본관은 창원(昌原), 자는 사숙(思叔), 호는 추포(秋浦), 시호는 문민(文敏)이다. 성혼·이이에게 수학했다. 1589년 기축옥사 때 이산해를 탄핵하다가 이듬해 고산 현감으로 좌천당한 데 이어, 1591년에는 정철의 일당이라 하여 파직되었다. 1601년 정인홍의 문인 문경호(文景虎)가 스승인 성혼과 그 문인들을 탄핵하는 소를 올리자, 대사헌으로서 이에 맞서다가 북인들에 의해 관작이 삭탈되었다. 1613년 계축옥사가 일어나자 관작을 삭탈당하고 옹진에 유배되어 그곳에서 죽었다. 인조반정으로 서인 정권이 들어서자 우의정에 추증되었고, 공주 창강서원(滄江書院)에 제향되었다.

○ 전 현감 정개청(鄭介淸)[65]은 대대로 나주의 향리를 지낸 집안 출신이었지만, 자못 학문을 좋아하여 기대승(奇大升)[66]에게 배우고자 하였으나 기대승이 그 사람됨을 미워하여 허락하지 않았다. 정개청이 분하고 부끄러운 마음에 즉시 상경하여 박순(朴淳)에게 수학하기를 근 10여 년에 이르렀다. 박순이 그를 사랑하여 재랑(齋郎)[67]으로 천거하였고 이후 관직이 현감에 이르렀다.[68] 이때에 이르러 정개청이 정여립과 산을 주유했다는 설이 원근에 파다하게 퍼지자, 전라 감사 홍여순(洪汝諄)이 그 진위 여부를 나주에 문의해보니 나주 사람 대부분이 틀림없는 사실이라 말하였다.

정개청이 일찍이 〈동경의 절의와 진실(晉室)의 청담의 폐해를 두루 서술하여 비판적으로 논하다[論歷敍東京節義及晉室淸談之弊謗之]〉라는 글을 지었는데, '절의를 배척한 글'로 일컬어졌다. 얼마 후 대간이, 정개청이 역적과 친밀히

---

65) 정개청(鄭介淸) : 1529~1590. 본관은 고성(固城), 자는 의백(義伯), 호는 곤재(困齋)이다. 전라남도 나주 출신으로서, 예학(禮學)과 성리학에 깊은 관심을 기울여 당시 호남 지방의 명유로 알려졌다. 1574년 전라감사 박민헌(朴民獻), 1583년 영의정 박순에 의해 유일(遺逸)로 천거되었지만, 수차의 관직 제수를 극구 사양하였다. 이후 그의 관직생활은 55세에 나주 훈도, 58세에 교정청(校正廳) 낭관, 그리고 60세 되던 해 이산해의 천거로 곡성 현감을 지내는 데 그쳤다. 1589년에 정여립 모역 사건이 일어나고 이를 처리하는 과정에서 그 연루자의 색출이 지방의 사류에게까지 확대되었다. 1590년 5월 정여립과 동모하였다는 죄목으로 체포되어 평안도 위원으로 유배되었다가 다시 같은 해 6월 함경도 경원 아산보(阿山堡)로 이배되어, 그곳에서 죽었다. 저서로는 《수수기(隨手記)》와 《우득록(愚得錄)》이 있는데, 《수수기》는 유실되고 《우득록》만 남아 있다.

66) 기대승(奇大升) : 1527~1572. 전라남도 나주 출신으로서, 본관은 행주(幸州), 자는 명언(明彦), 호는 고봉(高峯)·존재(存齋)이다. 이황 문인이고, 시호는 문헌(文憲)이다. 이황과의 서신 교환을 통하여 조선유학사에 지대한 영향을 미친 사칠논변(四七論辨)을 전개하였다. 1558년 식년문과에 급제하여 청현직을 두루 거쳤다. 1570년 대사성으로 있다가 영의정 이준경과의 불화로 해직당했다. 1572년 대사간·공조참의를 지내다가 병으로 벼슬을 그만두고 귀향하던 도중에 고부(古阜)에서 객사하였다. 제자로는 정운룡(鄭雲龍)·고경명(高敬命)·최경회(崔慶會)·최시망(崔時望) 등이 있으며, 저서로는 《논사록(論思錄)》·《이기왕복서(理氣往復書)》·《주자문록(朱子文錄)》·《고봉집(高峯集)》 등이 있다.

67) 재랑(齋郎) : 묘(廟)·사(社)·전(殿)·궁(宮)·능(陵)의 참봉을 통칭하는 말이다.

68) 관직이 …… 이르렀다 : 정개청은 선조 18년(1585) 교정청(校正廳)의 낭관(郞官)을 거쳐 영릉 참봉(英陵參奉)을 역임하고 선조 20년(1587) 12월, 6품직인 곡성 현감(谷城縣監)에 올랐다.

교유하고 절의를 배척하는 논설69)을 지은 죄를 논계하자, 개청의 제자 조봉서
(趙鳳瑞)와 함께 잡아들였다.–이설(異說)을 살핀다. 어떤 이가 말하기를, "홍여순이
조정의 분부에 따라 역적과 절친한 이들을 탐문하였는데, 각 관의 교생 10여 인이 고하기를,
'정개청이 조봉서와 함께 정여립과 종유하며 그 집터를 보아주었다고 합니다.'하여, 홍여순
이 이들을 잡아 가두고 치계(馳啓)하였다고 한다." 하였다.–

정개청이 자신은 역적과 결코 서신을 주고받은 일이 없다고 하자, 주상이
하교하기를,

"이른바 '도(道)'라고 한 것은 무슨 도를 말한 것인가? 교정청(校正廳)70)에
있을 때 한 번 보았다면 그 전후 서로 친분을 통한 일이 없다고 한 것은
기망이 아닌가? 또한 이 사람이 일찍이 배절의론(排節義論)을 지었으니 절의를
배반하는 일을 좋아하는 것이 틀림없다."

하고, 엄히 심문하라 하며, 역적과 주고받은 편지를 내렸다.

서신 중에 이르기를,

"도(道)를 보는 것이 고명(高明)한 사람은 오직 존형(尊兄) 한 사람뿐입니다."

하였다. 정개청이 공초하기를,

"임오년(1582, 선조15) 나주의 훈도(訓導)가 되어 교생들을 가르쳤는데,
게으르고 태만한 자가 있을 경우 회초리를 쳐서 벌을 주었습니다. 그중에
몸가짐을 바로하기를 꺼리는 자들은 저를 원수처럼 미워하였는데, 교생(校生)

---

69) 절의를 배척하는 논설 : 정개청이 지은 〈동한절의진송청담설(東漢節義晉宋淸談說)〉을
말하는데, 《우득록(愚得錄)》에는 〈동한진송소상부동설(東漢晉宋所尙不同說)〉이란 이름
으로 실려 있다. 정개청은 이 글에서 후한(後漢) 광무제(光武帝)가 기절(氣節)을 숭상하여
조정의 풍조(風潮)를 이루게 되자 태학생과 사인(士人)들이 청의(淸議)를 조성하여 외척·
환관과 격렬한 충돌을 일으켰음을 지적하고 있는데, 대략 동한 이래 소위 내용 없는
허명(虛名)의 절의를 비판하는 내용이라 할 수 있다. 기축옥사 때 정암수 등이 이
글을 '배절의론(排節義論)'으로 지목하여 정개청을 옥사에 연루시켜 죽음에 이르게 하였
다. 정암수의 상소로 말미암아 정개청은 그의 제자 나덕명·나덕준 형제와 함께 압송되었
고, 이듬해 6월 함경도 경원(慶源)에 유배되어 그달 27일 배소(配所)에서 죽었다.
70) 교정청(校正廳) : 경서(經書)를 훈해(訓解)하고 교정하기 위해 1584년(선조17) 처음 설치한
기관이다.

홍천경(洪千璟)[71] 같은 자는 면전에서 신을 모욕하고 기필코 죽이려 들었습니다. 역변이 일어난 후, 교묘한 말로 혀를 놀려 터무니없는 거짓을 날조하여 무함한 것이 이르지 않은 곳이 없었습니다. 정암수는 신이 저술한 〈동한절의진실청담(東漢節義晉室淸談)〉 하나를 가리켜 '절의를 배척하였다.' 하며, 도내에 통문을 돌려 저를 죽이지 못할까 두려워하고 있습니다.

지금은 또 신이 조봉서, 정여립과 함께 집터를 보았다 하며 죄목을 늘리고 있으니, 저를 기필코 죽이려 하는 정상이 분명하여 가릴 수 없습니다. 일찍이 을유년(1585, 선조18) 교정청 낭관이 되어 처음 만났고, 그것도 공석에서 겨우 십여 일 남짓한 기간이었으니, 어찌 친밀할 일이 있었겠습니까? 조봉서는 신에게 수학하였기 때문에 '함께 집터를 보았다.' 하는데, 그게 사실이라면 역적의 당여 중 어찌 발고한 사람이 한 사람도 없겠습니까?"

하였다. 또 감옥 안에서 상소하여 논변하기를,

"당시 역적은 박학다식하였고, 관직도 수찬에 이르렀으니, 비록 지혜로운 사람일지라도 그가 장차 역신이 되리라고 예측하지 못하였습니다. 그의 간악함을 알지 못하고 과도하게 칭찬했던 것은 용서받을 수 없는 죄이나, 서로 친밀하지 않은 사이라는 것은 편지에 쓴 말에 나타나 있고 편지의 왕래도 두 번에 그쳤으니, 역적과 결탁하여 왕래하지 않았다는 것은 이로써도 알 수 있습니다.

절의와 청담에 대한 설의 경우, 《주자어류(朱子語類)》[72]에서 정이천(程伊

---

71) 홍천경(洪千璟) : 1553~1632. 본관은 풍산(豊山), 자는 군옥(羣玉), 호는 반환·반항당(盤恒堂)이다. 기대승·이이·고경명(高敬命) 문하에서 수학하였다. 기축옥사 관련 기록에서 정개청, 최영경에 대한 무함을 주도한 사람으로 지목되었다.(《己丑錄 鄭困齋行狀》 및 《己亥年八月初二日前別坐羅德峻等疏》) 1592년 임진왜란 때 김천일(金千鎰)을 따라 군량의 수집과 수송을 담당하였고, 1597년 정유재란 때에는 도원수 권율(權慄) 휘하에서 의병모집의 격문을 작성하였다. 1609년 증광문과(增廣文科)에 장원하였고, 월정서원(月井書院)에 제향되었다.
72) 주자어류(朱子語類) : 주희(朱熹)가 제자들과 강학한 어록을 모아 편집한 것으로, 제자들이 주희와의 문답 내용을 각자 기록해 두었다가 모아서 편찬한 것이다. 어록의 초기 형태는 기록된 말들이 한결같지 않고 여러 판본들 마다 분량도 각기 달랐으며, 또한

川)73)의 말을 인용하여 말하기를,

'진(晉)·송(宋)의 청담은 동한(東漢)의 절의가 한번 격화되어 이에 이르게 된 것이다.'

하였고, 또 어떤 사람이,

'절의의 화(禍)에 대해 아래에 있는 사람이 그렇게 된 연유는 알지 못하면서 그것을 돌이키려 하였던 것이 절의가 청담에 이르게 된 까닭이다. 당시 절의를 주장하던 사람들은 온 세상을 오만하게 내려다보고 조정을 혼탁하다 여겼으므로, 이로부터 자연히 천하를 경시하는 마음이 있게 되었고74) 급기야 그 폐단이 부허(浮虛)함에 이르러 노장(老莊)으로 흐르고 만 것이다.75)'

하였습니다. 또 말하기를,

'절의를 내세운 선비가 그 지위에 합당한 말을 한 것이 아니므로, 화를 초래한 것은 당연한 일이었다.'76)

내용에도 편차가 있었고 분류도 잘못된 경우가 많았다. 몇 차례 판각이 거듭될수록 오류도 점점 더 많아졌다. 이에 남송 경정(景定) 4년(1263)에 여정덕(黎靖德)이 여러 판본을 수집하여 다시 편집과 교정을 하였다. 이 책은 마침내 함순(咸淳) 6년(1270)에 《주자어류대전(朱子語類大全)》이라는 제목으로 140권으로 출판되었다. 현재 중화서국 판본으로 전해지는 《주자어류》는 이 책을 가리킨다. 이 책은 주희의 이학(理學) 사상을 총체적으로 반영하고 있다. 주희는 제자들과 평소 왕래하면서 학문을 토론하고 절차탁마 하면서 아무런 거리낌과 거리감을 두지 않았다. 언급된 주제들은 천리(天理), 인륜, 우주 자연, 독서와 실천, 경제와 세상사 등이 총망라되어 있다.

73) 정이천(程伊川) : 중국 낙양(洛陽) 출신의 송(宋)나라 유학자 정이(程頤, 1033~1107)이다. 자는 정숙(正叔), 이천은 그의 호이며, 주돈이(周敦頤)의 제자이다. 열여덟 살에 태학(大學) 에서 '안자호학(顏子好學)'을 논한 것으로 유명하다. 그는 사서(四書)를 유학을 연구하는 표지(標指)로 삼고, 육경에 통달하였으며, 궁리(窮理)를 학문의 본위로 삼았다. 그의 형 정호(程顥, 1032~1085)와 함께 유학 연구에 매진하여 북송대(北宋代)의 이학(理學)을 창립한 까닭에 그들을 '이정(二程)'이라 불렀다. 주자에게 큰 영향을 주어 주자학(朱子學) 을 이루게 하여, 이들의 학문을 정주학(程朱學)으로 칭하기도 한다.

74) 절의를 …… 되었고 :《주자어류(朱子語類)》권34 〈논어(論語)16 술이편(述而篇)〉자위안 연왈장(子謂顏淵曰章)에 나온다.

75) 그 …… 것이다 :《주자어류》권129 〈본조(本朝)3 자국초지희령인물(自國初至熙寧人物)〉 에 나오는 구절을 인용한 것이다.

76) 절의 …… 일이었다 :《주자어류》권135 〈역대(歷代)2 문기원조(問器遠條)〉에 나온다.

하였고, 또 말하기를,

'건안(建安)77) 이후 중국의 사대부들은 다만 조씨(曺氏)가 있는 줄만 알고 한나라 왕실이 있는 줄을 알지 못하였다.78)'

하였습니다. 그 본전(本傳)을 상고해보면,

'태학의 학생들이 인물의 장단점을 논하고 조정을 비방하고 허물을 들추어 냈으므로, 공경(公卿) 이하가 모두 그 논평을 두려워하였다.'

하였습니다. 신이 어찌 절의가 세상 교화에 관계됨을 모르겠습니까? 주자가 논한 것을 보고 느낀 바가 있어 절의와 청담의 폐단을 밝힌 것뿐입니다.79) 동한의 선비들은 직분을 닦지 않고 의리에 힘쓰지 않으면서 조정을 비방하고 허물을 들추어냈습니다. 그리하여 공경(公卿) 이하로 모두 그 논평을 두려워하

---

77) 건안(建安) : 후한(後漢) 마지막 황제인 헌제(獻帝)의 연호로, 196~220년까지 사용되었다.

78) 건안(建安) …… 못하였다 : 《회암집(晦菴集)》 권35 〈답유자징(答劉子澄)〉에, "요사이 온공 (溫公)이 동한(東漢)의 명절(名節)을 논한 곳을 보고 미진한 점이 있음을 깨달았습니다. 그는 당고(黨錮)에 연루된 사람들이 죽음에 나아가기를 피하지 않아 광무제(光武帝), 명제(明帝), 장제(章帝)의 공렬이 된 것은 알았으나, 건안(建安) 이후 중국의 사대부들이 조씨(曺氏)가 있는 줄만 알고 한실(漢室)이 있는 줄을 몰랐기에 살육이 낭자한 당고의 화를 불러들였음을 몰랐습니다.[近看溫公論東漢名節處, 覺得有未盡處. 但知黨錮諸賢趨死不 避, 爲光武明章之烈, 而不知建安以後中州士大夫, 只知有曺氏, 不知有漢室, 却是黨錮殺戮之禍有 以啓之也.]"라고 한 구절을 인용한 것이다.

79) 주자가 …… 것뿐입니다 : 《주자어류》에서 주희는 절의와 청담에 대해 다음과 같이 그 문제점을 지적하였다. "동한이 절의를 숭상할 때에 이미 청담(淸談)의 요소가 내포되어 있었다. 대개 당시 절의를 지킨 사람들은 온 세상을 거만하게 내려다보고 조정에 들어가 벼슬하는 것을 수치스럽게 생각하니 저절로 천하를 우습게 여기는 마음을 가지게 된다. 그러다 보면 잠깐 사이에 청담으로 흘러들게 되는 것이다."(《朱子語類 卷34 論語16 子謂顏淵曰章》) 정개청은 주희의 이 말을 보고, 〈동한절의진송청담설(東漢節義 晉宋淸談說)〉을 지어, 동한의 절의와 진(晉)·송(宋)의 청담이 공명(功名)이나 모리(謀利)에 비해 고상하긴 하지만 성학(聖學)에 종사할 줄 모르고 의리의 편안함을 따르지 않아 결국은 나라가 망하는 지경에 이르러도 그 잘못을 모르니 세교(世敎)에 도움되는 것이 없다고 하였다. 양자의 글을 살펴보면, 주희는 동한의 절의에 청담의 요소가 있음을 비판하였고, 정개청은 동한의 절의와 진·송의 청담을 동렬에 두고 양자를 모두 내용 없는 허명(虛名)으로 비판한 차이점이 있다. 이를 두고 정개청은 자신의 글이 주자의 글과 같은 맥락이며 주자를 계승한 내용이라 주장하였던 반면 정철을 비롯한 서인은 정개청의 글이 주자의 의리명분에서 벗어난 난역(亂逆)의 증거라고 주장하였다.

며 신을 끌고 허겁지겁 그 문에 이르렀는데, 이는 곧 학생이 나라의 운명을
좌지우지 한 것입니다. 배신(陪臣)이 나라의 운명을 좌지우지해도 오히려
나라를 망하게 할 수 있는데 하물며 학생이 나라의 운명을 좌지우지한단
말입니까? 신이 논한 것은 비록 뜻이 분명치 못했던 점은 있었으나 실상은
절의의 근본을 배양하는 것에 그 뜻이 있었으므로, 절의를 배반하였다고
말하는 것은 저서의 본뜻과 반대됩니다.”

하였다. 한 차례 형을 받은 후 북도에 정배되었으나 도중에 죽었다.

–이설(異說)을 살핀다. 정개청은 박순을 사사(師事)하였다. 정해년(1587, 선조20) 개청이
영평(永平)으로 박순을 찾아뵙자 박순이 찾아온 연유를 물으니, 개청이 말하기를, “무안
본가에서 왔는데, 서울에 갔다가 며칠 후 내려가려 합니다.” 하였다. 박순의 집안사람이
개청의 노복에게 우연히 물어보았는데, 노복이 말하기를, “서울서 20여 일을 머무르다
지금에야 비로소 돌아가는 길입니다. 들기로는 곡성(谷城)에 자리가 비어, 이조판서 댁에
간 것이라고 합니다.” 하였다. 판서는 이산해(李山海)였다. 얼마 후 개청이 과연 곡성에
자리를 얻으니, 이 일로 사람들이 그가 박순을 배신하고 시론에 영합하였다 의심하여
비방이 그치지 않았다. ○ 어떤 사람80)이 말하기를, “정개청은 박순의 집에 서책이 많다고
들어서 찾아가 머물며 빌려 본 것이지 본디 박순의 문하에 나아가 학문을 배운 일은
없었다. 박순이 그를 손님의 예로 대접하고, 장수의 자질을 갖추었다 하여 천거하였다.
정개청은 평소 정철을 인정하지 않았고, 그가 본심을 감추고 거짓으로 행동한다 하였는데,
정철이 이를 듣고 격노하였다. 옥사가 일어나자 정철의 문객인 정암수, 홍천경 등이 함께
개청의 죄를 조작하여 무함하였는데, 심문 결과 거짓임이 드러나 주상의 의심이 비로소
풀렸다. 그러자 정철이 다시 절의를 배척한 논설에 대해 아뢰어서 주상의 노여움을 격발시켰

80) 어떤 사람 : 윤선도(尹善道, 1587~1671)를 이른다. 윤선도는 71세 때인 1658년(효종9)
동부승지로 있을 때 상소하여 정개청을 변론하였다. 여기에서 윤선도는, 이른바 정개청
의 ‘배절의설(排節義說)’을 난역(亂逆)의 증거라고 하면서 정개청을 제향한 자산서원(紫山
書院)의 훼철을 주장하는 이단상(李端相), 송준길(宋浚吉) 등 서인의 의도가 부당하다고
조목조목 지적하였다. 이설(異說)에서 어떤 사람이 말하였다는 내용은 모두 윤선도
상소의 내용이다.

다. 이에 위원(渭源)에 정배하는 것으로 조율(照律)하였다가 고쳐서 경원(慶源)에 정배하였
다.” 하였고, 또 말하기를, “홍천경 무리가 개청이 훈도였을 때 회초리를 맞은 일에 앙심을
품고, 개청이 역적과 친하다는 말을 만들어냈다. 정철은 개청에 대해 늘 분노하고 미워하며,
항상 ‘정개청은 아직 반역하지 않은 정여립이다. …’라고 말하였다.” 하였다.-

○ 양천경(梁千頃) 등이 또 상소하여, 정언신이 위관(委官)이 되어 고변한
자를 참형(斬刑)에 처하려 한 죄를 논하니,[81] 주상이 하교하기를,

“일이 해괴하고 극악하기가 이보다 심한 것이 없는데, 조정에서는 한 사람도
말하는 이가 없다가 지금에서야 비로소 유생의 상소를 통해 듣게 되었으니
이 또한 괴이한 일이다.”

하고 국청(鞫廳)에 물어보게 하니, 국청이 회계하기를,

“정언신의 이 말은 퍼진 지 이미 오래 되었는데 미처 아뢰지 못하였으니
신들의 죄가 큽니다. 즉시 대신들을 불러 죄를 논하게 하소서.”

하였다. 이에 추국에 참여하였던 대신과 금오 당상(金吾堂上)들을 부르게
하고, 정언신의 발언 여부에 대해 물었다. 김귀영(金貴榮)이 말하기를,

“왼쪽 귀가 어두워 듣지 못하였습니다.”

하였고, 이준(李準)[82]은

---

81) 양천경(梁千頃) …… 논하니 :《기축록(己丑錄)》에 따르면, 양천경의 이 상소는 경인년
(1590, 선조23) 2월 16일에 올려졌다. 역모를 고변한 자를 베겠다고 말한 정언신의
말이 유생의 상소에서 나오자 놀랍다고 전교하며 정언신의 죄를 국청으로 하여금
의논하게 한 일은《宣祖實錄 23年 5月 19日》기사와《宣祖修正實錄 23年 4月 1日》기사에
보인다.

82) 이준(李準) : 1545~1624. 본관은 전주(全州), 자는 평숙(平叔), 호는 뇌진자(懶眞子)·서파(西
坡)이다. 덕천군(德泉君) 이후생(李厚生)의 후손이며, 시호는 숙헌(肅憲)이다. 1568년 증광
문과에 급제한 뒤, 1581년 헌납이 되었다. 1589년 정여립 모반사건이 일어나자 도승지로서
죄인을 다스리는 데 공을 세워 평난공신 2등에 책록되고 전성군(全城君)에 봉하여졌다.
1600년 대사간이 되었으나 북인 홍여순(洪汝諄)의 일파로 몰려 한 때 파직되었다. 광해군
때 이조판서에 이르렀으나, 이이첨·정인홍 등 대북 일파가 계축옥사를 일으키고 인목대
비를 유폐하자 벼슬을 버리고 은퇴하였다. 영의정에 추증되었다.

"앉은 곳이 조금 멀리 떨어져 있어 듣지 못하였습니다."

하였으며, 이산해(李山海)는

"날짜가 오래되어 기억할 수는 없으나, 황해 감사의 장계에 대해 회계할 때 언신이 이러한 말을 한 것 같기도 합니다."

하였다. 유홍(兪泓)·홍성민(洪聖民)은 모두 이 말을 들었다고 하였다. 이에 홍성민이 아뢰기를,

"당시의 일은 해괴하고 분통한 것이 한두 가지가 아니었고, 우물쭈물하면서 애매한 태도를 취하는 자들이 태반이었습니다. 신이 미천한 몸으로 추관이 되었으나, 때때로 그 사이에서 말이라도 하면 사람들이 간혹 곱지 않은 눈으로 흘겨보았으므로, 신은 번번이 유홍과 함께 서로 말하며 혀를 차고 탄식할 뿐이었습니다.

정언신이 그 말을 하였을 때 신이 힘껏 반박하였고, 이산해 또한 그 말이 온당치 못하다 말하였습니다. 당시 신이 판윤(判尹)[83]이었는데, 산해가 신을 돌아보며 말하기를, '내 의견도 판윤과 같소.'라고 하였습니다. 그러나 정언신이 재삼 앞장서서 주장하니 이산해가 조금 굽히며 말하기를, '다시 생각해보니, 단도직입적으로 말한다면 우의정의 말이 옳습니다.' 하였습니다.

정언신이 황해 감사를 추국하려 하기에 신이 그렇게는 할 수 없다 하였고, 좌중의 사람들 중에도 불가하다 말하는 이들이 있어 그 일이 마침내 중단되었습니다. 지금 이산해가 '분명히 기억하지 못한다'고 아뢴 것은 필시 그가 큰 병을 앓고 난 나머지 혼미해져서 그리된 것이겠으나 괴이하게 여기지 않을 수 없습니다.

하늘의 태양이 위에 있고 귀신이 옆에 있는데 군부(君父)를 기망하고 어찌 살겠습니까? 신이 이러한 생각을 하면서도 지금에서야 비로소 진달하니, 정언신의 죄와 같습니다. 벌을 내려주소서."

하였다. 이에 주상이 답하기를,

---

83) 판윤(判尹) : 《기축록》에 따르면, 당시 홍성민은 한성 판윤이었다.

"경은 직접 보았으면서도 어찌 그때 즉시 말하지 않고 유소(儒疏)가 올라온 지금에서야 이리 사설을 길게 늘어놓는가? 매우 이치에 맞지 않는다. 정언신의 말은 진실로 패역하나, 어찌 한 사람의 말을 가지고 다른 사람에게 화(禍)를 전가하려 하는가? 실로 경의 뜻을 모르겠다. 이미 사직하겠다고 하였으니 아뢴 대로 하라."

하였다. 정언 황신(黃愼)이 홍성민을 구원하고, 또 말하기를,

"이산해가 '기억이 분명하지 않다'고 하면서도, 다시 글을 올려 스스로 변명하면서 전후의 말을 다르게 하였으니 대신으로서 임금에게 고하는 것이 어찌 이와 같을 수 있단 말입니까?"

하였다. 주상이 노하여 특별히 황신을 고산 현감에 임명하였다.[84] 좌의정 정철이 말하기를,

---

84) 황신을 …… 임명하였다 : 사간원 정언이었던 황신의 논핵과 그로 인한 퇴출을 둘러싸고, 이를 언급한 기록은 크게 보아 두 경향의 내용으로 나뉜다. 먼저 선조대의 실록 기사나 황신의 연보에서는 황신의 퇴출이 이산해를 논척한 홍성민(洪聖民)을 옹호하였기 때문이라는 점을 강조하고 있다.(《宣祖修正實錄 23年 4月 1日》및 《秋浦先生年譜 卷一》) 반면 《시정비(時政非)》,《사계전서(沙溪全書)·송강행록(松江行錄)》에서는 황신이 역적 정여립을 의망하였던 이산해의 죄를 직접 논핵하였다는 점을 좀 더 강조하고 있다. 전자의 경우 황신이 고산 현감으로 좌천된 것은 이산해를 논핵한 홍성민을 구원하였기 때문이 었을 뿐으로, '공죄(公罪)'라 할 이산해의 죄까지 무리하게 소급하여 공격하며 옥사를 확대하는 것과는 거리를 두었다는 의미가 담겨 있다. 반면 후자의 경우 황신이 이산해의 '공죄'를 직접적으로 탄핵하다 외임(外任)으로 전보(轉補)되었으며, 그 배후에는 황신의 스승인 성혼의 뜻이 있었다는 의미가 담겨 있다. 즉 옥사의 무리한 확장에 황신 및 성혼의 책임이 있으며 이는 신묘년(1591) 서인의 실각으로 이어진다는 주장이 된다. 이와 같은 양 갈래의 시각은 이후 숙종대 서인이 노론과 소론으로 분열할 때 중요한 쟁점이 된다. 요컨대 신묘년 서인의 패퇴를 두고 소론은 정철에게 원한을 품은 소인들이 최영경의 죽음을 빌미로 일으킨 화였다고 보지만, 노론은 성혼이 옥사를 무리하게 확장하다가 이산해 등의 원한을 사 초래된 화였다고 보았다. 노론의 주장은 바꾸어 말하자면 성혼이 '공죄(公罪)'라 할 일까지 무리하게 추급하여 이산해의 화심(禍心)을 자극하지 않았다면 신묘년 서인의 패퇴는 일어나지 않을 수도 있었던 일이라는 것이다. 1591년 서인의 실각을 둘러싼 이러한 관점의 차이는 서인이 북인·남인과 대립하며 당론을 통일시키는 과정에서는 부각되지 않다가 숙종 대 이후 서인이 노론과 소론으로 분화하며 당론 또한 분열될 때 적극적으로 소환되어 논란의 대상이 되었다.

"정언신이 고변자를 참형에 처하려 했던 일을 신이 친히 보지는 못하였으나, 세상에 널리 퍼진 지 오래여서 익히 듣고 있었으면서도 끝내 아뢰지 못하였습니다."

하고 이를 허물하며 면직을 청하였고, 영의정 이산해 또한 이 일로 사면(辭免)하였으나 주상이 모두 좋은 말로 비답을 내리고 허락하지 않았다.

○ 전라 도사 조대중(曹大中)[85]이 역적을 위하여 눈물을 흘렸다는 이유로 논핵을 받고 잡혀와 국문을 받다가 죽음에 임박해 시를 짓기를,

"죽어 비간(比干)[86]을 따라 갈 수 있다면,

외로운 넋 웃음 머금고 슬퍼하지 않으리라."

하였다. 판의금부사 최황(崔滉)이 이 일을 아뢰려 하자, 위관 심수경(沈守慶)이 죽음에 임박해 어지러이 한 말이니 아뢰지 말고 그대로 두자 하였으나, 결국 최황이 경연 석상에서 진달하였다. 주상이 심수경에게 이 일에 대해 묻자 수경이 답하기를,

"무릇 죄인의 원정(原情)[87]과 공초(供招)를 제외한 나머지는 봉납하는 일이 없습니다."

하였다. 주상이 진노하여 특명으로 조대중의 처첩과 자녀를 잡아들이고 조대중의 시체를 능지처참하게 하였다. 심수경은 이 일로 체직되었다. 위관과 금부 당상이 아뢰기를,

---

85) 조대중(曹大中) : 1549~1590. 본관은 창녕(昌寧), 자는 화우(和宇), 호는 정곡(鼎谷)이다. 유희춘과 이황의 문인으로 1576년 〈목마부(木馬賦)〉와 〈무계심시(武溪深詩)〉를 지어 사마시에 합격하였고, 1582년에 식년문과에 급제하였다. 1589년 기축옥사 때 전라도 도사로서 지역을 순행(巡行)하다가 1590년 2월, 정여립의 추형(追刑)을 슬퍼하며 눈물을 흘렸다는 무함을 받고 잡혀와 장살(杖殺)되었다. 1624년 이발·정개청·백유양·유몽정 등과 함께 신원되었다.

86) 비간(比干) : 은(殷)나라의 충신으로 주왕(紂王)의 폭정(暴政)을 직언하다가 주왕에게 심장을 도려내지는 죽임을 당하였다. 《史記 卷3 殷本紀》

87) 원정(原情) : 개인의 원통하고 억울한 사정을 국왕 또는 관부에 호소하는 진술 문서를 이른다.

"역적을 비호한 것과 역적이 된 것은 그 죄에 경중에 있습니다. 지금 역적을 비호한 일로 조대중을 죄주면서 그 처첩까지 아울러 국문한다면 형정(刑政)에 방해가 될까 두렵습니다."

하였으나, 주상이 따르지 않아 다시 아뢰며 힘껏 청하자 주상이 여인은 국문하지 말라 명하였다.

처음에 조대중이 순시 중에 보성(寶城)에 이르렀을 때 역변이 일어났다는 소식을 듣고 거느리고 갔던 관기(官妓)를 돌려보내며 눈물로 작별하였다. 이에 그가 역적을 위하여 눈물을 흘렸다는 말이 사방에 퍼지니 대간이 논핵하려 하였는데, 황신(黃愼)이 말하기를,

"조대중이 훌륭한 선비라면 역적과 망령되이 사귀었던 일을 진심으로 뉘우쳐 깨달을 것이 틀림없고, 간교한 사람이라 한다면 역적과 친밀했던 일이 혹시라도 알려질까 두려워할 것이니, 어찌 눈물을 흘렸을 리가 있겠는가?"

하여, 논의가 마침내 중지되었다. 그러다 이때에 이르러, 역적을 위하여 눈물을 흘리고 소식(素食)[88]을 행하였다는 이유로 국문을 받고 형장 아래 죽었다.

○ 장령 장운익(張雲翼)이 아뢰기를,

"최영경(崔永慶)은 역적과의 친교가 매우 긴밀하였고, 정언신(鄭彦信)의 편지 중에 나온 최효원(崔孝元)[89] 또한 이 사람을 가리키는 것이니, 그가 역모에 동참하였고 상호 친분이 두터웠던 것을 여기에서 볼 수 있습니다. 관작을 삭탈하소서."

하였으나, 주상은 증거가 뚜렷하게 드러난 것이 없다는 이유로 따르지

---

88) 소식(素食) : 죽은 이를 위해 고기나 고기가 든 음식을 먹지 않고 채식(菜食)하는 것을 말한다.

89) 최효원(崔孝元) : 효원(孝元)은 최영경의 자이다.

않았다.

○ 국청에서 은밀히 아뢰어 정언신(鄭彦信)을 잡아들였으나, 대신을 삼성추국(三省推鞫)90)하는 일은 근거로 삼을 만한 전례가 없었는데, 정언신을 궁궐의 뜰에서 추국하라는 명이 내렸다. 주상이 처음에는 사약을 내리라고 명하였으나, 대신들이 모두

"우리 조정에서는 일찍이 대신을 죽인 일이 없습니다."

하자 주상이 형신을 가하지 말고 갑산에 정배하라 명하였다. 이에 대간 -장령 장운익(張雲翼), 지평 백유함(白惟咸)- 이 다시 국문을 청하고, 또 아뢰기를,

"대사간 심충겸(沈忠謙) 등은 다만 정언신이 군부를 기망하고 역적과 결탁한 죄만을 거론하였을 뿐, 고변자를 참형에 처하겠다고 한 말에 대해서는 한 마디도 언급이 없었습니다. 신들은 대략 이를 논하여 역적을 토벌하는 의리를 중히 하고자 합니다."

하였다. 그러나 대사헌 이제민(李齊閔),91) 장령 신잡(申磼)이 끝내 이견을 세워 형세 상 서로 용납하기 어렵게 되었는데, 주상이 사직하지 말라 명하니, 홍문관이 처치하여 이들의 출사를 청하였다.

---

90) 삼성추국(三省推鞫) : 삼성(三省), 즉 의정부, 의금부, 사헌부가 합좌(合坐)하여 강상(綱常)의 중죄를 범한 자를 국문하던 일을 이른다. 삼성은 원래 형조(刑曹)·사헌부(司憲府)·사간원(司諫院), 또는 형관(刑官)·정승(政丞)·대간(臺諫)을 가리켰으나, 후일에 와서는 의금부(義禁府)가 국문과 관련된 사안을 주관하였으므로, 기존의 삼성에 형조 대신 의금부가 포함되게 되었다. 그래서 명종대 이후 삼성추국은 대간과 의정부, 그리고 형관으로서 의금부가 삼성으로서 합좌하여 중죄인을 추국하는 제도로 정착되었다.

91) 이제민(李齊閔) : 1528~1608. 본관은 전주(全州), 자는 경은(景誾), 호는 서간(西澗)이고, 효령대군(孝寧大君) 이보(李補)의 현손이다. 1558년 식년문과, 1566년 문과중시에 급제하여 병조와 이조의 정랑을 거친 뒤 1571년 경주부윤을 거쳐서 이후 경기감사가 되었다. 1594년 행대사간(行大司諫)에서 정3품 자헌대부(資憲大夫)에 오르고, 1607년 지돈녕부사로 기로소 당상을 겸하고 있을 때 80세가 되자 특지로 종1품 숭정대부(崇政大夫)에 가자(加資)되어 행참찬(行參贊)이 되는 은지를 입었다.

○ 전 지평 최영경(崔永慶)은 온 고을이 그의 행실과 의리에 감복하여 유일(遺逸)로 부름을 받았으나 나아가지 않았다. 일찍이 성혼(成渾)이 그가 사는 곳을 방문하였는데, 문에 들어서니 뜰 안 가득 향기로운 풀이 만발하였으며, 맨발의 작은 여종이 나와 맞이하였다. 최영경이 나왔는데 베옷에 떨어진 신을 신은 궁색하고 소슬한 차림이었으나 그 용모는 엄중하여 범할 수 없는 기운이 있었고, 함께 이야기하니 속세의 한 점 티도 찾을 수 없었다. 성혼이 매우 기뻐하며 다른 사람에게 말하기를,

"내가 어떤 사람을 만났는데, 홀연 맑은 바람이 소매에 가득 찬 것을 깨달았다."

하였다. 이때부터 최영경의 명성이 사림 사이에 널리 퍼졌다.

옥사가 일어나자, 적당(賊黨) 길삼봉(吉三峯)이라는 자를 현상금을 걸고 잡으려 하였으나 잡지 못하였다. 각 도에서 길삼봉이라 하여 잡아 보내는 자들이 매우 많았으나 각각의 용모가 다 달랐다. 적당 이광수(李光秀) 등이

"나이는 60세쯤 되고 얼굴은 검으며 몸집이 비대하였다."

하거나, 혹은

"삼봉은 나이 30세에, 키가 크고 얼굴이 파리하였다."

하였고, 혹은

"나이는 50세쯤 되고, 수염은 길어서 배까지 내려오며 얼굴은 희고 길다."

하였으며, 혹은

"삼봉은 상장군이 아니라 역적의 졸개로, 진주에 살고 있으며 나이는 30세쯤이고 하루에 3백리 길을 간다."

하였다. 또 말하기를, "본래 나주의 사족이다." 하였고, 마지막으로 박문장(朴文長)은 공초에서 이르기를, "삼봉은 길씨 성이 아니라 최삼봉이다." 하였다. 얼마 뒤 외간에 뜬소문이 분분한 가운데,

"(삼봉은) 진주의 최영경이다. 어떤 선비가 전주 만장동(萬場洞)을 지나다가 보니 적당 만여 명이 모여 활을 쏘고 있었는데, 최영경이 가장 윗자리에

앉고 정여립은 그 다음 자리에 앉아 있었다."

라는 말이 돌기도 하였다. 금구 사람 김극관(金克寬)이 제원 찰방 조응기(趙應祺)에게 말하여, 조응기가 감사 홍여순(洪汝諄)에게 말하니, 홍여순이 한편으로는 급히 장계를 올리고 또 한편으로는 경상 우병사 양사영(梁士瑩)에게 비밀리에 공문을 보냈다.-이설을 살핀다. 조응기가 병사 이일(李鎰)에게 고하자 이일이 경상 감사 김수(金睟)에게 비밀리에 공문을 보냈다고 한다.- 이에 양사영이 최영경을 추포하여 의금부로 압송하였다.

최영경이 공초하기를,

"신이 계유년(1573, 선조6)에 외람되이 6품 벼슬을 받았으나, 곧장 진주로 내려와서 문을 닫고 자취를 감춘 지 어언 20년이나 되니, 신이 역적과 아는 사이도 아니고 사권 일도 없다는 것은 온 나라 사람들이 다 알고 있습니다. 일찍이 그 사람됨을 보니 대체로 교활하였으므로 신이 항상 안민학(安敏學)과 이발(李潑)에게 너무 친하게 지내지 말라고 경계하였습니다. 게다가 삼봉(三峯)은 간신 정도전(鄭道傳)[92]의 호인데 어찌 그대로 좇아 쓸 수 있겠습니까?"

하였다. 문서 중에

"하룻밤 새 우계의 바람이 호랑이를 일으키고[牛溪一夜風生虎],

오얏나무 뿌리가 머리 기른 중에게 흔들리네[仙李根搖有髮僧]."[93]

라는 시가 있었는데,-몇 해 전 익명으로 이 시를 지어 종루(鍾樓)에 건 사람이

---

92) 정도전(鄭道傳) : 1342~1398. 본관은 봉화(奉化), 자는 종지(宗之), 호는 삼봉(三峰)이다. 이성계와 함께 정몽주 등을 제거하고 조선 왕조 개창에 성공하여 1등 공신이 되었다. 그런데 요동 정벌 문제로 이방원 등과 갈등하다가 숙청되었다.

93) 하룻밤 …… 흔들리네 : 이 시에서 우계는 성혼을, 머리 깎지 않은 중은 이이를, 선리(仙李)는 왕실의 성씨인 이씨(李氏)를 가리키는 것으로 곧 조선을 뜻한다. 계미년(1583, 선조16)에 이이가 삼사로부터 병권을 마음대로 하고 임금을 업신여기며 파당을 만든다는 탄핵을 받자 호군 성혼을 필두로 박순·정철 등이 이이를 신구하기 위해 탄핵을 주동한 송응개와 허봉 등의 처벌을 주장하는 상소를 올렸다. 이에 선조는 성혼 등의 주장을 받아들여 동인인 박근원·송응개·허봉 등을 모두 유배하고 이이를 이조판서로, 성혼을 이조참판으로 임명하였다. 이 시는 이른바 계미삼찬(癸未三竄)으로 동인이 위축되고 서인이 권력을 잡은 정국을 비판한 것으로 보인다.

있었는데, 이이(李珥), 성혼(成渾)을 무함하려는 계략이었다.- 이 때문에 다시 추국이 행해지자 최영경이 대답하기를,

"신은 본래 글씨에 능하지 못하거니와 지금 이 글자체를 보아도 어떤 사람이 쓴 것인지, 또 언제 얻어 집에 보관하게 된 것인지 아득하니 기억이 나지 않습니다."

하였다. 주상이 추안(推案)을 열람하고, 최영경을 김영일(金榮一)과 함께 석방하라고 특명을 내렸다. 정언 구성(具宬)[94]·이상길(李尙吉)[95]이 아뢰기를,

"최영경은 괴팍하고 음험하며 사특한 사람으로서, 역적 및 이발·이길·정언신 형제와 결탁하였고, 윤기신·김영일을 심복으로 삼았습니다. 역변이 일어나기 전에 정여립이 도의 경계를 넘어 그 집을 방문하였으니 그 친밀하게 결탁한 정상은 명백하여 감출 수가 없습니다. 하물며 그 아우[96]는 은밀히

---

94) 구성(具宬) : 1558~1618. 본관은 능성(綾城), 자는 원유(元裕), 호는 초당(草塘)으로, 아버지는 좌찬성 구사맹(具思孟)이며, 어머니는 증 영의정 신화국(申華國)의 딸이다. 인헌왕후의 오빠이고, 시호는 충숙(忠肅)이다. 1585년 별시 문과에 급제하여, 정언으로 있을 때 기축옥사에 연루된 최영경을 국문하라고 청하였다가 파직되었다. 얼마 뒤 병조좌랑으로 복직, 병조정랑 등을 지냈다. 1592년 임진왜란 때 임금을 호위해 개성에 이르러 변란의 책임이 이산해에게 있다고 주장하다가 대간의 탄핵을 받았지만, 이 일로 인해 이산해는 평해에 유배되었다. 1602년에 정인홍 등이 기축옥사 문제를 다시 거론하면서 홍주로 유배되었다가, 1604년 부친상을 당해 석방되어 호성공신(扈聖功臣) 2등에 책록되었다. 그러나 이때 대간의 심한 탄핵이 있었다. 1618년에 폐모론(廢母論)이 일어나자 병으로 정청(庭請)에 참여하지 않았는데, 이를 처벌하자는 대간의 논의가 있었으나 마침 병으로 죽었다. 인조반정으로 영의정에 추증되었다.

95) 이상길(李尙吉) : 1556~1637. 본관은 벽진(碧珍), 자는 사우(士祐), 호는 동천(東川), 시호는 충숙(忠肅)이다. 1585년 식년 문과에 급제하여 사간원 정언 등을 역임하였다. 1602년에 앞서 정언으로 있을 때 정인홍·최영경 등을 정여립 일당으로 몰아 추론한 죄로 6년간 황해도 풍천에서 귀양살이 하였다. 1608년 유배에서 풀려난 뒤 평안도 안주목사, 호조참의 등을 역임하였다. 폐모론이 일어나자 은퇴하였다가 인조반정 후 다시 출사하여 승지 등을 역임한 뒤 기로소에 들어갔다. 1636년 병자호란 당시 강화도로 들어갔다가 1637년 청군이 강화도로 육박해 오자 아들 이경(李坰)을 불러 뒷일을 부탁한 뒤 스스로 목을 매어 죽었다. 강화도의 충렬사(忠烈祠)에 배향되고 좌의정에 추증되었다. 저서로 《동천집》이 있다.

96) 아우 : 최영경의 동생 최여경(崔餘慶, ?~1590)을 가리킨다. 최여경의 본관은 화순(和順), 자는 적원(積元)이다. 1575년 한양에서 형 최영경과 함께 선대의 토지가 있는 진주

시사(時事)를 통지하다가 끝내 형장 아래 죽었습니다. 윤기신이 지금 형을 받고 있는데 최영경을 갑작스레 석방하는 것은 불가합니다. 다시 추국하라 명하시고, 김영일은 멀리 유배하소서."

하였다.-최영경의 아우 최여경(崔餘慶)은 선공감 역(繕工監役)으로 서울에 살았는데, 문자를 알지 못하여 언문으로 조정의 시사를 적은 편지를 써서 최영경에게 보냈다. 이 편지들이 문서 중에 섞여 있었는데, 주상이 언문 편지로 조정의 일을 논한 것을 미워하여 한 차례 형을 가하자 죽었다고 한다.- 주상이 답하기를,

"최영경은 다시 국문할 수 없고, 김영일도 최영경 때문에 멀리 유배까지 보낼 수는 없다."

하였다. 집의 송상현(宋象賢),[97] 장령 장운익(張雲翼) 등이 또 최영경을 멀리 유배하라 청하였으나 주상이 따르지 않았다.

○ 대간이 연달아 최영경의 일을 아뢰자, 주상이 묻기를,

"역적이 도의 경계를 넘어 영경을 찾아왔다는 주장이 어디에서 나왔느냐?"

하니, 이에 대답하기를,

"진주 판관 홍정서(洪廷瑞), 경상 도사 허흔(許昕)이 한 말입니다."

하니, 주상이 모두 잡아들이라고 명하였다. 허흔이 공초에서 이르기를,

"감사 김수(金睟)에게 들었다."

하자, 승정원이 김수에게 물으니, 김수는 진주 훈도 강경희(康景禧)가 홍정서

도동으로 와 한집에 같이 살면서 섬기기를 부모같이 하였다. 감역(監役)이 되었다가 신녕 현감(新寧縣監)으로 전임되었는데, 최영경이 기축옥사에 연루되자 연좌되어 1590년 죽임을 당하였다.

97) 송상현(宋象賢) : 1551~1592. 본관은 여산(礪山), 자는 덕구(德求), 호는 천곡(泉谷), 시호는 충렬(忠烈)이다. 1576년 별시 문과에 급제하여 내외직을 두루 역임하였다. 1591년 통정대부(通政大夫)에 오르고 동래부사가 되었는데, 이듬해 임진왜란이 일어나 항전하다 순사하였다. 뒤에 이조판서·좌찬성에 추증되었다. 부산의 충렬사·개성의 숭절사(崇節祠)·청주의 신항서원(莘巷書院)·고부의 정충사(旌忠祠)·청원의 충렬묘(忠烈廟) 등에 제향되었다.

에게서 들은 말이라고 하였다. 홍정서가 공초에서 이르기를,

"처음에는 역적이 찾아왔다고 들었는데, 다시 상세히 물어보니 역적이 아니라 윤기신(尹起莘)이 찾아온 것을 역적으로 오인한 것이다."

하였다. 이에 다시 국문하니, 최영경이 공초하기를,

"이러한 화단이 일어난 것은 30년 전으로 거슬러 올라갑니다. 이이(李珥)가 처음에 조정에 나왔을 때 사람들은 모두 고인(古人)이 다시 나왔다고 하였으나, 신만은 홀로 그렇지 않다고 하였습니다. 그 후 들어보니, 이이가 하는 짓이 사람들의 뜻에 차지 않아서, 한때의 연소배들이 모두 이이에게 등을 돌렸다 하였는데, 이를 두고 간혹 망령되게도 신에게 선견지명이 있었다는 말들이 돌기도 하였습니다. 이에 이이의 분노가 깊어져서, 그의 동료와 문생들이 모두 신을 나쁜 사람이라고 지목하였으니, 이것이 곧 화근의 연원입니다."

하였다. 공초를 바칠 때, 옥관이 이미 지나간 일을 끄집어내어 사설만 낭비한다고 꾸짖었으나 최영경은 굽히지 않았다. 당시 영경의 문서 중에 이황종(李黃鍾)[98]의 편지가 있었는데, 편지 중에 시사를 극렬히 비난하며 역적을 다스린 일을 사화(士禍)라 한 내용이 있었다. 또한 정여립과 최영경이 지리산에서 만날 것을 약속한 편지가 있었는데, 영경이 자신은 "여립과 서찰을 왕래한 일이 없다." 했었으므로, 주상이 진노하여 옥사가 더욱 악화되자 온 나라가 두려움에 떨었다.

문사랑[99] 이항복(李恒福)[100]이 위관 정철(鄭澈)에게 말하기를,

---

98) 이황종(李黃鍾) : 1534~1590. 본관은 전주(全州), 자는 중초(仲初), 호는 만취당(晩翠堂)이다. 완풍군(完豊君) 이원계(李元桂)의 후손이다. 아버지는 생원 학(鶴)이고 어머니는 해남 윤씨(海南尹氏) 이조참판(吏曹參判) 윤효정(尹孝貞)의 딸이다. 외삼촌인 귤정(橘亭) 윤구(尹衢)에게 수학하였다. 1564년 생원·진사 양시에 합격하였고, 1588년 천거로 소촌 찰방(召村察訪)에 임명되었다. 기축옥사에 연루되어 옥사하였다.

99) 문사랑(問事郎) : 문사낭청(問事郎廳)의 준말로, 나라의 큰 죄인을 신문하기 위해 왕명으로 설치한 임시 관청인 국청(鞫廳)을 비롯해 정국(庭鞫)·성국(省鞫) 등에 차출되어 위관(委官)과 의금부 당상, 형방승지의 지휘에 따라 죄인의 국문에 참여해 기록과 낭독을 맡은 임시벼슬이다.

100) 이항복(李恒福) : 1556~1618. 본관은 경주(慶州), 자는 자상(子常), 호는 백사(白沙) 외에

"옥사가 일어난 지 이미 해를 넘겼는데, 일찍이 한 사람이라도 최영경을 지목하여 삼봉이라 한 사람이 있었습니까? 지금 아무 단서도 없이 시중에 떠도는 말에 따라 처사(處士)를 잡아 가두었으니, 불행히 죽기라도 한다면 자연히 공론이 있을 것인데, 그리되면 대감이 어찌 그 책임을 피할 수 있겠습니까?"

하자, 정철이 크게 놀라 말하기를,

"내 비록 평소에 영경과 논의가 서로 달랐지만 어찌 서로 해치려고까지 하겠는가? 이 일은 본도에서 와전되어 나온 것이니, 나야 무슨 관련이 있겠는가?"

하였다. 이항복이 말하기를,

"대감이 그를 무함했다는 말이 아니라, 근거 없는 낭설인 줄 알면서도 그대로 좌시하며 구하지 않으니, 어찌 추관의 사체(事體)라 하겠습니까? 명목이 역옥이라, 추관이라 해도 감히 옥사 가득한 죄수들을 하나하나 살펴 억울함을 풀어줄 수 있는 것은 아니겠으나, 최영경의 경우 죄수 중에서도 더욱 죄명을 붙일 만한 근거가 없는 사람이고 또 효성과 우애로 명망 높은 처사인데 어찌 구하지 않을 수 있겠습니까?"

하자, 정철이 말하기를,

"내 응당 힘을 다해 구해보겠네."

하였다. 정철이 최영경의 원사(爰辭)[101]를 보고 이항복을 불러 매우 발끈한 기색으로 말하기를,

"그대는 최영경이 공초한 말을 보았는가? 이 무슨 말인가? 그대의 최

필운(弼雲), 동강(東岡)이 있다. 우의정·영의정 등을 역임하였다. 1590년 정여립 옥사를 처리한 공로로 평난공신(平難功臣) 3등에 봉해졌다. 광해군 대 폐모론(廢母論)에 반대하다가 유배되어 유배지에서 죽었다. 이항복은 기축옥사 당시 위관(委官) 정철의 문사랑으로 역옥(逆獄)의 조사에 참여하였는데, 이때 견문한 상황을 기록하여 《기축기사(己丑記事)》 혹은 《기축록(己丑錄)》이라 불리는 글을 남겼다.

101) 원사(爰辭) : 죄인이 자신의 죄상에 대해서 진술한 글을 이른다.

공은 매우 좋지 못한 사람이다."

하자, 항복이 웃으며 말하기를,

"저는 최영경과 서로 모른 채 평생을 살아왔는데, 어찌 '그대의 최 공'이라 하십니까? 대감께서 기뻐하지 않는 것은 그가 시사를 언급했기 때문이 아닙니까?"

하니, 정철이 그렇다고 하였다. 항복이 말하기를,

"그렇다면 대감은 처음부터 최영경을 알지 못하신 것입니다. 영경이 시배(時輩)와 다른 까닭이 무엇이겠습니까? 그 논의가 같지 않아서이니, 논의가 같지 않다는 것은 두 번째 국문이 있기 전부터 이미 알 수 있었습니다. 만약 국문이 엄한 날이라 하여 구차하게 예전의 소견을 모두 버리고, 구구하게 억지로 아첨하는 말을 꾸며내어 요행히 모면할 것을 바란다면 어찌 진정한 최영경이겠습니까? 그러나 이러한 것은 전혀 논할 필요가 없으니, 지금의 국문이 논의의 같고 다름을 묻는 것입니까? 단지 그가 삼봉인지 아닌지를 물을 뿐입니다."

하자, 정철이 말하기를, "공의 말이 옳다." 하였다.

며칠 후 정철이 또 묻기를,

"하루아침에 형추하라는 명이 떨어지면 그를 구하지 못할까 두렵다. 내가 옥사에 골몰하느라 정신이 너무 없으니 그대가 나를 대신해 차자의 초고를 만들고 기다려주게."

하자, 이항복이 말하기를,

"이러한 큰일은 응당 대감께서 직접 초고를 만드셔야 합니다."

하였다. 며칠 후 정철이 말하기를,

"차자의 초고는 이미 만들었는데, 또한 유이현(柳而見)[102]과 연명으로 올려 구원한다면 화합할 수 있을 것이다."

하였다. 이항복이 유성룡을 찾아가 옥사에 대해 지극하게 말하니, 성룡이

---

102) 유이현(柳而見) : 이현(而見)은 유성룡(柳成龍, 1542~1607)의 자이다.

말하기를,

"사인(舍人)[103]은 이처럼 비분강개해서는 안 되오. 세도(世道)가 매우 험악하니 천금 같은 몸을 천만 소중히 하시오."

하였다. 얼마 후 결국 최영경이 옥사하였다. 영경은 평소 명망이 두터웠는데 죄 없이 죽어 당시 사람들이 원통하게 여겼다.[104]

성혼(成渾)이 정철(鄭澈)에게 편지를 보내 말하기를,

"이 사람은 말년에 마음을 놓아 절개를 잃었고 또 그 본분을 지키지 못하였으나 고결하고 지조 높은 선비였음이 분명하니, 이미 죄를 지은 정황이 없었으면 조정에서 용납하여 그대로 두었어야 했다. 그런데 대간의 논의가 재차 일어나 마침내 옥중에 다시 가두어 죽게 하였으니 인심을 복종시킬 수 있겠는가? 애석한 일이다."

---

103) 사인(舍人) : 조선시대의 의정부에 둔 정4품 관직으로, 부의 실무를 총괄하였고, 왕과 의정·백관의 중간에서 양자의 의견을 매개하여 중요한 국사(國事)의 결정과 원활한 국정 운영에 기여하였다. 이항복은 경인년(1590, 선조23) 홍문관 응교(應敎)로 승진하였다가 의정부(議政府)의 검상(檢詳), 사인(舍人)을 역임하였다. 《白沙集·行狀》

104) 《御製皇極編》에는 이 뒤에 다음과 같은 이설을 세주로 덧붙이고 있다. "이설을 살핀다. 최영경은 성혼과 교분이 있었다. 성혼이 서울에 왔다는 소식을 듣고 영경이 찾아가는 길에 한 벗을 만났는데, 그가 말하기를, "지금 성혼의 집에서 오는 길인데 성혼이 심의겸(沈義謙)과 만나 군문[戎門]의 일을 얘기하느라 손님을 들이지 않으므로 만나지 못하였다." 하니, 영경이 마침내 다시는 찾아가지 않았다. 어떤 사람이 간혹 최영경에게 정철을 칭찬하기라도 하면, 영경은 "내 서울에 머물면서 정철이 좋은 벼슬한다는 말만 들었지, 정사를 밝게 일으켜 세웠다는 말은 듣지 못하였다." 하였으므로, 정철이 듣고 깊이 원한을 품었다. 역변이 일어나 성립되자 정철이 김극관, 양천경, 홍천경, 강견 등을 은밀히 사주하여, 터무니없는 거짓을 날조하여 이르기를, "길삼봉은 최영경인데, 삼봉(三峯)은 별호이다."라고 하였다. 이 말을 전파하여 사람들마다 익숙히 듣게 하고, 양남(兩南)의 감사·병사로 하여금 급히 계문을 올리게 하였다. 최영경이 이윽고 석방되자 다시 양사로 하여금 국문을 청하게 하였다고 한다.[考異. 永慶與成渾有舊. 聞渾入京, 將往訪, 路逢一友人, 自言"方自渾家來, 而渾與沈義謙會語戎門者, 不通賓客, 故不得見". 永慶遂不復往. 人或稱譽鄭澈於永慶, 永慶曰: "吾在京中, 但聞澈做好官, 不聞其有所建明也." 澈聞而銜之. 逆變之起成, 鄭陰嗾金克寬·梁千頃·洪千璟·姜涀 等, 搆造虛說, 以為"吉者慶也, 三峯別號也". 以此傳播, 人人習聞, 乃使兩南道帥臣, 馳啓. 旣放, 又令兩司, 請鞫云.]" 이와 유사한 내용이 《記言·崔守愚事》와 이를 재수록한 《己丑錄·書守愚堂事蹟後 許眉叟著》에 보인다.

하였다.

○ 처음에 정여립 역당의 대다수가 황해도와 김제 등지에서 나오자, 위관인 좌의정 정철이 이희삼(李希參)[105]에게 말하기를,

"당시 정여립을 황해 도사와 김제 현령에 의망한 자는 죄가 없을 수 없다."

하니, 김장생(金長生)[106]이 말하기를,

"정여립은 본디 세상을 속이고 명성을 도둑질하였으니, 전조(銓曹)에서 어찌 그 흉악함을 예견할 수 있었겠습니까?"

하였다.[107] 그러자 성혼이 말하기를,

---

105) 이희삼(李希參) : 1534~1594. 본관은 경주(慶州), 자는 경로(景魯), 호는 노재(魯齋)이고, 성수침(成守琛)·김인후(金麟厚) 문인이다. 1558년 식년시에서 진사로 급제하여, 세마(洗馬), 별좌(別坐) 등에 임명되었지만 나가지 않았다. 이산해의 6촌으로서 동인과 서인 사이에서 자칭 중립을 표방하였는데, 성혼·정철·김장생과 서로 친하였다고 한다.

106) 김장생(金長生) : 1548~1631. 본관은 광산(光山), 자는 희원(希元), 호는 사계(沙溪)이다. 김계휘(金繼輝)의 아들이고, 김집(金集)의 아버지이며, 송익필·이이 문인이고, 시호는 문원(文元)이다. 1578년 학행(學行)으로 천거되어 창릉참봉(昌陵參奉)이 되고, 그 뒤에 동몽교관(童蒙敎官)·인의(引儀)를 거쳐 정산현감(定山縣監)이 되었다. 1592년 임진왜란 때 호조정랑이 된 뒤, 명나라 군사의 군량 조달에 공이 커 종친부전부(宗親府典簿)로 승진하였다. 광해군대 철원부사 등을 역임하고, 인조반정 이후 형조참판을 거쳐서 1630년 가의대부에 올랐는데, 서인의 영수 역할을 하면서 송시열·송준길 등 수많은 문인들을 거느리고 조정에 강력한 영향력을 행사하였다. 학문적으로 송익필·이이·성혼 등의 영향을 함께 받았지만 예학(禮學) 분야는 송익필의 영향이 컸으며, 예학을 깊이 연구해 아들 김집에게 계승시켜 조선 예학의 태두로 군림하면서 예학파의 한 주류를 형성하였다. 저서로는 《상례비요(喪禮備要)》·《가례집람(家禮輯覽)》·《전례문답(典禮問答)》·《의례문해(疑禮問解)》 등 예에 관한 것이 있고, 《근사록석의(近思錄釋疑)》·《경서변의(經書辨疑)》와 시문집을 모은 《사계선생전서(沙溪先生全書)》가 전한다. 1717년 문묘에 배향되었으며, 연산의 돈암서원(遯巖書院)을 비롯해 안성의 도기서원(道基書院) 등 10개 서원에 제향되었다.

107) 김장생(金長生)이 …… 하였다. : 정여립을 황해 도사 및 김제 현령에 의망하였던 당시 전관(銓官)의 '공죄(公罪)'를 거론한 문제는 신묘년 서인이 실권(失權)하게 된 원인을 찾는 문제로서 이후 서인 내부에서 노론·소론의 논쟁을 격화시키는 도화선이 되었다. 《황극편(皇極編)》을 비롯한 대다수의 당론서에서는 정철과 성혼이 모두 전관의 처벌을 주장하고, 이에 대해 김장생이 만류한 것으로 기록되어 있다. 그러나 《송강행록(松江行錄)》에서는 전관에 대한 논죄를 제기한 사람은 성혼이고, 김장생은 신묘년 서인의

"정여립은 집에 있으면서도 오히려 능히 황해도와 김제 사람들을 부려 호응하게 만들었다. 만약 그가 정말로 도사나 현령이 되었다면 종사(宗社)의 근심이 또 어떠하였겠는가? 당시 전관(銓官)은 죄주지 않을 수 없다."

하니, 이희삼이 이산해(李山海)의 집으로 가 그 말을 고하였다. 이산해가 곧 당시의 전관이었는데, 정철 등이 옥사를 기화로 자신을 무너뜨리려 한다고 의심하여 크게 두려워하였다. 이에 송익필(宋翼弼)에게 말하기를,

"장자(長者)가 나를 죽이려고 하니, 나는 반드시 죽게 될 것입니다."

하였다.-장자는 성혼을 가리킨다.- 이로부터 이산해는 성혼과 정철, 두 사람에 대한 원망이 뼈에 사무쳐 기필코 중상모략으로 그들을 해치려 하였다.

당시 주상에게는 후사로 삼을 적자가 없었으나 왕자는 많았다. 조정의 의논은 모두 광해군(光海君)[108]에게 가 있었으나, 주상은 한창 인빈(仁嬪) 김씨[109]를 총애하고 있었고 신성군(信城君)[110]이 그 소생이었으므로 성상의

실권이 이러한 성혼에게서 기인하였다고 주장한 것으로 기록되어 있다. 《송강행록》의 이 내용은 이후 노론에 의해 반복 소환되며, 소론에 대한 노론의 공격 도구로 활용되었다.

108) 광해군(光海君) : 1575~1641. 조선왕조 제15대 왕(1608~1623)이다. 이름은 이혼(李琿), 본관은 전주, 선조(宣祖)의 둘째 아들로 어머니는 공빈 김씨(恭嬪金氏)이며 비(妃)는 판윤 유자신(柳自新)의 딸이다. 세자 책봉 문제로 임해군과 갈등을 빚었으나 1592년 임진왜란이 발생하였을 때 국난에 대비한다는 명분으로 피난지 평양에서 세자에 책봉되었다. 전쟁이 끝난 후 선조가 영창대군을 세자로 책봉하고자 하였으나 뜻을 이루지 못하고 죽자 임진왜란 동안 많은 공을 세운 광해군이 대북파의 지지를 받아 1608년 왕위에 올랐다. 광해군은 왕위에 오르는 과정에서 갈등을 빚은 영창대군을 1613년 대북파의 강력한 요청에 따라 서인(庶人)으로 삼았고, 1618년에는 이이첨 등의 폐모론에 따라 인목대비(仁穆大妃)를 서궁(西宮)에 유폐시켰다. 이러한 정치 행위는 대북 이외 사림들의 광범위한 반발을 불러일으켜, 결국 서인 주도의 반정(反正)에 의해 폐위 당하고, 강화도에 유배되었다가 제주도로 옮겨서, 이곳에서 사망하였다.

109) 인빈(仁嬪) 김씨 : 1555~1613. 본관은 수원(水原)이고, 명종의 후궁 숙의 이씨(淑儀李氏)의 외종(外從)으로 궁중에서 자라났는데, 명종비 인순왕후가 보고 기특히 여겨 선조에게 부탁하여 후궁으로 두게 하였다. 이때 나이 14세였다. 후궁 가운데에서 가장 왕의 총애를 받아 정원군(定遠君 : 元宗)을 포함, 4남 5녀를 두었다. 영조 때 시호를 경혜(敬惠), 궁을 저경(儲慶), 무덤은 순강원(順康園)으로 정하였다.

110) 신성군(信城君) : 1579~1592. 본관은 전주(全州), 이름은 이후(李珝)이다. 선조의 넷째아들이며, 어머니는 인빈 김씨이다. 한성부판윤을 지낸 신립(申砬)의 딸 평산 신씨(平山申氏)와

뜻은 신성군에게 있었다. 이산해는 평소 인빈의 오빠인 김공량(金公諒)[111]과 결탁해 있었던 터라 은밀히 그 기미를 알아채고, 우의정 유성룡에게 이르기를,

"우리가 정승이 된 지 오래되었는데 정사에 대해 건의한 것이 하나도 없어서 부끄럽기 짝이 없습니다. 지금 좌의정이 새로 정승에 올랐으니 반드시 건의할 일이 있을 것입니다. 우의정께서 좌의정에게 계책을 물어봐주십시오."

하자, 유성룡이 정철을 보고 이산해의 말을 전하였다. 정철이 산해의 계략을 알지 못하고 말하기를,

"성상의 춘추가 이미 높은데 세자를 아직 세우지 않았습니다. 세자를 세우라고 청하는 일, 이 한 가지가 지금의 급선무라 생각하는데 어떨지 모르겠습니다."

하였다. 이산해가 힘껏 돕겠다 약속하며 정철이 먼저 아뢰면 자기와 유성룡이 이어서 아뢰겠다고 하니, 정철이 그 말을 믿었다.

이보다 이틀 전에 이산해가 몰래 김공량을 불러 말하기를,

"새 정승이 지금 세자를 세우자고 청하려는데, 인빈을 제거하지 않으면 후환이 두렵다며 인빈을 제거하려 한다고 한다. 그대는 이런 말을 듣지 못했는가?"

하자, 공량이 크게 두려워하며 즉시 입궐하여 인빈에게 고하였다. 이에 인빈이 울면서 주상에게 하소연하기를, "집으로 돌아가 죽고 싶습니다." 하니, 주상이 "어디서 들었는가?" 하고 묻자 공량에게서 들었다고 대답하였다.

결혼해 딸 하나를 낳았다. 임진왜란 당시 영변(寧邊)을 거쳐 의주로 피난을 가다가 사망하였다.

111) 김공량(金公諒) : 선조의 후궁 인빈 김씨의 오빠인데, 생몰년은 미상이다. 1591년 좌의정 정철이 세자 책봉을 주청하자 인빈에게 정철의 주장이 인빈 김씨의 소생인 신성군을 해치려는 의도를 가진 것이라고 전하여 선조에게 고하게 하였다. 이로 인해 정철은 강계로 유배되었고 서인 세력 다수가 축출되었다. 1592년 내수사별좌(內需司別坐)가 되었는데, 임진왜란이 일어나 선조가 개성에 이르렀을 때 백성들이 김공량의 실정을 들어 죄를 줄 것을 청하자 강원도 산곡(山谷)으로 숨었다. 1608년(광해군 즉위년)에 하옥되었으나 광해군의 명으로 풀려났다. 1624년(인조 2)에는 품계가 강등되었다.

주상이 말하기를,

"공량은 본래 식견이 없으니, 어디에서 이런 터무니없는 말을 들었는가? 그런 일이 있을 리 만무하다."

하였다. 다음 날 정철 등이 입시하였으나 이산해는 홀로 병을 핑계로 입시하지 않았다. 정철이 먼저 아뢰어 세자를 세우자고 청하였는데, 주상은 바야흐로 인빈의 말을 듣고 의심을 품고 있던 차라, 정철의 말을 듣자 노하여 이르기를,

"지금 내가 이렇게 건재한데 갑작스레 세자를 세우자고 청하다니, 도대체 무슨 짓을 하려는 것인가?"

하였다. 임금의 격노가 진동하니, 유성룡 또한 입을 다물고 감히 말을 꺼내지 못하였다. 대사간 이해수(李海壽), 부제학 이성중(李誠中)이 아뢰기를,

"이는 대신만의 말이 아니라 신들도 함께 의논한 내용입니다."

하였으나, 주상의 화가 풀리지 않아서, 이성중을 충청 감사로, 이해수를 여주 목사로 내보냈다. 정철은 이 일로 주상의 미움을 크게 받게 되어, 얼마 후 특명으로 정승에서 체직되었다.

ㅡ이설(異說)을 살핀다. 일군의 서인들이 김공량의 일을 알아내고 그가 궁금(宮禁)을 선동한 정황에 분노하여, 대간이 그를 죽이라고 청하려 하였다. 그러자 병조판서 윤두수(尹斗壽)가 말하기를, "김공량 때문에 양사가 합계하려 하다니, 어찌 그리도 생각이 모자라는가? 지금 내가 병조를 맡고 있으니 공량을 병조 관할로 소속시킨 후 죄를 캐내어 죽이면 된다." 하였다. 얼마 안 있어 공량을 막하(幕下)로 삼으니, 이산해가 그 뜻을 알고 공량에게 말해 주었다. 이에 공량이 두려워하여 인빈에게 고하자, 인빈은 즉시 주상 앞에 나아가 하소연하였다. 주상이 비록 노하였으나 달리 구제할 방법이 없었다. 이에 윤두수의 손자인 윤신지(尹新之)[112]를 부마(駙馬)로 간택하여 인빈의 사위로 삼음으로써, 윤신지의 할아

112) 윤신지(尹新之) : 1582~1657. 본관은 해평(海平), 자는 중우(仲又), 호는 연초재(燕超齋)이다. 선조와 인빈(仁嬪) 김씨(金氏)와의 소생인 정혜옹주(貞惠翁主)와 결혼하여 해숭위(海嵩尉)에 봉하여졌다. 시(詩)·서(書)·화(畫)에 능하였고, 저서로는 《현주집(玄洲集)》·《파수잡기(破睡雜記)》가 있다.

버지인 윤두수로 하여금 차마 김공량을 죽일 수 없게 하였다. 이로부터 서인들이
배척받았다.113)-

신묘년(1591, 선조24) 봄, 유생 안덕인(安德仁)-이원장(李元長), 윤홍(尹宖),
이전(李瑱), 이성경(李晟慶)- 등이 상소하여 정철이 나라를 그르친 죄를 배척하였
다. 주상이 이들을 불러 묻자, 대답하기를,

"정승이 되어 주색(酒色)에 빠져 있으니, 나랏일을 그르친 것이 틀림없이
많을 것입니다."

하니, 주상이

"주색이 어찌 나라를 그르치는 일이겠는가?"

하자, 사람들이 대부분 듣고 웃었다. 남의 꾐에 빠져 상소하였으므로 아뢰면
서도 그 뜻을 알지 못하였다.

대사헌 황림(黃琳) 등이 인피(引避)하였는데, 그 대략의 내용에 이르기를,

"이조정랑 유공진(柳拱辰)은 평소 행실이 보잘것없고, 권세에 빌붙어 혼탁하
게 어지럽힌 일이 많습니다. 검열 이춘영(李春英)은 사람됨이 경망스러운데다
유생 때부터 재상의 집을 출입하면서 말을 지어내고 일 만들기를 좋아하는
죄를 지었습니다. 이에 논계하려는데, 동료의 의논이 일치하지 않으니, 체직
을 청합니다."

하였다. 지평 김권(金權)이 아뢰기를,

"지금 조정이 안정되지 못하여 인심이 의심하고 두려워하니 마땅히 진정시
키고 보합해야 할 터인데, 갑자기 하나하나 논핵하여 더욱 어지럽게 만들고
있습니다. 신의 소견은 동료들과 같지 않으므로 뒷날 다시 의논하여 처리하자
는 뜻으로 회답을 보냈습니다. 그런데 대사헌이 인혐하였으니 형세상 직에

---

113) 이설을 …… 배척되었다 : 이 이설(異說)의 출처는 《강상문답(江上問答)》이다. 이 내용이
이후 《후광세첩(厚光世牒)》에도 그대로 수록되었다.

있기 어렵습니다."

하였다. 승정원에서 처치하여 김권을 체직시키고, 황림 등을 출사하게
하였다. 이에 황림 등이 마침내 발계(發啓)[114]하니, 주상이 사헌부 성상소(城上
所)에 전교하기를,

"혼탁하게 어지럽혔다는 일은 무슨 일이며, 재상은 누구인가? 어떤 말을
지어냈으며, 어떤 일 만들기를 좋아했는가?"

하였다. 이에 회계하기를,

"유공진은 영돈녕부사 정철에게 아부하였으니, 재상은 곧 정철입니다.
이춘영은 그의 외숙 백유함의 권세를 끼고 조정 일을 모의하여 한때 인물
진퇴의 권한이 그의 손에서 나왔습니다."

하니, 주상이 답하기를, "아뢴 대로 하라." 하였다.

○ 양사-대사헌 이원익(李元翼), 집의 김륵(金玏)은 모두 외방에 있었다.- 에서, 대사간
홍여순(洪汝諄)-장령 조인득(趙仁得)·윤담무(尹覃茂), 지평 이상의(李尙毅)·정광적(鄭光
績), 사간 권문해(權文海), 헌납 김민선(金敏善), 정언 이정신(李廷臣)·윤엽(尹曄)- 등이 합계
하기를,

"정철은 성품이 편협하고 의심이 많아서 자기와 생각이 같으면 좋아하고
자기와 생각이 다르면 미워하였으며, 널리 사당을 심어 떼 지어 모여드는
사람들이 장터와 같았고, 조정의 기강을 농단하며 위엄이 온 세상에 떨쳤습니
다. 심지어 궐 안에서 정사를 행할 때, 전하의 위엄을 지척에 두고도 사사로이
전랑(銓郎)을 불러 인선(人選)을 지시하며 정사를 지체시켰고, 뜻을 같이하는
외직(外職)의 사람들을 조정에 끌어들이고자 은밀히 언관을 사주하여 대수롭
지 않은 과실을 끌어모아 구실로 만들었습니다.

또한 송익필(宋翼弼) 형제와 결탁하여 그들의 심복이 되었고, 그들을 추포하

---

114) 발계(發啓) : 대관(臺官)이 국왕에게 죄인의 죄의 유무·경중 등에 관하여 계사(啓辭)를
내는 제도이다.

라는 전교[115]가 내렸을 때는 말을 꾸며 대죄하다가 오히려 자기 집에 그들을 숨겨주었습니다. 그리하여 그들과 더불어 터무니없는 논의를 일삼으며, 위에서 판결한 송사마저도 송관(訟官)을 겁박해 기필코 판결을 번복시키려 하였습니다. 정암수(丁巖壽)가 잡혀왔을 때에도[116] 구원할 계략을 교묘하게 내어 은밀히 숨겨두고 중도에 신문에 나아가지 않게 하였으며, 남몰래 대간을 사주하여 논계하게 하고 초야의 선비로 하여금 상소하게 하였으니, 이것을 참을 수 있을진대 무엇인들 못 참겠습니까?

게다가 주색에 깊이 빠져 언행과 몸가짐을 훼손하니 온 나라 사람들이 추악하게 여기는 데도 부끄러운 줄을 모릅니다. 겉으로는 해학이 넘치는 듯하나 실제로는 아첨과 시기를 일삼고, 그 속셈이 이미 탄로 났는데도 오히려 두려워하며 그칠 줄을 모르니, 파직을 명하소서.

백유함(白惟咸)은 정철과 결탁하여 그의 심복이 되었고, 위복(威福)을 제멋대로 행사하여 권세가 날로 치성하였습니다. 그의 방자하고 탁란(濁亂)한 죄를 벌하지 않을 수 없으니, 파직을 명하소서."

하였다. 주상이 사헌부 성상소에 전교하기를,

---

115) 그들을 추포하라는 전교 : 송익필의 아버지 송사련(宋祀連)이 안당(安瑭)의 얼매(孼妹)에게 장가들었는데, 뒷날 안당의 아들 안처겸(安處謙) 등을 모반(謀反)으로 무고하여 출세하였다. 그러다가 1586년(선조19) 안당의 증손인 안로(安璐)의 상소로 무고가 밝혀지자 송익필 일가는 반노(叛奴)로 지목되었고, 다시 안씨 집안의 노비로 환속되었다. 본문의 '그들을 추포하라는 전교'는 선조가 형조에 명하여 송익필 형제를 잡아 가두게 하고, 주인을 배신하고 도망친 죄를 추궁하게 한 일을 가리킨다.

116) 정암수(丁巖壽)가 잡혀왔을 때에도 : 정암수는 기축옥사 당시 박천정 등과 연명하여 이산해·유성룡 등을 간인(姦人)으로 규정한 상소를 올렸다. 상소 내용은 《宣祖實錄 22年 12月 14日》 및 《宣祖修正實錄 22年 12月 1日》 기사에 상세히 소개되어 있고 본서의 앞에도 보인다. 상소가 올라오자 선조는 정암수를 비롯한 박천정(朴天挺)·박대붕(朴大鵬)·임윤성(任尹聖)·김승서(金承緖)·양산룡(梁山龍)·이경남(李慶男)·김응회(金應會)·유사경(柳思敬)·유영(柳瑛) 등 10인을 잡아들여 옥에 가두라 명하였고 옥사가 더 이상 확대되는 것을 경계하였으나, 결과적으로 정암수 등의 연명 상소는 옥사를 동인 전체에게 전방위적으로 확산시키는 계기가 되었다. 이에 동인들 사이에서는 정암수는 정철의 문객이며 상소는 정철의 사주를 받아 작성된 것이라는 소문이 공공연하게 떠돌았다.(《宣祖實錄 22年 12月 14日》)

"계사에서 말한, '사사로이 전랑(銓郞)을 불러 인선(人選)을 지휘하였다.'는 것과 또 '뜻을 같이하는 사람들이 외직(外職)에 보임되자 대수롭지 않은 과실을 끌어 모아 탄핵하였다.'고 한 말에 대해, 이 말들이 누구누구를 가리키는 것인지 전말을 갖추어 아뢰어라."

하자, 회계하기를,

"노직(盧稷)이 이조전랑으로 있을 때 사사로이 불러갔으며, 외직에 보임된 사람은 민정명(閔定命)·최수(崔洙)·김해(金澥)입니다."

하였다. 주상이 따르고, 이어서 전교하기를,

"옛날에 대신을 파직하여 내칠 때에는 조당(朝堂)에 방을 붙여 온 나라 사람에게 그 죄상을 알렸다. 지금 정철의 파직 전지(傳旨)도 옛일에 따라 조당에 방을 붙이게 하라."

하였다.

○ **여름**, 도목정사(都目政事)[117]를 시행하며 백유함(白惟咸)과 유공진(柳拱辰)을 의망(擬望)하니, 주상이 하교하기를,

"백유함 등은 간사하고 흉악한 무리로서 권력을 농단함에 거리낌이 없었는데도 그 죄책을 가벼이 해주었으니 그들에게는 다행한 일이었으나, 간악하고 사특한 무리를 징벌하여 제거하는 방도는 전혀 아니었다. 겨우 파직에 그치고 나서, 이에 감히 학관(學官)에 은밀히 의망하여 내 마음을 시험하고 조정을 모욕하고 조롱하였다. 학관이 비록 미관말직이나 곧 사표(師表)가 되는 유자(儒者)의 자리인데, 이 무리를 외람되이 스승의 자리에 앉혀서 많은 선비들을 가르치게 하여 선비들로 하여금 모두 그 음험한 술수를 배우게 하려는 것인가? 문관(文官) 중에 촌록(寸祿)도 얻지 못하는 자가 적지 않은데, 기어코 이 무리를 의망한 것은 과연 무슨 뜻인가? 사특한 자들과 당을 이루며 거리낌

---

117) 도목정사(都目政事) : 정기적으로 관원(官員)의 치적(治績)을 종합 심사하여 고과 성적에 따라 영전, 좌천 또는 파면시키는 일로, 6월과 12월 두 차례에 걸쳐 시행하였다.

없는 정상이 몹시 통분하니, 그 자리에 동참한 당상(堂上)을 추고하라. 낭청(郞廳)은 그 지시를 받고 공손히 명을 따르기에 급급하였으니 더더욱 그르다. 해당 낭관은 의금부[詔獄]에 내려 추고하라."

하였다. 이에 해당 낭관 윤돈(尹暾)[118]을 잡아 가두고 원정을 받았다. 주상이 이르기를,

"뒤에서 사주한 사람이 있을 것이니, 사실이 아닌 말로 속이면 형추한 다음에 다시 신문하게 하라."

하였다. 이에 양사에서 주상의 뜻을 헤아리고, 정철(鄭澈)·백유함(白惟咸)·유공진(柳拱辰)·이춘영(李春英)의 죄가 지극히 간특하고 흉악함에도 불구하고 그 즉시 죄를 바르게 하지 못하였다는 이유를 들어 인피(引避)하고 체직을 청하였다. 주상이 답하기를,

"정철의 다른 죄악은 우선 차치하고라도 그가 호남 유생들을 은밀히 사주하여 한 시대의 이름난 공경(公卿)과 사대부 중 자기와 뜻이 다른 이들을 쓸어 모아 모두 역적의 당여로 몰아넣고 기필코 다 도륙해 죽이고야 말려 하였다. 그러다가 간악한 음모가 성공하지 못하고 그 속셈이 저절로 드러나게 되자, 형세가 궁색하고 일이 급박한 것을 알고 또다시 대간을 사주하여 임금을 위협하였다. 이 한 가지 일은 옛날 간악한 자들과 비교해보아도 그 짝을 찾기가 어렵다. 그 마음씨의 참혹하고 악독한 것은 막야검(鎭鋣劍)[119]도 미치지 못할 것이니, 생각하면 기가 막힌다. 애석하구나! 임금으로서, 이러한

---

118) 윤돈(尹暾) : 1551~1612. 본관은 남원(南原), 자는 여승(汝昇), 호는 죽창(竹窓)이고, 이황·기대승 문인이며, 시호는 효정(孝貞)이다. 1585년 식년 문과에 급제해 수찬·교리 등을 지냈다. 1591년 이조정랑으로서 백유함·유공진 등을 학관(學官)에 천거했다가 선조의 노여움을 사서 추고를 받고 삭직되었다. 이듬해 복관되었는데, 이 해 임진왜란이 일어나자 왕을 호종하였다. 1600년 도승지·예조참판을 거쳐 부제학이 되었을 때, 이미 고인이 된 성혼에 대해 왕을 호종하지 않았고 간신들과 한 당이었다고 탄핵하여 관작을 추삭하게 하였다. 1608년 선조가 죽자 산릉도감제조(山陵都監提調)를 거쳐 예조판서가 되었다. 그러나 장마로 산릉이 무너지자 그 책임으로 파직되었다.

119) 막야검(鎭鋣劍) : 춘추시대 오(吳)나라의 간장(干將)이 만든 명검(名劍)의 이름인데, 여기서는 사람을 해치는 날카로운 무기란 뜻으로 쓰였다.

일들에 근거하여 역적을 토벌하면 충분히 그의 간특함을 제압할 수 있으므로 그가 나를 어떻게 할 수 없다는 것을 알고 있었으면서도, 어찌 일찍이 그를 배척하지 못하였는가?"

하였다.

○ 양사-위와 같다- 에서 다음과 같이 합계하였다.

"정철은 본디 강퍅한 성품으로서 항상 원망하는 마음을 품고 있었습니다. 국가가 불행한 틈을 타 차지해서는 안 될 자리를 훔쳐서 차지하고 나라의 권력을 천단하려 도모하고 널리 사당(私黨)을 심어서, 날마다 부박한 무리들을 모아 음험하게 결탁하여 사람과 사물을 해치는 것을 일삼았습니다. 심지어 전랑(銓郎)을 공공연히 불러가기까지 하였으니, 권력을 전횡한 것이 이미 극에 달하였습니다.

동렬의 대신을 원수처럼 보아 겉으로는 친분이 두터운 척하면서 안으로는 실상 시기하였습니다. 전하의 앞에 입시하였을 때는 이산해(李山海)와 함께 협력하여 국정에 힘쓰는 듯하였으나 실상은 성상을 기망하는데 거침이 없었습니다. 또한 많은 사람이 모인 자리에서 유성룡(柳成龍)의 이름을 부르며 드러내놓고 모욕과 조롱을 가하였습니다.

황신(黃愼)이 장차 북평사(北評事)에 부임하게 되자, 급히 조정에 등용시키고 자 명망이 가볍다는 핑계로 논핵하여 체차하고는 그 즉시 청요의 관직에 두루 천거하였고, 김해(金澥)·민정명(閔定命)·최수(崔洙)가 수령이 되자 하찮은 실수를 이유로 탄핵하여 돌아오게 하였습니다. 그가 성상을 속이고 사사로움 을 행한 것이 이에 이르러 극에 달하였습니다.

고경명(高敬命)[120]은 간특하고 흉악한 여얼(餘孼)로서 수년간 버려져 있었는

---

120) 고경명(高敬命) : 1533~1592. 본관은 장흥(長興), 자는 이순(而順), 호는 제봉(霽峰)·태헌(苔 軒)이다. 1558년에 문과에 장원급제하여 서산 군수, 한성부 서윤 등을 역임하였다. 1592년 임진왜란이 일어나자 격문을 돌려 담양에서 6,000여 명의 의병을 규합하여 곽영(郭嶸)의 관군과 함께 금산(錦山)에서 왜군에 맞서 싸우다가 전사하였다.

데, 점을 잘 치는 재주가 있어 친밀히 지내게 되자 그를 발탁하여 당상관(頂官)의 반열에 두었습니다. 홍인걸(洪仁傑)[121]은 별다른 치적이 없는데도 혼인으로 맺어진 친분으로 인해 당상관으로 끌어올리기까지 하였습니다.

송한필(宋翰弼) 형제는 주인을 배반한 노비인데도 서울 집에 숨겨주었고 심지어 처첩(妻妾)과 함께 거처하게 하며, 흉측한 음모와 비밀스러운 계략을 함께 모의하였습니다. 정암수(丁巖壽) 등이 정철을 위하여 올린 상소는 정철의 한두 문객이 그의 사주를 받아 지은 것인데, 다행히도 성명께서 그 간악한 정상을 통촉하시고 정승의 자리에서 체직하라 명하심으로써 꾸짖고 경계하는 뜻을 보이셨습니다.

정철로서는 두문불출하며 잘못을 반성하기에 겨를이 없어야 마땅한데도 날마다 사당(私黨)을 끌어 모아 밤낮으로 모의하고, 공금으로 술과 음식을 마련하여 관의 기생과 악공을 불러다 강호에서 잔치판을 벌이며 놀았으니, 이것이 과연 임금에게 죄를 짓고 물러나 근신하며 자숙하는 뜻이란 말입니까?

심지어 탄핵을 받아 파직되고 방을 붙여 그 죄를 알린 뒤에도 여전히 삼갈 줄 모르고, 여염을 횡행하고 도처에 출몰하면서 하늘을 원망하고 사람을 탓하는 등 못하는 짓이 없습니다. 또 훈적(勳籍)[122]에서 삭출(削黜)하겠다는

---

121) 홍인걸(洪仁傑) : 1541~1603. 본관은 남양(南陽), 자는 응시(應時)이다. 임진왜란 때 왕의 몽진을 호가(扈駕)하여 서행(西行)하던 도중 형조참의가 되었다. 곧이어 삼척 부사가 되었는데, 삼척에 쳐들어온 일본군과 싸워서 잡은 포로 가운데 우리나라 사람이 섞여 있었으므로 이들을 관찰사에게 압송하려고 하였으나 술에 취한 그의 아우 홍인간(洪仁偘)이 동족을 해친 놈들이라고 격분하여 그 포로들을 형 몰래 살해하였다. 이 사건이 그가 공을 세우기 위하여 죄 없는 백성들을 함부로 죽인 것이라고 잘못 보고되었다. 조정에서 사실을 조사하여 보고하도록 본도 감사에게 지시하였으나, 홍인걸과 사이가 좋지 않았던 감사가 참혹하게 고문하여 무복(誣服)시켰다. 이에 윤근수 등이 그의 억울함을 알고 극력 구원하려 하였지만 끝내 풀려나지 못하고 9년 동안이나 투옥되어 있다가 결국 옥사하였는데, 그 원인은 사돈인 정철이 동인의 배척을 받고 있어 그 화가 그에게 미친 것으로 알려져 있다.

122) 훈적(勳籍) : 평난공신(平難功臣)을 이른다. 평난공신은 1589년(선조22)에 정여립의 모반 사건을 평정하고, 그 공로를 포상하여 이듬해(1590)에 내린 공신호(功臣號)이다. 일등 추충분의병기협책평난공신(推忠奮義炳幾協策平難功臣)은 박충간(朴忠侃), 이축(李軸), 한

말로 공신을 속여 동요시키기도 하였습니다. 그 외에도 너무도 흉패하여 차마 귀로 들을 수 없고 입으로 말할 수 없는 설들로 앞 다투어 선동하며 나라에 끝없는 화를 끼치려 하고 있습니다.

당초 죄를 청하였을 때 홍문관에서는 공론을 채택하지 않고 머뭇거리며 관망하였고, 승정원에서는 왕명의 출납을 신실하게 봉행해야 함에도 불구하고 방을 붙여 정철의 죄를 알리라는 명을 여러 날 동안 방치하여 버려두었으니,-승지 이항복(李恒福)- 이는 정철이 쌓아온 위엄이 사람들을 두렵게 하여 이 지경에 이른 것입니다. 어찌 신하로서 이와 같은 죄를 짓고도 그 관작을 보존한 채 뻔뻔하게 집안에 있는 자가 있을 수 있단 말입니까? 청컨대 관직을 깎아버리고 멀리 유배하소서. 백유함(白惟咸)·유공진(柳拱辰)·이춘영(李春英) 등도 아울러 멀리 유배하라 명하소서."

주상이 아뢴 대로 하라고 답하였다. 정철을 처음에 명천(明川)에 유배하였고, 백유함 등은 양계(兩界)에 나누어 유배하였다. 주상이 정철은 대신이었으니 특별히 유배지를 진주(晉州)로 옮기게 하였다. 간관(諫官)이 백유함 등의 배소(配所)가 편하고 가깝다는 이유로 의금부 당상을 탄핵하며 파직을 청하니, 모두 북도(北道)로 이배(移配)하게 하였다.

○ 양사-위와 같다- 에서 또 합계하기를,

"정철의 당여(黨與) 우찬성 윤근수(尹根壽)는 성품이 경박하고 조급한데다 음험하고 사특하며, 척리(戚里)[123]와 결탁하여 치밀하게 모의하였습니다.

응인(韓應寅) 등 3인, 이등 추충분의협책평난공신은 민인백(閔仁伯), 한준(韓準), 이수(李綏), 조구(趙球), 남절(南截), 김귀영(金貴榮), 유전(柳㙉), 유홍(兪泓), 정철(鄭徹), 이산해(李山海), 홍성민(洪聖民), 이준(李準) 등 12인, 삼등 추충분의평난공신은 이헌국(李憲國), 최황(崔滉), 김명원(金命元), 이증(李增), 이항복(李恒福), 강신(姜紳), 이정립(李廷立) 등 7인으로 모두 22인이다. 박충간 이하는 고변을 했고 민인백 이하는 역도의 괴수를 잡았고 김귀영 이하는 추관(推官)으로서 추국(推鞫)에 참여하였다.《宣祖修正實錄 23年 8月 1日》

123) 척리(戚里) : 임금의 내척(內戚)과 외척(外戚)을 이른다.

하늘을 원망하고 남을 탓하며, 죄인을 정배할 때는 반드시 편하고 가까운 곳으로 정하였습니다.

판중추부사 홍성민(洪聖民)은 겉으로는 유학자인 체하고 있지만 안으로는 실로 음험하고 흉특합니다. 처음에 인사(人事)의 권한을 잡고 제멋대로 조헌(趙憲)을 의망하여[124] 은밀히 사림을 일망타진할 계략을 모의하였습니다. 여주 목사(驪州牧使) 이해수(李海壽)는 타고난 성품이 사악하고 악독하여 청의(淸議)에 버림을 받았습니다. 그러다가 정철이 득세한 후로 선한 이들을 무함하는데 조력하였고, 정철의 지시라면 하지 못하는 짓이 없었습니다. 양양 부사(襄陽府使) 장운익(張雲翼)은 본디 부박한 사람으로 성품 또한 음험하고, 정철의 앞잡이가 되어 남을 깨물고 씹는 일을 자행하였습니다.

이들 네 사람들은 정철의 우익(羽翼)이 되어 기세등등하게 성세를 구가하였으므로 사람들이 모두 두려워하고 꺼려합니다. 비록 거간(巨姦)은 이미 삭출되었다 하나 이 네 사람은 아직도 죄를 인정하지 않고 있으니 모두 삭탈하소서."

하니, 아뢴 대로 하라고 하였다. 또 대간이 죄를 추가하여 논하니 모두 먼 곳에 유배하였다.-홍성민은 부령(富寧)에, 이해수는 종성(鍾城)에, 장운익은 온성(穩城)에 유배하였다.-

○ 대간이 또 이르기를,

---

124) 인사(人事)의 …… 의망하여 : 조헌은 1587년(선조20) 정여립의 흉패함을 논박하는 만언소(萬言疏)를 지어 현도상소(縣道上疏)하는 등 5차에 걸쳐 상소문을 올렸는데 모두 받아들여지지 않았으며, 이후 다시 일본 사신을 배척하는 상소와 이산해가 나라를 그르쳤다고 논박하는 상소를 대궐 문앞에 나아가 올려 선조의 진노를 샀다. 결국 이로 인해 조헌은 삼사의 논핵을 받고 길주(吉州)로 유배되었다.(《燃藜室記述·宣祖朝故事本末·東人用事》 및 《宣祖修正實錄 20年 9月 1日》) 기축옥사 이후 해배되어 돌아와 재신(宰臣)들을 지적하며 정철 등을 칭찬하는 내용의 상소를 올리자, 선조가 조헌을 간귀(奸鬼)라고 하며 이런 상소를 올린 것은 송익필(宋翼弼)·송한필(宋翰弼) 형제가 조정에 원한을 품고 일을 꾸미고자 조헌을 사주한 것이라고 하였다. 이러한 상황에서 당시 이조판서였던 홍성민이 조헌을 학관(學官)에 주의하자, 선조는 인심을 어지럽혔다는 죄목으로 홍성민을 체직시켰다. 《宣祖實錄 22年 12月 15日》 및 《宣祖修正實錄 22年 12月 1日》

"정철의 죄악이 극에 달했는데도, 편하고 가까운 남쪽 지방에 배소가 정해졌으니,[125] 양계(兩界) 지방으로 배소를 옮기소서."

하니, 강계(江界)로 정배하였다.

○ 대간에서 다음과 같이 합계하였다.

"병조판서 황정욱(黃廷彧)은 타고난 성품이 시기심이 많고 음험한데다 행동거지는 더럽고 비루합니다. 권간에게 빌붙어 아첨하면서도 조금도 부끄러워할 줄 모르고, 병조판서에 올라서는 탐욕스럽게 뇌물을 밝히고 이익이 있는 곳이면 어디든 청탁을 일삼았습니다.

그의 아들 승지 황혁(黃赫)은 성품이 본디 광패하여 사람대접을 받지 못하였습니다. 언관(言官)의 자리에 있을 때는 경상(卿相)이나 대부(大夫) 가운데 자신과 생각이 다른 이들의 이름을 쭉 써서 주머니 속에 넣어 두고는 차례대로 죄를 날조하여 무함하려 하였습니다. 또 승지로 있으면서는 스스로 이르기를, '정철은 비록 실세하였으나 나는 왕실과 혼사를 맺었으니,[126] 나에게야 어찌할 것인가?' 하며 방자히 구는 정상이 있으니 분노하지 않는 사람이 없습니다.

호조판서 윤두수(尹斗壽)는 심의겸(沈義謙)과 생사를 같이하는 당을 결성하였으므로 오랫동안 청의(淸議)의 버림을 받았습니다. 그러다가 정철이 국정을 농단하자 그의 우익(羽翼)이 다시 살아난 것을 다행으로 여겼고, 관서(關西) 지방에 가 있으면서도[127] 멀리서 서로 지시를 주고받았습니다. 그의 몸가짐 또한 삼가지 않는 바가 많고, 옥송(獄訟)을 처리할 때마다 뇌물을 받았다는

---

125) 편하고 …… 정해졌으니 : 1591년(선조24) 건저(建儲) 문제로 서인이 실각하고 정철 또한 탄핵을 받아 함경도 명천(明川)에 유배되었는데, 선조는 그가 대신이라는 이유를 들어 경상도 진주(晉州)로 이배하라는 명을 내렸다. 그러자 명이 있은 지 사흘 만에 대간의 논핵이 이어져 정철은 다시 평안도 강계(江界)로 이배되어 위리안치(圍籬安置)되었다.

126) 왕실 …… 맺었으니 : 황정욱의 손녀이자 승지 황혁(黃赫)의 딸과 선조의 여섯째 왕자이자 순빈 김씨(順嬪金氏) 소생인 순화군(順和君, ?~1607)의 혼인을 이른다.

127) 관서(關西) …… 있으면서도 : 1589년(선조22) 기축옥사 당시 윤두수는 평안도 관찰사로 있었다.

비난이 있습니다.

승지 유근(柳根)은 문묵(文墨)의 보잘것없는 재주로 청반(淸班)의 말단에 끼어 있으나, 성품이 본디 간사한데다 방정한 몸가짐은 전혀 찾아볼 수가 없습니다. 정철이 제멋대로 방자하게 굴 때, 유근은 이처럼 빌붙고 쥐처럼 살살 기며 비위를 맞추고 아첨하기에 못하는 짓이 없었고, 이로써 결국 정철의 환심을 사 그와 한 몸이 되었으니, 그의 귀역(鬼蜮)[128]과 같은 짓거리는 입에 올리기도 수치스럽습니다. 정철이 처음 조정에 들어왔을 때, 유근은 상중(喪中)이었는데도 어두운 밤을 타 그의 집을 찾았으니, 이러한 짓을 하였다면, 차마 무슨 짓인들 하지 못하겠습니까?

황해 감사 이산보(李山甫)는 그 사람됨이 용렬하고 어리석은데다 음험하고 사악합니다. 권간과 결탁하여 사류를 무함하였으며, 심지어는 주인을 배반한 흉악한 노비[129]를 숨겨주고 비호해주기까지 하였습니다. 사성 이흡(李洽)[130]은 음험하고 사악하여 못하는 짓이 없었으므로, 청류(淸流)에 끼지 못하였습니다.

병조정랑 임현(任鉉)[131]은 행동거지에 염치가 없고 권세가를 좇아 빌붙었으

---

128) 귀역(鬼蜮) : 귀역은 음모를 꾸며 남을 해치는 사람을 비유하는 말이다. 《시경(詩經)》 〈소아(小雅) 하인사(何人斯)〉에 "귀신이 되고 물여우가 된다.[爲鬼爲蜮]"라 한 데서 온 말로, 그 풀이에 "물여우는 단호(短狐)라고 하는데 강회(江淮)의 강물에 모두 살고 있다. 물여우가 모래를 머금었다가 물속에 비친 사람의 그림자에 모래를 뿜으면 사람이 문득 병이 들게 되는데, 그 형체는 보이지 않는다." 하였다.

129) 주인을 …… 노비 : 송익필(宋翼弼, 1534~1599)·송한필(1539~?) 형제를 이른다. 송익필의 아버지 송사련(宋祀連)은 안당(安瑭)의 얼매(孽妹)에게 장가들었는데, 뒷날 안당의 아들 안처겸(安處謙) 등을 모반(謀反)으로 무고(誣告)하여 출세하였다. 그러다가 1586년 안당의 증손인 안로(安璐)의 상소로 무고가 밝혀지자 송익필 일가는 반노(叛奴)로 지목되었고, 다시 안씨 집안의 노비로 환속되었다. 송익필 등은 성명을 바꾸고 도피생활을 하다가, 1589년 기축옥사 이후 다시 신분을 회복하였다.

130) 이흡(李洽) : 1549~1608. 본관은 한산(韓山). 자는 화보(和甫), 호는 취암(醉菴)이다. 이증(李增)의 문인으로 1582년 식년문과에 급제하여 청요직을 두루 역임하였다. 1591년 건저(建儲) 문제로 서인이 실각할 때 함께 파직되었고, 이후 복직하였으나 1602년 최영경 옥사사건이 다시 거론되면서 당시 양사의 관원이 삭탈관작될 때 그도 다시 관작을 삭탈당하고 옥구에 유배되었다. 이후 6년 만인 1607년 풀려났으나 다음 해 죽었다.

며, 대관(臺官)이 되어서는 시종일관 그 지시를 따랐습니다. 예조정랑 김권(金權)은 음흉하고 간교한데다 간흉과 붕당을 이루었습니다. 언관의 직임을 맡은 전후로 사당(私黨)을 곡진히 비호하였으며, 감히 이미 발의된 공론을 저지하였습니다.

고산 현감(高山縣監) 황신(黃愼)은 타고난 성품이 사특하고 악독하기가 뱀이나 전갈과 같습니다. 정철이 국정을 농단할 때 그 문하를 출입하며 보인 행태는 노예와 다름이 없었으며, 문득 사간원에 제수되자 구구절절 홍성민(洪聖民)의 지시를 따라서, 옥사를 뒤집으려 한다는 말을 핑계로 대신을 헤아릴 수 없는 지경에 빠뜨리고자 무함하였습니다.[132]

사과 구만(具覨)-혹은 성(宬)이라고도 한다- 은 집안에서의 패악한 행실로 세상의 버림을 받았습니다. 부박하고 음험한 무리를 앞장서서 이끌며, 간특하고 논란 만들기 좋아하는 자의 집에 모여서 거짓을 날조해 남을 무함하고, 그자들의 모주(謀主)가 되었습니다. 이후 정철이 정승의 자리에서 파직되자

---

131) 임현(任鉉) : 1547~1597. 본관은 풍천(豊川), 자는 사중(士重), 호는 애탄(愛灘)으로 이이·성혼 문인이고 시호는 충간(忠簡)이다. 1583년에 정시문과에 급제하여 청요직을 두루 역임하였다. 1591년 동인과 서인간의 당쟁에 말려들어 이해수·백유함 등과 함께 권신들의 죄를 논박하는 소를 올렸다가 서인 정철의 일당이라고 하여 동인의 탄핵을 받고 파직되었다. 1597년 정유재란 당시 남원부사로서 왜군에 맞서 싸우다 전사하여, 의정부 좌찬성에 추증하고 원종공신(原從功臣) 1등을 추서하였으며, 광해군 때 남원의 충렬사(忠烈祠)에 제향되었다.

132) 홍성민(洪聖民)의 …… 무함하였습니다 : 1590년 5월에 호남(湖南)의 유생 양형·양천경 등이 상소하여, 1589년 10월에 정여립의 역모를 처음 국문할 때에 추관(推官)인 우의정 정언신이 고변(告變)의 내용이 근거가 없다고 하면서 고변한 자들의 목을 베어야 한다는 주장을 하였다고 고발하였다. 이때는 이미 정언신이 정여립과의 친분 관계로 인하여 남해(南海)로 유배된 상황이었으므로, 선조는 당시 국청(鞫廳)에 참여했던 김귀영, 이산해, 홍성민, 유홍 등에게 사실 여부를 물었다. 이때 대사헌 홍성민은 정언신의 이러한 언행은 역모를 무마해 옥사를 뒤집어 번복시키려는 의도였다고 주장하는 한편 당시 이산해가 정언신의 발언을 듣고 은근히 동조하는 발언을 했다고 고하며 그가 정언신의 발언을 기억하지 못한다고 한 것은 군부(君父)를 기망한 것이라고 비난하였다. 그런데 선조는 오히려 이산해를 옹호하며 홍성민을 체차하였다.(《宣祖修正實錄 23년 4월 1일》) 이에 사간원 정언이었던 황신이 홍성민은 충직한 사람으로 죄가 없다 아뢰고 인피하자, 선조가 즉시 체직시키고 그 다음날 고산 현감으로 좌천시켰다. 《秋浦先生年譜 卷1》

스스로 그 죄를 알고는 직무를 내팽개친 채 비밀리에 행적을 숨기고 여기저기 출몰하였습니다. 황정욱을 비롯한 이들을 모두 파직하소서."

주상이 답하기를,

"병조판서 부자가 어찌 이와 같을 리가 있겠는가? 하물며 원훈(元勳)[133]을 어찌 논핵할 수 있단 말인가? 호조판서는 도량이 넓고 재지(才智)가 있으며, 유근(柳根)은 문예(文藝)를 갖춘 선비이므로 내가 매우 아끼고 있다. 나머지 사람은 모두 아뢴 대로 하라."

하였다.

○ 대간이 또 전일에 정암수(丁巖壽) 등을 구제하였던 양사를 논핵하며 모두 파직하라 청하니, 아뢴 대로 하라고 답하였다.─그 당시의 대간(臺諫)은 다음과 같다. 대사헌 최황(崔滉), 집의 성영(成泳), 장령 심희수(沈喜壽)·윤섬(尹暹), 지평 신잡(申磼)·우준민(禹俊民), 대사간 이증(李增), 사간 오억령(吳億齡), 헌납 백유함(白惟咸)·유대진(兪大進), 정언 강찬(姜燦)·이흡(李洽)─

○ 대간이 또 청하기를,

"박점(朴漸)은 정철(鄭澈)에게 빌붙어 당을 이루었고, 이성중(李誠中)은 정철의 문하를 왕래하였으며, 우성전(禹性傳)은 기괴한 논의를 만들어내기 좋아하고 공론을 위협하였으니 모두 파직하소서."

하였다. 이성중과 우성전은 모두 동인임에도 대간이 논계할 때 한데 섞여 들어갔는데, 이는 이들이 정철과 친하였기 때문이다. 이성중은 일찍이 부제학으로서 세자를 세우는 일을 논하기도 하였다. 주상이 이르기를,

"우성전은 평소 사람들의 말이 많았고, 역적의 공초에서 이름이 나온 일도

133) 원훈(元勳) : 황정욱(黃廷彧, 1532~1607)은 1584년(선조17) 주청사(奏請使)로 명나라에 가 종계변무(宗系辨誣)의 일을 해결하고 돌아와, 그 공으로 1590년(선조23) 광국 공신(光國功臣) 1등 장계부원군(長溪府院君)에 봉해졌다.

한두 번이 아니었으며, 전에 한두 번 입시하였을 때 보니, 사람됨이 매우 음험하였다. 관작을 삭탈하라."

하였다.

○ 대간이 윤두수(尹斗壽), 황혁(黃赫)의 원찬을 힘껏 청하고, 아뢰기를, "황혁은 조정에 죄를 지었으니, 행실이 개·돼지 같은 집안과 국혼을 행할 수는 없습니다."

하며 바꾸어 정할 것을 청하였으나, 주상이 따르지 않았다. 윤두수는 아뢴 대로 하라고 하여, 처음에는 회령(會寧)에 유배하였고 다시 특명에 따라 홍원(洪原)으로 개정하였다. 황혁은 관작을 삭탈하였는데, 당시 왕자 보(珏)[134]가 황혁의 딸과 정혼하였다.

○ 금부도사 이태수(李台壽)가 정철을 압송해 가는 길에 순안(順安)에 이르렀는데 정철의 병이 위중하여 길을 독촉할 수 없었으므로, 장계로 이러한 내용을 아뢰었다. 이에 전교하기를,

"이태수가 임금의 명을 두려워하지 않아서 간사한 역적을 압송하는 것이 엄하지 않고 제멋대로 지체하였으니 잡아들여 추국하고, 다른 도사로 바꾸어 보내도록 하라. 그리고 정철은 천성이 교활하고 악독하여, 배소에 도착하면 잡인(雜人)과 교통하여 어떠한 죄를 저지를지 모르니 위리안치(圍籬安置)[135]를

---

134) 왕자 보(珏) : 선조의 여섯째 아들 순화군(順和君) 이보(李珏)를 이른다.

135) 위리안치(圍籬安置) : 안치는 죄인을 정배한 지역 안에서도 일정한 구역 안에서만 활동하도록 제한하는 것이고, 위리는 안치한 구역에 울타리를 쳐서 출입을 제한하는 것이다. 같은 맥락의 형벌로 천극(荐棘)과 가극(加棘)이 있는데, 천극은 정배된 죄인을 안치한 구역에 가시울타리를 둘러쳐서 마음대로 출입할 수 없도록 한 것이다. 천극을 할 때에는 죄인이 거처하는 집 가까이에 처마 높이로 나무 울타리를 치고 그 위에 가시울타리를 둘러쳐서 죄인이 하루 종일 해를 볼 수 없을 정도였다고 한다. 가극은 가시울타리를 둘러친 상태에서 추가로 가시울타리를 둘러친다는 의미이다. 이는 죄인의 활동에 실질적인 제약이 가중되는 것은 아니지만 처벌이 한 단계 강화된다는 상징적인 의미가 있다.

엄중하게 시행하라."

하였다.

○ 전교하기를,

"전후로 간신 정철의 무함을 받아 배척받은 사람들을 모두 발탁하여 서용하라."

하였다.

○ 대사간 홍여순(洪汝諄)이 아뢰기를,

"최영경(崔永慶)이 길삼봉(吉三峯)이라는 설[136]은 정철이 은밀히 양천경(梁千頃) 형제와 강해(姜瀣)-견(涀)으로 개명- 등을 사주하여 그들로 하여금 거짓을 날조하여 영경을 죽게 한 것[137]에 지나지 않습니다. 청컨대 양천경 등을

---

136) 최영경(崔永慶)이 길삼봉(吉三峯)이라는 설 : 길삼봉은 본디 충청도 천안(天安)의 사노(私奴)로서 민간에 많은 폐해를 끼친 불한당이라고도 하고 정여립의 역모가 일어났을 때 정여립의 모사로서 신병(神兵)을 이끌고 지리산과 계룡산에 웅거한다고도 하였는데, 어느 쪽도 실제 확인된 바는 없다. 1590년(선조23) 기축옥사가 한창 진행되고 있던 상황에서 최영경이 정여립과 평소 친밀히 교유했다는 주장은 정여립이 최영경의 집을 방문한 일이 있다는 소문으로 확대되며 최영경을 더욱 궁지로 몰아넣고 있었다. 조정에서는 소문의 진상을 정확하게 파악하기 위해 이 소문을 퍼뜨렸다고 지목된 이들을 불러 신문하였는데, 증인으로 소환된 이들이 모두 전해들은 이야기라며 부인하는 바람에 소문의 진원지는 미궁에 빠졌고, 최영경과 정여립이 내통하였고 역모의 실질적 모주(謀主) 길삼봉은 곧 최영경이라는 무성한 소문 속에 신문을 받던 최영경은 결국 옥사하기에 이르렀다.

137) 정철이 …… 것 : 1590년 기축옥사가 한창 진행되고 있던 때 호남 유생 양천경·강해가 역모의 모주(謀主) 길삼봉은 최영경이라고 고변한 일로 인해 결국 최영경이 옥사하였다. 이듬해인 1591년 서인이 실각하자 양사(兩司)가 이들이 무고한 사실을 밝혀 바로 다스려야 한다고 합계하니 체포하여 국문하였는데, 양천경 등은 정철의 사주를 받고 허위사실을 지어냈음을 자백하였다. 양천경·강해는 장형(杖刑)을 받고 북도(北道)로 유배되어 가는 도중에 장독(杖毒)으로 죽었다.(《宣祖實錄》 24年 8月 13日》 및 《己丑錄·庚寅年姜涀上疏》) 강해는 강견(姜涀)이라고 개명하였으므로, 사료에 따라서는 강해를 강견으로 적고 있다.(《燃藜室記述·宣祖朝故事本末·辛卯時事》) 기축옥사로 많은 피해를 입은 동인 측에서는 최영경이 곧 길삼봉이라는 이들의 고변이 최영경을 역모로 얽어 죽이고자 한 정철의

잡아들여 국문하소서."

하였다. 이에 양천경을 국문하여 그 말의 근거를 심문하니, 천경이 임예신(任禮臣) 등 10여 명을 끌어들였으나 옥관이 받아들이지 않고, 실정을 토해낼 때까지 단지 양천경만을 신문하였다. 양천경의 처형인 기효증(奇孝曾)이 천경에게 말하기를,

"살인죄에 대한 법률은 응당 수범(首犯)과 종범(從犯)을 가리는 법이니, 수범은 마땅히 죽이되 종범은 으레 죽음을 감면해준다. 이 일은 반드시 정철을 끌어들여야만 네가 살 수 있을 것이다."

하였다. 양천경이 그 말을 믿고 마침내 정철을 끌어들여 죽음을 감면받았으나, 장형(杖刑)을 받고 배소(配所)로 가는 길에 죽었다.

─이설(異說)을 살핀다. 강견(姜涀)이 죽은 후에 그의 의대(衣帶) 속에서 상소 초본이 나왔는데,[138] 그 소의 내용은 다음과 같았다고 한다. "허위로 자복한 신하 강견은 엎드려 아뢰건대 신은 2년 동안 앓은 중병으로 겨우 생명만 붙어 있었는데, 엄혹한 신문에 정강이가 부러져 더 이상 버티지 못하고 거짓 자복하여 천청(天聽)을 더럽혔으니 만 번 죽어도 애석할 것이 없습니다. 최영경이 길삼봉이라는 말은 서울에 소문이 파다하여, 신도 우연히 전해 듣고, 김극관(金克寬)의 집을 지나며 우연히 전하였을 뿐입니다. 김극관이 조응기에게 전한 말을 조응기가 진고(進告)한 것은 본래 신이 시킨 것이 아니며, 감사에게 조사를 받고 나서 상소한 것[139]도 본디 신이 하고자 한 일이 아니었습니다. 다만 전하의 하문이

───────────────

사주를 받고 행한 것이라 주장하였다. 반면 서인 측에서는 신묘년 서인의 실각 후 이루어진 양천경·강해의 자복이야말로 정철을 무고하고자 양천경 등을 혹독히 고문한 동인 홍여순의 계략이었다고 보았다. 서인 측에서는 최영경이 곧 길삼봉이라는 소문이 전파될 때 당시 전라 감사였던 홍여순이 경상 감사 김수에게 글을 보내 최영경을 체포하게 했으므로, 최영경 죽음의 직접적 책임은 서인이 아닌 동인에게 있다고 주장하였다. 《我我錄》

138) 의대(衣帶) …… 나왔는데 : 《仁祖實錄 2年 5月 29日》 기사에서 정철의 아들 정종명(鄭宗溟)·정홍명(鄭弘溟)이 올린 소장의 내용에 따르면, 강견이 무복(誣服)하였다가 죽음에 임하여 '무복한 신하 강견입니다.'라고 시작하는 상소를 작성해 의대(衣帶)에 매어 놓고 죽은 뒤에 진실을 밝힐 계책으로 삼으려 하였으나 당시 옥관(獄官)이 끝내 아뢰지 않아 무위로 돌아갔다고 하였다.

감사에게까지 이르러 추궁한다며 청하기에 부득이 전한 말을 일일이 거론하며 전하께 아뢴 것입니다. 만약 말을 전한 죄로 형을 받는다면 신 또한 두말없이 자복하겠습니다만, 무함한 죄로 형을 받는다면 억울하고 원통하기가 그지없을 것입니다."-

○ 조강(朝講)에 입시하였는데, 부제학 김성일(金誠一)이 죽은 처사(處士) 최영경(崔永慶)이 원통하게 죽은 정황을 아뢰고, 대신과 논의하여 복직시킬 것을 청하였다. 전교하기를,

"최영경은 산림(山林)의 선비인데 간신이 사감을 품고 때를 틈타 무함하여 옥중에서 원통하게 죽었다. 추증하여 원통함을 풀어주어라."

하였다.

○ 이산해(李山海)가 은밀히 시론(時論)을 주도하니, 대간이 앞 다투어 정철(鄭澈)의 당을 공격하였다. 홍문관 또한 상소하려고, 부제학 김수(金睟)가 대사성 우성전(禹性傳)에게 가 의논하였다. 우성전은 이러한 일이 확대되어서는 안 된다고 생각하여 김수를 만류하니, 상소하지 않았다. 그러자 홍여순(洪汝諄)이 대사간이 되어 우성전을 탄핵하여 삭직시켰다. 이에 처음으로 온건론과 강경론이 있게 되어, 남인(南人)·북인(北人)이라는 호칭이 시작되었다.140)

---

139) 상소한 것 : 강견이 양천경과 함께 역모의 모주(謀主) 길삼봉은 최영경이라고 고변한 일을 이른다.

140) 처음으로 …… 시작되었다 : 흔히 동인이 남·북으로 분당된 시초는 1581년(선조14), 우성전·이경중 등의 반대로 정여립이 전랑의 의망에 들지 못한 것에서 찾을 수 있다고 전해지는데, 이 일로 인해 우성전은 정인홍의 탄핵을 받고 수원 현감의 자리에서 파직되었다. 더하여 우성전은 1585년(선조18) 8월, 삼사에서 심의겸을 파직시키라는 차자를 올릴 때 당시 홍문관 전한 김수를 만류하였던 일이 드러나 논란이 되기도 하였다. 1591년(선조24), 건저(建儲) 문제를 계기로 이산해·정인홍 등이 앞장서 정철을 비롯한 서인세력을 실각시켰다. 이때 우성전·이성중 등은 이에 반대하며 기축옥사와 관련한 당쟁의 재론과 확산을 막고자 하였으나 당시 대사헌이었던 홍여순이 우성전을 아울러 논핵하였는데, 이로부터 동인 내 남·북 분화가 본격화되기 시작하였다. 《燃藜室記述 宣祖朝故事本末 削奪柳成龍官爵》

임진년(1592, 선조25) 여름, 왜적이 갑자기 침입하여 패전 소식이 잇따르자 주상이 장차 파천하려 하였다. 양사에서 영의정 이산해(李山海)가 안팎으로 결탁하여 나라를 그르치고 임금을 속인 죄를 논핵하고 파직하라고 청하였으나 주상이 윤허하지 않았다.

주상이 개성부(開城府)에 이르자, 종실(宗室) 아무개가 상소하여 나라를 어지럽힌 김공량(金公諒)의 죄를 다스리라 청하고, 아울러 이산해의 죄를 논핵하고 귀양 보낼 것을 청하였으나, 주상은 단지 이산해만 평해(平海)[141]에 유배하라고 명하였다.

주상이 남문 누각에 이르러 부로(父老)들을 불러서 각자 품은 생각을 진달하게 하니, 어떤 사람이 정철(鄭澈)을 소환하라 청하였다. 주상이 즉시 정철을 사면하여 행재소(行在所)[142]로 오게 하고, 전후로 논핵을 입어 유배된 이들의 사면과 방환을 명하였다.

어가가 의주(義州)에 이르자 주상이 시 한 수를 지어 승정원에 내렸는데, 그 내용에 이르기를,

"조정의 신하들아, 오늘 이후로도

또다시 서인이니 동인이니 할 것인가?"

하였다.-대개 주상의 뜻은 신하들이 당을 나누어 서로 각축전을 벌이느라 국사를 도외시하는 바람에 이 지경에 이르렀음을 통렬하게 비판한 것이었다.-

승지 신잡(申磼) 등이 주상에게 아뢰기를,

"이산해는 이미 유배되었는데 유성룡(柳成龍)만 홀로 제외되는 것은 온당하지 않습니다."

하니, 주상이 따랐다. 이에 유성룡이 파직되고, 최흥원(崔興源), 윤두수(尹斗壽), 유홍(兪泓) 등이 차례로 정승에 제수되었다.

---

141) 평해(平海) : 현 경상북도 울진(蔚珍)의 옛 이름이다.
142) 행재소(行在所) : 임금이 궁궐을 떠나 멀리 거둥하여 임시로 머물러 있는 곳을 가리킨다.

○ 전 참판 성혼(成渾)이 행재소로 달려와 문안하였다. 좌의정 윤두수(尹斗壽)가 아뢰기를,

"선인(善人)은 국가의 강기(綱紀)이니, 승진시켜 사람들의 여망을 위로하소서."

하여, 마침내 성혼을 우참찬으로 올려 제수하였다.

성혼의 집은 파주(坡州)에 있었는데, 큰 길과의 거리가 20리였다. 주상이 파천할 때, 일이 창졸간에 일어나는 바람에 미처 소식을 듣지 못하여 길에 나아가 어가를 공경히 맞이하지 못하였다. 추후 비로소 듣고는 스스로 생각하기를

"나는 파당을 이룬다는 지목을 받았으니 조만간 죄를 받을 것이다. 비록 국가에 위급한 일이 있으나 의리상 감히 가볍게 나아갈 수 없다."

하고, 왜병을 피해 두메산골에 숨어있었다. 광해(光海)가 성천(成川)으로 옮겨와 영지(令旨)를 내려 그를 부르니, 성혼이 마침내 부름에 응하여 달려갔다가 행재소로 나아갔다.

이보다 앞서 주상이 임진(臨津)을 지나며 시신(侍臣)에게 묻기를,

"일찍이 성혼의 집이 이곳에 있다고 들었는데, 여기서 거리가 얼마나 되는가?"

하자, 승지 이홍로(李弘老)[143]가 산골 근처 작은 집을 가리키며 말하기를,

"이곳이 그의 집입니다."

하였다. 주상이 말하기를,

"그렇다면 어찌하여 나와 맞이하지 않는 것인가?"

하자 홍로가 말하기를,

"이러한 때 그가 기꺼이 나와 뵈려 하겠습니까?"

하였다. 성혼이 성천에 이르자 이홍로가 주상에게 아뢰기를,

---

143) 이홍로(李弘老) : 1560~1608. 본관은 연안(延安), 자는 유보(裕甫), 호는 판교(板橋)이다. 임진왜란이 일어나자 병조좌랑으로서 왕을 호종하다 여러 이유로 탄핵을 받았고 후에 함경도종사관, 충주목사 등을 지냈으나 재차 탄핵을 받고 강계와 제주도 등으로 귀양 갔다. 1608년 소북의 일파로 몰려 다시 제주에 유배되었다가 사사되었다.

"성혼은 온 나라의 중망을 받고 있는데, 이미 세자에게 돌아갔으니 어찌할 방도가 없습니다."

하였었다. 이때에 이르러 또 주상에게 말하기를,

"성혼이 온 것은 세자에게 선위(禪位)를 도모하기 위해서입니다."

하였다. 성혼이 배알하자, 주상이 말하기를,

"내가 경의 집 앞을 지나는데도 경은 나와 보지 않았으니, 경에게 죄를 지은 것이 크다. 경이 지금에야 행재소로 왔으니 내가 매우 부끄럽다."

하니, 성혼이 두려워하며 물러갔다.

계사년(1593, 선조26) 겨울, 주상이 서울로 돌아왔다. 바야흐로 왜적이 강화(講和)를 논의하였으나 주상은 강화의 일을 통렬히 배척하였다. 충청 감사 이정암(李廷馣)[144]은 구천(句踐)의 사례[145]를 인용하여 우선 왜적과 강화를 허락하여 병란(兵亂)을 늦추는 계책으로 삼자고 하였다. 상소가 들어가자 조정의 신하들이 주상의 뜻을 감지하고 앞 다투어 이정암을 참수해야 한다고 주장하였다. 영의정 유성룡(柳成龍)과 우참찬 성혼(成渾)이 입시하여 강화의 일을 언급하였다. 유성룡은 강화를 허락해야 한다는 뜻을 힘껏 진달하였고, 성혼 또한 이에 찬성하였다. 또한 이정암의 마음이 나라를 위하는데서 나온 것을 알고 그를 구제하려 하였다.

---

144) 이정암(李廷馣) : 1541~1600. 본관은 경주(慶州), 자는 중훈(仲薰), 호는 사류재(四留齋)·퇴우당(退憂堂)·월당(月塘)이다. 1572년 연안 부사로 있으면서 선정을 베풀어 부민(府民)들의 존경을 받았으며, 임진왜란이 발발하자 황해도 초토사(招討使)로서 의병을 모집하여 연안성(延安城)을 지키던 중, 왜장 구로다[黑田長政]와 치열한 전투 끝에 승리하여 그 공으로 황해도 관찰사 겸 순찰사가 되었다. 1604년 선무공신(宣武功臣) 2등에 책록되었고 월천부원군(月川府院君)에 추봉되었으며 좌의정에 추증되었다.

145) 구천(句踐)의 사례 : 춘추시대 월왕(越王) 구천이 오(吳)나라 부차(夫差)와 싸워 패하였는데, 구천은 부차의 환심을 사서 월나라로 돌아왔다. 이후 복수를 위해 쓸개를 맛보며 책사 범려(范蠡)와 함께 군비를 증강하고 힘을 키웠다. 기원전 473년 오나라로 쳐들어가서 항복시키고 부차를 자살하게 함으로써 복수에 성공하였다. 《史記 卷41 越王句踐世家》

이에 주상이 진노하며, 시를 지어 보였는데, 그 내용에,

"한 번 죽음은 내 차라리 참겠지만,

강화하자는 주장은 듣고 싶지 않다."

하였다. 이어 전교하기를,

"오늘날 대부분의 조정 처치와 변방 장수의 행위가 사특한 주장 때문에 잘못 될까 두려우니, 이러한 내용으로 방을 붙여 조당(朝堂)에 게시하라."

하였다. 이에 대간 김우옹(金宇顒) 등이

"성혼의 죄를 조속히 정하여 조종(祖宗)에 부끄러움이 없게 하고 후세에 할 말이 있게 하십시오."

라고 청하였다. 정언 이이첨(李爾瞻)이 또 유성룡이 간사하다고 논핵하니, 성룡 등이 소를 올려 대죄(待罪)하였다.

갑오년(1594, 선조27) 봄, 전 현감 권유(權愉)[146]가 상소하여, 최영경이 원통하게 죽었고, 정철이 사감을 품고 분심(憤心)을 풀며 그 원망을 나라에 돌렸다고 논하였다. 당시 정철은 이미 졸(卒)하였고, 그의 아들 정종명(鄭宗溟)[147]이 초야에 있으면서 상소하여[148] 그의 아비가 무함을 받은 일과 전후

---

146) 권유(權愉) : ?~?. 본관은 안동(安東)이며, 고성(固城)에 거주하였다. 조식 문인이다. 단성 현감을 지냈다.

147) 정종명(鄭宗溟) : 1565~1626. 본관은 연일(延日), 자는 사조(士朝), 호는 화곡(華谷)이다. 송강(松江) 정철(鄭澈)의 아들이다. 1594년 권유(權愉)가 상소하여 정철이 최영경을 무고 하여 죽였다고 주장함으로써 정철의 관작이 삭탈되기에 이르자 정종명이 변무소(辨誣疏) 를 올렸다.《宣祖實錄 27年 5月 19日》정종명은 이후 광해군이 즉위하여 이발·이길·정개청 등의 신원이 본격적으로 논의되기 시작되었을 때에도 변무소를 올려 정철이 옥사의 확대를 저지하기 위해 노력하였다고 주장하였다.《光海君日記 1年 12月 23日》

148) 그의 …… 상소하여 : 권유의 상소에서는, 정철의 사주에 따라 최영경과 길삼봉을 동일시 하고, 이로써 최영경을 역모로 얽어 죽였다고 주장하였다. 이에 대해 정종명은 최영경이 길삼봉과 동일인이라는 주장은 당시 정즙(鄭緝)을 비롯한 역적의 초사나 세간에 떠들썩 하게 전해졌던 소문에서 나온 것들로 정철과는 무관하다고 주장하였다.

옥사를 다스린 사실을 상세하게 밝혔다.

　주상이 승정원에 전교하기를,

　"최삼봉(崔三峯)에 대한 말이 당시 역적의 공초에 나왔던가?[149] 정즙(鄭緝)은
내 친히 국문하였으나 이러한 말을 한 일이 없었다. 영경에 대해서는 이미
추증하라는 명을 내렸는데, 그의 처자가 굶주려 장차 죽을 지경이라 하니,
해당 관서에서 식량을 지급하고 구휼하도록 하라."

　하였다.

　○ 정언 박동열(朴東說)[150]이 아뢰기를,

　"동료들은 '최영경에 대해 이미 신원하라는 명이 내렸으니, 마땅히 정철이
무함한 죄를 논핵해야 한다.'고 말하고 있습니다. 그런데 당시 전하께서
최영경의 집을 수색해 가져온 문서 중 사운시(四韻詩)에 대해 정철에게 하문하
시자 정철이 '근거 없이 떠도는 시'라고 대답하였고, 전하께서 또 영경의
사람됨을 물으시자, 정철은 '집에서 효도하고 우애한다.'고 대답하였습니다.
그러므로 지금 만약 대신이 되어서 사태를 진정시키지 못했다는 것으로

---

149)　당시 …… 나왔던가? : 이에 대한 기사가 《宣祖實錄 27年 5月 19日》 기사와 《宣祖修正實錄
　　27年 5月 1日》 기사, 그리고 《기축록(己丑錄)》, 《동남소사(東南小史)》에도 보인다. 다만
　　《황극편(皇極編)》과 이들 기사에서는 뚜렷한 차이가 있는데, 최삼봉이라고 한 주장을
　　두고 《황극편》에서는 "당시 역적의 공초에 나왔던가?[其時賊招有之乎?]" 하였고, 나머지
　　기사에서는 "당시 역적의 공초에 있었다.[其時賊招有之]" 한 것이 그것이다. 실록 등의
　　기록은 기축옥사 당시 최영경을 최삼봉이라고 지칭한 일이 죄인들의 공초에서는 나온
　　일이 없으므로, 정철을 비롯한 서인들의 정치적 공작의 가능성을 인정한 것에 비해,
　　《황극편》에서는 죄인들의 공초에서 최삼봉이라는 호칭이 나오기는 하였으나 정즙에게
　　서는 그러한 언급이 없었다는 부분 부정을 통하여 정철을 옹호하는 정종명의 주장을
　　일정 부분 수용한 것이라 할 수 있다.
150)　박동열(朴東說) : 1564~1622. 본관은 반남(潘南), 자는 열지(悅之), 호는 남곽(南郭)·봉촌(鳳
　　村)이다. 1594년 정시 문과에 장원 급제하여 우부승지·형조참의·대사성 등을 지냈으며,
　　외직으로 황주 목사(黃州牧使)·황해도 관찰사, 충주와 나주의 목사 등을 역임하였다.
　　1613년 폐모론이 일어나자 이를 적극 반대하여 아우 박동량(朴東亮)과 함께 하옥되었다가
　　석방되었다. 저서에 《봉촌집(鳳村集)》이 있다.

정철의 죄를 물으신다면 괜찮겠지만, '기회를 틈타 함정에 빠뜨렸다.'고 한다면 억울하지 않겠습니까? 신의 소견이 이와 같으므로 동료들의 논의에 함께 참여할 수 없습니다."

하였다. 대사간 이기(李墍)-사간 이상의(李尙毅)[151]·헌납 최관(崔瓘)- 등이 아뢰기를,

"세상을 떠난 인성부원군(寅城府院君) 정철(鄭澈)은 강퍅하고 남을 미워해 이기려 들며 시기만을 일삼아 자기와 뜻을 달리하는 자는 배척하며 무함하였고 눈만 흘겨도 반드시 보복하였습니다. 최영경이 그의 간악한 정상을 배척하여 말한 것을 항상 원망하며 유감과 분노를 품었는데, 마침 역적의 변고가 일어난 것을 계기로 터무니없는 말을 지어내 마침내 옥사를 이루었습니다. 그렇지만 최영경의 죄상이 형체가 없다는 것이 규명되어 전하께서 특명으로 그의 석방을 명하자 은밀히 언관을 사주해 다시 죄목을 만들어내, 결국 온갖 고초 끝에 옥사하게 하였습니다.

정철이 비록 그러한 말들[152]을 했다 해도 이는 겉으로 추켜세우면서 속으로는 억누른 것에 불과합니다. 신들은 정철이 선사(善士)를 무함해서 죽인 죄를 논하려 한 것인데, 정언 박동열이 의론을 달리함으로써 공론이 펴지지 못하게 되었으니, 체직하소서."

하였다. 주상이 답하기를,

"나는 그 사이의 일들은 알지 못하고, 또한 어떤 사람의 소행인지도 모르지만

---

151) 이상의(李尙毅) : 1560~1624. 본관은 여흥(驪興), 자는 이원(而遠), 호는 소릉(少陵)·오호(五湖)·서산(西山)·파릉(巴陵)이고, 시호는 익헌(翼獻)이다. 1585년 사마시에 합격하고, 이듬해 별시 문과에 급제하여 청요직을 두루 역임하였다. 선조 말년에 형조판서를 거쳐서 1609년 이조판서가 되었으며, 1616년 보국숭록대부에 오르고 여흥부원군에 봉해졌다가 1623년 인조반정으로 훈봉이 삭탈되고 품계가 강등되는 동시에 지중추부사로 좌천되었다. 뒤에 영의정에 추증되었으며 저서로 《소릉집》이 있다.

152) 그러한 말들 : 앞서 정언 박동열(朴東說)이 말한, 기축옥사 당시 정철이 최영경을 구제하기 위해 했던 언사들을 이른다. 그에 따르면 정철은 최영경의 집에서 나온 사운시(四韻詩)가 최영경의 것이 아니라고 변호하였으며, 최영경에 대해 효우(孝友)가 지극한 사람이라고 옹호하였다고 한다.

최영경이 악독한 사람에게 해를 당한 것만은 분명하다. 내가 석방하라 명하였
는데도 결국 방면되지 못하고 끝내 옥중에서 죽었는데 여기에 자살했다는
오명까지 더해졌으니 천지간에 그 원한이 극에 달하였을 것이다.

　아! 나는 머지않아 물러가야 할 사람이므로, 내가 있을 때 그 원통함을
풀어주어 백년 후 지하에서 만나더라도 부끄럼이 없고자 한다. 나의 뜻은
오로지 여기에 있다. 그 시비에 대해서는 절로 공론이 있을 것이니, 한 사람의
손으로 천하의 눈을 가리기는 어려울 것이다. 나같이 어리석은 사람이 바늘방
석에 앉아 있는 것 같은 심정을 어느 누가 알겠는가? 나는 다만 눈물을
흘릴 뿐인데, 그대들은 어찌 기어이 사직하려고 하는가?”

　하였다.

　○ 대사헌 김우옹(金宇顒)-집의 이수광(李睟光), 장령 심원하(沈源河)·기자헌(奇自獻),
지평 박승종(朴承宗), 간원은 위와 같다.- 이 아뢰기를,

　“최영경은 항상 정철을 앞뒤가 꽉 막힌 소인[索性小人]이라 하였으므로 정철
이 늘 앙심을 품고 있다가 터무니없는 낭설을 조작하였습니다. 처음에는
‘길삼봉(吉三峯)’이라 하였다가 두 번째는 ‘최삼봉(崔三峯)’이라고 하였는데,
이러한 모함이 영경이 이미 죽은 후에도 오히려 만족할 줄 모르고 계속되어,
도리어 ‘사리에 굴복하여 자살했다.’ 하였으니, 비록 조정(祖珽)이 백승(百升)의
노래를 이어 참소[153]한 것과 남곤(南袞)이 주초(走肖)의 참언을 이룬 것[154]이라

<hr>

153) 조정(祖珽)이 …… 참소 : 백승(百升)의 노래는 북제(北齊) 때에 조정이 곡률광(斛律光)을
　　참소하기 위해 인용한 노래이다. 중국 남북조(南北朝) 시대에 주(周)나라가 제(齊)나라를
　　침범하려 하였으나 곡률광(斛律光)의 무용(武勇)이 두려웠다. 이에 비밀리에 “백승(百升)
　　이 하늘을 날고 명월(明月)이 장안을 비추는데 ……”라는 내용의 노래를 만들어 제나라에
　　퍼뜨렸다. 여기에서 백승은 100승이 들어가는 용량의 그릇, 즉 곡(斛)을 이름이요,
　　명월은 곡률광의 자(字)였으므로, 이 노래는 곡률광이 장차 역모를 할 것이라는 뜻을
　　담은 것이었다. 당시 북제의 재상 조정(祖珽)의 권세가 막중하자 황후의 아버지였던
　　곡률광이 그가 국가의 일을 그르칠까 두렵다고 비난하였는데, 이에 조정이 앙심을
　　품고 이 노래를 인용하여 참소함으로써 곡률광의 집안을 멸족시켰다.《北齊書 卷17
　　斛律光列傳, 卷39 祖珽列傳》

해도 또한 이와 같이 음험하고 참혹하지는 않을 것입니다. 정엽(鄭曄)155)이라
는 자가 감히 사사로운 주장을 함부로 퍼뜨려 공론을 저지하였으므로,156)
이 한 사람을 논핵하여 국시(國是)를 부호(扶護)하지 않을 수 없습니다."
하였다. 주상이 답하기를,
"정철을 논하면 입이 더러워질까 두려우니 제쳐두는 것이 좋겠다."
하였다. 당시 홍문관의 정엽(鄭曄), 신흠(申欽),157) 윤방(尹昉)158)과 정언 신경

<hr/>

154) 남곤(南袞)이 …… 것 : 남곤이 조광조(趙光祖)를 모함하기 위하여 희빈(熙嬪) 홍씨(洪氏)
를 이용해 궁중의 나뭇잎에다 꿀로 '주초위왕(走肖爲王)', 즉 조씨가 왕이 된다는 글자를
써서 벌레가 파먹게 해 무고한 일을 말한다.

155) 정엽(鄭曄) : 1563~1625. 본관은 초계(草溪), 자는 시회(時晦), 호는 수몽(守夢)이고, 시호는
문숙(文肅)이다. 송익필·성혼·이이의 문인으로, 1583년 별시 문과에 급제한 뒤 청요직을
두루 거쳤는데, 1602년 정인홍이 권력을 잡고 성혼을 배척하자, 성혼의 문인이었던
그도 종성부사로 좌천되었다. 광해군 대 폐모론에 반대하여 은거하였다가 인조반정
이후 대사헌·우참찬 등을 역임하였다. 저서로 《근사록석의(近思錄釋疑)》와 《수몽집》이
있고, 우의정에 추증되었다.

156) 사사로운 …… 저지하였으므로 : 최영경의 죽음을 두고 정인홍을 필두로 한 동인의
시각은 '최영경의 죄를 날조한 자는 정철, 뒤에서 교사한 자는 성혼'이라는 것이었다.
1591년(선조24) 서인의 실각 이후 정철과 성혼에게 최영경 죽음의 책임을 묻는 동인의
정치적 공세는 꾸준히 지속되었다. 먼저 1594년(선조27) 권유(權愉)가 상소하여 정철이
최영경을 무고하여 죽였다고 주장함으로써 정철의 관작이 삭탈된 이래 1597년(선조30)
4월, 정인홍의 문인 박성(朴惺)이, 1601년(선조34) 12월 문경호(文景虎)가 '최영경을 죽음에
얽어 넣은 자는 정철, 이를 배후에서 조종한 자는 성혼'이라는 내용의 상소를 올려
최영경 옥사의 책임 소재를 성혼에게까지 확대하였다(《燃藜室記述 宣祖朝故事本末》 및
《宣祖實錄 34년 12월 20일》). 여기에 1602년(선조35) 2월에는 정인홍이 대사헌에 제수되자
성혼에 대한 공격이 한층 강화되었고, 결국 성혼은 간인(奸人)과 편당하고 국난(國難)에
왕을 저버린 죄 등으로 삭탈관작 되기에 이르렀다. 이 해에 성혼의 문인인 황신(黃愼)
역시 삭탈관작 되었으며, 오윤겸(吳允謙)과 정엽(鄭曄)도 각각 종성판관(鍾城判官)과
종성부사(鍾城府使)로 폄출되었다.

157) 신흠(申欽) : 1566~1628. 본관은 평산(平山), 자는 경숙(敬叔), 호는 현헌(玄軒)·상촌(象村)·
현옹(玄翁)·방옹(放翁)이고, 시호는 문정(文貞)이다. 송인수(宋麟壽)와 이제민(李濟民)의
문하에서 수학했다. 임진왜란 당시 도체찰사 정철의 종사관을 지냈고, 1594년 광해군의
세자 책봉을 청하는 주청사 윤근수의 서장관으로 명나라에 다녀왔다. 1599년 선조의
총애를 받아, 장남 신익성(申翊聖)이 선조의 딸인 정숙옹주(貞淑翁主)의 부마로 간택되어
동부승지에 발탁되었다. 1613년 계축옥사가 일어나자, 선조로부터 영창대군(永昌大君)
의 보필을 부탁받은 유교칠신(遺敎七臣)인 까닭에 이에 연루되어 파직되었다. 인조반정
이후 1627년 영의정에 오른 후 죽었다.

진(辛慶晉),159) 박동열(朴東說), 지평 이시발(李時發)160)은 모두 이견을 세웠다. 박동열 등이 또 아뢰기를,

"정철이 최영경을 구제한 것은 전후의 문서에 해와 별 같이 밝게 드러났습니다. 만약 은밀히 사주하여 죽이려는 마음을 먹었다면 어찌 애써 구원하려 한 것이 이와 같았겠습니까? 어떤 사람이 군자의 마음을 가지고 있지만 소인의 행동을 하였다면 그것을 군자의 행실이라고 논할 수 있겠습니까? 또 소인의 마음을 가지고 있지만 군자의 행동을 하였다면 그것을 소인의 행실이라고 논할 수 있겠습니까? 정철이 비록 모략을 써서 해치려는 마음을 가지고 있었다 해도 이미 구원하였다면 그를 두고 은밀히 사주하여 무함해 죽였다고는 할 수 없을 것입니다."

하였다. 형세 상 구차하게 함께하기 어렵다며, 김우옹 등도 인피하였다.

주상이 답하기를,

---

158) 윤방(尹昉) : 1563~1640. 본관은 해평(海平), 자는 가회(可悔), 호는 치천(稚川)이고, 시호는 문익(文翼)이다. 영의정 해평부원군 두수(斗壽)의 아들이다. 선조대 도승지, 광해군대 형조판서를 역임하고, 1618년 인목대비 폐모 정청에 불참하여 탄핵 받고 은퇴하였다가 인조반정 이후 영의정까지 올랐다.

159) 신경진(辛慶晉) : 1554~1619. 본관은 영월(寧越), 자는 용석(用錫), 호는 아호(丫湖)이다. 부제학 신응시(辛應時)의 아들이고, 이이(李珥) 문인이다. 1584년 별시 문과에 급제하여 청요직을 두루 역임한 뒤, 1592년 임진왜란이 일어나자 지평이 되어 왕을 호종, 평양에 가서 체찰사 유성룡의 종사관으로 활약하였다. 1612년(광해군 4) 사돈인 황혁(黃赫)이 이이첨(李爾瞻)의 음모에 걸려 화를 입게 되자 파직 당했다. 신응시·신경진 부자의 시문집인 《백록유고(白麓遺稿)》가 전한다.

160) 이시발(李時發) : 1569~1626. 본관은 경주(慶州), 자는 양구(養久), 호는 벽오(碧梧) 또는 후영어은(後潁漁隱)이고, 시호는 충익(忠翼)이다. 1589년 증광 문과에 급제하여 청요직을 거치고, 1592년 임진왜란 당시 도체찰사 유성룡의 종사관으로 활약하였다. 선조 말년에 각조의 참판을 지냈는데, 광해군대 폐모론에 반대하다가 탄핵 받고 사직하였다. 1619년(광해군 11) 광해군의 특명으로 오도참획사로 임명되어 다음 해 평안도에 가서 민폐를 크게 고치고 둔전(屯田)을 설치해 군량을 충족하게 하였다. 1623년 인조반정이 일어나자 한성부 판윤을 거쳐 형조판서에 올랐으며, 이듬해 이괄(李适)의 난 때 체찰부사(體察副使)로 난의 수습에 공을 세웠다. 그 뒤 삼남도검찰사(三南道檢察使)가 되어 남한산성의 역사(役事)를 감독하였다. 저서로 《주변록(籌邊錄)》·《벽오유고(碧梧遺稿)》가 있고, 영의정에 추증되었다.

"사직하지 말라. 정철이 내 앞에서 최영경이 효성과 우애가 있다고 한 것은 내 기억하지 못하겠고, 다만 윤해평(尹海平)[161]이 영경의 지극한 효성으로 석곽(石槨)을 갖춘 일[162] 등에 대해 말한 것은 들은 일이 있다."

하였다. 부제학 김륵(金玏)[163] 등이 차자를 올려, 김우옹 등을 모두 출사하게 하고, 이견을 세운 대간은 모두 체차하라 청하였다.

○ 양사-지평 이철(李鐵), 장령 유영순(柳永詢), 나머지 관원은 위와 같다.- 가 합계하여, 정철의 관작을 추탈할 것을 청하니, 아뢴 대로 하라고 하였다.

○ 전 현감 박성(朴惺)[164]이 상소하여 시폐(時弊)를 논하였는데, 그 대략에, "이이(李珥)는 권세와 지위가 성대하지 못하였을 때부터 이미 간악한 무리에게 뿌리를 두고, 은밀히 남을 해치려는 음모를 꾸미면서도 겉으로는 조정(調停)하는 뜻을 보였으므로, 한때의 선류(善類)가 모두 그 술수에 빠졌습니다. 그러나 그의 지위와 위세가 족히 사류를 무함하기에 충분하게 된 이후에는 비로소 숨겨왔던 형상을 드러내어 공공연히 배척하였으니, 《시경(詩經)》에 이른바, '귀신같고 물여우 같다[如鬼如蜮].' 한 것은 이를 두고 한 말입니다."

---

161) 윤해평(尹海平) : 해평부원군(海平府院君) 윤근수(尹根壽, 1537~1616)를 이른다.

162) 지극한 …… 일 : 최영경이 넉넉지 못한 형편에도 불구하고 석곽(石槨)을 갖추어 부모를 장사지낸 일을 이른다.

163) 김륵(金玏) : 1540~1616. 본관은 예안(禮安), 자는 희옥(希玉), 호는 백암(柏巖)이고, 이황 문인이며, 시호는 민절(敏節)이다. 1576년 식년 문과에 급제하여 청현직을 두루 역임하였다. 광해군대 김직재(金直哉)의 무옥(誣獄)에 연루되고 또 앞서 광해군의 생모인 공빈 김씨(恭嬪金氏) 별묘(別廟)의 의물(儀物)을 종묘 의물과 똑같게 하는 것에 반대해 강릉으로 유배되었다가 여러 대신들의 변호로 풀려났다. 영천의 구산서원(龜山書院)에 제향되었고 저서로는 《백암문집(柏巖文集)》이 있다.

164) 박성(朴惺) : 1549~1616. 본관은 밀양(密陽), 자는 덕응(德凝), 호는 대암(大庵)이다. 정구(鄭逑), 최영경(崔永慶), 김면(金沔), 장현광(張顯光) 등과 교유하며 남명(南冥) 조식(曺植)의 학문적 영향을 많이 받았다. 임진왜란 때 초유사 김성일의 막하에 있었고, 정유재란 때 체찰사 이원익의 막하에서 활약하였다. 《연려실기술(燃藜室記述)》에는 박성의 이 상소가 1597년(선조30) 4월에 올린 것으로 기록되어 있다.

하였다. 또 말하기를,

"성혼은 이이와 결탁하여 마침내 간악한 무리의 괴수가 되었으니, 실로 가려내기 어려운 소인입니다. 죽은 최영경은 처음에 성혼의 심술을 알지 못하고 서로 벗으로 사귀었으나, 이후 그 간악함을 깨닫고 마침내 절교하니 성혼이 유감을 품었습니다. 여기에서 비로소 신은 이이와 성혼이 소인 중에서도 더욱 심한 소인임을 알게 되었습니다. 지난 기축년(1589, 선조22) 역적의 역모가 드러나자 저들은 관의 먼지를 털고 서로 경하하며 말하기를, '이 기회에 사감을 갚을 수 있겠다.' 하였습니다. 그리하여 밖으로는 역적 토벌의 지엄함을 핑계 삼고 안으로는 원한을 보복할 간계(奸計)를 부렸습니다. 최영경은 효성과 우애가 지극하고 품행이 고상한 사람이자 지조 높은 선비인데, 초사(招辭)에 언급된 일로 무함하여 기어이 사지로 몰아넣고야 말았습니다. 이를 사주한 자는 성혼이요, 죄를 얽어 무함한 자는 정철의 무리입니다."

하고, 심지어 말하기를,

"이들에 대해서는 귀신이 분노하고 사람이 원망하니, 하늘이 위에서 노하여 왜구의 침략을 불러오기에 이르렀습니다. 원컨대 전하께서는 대순(大舜)이 사흉(四凶)을 죄준 의리[165]를 본받으시고 공자께서 정사를 어지럽힌 소정묘(少正卯)를 주벌한 일[166]을 체득하십시오."

---

165) 대순(大舜)이 …… 의리 : 사흉(四凶)은 순(舜) 임금 때의 4명의 악인, 즉 공공(共工)·환두(驩兜)·삼묘(三苗)·곤(鯀)을 가리킨다. 환두가 공공을 천거하여 공사(工師)로 기용하였는데, 공공은 교만하고 사악하였다. 사악(四嶽)이 곤을 추천하여 홍수를 다스리게 하였는데 곤은 9년 동안 공을 이루지 못하였다. 삼묘(三苗)는 지형의 험준함을 믿고 강회(江淮)와 형주(荊州)에서 여러 차례 난을 일으켰다. 이에 순 임금이 순수(巡狩)를 마치고 돌아와 4명의 악인을 벌하였으니, 《서경(書經)》〈우서(虞書) 순전(舜典)〉에 "공공을 유주에 유배하고 환두를 숭산에 유치하고 삼묘를 삼위로 몰아내고 곤을 우산에 가두어 죽을 때까지 있게 하시어 네 사람을 벌하시니, 천하가 다 복종하였다.[流共工于幽洲, 放驩兜于崇山, 竄三苗于三危, 殛鯀于羽山, 四罪, 而天下咸服.]" 하였다.

166) 공자께서 …… 일 : 공자가 노(魯)나라의 사구(司寇)가 되어 정사를 문란하게 한 소정묘(少正卯)를 궁궐 문 양편에 세운 양관(兩觀) 아래에서 처형한 다음 3일 동안 그 시신을 진열하여 사람들에게 보인 일을 이른다. 이에 제자인 자공(子貢)이 공자에게 그를 죽인 이유를 묻자, 공자가 천하의 대악(大惡)으로 '마음속으로 거역하며 험악한 생각을

하였다.-박성은 정인홍(鄭仁弘)의 문도이다.- 대신(臺臣) 최희남(崔喜男) 등이
상소하여 이발(李潑)의 원통함을 하소연하고 신원을 청하였으나, 주상이 따르
지 않았다.

○ 명나라 찬획 주사(贊畫主事) 정응태(丁應泰)가 명의 장수 양호(楊鎬)를
탄핵하고 이어 우리 조선을 비난하며 무고하자, 주상이 사신을 파견하여
변론하고자 하였다.167) 영의정 유성룡(柳成龍)이 마땅히 가야 할 길이었음에도
노모가 있다는 이유로 사양하자 주상이 매우 언짢아하였다. 지평 이이첨(李爾
瞻)168)은 평소 성룡과 틈이 있었는데, 성룡이 명나라로 가겠다고 청하지
않은 일을 들어 탄핵하고, 또 말하기를,

품고 있고, 편벽하게 행동하며 끝까지 고집을 부리고, 허위로 날조하여 말을 잘 둘러대고,
기이한 말들을 잘 기억하며 학식을 자랑하고, 잘못을 합리화하며 번지르르하게 꾸며
대는 자를 거론하면서 소정묘는 이 다섯 가지 모두를 지니고 있으니 사람 중의 간웅(姦雄)
인 만큼 제거하지 않으면 안 된다고 설명하였다. 《孔子家語 卷1 始誅》
167) 명나라 …… 하였다 : 명(明)나라 병부 주사(兵部主事) 정응태(丁應泰)가, 정유재란(丁酉再
亂) 때 경리사(經理使)로 조선에 파견 온 명나라 장수 양호(楊鎬)를 탄핵하였는데, 그
내용은 "경리 양호(楊鎬)가 병졸들을 박대하여 원망이 많고, 싸움에 패한 것을 감추고
공으로 삼아 군문(軍門)·감군(監軍)과 함께 위를 속였다."는 것이다. 이에 신종이 노하여
서관란(徐觀瀾)을 조선으로 파견하여 사실을 조사하게 하였는데, 당시 조선은 양호가
왜적을 물리치는 데 큰 공을 세웠다면서 양호를 비호하였다. 이에 정응태가 반감을
품고 조선을 무함하였는데, 그 내용은 '1. 왜적을 끌어들여 명나라를 침범하려 한다[誘倭入
犯], 2. 중국 조정을 우롱한다[愚弄天朝], 3. 왜적을 불러들여 옛 땅을 회복하려 한다[招倭復
地], 4. 왜적과 통호한다[交通倭賊], 5. 양호와 결탁하여 그의 편을 들어 천자를 기만한다[結
黨楊鎬, 朋欺天子], 6. 강퍅하고 격분한 마음으로 구원을 요청하여 화를 중국 조정에
옮겼다[剛愎求援, 移禍天朝]'였다. 조선은 급히 진주정사(陳奏正使) 이항복(李恒福)과 진주
부사(陳奏副使) 이정귀(李廷龜)를 명나라에 보내어 정응태의 무고가 아무런 근거가 없음
을 변론하여 결국 그를 파직시키게 함으로써 일을 무마하였다.
168) 이이첨(李爾瞻) : 1560~1623. 본관은 광주(廣州), 자는 득여(得輿), 호는 관송(觀松)·쌍리(雙
里)이다. 1612년(광해군4) 김직재(金直哉)의 무옥(誣獄)을 일으켜 진릉군(晉陵君) 태경(泰
慶) 등을 죽이고, 박응서(朴應犀) 등을 사주하여 영창대군을 무고하게 하여 영창대군을
강화에 안치, 살해하고 김제남(金悌男) 등을 사사하게 하였다. 1617년(광해군9) 인목대비
(仁穆大妃)에 대한 폐모론을 발의하여 이듬해 대비를 서궁(西宮)에 유폐하였다. 1623년
인조반정으로 참형에 처해졌다.

"강화를 주장한 자는 유성룡인데, 도리어 성혼(成渾)이 강화를 주장하였다[169]고 하니 진실로 간사합니다."

하였다.

이보다 앞서 이산해(李山海)가 유배되었는데,[170] 주상은 여론의 압박에 못이겨 이산해를 죄주긴 하였으나 그에 대한 총애는 여전하였다. 정탁(鄭琢)이 정승이 되어 주상의 뜻을 짐작하여 알고, 즉시 이산해의 방환을 청하였다. 산해가 다시 정승이 되기 위해 힘썼으나, 당시 유성룡이 국정을 담당하며 극력 저지하니, 이 일로 두 사람 사이에 틈이 벌어졌다. 이이첨이 이산해에게 빌붙어 성룡을 탄핵하는 주장을 앞장서서 발의하였고, 대신(臺臣) 홍봉선(洪奉先)·최희남(崔喜男)·윤홍(尹宏)·유숙(柳橚)이 연이어 논계하니, 마침내 성룡을 체직하고 이항복(李恒福)으로 대신하였다.

무술년(1598, 선조31) 봄, 대사헌 이기(李墍), 대사간 정광적(鄭光績)[171] 등이 유성룡의 파직을 청하였다. 그러자 홍문관에서 차자를 올려 성룡을 구원하며 사정(邪正)을 밝게 분별하라 주청하였고, 예조판서 김우옹(金宇顒) 또한 성룡을 위해 차자를 올려 변론하였다. 이에 이기 등이 홍문관과 김우옹을

---

169) 성혼(成渾)이 …… 주장하였다 : 1594년 5월 22일에 전라 감사 이정암(李廷馣)이 강화를 약속하여 적이 물러가게 해야 한다는 내용으로 장계를 올리자 정원과 삼사에서 파직을 청하였고 결국 체차되었다. 당시 성혼은 연석에서 이정암을 죄주지 말도록 건의함과 동시에 먼저 왜와 임시로 강화하여 적의 기세를 늦추고 천천히 뒷날을 도모해야 한다고 주청하였다가 선조의 노여움을 샀다.

170) 이산해(李山海)가 유배되었는데 : 당시 이산해는 1592년(선조25) 임진왜란이 발발하자, 임진왜란 때 나라를 그르쳤다는 양사(兩司)의 탄핵을 받고 평해(平海)에 중도부처 되어 있었다. 이후 1595년(선조28) 해배된 후 대제학·영의정 등을 지내고, 선조의 승하 후 원상(院相)으로 국정을 맡았다.

171) 정광적(鄭光績) : 1550~1637. 본관은 하동(河東), 자는 경훈(景勛), 호는 남파(南坡)·서간(西澗)이다. 정기문(鄭起門)의 아들이고, 승지 정희적(鄭熙積)의 동생이며, 시호는 익정(翼正)이다. 1579년 식년문과에 급제하여 선조 때 대사성, 광해군 때 대사헌을 지내고, 인조반정 이후 예조판서 등을 역임하였다.

모두 탄핵하였다.

우의정 이원익(李元翼)[172]이 차자를 올렸는데, 그 대략의 내용에 이르기를,
"유성룡이 변무사(辨誣使)를 맡아 즉시 가겠다고 자청하지 않음으로써 사람
들의 논란을 초래하였고, 이로 말미암아 그를 공격하는 주장들이 분분히
일어나 마침내 일이 계속 확대되는 단서가 되었습니다.

성룡은 일찍부터 사류(士類)의 기대를 받고 성상의 각별한 지우(知遇)를
입어 큰일을 해보고자 도모해 왔는데, 지금 '널리 사당(私黨)을 심고 남몰래
위복(威福)의 권한을 옮겼으며 간사한 탐욕으로 정사를 어지럽혔다.'는 것으로
그의 죄목을 삼고 있습니다. 비록 옛날 더없이 간악하고 교활한 자라 해도
이보다 더할 수는 없을 것이니, 아, 이것이 어찌 적확한 논의라 하겠습니까?
그가 강화를 주장했다고 비난하는 것은 그 논의가 진실로 올바릅니다만,
그러나 또한 실상과 부합하지 않는 점이 있습니다.

게다가 성룡이 배척받자, 친분이 두텁다 하여 배척받은 자도 있고, 논의를
달리 한다 하여 배척받은 자도 있습니다. 이른바 친분이 두텁거나 논의를
달리하는 것은 진실로 대다수의 사류가 그러한데 하루아침에 모두 배척해버
리니, 이는 나라의 복이 아닌 듯합니다."
하였다.

○ 이산해의 아들 이경전(李慶全)[173]은 평소 문명(文名)이 있었다. 옛 관례에

---

172) 이원익(李元翼) : 1547~1634. 본관은 전주, 자는 공려(公勵), 호는 오리(梧里)이다. 광해군
   대 대동법(大同法)을 경기도에서 실시하였으며, 폐모론(廢母論)에 반대하다가 유배되었
   다. 남인에 속했으나 정적들에게도 공평무사하다는 평을 들었다. 계해년(1623, 인조1)
   반정 때 영의정으로 부름을 받고 자신의 진퇴를 걸고 광해군을 보전하게 하는 등
   자칫 보복 정치로 혼란해지기 쉬웠던 정국을 수습하였다. 《梧里集 附錄卷— 墓誌》및
   《我我錄》
173) 이경전(李慶全) : 1567~1644. 본관은 한산(韓山), 자는 중집(仲集), 호는 석루(石樓)이다.
   영의정 이산해(李山海)의 아들이다. 1590년 증광문과에 급제하여, 1596년 예조좌랑·병조
   좌랑을 지내고, 1608년 정인홍 등과 함께 영창대군의 옹립을 꾀하는 소북 유영경을
   탄핵하다가 강계에 귀양 갔다. 이 해 광해군이 즉위하자 풀려나와 1618년(광해군10)

따르면 홍문관원을 선발할 때 이조 낭관이 시류(時流) 가운데 첫째 둘째가는 사람을 선택하여 홍문록에 추천하였는데, 이를 일러 이조홍문록[吏弘]이라 하였다.174) 영남 사람 정경세(鄭經世)가 당시 이조전랑으로 있으면서 이경전의 추천을 저지하고자, 경전이 부박하다는 비판이 많으므로 이조록(吏曹錄)에 포함시킬 수 없다고 공공연하게 주장하였다.175) 정경세는 유성룡의 문인이었으므로, 이산해와 그 무리가 모두 크게 노하여 정경세가 성룡의 지시를 받았다고 의심하였다.

　이에 은밀히 대신(臺臣) 남이공(南以恭)176)을 사주하니, 남이공이 유성룡의

　　　한평군(韓平君)을 습봉(襲封)하고 좌참찬에 올랐다. 1623년 인조반정이 일어나자 서인들에게 아첨하여 생명을 보전하고, 주청사(奏請使)로 명나라에 가서 인조의 책봉을 요청하였다. 이어 한평부원군(韓平府院君)에 진봉되고, 1637년에 장유(張維)·이경석(李景奭) 등과 함께 삼전도(三田渡)의 비문 작성의 명을 받았으나 병을 빙자하여 거절하였으며, 1640년 형조판서를 지냈다. 저서로 《석루유고》가 있다.

174)　홍문관원을 …… 하였다 : 보통 홍문관의 관원을 선발할 때는 모두 세 단계의 절차를 거쳐 홍문록(弘文錄)을 작성하였다. 첫 번째 단계는 문신이나 문과 급제자 중에서 적합한 후보를 뽑은 뒤에 홍문관의 현직 관원이 모여 후보의 이름 밑에 권점(圈點)을 찍어 그 권점의 숫자에 따라 순위를 정하는 것이다. 이를 본관록(本館錄) 혹은 관록(館錄)이라고 하였다. 두 번째 단계는 본관록을 행한 뒤에 이조에서 본관록에 선발된 후보를 다시 한 번 검증하였는데 이를 이조록이라고 하였다. 세 번째 단계는 의정부·이조·홍문관 당상들이 모여 홍문관과 이조를 거쳐 올라온 명단을 검토하여 후보의 이름에 권점을 찍어 적합 여부를 판정하는 것이다. 이때 일정한 점수를 얻지 못한 사람은 탈락시키고 나머지 사람만을 가지고 점수 순서에 따라 명단을 작성하였다. 이를 도당록(都堂錄)이라고 하였다. 그런데 관례에 따르면 이조 낭관이 본인의 후임을 천거할 때[自薦], 홍문록(弘文錄)에 오른 사람 중에서 가장 명망 높은 사람을 권점(圈點)하였으므로 홍문록은 곧 이조홍문록(吏曹弘文錄), 전홍(銓弘), 이홍(吏弘)이라고도 불리었다. 일반적으로는 도당록을 작성한 후 이조 낭관의 자천이 실시되었는데, 위 본문의 내용으로 보면 이조 낭관은 자천(自薦)할 인물을 미리 낙점해 두고, 처음 홍문록을 작성할 때 그 인물을 추천하여 홍문록에 포함시키는 경우가 대부분이었던 듯하다. 《承政院日記 顯宗 14年 7月 15日》, 《承政院日記 肅宗 29年 2月 26日》, 《擇里志 卜居總論 人心》

175)　정경세(鄭經世)가 …… 주장하였다 : 정경세는 병신년(1596, 선조29)에 이조좌랑·이조전랑에 임명되었고(《愚伏集別集4, 年譜》), 예조좌랑 이경전이 전랑 남이공의 추천을 받아 홍문관 지평에 통청(通淸)된 것은 무술년(1598, 선조31) 5월의 일이다. 이때 물론(物論)의 반박이 거세어, 당시 이경전은 바로 홍문관원이 되지는 못하였다. 그러다가 같은 해 10월에 이르러 홍문관 문학을 거쳐 12월 부수찬, 이듬해 2월에는 지평, 교리에 올랐다(《樊巖集 卷48 韓平君李公神道碑銘》).

잘못을 극론하며 다음과 같이 아뢰었다.

"유성룡은 간악하고 사특한 무리로서, 재예(才藝)를 부려 이름을 도둑질하고 벼슬을 훔쳐서, 사람을 해쳐도 사람들이 모르고 세상을 속여도 세상이 깨닫지 못하니, 이것이 그의 평생의 심사입니다. 정철이 독기를 부리던 때, 우성전·이성중은 성룡의 심복(心腹)으로서 간악한 정철에게 아첨하고 빌붙어 진신(搢紳)에게 해를 끼쳤는데,177) 이는 모두 성룡이 사주한 것이었습니다.

그들을 비판하는 공론이 일어난 후, 성룡은 이 두 사람이 논핵당한 것을 분하게 여겨, 마침내 사류와 의논을 달리하였습니다. 그리하여 자신의 뜻과 어긋나는 사람은 원수처럼 배척하고, 자기에게 아첨하는 사람은 뒤쳐질세라 등용하였으므로 조정이 안정되지 못하고 남인(南人)·북인(北人)의 설이 또 세상에 횡행하기에 이르렀으니,178) 이는 실로 성룡이 초래한 일입니다.

176) 남이공(南以恭) : 1565~1640. 본관은 의령(宜寧), 자는 자안(子安), 호는 설사(雪蓑)이다. 1590년(선조 23) 증광 문과에 장원급제한 뒤 청요직을 두루 거쳤다. 1598년 정인홍 등과 함께 영의정 유성룡이 왜와 화의를 주장했다고 탄핵하여 파직시켰다. 뒤에 집권한 북인은 대북(大北)·소북(小北)으로 분열되었다. 이때 유영경과 함께 소북을 영도했으나 다시 남당(南黨 : 淸小北)과 유당(柳黨 : 濁小北)으로 나뉘었다. 선조 말년 소북과 대북 사이에 왕위계승 문제로 치열한 싸움 끝에 대북이 지지하던 광해군이 즉위함에 따라 유영경과 함께 파직 당했다가 다시 기용되었다. 그렇지만 1615년(광해군7) 대북의 탄핵을 받고 송화에 유배되었다. 때문에 소북의 정치색을 띠었음에도 불구하고 인조반정 후 이귀(李貴) 등 반정 공신의 추천을 받아 삼사의 요직 및 이조판서 등을 역임하였다.

177) 우성전·이성중 …… 끼쳤는데 : 신묘년(1591, 선조24), 건저(建儲) 문제를 계기로 이산해·정인홍 등이 앞장서 정철을 비롯한 서인세력을 실각시켰다. 이때 우성전은 기축옥사와 관련한 당쟁의 재론과 확산에 반대하며 서인에 대한 온건론을 폈다가 논핵을 입었고, 이성중은 건저 문제를 제기했던 정철을 옹호하다 선조의 노여움을 사 부제학의 자리에서 파직되었다.

178) 남인(南人)·북인(北人)의 …… 이르렀으니 : 남·북 분당의 조짐은 신사년(1581, 선조14), 유성룡과 가까운 우성전·이경중 등의 반대로 정여립의 전랑 의망이 저지되어 정인홍·이발의 반발을 초래한 것에서 시작되어, 1591년(선조24) 서인이 축출되었을 때 당시 유성룡이 정승으로서 서인에 대한 공세를 늦추었기 때문에 정인홍, 이산해, 홍여순 등의 공격을 받았던 것에서부터 나타났다. 이후 1598년(선조31) 명나라 경략(經略) 정응태(丁應泰)가 조선이 일본과 연합해 명나라를 공격하려 한다고 본국에 무고한 사건이 일어났을 때, 정인홍·이산해를 필두로 한 북인은 유성룡이 이 사건의 진상을 변무하러 가지 않는다고 탄핵, 그의 관작을 삭탈함으로써 남인에 대한 공세를 더욱 강화해 나갔다.

왜적과 같은 하늘 아래에서 살 수 없다는 것은 어린 아이도 다 아는 바인데, 유성룡은 대신이 되어 앞장서서 강화하자는 의론을 주창함으로써 마침내 심유경(沈惟敬)[179]과 서로 표리가 되어 명에게 말꼬투리를 잡히게 되었고, 급기야 왜를 책봉하는 칙서 중에 '조선이 봉해 주기를 청하였다.'는 말이 있게 되었습니다. 이는 한 나라의 군민(君民)이라면 바다에 몸을 던질지언정 듣고 싶어 하지 않는 말인데, 성룡은 조정의 논의가 이를 허용하지 않을까 두려워하여 그 일을 깊이 숨기고 대간으로 하여금 알지 못하게 하였습니다. 그리하여 이미 황신(黃愼)이 출발[180]한 후에야 대간이 비로소 알고 논핵하였으

179) 심유경(沈惟敬) : ?~1597. 중국 명(明)나라의 사신으로, 명나라 장수 조승훈(祖承訓)이 원군(援軍)을 이끌고 조선에 올 때 유격장군(遊擊將軍)으로 들어왔다. 벽제관(碧蹄館) 전투에서 명나라 군사가 일본군에 대패하자 강화 협상을 맺고자 하였다. 이에 협상 담당자로 나섰으나 명나라와 일본, 양측이 제시한 조건이 너무 달라 타협이 불가능하였다. 이때 일본의 풍신수길(豐臣秀吉)이 제시한 '화건칠조(和件七條)'는, 명나라의 황녀를 일왕의 후궁으로 보내고, 명·일간의 무역을 재개하며, 조선 8도 중 4도를 일본이 차지하고, 조선의 왕자와 대신을 일본에 인질로 보낸다는 내용 등이었다. 이에 심유경은 신종(神宗)에게 "풍신수길은 일본 국왕으로 책봉되기를 바라며, 그렇게 된다면 신하로서 조공을 바치겠다고 하였다."는 거짓 내용을 조작하여 보고하고 다시 협상을 허락받았으나 풍신수길이 협상을 거부함으로써 강화 협상은 결렬되었다. 이에 정유재란이 발발하니, 감금되었던 심유경이 다시 협상에 나섰으나 이것마저 실패로 돌아가자 일본으로 망명을 기도하던 중 명나라 장수 양원(楊元)에게 붙잡혀 처형되었다.

180) 황신(黃愼)이 출발 : 선조 28년(1595), 명은 일본과 화친하고 풍신수길(豐臣秀吉)을 일본 국왕(日本國王)으로 봉하여 전쟁을 종식시킨다는 방책을 세우고, 이종성(李宗城)을 책봉 정사(冊封正使), 양방형(楊邦亨)을 부사로 임명하여 일본에 파견하였는데, 이종성이 중도에서 도망치자 다시 양방형을 정사, 심유경(沈惟敬)을 부사로 삼아 일본에 파견하였다. 이때 심유경은 명의 책봉사(冊封使)에 조선 배신(陪臣) 2명이 동행할 것을 조선 조정에 요청하였는데, 처음에 조선은 책봉사로부터의 이자(移咨)도 없이 심유경의 요청만으로는 결정할 수 없다고 난색을 표하였으나 곧 황신(黃愼)을 명나라 책봉사의 배신으로 정하여 파견을 결정하였다(《宣祖實錄 29年 1月 庚午, 9月 辛未》). 그러나 소서행장(小西行長), 유천조신(柳川調信), 사택정성(寺澤正成) 등으로부터 통신사의 파견 요청이 그치지 않자 조선 정부는 통신사의 파견을 결정하고, 정사에 통정대부(通政大夫) 돈녕도정(敦寧都正) 황신(黃愼), 부사에 상호군(上護軍) 박홍장(朴弘長) 등 총 309명에 달하는 통신사행을 꾸렸다. 이들은 선조 29년(1596) 8월 8일 부산을 출발하여 18일에 계빈(堺浜)에 도착하였으나, 풍신수길은 조선이 일본과 중국과의 통교(通交)를 방해하고 일본을 업신여기며 왕자를 동행하지 않았다는 등의 이유를 들어 국서(國書)의 수령을 거부하였다. 이러한 와중에 풍신수길이 사절 일행을 죽인다는 등의 소식이 흉흉하게 전해지자, 황신 일행은

니, 그가 조정을 업신여기면서도 거리낌이 없었던 것이 극에 달하였다 할
것입니다.

지난해 왜적이 서울에 닥쳐왔을 때에도 오히려 강화를 구걸하는 의견을
고집하며 비변사(備邊司)에서 큰소리치자, 유영경(柳永慶)[181]이 그 자리에 있다
가 분통을 터뜨리며 일어나 말하기를, '이미 전에도 일을 그르쳤으면서,
오늘 다시 일을 그르치려 합니까?' 하니, 성룡이 버럭 화를 내며 말하기를,
'대감의 비석에는 강화를 주장하지 않았다고 써야겠습니다.' 하였으니, 그
방자한 정상에 누가 통분하지 않겠습니까?

또 소응궁(蕭應宮)[182]의 주장을 빙자하여 사특한 의론을 선동하자, 김응남(金
應南)이 홀로 차자(箚子)를 올려 그것이 불가함을 아뢰었는데, 유성룡이 도리어
회계(回啓)하기를, '신과 김응남의 소견은 별 차이가 없습니다.' 하였으니,
그가 거짓을 숨기는 행태가 또한 너무도 심하였습니다. 성룡은 시종일관
일의 근간을 저해하여 천하의 대사를 그르쳤으니, 비단 우리나라의 죄인일
뿐만 아니라 실로 천하의 죄인입니다.

귀국을 결정하고 11월 23일 부산으로 돌아왔다.

181) 유영경(柳永慶) : 1550~1608. 본관은 전주, 자는 선여(善餘), 호는 춘호(春湖)이다. 우의정·
영의정 등을 역임하였다. 인목대비가 1606년 적자인 영창대군을 낳게 되자 정국은
왕위계승권을 둘러싸고 영창대군을 지지하는 유영경 등 소북과 광해군을 지지하는
정인홍·이이첨 등 대북으로 나뉘어 대립하였다. 1608년 유영경 등이 선조의 뜻에 영합하
여 광해군을 폐하고 영창대군을 세자로 옹립하려 하였으나, 광해군 즉위 후 정인홍·이이
첨 등 대북 일파의 탄핵을 받고 경흥(慶興)에 유배되었다가 사사(賜死)되었다.

182) 소응궁(蕭應宮) : 자는 백화(伯和), 호는 관복(觀復), 직예(直隷) 소주부(蘇州府) 상숙현(常熟
縣) 사람이다. 1574년에 진사가 되어, 1597년 7월에 해방병비(海防兵備) 산동 안찰사(山東按
察使)로 조선에 출정하여 군무를 감독하였다. 당시 심유경(沈惟敬)은 임진왜란 때 명나라
의 사신 조승훈(祖承訓)을 따라 유격장군으로 우리나라에 왔으며, 일본과의 강화(講和)의
임무를 띠고 여러 번 일본에 왕래하였으나 이를 성공시키지 못하였는데도 본국에는
거짓으로 화의(和議)가 성립되었다고 보고하였다. 정유재란으로 그 사실이 탄로났으나
석성(石星)의 도움으로 화를 면하였으며, 다시 우리나라에 와서는 당시 감군(監軍)으로
와있던 소응궁을 꾀어 일본과 화의를 교섭하다가 실패하였다. 심유경을 옹호하였던
소응궁 또한 요동순안어사(遼東巡按御史)의 탄핵을 받고 삭직(削職)되어 9월에 명으로
돌아갔다.

양 경리(楊經理)183)가 왜적을 토벌하는 데 뜻을 두어 강화를 주장하는 성룡을
드러내놓고 비난하였으므로 성룡이 항상 그에게 원망을 품고 있었는데,
양 경리가 참소(讒訴)를 당하자 마침 원하던 바가 이루어졌다고 여겼습니다.
그리하여 조정에서 무고에 대해 변론하려 하면 말하기를, '이는 내 알 바
아니니, 우의정에게 고하는 것이 좋겠다.' 하였고, 과도관(科道官)184)에게 공문
(公文)을 보내려 하면 앞에 자기 이름 쓰기를 달가워하지 않으며 매번 원임
대신(原任大臣)에게 쓰게 하였으니, 이는 대개 정응태(丁應泰)185)를 거스를까
두려워하였기 때문입니다.

정사를 담당한 지 6, 7년 동안 그가 시행하고 조치한 것은 거의 모두
이름만 그럴듯하고 실상은 없는 일이 대부분이었으며, 남의 말은 듣지 않고
자기 주장만 고집하여 하는 일마다 정사를 해치지 않는 것이 없었습니다.
가령 훈련도감(訓鍊都監)186)을 설치하고 군문(軍門)을 체찰(體察)한 것, 속오군

---

183) 양 경리(楊經理) : 1597년(선조30) 정유재란(丁酉再亂) 때 경략조선군무사(經略朝鮮軍務
      使)가 되어 참전한 명(明)나라의 양호(楊鎬)를 가리킨다. 양호는 제독(提督) 마귀(麻貴)와
      함께 왜군 격퇴에 뜻을 세웠으나 울산 도산성(島山城) 전투에서 고전 끝에 일시 경주로
      철수한 뒤, 병부 주사(兵部主事) 정응태(丁應泰)에게 임금을 속이고 일을 그르쳤다는
      등의 탄핵을 받고 본국으로 소환되었다. 1598년(선조31) 조선 조정은 이원익(李元翼)을
      진주사(陳奏使)로 삼아 양호를 변론하는 주문(奏文)을 중국에 보냈다.《燃藜室記述 宣祖朝
      故事本末 楊鎬劾去遣使辨誣》 및 《宣祖修正實錄 31年 8月 1日》
184) 과도관(科道官) : 명·청대, 이·호·예·병·형·공 육과(六科)의 급사중과 도찰원(都察院)의
      15도 감찰사(監察使)를 통칭하여 과도관이라 하였는데, 감찰과 언론의 기능을 담당하였
      다.
185) 정응태(丁應泰) : ?~? 중국 명(明)나라의 신하로, 호광(湖廣) 무창부(武昌府) 강하현(江夏
      縣) 사람이다. 군문찬획(軍門贊畫)으로 1598년 정월 조선에 나왔다가 5월에 돌아갔으며,
      9월에 재차 나왔다가 다음해 3월에 돌아갔다. 정응태가 울산 도산성(島山城) 전투에서
      패한 경리(經理) 양호(楊鎬)에 대해 "양호가 군사를 잃어 나라를 욕보였으니 면직(免職)시
      켜 소환해야 한다."라는 내용으로 탄핵하자, 선조가 양호를 보류(保留), 즉 신원을 보증하
      여 머무르게 해주고 중국 조정에 상주(上奏)하였다. 이에 정응태가 분노하여 "양호의
      사당(死黨)과 조선의 군신(君臣)이 서로 결탁하여 양호를 두둔, 황상(皇上)을 기만하고
      주본(奏本)을 올려 양호를 보류해 주었다."라며 조선 조정을 탄핵하였으나, 결국 이과
      도급사중(吏科都給事中) 조완벽(趙完璧)의 탄핵을 받고 혁직(革職)되었다.《月沙集 卷21
      贊劃丁應泰奏本》

(束伍軍)[187]과 작미법(作米法)[188]을 시행하고 선봉(選鋒)을 관원(官員)으로 임명
하자는 주장 등으로 인하여 폐단을 일으키고, 이를 빙자하여 이익을 도모하여
백성을 도탄에 빠뜨리고 촌락을 텅 비게 하였으며, 그 피해가 가축에게까지
미쳐 어느 하나 안정되지 못하게 하였습니다. 그리하여 원망은 위로 돌리고
이익은 전적으로 자신이 차지하였으니, 성룡은 어찌 이다지도 자기를 위한
계책에는 성실하면서 나라를 위한 계책에는 불성실하단 말입니까?

이상이 유성룡이 저지른 죄상의 대략인데, 지난번 성룡이 중국에 사신
가는 것을 회피한 일로 약간의 견책을 받았으나 다만 정승 직을 체직시키는데
그쳤으니, 그것이 어찌 그의 죄를 징계하여 온 나라 사람에게 용서를 비는
것이 되겠습니까? 청컨대 그의 관작을 삭탈하소서."

세 번 아뢰었으나 윤허하지 않았다. 정인홍이 그의 문객인 정언 문홍도(文弘
道)[189]를 사주하여 유성룡이 강화를 주장한 죄를 노기(盧杞)[190]·진회(秦檜)[191]

---

186) 훈련도감(訓鍊都監) : 명나라의 척계광(戚繼光)이 개발한 절강병법(浙江兵法)을 바탕으로
   설치된 군영으로, 조선 후기 중앙군사제도의 핵심을 이루었다. 훈련도감은 임진왜란
   당시 군사지휘권을 장악하고 있던 유성룡 등의 강력한 주장으로 그 이름과 같이 임시군영
   으로서 설치되었으나, 그 뒤 필요에 따라 영설군영화(永設軍營化)하여 중앙의 핵심
   군영이 되었다. 유성룡은 기민구제·정병양성을 주안점으로 하여 훈련도감군을 장번(長
   番)의 급료병(給料兵)으로 편성함으로써 용병제의 시초를 이루었고, 과거의 궁시(弓矢)
   중심의 편제를 포수 중심의 편제로 바꾸었다. 훈련과 조직도 척계광이 지은《기효신서(紀
   效新書)》의 속오법(束伍法)에 따라 개혁하여 과거의 대부대 단위 전투형태에서 초단위(哨
   單位)의 소부대 단위 전투형태로 바뀌는 계기가 되었다.
187) 속오군(束伍軍) : 1594년(선조27), 왜군에 대항할 군대를 확보하기 위해 지방에서 신역(身
   役)이나 벼슬이 없는 15세 이상의 양반에서부터 공천(公賤)·사천(私賤)에 이르기까지
   전 백성을 아우르는 총동원체제로 편성된 군대이다. 각 지방 진관(鎭管) 영장(營將)의
   지휘 아래 고을에서 일정 기간 병역과 훈련을 쌓아 유사시에 대비하였다. 평상시에는
   군포(軍布)를 바치고 조련할 때와 유사시에는 군역(軍役)을 치르게 하였다.
188) 작미법(作米法) : 임진왜란이 일어나자 유성룡이 군량미를 확보하기 위하여 공물가를
   1결당 2말의 쌀로 거두자고 한 대공수미법(代貢收米法)을 이른다. 그의 제안은 쌀 운반
   경로 문제 및 운송의 폐단 등이 제기되어 지속되지 못하였으나, 이후 1608년(광해군
   즉위년) 5월, 호조참의 한백겸(韓百謙), 영의정 이원익(李元翼) 등에 의해 보완되어 새로운
   대공수미법으로 발전하였다.
189) 문홍도(文弘道) : 1553~?. 본관은 남평(南平), 자는 여중(汝中)이다. 정인홍 문인으로, 1598

에 견주며 극력 비난하고 강경하게 삭탈을 청하게 하자, 주상이 윤허하였다.

　당시 유성룡이 영남에 머물렀으므로, 성룡을 옹호하던 이원익(李元翼)·이덕형(李德馨)192)·이수광(李睟光)193)·윤승훈(尹承勳)·이광정(李光庭)·한준겸(韓浚謙) 등은 모두 남인이라 일컬어졌고, 이산해(李山海)의 집은 서울에 있었으므로, 산해를 옹호하던 유영경(柳永慶)·기자헌(奇自獻)194)·박승종(朴承宗)·유몽인(柳夢寅)195)·박홍구(朴弘耉)196)·홍여순(洪汝諄)·임국로(任國老)·이이첨(李爾瞻) 무

년 일본과의 강화를 주창하였다고 영의정 유성룡을 탄핵하여 관작을 삭탈하게 만들었다.
190) 노기(盧杞) : ?~785. 자는 자량(子良)으로 당나라의 재상을 지낸 악명 높은 간신(姦臣)이다. 덕종 초에 어사중승·어사대부를 거쳐 얼마 후 문하시랑(門下侍郞)·동중서문하평장사(同中書門下平章事)가 되었다. 재상의 지위에 있으면서 유능하고 어진 사람을 미워하고 음해하였으며 자신을 거스르는 사람은 반드시 죽였다는 평을 받았다. 《新唐書 卷223 盧杞列傳》
191) 진회(秦檜) : 1090~1155. 중국 남송(南宋)의 재상으로 자는 회지(會之)이다. 1142년(소흥12) 9월에 태사(太師)에 오르고 위국공(魏國公)에 봉해졌다. 고종(高宗)의 신임을 받아 국정을 전단하며 금(金)과의 강화를 주창한 인물로 충신 악비(岳飛)와 대비되어 간신으로 알려진 인물이다. 《宋史 高宗本紀》
192) 이덕형(李德馨) : 1561~1613. 본관은 광주(廣州), 자는 명보(明甫), 호는 한음(漢陰)·쌍송(雙松)·포옹산인(抱雍散人)으로, 시호는 문익(文翼)이다. 1602년 영의정에 올랐고, 1608년 광해군이 즉위하자 진주사(陳奏使)로 명나라에 다녀와서 다시 영의정이 되었다. 1613년 이이첨의 사주를 받은 삼사에서 영창대군의 처형과 폐모론을 들고 나오자, 이항복과 함께 이를 적극 반대하다가 관작을 삭탈 당하였다. 남인 출신으로 북인의 영수 이산해의 사위가 되어, 남인과 북인의 중간노선을 지키다 뒤에 남인에 가담하였다.
193) 이수광(李睟光) : 1563~1628. 본관은 전주(全州), 자는 윤경(潤卿), 호는 지봉(芝峯)이다. 1585년 별시문과에 급제하여 내외직을 두루 역임하였다. 1613년 폐모론이 제기되자 관직을 버리고 두문불출하다가 1623년 인조반정 이후 재등용되어 이조판서까지 지냈다. 저서로 《지봉유설(芝峯類說)》, 《채신잡록(採薪雜錄)》 등이 있다.
194) 기자헌(奇自獻) : 1562~1624. 본관은 행주(幸州), 자는 사정(士靖), 호는 만전(晩全)이다. 증조부는 기준(奇遵), 조부는 기대항(奇大恒)이다. 1590년 증광문과에 급제하여 청요직을 두루 역임하고 1604년 우의정, 1614년 영의정에 올랐으나 1617년 폐모론에 반대하다가 문외출송(門外黜送)되고 홍원(洪原)에 유배되었다. 1623년 인조반정 이후 역모죄로 중도부처 되었다가 1624년 이괄의 난이 일어나자 처형되고 일족도 몰살당하였다.
195) 유몽인(柳夢寅) : 1559~1623. 본관은 고흥(高興), 자는 응문(應文), 호는 어우당(於于堂)·간재(艮齋)·묵호자(默好子)이다. 1589년 증광문과에 장원 급제하여, 도승지까지 올랐다. 광해군 때 폐모론에 가담하지 않고 은거하였지만 1623년 인조반정 직후 역모로 몰려 아들 유약(柳瀹)과 함께 처형 당했다. 이후 신원되어 의정(義貞)이라는 시호를 받고,

리는 모두 북인이라 일컬어져, 이윽고 동인은 남인과 북인으로 분열되었다. 남인은 절대적으로 열세였고 북인은 그 세력이 매우 성대하였는데, 서로 알력을 빚으며 문호를 나누었다. 소위 서인 중에는 간간히 식견이나 지조 없이 휩쓸려 나아가는 이는 있었으나 거의 스스로 진작하지는 못하였다.

○ **기해년(1599, 선조32) 봄,** 공조좌랑 정영국(鄭榮國)[197]이 상소하여 조정의 일을 논하면서 대신들의 잘못을 하나하나 열거하며 비난하였다. 그의 말은 시의(時議)에 빌붙어 편당한 것으로, 오로지 홍여순(洪汝諄), 임국로 (任國老) 등이 관직을 잃은 것 때문에 한 발언이었다. 주상이 좋은 말로 비답을 내렸다.

임취정(任就正)[198] 등이 또 채겸길(蔡謙吉)[199]을 사주하여, 남이공(南以恭), 김신국(金藎國)[200]이 권력을 전횡한 죄[201]를 논척하는 소를 올리게 하였다.

고산(高山)의 삼현영당(三賢影堂)에 제향되었다. 저서로 야담을 집대성한 《어우야담(於于野談)》과 시문집 《어우집》이 있다.

196) 박홍구(朴弘耈) : 1552~1624. 본관은 죽산(竹山), 자는 응소(應邵), 호는 이호(梨湖)이다. 1582년 식년문과에 급제하여 청요직을 두루 역임하고, 선조대 이조판서에 올랐으며, 광해군대 좌의정까지 지냈다. 인조반정 이후 1624년 인성군(仁城君)을 추대하려 한다는 역모에 관련되어 사사(賜死)되었다가 1691년(숙종17) 신원되었다.

197) 정영국(鄭榮國) : 1564~1623. 본관은 영덕(盈德). 자는 방언(邦彦), 호는 관원(灌園)이다. 1599년 공조좌랑으로서 채겸길과 함께 홍여순의 뜻을 받들어 유성룡을 비방, 배척하였다가 좌의정 이원익의 탄핵을 받았다. 광해군 때에는 행신(幸臣) 이이첨의 당여로 활동하다가 인조반정 후 처형되었다.

198) 임취정(任就正) : 1561~1628. 본관은 풍천(豊川), 자는 진화(進和)이고 임국로(任國老)의 아들이다. 1589년 증광문과에 급제하여 주서(注書)가 되었으나, 1592년 임진왜란 당시 사초(史草)를 불태우고 도망한 죄로 관작을 삭탈당하였다가 1599년 병조좌랑이 되었다. 광해군 때 예조판서까지 오르면서 대북의 폐모론을 주도하였다. 1623년 인조반정으로 파직되었는데, 그 뒤 1628년 광해군 복위를 모의하다가 죽임을 당하였다.

199) 채겸길(蔡謙吉) : 1559~1623. 본관은 평강(平康), 자는 길원(吉元)이다. 1612년 진사과에 합격하여 관직에 나갔으며, 1616년 증광문과에 급제하여 청현직을 두루 역임하였다. 광해군 말년 대북과 친교를 맺고 오만무례하게 행동하다가 1623년 인조반정으로 처형당하였다.

대사헌 민몽룡(閔夢龍)202)이 이어서 남이공, 김신국 및 박이서(朴彛敍),203) 이필
형(李必亨),204) 송일(宋馹),205) 박종업(朴宗業)의 삭탈관작을 청하였다.

　좌의정 이원익(李元翼)과 우의정 이헌국(李憲國)이 연명으로 차자를 올렸는
데, 그 대략의 내용에 이르기를,

　"공도(公道)를 봉행하는 의리가 무너지고 당을 세우는 풍조가 성행하여,
인재를 등용하거나 국사를 논할 때, 나의 뜻과 같고 다름을 취사선택의
기준으로 삼으니 시비가 가려지지 못하고 사특함과 올바름이 변별되지 못하

---

200) 김신국(金藎國) : 1572~1657. 본관은 청풍(淸風), 자는 경진(景進), 호는 후추(後瘳)이다.
　　1593년 별시문과에 급제하여 청현직을 두루 역임하였다. 이후 북인이 대북과 소북으로
　　갈라지자 소북의 영수로 대북과 대립하다가 관작이 삭탈되어 충주에 은거하였다.
　　광해군 때 호조판서까지 올랐으며, 인조반정 이후에도 그 경세 역량을 인정받아서
　　공조·형조의 판서를 역임하고, 1646년 영중추부사가 되었다.

201) 남이공(南以恭) …… 죄 : 1599년 이조판서 이기가 홍여순을 대사헌으로 천거하는 과정에
　　서 이에 적극 반대한 남이공·김신국 등의 행동을 가리킨다. 당시 채겸길의 상소는
　　북인이 대북(大北)·소북(小北)으로 분열되는 과정에서, 대북 홍여순에 맞선 소북의 중심
　　인물 김신국과 남이공에 대한 정치적 공격이 거세었던 상황을 보여준다.

202) 민몽룡(閔夢龍) : 1550~1618. 본관은 여흥(驪興), 자 치운(致雲), 호 운와(雲窩)이다. 1584년
　　친시문과에 급제하여 청요직을 두루 역임하였다. 1599년 대사헌으로서 북인이 대북과
　　소북으로 나뉘자 대북 편에 서서 소북을 공격하여, 소북의 남이공·김신국을 축출하는
　　데 성공하였다. 1601년 대북이 다시 골북(骨北)과 육북(肉北)으로 갈리자, 이이첨과
　　함께 육북에 가담하였다. 1618년 우의정에 올라서 인목대비 폐비에 앞장섰다가 인조반정
　　후 관작이 추탈되었다.

203) 박이서(朴彛敍) : 1561~1621. 본관 밀양(密陽), 자 서오(敍吾), 호 비천(泌川)·동고(東皐),
　　시호는 충간(忠簡)이다. 1588년 알성문과에 급제하여, 1599년 이이첨을 탄핵하다가 파직
　　되어 여강(驪江)에 은거하였다. 광해군 즉위 후 대사간 등을 역임하였으나 폐모론에
　　반대하여 삭직되었다. 그후 다시 복직되어 1620년 진위사(陳慰使)로 명나라에 다녀오던
　　중 해상에서 풍랑을 만나 실종되었다.

204) 이필형(李必亨) : 1571~1607. 본관은 광주(廣州), 자는 이태(而泰)로 이준경(李浚慶)의 증손
　　이다. 1594년 별시문과에 급제하여 청현직을 두루 역임하다가 1599년 소북을 이끄는
　　남이공·김신국의 당으로 몰려서 사헌부의 탄핵을 받고 관작을 삭탈 당하였다. 그로부터
　　8년 뒤인 1607년 재임용되어 임천군수(林川郡守)로 재직하다가 졸하였다.

205) 송일(宋馹) : 1557~1640. 본관은 여산(礪山), 자는 덕보(德甫), 호는 반학(伴鶴)이다. 1595년
　　별시문과에 급제하여 청현직을 두루 역임하였다. 1599년 사간으로 재임하던 중 소북인
　　남이공과 김신국을 비호하다가 탄핵 당하였다. 이후 벼슬에서 물러나 은거 생활을
　　하였다. 광해군대 형조참판을 거쳐 지중추부사가 되고 기로소에 들어갔다.

고 있습니다. 그리하여 도리에 어긋난 논의가 방자하게 횡행하며 알력을 일으키니, 사류는 배척받고 쫓겨나 거의 남은 사람이 없습니다.

공정한 말은 거의 들리지 않고 별나고 괴이한 주장들이 한데 뒤섞여 개진되고 있으며, 밖으로는 사사로움과는 거리가 먼 공적 발언이라 핑계대면서 안으로는 편당 짓고 빌붙어 사사로운 계략을 이룹니다. 정영국이 앞에서 주창하고 채겸길이 뒤에서 화답하며, 편당에 치우친 소행을 일삼으면서도 마치 조정에 사람이 없는 것처럼 기세등등하게 굴고 있으니 성조(聖朝)에 대한 모욕이 극에 달하였습니다."

하였다. 주상이 답하기를,

"국사(國事)가 무너지고 있으니 반드시 망하고야 말 형세이다. 나 같은 사람은 일찌감치 물러났어야 했는데 그렇게 하지 못하였다. 이른바 '사사로운 논의가 멋대로 횡행한다.'는 것과 '사류를 배척하여 쫓아냈다.'고 한 것은 무슨 일을 말하는 것인가? 유성룡의 일을 말한 것이 아닌가? 나 또한 일찍이 지나치다 여기지 않았던 것은 아니나 또한 반드시 옳지 않다고 할 수 없는 것도 있는 듯하니, 이와 같이 말을 해서는 안 된다. 배척을 당한 자는 누구이며, 배척한 자는 누구인지 듣고 싶다."

하였다. 교리 이덕형(李德馨), 수찬 이정혐(李廷馦)[206]이 차자를 올려 논하기를,

"홍여순 등은 형적을 은밀히 숨기고 정영국, 채겸길을 사주하여, 자기들과 뜻을 달리하는 조정 신료들을 터무니없는 말을 만들어 무함하였으니 곧이듣지 마소서."

하였다. 영의정 이원익 또한 뵙기를 청하고 입시하여 아뢰기를,

"전하께서 늘 시류(時流)를 불안하게 보시니, 말을 올리는 자들이 전하의 뜻을 헤아려 알고 한편으로는 사당(私黨)을 심고 한편으로는 자기와 뜻을

---

206) 이정혐(李廷馦) : 1562~미상. 본관은 경주(慶州), 자는 사훈(士薰), 호는 석천(石泉)이며 이정암(李廷馦)의 동생이다. 1594년 별시문과에 급제하여 이조참판을 지냈다.

달리하는 자를 배격하고 있습니다. 정영국과 채겸길은 그 정상이 간악하다 할 만하니, 바깥에서는 모두 그들이 지시를 받거나 교사(敎唆)를 받아 그러한 짓을 한 것이라 여기고 있습니다. 그 사실 여부야 알 수 없습니다만, 소의 말들을 보면 조정 신료들의 다툼에 대해 털끝만한 내용까지 세세하게 들어 논하였는데, 이는 일반 관원이나 유생으로서는 다 알 수 있는 내용이 아니므로 교사를 받았다 하는 것이니, 이는 굳이 말을 하지 않아도 알 수 있는 것입니다. 이들은 조정에서 등용하지 않으면 반드시 개처럼 구차하게 따라 붙고 파리처럼 윙윙거리며 온갖 계책을 다 동원해 진출할 것을 도모하여 자취를 감추고 사람을 사주하여 자기와 뜻을 달리하는 사람을 배격하니, 이러한 사람들이 뜻을 얻으면 나라를 그르칠 것이 틀림없습니다.

붕당의 화(禍)는 예로부터 있어 왔지만 지금처럼 심한 적은 없었습니다. 처음에는 동인(東人)·서인(西人)으로 이름을 나누더니, 서인이 물러난 후에는 동인이 분열하여 남인(南人)과 북인(北人)이 되었고,[207] 다시 대북(大北)과 소북(小北)으로 나뉘어졌으니,[208] 한때 지목된 이 이름들은 수치와 치욕이

---

207) 동인이 …… 되었고 : 1575년에 처음으로 동인과 서인의 분당이 시작되고, 1588년경부터 동인 내에서 남인과 북인의 분열 조짐이 일어났다. 본격적인 남북 분당의 계기가 된 것은 1589년 정여립 역모 사건에서 발단한 기축옥사였다. 기축옥사 당시 동인의 영수인 유성룡이 같은 동인인 이발을 구원하지 않은 것과, 동인 내에서 서인에 대한 공격을 둘러싸고 강경파와 온건파의 대립이 일어나면서 북인과 남인의 분립이 이루어졌다. 남인은 주로 온건한 입장을, 북인은 강경한 입장을 취했는데 기축옥사에서 이발, 최영경 등 북인의 피해자가 많았기 때문이다. 왜란의 와중에 남인에 대한 북인의 공세가 더욱 강화되었고, 급기야 1598년 명나라 경략 정응태가 조선이 일본과 연합해 명을 공격하려 한다고 무고한 사건이 일어났을 때, 정인홍을 비롯한 북인은 유성룡이 이 사건의 진상을 변무하러 가지 않는다고 탄핵하여 그의 관작을 삭탈하게 하였다.

208) 다시 …… 나뉘어졌으니 : 1599년 3월 이조판서 이기가 홍여순을 추천하자 당시 이조정랑으로 있던 남이공은 '붓을 잡고 쓰지 않았고', 김신국은 상소하여 홍여순이 '재앙을 즐겨서 싫어하지 않았다'고 하며 탄핵하였다. 이에 홍여순은 유희서(柳熙緖), 정영국, 채겸길을 사주하여 남이공과 김신국을 탄핵하였으며, 이것을 계기로 홍여순·이산해 중심의 대북(大北)과 남이공·김신국 중심의 소북(小北)으로 분열되었다. 이들 양 세력은 이후 세자 책봉 문제에서도 견해 차이를 드러내면서 광해군을 지지하는 대북과 영창대군을 지지하는 소북으로 갈라졌다. 대북은 정인홍, 이이첨을 중심으로 하였고 소북은

심합니다."

하였다. 주상이 이르기를,

"남인이란 누구를 가리키는가?"

하니, 대답하기를,

"유성룡과 함께한 사람들입니다."

하였다. 주상이 이르기를,

"경이 늘 유성룡에 대해 말하는 것은 그를 내친 것이 그르다고 여기는
것이다."

하니 대답하기를,

"당시에는 신도 또한 매번 그들의 잘못을 말하였습니다. 그런데 성룡을
내친 뒤 그 대신 국사를 담당한 자들이 인심과 어긋나 일을 그르친 것이
이 지경에 이르렀으므로, 신이 늘 지난 사람이 이 무리보다 낫다고 여기는
것입니다. 남인이 권력을 잡았을 때 진실로 사(私)가 많았으나 공(公)도 10분의
3, 4는 있었는데, 북인이 일어난 후에는 공도(公道)가 전멸하고 사정(私情)이
크게 행해졌습니다. 북인이 대북(大北)과 소북(小北)으로 나누어진 후, 소북은
여전히 사류(士類)로 자처하였으나 대북은 거의 모두 사당(私黨)이니, 이 무리
가 권력을 장악하면 국사를 망치게 될 것입니다.

지난날 대간이 홍여순과 임국로를 논척(論斥)한 것은 모두 공공(公共)의
논의였습니다. 홍여순은 사납고 탐욕스러워, 미천한 자들도 모두 그가 비천하
고 악랄하다는 것을 알고 있으므로, 외방에서는 여순이 다시 현직(顯職)에
올랐다는 말을 듣고는 모두 '시사(時事)를 알 만하다.' 하였으니, 사람을 쓰는
것을 삼가지 않을 수 없습니다. 임국로는 비록 수많은 악행을 저지른 홍여순
같지는 않다 하나, 식견 있는 이들에게 버림받은 지 이미 오래되었습니다.

유영경을 중심으로 하였다. 광해군이 즉위한 후, 소북의 정치적 입지는 약화되었으며,
김신국, 남이공처럼 일부 인사가 재주와 도량을 인정받아 실무 관료로 활약하였을
뿐이었다. 1623년 인조반정으로 북인 중 대북은 정치적으로 완전히 숙청된 반면 소북
중 일부는 다시 등용되었다.

또 홍여순과 당을 이루어, 사당(私黨)이 있는 것만 알고 국가가 있는 것을
알지 못하니, 신은 적이 우려스럽습니다. 심지어 대사간 민몽룡은 자신과
뜻을 달리 하는 사람들을 배격하는데 급급하여 이론(異論)을 용납하지 않으므
로 그 작태가 통분할 만합니다."

하였다. 이에 시론(時論)이 모두 이원익이 유성룡의 당을 끌어들이려 한다고
매우 비난하였으며, 또 대사간 최철견(崔鐵堅)[209]이 그를 탄핵하니, 이원익이
문 밖에서 대죄하였다. 우의정 이헌국(李憲國)이 차자를 올려 그의 소환을
청하였다.

경자년(1600, 선조33) **봄**, 영의정 이산해, 병조판서 홍여순 등이
권력을 다투어 서로 알력을 빚었는데, 홍여순을 지지하는 자들을 골북(骨北)이
라 하였고, 이산해를 지지하는 자들을 육북(肉北)이라 하였다.[210]

○ 경상 좌병사 곽재우(郭再祐)[211]가 상소하였는데, 그 대략의 내용은 다음과

---

209) 최철견(崔鐵堅) : 1548~1618. 본관은 전주(全州), 자는 응구(應久), 호는 몽은(夢隱)이다.
1585년 별시문과에 장원 급제하여, 1597년 수원부사가 되었다. 1599년 내자시정(內資寺
正), 1601년에 황해도관찰사가 되었다가 호조참의를 지내고, 1604년에 춘천부사에 제수되
었으나 병으로 사임하고 고향에 돌아왔다.

210) 홍여순을 …… 하였다 : 이산해와 홍여순은 소북인 김신국과 남이공을 정치적으로
견제하는 과정에서 같은 입장을 취하여 대북의 영수가 되었으나, 소북이 세력을 잃은
후에는 서로 대립하여 각각 육북(肉北)과 골북(骨北)으로 갈라섰다.

211) 곽재우(郭再祐) : 1552~1617. 본관은 현풍(玄風), 자는 계수(季綬), 호는 망우당(忘憂堂),
시호는 충익(忠翼), 조식 문인이다. 1585년 34세의 나이로 별시(別試)의 정시(庭試) 2등으로
뽑혔다. 그러나 지은 글이 왕의 뜻에 거슬린다는 이유로 발표한 지 수 일만에 전방(全榜)을
파해 무효가 되었다. 임진왜란이 일어나자 의령(宜寧)에서 의병을 일으켜 홍의장군(紅衣
將軍)이라 불리었다. 1599년 9월 경상좌도병마절도사에 제수되었으나 10월에 이르러서
야 부임하였고, 이듬해 봄에는 병을 이유로 벼슬을 버리고 귀향했다. 이 문제로 사헌부의
탄핵을 받고 영암(靈巖)으로 귀양 갔다가 2년 만에 풀려났다. 이후 찰리사, 절도사를
지내고 한성 좌윤을 거쳐 함경 감사에 이르렀다. 저서로 《망우당집》이 있다.

같다.

　"신의 지극히 어리석은 소견으로 오늘의 나라 형편을 보건대 위태롭기 그지없습니다. 종묘와 사직은 흩어져 연기가 되고 없어져 차가운 재가 되었으며, 인민(人民)은 사망(死亡)하여 열에 한둘도 없으니, 이런 때를 당하여 중흥의 업을 세우기는 또한 어려울 것입니다.

　전하께서는 마땅히 뉘우쳐 깨닫고 분발하여 어진 이를 친근히 하고 간사한 사람을 멀리 하여 중흥을 도모해야 하며, 여러 신하들 또한 마땅히 한 마음으로 힘을 합하여 중흥을 도와야 할 것인데도, 조정에는 동·서·남·북의 붕당이 있다 합니다. 과연 그러하다면, 잘 모르겠습니다만 전하께서는 어느 당에 군자가 많고 소인이 적으며, 또 어느 당에 소인이 많고 군자가 적다고 여기십니까? 전하께서 어찌 어진 이를 친근히 하려 하지 않으시겠습니까마는, 그가 어질다는 것을 정확하게 알지 못할 수도 있고, 전하께서 어찌 간인을 멀리 하려 하지 않으시겠습니까마는, 그가 간악함을 정확하게 알지 못할 수도 있습니다.

　대소 신료들이 붕당을 나누어 세우고, 들어온 자는 등용하고 나간 자는 배척하며 각각 사사로이 당여를 이루고 있습니다. 그리하여 서로 시비를 다투고 날마다 비방을 일삼으며, 위태로운 나라 형세나 민생의 이해, 사직의 존망이 달려 있는 일은 염두에 두지 않고 있으니, 이로써 장차 전하의 나라는 반드시 위망(危亡)한 지경에 이르게 되고야 말 것입니다. 아! 통곡하고 눈물을 흘리며 긴 한숨만 크게 내쉴 뿐이라는 것이 바로 이것입니다.212)

　신이 듣기에, '집이 가난하면 어진 아내를 생각하고, 나라가 어지러우면

212) 통곡하고 …… 이것입니다 : 한 문제(漢文帝) 때의 문신(文臣) 가의(賈誼)가 일찍이 시국 광구책(時局匡救策)으로서 치안책(治安策)을 문제에게 올려 잘못된 정치를 격렬히 비판했는데, 치안책 첫머리에 "신은 그윽이 생각하건대, 지금의 사세가 통곡할 만한 일이 한 가지요, 눈물을 흘릴 만한 일이 두 가지요, 길이 한숨을 쉴 만한 일이 여섯 가지입니다. [臣竊惟事勢, 可爲痛哭者一, 可爲流涕者二, 可爲長太息者六.]"라고 한 데서 온 말이다. 《漢書 卷48 賈誼傳》

어진 재상을 생각한다.'[213]고 하니, 집에서의 어진 아내와 나라에서의 어진 재상이 그 관계되는 바가 어찌 크지 않겠습니까? 전하께서 지난번 이원익(李元翼)을 정승으로 삼자 온 나라가 모두 전하께서 인재를 얻으셨다고 감탄하였습니다. 그런데 얼마 되지 않아 갑자기 체직시키니 신은 이러한 때 어진 신하가 쓰이지 못하는 것이 너무도 안타까웠습니다.

작년에 신이 그의 언론을 듣고 그의 시책을 보니, 나라를 걱정하고 백성을 사랑하는 마음이 지성에서 나왔고, 공평하고 청렴하며 삼가는 행동이 천성에서 우러나왔습니다. 그는 진실로 사직(社稷)을 위해 의연히 목숨을 바칠 수 있는[214] 신하인데, 전하께서 그를 친근히 하지도 신임하지도 않으시어 그로 하여금 조정에 편안히 있을 수 없게 하였으니, 신은 적이 우려스럽습니다."

○ 이이첨(李爾瞻) 등이 신료들을 위협하였다고 홍여순(洪汝諄)을 논핵하여 조정의 논의가 그치지 않기에 이르자 주상이 노하여 두 사람을 모두 내쫓고, 이산해, 홍여순, 이이첨, 이경전 등의 관작을 삭탈하게 하였다.

---

213)　집이 …… 생각한다 : 《통감절요(通鑑節要)》 권1 주기(周紀)에서 인용한 것이다.
214)　의연히 …… 있는 : 《근사록(近思錄)》 권10 정사류(政事類)에, "일시적으로 감격하고 분개해서 자기 몸을 죽이기는 쉬워도, 의연히 의리를 위해서 목숨을 바치기는 어렵다.[感慨殺身者易, 從容就義者難.]"라는 정이천(程伊川)의 말을 인용한 것이다.

《皇極編》校勘・標點

皇極編　序

噫! 此編卽朋黨分爭之說也. 奚以名皇極也? 惟皇極可以破此說故名也. 然則朋黨可破歟? 曰古之朋黨不可破, 而今之朋黨可破也. 何者?

古則君子與君子爲黨·小人與小人爲黨, 欲破其黨, 則君子必受病, 而小人必得志. 故歐陽修著〈朋黨論〉, 以爲人主惡黨者之戒, 而范純仁調停之說, 朱子非之. 此其所以不可破也.

今則其爲黨也, 非君子·小人也, 特岐於議耳. 彼亦一是非·此亦一是非, 彼亦有君子有小人·此亦有君子有小人, 必破其黨, 然後君子可萃而小人可化. 故先正李珥以調劑士流爲己任, 而先大王五十年治功, 莫大於建極, 此其所以可破也.

而或者强引朱子·歐陽之緖論, 而不能無憾於先大王建極之治, 是則膠固於偏心·私見, 而不識夫古今之辨者哉. 夏蟲惡足以語冰哉? 蓋今之朋淫朋也, 焉有淫朋而不可破者? 聖人復起, 不易吾言矣.

嘗試觀乎此編, 爭端之起, 幾三百載矣. 彼此分門, 先後接踵, 而要皆始微而終大, 自私家而推上於朝廷, 由爭辨而漸至於猜克. 其守如詛盟·其發如機括, 疑阻則載鬼而張弧·忿疾則吹毛而叢鏑, 其勢不相賊無遺, 不止也.

先大王憂之, 建其有極, 而使四方歸會焉. 涵之若河海·鎭之若喬泰, 覆之如天·載之如地, 日月以照臨之·霜露以時施之, 拔廷臣於戈戟之中, 奠之袵席之間, 嗚呼, 盛哉! 微先王, 士大夫至今存者能幾人也?

雖然其習痼, 故其化遲. 臨之以德而不率, 則道之以禮, 道之以禮而又不率,則齊之以刑政, 感之深·持之固, 五十年然後大成, 其難蓋如此. 是故苦心血誠, 大耋不倦, 念玆在玆, 諄諄董戒, 予小子曁在廷諸臣, 所共仰聆而欽承者也. 《書》曰 : "曷敢不終朕畝?", 又曰 : "曷其不于前寧人, 圖功攸終?", 遵先王謨烈, 協和有位, 固予小子責也, 而亦豈非廷臣所宜兢兢者歟?

方今瘡痍甫完, 位著無多, 若又以波瀾蠻觸鬪於其間, 則其不幸何如也? 古之爲黨者, 如牛·李·朔·蜀, 固有之矣, 若乃分而又分, 一室操戈, 同塗殊轍, 割畦畛於戶庭, 視楚·越於肝膽, 未有如我東者也. 豈我東偏邦也, 人¹⁾之受氣亦偏而然歟? 噫! 其亦不思而已矣. 設有纖芥之嫌·睚眦之憾, 獨不畏禍家由是·凶國由是歟? 苟能平以秉心·公以察理, 罪在己則訟之·過在人則恕之, 胥訓告·敎誨, 靖共²⁾厥位, 斯則皇極之道, 黨於何有?

予以是敷告者亦屢矣, 顧辭煩而聽邈·心勤而效蔑, 予獨且奈何哉? 嗚呼! 以先大王之聖, 猶不能消弭於造次, 必也底績於悠久, 矧予小子何敢易言, 又何敢不勉旃? 惟不墜圖功, 同我世臣, 保合大和, 以追先王之耿光, 予小子志也. 玆志之爲《皇極編》序.

---

1) 人 : 底本에는 이 앞에 "故"가 더 있다. 국립중앙도서관 소장《御製皇極編》(청구기호 : 한古朝56-나105)에 근거하여 수정하였다. 이하《御製皇極編》이라 칭한다.
2) 靖共 : 底本에는 "共靖"으로 되어 있다.《御製皇極編》및《시경 소아(小雅) 소명(小明)》에 근거하여 수정하였다.

凡例

一. 玆編之裒輯, 蓋所以懲覆轍而錫庶極也. 首揭故相臣 <u>李浚慶</u> 破朋黨之說, 以爲全編之領綱.

一. 宣祖乙亥以後, 暨列聖朝疏章·政敎, 雖多可記, 而非關於黨論來歷者, 則雖大事, 初不載錄.

一. 因一事, 各自爲黨, 群起衆咻者, 徒眩耳目, 無關事實. 故取諸疏中最詳者及添出新語者, 刪煩記要. 其餘只存其名·錄其疏, 槪以辨某黨而已.

一. 事績之不現文籍, 而只得於傳聞者, 不敢妄錄, 以倣闕疑之義.

一. 彼此記聞之不同, 而事實之不可漏者, 傍註雙行, 如考異之例.

一. 臺言之稱府啓·院啓者, 雖是俗例, 近於筵說常套, 故直以某官某所啓起頭. 而至於黨論之初, 多取栗谷《經筵日記》而不言人姓名, 只曰憲府·諫院, 此則無以考出, 故知其姓名者外, 不得已依本文, 稱府·稱院矣.

一. 專取黨論之傳變, 初非記載之史乘. 故國家刑政, 雖如己丑·庚申·辛壬之大者, 只錄獄案梗槪, 不論本事得失. 至於斯文是非, 私家往復, 皆登於兩門辨證之疏者, 不復疊錄.

一. 所錄雜出於《經筵日記》·《壬癸錄》·《朝野僉載》·《靑野謾輯》而其他各家文集·小說等諸書, 或取其一段·或合其數段, 故所出本冊, 勢難逐一懸註.

一. 私書之謄於章奏者, 或書表德, 故註其本名. 一註之外, 後不更註.

一. 進退之際, 互相擯斥, 故被論者之對疏, 別無可考事實, 則竝不錄.

一. 某事日月, 或多久遠難考, 故一例不錄, 而一年中春夏秋冬, 隨事首揭.

一. 辛壬間疏章, 多無批, 還下於經歲之後, 至於大臣·三司論事辨暴之疏, 亦多"不允"·"勿辭"之例答. 故其中措辭下答外, 竝不載. 只於文字難收殺處, 以"不允"·"不從"二字結之. 雖乙巳以後疏章, 例答及不爲聽施者, 亦不一一詳錄, 務從簡例.

一. 某人發啓外連啓故紙, 竝不錄.

一. 諸疏皆刪節典要, 而獨故相臣趙文命蕩平一疏, 全篇取錄以作編中之主宰.

一. 各黨中小小鬪鬨, 不過一己之利害, 本無關涉於義理者, 乍起乍滅, 不足記載, 而其中小小名色, 旋則殘破者, 并付錄於時論之下, 如史記附庸之例.

一. 蕩平之政起於英宗己酉秋大處分之洞諭, 終於癸未秋朴文純之從享. 而不以"蕩平"二字, 別立名目者, 蓋此非東·西·老·少各立門戶之類也. 旣曰"蕩平", 則各色合而爲一之稱也, 非如[1]黨論之岐[2]分, 故不可指名. 且"蕩平"云者, 謂其持論之蕩蕩平平也, 曰老·曰少之目, 固未嘗變矣, 又何以名乎哉?

---

1) 非如 : 底本에는 "如非"로 되어 있다. 《御製皇極編》에 근거하여 수정하였다.

2) 岐 : 底本에는 "政"으로 되어 있다. 《御製皇極編》에 근거하여 수정하였다.

皇極編　卷之一
東西

　　壬申宣祖五年秋, 領府事李浚慶臨終, 進遺箚, 請破朋黨之私, 曰：“今世之人不事行檢, 高談大言, 結爲朋比, 自謂[1]高致. 一言不合, 排斥不用, 此乃殿下公聽幷觀·務去此弊之時也. 不然終爲國家難救之患也.” 箚入, 上亟召大臣示之, 曰：“朝廷孰爲朋黨耶? 若有其漸則朝廷亂矣.” 於是外議洶洶, 至以欲禍士類疑浚慶. 李珥亦曰：“人之將死, 其言也善；浚慶之將死, 其言也惡.” 疏斥之, 三司又交章請罪. 修撰柳成龍曰：“大臣臨死進言, 有不當, 則辨之可也, 至於請罪, 近於已甚.” 沈喜壽等亦多立異, 而上又不從, 其事遂已.

　　先是舍人沈義謙因公事, 往領議政尹元衡家, 元衡婿李肇敏【或云安某】與義謙相知, 引入書室. 室中多有寢具, 義謙歷問是何人所寢, 其一則金孝元也. 孝元時雖未第, 聲譽藉甚, 義謙心鄙之, 曰：“安有名士, 從權門子弟同棲者乎? 決非介士也.”

　　及孝元登魁科, 才名日盛, 律身淸苦, 少年朝士如吳健輩力加奬詡, 推爲後進領袖. 義謙則仁順王后之兄, 曾有救護士林之功, 故前輩士類多許之, 有當路之勢. 健欲薦孝元爲銓郎, 蓋銓郎[2]爲世極選, 一經其任, 無大故, 可以平步公卿, 故名利所在, 新進無不希覬. 義謙方爲參議, 嗛前事, 輒沮遏孝元, 故孝元坐此棲遲六七年, 始入銓曹, 喜引進淸流, 臨事直行　後輩尤推重焉.

　　孝元心短義謙, 常語人曰：“沈也, 心戇氣麤, 不可柄用.” 或薦義謙弟忠謙,

---
1) 自謂：底本에는 없다. 《御製皇極編》에 근거하여 보충하였다.
2) 蓋銓郎：底本에는 없다. 《御製皇極編》에 근거하여 보충하였다.

欲入銓, 孝元曰 : "天官豈外戚家物耶?" 終不許. 於是義謙儕類皆疑孝元之心
在於報復, 或指爲小人, 而右孝元者亦謂義謙爲害正之人. 時仁順賓天, 上以
旁支入承, 故義謙名雖戚里, 內援已絶. 而後輩執虛名, 攻之太過, 凡右義謙者,
斥之以非士類, 新進之士, 又慕攻戚里之名. 孝元家在東, 故謂之東人 ; 義謙
家在西, 故謂之西人. 東則柳成龍·金宇顒·李山海·鄭芝衍·鄭惟吉·許篈·李
潑等主之, 西則朴淳·鄭澈·尹斗壽·尹根壽·具思孟等主之.3) 前·後輩互相訾
毁.

○ 載寧郡有奴殺主之變, 而檢驗差誤, 不得其致命之由. 左議政朴淳爲委
官, 獄久不決. 知義禁洪曇力極論獄冤, 亦無明驗. 淳曰 : "綱常大獄, 豈可輕
釋?" 曇怒語侵淳, 乃請改檢. 於是檢官承望禁府風旨, 或稱病斃, 物議紛紜.
淳又請收議, 右議政盧守愼力言不可輕釋.

上曰 : "屍帳相違, 斷獄無據." 特命釋之. 諸臺欲請還收更鞫, 而群議不一,
大司諫柳希春率同僚, 啓曰 : "再起王獄, 妨事體·有後弊, 不可爲也." 憲臺諸
臣以所見不同, 引嫌不出. 玉堂上箚以爲 : "綱常大變, 未及究竟, 遽命放送.
如其無罪也, 則不可更鞫, 如其有罪也, 則雖十起王獄, 烏可已乎? 請遞諫院,
而出憲臺." 上從之.

以許曄爲大司諫. 曄與屍親爲族黨, 常憤獄事不成,4) 至是以按獄失體, 請推
委官, 罷禁府諸堂. 故事大臣, 例不得請推, 淳以此謝病家居. 人多疑孝元欲攻
淳, 以孤義謙之勢, 甚不韙之. 獻納辛應時欲彈劾之, 問於李珥, 珥不許. 吏曹
判書鄭宗榮附孝元而非人望, 鄭澈欲論遞之, 珥又不聽. 澈慨然作詩, 曰 : "君
子辭黃閣, 小人秉東銓. 賢邪進退際, 副學心恬然." 珥微笑而已.

○ 正言趙瑗啓曰 : "推考者, 照以笞杖之律, 不可以是施之大臣, 而諫院之

---

3) 主之 : 底本에는 없다. 《御製皇極編》에 근거하여 보충하였다.
4) 成 : 底本에는 "決"로 되어 있다. 《御製皇極編》에 근거하여 수정하였다.

請推非矣. 同僚有失, 而臣與之相容, 亦非矣." 仍請遞職. 諸臺皆引避, 曰："請推大臣, 未見其不可. 臣等與趙瑗所見不同, 不可在職." 獨大司憲金繼輝以瑗爲是, 仍論："大司諫許曄以屍親切族, 信聽屍親之言, 持論過重, 至於請推大臣. 臣知其非而不劾, 臣亦不可在職."

玉堂將處置臺閣, 而朴淳被劾, 公論甚不平, 東人年少者論議相合, 不顧公論, 只伸己見, 以右孝元. 鄭澈憤甚, 知瑗與孝元不相悅, 敎之以避嫌也.

副學李珥見柳夢鶴, 曰："此事將何以處之?" 夢鶴曰："失一賢相, 豈不可惜?" 珥曰："若劾趙瑗, 則左相雖欲出, 其可得乎?" 乃會同僚問之, 皆曰："若遞兩司, 則是防言路也." 珥曰："不然. 諫官有失, 而玉堂糾正, 則何防言路乎? 大臣有罪, 言官隨事論斥, 遞·罷·流·放皆可, 但不可請推耳. 昔漢臣有請使司隸校尉督察三公, 議者非之, 以爲'不可使有司, 督察三公', 事竟不行. 今之請推大臣, 乃有司督察三公之法也. 諫院之啓旣非, 而憲府雷同, 皆可遞, 惟金大憲·趙正言可出仕." 僚議相持, 珥力辨良久, 乃歸一.

著作洪迪·李敬中等曰："許大諫豈私於所親, 爲過重之論乎? 大憲之論過矣, 亦不可不[5]遞." 珥曰："此言亦是." 遂上箚盡遞之, 只使趙瑗出仕. 公議以爲得中, 而惟孝元儕輩, 不快於心, 許曄尤不平.

李誠中謂曄曰："令公請推左相, 非也." 曄厲聲, 曰："吾初欲[6]請罷, 同僚力止, 止於請推, 緣吾殘弱也. 且玉堂處置甚誤, 何以遞兩司而存趙瑗乎? 如叔獻【珥字[7]】年少不知事者, 乃爲玉堂長官, 國事何以不誤?" 左右默然. 韓脩[8]聞之, 曰："太輝【曄字】必失性, 殆將死乎?"

---

5) 不：底本에는 없다.《御製皇極編》에 근거하여 보충하였다.

6) 欲：底本에는 없다.《御製皇極編》에 근거하여 보충하였다.

7) 字：底本에는 없다.《御製皇極編》에 근거하여 보충하였다. 이하 동일 사례에 대해서는 별도의 校勘記를 달지 않는다.

8) 脩：底本에는 "修"로 되어 있다.《國朝人物考 韓脩 墓表》에 근거하여 수정하였다. 이하 동일 사례에 대해서는 별도의 校勘記를 달지 않는다.

○ 金繼輝以許曄爲徇私偏見. 曄之子吏曹佐郎篈素輕薄無識慮, 怒繼輝揚其父失, 欲出之. 吏曹參判朴謹元附於孝元, 有少黨之目, 希其旨, 出金爲平安監司, 衆心不厭.

時李後白爲咸鏡監司, 柳希春又棄官南歸. 李珥謂人曰：“柳雖無才, 讀書人也, 李季眞【後白】·金重晦【繼輝】練達時務, 明習典故, 不可去朝.” 乃與同僚上箚, 請留三人, 上不從. 沈·金旣有分黨之迹, 金·李皆人望, 目爲沈黨者也. 二人旣出, 孝元受謗益甚.

○ 大司諫鄭芝衍問於李珥曰：“時論橫潰, 將何以處置?” 珥曰：“此由銓曹不得其人也. 當靜以鎭之, 惟朴一初【謹元】所爲, 不厭衆心, 此可啓遞. 而銓郎若得公平之人, 政事可以得體. 而仁伯【孝元】自求補外, 則庶可無事矣.” 芝衍深然, 欲只論朴, 而僚意欲悉駁銓官. 蓋吏郎李誠中·許篈皆孝元切友, 故欲盡黜之, 以殺其勢, 其論甚盛, 芝衍不能制. 於是以徇私失政, 請遞亞銓以下, 上卽允之, 年少輩多懷疑懼.

乙亥八年冬, 沈·金角立之說, 紛紛不已. 李珥請右議政盧守愼, 曰：“兩人皆士類, 非若黑白·邪正之可辨, 且非眞成嫌隙, 必欲相害也. 只是末俗囂囂, 因此有隙, 浮言交亂, 朝廷不靖. 當兩出于外以鎭之, 大臣當筵白其由.” 守愼疑之, 曰：“若啓于經筵, 則安知不益致擾亂乎?”

及諫院啓劾吏曹, 守愼疑義謙之勢偏盛, 乃白上曰：“近日沈義謙·金孝元互言疵謗, 人言囂囂, 恐有士林不靖之漸. 此兩人皆補外爲當.” 上曰：“兩人互言者, 何事耶?” 守愼曰：“互言平日過失耳.” 上曰：“同朝之士, 當同寅協恭, 而乃相詆毀, 甚爲不可. 二人皆可補外.” 珥曰：“此二人未必深成嫌隙. 只是我國人心輕躁, 二人之親戚·故舊, 各傳所聞, 轉相告語, 遂致紛紜. 大臣當鎭定, 故欲出二人于外以絶言根耳. 且自上須知此事, 今日朝廷雖無奸人顯著者, 亦豈可謂必無小人乎? 若小人目以朋黨, 爲兩治之計, 則士林之禍必起矣,此不可不知也."

弘文正字<u>金晔</u>曰："自上既知其然矣, 二人之才皆可用, 不必補外, 當自消融協和耳." <u>珥</u>曰："二人非實有仇嫌, 欲相圖也. 只是薄俗不靖, 造作浮言, 必至生事. 若二人在朝, 則浮言必不息, 必須補外, 以絶浮言之根本也." 承旨<u>李憲國</u>曰："往在丁巳年, <u>金汝孚</u>·<u>金弘度</u>互相詆毁. 而<u>弘度</u>常忿<u>尹元衡</u>之以妾爲妻, 多發於言, <u>汝孚</u>以告<u>元衡</u>, <u>元衡</u>搆飾他罪以至竄謫, 士類多貶斥. 此由<u>元衡</u>在朝故也. 今者雖有紛紜之說, 豈至生事乎? 二人皆不可棄之才也, 自上招二人, 使之盡消胸中芥滯, 則可以相容立朝矣." 上不答.

未幾親政, 以特旨授<u>孝元</u> <u>慶興</u>府使, 曰："此人在朝, 使朝廷不靖, 當補遠邑." 吏曹判書<u>鄭大年</u>·兵曹判書<u>金貴榮</u>, 以"<u>慶興</u>極邊, 接近胡人, 非書生所宜鎭撫", 累啓, 乃命換<u>富寧</u>. <u>沈義謙</u>則拜<u>開城</u>留守, 於是年少士類危疑益甚. <u>守愼</u>既出<u>孝元</u>之後, <u>許曄</u>尤其輕發, <u>守愼</u>恐士類疑之, 乃對<u>曄</u>自明無偏黨之心, 矢誓重複, 識者笑之.

○ <u>金孝元</u>病重, 不堪赴塞北. <u>李珥</u>受暇將下鄕, 乃於拜辭之日, 爲陳其病狀, 請以內地僻邑換授. 上疑<u>珥</u>黨比<u>孝元</u>, 怒責之, 後<u>珥</u>自鄕還朝入侍, 以辭不達意, 深陳惶恐之意, 上慰解, 因命改<u>孝元</u> <u>三陟</u>府使.

丙子九年春, 以<u>尹睍</u>爲吏曹佐郎. 初<u>珥</u>既斥<u>李浚慶</u>, 患其言之不驗, 力主調停, 居間兩解之. 然<u>金孝元</u>聲勢甚張, 前輩士類畏惡之, 莫敢下手, <u>珥</u>乃倡補外之說, 公論倚而爲重. <u>珥</u>意只欲鎭定, 非欲深治.

<u>孝元</u>既出, 朝論轉激, 必欲深治, <u>珥</u>極力止之, 且引<u>李潑</u>, 復爲銓郎. 時輩欲以<u>睍</u>薦銓郎, <u>珥</u>9) 深知<u>睍</u>不合, 然爲調劑, 故不能敢挽之, 以爲<u>李潑</u>在銓郎, 必能制<u>睍</u>. 及<u>睍</u>入銓, <u>潑</u>以都承旨<u>朴好元</u>知吏曹,10) 有親嫌當避. 政院以故事請

---

9) 珥：底本에는 없다. 《御製皇極編》에 근거하여 보충하였다.
10) 曹：底本에는 "房"으로 되어 있다. 《石潭日記 萬曆四年丙子》에 근거하여 수정하였다.

改<u>好元</u>知他曹, 上曰: "<u>李潑</u>非不可遞之人也." 特遞<u>潑</u>.

<u>睍</u>始用事, 欲薦<u>趙瑗</u>爲吏郎. <u>瑗</u>輕躁無人望, 只是正言時, 因<u>許曅</u>事, 避嫌之, 故<u>睍</u>欲酬其功. <u>珥</u>止之, 曰: "<u>伯玉【瑗】</u>非可用之才. 若不論人物, 只欲用嫉<u>仁伯</u>者, 君輩必敗矣." <u>睍</u>不從, 竟薦之. <u>珥</u>力主調劑,[11] 而時論反以爲含糊不明.

<u>李海壽</u>語<u>珥</u>曰: "<u>金仁伯</u>必是誤事小人, 君不知其用心, 故於經筵不分是非, 矇曨啓達, 甚未安矣." <u>珥</u>曰: "吾則以<u>仁伯</u>爲好名之士而已, 不至如君等作小人看也."

<u>鄭澈</u>·<u>具鳳齡</u>·<u>辛應時</u>等, 皆以<u>孝元</u>爲小人, 欲深斥之. <u>澈</u>將南歸, 勸<u>珥</u>斥<u>孝元</u>, <u>珥</u>曰: "彼罪無形, 而爲士類所重, 若深斥, 則大致紛紜, 朝廷傷矣." 終不聽.<u>澈</u>乃作詩曰: "君意似山終不動, 我行如水幾時回." 慨然而歸.

前輩惡<u>孝元</u>如此, 而後輩頗惜<u>孝元</u>, 以<u>珥</u>爲誤出<u>孝元</u>. 或謂<u>珥</u>曰: "天下無兩是兩非, 於近日處事, 不分是非, 惟務兩全, 人心不滿矣." <u>珥</u>曰: "天下固有兩是兩非. <u>沈</u>·<u>金</u>事, 非關國家, 而乃相傾軋, 至於朝廷不靖, 眞是兩非也. 雖是兩非, 俱是士類, 但當消融之可也, 必欲是此而非彼, 則方生之說, 相軋之勢, 何可了乎?" 於是前輩尤<u>珥</u>之不攻<u>孝元</u>·後輩尤<u>珥</u>之不用<u>孝元</u>, 皆不聽<u>珥</u>言, 朝廷益乖.

大司諫<u>洪聖民</u>謂<u>珥</u>曰: "<u>李誠中</u>爲持平, 物論欲劾遞, 如何?" <u>珥</u>曰: "是何言也? <u>誠中</u>別無過惡, 但與<u>仁伯</u>爲深交耳. <u>仁伯</u>尙不可攻, 況其黨友乎? 決不可也." <u>聖民</u>初以[12]<u>珥</u>言爲然, 後被時輩慫慂, 竟劾之, 士類益驚駭, 國言嘵嘵.

<u>珥</u>見爻象漸不佳, 決意退歸, 謂<u>韓脩</u>·<u>南彦經</u>曰: "近日時論, 欲汲汲硬定是非, 是非豈可强定乎? 當初裁抑<u>仁伯</u>, 實是公論, 及今議論過激, 士類之公心中立者, 反致見疑. 若此不已, 必失人心, 反使右<u>仁伯</u>者爲公論矣." <u>彦經</u>曰: "只抑<u>仁伯</u>一人, 餘皆依舊在清班, 則士林帖然無事矣." <u>珥</u>曰: "此吾志也."

---

11) 劑: 底本에는 "儕"로 되어 있다. 《御製皇極編》에 근거하여 수정하였다. 이하 동일 사례에 대해서는 별도의 校勘記를 달지 않는다.

12) 以: 底本에는 이 뒤에 "爲"가 더 있다. 《御製皇極編》에 근거하여 삭제하였다.

金宇顒見珥, 頗有愛惜孝元之意, 珥笑曰：“觀仁伯有四等. 一等議論,[13] 則以爲無狀小人, 此則季涵【澈】輩也. 又一等議論以爲好名之士, 此則我也. 又一等議論以爲雖帶好名意思也, 是善人, 此則君輩也. 又一等議論以爲無瑕之君子, 此則渠之儕輩也. 一人具四等議論, 人各自是己見, 莫可相通. 以此做出許多紛爭, 國綱·民瘼, 置之度外, 而汲汲務定是非, 朝廷自然日就紊亂, 此亦天也.”

宇顒曰：“此則然矣. 何以致此紛紜乎?” 珥曰：“金仁伯之過在先矣. 仁伯不自量力, 欲爲國事, 而又不避嫌, 排抑先輩士類, 年長者莫不含怒, 而畏其勢, 莫敢下手. 余見仁伯所爲, 不無後弊, 故唱[14]爲裁抑之論. 當初先輩借珥爲重. 惟言是從, 及下手之後, 乃不用珥言, 有如得魚忘筌耳, 可笑. 大抵此事, 裁抑則是矣·過攻則非矣, 以無形現之罪故也. 余言不見重者, 由季涵所見過中也. 季涵以淸名爲世所重, 故儕輩恃季涵而輕珥矣.”

宇顒曰：“將何以救之?” 珥曰：“而見【成龍】·肅夫【宇顒】·景涵【澄】聚于要地, 則可救矣.” 宇顒曰：“公亦去矣, 吾等雖留, 何益?” 珥曰：“吾之進退, 不係此事矣.” 宇顒曰：“何不於經筵痛陳乎?” 珥曰：“此事, 言之極難, 必待君臣相信, 乃可盡言. 今者自上不知群下之心, 若從實陳啓, 則必疑朝廷分朋結黨, 而使漁人[15]獲利矣.” 宇顒曰：“公不可勉留乎?” 珥曰：“若數月之內, 當生禍敗, 則珥可勉留相救矣. 今則別無形現之禍, 而朝論相乖, 和氣日消, 加之以俗論得行, 淸議漸微, 數年之外, 始見其證矣. 吾今上說下聒, 皆不相信, 安能坐待數年後患, 而踽踽强留乎?”

許曄見珥曰：“近日之事, 良可寒心.” 珥曰：“何謂也?” 曄曰：“百年以來, 外戚常執國柄, 時人耳恬目習, 以爲當然, 一朝有年少之士, 排抑外戚, 故時人

---

13) 議論：底本에는 “論議”로 되어 있다. 《御製皇極編》에 근거하여 수정하였다. 이하 동일사례에 대해서는 별도의 校勘記를 달지 않는다.

14) 唱：底本에는 “倡”으로 되어 있다. 《御製皇極編》에 근거하여 수정하였다.

15) 人：底本에는 없다. 《御製皇極編》에 근거하여 보충하였다.

驚怪耳." 珥曰 : "公言似正而實誤. 今日之非仁伯者, 豈爲方叔【義謙】地哉?" 曄
曰 : "和叔【淳】·季眞·重晦, 雖有時望, 識者論之, 則必以爲方叔門客矣." 珥
曰 : "公言大誤. 斯三人皆士林之望, 豈是依方叔而發身者乎?" 曄之意, 蓋以
義謙爲外戚權奸, 而朴淳輩皆依外戚致大位, 孝元排抑外戚, 故時論裁制云
矣. 珥謂人曰 : "許太輝所見甚謬, 他日誤時事者, 必此人也."

珥見盧守愼曰 : "時論紛亂, 相16)公何不鎭定?" 守愼曰 : "如我者, 何能鎭
定?" 珥曰 : "公不任此, 則更責何人?" 守愼曰 : "如公不可退去." 珥曰 : "今日
之非金孝元者, 欲汲汲顯其非, 反起人論.17) 當初裁抑, 自是得中, 人皆以爲公
論, 及乎攻之太過, 則士類反疑. 挾私釋憾, 欲彰其非, 而反招是之之論, 非之
尤力, 則必有是之益重者矣." 守愼曰 : "此言正是, 須向諸公, 明言之可也."

珥見具鳳齡曰 : "士林乖張, 人心洶洶, 而人謂公主論云, 果然乎?" 鳳齡
曰 : "吾病伏一隅, 亦安能主論? 若今日更有所處分, 則時事誤矣, 當靜而鎭
之." 珥曰 : "此吾意也."

珥見朴淳曰 : "時事無可進步處, 苟免禍敗, 足矣, 朝廷不知, 是可深憂. 年
少士類疑懼太甚, 須使安定, 可也." 淳曰 : "計將安出?" 珥曰 : "柳成龍·金誠
一輩歸鄕不來, 想必爲間言所動也, 此人須白上特召. 而金宇顒近被主上疏
待, 亦白上引入經幄, 與李潑輩持時論, 而季涵亦請特召. 如此裒合人才, 而用
人之際, 權衡平正, 使人不得橫議, 務在調和鎭定, 如此一二年, 則朝廷淸矣.
不然, 俗論勝而淸議衰, 將至朝廷昏濁, 而淸名悉18)歸於孝元輩, 則前輩大失
人心, 終不見調劑之日矣." 淳曰 : "此語誠然, 恨無任此者."

魚雲海見珥, 曰 : "柳應瑞【夢鶴】使我勸公留矣." 珥曰 : "留我, 將何爲?" 雲
海曰 : "上心必有出入時, 若後日更値善端開發, 而朝無儒者, 則豈不可惜?"
珥曰 : "坐待天心開發, 而未發之前, 尸素不19)懃, 則先枉己矣, 何以正君乎?

---

16) 相 : 底本에는 없다. 《御製皇極編》에 근거하여 보충하였다.
17) 論 : 《御製皇極編》에는 "議", 《石潭日記 萬曆四年丙子》에는 "疑"로 되어 있다.
18) 悉 : 底本에는 "實"로 되어 있다. 《御製皇極編》에 근거하여 수정하였다.

果有坐待好時道理, 則聖賢亦宜坐待, 而自古未嘗有坐待之聖賢, 何哉?" 雲海曰: "公言是也."

士類知珥已決退, <u>李潑</u>·<u>宋大立</u>·<u>魚雲海</u>·<u>許鏜</u>·<u>安敏學</u>等, 就與之相別. <u>珥</u>曰: "吾今欲爲定論, 諸公試聽之." 皆曰: "諾." <u>珥</u>曰: "權奸濁亂, 久矣, 摧陷廓淸, 使士論得伸, 豈非<u>方叔</u>諸公之功乎? <u>仁伯</u>欲[20]爲國事, 宜無失巨室之心, 而乃排抑太甚, 前輩懷憤, 士林自相角立, 此則<u>仁伯</u>之罪也. 旣知如此, 故公議裁抑, 出補外官, 已得中矣. 而猶嫉之太深, 攻之太劇, 則前輩之罪也. 如此論斷, 得其事情矣, 自今以後, 不相疑阻, 坦懷處之, 則更有何事? 不然則朝廷之憂未艾也. 疇昔則[21]士類·俗類兩邊而已. 今則士類之中, 自分兩邊, 致此者, 非<u>仁伯</u>而誰也?" <u>雲海</u>曰: "此言, 眞是公論. 今日在座之人, 皆從此論, 則時論定矣." 座中皆曰"然." <u>珥</u>旣歸鄕, 時論益潰, 不可救矣.

○ 秋, <u>洪渾</u>棄官歸鄕. 或止之, <u>渾</u>曰: "邪正未分, 去就何關?" 其意以<u>金孝元</u>爲君子, 而<u>孝元</u>見抑, 故憤而棄官矣.

○ 以<u>李純仁</u>爲吏曹佐郎. <u>純仁</u>曾論<u>金孝元</u>貪權之事, 故<u>尹晛</u>引以自助, 及爲是職, 知公論不與<u>尹晛</u>, 反附於<u>孝元</u>儕輩, <u>鄭澈</u>等深嫉之.

○ 左議政<u>朴淳</u>少時與<u>許曄</u>爲同門友, 情義甚篤, 及<u>曄</u>爲少年宗主, 持論頗僻, <u>淳</u>甚不韙之, 交道遂疏. <u>曄</u>勢益翕張, <u>淳</u>見時事乖張, 力不能定, 遂辭遞.

○ 冬, 以<u>鄭澈</u>爲承旨. <u>澈</u>疏辭不許, 乃出仕. 時朝臣苟非特立獨行, 及碌碌無名者, 則皆入東西指目, <u>澈</u>則目之爲西者也. 故<u>李珥</u>勸<u>澈</u>, 與少年士類通情,

---

19) 不: 底本에는 "甚"으로 되어 있다. 《御製皇極編》에 근거하여 수정하였다.

20) 欲: 底本에는 없다. 《御製皇極編》에 근거하여 보충하였다.

21) 則: 底本에는 "之"로 되어 있다. 《御製皇極編》에 근거하여 수정하였다.

以破東西之說.

戊寅十一年夏, 以洪可臣爲持平. 可臣少有風力, 與趙瑗友善. 而瑗爲[22] 吏郞, 有徇私之失, 可臣語之曰：“事公則不顧私, 君多所失, 我不可徇情不劾”[23]. 乃駁遞其職, 公論稱快. 而可臣則目爲東·瑗則目爲西, 故言者謂“東西不協, 至於攻擊”, 如鄭澈亦不能平矣.

時士類旣分, 所謂東者, 多淸名後進, 西者只是前輩數人, 而[24]又無時望, 人皆知東盛西衰. 且出孝元之後, 西人擧措乖當,[25] 公論不與, 故一時進取者, 咸赴於東, 扼腕以爲“東是西非”.

金繼輝雖稱西人, 亦爲年少所重, 東人或稟命於繼輝. 尹晛與金誠一同作銓郞, 議論矛盾, 遂成嫌隙. 晛之從父斗壽·根壽, 皆在要津, 每爲扶西抑東之論, 東人深嫉. 而斗壽居家頗有受賂聲, 或謂繼輝曰：“斗壽可劾也.” 繼輝止之, 曰：“方今務在鎭定, 不可攻擊.” 年少輩甚不快之.

修撰姜緒言於上曰：“士類分作東西, 皆可用之人也, 不可取捨.” 於是上亦知東西之說矣. 李潑偏於東·鄭澈偏於西, 所見雖異, 皆有人望, 憂國奉公爲一時之最. 李珥常語二人曰：“君等同心調劑, 則士林庶可無事.” 言之甚切. 澈稍回所見, 與潑定交, 共作和平之論. 而東人喜事者, 必欲攻西以防後患, 皆以斗壽三父子爲魁, 決意去之, 惟柳成龍及潑不從, 故姑忍之矣.

務安縣監全應禎者, 以賂權貴, 事覺鞫問, 時議方以貪贓爲戒. 金誠一聞珍島郡守李銖運米賂斗壽三父子, 甚怒. 一日於經席啓曰：“全應禎雖受罪, 其後亦有載米行賂者矣.” 上遽問：“是何人?” 誠一猝然對以李銖. 臺諫請治銖罪, 上命詔獄鞫之, 教曰：“只治與者, 不治受者, 可乎?”

---

22) 爲：底本에는 없다. 《御製皇極編》에 근거하여 보충하였다.

23) 我不可徇情不劾：底本에는 “我不劾, 臣不徇情”으로 되어 있다. 《御製皇極編》에 근거하여 수정하였다.

24) 而：底本에는 “時”로 되어 있다. 《御製皇極編》에 근거하여 수정하였다.

25) 當：底本에는 “常”으로 되어 있다. 《御製皇極編》에 근거하여 수정하였다.

許曄方爲副學, 譏斥臺閣, 無直截風彩, 臺諫始舉三尹之名, 而自劾其不言
之罪. 玉堂乃箚遞諸臺, 新入臺者, 請罷三尹以懲風貪, 上不從. 大司諫金繼輝
適受暇, 聞兩司攻尹, 大疑東西接戰, 甚不韙之, 曰: "年少士類處心不公, 不可
同事. 我寧得罪而退." 乃入京, 復命之日, 啓於上曰: "三尹皆良士, 特被擢用,
別無罪過. 其受賂虛實, 未可知, 安知非陰中者造言乎? 徐待獄成, 罪之未晚,
而先拈三人之名, 泛26)請治罪, 非待士之道." 其言多激而不中, 東人群起, 指繼
輝啓辭, 爲亡國之語, 諸臺相與引避, 玉堂劾遞繼輝.

於是兩司齊憤, 大司憲朴大立尤持峻論, 掌令李潑毛舉三尹隱慝, 不究虛
實, 極意醜詆. 上旣以攻西不公, 又以繼輝黨西爲不是. 士類出繼輝, 爲全羅監
司, 朝廷騷擾, 東西之戰, 始不爲27)公論. 東人自恃淸流, 慷慨日甚, 鄭澈與李
潑, 論議大乖, 東人顯斥澈爲小人, 更無保合之望矣.

時甕津縣監李信老亦以行賂下獄. 其受者無以知之, 泛稱朝貴, 漫及右相盧
守愼. 臺諫欲竝劾之, 以大臣爲難. 談者皆曰: "名爲糾摘貪汚, 而實欲罪三尹
也, 李銖可謂鰕死於鯨戰. 不然則何故李銖之獄期於必成, 信老之獄, 鞫之不
詳耶?" 或又曰: "李銖之獄出於搆陷, 非實事也." 士類病其言, 恐獄不成而反
爲西人所中, 深文鉤距, 無所不至.

憲府聞李銖之米接置于市人張世良家. 乃托以他事, 捕世良, 移禁府, 必欲
成獄. 又嫌於獨窮銖獄, 竝治信老事, 儒生鄭汝忠者, 偶言其事, 竝繫之. 禁堂
朴啓賢亦有賂謗, 深銜汝忠之發言, 刑訊甚酷, 物情尤不平. 或曰: "今日士類
嚴法·刻刑, 無異金安老云." 街談巷議, 囂囂不止, 憲臺請放汝忠, 而獄終不成,
上命放信老.

珍島邸吏, 有怨於銖者, 乃曰: "我若入獄, 則獄事必成." 憲府啓, 囚其吏.
於是繫獄者, 皆以"李銖米百石, 自世良家, 分送于三尹", 一口納供, 獨世良不
服矣. 上以郡吏已服, 從臺啓, 罷三尹. 金繼輝旣大忤士類, 人皆尤之, 繼輝

曰：“我雖不見容士類, 若有攻士類者, 必小人也.”

○ 大司諫鄭澈憤士類誤事, 將退歸, 書問去就於李珥, 珥以爲“若不供職, 則疑阻益深, 浮言益鬨, 不如出而供職, 持議平和, 以釋士類之疑.” 澈從之. 珥還鄕之後, 連辭薇垣·銓部之命, 而眷眷國事, 每以朝著不和爲憂, 欲自任以 調劑之責. 其友徵士成運語之28)曰：“自古行道之士, 未聞不計道之行否, 只 以止鬨爲能事者也.”

時沈義謙亦退歸坡州, 珥語之曰：“退歸雖好, 恐非其時, 無乃益助人言 乎?” 義謙曰：“吾之退計已定, 豈必避人而自沮乎? 士類旣排三尹, 若止於此, 更無疑阻, 則國家之幸也. 若疑阻不已, 名爲西者, 雖賢才亦不用, 則擧措必誤 矣. 如金顯卿【貴榮】作吏判, 而三尹以貪汚得罪, 雖曰激濁揚淸, 人孰信之乎?” 貴榮最29)貪鄙故云. 珥曰：“固然矣. 但士類之失, 不過爲縉紳之羞, 惡士類而 欲治之者, 其禍必亡人之國也.” 義謙曰：“今之士類, 雖不容, 我得優游桑 梓,30) 有何憂乎? 若士類失勢, 則是可憂也.” 未幾義謙還朝供職.

○ 十二月, 歲抄, 尹斗壽等皆承敍用之命. 諫官以爲“銖獄未竟, 與者方鞫, 而受者不宜復職.” 大司諫鄭澈獨以銖獄爲冤, 不肯論啓, 被劾而遞. 於是東人 益詆澈爲邪黨矣.

己卯十二年春, 白虹貫日, 上下敎求言, 大司憲李拭等應旨陳疏論時弊, 斥沈義謙爲小人, 而金繼輝·鄭澈皆謂之邪黨. 時東勢甚盛, 求名者·慕爵者爭 附之, 流俗宰樞之前日見斥於西者, 乘時趨之, 多柄用, 拭方欲固位. 而執義洪 運曾恨斥東故退居, 乃攘臂而起, 曰：“此正君子有爲之時也.” 立論甚偏. 掌令

---

28) 語之：底本에는 “之語”로 되어 있다. 《御製皇極編》에 근거하여 수정하였다.
29) 最：底本에는 없다. 《御製皇極編》에 근거하여 보충하였다.
30) 梓：底本에는 “材”로 되어 있다. 《御製皇極編》에 근거하여 수정하였다.

鄭熙績曾論義謙事, 乙亥西人出熙績於外, 故熙績銜之. 至是自製疏, 極詆義
謙及其儕輩, 將以定爲國是以防西人再入之路. 由是朝廷不靖矣.

○ 夏, 李銖之獄久不成. 張世良受刑二十餘次, 殆死而終不服. 或譬之,
曰：“汝罪不重, 若告以接置, 則可以免死, 何苦而忍杖乎?” 世良曰：“我豈不
知不服則死·服則生乎?[31] 但實無是事, 安可自貪其生而陷人於死地乎?” 時
士類必欲銖獄之成, 銖及世良獄中訴冤之書, 皆不許上.

判義禁府事鄭惟吉語人曰：“張世良罪輕之人, 乃刑二十餘次, 期以輸情,
此非法例. 我欲啓達, 而畏人言不敢耳. 且世良若非義士, 決是愚人也.何苦爲
李銖而殺身乎?” 上以世良久不服, 疑銖獄不實, 問于三公將釋之, 三公畏士論,
不敢對, 上乃命釋之. 政院啓以“贓污罪重, 不可輕釋之”, 至四啓, 上乃怒, 命罷
入直承旨金宇宏·宋應漑, 而盡遞都承旨李山海以下. 天威大震, 闕中驚動. 明
日兩司·玉堂爭之, 不能得, 三公亦請勿罷遞承旨, 而上不從. 銖·世良乃得釋.

○ 大司諫李珥辭疏, 仍陳東西之弊, 略曰：“沈義謙出於戚畹之中, 稍有向
善之心. 癸亥年間, 李樑方禍士林, 而義謙有救護之力, 故士林許其爲人, 是前
輩士類也. 金孝元少時雖無檢束, 而後乃改行爲善, 及其從仕[32]也, 律身淸苦,
不畏强禦. 且喜汲引名流, 故士林多趨焉, 是後輩士類也. 只緣義謙不忘孝元
少時之愆, 屢遏淸選, 孝元又議義謙之失, 以爲‘戇驪, 不可柄用’. 夫義謙之短孝
元, 非有宿怨; 孝元之疵義謙, 非爲私憾, 適其所見如此耳, 不逞之徒交構兩間,
顯有分黨之漸.

乙亥年間, 臣深知異日醞釀之禍, 乃見大臣盧守愼, 姑出兩人於外, 消融彼
此以鎭定之. 於是喜事造言者, 做出東西之說, 無論公私得失, 皆入指目之中,
朝著無全人, 可謂士林之厄歟!

---

31) 乎：底本에는 없다. 《御製皇極編》에 근거하여 보충하였다.
32) 仕：底本에는 “事”로 되어 있다. 《御製皇極編》에 근거하여 수정하였다.

乙亥, 西人旣失人心, 所謂東人漸主淸論.去年, <u>金誠一</u>於經席, 言及貪汚, 直啓所聞, 輾轉發露, 臺諫始劾三尹, 初非有心於排擊也. 但東西之名已久, 受賂之家三尹, 故傍觀者皆以爲'意在攻西'.

其時諫長<u>金繼輝</u>受暇在鄕, 不察曲折, 只聽道言, 只以東人攻西爲不韙.故馳來獨啓, 言甚失中, 士類憤激, 遂致大鬧. 若有公明者, 鎭定兩間, 則庶或安定, 大臣力不能鎭, 卿大夫苟避鋒釳, 一任後輩之所爲, 群憾蝟起, 無以裁制.

日者憲府之疏, 顯斥西人爲小人, 議論之激, 極於此矣. <u>孝元</u>·<u>義謙</u>論其人, 則皆可用; 語其失, 則兩非也, 必欲以爲君子·小人, 則臣未之信也.

若使義謙誤國, 而東人攻之, 則是非自定矣, 今也不然.時輩之意, 欲防義謙再入之路, 加以小人之名.小人在朝, 必能禍人家國.今之言者, 若以義謙爲小人, 則當列數過惡, 加以竄殛, 可也; 若以爲非小人, 則啓達之事, 不可不愼, 而無故加人惡名, 言者進退無據矣.

收司之律, 延及善士. 至如<u>鄭澈</u>之忠淸剛介, 而加之黨邪之名, 使不得接跡於朝 ; <u>金繼輝</u>之淸白明練,[33] 而加之簧鼓之誚, 使之退遯於野 ; <u>韓脩</u>之老成, 而一言見忤, 毁謗沓至, 杜門不出. 只此三人, 已爲可惜, 況吹毛覓疵, 不止於此乎! 時輩之意, 非欲盡斥西人也, 只欲强定國是, 必使時人, 皆曰'東正西邪', 然後收而爵之, 使不敢抗己之計.

乙亥西人固失於前, 今者東人殆甚乙亥. 人心之所同然, 謂之公論, 公論所在, 謂之國是. 今之所謂國是, 只是主論者, 自以爲是, 而聞之者, 或從或違, 終無歸一之期, 不過益人之疑而反生厲階也. 士論之橫潰, 何時可定乎? 自古士類, 雖持論一出於正, 尙被小人加以朋黨之名, 況今士類處事失中, 安知後日之禍, 不兆於今日之擧乎?

伏願殿下下敎朝紳, 洗滌東西, 惟才是用, 不才則捨, 擧皆一心徇國, 不從者裁而抑之, 則士林之幸, 可勝道哉? 若<u>義謙</u>, 則只當保爵祿, 不可更居要地. 因此垂訓, 永勿授外戚以權柄, 則亦聖明裕後之一道也."

---

33) 淸白明練:底本에는 "淸明白練"으로 되어 있다.《御製皇極編》에 근거하여 수정하였다.

上以疏辭多不中, 命遞其職, 兩司·玉堂群起駁之.

○ **秋**, 上因旱求言, 右參贊白仁傑疏, 略曰: "乙亥年間, 竊聞搢紳有沈·金分黨之說. 做出東西之目, 稍涉於義謙儕輩者, 則指謂之西; 稍涉於孝元儕輩者, 指謂之東. 論一人, 則衆必曰'某是某黨, 故被駁'; 用一人, 則衆必曰'某是某黨, 故被薦', 一駁一薦, 無不指以私情, 臺諫·銓曹莫能措手足於[34]其間, 重爵祿·輕名義之徒, 爭事漁利, 賄賂公行. 爲士類者, 雖欲慷慨論劾, 而恐上疑其攻擊也·恐下議其斥異也, 相顧憂歎, 莫敢發言. 邦本日困, 國脈日傷, 東西二字, 是亡國之禍胎也.

所謂東者, 多年少新進, 而志於爲善·勇於謀國, 此當誘掖扶植, 宰制裁成, 而不可排抑也; 所謂西者, 多先輩舊臣, 而經歷變故, 力去權奸, 功在社稷, 此當眷待無替, 刮垢磨光, 而不可疏斥也. 以東攻西, 不可; 以西攻東, 亦不可, 必調和鎭定, 使之同寅協恭者, 君子之論也."

上褒答, 而士類怒其不扶東抑西, 三司·政院交章論之, 目以老耄顚錯. 初仁傑將陳上疏, 恐其辭不達意, 要珥潤色之, 珥憐其老而憂國, 略爲一段文字以送之, 其論東西一款, 與珥疏頗同. 許曄與吏判李文馨往見仁傑, 曰: "東西一款, 何以與珥疏相合耶?" 仁傑曰: "此論出於珥手矣." 於是士類喧傳.

珥素負重望, 東人望其扶東, 及上疏譏東人, 東人甚怒, 如柳成龍·李潑輩皆不能平. 正言宋應泂輕躁陰險, 窺見珥見忤士類, 意謂'若劾珥, 則可以結東人, 而做好官', 乃言於同僚曰: "李珥代白老製疏, 不可不劾." 大司諫權德輿等皆曰: "此事虛實, 未可知. 就[35]令有之 豈足爲罪乎?" 應泂固爭之, 德輿等不從, 應泂乃獨啓曰: "白仁傑疏中一款, 李珥代述之事, 朝廷莫不聞之, 或見其代稿. 仁傑耄不足責, 珥以經幄舊臣, 退處山野, 凡有所懷, 直達何難, 而乃敢匿跡代述, 冀[36]惑天聰. 臣不勝駭怪, 欲論其詭秘不直之失, 而爲同僚所沮抑, 不

---

34) 於: 底本에는 없다. 《御製皇極編》에 근거하여 보충하였다.

35) 就: 底本에는 "雖"로 되어 있다. 《御製皇極編》에 근거하여 수정하였다.

可在職矣." 大司諫權德輿等啓曰："近來朝廷方主平和, 恐因此事, 或致囂囂,
故與宋應洄議論不合. 且欲以詭秘斥之, 臣等之意, 不以爲然, 不可在職."

大司憲李栻亦以不言請遞, 上竝以勿辭答之. 前此, 修撰金瞻已以代述事奏
達矣. 玉堂當爲處置兩司, 敎理金宇顒大言曰："宋應洄必小人也. 乘此機會,
欲害君子也, 當遞憲臺及應洄, 獨存大諫以下, 可也." 僚議不一, 宇顒極論爭
之. 副提學李山海·應敎李潑乃爲依違之計, 陳箚兩是之, 竝請出仕.

上問於李文馨, 曰："聞卿往見仁傑, 仁傑自言疏出於李珥之手云, 其言是
乎?" 文馨對曰："臣偶問疏中一款, 與李珥之疏相同處, 則仁傑答以李珥通之
云矣." 上乃37)答堂箚, 曰："敎人上疏, 實爲驚駭. 意雖貴於和平, 理難掩於罪
過. 出仕事依啓."

德輿等及應洄再避退待. 李栻等以應洄之欲論未爲不可, 德輿等之不從, 勢
難相容, 請出應洄, 而幷遞德輿以下. 仍將劾珥, 議論甚盛. 持平奇大鼎趨附東
人, 尤攘臂詬珥.

白仁傑聞兩司之論驚愧, 陳疏自明, 曰："李珥果修潤臣疏矣. 竊聞宋之程
頤代彭思永作濮王典禮疏·代富弼作永昭陵疏·代呂公著作應詔疏. 此等事
先儒亦嘗爲之, 故臣用珥文而不以爲嫌, 向人無隱, 故傳者皆以爲李珥38)誘臣
上疏. 臣雖無狀, 豈敢以非臣之本意, 聽人所敎乎?" 上於是始得其實. 玉堂以
憲府處置爲非, 李栻等乃引避, 玉堂箚請幷遞.

具鳳齡拜大司諫, 李山海以特旨爲都憲. 時兩司雖遞, 而新臺亦疵珥不已.
執義洪渾尤忿然, 曰："豈可遞應洄以防言路乎?" 欲上疏斥之, 柳成龍·李潑
等力止. 金宇顒聞之, 曰："憲府之疏若上, 則我亦疏斥其害賢之罪而退去矣."
以此憲府不敢發, 而橫議不止. 左議政盧守愼倡言39)曰："憲官果攻李僉知,

36) 冀：底本에는 "欺"로 되어 있다. 《御製皇極編》에 근거하여 수정하였다.
37) 乃：底本에는 없다. 《御製皇極編》에 근거하여 보충하였다.
38) 珥：底本에는 없다. 《御製皇極編》에 근거하여 보충하였다.
39) 倡言：底本에는 "曰" 뒤에 있다. 《御製皇極編》에 근거하여 수정하였다.

則吾等大臣不可無言, 當啓憲官之失. 安可托於公論, 以害君子乎?" 守愼問於朴泂[40], 曰 : "宋應泂攻李僉知, 外議何如?" 泂曰 : "時論雖詆李公, 李公不可毁也. 學徒遊[41]吾門三四百人, 吾欲試其意, 問曰 : '李公何如人?', 則無一人不以爲君子者. 此輩是後日士林也. 一時雖或妄毁, 後日公議, 其可泯滅乎?" 守愼深然之. 後於經席, 與朴淳力陳 : "珥之爲人, 雖或有疏脫之失, 出於憂國之誠." 上曰 : "人言敎仁傑上疏, 故予亦非之, 今聞其實, 則只是相通而已, 此有何過乎?"

時東人之浮薄者, 必欲害珥, 怪論百出, 而賴淳等正色折之, 故竟不能害. 自是公論歸咎東人, 目之以小人. 鄭澈謂人曰 : "時論至於攻叔獻, 尙何[42]言哉?" 東人亦愧屈. 宇顒輩仍發調劑之論, 稍抑浮薄之習, 庶有和平之望, 議者以爲 : "珥疏雖未見用, 不可謂無助矣."

○ 李珥貽書李潑, 曰 : "自古及今, 安有以一二人之優劣, 擧士林之血戰者乎? 今又無故而顯斥, 沈爲小人·西爲邪黨, 沈雖不足惜, 西人皆不足惜乎? 珥初不細知仁伯, 漸觀其所爲, 漸聞於可信之人, 始知其可用矣. 沈則本與之相知, 只是外戚之稍優者, 雖無此人, 何損於時? 不用可也. 但不可謂之小人, 他人之居要地而不及於沈者, 肩相磨也. 仁伯不彼之詆·獨此之疵, 以至起人疑而生厲階, 未知仁伯之不避嫌, 利於國乎? 病於國乎?

年前季涵偏執主西之見, 反疑鄙人與君, 此時君以季涵爲何如哉? 今日君之主東, 無異季涵之主西, 何不以責季涵者, 反以自責乎? 若使今日處事得中, 則孰不曰'東是西非'乎? 今者旣效其尤且自是, 然則名爲君子者, 雖冥行倒施, 不害爲君子乎?

---

40) 泂 : 底本에는 "泂"을 "淳"으로 수정해 놓았다. 《御製皇極編》 및 《石潭日記 下》에 근거하여 수정 전의 "泂"이 맞는 걸로 간주하였다.

41) 遊 : 底本에는 "游"로 되어 있다. 《御製皇極編》에 근거하여 수정하였다.

42) 何 : 底本에는 "可"로 되어 있다. 《御製皇極編》에 근거하여 수정하였다.

沈也雖無形顯之過, 旣是外戚, 又與士類相失, 不可更居要地. 三尹大忤士類, 亦不可更參淸選. 其餘西人, 隨才授職, 東人之過峻者, 裁而抑之, 若其乘時附會者, 斥而外之, 秉心公明, 則或有好消息矣. 但無人辦[43]得此事, 君與藎夫·而見同心協力, 則或可匡救也.

珥從前孤立, 不得於西·不得於東者, 良以欲和兩間, 以靖朝廷. 若使附西而攻東, 則寧附東而攻西, 與其黨沈·尹, 失淸名而得美仕, 曷若附賢兄, 而淸名美仕, 兩得之乎? 乙亥, 西人小勝, 故其時珥只向西人爭辨, 今則東人大勝, 安得不向東人爭辨乎?"

又與成渾書, 曰: "須通諭于藎夫·景涵二兄, 使之反覆歸一, 幸甚. 況景涵陷溺之甚, 汲汲救援, 吾輩之責也. 大抵士類之鬪, 當視傾者而扶之. 乙亥, 仁伯將竄絶塞, 而珥獨啓救之, 豈爲一仁伯乎? 今者以沈爲小人, 西人爲邪黨, 則甚於仁伯之竄矣. 鄙疏, 只明非小人·非邪黨而已, 曷嘗讚沈爲君子乎?"

○ 執義許晉欲擠李珥以結時輩, 乃啓曰: "李珥之疏, 出於私心. 疏中營救沈義謙·韓脩·鄭澈, 是珥族黨·執友, 其言豈公乎? 且渠不上來, 偃然陳疏, 亦非臣子之禮也." 上方以珥之不來, 甚不平, 聞其言, 頗然之. 未幾晉拜承旨, 物議皆曰: "害故舊以拔身". 憲府劾其阿世害正, 晉內慙, 以疾免官.

○ 時人旣失李珥, 欲援成渾入其黨, 勸上特召, 渾終不應命. 或見渾毀珥之短, 渾徐曰: "吾與叔獻, 生當同罪·死當同傳." 其人失色而去.

○ 吏判李文馨免, 以朴大立代之. 二人皆附年少士類, 得居銓衡, 而流俗與二人合而爲一, 識者憂之.

庚辰十三年冬, 以李珥爲大司諫, 鄭仁弘爲掌令, 朝野欣然. 而仁弘淸名

---

43) 辦: 底本에는 "辨"으로 되어 있다. 《御製皇極編》에 근거하여 수정하였다.

重於世, 及上京, 人皆想望. 初水原縣監禹性傳少遊李滉之門, 負才氣·持詭辯, 自以爲才堪經濟, 而行多玷汚, 善類不取. 其友洪渾·成洛之輩, 妄相推重, 氣勢甚盛, 識者憂之. 李珥自鄕入來, 李潑等往見問曰: "如禹景善【性傳】者, 何以處之?" 珥曰: "君子秉政, 紀綱整齊, 則渠安敢騁其私哉? 若無君子·無紀綱. 則雖欲排擯此類, 亦不可得也, 此等人亦不可攻擊也. 天心未回, 仇敵先起, 則士類不能容足矣." 潑等以爲然. 安敏學聞之, 甚不悅, 譏珥欲使薰蕕同器.

仁弘素以風裁自任, 旣在憲府, 百僚震肅. 但氣輕而量狹, 處事躁擾, 珥貽書戒之, 仁弘反疑珥過柔, 謂安敏學曰: "叔獻非剛毅做事底人." 敏學告珥, 珥笑曰: "我當爲德遠【仁弘】之韋, 德遠當爲我之弦. 我與德遠合一, 則豈不做事乎?" 時性傳將遞歸, 仁弘恐其復入侍從之列, 乃欲論其爲邑不事事, 多輪錢穀, 恣辦酒肉, 張皇氣勢, 妄自矜高之罪. 大司諫李陽元憚與年少輩構隙, 不肯從, 仁弘爭甚力, 至欲獨啓. 陽元不得已, 改其措語, 只斥不職之罪罷之, 其儕流咸懷不平.

辛巳十四年夏, 以尹毅中爲刑曹判書. 毅中久在淸班, 位雖亞卿而頗以貪鄙, 見棄淸議. 刑判適有闕, 上命大臣薦從二品中可陞者, 領議政朴淳薦金繼輝·鄭芝衍, 左議政盧守愼·右議政姜士尙薦尹毅中·朴謹元. 吏曹參判鄭琢欲以領相之薦首擬, 正郎李純仁以兩相俱薦爲重, 苦爭之, 乃以尹·朴·金·鄭[44]擬四望以入. 毅中受點, 而旣有貪名. 謹元則輕巧, 且於仁聖王后之喪, 爲守陵官, 懷戀妻妾, 病發而遞, 人皆以爲托疾, 於是物議譁然.

毅中卽李潑之舅也, 李珥將劾之, 成渾勸其先告於潑, 珥曰: "豈可對其甥, 言舅之失乎?" 芝衍方爲都憲聞之, 乃曰: "叔獻爲國任怨, 吾輩豈可不助之乎?" 於是兩司俱發, 而諫啓曰: "尹毅中不廉致富, 素爲淸議所鄙. 若陞此人, 則導一國征利, 請改正. 且朴謹元托疾, 規避於守陵, 用心無狀, 銓曹連擬淸要,

---

44) 金·鄭: 底本에는 "鄭·金"으로 되어 있다. 《御製皇極編》 및 《石潭日記 萬曆九年辛巳》에 근거하여 수정하였다.

至欲陞擢, 請命推考." 上只許推考銓官, 而不允改正. 憲府之啓, 僅成措語, 由是人皆以爲李珥主張攻毅中矣.

先是銓官以朴之可用與否屢問於珥, 珥以卑賤邪諂斥之. 適亞銓有闕, 無可擬望者, 佐郞金瞻書問於金宇顒, 曰 : "吏參無可擬之人. 朴也雖非士望, 亦無大過, 備諸末望, 如何? 願質于李大諫." 時柳夢鶴在宇顒座, 多陳謹元可用之狀, 勸其書問. 珥自以非銓官遏人前程爲嫌, 以無妨之意答之, 瞻得其言, 連擬淸望, 不知者, 以珥爲薦謹元, 或尤之. 至是珥駁正之, 金瞻語人曰 : "大諫自薦而乃自駁矣."

時李潑負重望, 故時輩多欲附潑, 論毅中不力. 珥笑曰 : "憚景涵而不能力攻尹者, 非知景涵者也." 後於經席, 啓曰 : "今日急務在於激揚. 毅中之不廉而超擢之, 則士習何由以可正乎? 一人進退, 雖似不重, 終至於一世征利, 則非細故也." 上曰 : "毅中不廉之實, 其能目覩乎? 大臣薦之, 何敢不用?" 珥曰 : "他人一家之事, 豈有睹者乎? 毅中不廉, 有口皆言, 豈一一虛傳乎? 大臣只觀資歷之久, 而泛然薦之, 殊非公論. 殿下當獎拔淸白·抑退貪污, 而乃擢陞毅中, 則舉措失宜". 上顧問於朴淳, 淳良久對曰 : "虛實未可知, 公論如此, 不可不從." 淳以非己所薦, 依違以對矣.

正言宋言愼嘗被李洁所薦, 故欲媚於洁, 啓曰 : "毅中立朝三十餘年, 別無玷污, 此非齷齪求富者, 而年衰志怠, 昧於在得之戒, 則或有之, 請命改正." 珥見其啓辭, 笑曰 : "此乃薦章, 非論劾也." 時憲府已停啓, 故珥亦停啓, 而貽書于言愼, 曰 : "君論尹之章, 有稱美之辭, 士論頗非笑之. 臺諫體貌必須自處." 言愼聞而怒之, 乃詣闕引避, 言多悖亂. 專欲營救毅中而沮抑兩司, 至有構成不根·排擯異己等語, 聞者驚愕. 憲臺請罷言愼, 上不允.

○ 吏曹佐郞李敬中, 素無學識, 短於從善, 在銓甚久, 頗有自擅之迹. 掌令鄭仁弘將劾之, 大司憲鄭琢固執不從, 各以意見引避. 諫院遞琢而出仁弘, 劾罷敬中, 於是其類皆懷疑懼. 柳成龍亦頗不樂, 李珥曉之, 曰 : "德遠以草野孤蹤,盡忠奉公. 所論雖過, 實是公議, 何可非之乎?" 成龍乃不敢言.

○ 大司憲李拭貪鄙無檢, 且其與孼屬之女入宮寵幸者, 交通納賂, 聞者忿之. 拭誤聞李珥言其在海營時過失, 經先引避. 仁弘以其事在十年前, 啓請出仕, 旣而追聞其交通宮掖之狀, 悔其請出. 乃與持平朴光玉據實引嫌, 上怒曰: "拭焉有此事? 不過欲擊去, 而故爲此辭也." 命勿辭. 諫院啓曰: "仁弘職居風憲, 只知奉公, 更無顧藉. 且與拭無私嫌, 此豈有心於擊去乎? 李拭果有交通之謗, 不可仍置, 請遞拭而出仕仁弘等." 於是流俗皆畏淸議, 以珥爲淸議之主, 疾之尤深.

○ 吏曹以金孝元擬司諫望, 上曰: "致朝廷不靖者, 皆此人, 金孝元只可備庶官郎僚足矣, 何可擬於司諫望乎?" 於是士類多不安. 李潑問李珥曰: "玉堂欲箚論此事, 未知何如?" 珥曰: "只可大臣陳啓, 年少士類, 不可輕言, 益致上疑." 珥謂朴淳曰: "當今士類不協者, 以東西之說尙未消釋也, 今當洗滌東西, 但用才器可也. 金孝元可用, 而上意不欲擬於淸望, 如是則非計之得也, 大臣當有所言." 後數日經席, 淳進啓曰: "東西之說, 乃閭巷雜談, 朝廷當不置齒牙間, 豈可以此廢棄可用之人乎? 金孝元棄之可惜. 且近日被駁者及置散者, 皆以東西爲口實, 今若不用, 則藉口者尤衆矣." 上曰: "雖不用孝元, 豈無可用之人乎?" 珥及副學柳成龍·修撰韓孝純等相繼反復陳達, 而上終不釋然.

○ 右議政盧守愼辭疾不出, 鄭澈製進不允批答, 略曰: "大臣無可去之義, 而有必退之志, 不過苟焉謀身而負國也. 自卿爰立之日, 衆喜得人, 皆以爲至治朝夕可見, 而式至于今, 蔑乎無聞, 此何獨寡人之恥也? 正宜君臣相誓, 飭躬補過之不暇, 尙安忍懷私計而忽大計乎?" 於是議者皆曰: "此批答近於論劾." 澈時爲年少士類所忌, 乘此排擊者蜂起. 憲府論澈之罪, 曰: "有迫促輕蔑之意, 不類王言之體, 且優待大臣之禮, 自此墜落矣." 澈因此尤不樂居朝矣. 獨安敏學曰: "雖不合於批答之製, 實是公論也."

○ 秋, 特除大司諫李珥爲大司憲. 珥立朝, 與一二士友, 欲扶持國勢·挽回世道. 而鄭仁弘過剛而量狹, 嫉惡如讐, 旣劾禹性傳·李敬中之後, 時輩疑珥主論而抑東扶西, 多有不平者. 李潑·金宇顒素尊信珥, 而潑嫉沈義謙, 必欲聲罪擊去之. 又有浮言, 謂; "義謙於今上宅宗時, 潛緣宮禁, 希望起復, 欲以專擅權勢." 言不近情理, 而士類皆憤激, 仁弘尤憤, 曰: "義不可與此賊同朝." 珥聞之, 謂成渾曰: "事不近理, 非可信之說. 且義謙於今日, 無異孤雛·腐鼠, 置之一邊, 亦可爲[45]國事矣. 今若論劾, 則人情疑惑, 惹起不靖之端, 何必無事中生事乎?"

潑往見仁弘贊其決, 仁弘議于宇顒, 宇顒亦止之, 仁弘不聽, 欲幷論鄭澈. 宇顒·潑曰: "若[46]論季涵, 則大憲必不從而角立矣, 季涵決不可論也." 仁弘又勸珥論義謙, 珥不從, 仁弘慷慨, 欲棄官歸. 潑往見珥, 曰: "時輩不信令公者, 恐公不捨義謙故也. 公若棄絶此人, 則一時士類皆信服, 而西邊善士, 漸可收用, 有保合之望. 且不論此人, 則德遠將棄官而去, 豈不可惜乎?" 珥謂成渾曰: "今日無端欲論義謙, 甚非事宜. 但時輩疑珥黨西, 今者德遠以此事不合棄歸,[47] 則[48]時輩必以此爲赤幟, 顯然攻珥矣. 珥去而士類盡散, 則國事必敗, 今日之勢, 須從衆議." 渾歎曰: "不有景涵, 誰主此論; 不有德遠, 誰決此論? 可謂平地起風波矣."

金宇顒曰: "論劾非宜, 以一箚論其爲人, 如何?" 珥曰: "箚子須多語句, 此事有何說而能陳列成箚乎?" 宇顒曰: "然箚勝於啓矣." 一日憲府齊會, 仁弘發義謙事, 珥曰: "上箚論其爲人, 如何?" 仁弘曰: "不如論罷之爲明正也." 珥

---

45) 爲: 底本에는 "謂"로 되어 있다. 《御製皇極編》에 근거하여 수정하였다.
46) 若: 底本에는 "欲"으로 되어 있다. 《御製皇極編》에 근거하여 수정하였다.
47) 歸: 底本에는 "官"으로 되어 있다. 《御製皇極編》에 근거하여 수정하였다.
48) 則: 底本에는 없다. 《御製皇極編》에 근거하여 보충하였다.

曰："必須啓辭得中. 若稍過激則必有蔓延之患. 且起復事當置之疑信之間, 不可入於啓中矣." 僚議皆從之. 珥乃口占, 曰:"<u>靑陽君</u> <u>沈義謙</u>曾以外戚, 久執國論, 貪權樂勢, 積失士類之心. 近年朝著渙散者, 實此人所致. 公論不平, 久而益甚, 迄未蒙顯斥, 故好惡不明, 人心疑惑, 請命罷職, 以定人心." 且謂<u>仁弘</u>曰:"後日啓辭, 必依此說, 不可追增以起人惑." <u>仁弘</u>口諾, 而心不然之.

翌日發啓, 辭語稍過, 且有"援附士類以助聲勢"等語. 上問曰："士類何人也?" <u>仁弘</u>請議于同僚以啓, 上曰:"旣爲啓辭, 自當知之, 其速回啓." <u>仁弘</u>遽對曰:"士類者, <u>義謙</u>與<u>尹斗壽</u>兄弟·<u>鄭澈</u>諸人, 相爲締結, 窺覘形勢矣." 珥見此啓, 謂<u>仁弘</u>曰:"<u>季涵</u>非<u>義謙</u>黨也. 年前士類議論過激, 故<u>季涵</u>果有不平之言, 此非爲<u>義謙</u>也. <u>季涵</u>是介士也, 若以爲締結<u>義謙</u>以助聲勢, 則冤枉極矣. 珥嘗前上疏, 讚<u>澈</u>之爲人, 今在憲府, 斥<u>澈</u>爲<u>義謙</u>黨, 則珥乃反覆無狀之人也. 君須避嫌, 爲<u>澈</u>分疏, 然後珥可供職, 不然珥當辭遞矣." <u>仁弘</u>甚難之相爭, 移時乃屈意從之. 乃詣闕引避, 曰:"<u>鄭澈</u>雖與<u>義謙</u>情分甚好, 不至如<u>尹斗壽</u>等私相締結, 而臣乃以爲<u>義謙</u>之私黨, 失實甚矣." 上答以勿辭.

珥與同僚當處置. 珥曰:"<u>鄭澈</u>與<u>義謙</u>, 雖曰情厚, 氣味心事, 逈然不同. <u>仁弘</u>倉卒間回啓失實, 非有私意, 當以此請出." 掌令<u>權克智</u>·持平<u>洪汝諄</u>曰:"<u>澈</u>與<u>義謙</u>, 情旣厚矣, 且<u>義謙</u>失志之後, <u>澈</u>多發不平之言, 安得謂之氣味·心事逈然不同乎?" <u>柳夢井</u>曰:"我不知<u>澈</u>, 但聞人言, 他人可信者, 孰如令公乎? 我則當從令公矣." 於是<u>克智</u>·<u>汝諄</u>先避, 曰:"臣等與<u>鄭澈</u>, 曾未相識, 其心術隱微處, 有不可知. 但<u>澈</u>與<u>義謙</u>交厚, 自<u>義謙</u>失志之後, 辭氣多發於憤激, 則與<u>義謙</u>相密, 據此可知. 掌令<u>鄭仁弘</u>直據所聞, 仰答下問, 初無所失, 故臣等欲以此意請出. 而同僚或以爲<u>澈</u>與<u>義謙</u>逈然不同, 以<u>仁弘</u>所啓爲失實, 而反請出仕云. 請出雖同,[49] 其意則異, 勢難苟同." 珥與<u>夢井</u>啓曰:"<u>鄭澈</u>是剛介之士, 本非<u>義謙</u>之[50]私黨也. 但其爲人容量狹隘, 士類之攻<u>義謙</u>也, 疑其過激, 屢發不

---

49) 同：底本에는 이 앞에 "不"이 더 있다.《御製皇極編》에 근거하여 수정하였다.

50) 義謙之：底本에는 없다.《御製皇極編》에 근거하여 보충하였다.

平之語, 實非爲義謙也. 鄭仁弘旣不知澈, 倉卒回啓, 以澈爲締結, 有若私黨者
然. 言雖過失, 其情非有一毫私意, 故欲以此請出, 而克智等不從臣議, 各守所
見, 勢難在職." 上答曰: "澈若交結, 則其心可知, 人臣何敢乃爾? 勿辭."

諫院當處置, 大司諫李墍·司諫鄭士偉·正言姜應星·鄭淑男, 則欲幷請出
仕, 獻納成泳則欲幷遞之. 翌日各以所見引避, 而泳捃摭憲府過失, 辭語不好.
玉堂處置, 皆請出仕, 獨遞姜應星·成泳之職. 明日尹承勳爲正言. 時輩深惡鄭
澈, 必欲擊去, 承勳承望風旨, 議于同僚, 曰: "李珥·南彥經·柳夢井皆救解鄭
澈, 不可在職, 竝當論遞也." 同僚不從, 又各引避. 承勳啓曰: "大司憲李珥等
以鄭澈雖與義謙情厚, 而氣味·心事逈然不同云. 夫人之取友, 必志同氣合, 然
後最相親密, 旣曰'情厚', 則豈有逈然不同之理乎? 此則救解鄭澈不得, 爲此不
成說話也. 南彥經含糊兩可, 玉堂處置亦無直截之論, 反貽苟且之譏, 其可乎?
澈雖與主論之人, 輕重差殊, 公論之激, 有不可遏. 臣欲論遞珥等, 而同僚不從,
不可苟同." 上答曰: "爾言妄矣. 澈若結交, 則是人臣失節處也. 第未詳其虛
實, 論人本心, 亦各有見, 李珥等之見亦一道也, 以此角立, 必欲擊去, 爾何人
哉? 其勿辭." 其外諸臺皆退待.

李珥等之啓曰: "臣等以鄭澈事, 大被尹承勳所詆斥. 但承勳所謂情厚則心
事必同者, 大不然. 昔者韓愈之於柳宗元·司馬光之於王安石·蘇軾之於章惇,
情厚則無異兄弟, 心事則有若燕·越. 況鄭澈狷介寡合之士也, 方義謙之得志
也, 旣無黨比之跡, 及義謙失勢後, 其所不平者, 以士論之過激也, 豈區區爲一
義謙者? 臣等雖無狀, 安可曲護一澈, 仰欺君父乎?" 上答曰: "昨見承勳啓辭,
必是輕薄者, 故責之. 卿等可速就職, 盡心供職."

時公論皆以承勳趨合時論爲不韙, 惟時輩恐遞承勳, 則澈歸於無過之地. 玉
堂之論, 欲獨存承勳而盡遞兩司, 典翰李潑·應敎金宇顒亦依違不辨是非. 玉
堂乃上箚, 請竝出仕, 上怪之, 答曰: "含糊二字, 可用於此箚矣. 承勳當遞,
不當出, 然姑從箚請." 人見堂箚, 莫不駭異. 李珥語人曰: "時論之偏, 我不能
匡救, 而時輩視我與尹承勳一般, 則我何以爲國事乎? 且三司無公論, 我寧得

罪於時輩, 不可使君上終不聞直言也." 將詣闕引嫌. 承勳先啓曰: "論澈一事,
非尋常議論之比, 曰是·曰非, 賢否判焉. 李珥等之言是, 則鄭仁弘之言非也,
豈可不辨是非, 使國論未定乎? 且見李珥等啓辭, 至擧古賢而比之, 臣之惑滋
甚." 上答曰: "衆心之服·不服, 豈在於論澈之淺深? 李珥等之引古人, 擧此明
彼, 非比之於韓·馬也. 人君之警責, 意在陶甄, 爾可就職, 勿爲輕浮."

　李珥等啓曰: "玉堂箚論, 不辨是非, 只慮騷擾, 不成貌樣, 如是而能底鎭定
者, 未之有也. 如使澈也虛心反己, 無所怨尤, 士類無泥於跡, 而徐察其心, 則
和平之福可冀·保合之計可行也. 今乃不然, 士類疑澈愈甚, 澈之不平愈深. 彼
尹承勳有何識見? 不過承望於士類之風旨, 爲趨附[51]之計耳. 雖遞尹承勳, 士
論如此, 則必有繼起者, 不如命遞臣等以一士論." 上答曰: "尹承勳之論, 卿等
不足與之相較, 可速就職."

　玉堂箚請竝出兩司, 只遞尹承勳及珥等三人, 上以珥等別無所失, 使之勿
遞. 玉堂更箚請遞珥等, 上不從. 諫院啓曰: "尹承勳前後啓辭, 直達所懷, 言
甚剴切. 李珥等旣被其論, 則所當引咎, 而敢於辭避之際, 反加詆斥, 至曰: '承
望'·'趨附', 其輕侮言官甚矣. 請命遞差." 上答曰: "承勳心術, 自露於初避之
啓, 予不加威怒者, 固出於寬弘之度. 玉堂竝出之箚, 含糊叵測, 不成文理. 儒
生群聚, 其論如此, 實國家之所羞. 又欲遞忠直之臣, 予庸駭愕." 憲府亦請遞珥
等, 上不從.

　玉堂幷待罪, 啓曰: "近日朝論, 只欲請罷義謙以定人心, 至於鄭澈, 初無攻
擊之意, 而臺閣紛紜, 氣像不好, 誠可歎息. 承勳之欲遞李珥, 固有喜事輕銳之
病, 至於心術, 有不可臆逆者, 李珥等之論, 雖出於公心, 而物情或不能平. 臣
等之初請兩出, 誠不得已, 及其紛挐角立, 勢不兩全. 而李珥之指斥承勳, 亦有
逆探過疑之失, 故不得不竝請遞之, 以鎭羣情, 是豈臣等之所欲哉?" 上答曰:
"觀此啓辭, 曰'初非有攻擊之意', 曰'氣像不好, 誠可歎息', 曰'喜事輕銳', 此言是
矣. 然則只遞承勳以爲鎭定之計, 而何故竝遞李珥乎? 雖欲不起予疑, 其可得

---

51) 趨附: 底本에는 "附趨"로 되어 있다. 《御製皇極編》에 근거하여 수정하였다.

乎? 爾等勿辭, 盡職惟公."

憲臺又啓曰: "殿下於<u>李珥</u>等, 不以人言有所撓奪則至矣, 其於玉堂·諫院, 嚴加峻責, 大損於優容之道, 反使<u>珥</u>等進退維谷, 無以爲地. 臺閣之有人言, 不得在職, 已成格例, 請命遞差." 上乃答曰: "<u>鄭澈</u>之淺深, 姑舍是可也, 忠直 之臣, 爲輕躁者所擊去, 而予若不發其肺腑, 惟頷之而已, 則是所謂'昏君', 亦非 爾等之所願也. '臺諫有人言, 不得在職', 是亦不然. 所謂'人言', 惟觀於理如何, 苟非理也, 雖百人攻之, 豈不可在職乎? 莫如速出<u>珥</u>等, 與之同寅協恭, 此實良 策也. 不然, 將有不好事, 其愼之." 憲府又啓, 論執不已, 上乃許遞<u>珥</u>等, 而<u>鄭芝</u> <u>衍</u>拜大司憲. 時出<u>尹承勳</u>爲<u>新昌</u>縣監, 時處分超卓, 一時稱美.

○ <u>李珥</u>旣遞, 公論以時輩爲過. <u>安敏學</u>大言曰: "<u>尹承勳</u>是何幺麼人, 乃敢 攻士類乎?" <u>珥</u>見儕輩皆無見識, 謂<u>成渾</u>曰: "時輩視<u>珥</u>與<u>承勳</u>等, 可以退矣." <u>渾</u>曰: "時輩皆愧謝, 而實無攻兄之心, 何可輕退耶?" <u>珥</u>曰: "東西之爭, 至今 未息. 我欲打破東西·保合士類, 而時輩則自恃己見, 寧誤國事, 必欲角勝. <u>盧</u> <u>夫</u>·<u>景涵</u>輩依違兩間, 欲不拂於時輩, 又欲不負<u>珥</u>, 可謂'勞'矣. 我若退去, 則時 輩又潰裂, 故隱忍不去矣."

時諫院欲請留<u>承勳</u>, <u>鄭仁弘</u>於經席斥承[52]勳之非, 故諫院不敢發. <u>珥</u>因入 侍, 白上曰: "<u>承勳</u>之言固失矣, 自上特命補外, 此事傳之四方, 則聞者以爲言 事獲罪, 恐直言之士有所囁嚅也." 上曰: "雖言事者, 所言不是, 則豈可不斥 乎?" 正言<u>鄭淑男</u>曰: "<u>李珥</u>眞出於公心. <u>承勳</u>之出, 物情果以爲未安矣." 上 曰: "<u>承勳</u>不必出外, 而諫啓崇長太過, 以爲'言甚剴切', 若不抑制, 則恐異論又 起, 故命補外, 以鎭物情耳."

○ <u>柳夢鶴</u>·<u>金宇顒</u>·<u>李嶸</u>等見<u>珥</u>, 論近事. <u>夢鶴</u>曰: "<u>尹承勳</u>趨附之情, 不可 逆探, 公言過矣. 且彼方攻公, 而公亦指斥, 不避嫌矣." <u>嶸</u>曰: "<u>尹承勳</u>趨附之

---

52) 承: 底本에는 없다. 《御製皇極編》에 근거하여 보충하였다.

狀, 若灰心滅智, 則不能見矣[53]. 如此之人, 士類不以爲非, 反助其勢, 以攻君
子, 是何道理?" 珥曰: "承勳決是趨附時論. 若三司有言其非者, 則我可以無
言, 今三司皆加[54]獎拔, 則一國無公論, 我亦言官, 何敢不言? 且爲國事, 亦難
避嫌. 昔尹穰方攻張浚, 浚斥穰爲奸, 亦非耶?" 夢鶴則猶欲分辨, 宇顒則有慙
色不言. 珥曰: "是何與於國事, 而紛紜至此耶?" 宇顒曰: "時輩以此爲國事
矣." 朴淳勸安敏學, 使止鄭仁弘, 勿更論啓, 敏學曰: "吾以德遠爲山林學者,
以今觀之, 怪鬼輩也." 遂不往見. 或問於大司諫李墍曰: "何以必遞李大憲
乎?" 墍曰: "僚議甚激, 我則不知矣." 聞者笑之.

　　○ 鄭澈自張世良獄後, 心常不平, 屢形於辭色. 且喜飮酒, 醉後之談, 多短時
輩, 時輩[55]尤疑之. 一日與李潑乘醉相訽, 交道遂絶. 至是時[56]論詆斥不已,
澈乃謝官歸鄕. 李珥出別于江上, 勉操存止酒, 澈極言李潑之心不可信. 珥
曰: "君見偏矣. 景涵識見不明, 而其心良善矣." 澈搖首曰: "未也未也. 如鄭
德遠其心公, 雖劾我, 若遇諸塗,[57] 我當酌一盃同飮矣." 又曰: "時輩全不識
我. 若時輩皆敗, 則我豈不盡力相救乎?"

　　時朋友無送者, 獨珥與李海壽在座. 海壽素寡言, 珥戲之曰: "季涵之剛介,
文之以大仲【海壽】言語, 則無往不達矣." 一日上謂侍臣曰: "鄭澈予不知其人,
曾爲承旨時, 略觀其所爲, 乃介潔之人, 盡心國事者也." 仍顧朴淳曰: "予以澈
謂有才氣, 領相知之耶?" 淳對曰: "果然矣." 上曰: "予觀其狹隘, 以爲必與人
多不合, 今果然矣. 若謂之小人, 則渠必不服矣." 淳曰: "殿下知澈深矣. 知人
每如此, 則孰不心服乎?"

　　掌令鄭仁弘有直氣而無容量, 處事不能周詳, 時論或不推詡, 仁弘不自安,

53) 矣:《石潭日記》에는 이 뒤에 "若稍思量則寧有不見之理乎?"가 더 있다.
54) 加: 底本에는 없다.《御製皇極編》에 근거하여 보충하였다.
55) 時輩: 底本에는 없다.《御製皇極編》에 근거하여 보충하였다.
56) 時: 底本에는 없다.《御製皇極編》에 근거하여 보충하였다.
57) 塗: 底本에는 없다.《御製皇極編》에 근거하여 보충하였다.

乃受暇歸鄉. <u>安敏學</u>語人曰：“當今東人主論, 不問邪正·賢愚, 只以斥<u>沈</u>爲君子·救<u>沈</u>爲小人, 故乘時附托者, 有如蝟起. 此時, <u>德遠</u>以山林之士, 儀于王庭, 負一時重望, 而不務經國之猷, 汲汲出力以助東人之勢. 其有功於東人大矣, 其爲隱逸之羞則亦大矣, <u>德遠</u>眞可惜哉.”

○ 左議政<u>盧守愼</u>丁憂, 右議政<u>姜士尙</u>病遞, 方卜相. 年少士類, 則以<u>李文馨</u>附東人, 故欲相<u>文馨</u>, <u>朴素立</u>亦有時望, 而<u>文馨</u>[58]奸邪, <u>朴素立</u>愚懦. <u>鄭惟吉</u>以<u>李樑</u>時不能特立, 獲罪淸論. <u>李珥</u>言於<u>朴淳</u>曰：“<u>李</u>之邪·<u>朴</u>之愚, 若得卜相, 則相公能免後世之譏乎？ 如<u>鄭林塘</u>【惟吉之號】雖有疵累, 才華·風度勝於時輩所推者. 次補者[59]<u>金貴榮</u>而性旣貪鄙, 人品不及<u>林塘</u>矣.” <u>淳</u>以爲然.

以<u>惟吉</u>爲右議政, 時輩必欲劾去, 引進<u>文馨</u>. 時大司憲<u>鄭芝衍</u>·掌令<u>鄭仁弘</u>·持平<u>崔永慶</u>·<u>鄭逑</u>皆在外, 獨執義<u>鄭士偉</u>·掌令<u>李輅</u>在朝, 聽命於時輩. 於是先發論, 詆<u>惟吉</u>諂附權門, 極其醜詆, 請遞其職. 諫院亦欲隨發, <u>李珥</u>方爲諫長, 語之曰：“今若明明揚側陋, 欲得其人, 則<u>鄭</u>公固不合, 只求於崇班, 則他人皆不及<u>鄭</u>. 若劾遞, 而以才不及者代之, 則以劣易優, 不如勿論.” 僚議固執, <u>珥</u>不能抑, 乃啓曰：“<u>鄭惟吉</u>於往日, 實有難濯之疵類, 不合於具瞻之地, 人孰不知？ 而第以四朝舊臣, 有才華·風度, 臣等惜之, 而不敢輕論. 今者公論已發, 物情方激. 三公旣被人言, 則不可冒處, 請從公論, 亟命改正.” 上不從. 時輩見啓草, 以爲“回互不直截”, 譁然不已, 諫院以此引嫌, 而<u>珥</u>則前已病告遞矣. 玉堂處置, 請遞諫院, 上答曰：“如此乏人之時, 如新右相者, 豈可易得？ 諫院之啓是忠厚之言, 而目之以‘回互’, 其可哉？ 然旣已被論, 依請[60].”

持平<u>崔永慶</u>上疏辭職, 略曰：“方今國是未定, 公論不行, 朋比成風, 紀綱日墜. 明以燭機·威以鎭物, 使偏黨之徒, 不得肆其胸臆, 責在臺臣, 如臣愚鈍,

---

58) 附東人 …… 而文馨：底本에는 없다.《御製皇極編》에 근거하여 보충하였다.

59) 者：底本에는 “於”로 되어 있다.《御製皇極編》에 근거하여 수정하였다.

60) 請：底本에는 “情”으로 되어 있다.《御製皇極編》에 근거하여 수정하였다.

其可當之乎?" 時人莫知其所謂"朋比"者, 意指何人. 而其友奇大鼎, 無學識·尙
客氣, 永慶深信其說. 成渾謂李珥曰 : "崔孝元【永慶】上來, 則能補益時事乎?"
珥笑曰 : "不過添一行高之奇大鼎矣."

　○ 冬, 上以天災延訪公卿, 敎曰 : "近日多言朝廷不和, 朝廷不和, 則豈不召
災乎?" 顧朴淳曰 : "此則大臣之責也. 人臣敢爲朋比, 則流放竄殛可也. 誰爲
朋比耶?" 戶曹判書李珥進曰 : "士子不免以類相從, 或以識見之異, 未免疑阻
者則有之, 奚至於私相朋比乎? 不可遽加威怒也."

皇極編　卷之二
東西

癸未十六年春, 兵曹判書<u>李珥</u>疏, 略曰："自東西分類之後, 不免以同異爲好惡, 而造言生事者, 交構不已. 主論者多是東人, 所見不能無偏, 或至於不問賢愚, 惟以分辨東西爲務, 非東者抑之·斥西者揚之, 以此定爲時論. 於是初進輕銳者, 爭起附會, 傷人材·壞士習, 而莫之禁遏. 嗚呼! 東西二字, 本出於閭巷俚語, 臣嘗笑其無稽, 豈意今日爲患滋甚乎?

如臣, 初非得罪於士類者. 只欲調劑兩間, 共爲國事, 而不知者誤指扶西抑東, 漸成疑阻, 百謗隨起, 固當乞¹⁾退. 而且念士類固過, 而非必挾私誤事, 多出於識見之差. 一朝覺悟, 則儘有可用之才, 間有一二人知臣本心, 故黽勉遲回, 必欲偕之同寅協恭之域.

近日獻言者, 或斥朝紳以偏黨, 殿下遂疑臣隣盡爲朋黨, 則恐爲士林無窮之累. 自古小人固有朋黨, 而君子亦同類. 若不問邪正, 惟黨是惡, 則同心同德之士, 亦不得見容於朝. 自古惡朋黨而欲去之者, 未有不亡人國者, <u>東京黨錮</u>·<u>白馬清流</u>, 可不戒哉? 聖明在上, 雖無士林之禍, 安知後日之變, 不萌於今日乎? <u>南袞</u>·<u>沈貞</u>, 寧有種乎? 今者一任士林之所爲, 固不可, 若以士類爲非而攻之者, 尤不可.

伏望殿下廣召諸臣, 明諭聖旨, 消融蕩滌, 鎭定調和, 執迷者抑之·强辨者斥之, 使人心所同然之公, 是非得爲一時之公論, 則士林幸甚." 上優答之.

---

1) 乞：底本에는 "迄"로 되어 있다. 《御製皇極編》에 근거하여 수정하였다.

○ 秋, 宗臣 慶安令 瑤請對, 力陳朝廷不靖, 東西分黨, 政出多門. 柳成龍·李
潑·金孝元·金應南以東人之魁, 多有專擅之跡, 請加裁抑, 極論時事. 兩司論
瑤譸張無據之說, 欲啓網打之漸. 上答曰 : "瑤之所陳, 亦頗有理. 予雖寡昧,
亦非專暗之主, 固無罪之之理, 此言何爲而來予耳乎?"

○ 特除鄭澈爲禮曹判書. 執義洪汝諄等以其嗜酒失儀, 前日陞擢, 尙多人
議, 遽陞宗伯, 物情未便, 請改正, 不允.

○ 兵曹判書李珥入侍朝講, 啓曰 : "臣有所懷, 而經筵則講後當啓, 殿座日
晏未安. 請於燕閒時賜對盡言." 上許之. 司諫權克智·掌令黃暹等啓曰 : "李
珥若有所達事, 則當於經筵陳啓. 若以朝講人多不從容, 則或於晝夜講, 無所
不可. 今若無時請對, 則亦有後弊, 而臣未及糾正, 請遞." 上答以 "欲使君臣阻
隔, 心術可知", 使之退待. 諫院請其出仕, 上曰 : "此人可遞, 不可出也."

○ 夏, 北邊有警報, 以李珥言, 許通庶孼, 納粟赴擧, 私賤者竝從公賤, 又將
抄發射手, 赴北防胡. 珥議于同僚曰 : "自前戍兵無馬徒行, 則有掠馬沿路之
弊. 今此抄發, 一等則丁壯足以禦邊, 二·三等則老弱難行, 募令納馬免行以給
行者, 則公私兩便矣." 議者皆以爲然. 師期又迫, 珥且啓且頒.

會上[2]欲議邊事, 命招兵曹判書. 珥素有眩暈之症, 勞瘁轉劇, 力疾趨命, 旣
入闕, 疾甚不省人, 入臥內省. 上使內醫看病, 使之退去調理. 執義洪汝諄·掌
令李徵·持平李景嶪·趙仁後·大司諫宋應漑·獻納柳永慶·正言鄭淑男等啓
曰 : "軍政國之重事, 先行後聞, 承召入闕, 只及內曹, 終不入侍, 其專擅權柄,
驕蹇慢上之罪大矣, 請罷職." 上不允, 連啓累日, 始停之.

上特命就職, 珥陳疏待罪力辭, 至於六疏, 上竝優批不許. 三公詣闕, 以多事
之時, 珥不可辭, 請敦諭出仕. 珥不得已詣闕, 陳啓曰 : "臺諫旣以'專擅'·'驕蹇'

爲臣罪目, 則是乃大罪也. 大臣敦迫令出, 而猶不敢以彈章爲過當, 臣之負罪, 至此益驗矣. 殿下獨以臣爲無罪, 然而不加辨別, 每以公論爲'衆咻'·爲'謗毁', 臣固不敢承當, 而臺諫聞之, 亦豈安於心乎? 伏望聖明擧臣之罪, 咨詢左右, 爰及大臣, 稱量輕重, 以爲可貰, 則臣雖未安, 當黽勉隨行, 如以爲實犯, 則流放竄殛, 臣實甘心."

上以"臺言本不近似, 勿復介意"答之, 持平李景嶸啓曰: "今見兵曹判書李珥啓辭, 拈出頃日本府所論中八字之目, 謂以大臣不咎彈章之過中, 至謂'咨詢'·'稱量'. 呂誨先見之明, 竊疑者多, 唐介許直之罪, 臣實當之. 請遞."

執義洪汝諄等啓曰: "本府論兵判啓辭中'擅弄權柄'·'驕蹇慢上'之語, 雖曰臺上所啓辭, 而臣等之意以爲臺閣之言事, 寧有過激之失, 不可長疲軟之習, 其失與持平李景嶸無異." 上竝答以勿辭. 掌令成泳以臺諫之言, 寧失過激, 竝請出仕. 掌令李徵啓曰: "宋臣王安石以堯·舜君民爲己任, 當時士大夫素重其名, 神宗倚以爲重. 御史中丞呂誨論之不已, 未聞安石欲爲稱量輕重以自明也. 今者李珥以憂國愛民之心, 欲袪弊政, 而設施之際, 擧措之間, 不可不隨失隨論. 殿下前以'何足數也', 後以'不足爲辨'爲教, 而李珥拈出八字, 欲與之爲較, 其蔑公論·無臺閣, 爲如何哉? 當初論啓, 臣亦參議, 其失與同僚無異."

大司諫宋應漑等同爲引避, 正言李澍竝請出仕. 應漑等又啓曰: "兵曹判書李珥驟躋崇班, 當國重任, 宜加畏愼, 盡心供職. 而納馬免防, 事關軍政, 不稟擅行, 覺非之後, 泛稱惶恐. 邊報入來, 命招主兵, 而終始托疾, 竟不承命, 跡其所犯, 顯有專擅慢君之罪, 臺諫論劾, 在所不已. 爲珥者, 反省之不暇, 而心懷憤怒, 屢日陳疏, 辭氣不平, 必欲歸臺論於虛捏之地, 至以大臣不擯臺諫爲非. 又欲稱量輕重, 若決勝負者然, 是欲斥去言者, 恣行己志也. 臺諫逆耳之言, 人主尙且容之, 身在人臣之列者, 惡聞其過, 脅制言者, 使不得開口, 其蔑臺諫·輕[3]公論甚矣. 請罷職." 大司憲李墍等啓辭一般, 而又以大臣詣闕敦勉, 猶不動念, 方在推考之中, 乃敢呈辭, 添爲罪目以啓, 上竝不允.

---

3) 輕: 底本에는 없다.《御製皇極編》에 근거하여 보충하였다.

副提學權德輿【典翰許篈·修撰洪迪·韓孝純】等曰："兵曹判書李珥遭際聖明, 躐
取崇班, 不思盡忠, 執拗自用, 凡所謀畫, 違拂人情, 則公論之發, 烏可已乎?
咫尺殿陛, 納馬之令, 先行後啓, 此則近於擅國柄也. 出入自如, 未聞沈痼, 而
驕蹇君命, 身到內曹, 不詣政院, 此涉於慢君命也, 臺諫之請罷, 固其所也. 所
當引罪, 省愆之不暇, 而閃弄筆舌, 力戰公議, 一4)則曰'積忤時論'·二則曰'詢問
左右', 必欲歸5)罪於臺諫而後已. 是視一世爲無人, 弄臺諫於掌握, 其蔑公論
爲何如哉? 長此不已, 其弊將使擧世之人, 奔走聽命, 惟其言莫予違也. 范睢所
謂'禦上蔽下'者, 殆近之矣, 豈不痛哉? 今之談者, 或以擬諸王安石之文章·節
義, 豈珥之比乎? 然安石之驕蹇, 已有之；安石之要君, 已有之；安石之揮斥言
者, 已有之. 殿下何不洞燭, 而乃反顧藉一人, 摧折臺臣乎? 竊恐他日之禍,
不可勝言也. 臣等初豈料珥之縱恣若此甚哉? 一念偏係, 爲害滋甚, 至於鉗制
人口, 驅率一國, 無所不至, 珥之罪於是爲大矣."

上答曰："爾等陳疏之意知之矣." 因下敎于三公, 曰："李珥, 卿等雖請留
用, 萬無出仕之理, 兵務甚緊, 姑遞其職以安其心. 國家將亡之時, 朝廷淆亂,
賢邪不辨, 何以爲國乎? 予當隨後處之, 令本府議啓." 兩司皆以傳敎辭意未
安, 引避退待.

領議政朴淳·左議政金貴榮皆以姑遞兵判爲便, 而芝衍又以爲自上平心處
之, 以爲珥保全令名之地. 上答曰："兵判可速遞. 李珥已陷於誤國小人, 何有
令名哉? 右相何其迂也? 其心所在, 予殊不測."又下敎曰："因兵判李珥言語
間事, 臺諫相激, 至於堂箚, 比珥於誤國小人, 此非偶發. 蓋珥裁抑新進之士,
惡其趨時附黨, 屢爲陳論, 見忤者久矣. 遂因所失, 乘時伺隙, 必欲劾去. 夫公
卿大夫承召不來者多6), 未聞以慢君罪者, 是何臺言獨能直截於珥也? 夫擅權
慢上, 人臣極罪. 人君之於小民, 尙此不可以情外之罪輕加, 況宰相耶? 旣曰

4)一：底本에는 "則" 뒤에 있다.《御製皇極編》에 근거하여 수정하였다.
5)歸：底本에는 없다.《御製皇極編》에 근거하여 보충하였다.
6)多：底本에는 없다.《御製皇極編》에 근거하여 보충하였다.

'擅權'·'慢上', 則何不請令攸[7]司照以王法, 敢請罷職, 有如乙巳奸臣之目以叛逆·罪以遞職者之爲耶? 珥包羞蹙踖, 屢辭不已. 措辭之際, 果涉於自辨, 豈有忌剋忿心於言官哉? 所貴臺諫者, 身任公論, 若陰濟己私以爲傾陷之計, 則烏在其臺閣之道也? 卿等以珥爲誤國小人, 則當明辨斥退. 不然, 攻之者是小人也, 卿等不宜含糊不辨也."

德興等不自安, 引義乞遞, 上答曰: "勿辭. 李珥旣爲小人. 如權德興·黃暹常讚珥之忠直, 譽小人者, 未知爲何如人之歸也. 黃暹斗筲, 固不足責, 德興年老之人, 趨附新進, 得無羞恥乎? 今乃目以小人, 此非前後反覆者乎? 至於許通事, 金瞻前於經席啓之, 若律以變亂成憲, 則瞻爲謀首, 何爲以瞻而議珥哉?"

掌令尹承吉又論李珥之罪, 因以薄待三司乞遞. 都承旨朴謹元【右承旨金悌甲·右副承旨李元翼·同副承旨成洛】等啓曰: "大臣獻議, 必有深憂·遠慮, 玉堂陳箚亦出國人公論, 自上非惟不納, 顯示壓倒之意, 殊非平日所望也. 今聞權德興等自分譴誅, 退以待罪, 以致上下番闕直, 兩司退待, 尙未處置, 至爲未安. 請招德興等, 使之出仕." 上答曰: "權德興三人, 予有所問之事. 其外牌招." 玉堂處置, 請出兩司, 連啓李珥事.

○ 秋, 護軍成渾疏, 略曰: "頃者三司擧劾前判書臣李珥, 加以無君誤國之罪, 使珥無所容而去, 政刑之失, 無大於此. 竊觀珥之爲人, 愛君憂國出於至誠, 志[8]大而闊, 略於細微, 自信而不徇乎時俗, 愛之者鮮·疾之者衆. 時論不合, 爲人所忌, 且薦鄭澈, 尤不合於衆情. 至於納馬免防一事, 珥嘗見乙卯戰軍掠馬於都中, 深以階亂爲憂. 初欲啓請, 不知納馬者之有無, 不敢請焉, 及其馬旣集, 而軍士臨行, 旋給旋啓. 率爾之失, 固珥之罪也, 謂之'專擅'則非也 ; 不進政院, 乃眩暈重發之故耳, 謂之'驕蹇'則非也.

大臣請出, 而不敢以臺閣之言爲過中. 噫! 臺閣過激, 其失小 ; 李珥無君,

---

7) 攸 : 底本에는 "有"로 되어 있다. 《御製皇極編》에 근거하여 수정하였다.
8) 志 : 底本에는 "至"로 되어 있다. 《御製皇極編》에 근거하여 수정하였다.

其惡大. 欲護小失, 不雪大罪, 是欲其入而閉其9)門也. 珥之不敢輕出者, 乃所
以畏公論·重臺閣, 而反以爲輕臺諫·蔑公論, 不亦異乎? 若珥爲眞小人, 則自
當直攻其心術, 可也, 安有因一過失, 持之以深文·陷之以峻法者乎? 此其腹心
意態披露於外, 人人覷破, 不亦可羞乎?

雖然今日臺論, 不過附會者10)乘時嫉妒, 務欲去珥, 而挾宿怨者, 持其機, 以
至於此耳. 殿下詢于大臣, 大臣畏其氣焰, 莫肯出一言而辨之, 臣聞之以爲至
痛. 忠臣·義士, 當有投袂而起者, 況臣被徵而至, 猶在可言之地者乎? 今謂臺
諫不可以指議, 則彼張商英之攻司馬光·尹穡之攻張浚, 其將慮言路之杜塞,
不可謂之非耶? 一唱攻珥, 舉朝靡然, 無敢持平於其間, 曾謂聖明之世有此事
哉? 殿下既知珥之無他, 又知言者讒嫉, 而兩無所問, 則將何以解中外之惑
耶?"

上答曰 : "觀爾上疏, 忠奮激烈, 如使奸邪聞之, 足破其膽也." 因下敎于領·
左相, 曰 : "今觀成渾上疏, 大臣事君之道, 固如是乎? 當初李珥之排擯, 誰所
爲耶, 其朋奸之類又誰耶? 其辨別以啓, 毋更含糊以貽國家之羞."

於是領議政朴淳·左議政金貴榮請對, 上卽引見. 淳曰 : "珥憂國忘身, 赤心
靡他, 近與同事備局, 益見其才大矣. 至於宋應漑·許篈, 皆與珥有嫌,11) 顯然
修隙, 其爲此論, 不可不察." 貴榮曰 : "臣不知珥爲何如人." 上强問之, 對曰 :
"知人固難. 珥之心術, 臣未能的知, 不可輕以小人目之, 亦不敢以君子譽之.
成渾之疏, 欲探言根而罪之, 然則雖權奸用事, 無能言者, 渾亦貽譏於後世矣.
近日東西之說稍定, 而李珥辭免, 亦成紛紛 ; 成渾上疏, 又成紛紛, 是階亂也."

上曰"好矣", 因下敎政院, 曰 : "金貴榮憚於甲是乙非, 乃敢爲依阿之態, 何
以居具瞻之地乎?" 都承旨朴謹元等啓曰 : "金貴榮心知士林之無他, 不可加
罪, 故力爲救解, 冀悟聖明. 辭雖不明, 意則可見. 近者天威方震, 士類孤危,

---

9) 其 : 底本에는 "之"로 되어 있다. 《御製皇極編》에 근거하여 수정하였다.

10) 者 : 底本에는 없다. 《宣祖實錄 16年 7月 15日》 기사에 근거하여 보충하였다.

11) 嫌 : 底本에는 "隙"으로 되어 있다. 《御製皇極編》에 근거하여 수정하였다.

貴棨如以依阿爲心, 則將順之不暇 而乃依阿於士類乎? 且三司公論, 國家元氣也. 成渾疏中或云'挾怨'·或云'附會'·或云'朋讒'·或云'機關', 只欲加罪言者, 擧朝廷而目之以邪, 一言喪邦, 正謂此也. 伏願殿下深究是非之原." 上答曰: "觀此啓辭, 可謂指東答西. 昨日予問李珥之賢邪, 左相乃曰'不知', 此其心, 路人所知. 人主置相, 豈但以'不知'二字, 使爲相業哉? 予以寡昧, 心知相臣之非·國事之去, 而區區於含[12]容小慈, 不一言, 則是爲大臣而忘宗社也. 予之此言, 不得已也."

○ 大司諫宋應漑啓曰: "臣頃論李珥行事, 不爲窮源之論, 罪固大矣. 伏覩成渾之疏, 又聞昨日筵說, 領議政朴淳因成渾藏頭之語, 指斥許篈及臣云. 夫以言責之官, 乘時挾憾者, 罪當萬死, 然寧發一言而死, 豈忍苟免?

李珥本一緇髡也, 若論其罪, 先儒有定論. 化身還俗, 參養權門, 一世淸流不容假貸. 初登上舍, 多士羞列, 不許謁聖, 賴沈通源, 使其子鏵, 奔走先後, 乃得行之. 及其出身, 爲沈義謙所薦, 結爲腹心, 平生立身, 斯可見矣. 第於其間, 自附於當時所謂士類如朴淳輩, 交締肺腑, 主張時論.

當是時也, 義謙藉外戚之權, 假王·梁之勢. 李浚慶顧命元老, 而陰加排擠, 不安其位, 鄭大年先朝耆舊, 金鸞祥乙巳遺直, 而皆被顯斥. 如其親己, 則一郎官出補, 而擧朝請留, 朝廷命令出於義謙與淳矣, 珥也, 實爲謀主, 表裏相濟, 國人之所知也. 珥以疏野之態, 出沒士林間, 名譽虛隆, 人多信惑.

義謙之見棄淸議也, 珥雖懷憤懟之心, 似若不相關者, 姑退觀望, 以調劑保合之說簧鼓一世, 爲之陳疏, 及義謙之短·擧孝元之長, 以求至公之名, 此所以下誣當世, 人不覺其姦; 上欺殿下, 亦莫之悟也.

前者鄭仁弘之劾義謙也, 珥以長官, 極力救解, 仁弘不聽然後, 屈意從之. 及仁弘竝劾鄭澈, 則珥又曰: '澈之於義謙, 迥然不同', 此則要脫鄭澈, 實乃自明也. 公論旣發, 外爲調劑之說, 實行傾陷之謀, 其亦譎矣. 不獨此也. 其在鄕

---

12) 含: 底本에는 "涵"으로 되어 있다. 《御製皇極編》에 근거하여 수정하였다.

里, 列邑賂遺, 輻輳其門, 射利爭財, 不遺錐刀, 海澤之利·官船之稅, 無所不占. 舊都公署, 代名受出, 僉知<u>奉訴</u>世耕之地, 非理抑奪, 至於其兄打殺<u>奉訴</u>之奴, 而官不得問. 大諫赴召之時, 公然受穀百石於所經之邑, 輸送本家, 萬口共談, 遠近傳笑.

領議政<u>朴淳</u>咫尺天威, 反覆贊揚, 重誣天聽, 是可忍也, 孰不可忍也? 臣聞此, 不勝駭憤, 欲幷論<u>淳</u>, 至發於僚席, 而恐涉騷擾, 隱忍不發. 今於榻前, 擧臣姓名, 意或臣之幷論之說, 落於<u>淳</u>耳也. 至於<u>成渾</u>, 則惟知有此三人, 不知有公論, 狼藉疏中, 歷詆卿相, 而欲倚任二人, 其意蓋在<u>淳</u>與<u>珥</u>也. <u>渾</u>是何人, 乃以三司比之於<u>張·尹</u>, 是以擧朝之臣, 皆爲小人也? <u>金貴榮</u>非不欲辨別以啓, 而不敢以<u>李珥</u>爲君子者, 其意有在, 反下嚴截之敎. <u>慶安令 瑤</u>面對之辭, 外間流聞, 皆謂<u>珥</u>等之所嗾. 大抵此輩, 誣上行私, 至於此極, 臣實痛之."

上答曰: "爾之言, 設使皆是, 今乃言之, 是不忠也, 本職遞差." 仍特除<u>應漑</u>爲 <u>長興</u>府使·<u>許篈</u>爲<u>昌原</u>府使.

○ 獻納<u>柳永慶</u>·正言<u>李澍</u>論<u>成渾</u>·<u>朴淳</u>之欲網打一時名流, 且以"前臺諫<u>宋應漑</u>欲爲窮源之論, 而臣等止之", 引罪請遞. 司諫<u>成洛</u>·正言<u>黃廷彧</u>處置, 論<u>成渾</u>·<u>朴淳</u>之罪, 請大司憲<u>李墍</u>·獻納<u>柳永慶</u>等幷命[13]出仕.

兩司合啓, 略曰: "領議政<u>朴淳</u>行已狡黠, 用心回邪, 趨附<u>義謙</u>, 結爲腹心, 擅弄權柄, 蓋有年矣. <u>李珥</u>·<u>成渾</u>亦是<u>義謙</u>門客密友, 內憑戚里, 外假虛譽. 惟<u>李浚慶</u>·<u>金鸞祥</u>見其權勢日盛, 將誤國事. <u>浚慶</u>嘗對人言之, <u>鸞祥</u>欲論<u>淳</u>死生之友, <u>淳</u>以此銜之, 極加詆毀, <u>浚慶</u>齎志而沒·<u>鸞祥</u>坎坷而終. 惟幸聖明在上, 奸魁失勢, 居常怏怏, 不畏公論, 乃與<u>珥</u>輩, 昏夜微服, 謀陷士類, 欲罪言責之官·請罷銓郎之選, 無非脅制人口, 自行己志而已. 又嗾<u>成渾</u>, 使陳藏頭之說, 極其陰慘. <u>宋應漑</u>常欲論己, <u>許篈</u>之父<u>曄</u>常與有隙, 誣指有嫌於<u>珥</u>, 其實自爲報復之計. 其所以爲<u>珥</u>與<u>義謙</u>者, 至矣, 第未知獻忠者何事耶.

---

13) 命: 底本에는 "請"으로 되어 있다. 《御製皇極編》에 근거하여 수정하였다.

珥之誤國病民, 不一而足. 加以多受賄賂·奪人田民·冒占公廨·防納官物, 其無行甚矣. 身爲兵官, 率多妄作, 任言責者, 隨事糾正, 而珥多費辭說, 以激天心. 淳於是徒知救珥, 不念國事, 成渾則自稱山林, 但以一友被劾爲憾, 敢以'附會'·'挾怨'·'朋讒'之說, 必欲網打士[14]類. 方仁弘之欲劾義謙也, 渾營救甚至, 仁弘曰'珥有同朝之誼, 救之或可, 君則來自山林, 何與戚里用事者[15]相厚耶?' 渾語塞. 渾之爲人, 固不足多責, 淳方在首相, 附會私黨, 將使宗社顚覆. 請亟命罷職."

上不允, 又條列淳之十罪以啓.

○ 大司諫金宇顒疏, 略曰 : "李珥以儒學博識, 遭遇聖明,[16] 自任世道, 而志大才疏·量淺意偏, 獨任一己之見·違拂擧國之情, 章奏頻繁·設施輕疏, 始失士類之心. 珥之本心, 豈有他哉? 意見一偏, 其害至此. 士類之心初未嘗[17]遽爲攻擊也. 不意三司論議乖刺, 彈章峻劾, 殊駭聽聞. 因其無情之事, 指以慢擅之罪, 加以誤國小人目之, 烏足以服人心哉? 近來怪鬼異論雜出, 如慶安令瑤輒指柳成龍等爲專擅. 成龍等俱以淸名雅望, 取重士林, 瑤言一出, 士類不安, 疑珥益深, 浮躁之徒, 因是竝起, 亦豈士類之本心哉?

成渾之疏, 推言珥之本情, 指論三司之失, 可也, 至以擧朝皆爲朋讒, 則亦依於一邊, 而愈增爭端矣, 以故宋應漑等之啓, 愈出愈乖. 噫! 山野之人, 徒懷憤世之心, 不知辭語之過, 亦豈深咎哉? 竊願殿下, 於珥則諒其本心, 而知其疏謬之病 ; 於言者則抑其浮躁, 而察其士類之本情, 開誠曉諭, 則庶乎其可矣. 大臣之建議革罷銓郎, 臣以爲過矣. 在衰世, 扶持淸議者, 多賴郎僚之議, 今日尤當遵守. 攻珥之事, 亦豈銓郎之致耶? 輕變舊章, 以啓權臣擅命之禍, 臣實未曉

---

14) 士 : 底本에는 "之"로 되어 있다. 《御製皇極編》에 근거하여 수정하였다.

15) 用事者 : 底本에는 "者事而"로 되어 있다. 《御製皇極編》에 근거하여 수정하였다.

16) 聖明 : 底本에는 "明時"로 되어 있다. 《御製皇極編》에 근거하여 수정하였다.

17) 嘗 : 底本에는 "當"으로 되어 있다. 《御製皇極編》에 근거하여 수정하였다.

也."

時上以領相之意革罷郎薦, 故宇顥之疏及之. 於是兩司以浮躁之斥引避. 司諫李希得啓曰:"金宇顥爲此偏倚之說, 至以三司目爲浮躁. 不可以回譎黨比之說, 輕遞言官, 竝命出仕."

○ 副提學權德輿·應敎洪迪箚斥成渾, 伸救宋應漑, 特補德輿爲星州牧使·洪迪爲長淵縣監, 又以金孝元爲安岳郡守.

○ 王子師傅河洛疏, 略曰:"竊聞三司駁[18]擊李珥, 不遺餘力, 珥乃浩然而歸, 此乃珥之幸, 實朝廷之大不幸也. 珥之爲人, 臣固不知, 嘗聞朋友相傳之語, 其爲人也, 篤志力行, 動慕古人, 匪躬徇國, 盡其心·竭其力, 不顧忤俗·不循舊習.

適當北鄙之急, 調發軍馬, 轉運粮餉者, 是珥之欲行所學, 以報聖明者也. 其間雖或有疏漏之擧, 原其本心, 豈故爲誤國病民也哉? 迺者言官始以微擧其失, 漸加其辭, 至於臺箚諫啓, 極其奸兇之狀·盡其詭譎之態, 橫說豎說, 莫非忿嫉之辭. 嗚呼! 三司者, 人君之耳目, 乃敢捃[19]摭捏合, 欲加大惡於人, 不亦誤乎?

爭訟殺人·百石受賄等事, 果有之, 則當明正其罪以施王法, 不可視以尋常也. 今夫閭巷之人, 言於長老, 必當不欺·不誑, 況於君臣之間, 安得以無實之浮辭, 務爲熒惑哉? 人心拂鬱, 至於軍人·武夫, 亦欲叫號.

嗚呼! 珥之於時也, 獨立寡助, 成渾以隱逸高蹈, 不免三聘之起, 與珥爲道義之友, 雖謂之同德同心, 可也. 渾若以珥爲非, 則雖有私情, 豈敢誣飾欺罔殿下哉? 言者怒甲移乙, 至謂'托身山野, 欺世盜名', 渾之賢而有是事哉? 人心愈憤, 皆欲蹈東海之濱也.

18) 駁:底本에는 "駮"로 되어 있다.《御製皇極編》에 근거하여 수정하였다.
19) 捃:底本에는 "据"로 되어 있다.《御製皇極編》에 근거하여 수정하였다.

領議政朴淳聞其淸愼雅潔, 愛人下士, 雖謂之賢相可也, 榻前之辭, 豈無所見? 今乃歷數十罪, 極口詆排,[20] 而三人相爲表裡, 則非所以厭服人心者也, 彈章之下, 彼豈苟容? 今日珥去·明日淳去·又明日渾去, 家髦遜荒, 山人去國, 聖上孤立, 無敢言者, 前日言官之辭曰'網打空人之國'者, 無乃是耶? 臣目擊時危, 忠膽自大, 囚舌不得, 自不[21]知言出而禍隨之, 爲之垂淚而跪進."

都承旨朴謹元等, 極論其阿好熒惑之罪, 上問: "何承旨草此啓耶?" 李元翼對曰: "執筆者非必己意, 下問[22]之意在於欲罪其人, 非惟臣等不敢對, 自上亦不可使之强對也." 仍答曰: "今觀啓辭, 爾等欲杜塞人言·掩蔽聰明, 如是而終欲爲何[23]事耶? 公論之在人間, 如水之在地中, 不必臺諫而是·蒭蕘而[24]非, 其人公則其言公. 自古臺諫·侍從, 何代無之, 而公論之在朝廷者鮮矣. 今若臺諫之言, 人心不服, 義士奮袂, 將四面而起, 爾等雖竭力彌縫, 不可得矣."

成均生員柳拱辰等【四百七十餘人】陳疏, 力辨成渾·李珥之被誣. 上以疏辭忠讜獎之.

○ 承旨朴謹元等啓曰: "昨日儒生之疏, 臣等固不足深辨. 但自前館學陳疏, 例必會議, 商確可否, 然後爲之. 今此擧措, 私自指嗾, 鼓動謬議, 敎誘脅制, 而不來者甚多, 來而不從者亦多. 如此之狀, 自上何以知之乎? 下答之辭, 反加褒獎, 臣恐士風益壞, 無以爲國也."

大司憲李墍等疏, 略曰: "國是未定, 公論自激, 三司交章, 伏閤已久, 天聽持疑, 讒賊日至, 此固國人之所共悶鬱也. 政院不忍嘿嘿, 歷陳無隱, 而殿下不之[25]採也, 遽加斥逐, 此豈臣等平日所望於殿下者乎? 伏願亟祛偏係之私, 恢

---

20) 排: 底本에는 "非"로 되어 있다. 《御製皇極編》에 근거하여 수정하였다.
21) 不: 底本에는 없다. 《御製皇極編》에 근거하여 보충하였다.
22) 問: 底本에는 "聞"으로 되어 있다. 《御製皇極編》에 근거하여 수정하였다.
23) 何: 底本에는 "而"로 되어 있다. 《御製皇極編》에 근거하여 수정하였다.
24) 而: 底本에는 없다. 《御製皇極編》에 근거하여 보충하였다.
25) 之: 底本에는 "知"로 되어 있다. 《御製皇極編》에 근거하여 수정하였다.

弘虛受之量."

大司諫朴承任【獻納權悏‧正言沈岱】等與憲府俱陳箚, 上答曰："在昔宋時六賊
當朝, 李綱去國, 太學生陳東等上疏極論之, 千載之下, 不覺聞風興起. 今若館
學儒生目見國事之日非, 倡義相率, 叩闕抗章, 誠可謂不負所學, 而橫流之砥
柱也. 朝廷是非, 可亂於一時, 太學公論, 焉得以廢也? 況正直之議, 邁靑松而
挺孤節者哉! 彼幺麽數臣, 昵伏近密, 恣爲朋比, 杜絶人言, 欲踵黃潛善之所爲,
予不卽擧流放竄殛之典, 已爲失刑之甚爾, 兩司反爲伸救耶?"

○ 以李拭‧李訒‧朴崇元‧李榮‧金宇顒爲承旨. 幼學李廷友等疏, 斥成‧李
之失, 仍言前日館學疏之不出於公論, 上以[26]是非糢糊, 立論苟且責之.

○ 幼學申礈疏略曰："李珥本非東西黨與中人, 素心公忠, 規畫之際, 雖有
疏迂之失, 此豈誤國專擅乎? 處士成渾目睹亡國之兆, 披情陳疏, 正直[27]無私,
言者構捏, 少無忌憚. 太學儒生投袂而起者, 數百餘人, 此實一國之公論也,
邪妖之窺殿下者, 陰嗾其子弟‧親舊, 聚黨立幟, 欲售網打之計. 內則朴謹元壅
蔽聰明, 外則金應南‧禹性傳‧洪渾‧金瞻‧金睟之輩, 私立黨援, 脅制君父,
臣[28]寧與珥‧渾同日死也."

上答曰："士氣如此, 實由祖宗培養之澤. 爾弟申砬盡忠報國, 有古良將風,
爾又抗疏斥邪, 是何一家竝出忠義也?" 睟方爲平安道巡撫御史, 將臨發, 因礈
疏待罪, 上諭之, 曰："爾侍講屢年, 性頗淳直, 非爾兄比, 將期大用, 勿辭."

○ 特除洪汝諄爲昌原縣令‧洪進爲龍潭縣令‧金瞻爲知禮縣監‧金睟爲吏
曹正郞‧鄭昌衍‧吳億齡爲佐郞.

---

26) 以：底本에는 없다. 《御製皇極編》에 근거하여 보충하였다.
27) 直：底本에는 "言"으로 되어 있다. 《御製皇極編》에 근거하여 수정하였다.
28) 臣：底本에는 없다. 《御製皇極編》에 근거하여 보충하였다.

○ 全羅道儒生徐台壽等[29]【二十五人】陳疏, 力辨李珥·成渾之誣, 又論:"朴淳忠淸公直, 被誣而退. 今者三司之臣, 上承魍魎之敎·下被邪黨之目, 而恬不知恥 日肆奸謀. 若不於此時, 拔其奸魁之尤者若干人, 明正其罔上賊賢之罪, 則國之存亡, 未可知也. 何不先擇銓曹,[30] 次擇三司, 使邪論自消·朝著自淸乎? 急召成渾·李珥·朴淳, 還其位·供厥職, 則士林幸甚.

向者太學之將疏也, 正言李澍, 使其子光庭揚言于泮宮, 曰'今日儒生主張此論者, 終被赤族之禍'云, 則謀欲鉗制士林, 不亦甚乎? 拱辰等之抗章也, 博士韓戩, 奸臣宋應漑之甥也, 托以他事, 擅自停擧者, 多至百餘人. 此而不罪, 竊恐東漢黨錮之禍復起於今日也. 彼主張邪論之輩, 晝夜奔走, 誘脅無賴之徒, 飾辭上章, 期眩天聽, 當其詣闕之日, 市井之人 莫不駭笑, 目之以三司子弟上疏矣."

上答曰:"爾等之言, 愈出愈奇, 深用嘉歎. 予雖闇懦, 豈畏姦臣數輩而不罪之哉? 顧人君御衆之度, 與匹夫之悻悻不侔, 苟取快於一時, 終貽患於後日. 爾等義氣奮發, 至比予於郭公·理宗, 予誠受而不辭也."

○ 備忘記:"博士韓戩愼其館儒, 多數停擧, 前古所無之變. 無君不道之狀, 極爲駭愕, 下義禁府推鞫."

○ 傳曰:"兩司竝遞差." 李陽元爲大司憲, 白惟讓爲執義, 鄭惟淸·宋承[31]禧爲掌令, 丁允祐·成惇爲持平, 金宇顒爲大司諫, 鄭士偉爲司諫, 洪仁恕爲獻納, 柳格·朴弘老爲正言.

---

29) 等:底本에는 없다.《御製皇極編》에 근거하여 보충하였다.

30) 曹:底本에는 "卽"으로 되어 있다.《御製皇極編》에 근거하여 수정하였다.

31) 承:底本에는 "吉"로 되어 있다.《宣祖實錄 16年 8月 20日》《宣祖修正實錄 16年 8月 1日》 기사에 근거하여 수정하였다.

○ 幼學河沆疏論：“李珥博聞强記則有之, 實無存養工夫, 所見誤入, 救李濟臣一失也·欲加稅二失也·欲量田·軍籍三失也·書宋翰弼神主四失也·發明其過五失也. 其他賣官·鬻獄·用孼之弊, 玆所以起人疑而致駁者也.” 上答曰：“腐儒之言, 可哂也.”

先是李濟臣在北營, 以留標信, 將被罪而珥救之. 加稅·量田·軍籍皆其疏請也. 宋翰弼·翼弼, 其母私婢, 而翼弼有盛名, 遨遊士友間, 故珥嘗爲之書其母神主稱姒.故沆疏以此爲言也.

○ 右議政鄭芝衍遺箚論時事, 曰：“言其是非, 則彼此均有之; 辨其忠邪, 則皆是士類也. 李珥志大才敏, 心欲爲國, 而其性疏率, 偏執己見, 喜於變更, 若獨任, 則未免誤國之患. 兩司·玉堂之以言爲責者, 見其所失, 爲之糾劾, 而過激不中, 言官之常事. 請以文彦博·唐介故事處之. 珥能聞過反求, 痛自刻責, 化其氣質, 成其德器, 則安知今日之多口, 不爲珥之終身藥石也?”

上下敎, 曰：“觀此啓辭, 荒雜無倫, 不足備觀. 況已起草, 則何不卽啓, 至於卒逝數旬之後, 乃啓耶? 其間事, 有難盡知, 姑置之.” 識者以爲“芝衍爲時論所誘, 欲使珥等甘心於應漑等玷辱之言, 其謬如此.”

○ 時朝論大壞, 東人輩設謀攻李珥等, 無所不至. 慶基殿參奉邊士貞疏, 略曰：“臣在南, 聞李珥重罹時議, 爲之愕眙,[32] 繼聞成渾以救珥之故, 遭讒還山. 臣自語曰'天日方中, 魑魅遁藏, 何等小人, 賊害忠良?' 且聞道路行旅傭丐至愚至賤者, 相與咨嗟, 皆此事也. 三司與政院爲姦黨窟穴, 締結朋比, 欲以衆力脅制君父, 不復以宗社爲念,[33] 簧鼓凶舌, 恣行欺罔. 懼公論之或發, 陰遣子弟, 威脅章甫, 次令書吏, 往察明倫堂主論儒生, 錄其姓名, 或囑承宣, 或導兵曹, 恐怵禁止. 公論日激, 不勝藉藉, 則托以微過, 停擧儒生. 以此言之, 退出珥·渾,

32) 眙：底本에는 “眙”로 되어 있다. 《御製皇極編》에 근거하여 수정하였다.
33) 念：底本에는 없다. 《御製皇極編》에 근거하여 보충하였다.

其惡小; 掩蔽天聽, 其罪大, 若不正之徒, 聯袂而起, 國家之亡不日矣." 上嘉獎
之.

○ 上招二品以上, 引見于宣政殿, 下敎曰: "近日朝廷不靖, 專由於沈·金兩
人, 欲遠竄之, 如何?" 諸臣皆以爲: "當初朋黨, 雖由於兩人, 今皆補外, 不預朝
廷, 不必罪之." 上曰: "朴謹元·宋應漑·許篈三人, 予知其奸, 遠竄如何?" 諸臣
又以爲: "此等人, 雖有過越之言, 聖明之下, 不可以言獲罪." 力爲伸救. 禮曹
判書鄭澈進曰: "此等人, 不可不明示其罪, 以定是非." 上御書下敎於禁府,
曰: "宋應漑等三人以諂邪之性, 挾斗筲之才·結浮薄之徒, 作爲朋私·互相汲
引, 或塵喉舌之司·或冒臺侍之官, 張皇氣勢·脅制朝廷, 傾陷大臣·排擯忠賢,
朋比之迹已彰·挾憾之態盡露. 惡已極於濁亂·罪難逭於誤國, 遠近咸知·朝
廷共憤, 尙寬肆市之誅·薄施惟輕之典. 竝削官遠竄."

宋應漑竄會寧·朴謹元竄江界·許篈竄鍾城, 旋移甲山. 又以特旨李墍除長
興府使·朴承任除昌原府使·金應南除濟州牧使. 大司諫金宇顒·司諫黃暹【獻
納·正言上同】等啓曰: "金應南久侍經幄, 罪名不彰, 投畀魑魅之鄕, 豈料聖明之
世, 讒間之行, 至於此極? 請還收. 昨者備忘, 三竄責辭極重. 此人等固有罪矣,
不過躁妄過越而已, 繩以重律, 則刑罰不中,[34] 人心不安矣.

當初李珥才疏意偏, 動拂物情, 言責之官, 隨事駁正, 固其宜也, 應漑·篈等
浮躁輕銳, 彈劾之辭, 大不着題. 且應漑避嫌三辭, 不自引咎, 而論朴淳與珥·
渾, 多發不中之言. 儒生上章, 議論偏倚, 則喉舌之臣敷納開陳, 亦其職也, 謹
元等不能分析事理, 多陳雜言, 以致聖心之疑, 固不能無罪. 然只出於有懷必
達, 何可深誅乎? 竝請還收."

上答曰: "其勿營救. 於彼無益而反傷國體. 國可亡, 三奸斷不可貸. 至於金
應南, 予果愛其勤幹信實, 信之不疑. 慶安面斥, 而亦不疑, 厥後宋應漑極口稱
讚. 應漑奸邪之魁, 而應南爲此賊所讚, 其締結灼然甚明. 而近以慶安之請對

---

34) 中: 底本에는 "重"으로 되어 있다.《御製皇極編》에 근거하여 수정하였다.

爲<u>李珥</u>所嗾云者, 必是<u>應南</u>輩做出誣陷也, 予實痛憤. 授以<u>濟州</u>, 於國失刑, 於其身幸矣. 若能革面圖新, 則他日未必不親信也." <u>宇顯</u>等固爭之, 上諭以"三人外更無他慮. 在位之臣, 毋或少疑, 但盡心職事, 諫院不必更煩. 今日當親見而溫諭之, <u>應南</u>必知予意矣."【是日<u>應南</u>下直, 上召見賜以虎皮等物.】

○ 修撰<u>金弘敏</u>在外, 疏斥<u>李珥·成渾</u>, 竝論<u>朴淳</u>, 曰: "身在大臣之位, 不爲調劑, 逞其私意, 敢售一網之計. 且其榻前之啓, 足以喪邦, 構害士林, 豈不慘哉?" 上答曰: "觀此上疏, 只謄三司啓辭. <u>弘敏</u>亦郞僚中邪黨, 其言如此, 不足怪哉! 至以<u>李珥</u>爲黨云, 能以此說動予意乎? 予亦法<u>朱熹</u>之說, 欲入於珥·渾之黨也. 予雖昏庸, 不能容35)一腐儒乎? 姑置之, 本職遞差."

○ 儒生<u>朴濟</u>疏, 略曰: "<u>金貴榮</u>當初下問, 對以不知, <u>鄭芝衍</u>斥賢黨惡, <u>宋應漑·許篈·朴謹元</u>, 倡禍之鷹犬也, <u>金孝元·徐仁元·金應南·金瞻·洪進</u>, 倡禍之指嗾也. <u>李山海</u> <u>應南</u>之妻甥, 外示忠厚, 內藏陰兇, <u>朴承任·李墍</u>妬賢嫉能, <u>金宇宏</u>陰險兇邪, <u>洪渾</u>巧詐陰譎, <u>洪汝諄</u>奸慝36)暴戾, <u>鄭熙績</u>冥頑無識, <u>禹性傳</u>陰險龘鄙, <u>李景嶸</u>誕妄邪毒, <u>李徵</u>兇頑淺露, <u>金宇顒</u>雖似良善, 以兄之故, 未免誤入. 殿下之大臣又不無變其舊志, 附於奸黨者, 他日進用之時, 觀其辭色·聽其言語, 則聖鑑之下, 人焉廋哉?" 蓋指<u>盧守愼</u>也. 上答曰: "有懷必達, 良用可嘉, 其爲辭則妄, 姑置之."

○ 冬, 以<u>成渾</u>爲吏曹參議, 特敎召之.

○ 判敦寧<u>李珥</u>旣歸<u>海州</u>, 又陳疏自劾, 上優批, 使之急速上來.

---

35) 容 : 底本에는 "庸"으로 되어 있다. 《御製皇極編》에 근거하여 수정하였다.
36) 慝 : 底本에는 "匿"으로 되어 있다. 《御製皇極編》에 근거하여 수정하였다.

○ 黃海道儒生柳帶春等【一百八十人】疏, 略曰: "臣等以鄕中所親見者, 辨宋應漑之誣辭. 珥之居鄕曲也, 辭受取予, 無非合義, 輻輳之說, 無據甚矣. 家有書齋, 學徒羣居, 供億無資, 故其時監司給之以營船魚鹽, 以供朝夕. 豈以養士之物, 謂珥之自占乎? 珥兄璠得海澤閒地於白川, 已受立案, 爲奉訴所奪, 璠訟而克之. 而訴以此怨罵, 故珥勸兄棄之, 此實讓田之美意. 況兄之所爲歸之於珥, 讒者之巧也. 松都惠民局外有空垈, 璠嘗以入陳文字呈戶曹, 不許. 此非預於珥, 而乃謂之代名受出者, 尤無理也. 應漑之爲此說者, 有以焉. 珥常曰'應漑[37]爲人世濟其惡, 撤民家以葬其父'. 應漑以此怨之, 含沙伺隙, 圖報私憾, 至於此極矣."

上答曰: "辭氣凜然, 可謂未死姦諛骨已寒. 安得爾輩[38]置之朝廷也?"

○ 大司諫金宇顒等啓曰: "近來朝著不靖, 人心疑懼, 鎭定之策, 失今不圖, 則同寅之美, 將不得致. 前日兩司之論劾兵官, 初非有意攻擊也. 持平李景嵊本以浮妄之人, 不議同僚, 添入'慢擅'等語, 以啓爭端, 掌令李徵, 又於避嫌, 下語過當. 此二人生事於前, 宋應漑·許篈等, 輕躁激發, 再誤於後. 今應漑等得罪過中, 人情矜悶, 初非有意生事之人, 而亦皆紛紛補外, 物議嗟惜, 而景嵊等尙無譴罰, 物情未便, 請竝罷職. 鄭澈本以剛偏忌剋之人, 交構煽亂, 使士類分製, 又乘時傾陷, 無所忌憚. 觀其處心積慮, 必欲生禍搢紳, 請罷職, 以定其罪."

上答曰: "無以爲也. 諫院必爲人所[39]敎耳. 予知此論之意, 不過欲[40]去鄭澈, 而竝及一二前日臺諫, 使予認以爲和平而不疑之也. 兩李何足道哉? 不過無識搖尾之人, 而爲邪黨之前鋒也. 今此輩情狀敗露, 欲歸罪於兩李, 圖爲自

37) 應漑: 底本에는 없다. 《御製皇極編》에 근거하여 보충하였다.
38) 輩: 底本에는 없다. 《御製皇極編》에 근거하여 보충하였다.
39) 所: 底本에는 없다. 《御製皇極編》에 근거하여 보충하였다.
40) 欲: 底本에는 없다. 《御製皇極編》에 근거하여 보충하였다.

脫, 其謀可哀也. 實如啓辭, 初非攻擊之意, 而城上所自添'慢擅'等語, 則其時三司有何所難, 而不爲駁正遞差, 反肆邪說, 必欲賊害忠良而後已耶? 其傍伺, 猖然之心, 未嘗一日忘懷, 一朝見珥少失, 挾彈雀躍, 自以爲時哉. 於是邪說充塞, 四面圍合, 小人之謀, 巧且慘矣, 而其實愚也. 況其時憲啓亦有此說, 與壘峻無異, 今曰'以己見添入'云者, 是何言耶? 然此人邪黨, 依啓罷職. 澈之爲人, 其心也正·其行也方, 惟其舌也直, 故不容於時, 眞所謂鸞班一鶚, 殿上猛虎. 頃於引對之日, 讒言邪斥, 予固知其得謗, 故曾面諭于澈, 今果然矣."

○ 領議政朴淳連箚辭職, 上慰諭不許.

○ 副提學洪聖民·修撰白惟咸等箚, 略曰："士林, 一士林也, 始因微細, 漸成乖隔, 東西二字, 仍以階亂. 吏曹判書李珥, 力主和平, 上達宸聰·通諭士林, 而反以扶西抑東, 見疑致此. 若使和平之議得行於當時, 豈有今日之事哉? 宋應漑等三人, 不爲無罪, 至於投北則過中, 大是淸朝欠事. 向來病痛, 都在疑之一字, 疑則乖·乖則阻, 言不能悉·情不能通, 駸駸然歸於傾軋之地, 自古通患, 而在今尤甚. 頃者諫箚, 雖出於鎭定之計, 未免過慮之歸, 意偏語錯, 甚可怪也. 閭巷無根之說, 耳可聞, 口不可言, 而乃曰'某之妻弟', '某與某爲婚姻', '某之親友', '某之門客', 以無據之事, 一一致疑, 加人以惡名, 其事不歸於曖昧乎?" 上襃答之.

○ 大司諫金宇顒等箚論東西角立之源, 且言鄭澈交構士禍, 前後儒生上疏, 皆自澈之風旨, 實非公論矣. 上曰："箚論誤矣. 予方務鎭定, 而爾輩又激予之疑, 必非朝廷之亨運也." 大司諫金宇顒等引避, 大司憲李友[41]直亦引避. 玉堂處置, 竝遞諫院及掌令宋承禧·持平丁允祐·成悖等, 只出大司憲.

41) 友：底本에는 없다.《御製皇極編》에 근거하여 보충하였다.

○ 憲府啓曰：“韓戢循私妄作, 豈有無君不道之心哉? 罪名過中, 請停刑.” 上答曰：“韓戢乃宋應漑之侄也, 爲惡而無忌, 至於此極. 宋家一門, 是屬氣所鍾. 若服罪, 猶可末減, 不然, 鞫未可已也.” 初戢以柳拱辰等不參釋奠祭而散去, 書其姓名, 藏于印匣, 徐台壽等以爲戢爲其舅報復, 故上命鞫之.

○ 吏曹判書李珥入京陳疏, 上慰諭引見. 珥曰：“朴謹元·宋應漑固邪人也, 許篈年少輕妄, 而其才華可惜矣. 且三人得譴太重, 同罪者皆不自安, 須從寬典可也.” 上不許. 珥曰：“譬如十人作賊, 三人獲罪, 七人着紗帽行公, 於王政頗偏也.” 上曰：“予不知其盤據至此也.” 珥曰：“盤據, 則不可. 以一時士類, 其論同然, 是乃無識而然矣.” 力請放宥, 上終不聽. 珥請召成渾·鄭逑, 上曰：“金宇顒何如人也?” 珥曰：“善人而是非不明之人也.” 又曰：“韓戢狂妄之人也, 固有罪, 然置之死則過矣.” 上曰：“朴謹元壅蔽上下, 猶趙高也.” 珥曰：“政院之謂以蒙允, 不納疏章, 亦是舊例, 非謹元創之也.” 又曰：“主和平之論者, 以前日三司之人, 皆可用也, 臣意幷用此等人, 則議論多歧, 終無歸一之時, 不可復用也.”

○ 海州儒生朴樞疏, 略曰：“所謂東人者, 惟以害人爲意, 西人者, 自前及今, 但被論而已. 其憂國處事, 有如珥者, 有幾人哉?” 因論柳夢鶴·許鏛[42]·徐仁元·姜緖及紳·金誠一·金瞻·禹性傳·洪渾·鄭熙績·李景嶸·李徵·權德輿·洪汝諄等之罪, 請以成渾·鄭澈委任憲職, 改絃易轍, 上優批答之.

甲申十七年春, 持平黃赫論直提學李純仁, 趨合時好以媒進就, 請遞其職. 上問“附於何人?”, 回啓曰：“初附趙瑗, 又附李潑. 至於李珥, 乃其自少親善, 而視其冷暖以爲向背, 行已於此可知矣.” 上答以依啓.

---

42) 鏛：底本에는 “瑞”으로 되어 있다. 《大東野乘·癸未記事》에 근거하여 수정하였다.

○ 夏, 副提學金宇顒在外, 陳疏辭職, 因請啓言路·廣聰明·正好惡, 有曰：
"殿下有堯·舜之明, 而群臣無協寅之美, 各是己見, 轉相非怨. 而朝廷所以處
之者, 旣爲偏重, 無以服人心. 又或主張其說, 號曰'國是', 鴟張氣勢, 排抑正類,
廢天下之公論, 任一己之私見, 則主聽日壅·輿情日鬱, 附會者日益進·異論者
日益遠, 人人重足側立, 莫敢以一言相枝梧. 子思所謂'卿大夫出言, 莫敢矯其
非'者, 不幸而近之矣.

陳瓘謂章惇曰'欲平舟勢, 而移左置右, 其偏一也, 果何行乎?' 今之勢何以異
此? 殿下每戒群臣以同心和悅, 宰相亦有以破東·西·一彼此爲說者. 聽其言
則美·觀其行則謬. 殿下豈知其布置同類, 排擯異己, 而氣焰之盛, 已不可嚮邇
者哉? 朝論日嚴, 奸諂日附, 讒口交馳, 而告訐成風. 士類之稍有名字者, 舉以
奸黨目之, 人人危懼, 莫保朝夕. 今日朝廷以言爲戒, 此等議論, 固時輩之所甚
惡, 而朝紳之所深諱者也, 故雖兆庶同情, 無敢以此警咳於殿下之側也."

答曰："宇顒之爲人, 予知之久矣, 其性固滯異僻. 大抵腐儒之言, 不足責,
姑置之, 本職遞差." 大司諫辛應時箚言："宇顒之言, 專指鄭澈, 而有如暗主在
上·權奸擅柄者然, 强斥言外之意, 求過於無過之中矣." 上以所論十分正是,
嘉答之.

乙酉十八年, 先是全州人鄭汝立, 博覽强記, 貫穿經傳, 論議雷厲風飛. 托
以問學, 從遊珥門, 珥不知其凶險陰厲, 奇其才, 遂躋淸顯, 名聲籍甚. 南儒徐
台壽等之疏, 皆汝立所倡也, 詔[43]事珥, 無所不至. 及珥卒後, 汝立見東人勢盛,
反附時論, 極口毀珥, 自以爲貽書絶交. 時人大喜, 崇獎吹噓, 如恐不及. 一日,
上臨筵, 問李珥爲人, 群臣未及對, 汝立以玉堂入侍, 暴揚其短, 不遺餘力, 因斥
朴淳·成渾奸邪, 上深惡之曰："汝立, 今之邢恕." 汝立怒目而退.

○ 冬, 義州牧使徐益疏略："伏聞鄭汝立於筵中追攻李珥, 遂及朴淳·鄭

---

43) 詔：底本에는 "陷"으로 되어 있다. 《御製皇極編》에 근거하여 수정하였다.

澈, 故淳·澈不安其位, 奉身而退. 此事他人猶可, 汝立不可也. 汝立本珥之門下士也, 身帶學士, 入覲淸光, 皆珥之力也. 方三竄初定, 珥被召還, 或問珥之爲人於汝立, 汝立指庭中柹子, 曰'孔子是盡熟的柹·栗谷【李珥別號】是半熟之柹, 眞聖人也'. 又曰'邊士貞救三賢一疏, 當流傳萬世'. 又以李潑之常以師道事珥, 及議論不一, 遂生攻擊之意, '專擅朝廷·引進非人'爲大罪. 或以汝立通于珥之書, 言於臣, 其書曰'三竄雖定, 巨姦尙在, 宜速圖之'. '巨姦'指柳成龍也. 臣私謂曰'鄭哥氣習未盡消磨乎! 況成龍本非攻李珥者, 何敢乃爾也?' 前亦汝立·後亦汝立, 安得今日親賣李珥, 而不知恥也? 又聞有人論珥心事可疑, 臣嘗以是問於成龍, 答曰'平坦·平夷, 乃珥之長也, 所恨喜於變更耳'. 噫! 古今天下, 安有平坦·平夷之小人乎? 若謂心事可疑, 則擧國之人, 皆以百口保之矣. 淳·澈俱以淸名雅望, 致位卿相, 懷無不達·語無不從.所未及者, 請還三竄事耳. 宋應漑言實誕妄, 然以諫爲名, 何可罪乎? 許篈, 名父之子, 雖有過愆, 豈可深罪?

上年大需, 三竄不在應放. 臣於此時, 待罪玉堂, 欲爲箚論, 聞澈言于相臣, 達于殿下, 意謂'大臣欲言, 玉堂不必爲也'. 側聽累日, 尙無消息, 往問於澈, 澈以爲朴淳發言于兩相而不克果, 當與諸相更謀也. 不知澈者, 爭相歸罪, 萬口庇謗都萃於澈, 澈復何爲? 嗜酒之謗, 果是實病, 直白玉微瑕耳. 李山甫·朴漸孝悌忠信, 奴隷共知, 如此善士, 何處得來? 但有吃病, 言語無章.

左議政盧守愼, 身値聖明, 深居廟堂, 一士林·和朝廷, 乃其心也·乃其職也, 今乃汲汲乞免, 豈無所以哉? 守愼初非與於兩家, 故咸願助己而不得, 則兩家皆懷不平, 浮議益盛, 衰亡危亂, 咫尺在前. 欲救則力不及·欲留則非其所學, 故爲此苦計, 情則可悲也.

臣雖至愚, 願獻一得. 殿下首放竄臣, 使得自老於家, 次召近臣出補者, 復置左右, 慰安朴淳·鄭澈, 使復其位. 召宰執·侍從, 和顔·緩辭, 開懷盡誠, 則從前滿場喧呼, 只爲一笑資耳.

沈義謙有罪無罪, 臣固未之知, 殿下以義謙爲奸魁, 交之者非也, 則是義謙有人臣莫大之罪矣. 然猶着黃金之帶, 依舊宰相之班, 則若無罪矣. 果有罪也, 則數其惡·明其罪, 不失其律, 可也; 果無罪, 則彼雖微臣, 殿下安得以'奸'字加之也?"

上答曰: "有懷必達, 予庸嘉焉, 仍以其疏語, 恍惚難測, 問於政院." 回啓曰: "徐益之心, 果爲難測. 汝立之通書, 未知虛的, 而巨姦尙在之語, 設或有之, 益非得於耳聞, 何以知其指成龍乎? 以此推之, 凡所云云, 皆無可據, 而不近理之說. 又及於盧守愼, 其眩亂自恣之狀, 無所不至."

○ 禮曹判書柳成龍, 因益疏辭職, 上答曰: "仍此辭退, 則怪鬼輩彈冠, 適成其志, 勿辭."

○ 司諫李養中【正言全慶昌外上同】等箚, 略曰: "徐益陳疏, 無非挾私. 益素與李珥·鄭澈, 交游最密, 議論綢繆, 李山甫·朴漸, 同是厚交之人. 至於朴淳, 則出入附托, 視若父兄, 自以爲與同禍福, 故身在遠地, 得聞被劾, 不勝憤患, 瀝血封章, 其情可知.

其所指鄭汝立簡中辭, 初出往來之行言, 實無所據. 況'巨姦'二字, 雖或有之, '指柳成龍'四字, 非汝立之書中所有, 而托爲人言, 陰濟己意. 一以攻名流·賢宰, 欲使之不得安於朝廷, 其爲凶險, 不可忍言.

義謙之有罪·無罪, 當刑·不當刑, 惟在聖衷之所定, 益是何人, 敢爲指揮乎? 益之於義謙, 相知與否, 未得知之, 其所親愛者, 皆是從遊義謙之人, 則其所救解義謙者, 無異於義謙相交之人. 故至欲使聖上, 不得明言義謙之有罪者, 此果何心? 且放釋三竄·召還侍從, 實是朝廷之大處分, 益曾居密邇之地, 尙不言之, 出作邊倅, 乘憤痛歎. 外托公議, 而觀其所言, 則終始譸張, 眩亂人聽, 要其歸, 則不過阿其所好, 而隱然營救義謙一事."

上答曰: "觀此箚辭, 萬世不易之正論也. 如益怪鬼輩, 置之度外." 獻納金權啓曰: "同僚箚論徐益疏之非, 而益初在南中, 汝立議論無不知之, 所以忿忿有此論說矣. 其意則主於和平, 且言者不可深罪. 故臣以僚議爲過中, 勢不相容."

上問: "親見其辭乎?" 回啓曰: "臣目覩矣." 又敎曰: "其書出於汝立詆斥李珥之前乎? 後乎?" 回啓曰: "詆斥之後矣." 答曰: "爾則見其書, 故以爲出於忿忿, 同僚則各有所見, 故以爲托爲人言者, 不妨也. 但益之論汝立事, 設或爲是, 其他則眞邪說也, 爾以爲主和平則誤矣. 勿辭."

○ 副提學李拭·直提學金晬·典翰白惟讓·應敎尹先覺·校理李德馨·柳根·著作兪大進等箚, 論徐益之假托人言, 擠陷士類, 上優答之.

○ 大司憲崔滉啓曰: "諫院之箚論徐益, 果爲讜直, 而至論汝立之簡, 乃曰'出於往來行語, 實無所據', 則是不過欲護而欺其心也, 何異於面謾榻前之李山甫乎? 臣不能與同僚相容."

司諫李養中等啓曰: "臣於汝立之書, 未嘗親聞·親見, 而或聞有云云, 故箚中有云云, 而無一毫欲護汝立之意也. 汝立雖有所失, 何關於臣等, 而欲掩他失, 反自欺心乎?" 上答曰: "汝立今之邢恕也. 幺麽一小臣之事, 有何大關, 豈以此不相容乎? 崔滉之言平正且直, 彼此洞然, 須與之相容, 可也." 兩司竝退待. 玉堂處置, 大司憲以下竝出仕, 而司諫以下遞差.

○ 領議政盧守愼以宋應漑·許葑·朴謹元之竄, 知與不知, 皆謂過當, 屢請寬宥. 上許之, 使還鄕, 任便居住.

○ 大司憲李拭【執義李由仁·掌令韓顒·洪仁憲·持平沈岱·李時彦】等·司諫李養中【大司諫李潑在外, 獻納鄭叔男·正言趙仁得·宋言愼】等合啓曰: "靑陽君沈義謙前日植黨朋比, 貽禍士林. 外而朝廷政令·內而宮壼擧措, 無不指揮. 方居父喪, 規爲起復, 假稱內旨, 毒殺弟妻, 請命罷職." 上答曰: "處一人之是非, 有何難事, 而緣

茲朝廷紛挐, 十年不決, 其間所傷, 何可量也? 異哉! 前古所未有也. 然至於加
罪則不穩." 又曰: "交結某某人乎? 不可不使予知之也. 此下問, 非有他意, 只
知之以爲他日處事之權度耳." 兩司更啓曰: "<u>沈義謙</u>與<u>朴淳</u>·<u>鄭澈</u>·<u>朴應男</u>·
<u>金繼輝</u>·<u>尹斗壽</u>·<u>尹根壽</u>·<u>李海壽</u>·<u>辛應時</u>·<u>朴漸</u>等, 結爲死生之交, 權勢相倚,
濁亂朝廷, 窺覘形勢, 將欲何爲? 至於<u>成渾</u>, 亦受其籠絡. 終使朝廷上下携貳不
靖, 無非此人釀成, 請正其罪." 上不許.

　<u>李潑</u>自鄕上來, 啓曰: "人臣事君, '有犯無隱'. 頃者本院論<u>沈義謙</u>植黨之罪,
自上下問交結之人, 則所當歷陳無遺, 使聖上盡知輩流, 包容於天地之大度,
而在下之人, 無所容其心, 可也. 禮曹判書<u>洪聖民</u>·副提學<u>具鳳齡</u>, 於西人中,
其才華·文章亦爲今朝之所需. 然皆是<u>義謙</u>親友, 因以發身, 通朝之所共知也.
臣連忝論責之地, 每爲和平之說所牽, 言論不直, 自陷於欺罔之罪矣." 上慰諭
之.

　○[44] 兩司連啓<u>沈義謙</u>事, 傳曰: "<u>靑陽君</u> <u>沈義謙</u>以險詖之資, 挾城社之勢,
立黨朋比, 擅弄國柄, 方居父喪, 規爲起復. 又乃毒殺弟妻, 冒稱內旨, 吹噓黨
比, 驟躋崇顯. 名爲士類者, 如<u>朴淳</u>之輩, 表裏相倚, 張皇氣焰, <u>洪聖民</u>·<u>具鳳齡</u>
之類, 亦以<u>義謙</u>之親友, 因以發身. 雖<u>李珥</u>·<u>成渾</u>之爲人, 或以親戚之厚·或以
交遊之密, 亦受其籠絡而莫知恥. 是非顚錯, 國勢捏扤, 而至於十餘年之久,
論其罪惡, 合置重律, 今只罷職, 以示曲全之意."

　○[45] 生員<u>李貴</u>疏, 略曰: "伏見兩司請罪<u>沈義謙</u>, 竝指<u>李珥</u>·<u>成渾</u>爲其黨與,
誣罔甚矣. <u>李珥</u>於<u>義謙</u>, 有通家之分, 而丁卯銓郞之選, <u>義謙</u>有不滿之意, <u>金繼</u>
<u>輝</u>等力薦, 則初無黨比之實, 可見. <u>珥</u>常曰'癸酉年間, <u>義謙</u>爲都憲, 訪之曰「吾
爲此官, 物議如何?」, 余不答而謂曰「<u>靑陽</u>官閑秩高, 於令公足矣」. <u>義謙</u>不知

---

44) ○ : 底本에는 없다. 《御製皇極編》에 근거하여 보충하였다.
45) ○ : 底本에는 없다. 《御製皇極編》에 근거하여 보충하였다.

諷已, 晏然自肆, 其貪財·無識如此矣'. 此副修撰<u>李廷立</u>親聞於<u>珥</u>者也. 己卯
<u>珥</u>疏曰'<u>義謙</u>則不可居更要地', 以此觀之, <u>珥</u>之心迹可知.

至於<u>成渾</u>, 則其父<u>守琛</u>, 負望林下, <u>義謙</u>豈不一造門下乎? <u>渾</u>與<u>義謙</u>, 知面之
分在此. 而厥後<u>渾</u>抱病自廢, 少不關涉於朝廷, 況有所謂黨比者乎?

六七年前, <u>義謙</u>之罪未著, 故參贊<u>白仁傑</u>之目爲小人, 謂其太過, <u>金宇顒</u>之
斥爲小人, 亦謂不可. 此非黨比之言, 誠以其惡未著也. 今以<u>李珥</u>·<u>成渾</u>歇看<u>義</u>
<u>謙</u>, 不置於可絶之地, 謂之一過則可矣, 若以締結黨比言之, 則兩司之欺罔自
見矣. 夫<u>義謙</u>之見棄非一日也, <u>珥</u>·<u>渾</u>一人之身也, 未忤時論之前, 極其稱道,
而猶恐不登於王朝; 一忤時論之後, 恣其誣陷, 而猶恐不至於小人, 此其情尤
昭然, 不可掩者." 上答曰 : "以<u>義謙</u>爲是者, 乃是邪論, 而以<u>珥</u>·<u>渾</u>爲非者, 亦非
正論矣."

○ <u>海州</u>生員<u>趙光玹</u>等疏, 辨<u>李珥</u>黨<u>義謙</u>之誣, 因曰 : "庚辰[46]間, <u>鄭澈</u>詆斥
<u>李潑</u>之陰慝, 以此始有嫌釁. 東人之許<u>李潑</u>者, 以<u>珥</u>不絶<u>鄭澈</u>爲非 ; 西人之是
<u>鄭澈</u>者, 以<u>珥</u>不援<u>鄭澈</u>爲咎. <u>珥</u>於彼此, 豈有一毫私意哉? 辛巳論<u>義謙</u>時, 竝論
<u>鄭澈</u>, <u>珥</u>爲其時臺諫立異, 以此見忤於東人, 極矣.

<u>珥</u>常調停兩間爲主, 以此攻<u>李珥</u>者, 以抑東扶西目之, 一時見枉, 亦不痛哉?
近日<u>李潑</u>啓辭, 捏告<u>珥</u>·<u>渾</u>之過, 欲置不測之地. 且<u>珥</u>在<u>海西</u>, <u>李潑</u>貽書, 曰'不
可以<u>義謙</u>爲小人, 亦不可以<u>義謙</u>之儕輩爲邪黨. <u>金肅夫</u>, <u>柳而見</u>亦如此云'.
以此觀之, 當初<u>潑</u>輩所論亦不甚相遠, 今乃趨附時論, 反斥<u>李珥</u>. 況<u>潑</u>之於<u>珥</u>·
<u>渾</u>, 自擬師友, 終陷<u>珥</u>·<u>渾</u>者, 乃其人, 豈不痛心哉?"

○ <u>公州</u>敎授<u>趙憲</u>上疏, 極論朝廷事, 力明<u>李珥</u>·<u>成渾</u>等之賢, 痛斥東人之妨
賢害國, 臚列過失, 大小無遺, 冀以感悟上意, 幾數萬言. 上命下該司回啓, 於
是滿朝諸臣, 紛紜引嫌. 大司諫<u>李潑</u>及校理<u>金弘敏</u>, 箚請其罪, 上答<u>潑</u>曰 : "我

---

46) 辰 : 底本에는 "申"으로 되어 있다. 《御製皇極編》에 근거하여 수정하였다.

自爲善, 人何與焉?" 答弘敏曰: "朝廷非訟庭也." 副提學丁胤福等, 箚請其罪, 上答曰: "反己自省, 幸矣."

○ 前領議政朴淳屢遭詆斥, 意不自安, 疏請沐浴下鄕. 上下敎累召, 曰: "見卿辭疏, 知卿斂跡不歸. 一時風氣之象不好, 催卿上洛, 非爲卿也."

○ 李貴·趙光玹等疏論李珥被誣, 歷詆朝臣. 召問曰: "汝疏'浮躁好進之徒, 起而附會, 出入義謙之門, 奴顔婢膝之輩', '前日附義謙之徒, 納款東人, 倒戈以攻'者, 何人耶? 事君無隱, 乃古之道也, 爾其實對." 貴書啓: "所謂浮躁者, 白惟讓·盧植·宋言愼·李好閔·盧稷也. 義謙失勢之後, 反攻義謙者, 朴謹元·宋應漑·尹毅中, 又有相識, 非珥之比者, 李山海也. 奴顔婢膝者, 鄭熙績也."

吏曹判書李山海曰: "臣與義謙, 不曾追逐, 又不參論議, 故甚被疎忌. 嘗詆臣, 曰: '李某非玉堂也, 乃土堂也.' 此則人所共聞也. 義謙爲湖南伯, 乘昏來見, 又索別詩, 臣不敢堅拒, 被人醜詆, 臣實自取." 仍乞解職, 上慰諭不許.

○ 大司諫李潑歷陳前日與李珥, 始同終異之端, 今被李貴捃摭詆斥, 請遞, 上答以"人臣不可有反覆之態", 嚴責之.

皇極編 卷之三

東·西 南·北

己丑二十二年冬, 鄭汝立謀叛, 伏誅. 汝立素有跋扈之心, 旣不得志, 於上怨望益深. 且以其子玉男有異狀, 陰畜逆謀, 假托講學, 嘯聚雜類. 先是天安私奴吉三峯者, 勇猛絶倫爲獷賊, 屢捕屢逸, 名聞國內. 汝立使其徒, 揚言於海西, 曰: "吉三峯兄弟領神兵, 不久擧事." 愚民轉相告語.

安岳校生趙球稱以汝立弟子, 蹤跡詭秘. 郡守李軸疑之, 掩捕問狀, 球知不可諱, 盡發其逆節. 軸乃以球詣信川, 與韓應寅聯名馳報. 監司韓準以其狀上聞, 初昏上出御便殿, 招三公·玉堂入侍.

上問: "汝立何人也?" 領議政柳㙉·左議政李山海, 對以不知, 右議政鄭彦信曰: "但知其爲¹⁾讀書人, 不知其他." 上手擲其狀, 曰: "讀書人所爲, 乃若是乎?", 凶謀狼藉, 左右縮頸. 分遣禁府都事·宣傳官, 逮捕汝立及黨與, 汝立已自殺. 其子玉男及同黨春龍等, 設鞫, 問來往人, 玉男供: "謀主吉三峯也. 古阜韓憬·泰仁 宋侃·南原 趙惟直·辛汝成, 常常出入, 海西 金世謙·朴延齡·李箕·李光秀·朴杜·朴文長·邊崇福等, 及池涵斗·僧義衍, 或往來·或同處." 皆承服伏誅, 侃·惟直·汝成不服而死. 汝立甥李震吉亦杖斃.

○ 湖南生員梁千會疏, 略曰: "臣家在湖南, 詳知賊情. 惟其當初自附於讀書之流, 而李潑兄弟往來南中, 與之相結. 時李珥·成渾負重名於世, 潑·洁兄弟方共尊仰, 故引而薦之, 相與出入其門下. 李珥旣卒之後, 汝立首爲倒戈,

---

1) 爲: 底本에는 없다. 《御製皇極編》에 근거하여 보충하였다.

與瀅等改頭換面, 以爲擠陷忠賢之計".

又曰: "原其賊之所以至此者, 亦有當路之臣, 交通締結, 聲勢相倚. 故汝立身雖[2]在外, 遙執朝權, 意氣鷗張, 勢焰燻灼, 力折州縣, 而崇長養成, 以至今日, 其所從來者, 至深遠矣. 於是陰勸用事之臣, 力主[3]推刷之議, 使國內波蕩然後, 陰囑銓官之親切者, 使圖海西佐幕之任, 以爲起事之計. 及其未受天點, 所願不成, 則又囑奉使之臣, 一時罷府尹·判官, 欲爲乘虛作亂之計, 而內外朝臣墮其術中, 承望猶恐不及."

又曰: "朝廷初聞此變, 專事營救, 或以爲'李珥弟子, 誣告生事', 或以爲'汝立爲人, 忠貫白日', 至以韓準爲非. 惟其朝議如此, 故權諶等乃敢稽緩疏漏, 太學諸生, 至欲疏救, 而推鞫之官盤問不實, 外言藉藉. 臆守之招, 以爲'京中族親, 往來者, 非獨我也'云, 則鄭彦信遽令痛杖, 略不省問, 推官欲問, 則輒示不悅之色. 蓋逆賊出於其私黨之中, 一遭此變, 人皆指目, 非但憼懼, 亦恐端緒或露, 累及流輩, 一向掩覆.

三公, 殿下股肱, 而猶且如此, 豈不痛哉? 元兇伏法, 親黨緣坐, 非以爲盡參賊謀, 不如此, 則無以杜逆亂之萌·防未然之禍也. 今逆賊之死友·腹心, 如李瀅·李洁·白惟讓·鄭彦智·鄭彦信者, 國人莫不知之, 而猶且伴食中書, 出入經幄, 揚揚如平日. 門生·親舊, 方且囚禁, 而獨於朝臣, 一無所問, 是王法獨行於疏賤, 而不行於貴近."

鄭彦信陳疏自明, 上答以"何足介意?". 吏曹判書李陽元, 以汝立 黃海都事之擬出於其手, 陳疏辭之, 上答: "千會之疏, 乃臆度之說, 予已知之."

○ 備忘記: "變作之日, 右相所爲, 多有未安. 推鞫疏漏, 予已疑訝, 千會之疏亦已晚矣. 今反[4]疏辨, 至曰'不通書札', 其謂予無目耶?", 仍下一封書於政

---

2) 雖: 底本에는 없다. 《御製皇極編》에 근거하여 보충하였다.

3) 主: 底本에는 "立"으로 되어 있다. 《御製皇極編》에 근거하여 수정하였다.

4) 反: 底本에는 "返"으로 되어 있다. 《御製皇極編》에 근거하여 수정하였다.

院, 曰:"未知此是何人書? 至曰'悠悠時事, 欲陳支離', 又有'可笑'等語, 如是而尚可謂之'不親'乎? 身爲大臣, 乃敢面瞞, 不勝痛憤. 予二十年待大臣之節, 因此盡喪, 尤爲痛甚."

初彦信陰囑宣傳官, 搜文書時, 盡去其兄弟書札. 及登對自稱'一不通書', 今又自明, 故上下敎暴之. 由是被罪, 其子憛代製自明之疏, 慙恨自盡.

○ 以鄭澈爲左議政·成渾爲吏曹參判·白惟咸爲獻納·崔滉爲大司憲.

○ 兩司啓曰:"吏曹參判鄭彦智·金宇顒·白惟讓, 或以族屬·或以交友·或以聯姻, 不可仍[5]在朝列, 請罷職. 右議政鄭彦信, 曾與逆賊, 有同宗之分, 通書問信, 非止一再. 身居台鼎, 天日之下, 敢以不相通信飾詐, 其誣罔君父, 蔽護己罪之狀, 昭不可掩, 請命斥退.

諫啓兼論李潑兄弟, 竝依啓. 禮曹正郎白惟咸疏陳推鞫疎漏之失·臺諫循默之狀·李潑·金宇顒輩黨逆之罪, 以佐郎金憑家在全州, 與賊親密, 營救公朝, 人心駭憤. 末言:"主勢孤立, 邪[6]議橫流, 賊魁雖誅, 餘憂未艾."云. 上極加褒答. 惟咸, 仁傑之子, 與其從兄惟讓, 構隙成仇矣.

○ 備忘記:"宇顒與汝立, 結爲心腹.觀其書札, 朝廷之事, 無不盡謀, 臆度君心, 潛通汝立, 六鎭定配." 竄會寧.

○ 汝立姪鄭緝供, 引李潑兄弟·鄭彦智兄弟·白惟讓等, 同參逆謀, 將爲內應, 又引洪宗祿·鄭昌衍等, 上乃親鞫. 右議政鄭澈曰:"朝紳之親汝立, 不過好而不知其惡, 天下豈有兩汝立乎?" 遂竄彦智于江界·宗祿于龜城·潑于洪原·惟讓于富寧·洁于熙川, 彦信付處, 昌衍放送. 臺諫合啓以彦信營護逆賊,

5) 仍: 底本에는 "因"으로 되어 있다. 《御製皇極編》에 근거하여 수정하였다.
6) 邪: 底本에는 "邢"으로 되어 있다. 《御製皇極編》에 근거하여 수정하였다.

至以推治原告爲言, 請命遠竄, 任國老附會彥信, 獄事疎漏, 皆由此人, 請黜[7] 門外, 竝依啓.

○ 崔滉等論 : "洪汝諄陰險縱恣, 請罷職. 丁胤福·宋言愼與逆賊交厚, 前佐郎金弘徵薦李震吉,　前縣監韓浚謙·前佐郎朴承宗·前著作鄭經世引震吉於史局, 而獄事未畢, 遽蒙敍命, 請還收.", 依啓, 汝諄事不允.

獻納白惟咸又請汝諄罷職, 不允.【汝諄女弟方在內御云】又論 : "水原府使洪可臣, 與賊親密, 與李潑兄弟, 互相推奬, 請罷職. 承文副正字尹敬立亦與賊相親, 請削史薦." 依啓.

○ 上問筵臣曰 : "汝立凶逆, 無一人知者, 知人之難, 固如是乎?" 柳成龍曰 : "李敬中塞其銓薦, 被駁於其時臺諫矣." 上問臺諫姓名, 柳成龍以不能記仰對, 上命考出史草, 則掌令鄭仁弘·持平朴光玉也. 上特命敬中贈參判, 仁弘·光玉, 竝削奪官爵.[8] 由是仁弘, 與成龍有隙.【趙憲疏斥汝立, 過於敬中, 而成龍不爲竝擧, 時人以爲非公心云.】

○ 上下敎于左議政李山海, 曰 : "汝立交結之人, 論之誠是矣. 但觀氣像, 想有波及之慮. 倘矯激之人, 不勝憤氣, 過於言論, 豈爲穩當? 萬一如此, 卿可力止, 止而不聽, 面對[9]直啓."

持平黃爀啓曰 : "下相臣之敎, 鎭定之意至矣. 第逆賊出於一時名流, 其締結形勢, 釀成此變者, 揆以王法, 自有其罪, 不得不隨聞按覈之意, 通於大司憲崔滉, 則答語不遜, 待諸僚如郎吏, 決難冒忝." 上答曰 : "崔滉之言, 斯爲得體, 汝何敢如是不聽乎? 勿辭." 崔滉及掌令尹暹·沈喜壽·持平申磼皆引避. 蓋爀

---

7) 黜 : 底本에는 "出"로 되어 있다. 《御製皇極編》에 근거하여 수정하였다.

8) 爵 : 底本에는 "職"으로 되어 있다. 《御製皇極編》에 근거하여 수정하였다.

9) 對 : 底本에는 없다. 《御製皇極編》에 근거하여 보충하였다.

欲駁洪汝諄, 而滉不從也. 執義成泳請竝出仕, 上命遞黃嚇.

○ 樂安校生宣弘福, 與賊通書, 被拿, 引李潑及洁·白惟讓等. 先是洁自海南上京, 歷訪汝立. 至鍾鼎院, 汝立追餞于院樓, 酒酣, 汝立以酒書盤面, 露反謀. 洁驚起疾馳, 至縣客舍, 裁書告其兄潑, 潑卽登道. 洁欲待潑上變, 未及, 趙球先之.

潑與李廷鸞出於賊招, 同囚一間, 潑曰: "此賊, 人所易知, 吾獨不知, 死有餘罪[10]. 君則與賊[11]爲仇敵, 無死理而已." 廷鸞果放. 潑配北道, 至是又就鞫拷掠, 體無完膚, 氣息垂絶, 而當鞫必端拱而跪, 竟斃於杖. 潑好臧否人物, 久在銓曹, 以進退爲己任, 人多怨之.

惟讓, 仁傑之姪, 與汝立書, 多不道犯上矣. 至是上抹其甚者, 下於鞫廳, 其書曰"此人猜忌·狠愎", 或曰"無人君之量". 上命斷以逆律, 鄭澈曰: "經幄一汝立, 已大變, 豈兩汝立乎?" 上大怒, 以大臣專權責之, 竟施逆律.

惟讓四子振民·興民·得民·來民, 皆有才譽, 俱斃杖下. 初振民以變書, 必是李珥弟子誣告, 與其徒十餘人, 欲爲訟冤, 擬以朴永謹者爲疏頭, 聞汝立自殺, 皆驚散. 振民方守墓楊州, 或言"吉三峯去處, 振民必詳知". 振民在獄, 欲製疏鳴冤, 受刑瘡甚, 不能書而止. 但供曰: "父所不知, 子何以知? 有罪無罪, 證在蒼天, 不必再鞫, 願速就戮."

汝立門生錄中有名申湜者, 被逮, 自稱與逆賊一不通書云. 上下抵逆賊書名湜[12]者一張, 湜曰: "南中有[13]鄭湜者." 上又下喪中問禮書具姓名一張, 湜不能對, 遂被罪.【考異. 鄭澈與白惟咸·李春英等密謀, 使內官李夢井, 告達以振民知吉三峯所在處, 以至被鞫. 初仁傑罹乙巳之禍, 久在罪廢, 有女而人無與爲婚者[14], 謂其姪惟讓曰: "吾欲以義寧監[15]

---

10) 罪 : 底本에는 없다. 《御製皇極編》에 근거하여 보충하였다.
11) 與賊 : 底本에는 뒤에 "與賊"이 더 있다. 《御製皇極編》에 근거하여 삭제하였다.
12) 湜 : 底本에는 이 앞에 "申"이 더 있다. 《御製皇極編》에 근거하여 삭제하였다.
13) 有 : 底本에는 없다. 《御製皇極編》에 근거하여 보충하였다.
14) 者 : 底本에는 없다. 《御製皇極編》에 근거하여 보충하였다.

爲壻16)." 惟讓曰: "義寧監, 庶宗也, 其母及叔母, 皆俱着首靴市井女也, 何可爲壻?" 仁傑不從, 而竟婚之. 女既嫁, 而以惟讓言告義寧, 由是有隙. 及生子春英, 追銜宿憾, 視惟讓如仇, 至是17)與其舅惟咸, 煽動亂言以禍之云.】

○ 韓百謙以李震吉收屍受刑, 柳宗智坐與逆賊親厚, 被罪. 金憑, 逆賊磔屍時涕泣, 臺啓, 杖斃.【考異. 己丑治獄, 鄭澈爲領袖, 白惟咸·李春英爲羽翼, 搏擊異議. 金憑素有風眩·冷淚之病. 戮賊之時, 在百官列, 日寒流淚. 惟咸素有隙於憑, 以爲哀泣構殺, 朝野側目云.】

○ 湖南儒生丁巖18)壽等上疏, 極言李山海·鄭彦信等誤國護逆之狀, 及韓孝純·李廷直·鄭介淸·柳宗智·柳永立·柳成龍·李陽元·尹毅中·尹卓然·金應南·宋言愼·南彦經·李彦吉·曺大中·李弘老·李純仁·柳夢井·金弘徵等之罪, 及前縣監羅士忱與其子德明·德峻·德潤伸救汝立, 以告者爲誣之事. 又論鄭仁弘與汝立, 情誼甚篤, 又曰: "癸未三司之攻數賢也, 一臺臣知上有不悅之色, 欲停論, 洪汝諄曰'當此之時, 社稷爲重. 汝諄無君不道之罪,19) 中外切齒."

疏入, 上震怒, 曰: "汝等如是詳知, 何不早來上變20)? 巖壽及疏下九人【朴天挺·朴大鵬·任允聖·金承緖·梁山龍21)·李慶男·金應會·柳思敬·柳渶】竝拿致王獄."   仍敎曰: "乘此逆變, 敢肆構誣之計, 賢相名卿, 無不指斥, 必聽指嗾, 灼然無疑, 推鞫定配." 館儒崔起南等疏救, 臺諫又論, 上命勿鞫.

---

15) 監 : 底本에는 없다. 《御製皇極編》에 근거하여 보충하였다.
16) 壻 : 底本에는 없다. 《御製皇極編》에 근거하여 보충하였다.
17) 是 : 底本에는 없다. 《御製皇極編》에 근거하여 보충하였다.
18) 巖 : 底本에는 "嚴"으로 되어 있다. 《御製皇極編》에 근거하여 수정하였다. 이하 동일 사례에 대해서는 별도의 校勘記를 달지 않는다.
19) 罪 : 底本에는 없다. 《御製皇極編》에 근거하여 보충하였다.
20) 變 : 底本에는 "命"으로 되어 있다. 《御製皇極編》에 근거하여 수정하였다.
21) 山龍 : 底本에는 "山山積"으로 되어 있다. 《己丑錄》《燃藜室記述》등에 근거하여 수정하였다.

○ 高敞人吳希吉從學於汝立, 聞汝立詆斥李珥·成渾, 以書告絶. 進士鄭雲龍亦與汝立相識. 汝立書索祭需於列邑, 長城縣監李啓以其書示雲龍, 雲龍曰: "此人博學, 李潑兄弟稱之, 近聞其處事兇詭, 不絶, 必有後禍." 遂移書, 竝潑絶之. 至是兩人書札, 入於搜檢中, 上奇之, 特命宥之.

○ 庚寅二十三年春, 傳曰: "李潑初出於鄭緝之招, 又出於弘福之招, 又出於回伊[22]之招. 況其平日與逆賊締結之狀, 尺童所知, 往來書札, 不啻如父子兄弟. 依律處斷事, 議啓. 柳夢井爲逆賊所深許, 則其締結昭不可掩." 禁府請拿來, 上以將來有可訊事, 特命仍囚.

○[23] 禁府以潑等之罪昭著, 誅討之義至嚴, 請廣收廷議. 黃廷彧【兪泓·金命元·尹卓然·朴忠侃·黃琳·邊協·金貴榮·李山海·沈守慶·鄭澈·任說·李陽元】等以爲: "當初旣不承款, 證據擬罪, 遽加重律, 事甚未穩." 崔興源·尹根壽·權克禮·權徵等, 亦以爲過重. 上以領府事盧守愼, 曾於甲申冬, 薦金守顒·李潑·白惟讓·鄭汝立, 而無非姦賊之輩, 自朝廷從公論處置之意下敎. 左議政鄭澈·右議政沈守慶啓曰: "不過知人不明, 爲氣勢所壓而然也. 守愼四朝舊臣, 老病已甚, 不可不存終始之義, 示以寬容." 上從之. 大司憲洪聖民·大司諫李山甫合啓, 請盧守愼削奪官爵,[24] 上只命罷職.

○ 掌令張雲翼【持平白惟咸】等論: "江原監司金應南久秉朝政, 助成逆賊之罪. 參奉尹起莘周遊兩南, 交結逆賊, 詿誤一世, 物情痛憤." 上以爲: "起莘當按問其情", 下義禁府.

---

22) 伊: 底本에는 "移"로 되어 있다. 《御製皇極編》에 근거하여 수정하였다.
23) ○: 底本에는 없다. 《御製皇極編》에 근거하여 보충하였다.
24) 爵: 底本에는 "職"으로 되어 있다. 《御製皇極編》에 근거하여 수정하였다.

○ 正言黃愼啓曰：“汝立包藏禍心, 非一朝一夕之故, 而銓曹曾擬金堤郡守【李山海爲判書時】·黃海都事【李陽元爲判書】, 以副其願求之計, 幾至變生不測, 其時銓曹堂郎, 竝請罷職.”

○ 前縣監鄭介淸, 世爲羅州鄉吏, 介淸頗好學, 欲師事奇大升, 大升惡其人, 不許. 介淸歉憤, 卽上京, 受學於朴淳十餘年. 淳愛之, 薦爲齋郎, 官至縣監. 至是與汝立遊山之說, 播於遠近, 全羅監司洪汝諄訪其虛實於羅州, 州人多稱的實.

介淸曾著〈論歷敍東京節義及晉室淸談之弊謗之〉者, 謂之“排節義”. 未幾臺論其與賊親厚及誹節義之罪, 與其弟子趙鳳瑞就拿.【考異.或云：“洪汝諄因朝廷分付, 逆賊相切人, 搜問, 各官校生十餘人告‘介淸竝鳳瑞從汝立, 看審基地云’, 汝諄捉囚馳啓云.”】介淸稱與逆賊絶無相通之分, 上下敎, 曰：“所謂道者, 何道? 校正25)時一見, 前後絶無相通之分, 無乃欺罔乎? 且此人曾作排節義論, 必好背節義之事”. 竝令嚴問, 仍下逆賊相通書. 書中曰：“見道高明, 惟尊兄一人26)而已.”

介淸供曰：“壬午年爲本州訓導, 敎誨諸生, 或有怠慢者, 則罰之以楚. 其中不樂檢束者, 疾之如讐, 如校生洪千璟則至於面辱, 必欲殺之. 逆變之後, 鼓簧譸張, 羅織搆陷, 無所不至. 丁巖壽指所著《東漢節義晉室淸談》一事, 謂之‘排節義’, 通文道內, 惟恐不致其死. 今者又以爲與鳳瑞·汝立, 共觀基址, 增加罪目, 必殺之狀, 昭不可掩. 曾於乙酉年, 以校正郎始得一面, 於公廳纔十餘日, 有何親密之事乎? 鳳瑞受學於臣, 故謂之‘共觀基址’, 然則逆黨何無一人發告乎?”

又於獄中疏, 辨曰：“逆賊在當時, 博學多聞, 官至修撰, 雖智者, 未能逆料其爲逆臣. 不知其奸, 而稱道過當, 則罪在罔赦, 而不相親密, 見於書辭, 只其二

---

25) 正：底本에는 “定”으로 되어 있다. 實錄에 근거하여 수정하였다.《宣祖修正實錄 23年 2月 1日》. 이하 동일 사례는 별도의 校勘記를 달지 않는다.

26) 一人：底本에는 없다.《御製皇極編》에 근거하여 보충하였다.

度, 則非交結往來, 據此可見. 至於節義·淸談之說, 《朱子語類》或引伊川之言 '晉·宋淸談, 因東漢節義一激而至此', 或曰'節義之禍, 在下者不知其所以然, 而思欲反之, 所以至此. 蓋當時節義底人, 傲睨一時, 汚濁朝廷, 便自有高視天 下之心, 其弊必至於虛浮, 入老莊云'. 又曰'節義之士, 非其位之所當言, 宜足以 致禍', 又曰'建安以後, 中朝士大夫只知有曹氏, 不知有漢室'. 而考其本傳, 則 '太學諸生, 臧否人物, 非訐朝廷, 公卿以下畏其評議'云. 臣豈不知節義之有關 於世敎也? 見朱子之論, 因有所感, 以著其節義·淸談之弊而已. 東漢之士不 修職分·不務義理, 非訐朝廷, 自公卿以下, 莫不畏其評議,27) 屨履到門, 則是 乃學生而執國命也. 陪臣執國命, 尙可以亡人之國, 則況學生執國命乎? 臣之 所論, 意雖未瑩, 實有意於培養節義之本, 而乃反著所本意矣." 仍受刑一次, 配北道, 道死.

【考異. 介淸師事朴淳. 丁亥介淸謁淳于永平, 淳問其來由, 介淸曰: "自務安本家, 入京, 數日下來 矣." 淳之家人偶問其僕, 僕曰: "留京二十餘日, 今始還來. 聞谷城有闕, 往吏曹判書宅云." 判書, 李山 海也. 未幾果得谷城, 以此人多疑其背合時論, 謗毁不已. ○或曰: "介淸聞淳家多書冊, 往留借看, 而本無就學之事. 朴淳28)待以客禮, 以將帥才薦之. 介淸素不許鄭澈, 以爲飾情僞行, 澈聞之深怒. 及 獄起, 澈客丁巖壽·洪千璟等, 共爲羅織, 及按問無實, 上意始解. 澈又以排節義論奏達, 以激上怒, 照律配渭源, 改配慶源." 又曰: "洪千璟輩憤其訓導時受撻, 做出親賊之說. 鄭澈常憤疾之, 常曰'介淸 未反之汝立.云云'矣"】

○29) 梁千頃等又疏, 陳鄭彦信爲委官, 欲斬告者之罪, 上下敎曰: "事之駭 惡, 莫此爲甚, 朝廷無一人言之者, 今因儒疏, 始得聞之, 亦可怪." 使問於鞫廳, 回啓曰: "彦信此說, 傳播已久, 未卽上聞, 臣罪大矣. 卽招諸大臣, 議罪." 於是 命招參鞫大臣及金吾堂上, 問彦信發言與否. 金貴榮以爲"左耳偏聾, 不得聞

---

27) 自 …… 議: 底本에는 없다. 《己丑錄 鄭介淸再招》에 근거하여 보충하였다.
28) 淳: 底本에는 없다. 《御製皇極編》에 근거하여 수정하였다.
29) ○: 底本에는 없다. 《御製皇極編》에 근거하여 보충하였다.

之", 李準以爲"坐處稍遠, 不得聞之", 李山海以爲"日久, 不能記憶, 而黃海監司
狀啓回啓時, 彦信之言, 似發於此時耳".

　　兪泓·洪聖民皆以爲聞之, 於是聖民啓曰: "當時之事, 可駭·可痛者, 非一
非再, 執兩端者居多. 如微臣雖爲推官, 時或出言[30]於其間, 人或仄目以[31]視,
臣每與兪泓, 相告而語, 咄咄而歎. 彦信發言之時, 實抗之, 李山海亦言其不可.
時臣爲判尹, 山海顧語臣曰'吾見與判尹同矣'. 彦信再三唱說, 則山海稍屈, 曰
'更思之, 以直截之事言之, 則右相之言是矣'. 彦信欲推黃海監司, 臣言其不可,
座中亦有言之者, 其事遂寢. 今者山海之啓有曰'不得分明記憶', 此必山海大
病之餘, 昏忘而致此也, 然不能無怪焉. 天日在上, 鬼神在傍, 欺罔君父, 何以
爲生? 臣有此懷, 今始陳達, 與彦信厥罪惟均. 請伏司寇之刑." 上答曰: "卿親
見之, 則何不卽言, 而今因儒疏, 多費辭說? 甚不合理. 彦信之言固爲悖逆,
而豈可因一人之言, 將欲嫁禍於[32]他人乎? 實未曉卿意也. 旣爲辭職, 依啓."

　　正言黃愼營救洪聖民, 且言: "李山海之以爲'依俙記憶', 又陳箚自明, 前後
異辭, 大臣告辭, 豈容[33]若是?" 上怒, 特補高山縣監. 左議政鄭澈以爲: "雖未
親見鄭彦信欲斬告者之事,[34] 傳播已久, 聞之亦熟, 而終未上聞." 引咎乞免.
領議政李山海亦以此辭免, 上竝優批不許.

　　○ 全羅都事曺大中以爲賊涕泣被論, 拿鞫, 臨死作詩, 曰: "地下若從比干
去, 孤魂含笑不須悲." 判義禁崔滉欲啓聞, 委官沈守慶以臨死亂言置之, 滉竟
達於筵中. 上問於守慶, 對曰: "凡罪人原情·供招外, 餘無所捧." 上震怒, 特命
拿其妻妾·子女, 戮其屍. 守慶因此遞職. 委官及禁堂啓曰: "護逆與逆賊, 罪
有輕重. 今以護逆罪大中, 而竝鞫其妻妾,[35] 恐或有妨於刑政." 上不從, 遂再啓

---

30) 言: 底本에는 없다. 《御製皇極編》에 근거하여 보충하였다.
31) 以: 底本에는 "而"로 되어 있다. 《御製皇極編》에 근거하여 수정하였다.
32) 於: 底本에는 없다. 《御製皇極編》에 근거하여 보충하였다.
33) 容: 底本에는 "欲"으로 되어 있다. 《御製皇極編》에 근거하여 수정하였다.
34) 事: 底本에는 "說"로 되어 있다. 《御製皇極編》에 근거하여 수정하였다.

力請, 上命勿問女人.

初大中巡到寶城, 聞逆變, 還送所率官妓, 臨別涕泣. 於是爲賊涕泣之說, 傳播遠近, 臺諫欲論之, 黃愼以爲：“大中, 若是吉士, 則妄交逆賊, 心必悔悟; 若曰姦人, 則與賊親密, 惟恐或知, 豈有涕泣之理乎?” 議遂止. 至是以36)涕泣行素, 鞫斃.

○ 掌令張雲翼啓曰：“崔永慶與賊交契甚密, 鄭彦信書中崔孝元亦指此人, 則其參謀·相親, 據此可見. 請削奪.” 上以無現著者, 不從.

○ 鞫廳密啓, 拿來鄭彦信, 而大臣之三省推鞫, 無可據之例, 命設鞫于闕庭. 上初下賜死之命, 諸大臣皆以爲37)“我朝曾無殺大臣之事”, 上命除刑, 定配里山. 臺諫【掌令張雲翼·持平白惟咸】更請鞫, 又啓曰：“大司諫沈忠謙等, 只擧彦信欺罔·締結之罪, 無一言及於斬告者之說. 臣等欲略論之, 以重討逆之義.” 而大司憲李齊38)閔·掌令申礛, 竟爲立異, 勢難相容, 上命勿辭, 玉堂處置請出仕.

○ 前持平崔永慶, 一鄕服其行義, 徵以遺逸, 不就. 成渾嘗訪其居, 入門則芳草滿庭, 赤脚小婢出而應之. 及永慶出, 布衣破履, 寒色蕭然, 容儀嚴重, 有不可犯者, 與之言, 無一點塵態. 渾甚悅之, 謂人曰：“吾見某人, 忽覺淸風滿袖,” 自是名播士林.

及獄起, 賊黨吉三峯者, 購之不獲. 各道捕送者甚多, 而貌各不同. 賊黨李光秀等, 或稱“年可六十, 面鐵, 體中豐肥”, 或曰“年三十, 身長面瘦”, 或曰“年可五

---

35) 而 …… 妾：底本에는 없다.《隱峯全書·己丑記事》에 근거하여 보충하였다.
36) 以：底本에는 없다.《御製皇極編》에 근거하여 보충하였다.
37) 爲：底本에는 없다.《御製皇極編》에 근거하여 보충하였다.
38) 齊：底本에는 “孝”로 되어 있다.《己丑錄》에 근거하여 수정하였다.

十, 鬈長至腹, 面白長", 或曰"三峰非上將, 賊之卒徒, 而居在晉州, 年可三十, 而日行三百里". 又曰"本羅州士族", 最後朴文長招稱"三峰非吉姓也, 乃崔三峯". 未久外間, 浮言紛紛, 或言"晉州 崔永慶. 有一士人, 過全州 滿場洞, 有賊萬餘聚會射帿, 永慶首坐·汝立次坐."云.

　金溝人金克寬言于濟原察訪趙應祺, 應祺言於監司洪汝諄, 一邊馳啓, 一邊密移于慶尙右兵使梁士瑩.【考異.應祺告于兵使李鎰, 密移于慶尙監司金晬】士瑩捕送王獄.

　永慶供曰:"臣癸酉年濫受六品職, 卽下晉州, 杜門屛跡, 將二十年, 與逆賊不知·不交, 國人所知. 曾見其爲人, 大槪狡猾, 故臣常戒安敏學·李潑, 勿與親厚. 況三峯卽姦臣鄭道傳之號也, 何可蹈襲乎?"

　文書中有"牛溪一夜風生虎, 仙李根搖有髮僧"之詩也.【年前鍾樓, 有匿名作此詩者, 欲陷李珥·成渾之計.】因此更推, 對曰:"臣本不能書, 今見字體, 惘然, 不記何人所書, 亦不記何時得見, 因在家藏矣."

　上覽推案, 特命與金榮一,[39] 同爲放釋. 正言具宬·李尙吉啓曰:"永慶以詭怪·陰慝[40]之人, 締結逆賊及潑·洁·彦信兄弟, 以尹起莘·金榮一爲腹心. 變生之前, 汝立越境, 來訪於其家, 親密之狀, 昭不可掩. 況其弟以潛通時事, 終斃杖下. 起莘方受刑, 而永慶不可遽放. 請命更鞫, 榮一遠竄."【永慶之弟餘慶, 以繕工監役在京, 而不解文字, 以諺簡錄朝事, 送于永慶. 入於文書中, 上惡其諺書論朝廷事, 施刑一次而[41]斃云.】上答曰:"永慶不可更鞫, 榮一則不可以永慶之故, 至於遠竄." 執義宋象賢·掌令張雲翼等, 又請永慶遠竄, 上不從.

　○ 臺諫連啓永慶事, 上問"越境之說, 出於何處?" 對以"晉州判官洪廷瑞[42]·

---

39) 榮一:底本에는 "一瑩"으로 되어 있다. 《御製皇極編》에 근거하여 수정하였다.

40) 慝:底本에는 "匿"으로 되어 있다. "匿"을 "慝"의 오기라 본 《御製皇極編》에 근거하여 수정하였다.

41) 而:底本에는 없다. 《御製皇極編》에 근거하여 보충하였다.

42) 判······瑞:底本에는 세주로 되어 있다. 《御製皇極編》에 근거하여 수정하였다.

都事許昕言之矣." 上命竝拿來, 許昕招以爲"聞於監司金晬", 政院問于金晬, 晬以晉州訓導康景禧[43]聞於廷端云. 廷端招以"初聞逆賊之來, 更爲詳問[44], 則非賊, 乃尹起莘來, 而誤認爲賊也".

於是再鞫, 永慶供以爲 : "此禍之作, 往在三十年前. 李珥初登朝, 人皆謂古人復出矣, 臣則獨不以爲. 厥後聞之, 珥之所爲不滿人意, 一時少年皆與珥相背, 或妄以臣有先見之明. 於是珥之憤深矣, 其儕輩·門生咸指臣爲惡, 此乃禍根之所出也."

方納供時 獄官責其惹起已往, 枉費辭說, 永慶不聽. 時永慶文書中有李黃鍾書, 書中極詆時事, 以治賊爲士禍. 且汝立與永慶有約會頭流山之書, 而永慶自謂"不通書札", 上震怒, 獄事益重, 中外惴惴.

問郞李恒福言於委官鄭澈曰 : "自起獄以來, 已過歲序, 何嘗有一人指永慶爲三峰? 今無端以道聽, 拿囚處士, 不幸死, 則自有公論, 相公何得辭其責也?" 澈大驚, 曰 : "我與永慶, 平日雖以論議相角, 豈有至於欲[45]相害? 此出於本道訛傳, 於我何干?" 恒福曰 : "非相公陷之也, 知其無根, 而坐視不顧, 豈推官之體? 名曰逆獄, 囚繫滿獄, 推官固不敢――申理, 至於永慶, 囚中之尤無根可名者, 且孝友處士, 何可不救?" 澈曰 : "我當極力救解."

及見爰辭, 澈招恒福, 色頗怫然, 曰 : "君觀其供辭? 是何言耶? 君之崔公甚不好也." 恒福笑曰 : "我與永慶素昧平生, 何得言[46]'君之崔公'? 第相公不悅者, 無乃語及時事耶?" 鄭澈曰 : "然." 恒福曰 : "然則相公初不知永慶耶. 永慶所以異於時輩者, 何也? 以其議論不同也, 其議論之不同, 未再鞫前, 已可知之. 若於嚴鞫之日, 苟然盡喪前日之見, 區區强爲謟說之辭, 以冀幸免, 豈眞永慶也? 然此則都不須論, 今之所鞫者,[47] 問其議論同異耶? 只鞫三峰與否." 澈

---

43) 康景禧 : 옆의 세주는 판독이 불가하다.

44) 問 : 底本에는 "聞"으로 되어 있다. 《御製皇極編》에 근거하여 수정하였다.

45) 欲 : 底本에는 없다. 《御製皇極編》에 근거하여 보충하였다.

46) 言 : 底本에는 없다. 《御製皇極編》에 근거하여 보충하였다.

47) 者 : 底本에는 없다. 《御製皇極編》에 근거하여 보충하였다.

曰：“公言是也.”

後數日, 澈又問曰：“一朝刑推命下, 則恐未及救. 我汨於獄事, 意思已耗, 君代我草箚以待.” 恒福曰：“此大事, 相公當自草之.” 後數日, 澈曰[48]：“箚草[49]已構, 且與柳而見, 聯名救之, 則可諧矣.” 恒福往見柳成龍, 極言獄事, 成龍曰：“舍人不可如是慷慨. 世道甚險矣, 千金之軀, 千萬愛惜.” 未幾永慶竟死獄中. 永慶素有重名, 而死非其罪, 時人寃之.

成渾貽書鄭澈, 曰：“此人晚節放倒, 又不能守其本分, 然要爲高亢之士, 旣無情犯, 則朝廷容而置之可矣. 臺論復作, 竟至再入牢獄而死, 可以服人心乎? 可惜.”

○ 初汝立之黨, 多出於黃海道及金提等地, 委官左議政鄭澈謂李希參曰：“其時擬汝立於海都·金堤者, 不可無罪也.” 金長生曰：“汝立本欺世盜名, 銓曹何能逆覩其凶乎?” 成渾曰：“汝立在家, 猶能使海西·金堤之人, 若是響應. 若果爲都事·縣令, 則宗社之憂, 尤當如何? 其時銓官, 不可不罪矣.” 希參往山海家, 告其語. 山海卽其時銓官也, 疑澈等欲借獄傾己, 大生恐怵. 謂宋翼弼曰：“長者欲殺我, 我必死矣.”【長者指渾也】自是怨兩人入骨, 必欲中傷之.

時上無嫡嗣·多王子. 朝議皆屬光海君, 而上方寵仁嬪 金氏, 信城君乃其出, 故[50]聖意在於信城. 山海素結仁嬪之兄公諒, 陰知其機, 謂右議政柳成龍曰：“吾等爲相日久, 一無建白, 慙負奈何. 今左相新登相位, 必有可以建白[51]者, 願右相與之問計.” 成龍見澈, 告以山海之語, 澈不知其計, 乃曰：“聖壽已高, 儲嗣未立, 請建一事, 是當今急務, 未知如何.” 山海力贊之約, 令澈首發, 而己與成龍繼陳之, 澈信之.

---

48) 曰：底本에는 없다. 《御製皇極編》에 근거하여 보충하였다.
49) 草：底本에는 없다. 《御製皇極編》에 근거하여 보충하였다.
50) 故：底本에는 없다. 《御製皇極編》에 근거하여 보충하였다.
51) 慙負奈何 …… 必有可以建白：底本에는 없다. 《御製皇極編》에 근거하여 보충하였다.

先二日, 山海密招公諒, 語之曰：“新相方欲請立世子, 而若不去仁嬪, 則恐爲後患, 欲除仁嬪. 爾其聞之否?” 公諒大懼, 即入告仁嬪. 仁嬪泣訴於上“願歸死於家”. 上問“何從得知?” 對以“公諒”. 上曰：“公諒本無識, 何處得聞浮言乎? 萬無其事.”

明日澈等入侍, 而山海獨稱疾不入. 澈首陳建儲之請, 上方以仁嬪之言爲疑訝, 及聞澈言, 怒曰：“今吾猶在, 遽請建儲, 意欲何爲乎?” 天威震疊,[52] 成龍亦默, 不敢言. 大司諫李海壽·副提學李誠中進曰：“此非獨大臣之言, 臣等之所共議也.” 上意未解, 出誠中爲忠淸監司·海壽爲驪州牧使. 澈因此大忤, 未幾特遞相職.【考異. 西人一隊探知公諒事, 怒其[53]煽動宮禁之狀, 臺諫欲請誅. 兵曹判書尹斗壽曰：“爲公諒, 兩司合啓, 何其瘦弊耶? 今吾在西銓, 當以公諒隷部下, 以罪誅之.” 未晚以公諒爲幕下, 山海知之, 以語公諒. 公諒懼白仁嬪, 仁嬪即訴上前, 上雖怒, 無他救策. 乃選駙馬于斗壽之孫尹新之, 以爲仁嬪之壻, 使其祖不忍殺公諒也. 自此西人被斥矣.】

辛卯二十四年春, 儒生安德仁【李元長·尹宏·李瑱·李晟慶】等陳疏, 斥鄭澈誤國之罪. 招問之, 對曰：“爲相而沈于酒色, 誤國事必多矣.” 上曰：“酒色, 豈爲誤國乎?” 人多笑. 其爲人所誘, 雖陳疏而不知其意矣.

大司憲黃琳等引避, 略曰：“吏曹正郎柳拱辰, 素無行檢, 多有趨附濁亂之事. 檢閱李春英, 爲人浮薄, 自爲儒生, 出入宰相之門, 造言喜事之罪. 將爲論啓, 僚議不同, 請遞.”

持平金權啓曰：“方今朝著不靖, 人心疑懼, 固當鎭定保合, 而遽爾論列, 益啓騷擾. 臣之所見不同, 故以後日議處之意答送矣. 長僚引嫌, 勢難在職.” 政院處置, 遞權而出琳等. 琳等遂發啓, 上傳于憲府城上所曰：“濁亂何事? 宰相爲誰? 造何言? 喜何事?” 回啓曰：“柳拱辰趨附於領府事鄭澈, 宰相則澈也. 春英藉內舅白惟咸之勢, 謀論朝廷, 一時進退之權出於其手矣.” 上曰：“依

啓."

　　○　兩司【大司憲李元翼·執義金玏俱在外】·大司諫洪汝諄【掌令趙仁得·尹覃茂·持平李尙毅·鄭光績·司諫權文海·獻納金敏善·正言李廷臣·尹曄】等合啓曰: "鄭澈性偏多疑, 好同惡異, 廣植私黨, 羣聚如市, 擅弄朝綱, 威制一世. 至於闕中爲政, 天威呎尺, 而私招銓郎, 指揮注擬,[54] 使之停留政事, 欲引外任之同志者, 陰嗾言官, 曲擠微罪. 且與宋翼弼兄弟, 結爲心腹, 及其下敎捕捉, 飾辭待罪, 猶且匿置其家. 與之講張論議, 自上判決之訟, 劫制訟官, 必欲改決[55]. 丁巖壽於拿來時, 巧生救解之計, 密令掩置, 中路不卽就訊, 陰使諫官論執·韋布上章, 是可忍也, 孰不可忍也? 加以酒色, 蕩毀名檢, 國人醜之, 罔念羞恥. 外假譴浪, 實肆媚嫉, 肝肺已露, 猶不畏戢, 請命罷職. 白惟咸締結鄭澈, 爲其腹心, 威福由己, 勢焰日熾. 其縱恣濁亂之罪, 不可不徵, 請命罷職."

　　上傳于憲府城上所曰: "啓辭曰'私招銓郎, 指揮注擬', 又曰'外任同志, 微罪彈論'云, 這箇的語指某某人, 具着顚末以啓." 回啓曰: "盧稷爲吏郎時, 私自招去, 外任, 閔定命·崔浤[56]·金渫矣." 上從之, 仍敎曰: "古者罷黜大臣, 榜于朝堂, 以示罪狀於國人. 今者鄭澈罷職傳旨, 依古事, 榜示朝堂."

　　○　夏, 行都政, 白惟咸·柳拱辰入於擬望, 上下敎曰: "白惟咸等以奸凶之黨, 擅弄自恣, 薄示譴罰,[57] 於身幸矣, 而大非懲奸去邪之道. 纔罷其職, 乃敢隱然擬諸學官之望, 試予淺深, 侮弄朝政. 學官雖微, 乃是師儒, 其欲以此輩冒據函丈, 導迪多士, 俾皆學其汚險之術耶? 文官之不沾寸祿者, 不爲不多, 而必以此輩擬者, 果何意耶? 黨私無忌憚之狀, 極爲痛憤, 同參堂上推考. 郎廳承其頤

---

54) 擬: 底本에는 "澈"로 되어 있다. 《御製皇極編》에 근거하여 수정하였다.
55) 決: 底本에는 "結"로 되어 있다. 《御製皇極編》에 근거하여 수정하였다.
56) 浤: 底本에는 "鉄"로 되어 있다. 《御製皇極編》에 근거하여 수정하였다. 이하 동일 사례에는 교감기를 달지 않는다.
57) 罰: 底本에는 "罪"로 되어 있다. 《御製皇極編》에 근거하여 수정하였다.

指, 拱手聽令, 尤爲非矣. 當該郎廳詔獄推考." 色郎廳尹曒, 拿囚原情. 上以爲: "有指嗾之人, 詐以不實, 則刑推次更令推問."

於是仰揣上意所在, 兩司以鄭澈·白惟咸·柳拱辰·李春英之罪, 極其奸兇, 而不卽正罪, 引避請遞. 上答曰: "鄭澈之他餘罪[58]惡, 姑舍勿論, 惟其陰嗾湖儒, 掃盡一代名卿士大夫之異己者, 悉驅於逆賊之黨, 期必屠戮而後已. 及其奸謀未售, 肝腑自露, 自知其勢窘事迫, 又囑諫官, 脅持君父. 惟此一事, 求之古奸, 鮮有其侶, 其心之慘毒, 鑕鈇爲下, 念之, 令人氣塞. 惜乎! 爲人君者, 惟知藉此而討賊, 自以爲足制其奸, 彼無奈予, 何不能斥之於早也?"

○ 兩司【上同】合啓曰: "鄭澈本以剛愎之性, 常懷怨懟之心. 乘國家不幸之時, 竊據非據之任, 謀擅國柄·廣植私黨, 日聚浮薄之徒, 締結陰險, 以傷人害物爲事. 至於銓郎, 公然招去, 專擅已極. 同列大臣, 視如仇敵, 外若親厚·內實媚嫉. 入侍天威之下, 與李山海, 有若同寅協恭然, 恣行欺罔.[59] 且於稠廣之中, 呼柳成龍姓名, 顯加侮弄. 黃愼將赴北評, 急於進用, 托以望輕, 論遞, 旋卽歷通[60]淸班, 金澥·閔定命·崔洗方爲守令, 乃以微失劾歸. 其誣上行私, 至於此[61]極.

高敬命奸兇餘孽, 廢棄多年, 而善於推占, 相與爲密, 擢置頂玉之列. 洪仁傑別無聲績, 而以結婚之親, 至陞堂上. 宋翰弼兄弟, 叛主之奴, 而匿諸京家, 至於妻妾混處, 兇謀·秘計, 無不謀議. 丁巖壽等陳疏爲澈, 一二門客承其指嗾, 幸賴聖明洞燭其奸狀, 命遞相職, 以示貶薄之意. 爲澈者, 所當杜門省愆之不暇, 而日聚私黨, 晝夜謀議, 公辦酒食, 官馱妓工, 往來遊宴於江湖, 此果獲罪於君上, 退伏惕慮之意乎?

---

58) 罪: 底本에는 없다. 《御製皇極編》에 근거하여 보충하였다.
59) 恣行欺罔: 底本에는 없다. 《厚光世牒》에 근거하여 보충하였다.
60) 歷通: 底本에는 "通歷"으로 되어 있다. 《御製皇極編》에 근거하여 수정하였다.
61) 於此: 底本에는 없다. 《御製皇極編》에 근거하여 보충하였다.

至於劾罷其職, 榜示其罪之後, 猶不知戒, 橫行閭里, 出沒諸處, 怨天尤人, 無所不至. 或以削黜勳籍, 欺撓功臣. 其他極兇極悖, 耳不可聞·口不可道之說, 爭相煽動, 將啓國家無窮之禍. 當初請罪之時, 玉堂不顧公論, 徘徊觀望, 政院出納惟允, 而榜示之命, 廢閣累日,【承旨李恒福】澈之積威, 使人危懼, 至於此極. 安有人臣負罪如此, 保其官爵, 偃然戶牖者乎? 請命削職遠竄. 白惟咸·柳拱辰·李春英等, 竝命遠竄."

上答曰:"依啓." 鄭澈初配明川, 惟咸等分配兩界. 上以澈大臣, 特移晉州. 諫臣以惟咸等[62]之配所便近, 劾罷禁堂, 竝移配北道.

○ 兩司【上同】又合啓曰:"鄭澈之黨右贊成尹根壽, 輕佻淫邪, 交結戚里, 綢繆謀議. 怨天尤人, 罪人定配, 必以便近. 判中樞府事洪聖民, 外飾儒名·內實陰兇, 初秉銓柄, 擅擬趙憲, 陰爲網打士林之計. 驪州牧使李海壽, 賦性邪毒, 見棄淸議. 鄭澈得志之後, 助陷善類, 惟澈頤指, 無所不至. 襄陽府使張雲翼, 本以浮薄之人, 性且陰險, 爲澈鷹犬, 恣行噬嚙. 此四人等, 爲其羽翼, 勢焰堂堂, 人皆畏忌. 巨姦雖已進黜, 四人猶未服罪, 請竝削奪." 皆依啓. 又以臺論加罪, 竝遠竄.【聖民配富寧·海壽配鍾城·雲翼配穩城】

○ 臺諫又以爲:"鄭澈罪大惡極, 而南方便近, 請移配兩界." 定配江界.

○ 臺諫合啓曰:"兵曹判書黃廷彧, 賦性猜險, 行己麤鄙. 諂附權奸, 略不知愧, 及長騎省, 恣行貪饕賂遺, 請托惟利所在. 其子承旨赫[63] 性本狂悖, 不容人類. 其在言地, 列錄卿大夫之異己者, 置諸囊中, 將次第鍛鍊. 及居喉舌, 自以爲'雖失鄭澈, 托婚於國, 於我何?' 有橫恣之狀, 人莫不忿之.

戶曹判書尹斗壽, 與沈義謙, 結爲死黨, 久爲淸議所棄. 及其鄭澈之擅國, 自幸羽翼之復生, 身在關西, 遙相指揮. 其所持身, 又多不謹, 凡於獄訟之際, 有賄賂之誚.

承旨柳根, 文墨小技, 廁迹淸班, 性本邪奸, 行檢掃地. 澈之橫恣也, 根乃蝨附鼠伏, 依阿謟媚, 無不所至, 畢竟得其歡心, 合爲一體, 鬼蜮之態, 言之辱也. 澈之初入, 根在喪中, 昏夜造門, 是可忍也, 孰不可忍也?

黃海監司李山甫, 爲人庸愚, 加以險詖. 締結權奸, 構陷士類, 至於反主兇隷, 藏匿容護. 司成李洽, 陰邪無行, 不齒淸流. 兵曹正郎任鉉, 行己無恥, 趍附權門, 及爲臺官, 一從指嗾. 禮曹正郎金權, 爲人陰譎, 朋比奸兇. 前後言地, 曲護私黨, 敢沮已發之公論. 高山縣監黃愼, 賦性邪毒, 有同虺蝎. 及澈之擅國, 出入其門, 無異奴隷, 旋除諫院, 曲循聖民之指揮, 托以反獄之說, 誣陷[64]大臣於不測之地. 司果具宬【或云宬】, 家有悖行, 爲世所棄. 倡率浮薄陰詖之輩, 聚會奸慝喜論之家, 虛捏陷人, 爲其謀主. 及澈罷相, 自[65]知其罪, 不供職務, 秘跡出沒. 請廷彧等諸人, 一倂罷職.

上答曰: "兵判父子, 豈如此乎? 況乃元勳, 豈可論哉? 戶判寬厚有才智, 柳根文藝之士, 予甚惜之. 其外竝依啓."

○[66] 臺諫又論前日營救丁巖壽等兩司, 請竝罷職, 依啓【其時臺諫, 大司憲崔滉·執義成泳·掌令沈喜壽·尹暹·持平申礵·禹俊民·大司諫李增·司諫吳億齡·獻納白惟咸·兪大進·正言姜[67]燦·李洽】

○ 臺諫又請: "朴漸黨附鄭澈, 李誠中往來於澈之門下, 禹性傳好生詭異

---

64) 陷: 底本에는 "謟"으로 되어 있다. 《御製皇極編》에 근거하여 수정하였다.
65) 自: 底本에는 없다. 《御製皇極編》에 근거하여 보충하였다.
66) ○: 底本에는 없다. 《御製皇極編》에 근거하여 보충하였다.
67) 姜: 底本에는 "李"로 되어 있다. 《御製皇極編》에 근거하여 수정하였다.

之論, 脅持公議, 竝請罷職." 誠中·性傳俱是東人, 而混入於臺啓, 以其親澈之故. 誠中則曾以副學, 論建儲事也. 上以"禹性傳素多人言, 出於賊招, 非一非再, 頃者一再入侍, 爲人甚陰險. 削奪官爵[68]."

○ 臺諫[69]力請尹斗壽·黃赫遠竄, 以爲"赫得罪朝廷, 國婚不可下行於行如狗彘之家", 至請改定, 上不從. 尹則依啓, 初配會寧, 特改洪原. 黃則削奪, 王子玨方與赫女, 定婚矣.

○ 禁府都事李台壽押行鄭澈, 到順安, 澈病重, 不可趲程, 以此狀聞. 傳曰: "李台壽不畏君命, 押去奸賊不嚴,[70] 任意留連, 拿鞫, 更遣他都事. 而鄭澈賦性, 狡猾奸毒, 旣到配所, 交通雜人, 未知作何罪狀, 嚴加圍籬."

○ 傳曰: "前後爲奸臣鄭澈所構陷排斥者, 竝收敍擢用."

○ 大司諫洪汝諄啓曰: "崔永慶爲吉三峯之說, 不過鄭澈陰囑梁千頃兄弟及姜溘【改名浢】等, 使之做出而殺之. 請拿問千頃等." 於是鞫千頃, 問其言根, 千頃引任禮臣等十餘人, 獄官不聽, 只訊千頃, 期於輸情. 千頃妻兄奇孝曾者, 謂千頃曰: "殺人之律當分首從, 爲首者當死, 而從者例以減死. 此事必引鄭澈然後, 汝可以生矣." 千頃信之, 遂引鄭澈, 乃得減死, 決杖定配, 死於道中.

【考異. 或於浢死後, 得疏草衣帶中, 疏曰: "誣服臣姜浢, 伏以臣二年重病, 僅存性命, 嚴訊折脛, 不自支忍, 誣爲承服, 仰瀆天聽, 萬死無惜. 崔永慶爲吉三峯之說, 傳播洛中, 臣偶然傳聞, 過行金克寬家時, 偶然傳說而已. 克寬傳說, 趙應箕進告, 本非臣所使, 監司就招後上疏, 本非臣所欲,[71] 特以請問

---

68) 爵: 底本에는 "職"으로 되어 있다. 實錄에 근거하여 수정하였다.
69) 諫: 底本에는 "啓"로 되어 있다. 《御製皇極編》에 근거하여 수정하였다.
70) 不嚴: 底本에는 없다. 《御製皇極編》에 근거하여 보충하였다.
71) 欲: 底本에는 "使"로 되어 있다. 《松江集·年譜》에 근거하여 수정하였다.

下及道伯窮推, 不得已歷擧傳說, 布達天聽矣. 若以傳說之罪罪之, 臣亦無辭遲晚, 若以誣陷之罪定律, 枉恨罔極."云.】

○ 朝講入侍, 副提學金誠一陳故處士崔永慶寃死之狀, 請議大臣復其職. 傳曰:"崔永慶以山林之士, 奸臣挾憾, 乘時構陷, 寃死獄中. 追贈伸寃."

○ 李山海陰主時論, 臺諫爭攻鄭澈之黨. 玉堂亦欲陳疏, 副提學金睟往議於大司成禹性傳. 性傳以爲不可蔓延, 挽金睟不進. 及洪汝諄爲大司諫, 劾性傳削職. 始有緩急之論而南·北之號始[72]矣.

壬辰二十五年夏, 倭寇卒迫, 敗報續至, 上將出巡. 兩司論領議政李山海, 交結內外·誤國罔上之罪, 請罷, 不允. 上至開城府, 有宗臣某疏, 請亟治金公諒亂國之罪, 竝論李山海之罪, 請竄之, 上只命竄山海於平海. 御南門樓, 召父老, 各陳所懷, 或[73]請召還鄭澈. 上卽命赦澈, 來赴行在, 前後被論在謫者, 竝命有還. 駐蹕義州, 御題一詩下政院, 曰:"朝臣今日後, 寧復各西·東?"【蓋聖意痛諸臣之分朋角[74]勝, 置國事於度外, 以至此也.】承旨申[75]磼等白於上曰:"李山海旣竄, 柳成龍不宜獨免." 上從之. 成龍罷而崔興源·尹斗壽·兪泓等以次拜相矣.

○ 前參判成運奔問行在. 左議政尹斗壽以爲:"善人國紀, 請加褒陞, 以慰人望." 遂陞拜右參贊. 運家在坡州, 去大路爲二十里矣. 上出行時, 事出倉卒, 未及聞知, 不得祗迎於道左. 追後始聞, 而自以"方被鉤黨之目, 朝暮且得罪. 國雖有急, 義不敢輕進." 避兵峽中. 光海移駐成川, 下令召之, 運遂赴召, 轉詣

---

72) 始:底本에는 "分"으로 되어 있다. 《御製皇極編》에 근거하여 수정하였다.
73) 或:底本에는 없다. 《御製皇極編》에 근거하여 보충하였다.
74) 角:底本에는 "各"으로 되어 있다. 《御製皇極編》에 근거하여 수정하였다.
75) 申:底本에는 "金"으로 되어 있다. 《御製皇極編》에 근거하여 수정하였다.

行在.

先是上過臨津, 問侍臣曰: "曾聞成渾家在此處, 去此幾何?" 承旨李弘老指
近峽小家, 曰: "此乃其家也." 上曰: "然則何不出迎乎?" 弘老曰: "當此之
時, 渠肯來謁乎?" 及渾赴成川, 弘老又言於上曰: "成渾[76]負一國重望, 而已
歸於世子, 事無可爲矣." 至是又言於上曰: "成渾之來, 爲世子圖禪位也." 渾
入謁, 上曰: "予過卿門, 而卿不出見, 得罪於卿深矣. 今來行在, 深庸觖然."
渾惶懼而退.

癸巳二十六年冬, 上還都. 倭賊方議和, 而上方痛斥和事. 忠淸監司李廷
馣引句踐事, 姑許倭和, 以爲緩兵之計. 疏入, 廷臣窺上意, 爭言廷馣可斬. 領
議政柳成龍與右參贊成渾入侍, 語及和事. 成龍力陳可許之意, 渾亦贊成之.
且知廷馣之心出於爲國, 爲之營救. 上怒, 作詩示之, 曰: "一死吾寧忍, 求和
願不聞", 仍敎曰: "凡今朝廷處置及邊將所爲, 恐爲[77]邪說所誤, 以此榜示朝
堂." 於是臺諫金宇顒等請: "早定渾罪, 無愧於祖宗·有辭於後世." 正言李爾
瞻等又論柳成龍之姦邪, 成龍等陳疏待罪.

甲午二十七年春, 前縣監權愉疏論崔永慶之冤死, 鄭澈之挾私逞憤, 歸怨
於國. 時澈已卒, 其子宗溟方在草土, 上疏極明其父之被誣, 前後治獄之事實.
傳于政院, 曰: "崔三峯之說, 其時賊招有之乎? 鄭緝則予親鞫, 而無此言矣.
永慶已令追贈, 聞其[78]妻子飢餓將死云, 令該曹給料賑恤."

○ 正言朴東說啓曰: "同僚以'崔永慶旣命伸冤, 當論鄭澈措陷之罪'發言.

---

76) 渾: 底本에는 "某"로 되어 있다. 《御製皇極編》에 근거하여 수정하였다.

77) 恐爲: 같은 內容을 두고 《牛溪集》, 《隱峯全書》, 《混定編錄》 등에서는 "恐爲"를 "皆爲渾"라고
하여, 당시 선조가 '사특한 말의 진원지를 성혼이라 규정하였다 하였다.

78) 其: 底本에는 없다. 《御製皇極編》에 근거하여 보충하였다.

而[79]第其時自上搜得永慶文書中四韻詩, 下問於澈, 澈以'流傳無根之詩'仰對, 自上又問永慶之爲人, 澈對以'居家孝友'. 則今若以身爲大臣, 未能鎭定爲澈之罪, 則可也, 若曰'乘機擠陷', 則無乃冤乎? 臣之所見如此, 不可同參矣."

大司諫李塈【司諫李尙毅·獻納崔瓘[80]】等啓曰 : "故寅城府院君 鄭澈剛愎忌克, 娼嫉是事, 排陷異己, 睚眦必報. 常恨崔永慶斥言奸狀, 挾憾懷忿, 適因逆賊之變, 做出無形之說, 遂成其獄. 及其推究無形, 自上特命放釋, 則陰嗾言官, 更生罪目, 竟使瘐死獄中. 澈雖有此等言, 不過陽興而陰抑之. 臣等欲論澈誣殺善士之罪, 而正言朴東說有異議, 以致公論不張, 請遞職."

上答曰 : "予未知此間事, 亦不知某人所爲, 但永慶爲毒物所害則明矣. 予命放之, 竟不得免, 終死獄中, 加以自死之名, 天地間, 其恨極矣. 噫! 予朝夕當退之人也, 故欲伸其冤於予在之時, 百年後歸見, 無慙色矣. 予意只在此. 若其是非, 則自有公論, 難將一人手掩得天下目. 如予昏迷之人, 如坐針氈上, 何能知之? 只有流涕而已, 何必辭退?"

○ 大司憲金宇顒【執義李晬光·掌令沈源河·奇自獻·持平朴承宗, 諫院上同】啓曰 : "崔永慶常以鄭澈爲索性小人, 澈心常銜之, 做出無形之言. 一則曰'吉三峰', 二則曰'崔三峰', 是永慶旣死之後, 猶未快意, 反以'理屈自盡'爲言, 雖祖珽續百升之謠·南袞成走肖之讖, 亦不如是陰慘. 鄭曄者敢逞私說, 抑止公論, 不得不[81]論此一人以扶[82]國是.

上答曰 : "鄭澈論之, 恐汚口, 置之可也." 時玉堂鄭曄·申欽·尹昉, 正言辛慶晋·朴東說·持平李時發, 皆立異. 東說等又啓曰 : "鄭澈伸救永慶, 前後文籍昭如日星. 若有陰囑欲殺之心, 何苦伸救至此乎? 凡人有君子之心, 而行小

---

79) 而 : 底本에는 없다. 《御製皇極編》에 근거하여 보충하였다.

80) 瓘 : 底本에는 "灌"으로 되어 있다. 《宣祖實錄 27年 5月 27日》 기사에 근거하여 수정하였다.

81) 不得不 : 底本에는 "使不得"으로 되어 있다. 《宣祖實錄 27年 8月 9日》 기사에 근거하여 수정하였다.

82) 扶 : 底本에는 "抶"로 되어 있다. 《宣祖實錄 27年 8月 9日》 기사에 근거하여 수정하였다.

人之事者, 其可以君子之行論之乎? ; 有小人之心, 而行君子之事, 其可以小
人之行論之乎? 鄭澈雖有陷害之心, 旣爲伸救, 則不可謂之陰囑構殺." 勢難苟
同, 金宇顒等亦引避.

　上答曰: "勿辭. 鄭澈於予前, 以孝友稱永慶, 予不能省得. 但尹海平言其至
孝石槨等事, 此則聞之矣." 副提學金玏等箚, 請金宇顒等竝出仕, 立異臺諫竝
遞差.

　○ 兩司【持平李鐵·掌令柳永詢,[83] 餘官上同】合啓, 請鄭澈追奪官爵,[84] 依啓.

　○ 前縣監朴惺疏論時獘, 略曰: "李珥權位未盛之日, 固已托根姦黨, 陰懷
射影之謀·陽示調停之意, 一時善類皆墮其術中.[85] 其位勢足以擠陷士類, 而
後始出潛藏之形影, 公加排斥, 《詩》云'如鬼如蜮'者, 此之謂也."

　又曰: "成渾與珥締結, 竟爲奸黨之魁, 實小人之難辨者也. 故崔永慶初不
知渾之心術, 相與友善, 及悟其姦, 遂絶交焉, 渾銜之. 臣於是乎, 始知珥·渾爲
小人之尤甚也. 往在己丑逆變, 彼輩彈冠相慶, 曰'可乘機, 酬私憾矣'. 外托討
逆之嚴·內售報怨之姦. 崔永慶孝友高行之人, 風節卓犖之士, 而至誣以辭連,
必置之死地而後已. 其指嗾者, 成渾也; 搆陷者, 鄭澈輩也."

　至曰: "神憤人怨, 天怒於上而召外寇. 願殿下法大舜 四罪之義·體孔子誅
亂政之擧."【惺, 鄭仁弘之門徒也.】

　臺臣崔喜男等疏, 訟李潑之冤, 請伸雪, 上不從.

　○ 皇明贊畫主事[86]丁應泰劾天將楊鎬, 仍詆誣本國, 上將遣使[87]伸辨. 領

---

83) 詢 : 底本에는 "洵"으로 되어 있다. 실록에 근거하여 수정하였다.

84) 爵 : 底本에는 "職"으로 되어 있다. 《御製皇極編》에 근거하여 수정하였다.

85) 中 : 底本에는 없다. 《御製皇極編》에 근거하여 보충하였다.

86) 贊畫主事 : 底本에는 "主畫事"로 되어 있다. 《宣祖實錄 31年 9月 21日》기사에 근거하여
　　수정하였다.《神宗顯皇帝實錄 萬曆 26年 6月 4日》기사에 의하면, 당시 정응태(丁應泰)의

議政柳成龍當行, 而辭以母老, 上頗不豫. 持平李爾瞻素與成龍有隙, 劾其不請行, 且曰: "主和者成龍, 而反以成渾爲主和, 眞奸邪也."

　先是李山海之被竄也, 上迫於衆論, 雖罪之, 聖眷不衰. 鄭琢入相, 微知上意, 卽請放還. 山海營求復相, 成龍方當[88]國, 力沮之, 以此兩人有隙. 爾瞻附於山海, 首發此論, 臺臣洪奉先·崔喜男·尹宖·柳㮻[89]相繼論之, 遂遞成龍, 以李恒福代之.

　戊戌三十一年春, 大司憲李墍·大司諫鄭光績等, 請罷柳成龍. 玉堂上箚, 救成龍, 乞明邪正, 禮曹判書金宇顒亦爲成龍箚辨. 李墍等竝劾玉堂及宇顒. 右議政李元翼箚, 略曰: "柳成龍當辨誣使, 不卽請行, 以致人言, 因此攻擊之說, 紛然而起, 遂有蔓延[90]之端. 成龍早負士望, 知遇聖明, 有所猷爲, 而今以'廣植私黨, 潛移威福, 奸貪濁亂'爲其罪目. 雖古之巨奸大猾, 無以加之, 此豈的論哉? 其以主和非之者, 其論固正矣, 然亦有不相孚者矣. 況成龍旣斥, 謂之親厚而斥之者有之·謂之異論而斥之者有之. 所謂親厚·異論者, 固多士類, 一朝盡斥, 恐非國家之福也."

　〇[91] 李山海之子慶全, 素有文名. 舊例選玉堂時, 吏曹郎官擇時流中一二人, 薦入弘錄, 謂之吏弘. 嶺南人鄭經世方在銓郎, 欲枳慶全, 揚言慶全多浮謗, 不可入銓. 經世卽柳相 成龍之門人也, 山海及其黨咸大怒, 或疑[92]經世受指於成龍.

　公式 직함은 동정찬획주사(東征贊畫主事)였다.
87) 使 : 底本에는 없다. 《御製皇極編》에 근거하여 보충하였다.
88) 當 : 底本에는 "沮"로 되어 있다. 《御製皇極編》에 근거하여 수정하였다.
89) 㮻 : 《宣祖實錄 31년 10월 1일》관련 기사에는 "㴻"으로 되어 있다.
90) 延 : 底本에는 "及"으로 되어 있다. 《御製皇極編》에 근거하여 수정하였다.
91) 〇 : 底本에는 없다. 《御製皇極編》에 근거하여 보충하였다.
92) 疑 : 底本에는 없다. 《御製皇極編》에 근거하여 보충하였다.

　　陰嗾臺臣<u>南以恭</u>, <u>以恭</u>極論<u>成龍</u>之非, 啓曰 : "<u>柳成龍</u>以奸邪之徒, 濟之以才藝, 盜名字·竊爵位, 害人而人不知·欺世而世不悟, 此其平生之肝肺也. 當<u>鄭澈</u>肆毒之日, <u>禹聖傳</u>·<u>李誠中</u>以成龍之腹心, 諂附奸<u>澈</u>, 流害搢紳, 無非<u>成龍</u>之陰嗾. 及其公論旣發之後, <u>成龍</u>憤兩人被劾, 遂與士類異焉. 忤志者, 排之若讎; 媚己者, 進之恐後, 致令朝著不靖, 南·北之說, 又作於世, 此實<u>成龍</u>之所作俑也.

　　倭賊之不共戴天, 嬰兒所同知, 而<u>成龍</u>身爲大臣, 首倡和議, 遂與<u>沈惟敬</u>相爲表裡, 以致皇朝執言, 封倭勅中, 有'朝鮮請封'之語. 此一國君民欲爲蹈海, 而不願聞者也, <u>成龍</u>恐其朝議不許, 深諱其事, 使臺諫不得知. <u>黃愼</u>旣發之後, 臺諫始聞而論之, 其蔑朝廷·無忌憚極矣. 上年賊逼京師, 猶執乞和之見, 大言於備邊司, <u>柳永慶</u>在座, 憤惋而起, 曰'旣誤於前, 又欲再誤於今日耶?' <u>成龍</u>輒怒, 曰'令公碑上, 當書不主和耳', 其縱恣之狀, 孰不痛憤?

　　又藉<u>蕭應宮</u>之說, 鼓動邪議, <u>金應南</u>獨箚陳其不可, <u>成龍</u>乃反回啓, 曰'臣與<u>金應南</u>之見, 別無異同', 其慝詐亦已甚矣. 終始沮撓事機, 誤了天下大事, 非但我國之罪人也, 實天下之罪人也. <u>楊經理</u>意在討賊, 顯詆<u>成龍</u>主和, 故<u>成龍</u>常銜之, 經理之被讒, 適中其願. 朝廷欲辨誣, 則曰'此非我所知, 告諸右[93]相, 可也', 欲呈文於科道, 則不肯首書己名, 每以原任大臣書之, 蓋恐忤<u>丁應泰</u>也.

　　擔當六七年, 其所營爲·布置, 率皆有名無實, 不有人言, 而剛愎自用, 作事害政, 無所不至. 其如[94]訓鍊都監, 體察軍門, 束伍·作米之法, 選鋒差官之說, 寅緣作弊·憑藉牟利, 使民塗炭, 村落蕭然, 害及鷄豚, 無一物得其所. 歸怨於上·專利於身, 是何<u>成龍</u>誠於謀己而[95]不誠於謀國也? 此其<u>成龍</u>罪狀大槪, 而頃者厭避朝天一事, 略被譴責, 只遞台輔, 何以懲其罪而謝國人乎? 請削奪官爵."

---

93) 右 : 底本에는 "承"으로 되어 있다. 《宣祖實錄 31年 11月 16日》 기사에 근거하여 수정하였다.
94) 如 : 底本에는 "於"로 되어 있다. 《御製皇極編》에 근거하여 수정하였다.
95) 而 : 底本에는 없다. 《御製皇極編》에 근거하여 보충하였다.

三啓, 不允. 鄭仁弘嗾其客正言文弘道, 力詆主和之罪, 擬之於盧杞·秦檜, 固請削奪, 上許之. 時成龍居在嶺南, 故右成龍者李元翼·李德馨·李晬光·尹承勳·李光庭·韓浚謙, 皆稱南人; 山海家在京, 故右山海者[96]柳永慶·奇自獻·朴承宗·柳夢寅·朴弘耉·洪汝諄·任國老·李爾瞻輩, 皆稱北人, 而東人旣分爲南·北. 南人絶少·北人甚盛, 而互相爭軋, 又分門戶. 所謂西人間或旅進, 而殆不能自振矣.

○ **己亥三十二年春**, 工曹佐郎鄭榮國疏陳朝廷事, 歷詆諸臣之失. 其言黨附時議, 專爲洪汝諄·任國老等失職而發也. 上優答之. 任就正等又嗾蔡謙吉, 疏論南以恭·金藎國專擅之罪, 大司憲閔夢龍繼請南·金及朴彛敍·李必亨·宋馹[97]·朴宗業, 削奪官爵.

左議政李元翼與右議政李憲國聯箚, 略曰：“奉公之義息·立黨之風成, 用人·論事, 以同己·異己爲取捨, 是非不分·邪正不辨. 橫議肆行傾軋, 士類斥逐殆盡, 公正之言罕聞·詭怪之說雜進, 外托疏遠之公言·內濟黨附之私計. 榮國唱之於前·謙吉和之於後, 偏黨傾側, 揚揚焉, 視朝廷如無人, 聖朝之羞辱極矣.”

上答曰：“國事潰裂, 其勢必亡. 如予者早合速退, 不能得焉. 所謂‘私議肆行’, ‘士類斥逐’者, 何事也? 無乃柳成龍之事耶? 予亦未嘗不以爲過, 亦似有未必不是者存, 不可如是爲言也. 被斥者爲誰·斥之者爲某, 願聞之.”

教理李德馨·修撰李廷馡箚論：“洪汝諄等潛形匿跡, 指嗾榮國·謙吉, 構捏朝士之異己者, 請勿信聽.” 領議政李元翼亦請對入侍, 言於上曰：“自上每以時流爲不靖, 進言者揣知上意, 一以扶植私黨·一以排擊異己. 榮國·謙吉, 情態可惡, 外人皆以爲指嗾·敎唆而爲之者. 此[98]未可知, 然觀其疏語, 其論朝士

---

96) 者：底本에는 없다.《御製皇極編》에 근거하여 보충하였다.

97) 馹：底本에는 이 아래 “孫”이 더 있으나《御製皇極編》에 근거하여 삭제하였다.

98) 此：底本에는 “皆”로 되어 있다.《御製皇極編》에 근거하여 수정하였다.

鬪詰細入毫末, 非[99]庶官·布衣所能悉者, 謂之敎唆, 無辭可解也. 朝廷不用, 則必狗苟蠅營, 百計圖進, 匿跡嗾人, 排擊異己, 此人得志, 誤國必矣. 朋黨之 禍, 自古有之, 未有如今日之甚者. 初以東·西爲名, 西人旣退, 東分爲南·北, 又分爲大·小北, 一時指目之名, 羞辱深矣."

上曰:"南指誰也?" 對曰:"柳成龍一時人也." 上曰:"卿每以柳成龍爲言, 以斥逐爲非矣." 對曰:"當其時, 臣亦每詆其咎矣. 斥逐之後, 代起爲國者, 不 厭衆心, 壞事至此, 臣每以前時人勝於此輩矣. 南人當路, 私固多, 而公亦有十 之三四矣, 北人起後, 公道滅絶, 私情大行. 分爲大北·小北, 小北猶有以士類 自處, 大北幾皆私黨, 此輩用事, 則國事誤矣. 頃日臺諫論斥洪汝諄·任國老, 此皆公共之論也. 汝諄狼戾·貪婪, 廝隷·臺卒, 皆知賤惡, 外方聞汝諄復爲顯 職, 必曰'時事可知', 用人不可不愼也. 任國老雖不至汝諄之衆惡, 然識者棄之 已久矣. 又黨於汝諄, 知有私黨, 而不知有國, 臣竊憂之. 至於大司諫閔夢龍, 汲汲排擊異己者, 使無異論, 景象可憤." 於是時論皆以欲引用柳黨, 深[100]咎 之, 大司諫崔鐵堅又劾之, 元翼待罪門外. 右議政李憲國陳箚, 請召還.

庚子三十三年春, 領議政李山海·兵曹判書洪汝諄等, 爭權相鬨, 主汝諄 者謂之骨北·主山海者謂之肉北.

○ 慶尙左兵使郭再祐疏, 略曰:"臣之至愚, 觀今日國勢, 岌岌乎殆哉. 宗社 散爲飛煙·蕩爲寒灰, 而人民死亡, 十無一二, 於是時也, 建中興之業, 蓋亦難 矣. 殿下宜悔悟奮發, 親賢遠姦, 以圖中興, 群臣亦當同心戮力, 以贊中興, 而 朝廷朋黨有東·西·南·北. 果爾, 未知殿下以某黨爲君子多而小人少·以某黨 爲小人多而君子少耶? 殿下豈不欲親賢耶, 有不能的知其賢;殿下豈不欲遠 姦耶, 有不能的知其姦. 大小群臣分朋立黨, 入者進之·出者斥之, 各私黨與.

---

99) 非:底本에는 없다.《御製皇極編》에 근거하여 보충하였다.
100) 深:底本에는 "爲"로 되어 있다.《御製皇極編》에 근거하여 수정하였다.

互爲是非, 日以詆訐爲務, 而國勢之危亡·生民之利害·社稷之存亡係焉, 然莫念於其心, 將使殿下之國, 必至於危亡而後已. 嗚呼! 痛哭·流涕·長太息者也.

臣聞'家貧思賢[101]妻·國亂思良相', 賢妻之於家·良相之於國, 所關豈不大哉? 殿下頃者以<u>李元翼</u>爲相, 一國咸歎殿下之得人. 而未幾遽遞, 臣切恨良臣之不用於是時. 昔年臣得聞其言論·得見其施措, 憂國愛民之心出於至誠·公平廉謹之行得於天性. 眞從容就死社稷之臣也, 殿下不能親之·信之, 使不得安於朝廷之上, 臣竊悶之."

○ <u>李爾瞻</u>等論劾<u>洪汝諄</u>, 威脅百僚, 至於庭論不止, 上怒兩出之, 削奪<u>李山海</u>·<u>洪汝諄</u>·<u>李爾瞻</u>·<u>李慶全</u>等爵.

---

101) 賢 : 底本에는 없다. 《御製皇極編》에 근거하여 보충하였다.

찾아보기

역주 |

김용흠

서울대학교 국사학과 학사, 연세대학교 대학원 문학석사·박사, 현 연세대학교 국학연구원
연구교수

주요논저 | 《조선후기 정치사 연구Ⅰ-인조대 정치론의 분화와 변통론》(2006), 《목민고·목민
대방》(역서, 2012), 《조선의 정치에서 무엇을 볼 것인가-탕평론·탕평책·탕평정치》(2016),
《형감》(역서, 2019), 《대백록》(역서, 2020), 《조선후기 실학과 다산 정약용》(2020), 《동남소
사》(역서, 2021), 《수문록 1》(역서, 2021), 《수문록 2》(역서, 2022), 〈조선후기 노론 당론서와
당론의 특징-《형감(衡鑑)》을 중심으로〉(2016), 〈《경세유표》를 통해서 본 복지국가의 전통〉
(2017)

원재린

성균관대학교 사학과 학사, 연세대학교 대학원 문학석사·박사, 현 연세대학교 국학연구원
연구교수

주요논저 | 《조선후기 성호학파의 학풍연구》(2002), 《임관정요》(역서, 2012), 《동소만록》(역
서, 2017), 《형감》(역서, 2019), 《대백록》(역서, 2020), 《동남소사》(역서, 2021), 《수문록
1》(역서, 2021), 《수문록 2》(역서, 2022), 〈조선후기 남인당론서 편찬의 제 특징〉(2016),
〈성호사설과 당쟁사 이해〉(2018)

김정신

덕성여자대학교 사학과 학사, 연세대학교 대학원 문학석사·박사, 현 연세대학교 국학연구원
연구교수

주요논저 | 《형감》(역서, 2019), 《대백록》(역서, 2020), 《동남소사》(역서, 2021), 《수문록 1》
(역서, 2021), 《수문록 2》(역서, 2022), 〈주희의 묘수론과 종묘제 개혁론〉(2015), 〈주희의
소목론과 종묘제 개혁론〉(2015), 〈기축옥사와 조선후기 서인 당론의 구성·전개·분열〉
(2016), 〈16~7세기 조선 학계의 중국 사상사 이해와 중국 문헌〉(2018)

황극편皇極編 1 번역과 주해

김용흠·원재린·김정신 역주

초판 1쇄 발행 2022년 3월 26일

펴낸이 오일주
펴낸곳 도서출판 혜안

등록번호 제22-471호
등록일자 1993년 7월 30일

주소 04052 서울시 마포구 와우산로 35길 3(서교동) 102호
전화 02-3141-3711~2 / **팩스** 02-3141-3710
이메일 hyeanpub@hanmail.net

ISBN 978-89-8494-672-9 93910

값 32,000 원